驗科目、測驗時間、題型及方式

目	測驗時間	題型	方式(2擇1)	
規	150分鐘	測驗題目50題4選1單選選擇題。	筆試	電腦應試
務		測驗題目80題4選1單選選擇題。	答案卡作答	電腦作答

合格標準
驗以每科成績均達70分為合格。測驗合格者,由本院發給測驗合格證明書。

測驗科目及內容

授信基本法律(※新增「金融消費者保護法」、「個人資料保護法」等範圍)	
授信相關規章	(1)徵信調查、(2)授信審查、(3)事後管理及催收
外匯及信用卡、現金卡相關規章	
基礎授信	(1)國內授信業務演變及未來發展趨勢、(2)授信基本概念、(3)徵信基本規範、(4)授信基本規範、(5)授信基本運作、(6)中小企業信用保證基金保證融資
企業授信	(1)短期授信、(2)中長期授信、(3)聯合貸款、(4)專案融資、(5)功能型融資、(6)大陸台商之融資
外匯授信	(1)外匯授信基本概念、(2)出口授信、(3)進口授信、(4)外幣保證及其他外幣融資、(5)國際金融業務分行業務、(6)國際應收帳款承購業務
消費者授信	(1)消費者貸款基本概念、(2)房屋貸款、(3)汽車貸款、(4)小額信用貸款、(5)信用卡業務、(6)股票/有價證券貸款
事後管理及催收	(1)授信覆審及事後管理、(2)逾期放款及催收、(3)中小企業信用保證基金代位清償有關規定、(4)呆帳之轉銷

以上資訊內容若有變更,以台灣金融研訓院網站(http://www.tabf.org.tw/Exam)最新公告為準。

千華數位文化股份有限公司
新北市中和區中山路三段136巷10弄17號
TEL: 02-22289070   FAX: 02-22289076

初階授信人員專業[...]

◈ **壹、辦理依據**

依據87年3月第27次「金融中心分工協調會議」決議[...]
實施方案辦理」。

◈ **貳、報名資格**

報名資格不限。

參、報名費用

◈ 筆試：585元。
電腦應試：1,035元。

肆、報名方式

◈ 一律採個人網路報名方式辦理。

伍、測驗入場通知書

筆試	測驗入場通知書以網路方式公告，不另行郵[...] 金融研訓院網站(網址：http://www.tabf.org[...] 場證/試場查詢】，查詢入場編號及試場位置[...]
電腦應試	應試入場通知書以電子郵件方式傳送，應考[...] 收到入場通知書，可至台灣金融研訓院網站[...]

陸、測驗日期及考區

◈ 測驗日期：依金融研訓院公告日期為主。
考區：

筆試	分台北、台中、花蓮、高雄四個考區，擇一[...]
電腦應試	台北考區(財團法人台灣金融研訓院院本部)、 台中考區(東海大學)、 台南考區(財團法人台灣金融研訓院中區分部[...] 高雄考區(財團法人台灣金融研訓院南區分部)

◈ **捌、合[...]**

本項測[...]

◈ **玖、[...]**

授信法規		
授信實務		

※ [...]

千華會員享有最值優惠!

立即加入會員

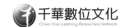

目 次

Part 3　相關法規彙編

Part 4　歷屆試題及解析

編寫特色與高分準備方法

為欲參加「初階授信人員專業能力測驗」之各位所撰寫，利於考前快速研讀。

編寫特色說明如下：

特色1 ▶ 表格化呈現整理方式，清楚明白

特將「授信法規」與「授信實務」彙集成一冊，以表格方式呈現的盡量以表格方式呈現，內容架構完整充實且簡明，清晰明白，易讀易記。

特色2 ▶ 將授信相關法規分類歸納，蒐羅齊全

精心收錄重要相關法規，根據最新之授信法規及授信實務，加以分門別類編排整理，並佐以歷屆試題，是你快速準備的好幫手！

以下為各位歸納初階授信的準備方法：

方法1 ▶ 擬定計畫表

擬定讀書計畫表，配合本書，循序漸進。準備考試這條路真的像馬拉松競賽一樣，要比誰有耐力、有恆心，各位一定要擬定計畫表，持之以恆，相信成功一定會到來的！

方法2 ▶ 試題演練

演算題目是測量自己是否吸收的一個很好的方式，所以書中在每個重點後面，均附有試題演練，幫助各位熟悉題型外，更可以慢慢累積解題的方法、速度等，對於考試很有幫助。最後在讀完每個章節後，在每個章節後面，均附有考題練習，除了幫助各位了解自己對該章節的了解度外，也可幫助各位迅速了解最近幾年的命題重點。

方法**3** ▶ 考前複習及模擬

參加任何考試皆然，一定要在考前一個半月的時間內，挪出一
至二星期的時間，配合各章節第一頁所附的學習地圖，快速的
複習重點，並配合試題來模擬演練，以讓自己的記憶保持在最
佳狀態。

總而言之，只有計畫性的讀書計畫，並持之以恆，才能得到勝
利的甜美果實，祝各位金榜題名。

參考資料

1.銀行授信法規，臺灣金融研訓院社。
2.銀行授信實務，臺灣金融研訓院社。
3.銀行授信法規及實務-重點整理暨試題解析，臺灣金融研訓院社。

Chapter 1 授信基本法律

焦點 1 銀行法

一、銀行種類（銀§20）

(一) 商業銀行（銀§70、§71）

本法稱商業銀行，謂以收受支票存款、活期存款、定期存款，供給短期、中期信用為主要任務之銀行。商業銀行經營下列業務：

1	收受支票存款。
2	收受活期存款。
3	收受定期存款。
4	發行金融債券。
5	辦理短期、中期及長期放款。
6	辦理票據貼現。
7	投資公債、短期票券、公司債券、金融債券及公司股票。
8	辦理國內外匯兌。
9	辦理商業匯票之承兌。
10	簽發國內外信用狀。
11	保證發行公司債券。
12	辦理國內外保證業務。
13	代理收付款項。
14	代銷公債、國庫券、公司債券及公司股票。
15	辦理與前14款業務有關之倉庫、保管及代理服務業務。
16	經主管機關核准辦理之其他有關業務。

(二) 專業銀行（銀§87、§88）

為便利專業信用之供給，中央主管機關得許可設立專業銀行，或指定現有銀行，擔任該項信用之供給。專業銀行得經營之業務項目，由主管機關根據其主要任務，並參酌經濟發展之需要，就第3條所定範圍規定之。所稱專業信用，分為下列各類：

1. 工業信用。　　　　　　　　2. 農業信用。
3. 輸出入信用。　　　　　　　4. 中小企業信用。
5. 不動產信用。　　　　　　　6. 地方性信用。

(三) 信託投資公司（銀§100、§101）

本法稱信託投資公司，謂以受託人之地位，按照特定目的，收受、經理及運用信託資金與經營信託財產，或以投資中間人之地位，從事與資本市場有關特定目的投資之金融機構。信託投資公司經營左列業務：

1. 辦理中、長期放款。
2. 投資公債、短期票券、公司債券、金融債券及上市股票。
3. 保證發行公司債券。
4. 辦理國內外保證業務。
5. 承銷及自營買賣或代客買賣有價證券。
6. 收受、經理及運用各種信託資金。
7. 募集共同信託基金。
8. 受託經管各種財產。
9. 擔任債券發行受託人。
10. 擔任債券或股票發行簽證人。
11. 代理證券發行、登記、過戶及股息紅利之發放事項。
12. 受託執行遺囑及管理遺產。
13. 擔任公司重整監督人。
14. 提供證券發行、募集之顧問服務，及辦理與前列各款業務有關之代理服務事項。
15. 經中央主管機關核准辦理之其他有關業務。
16. 經中央主管機關核准，得以非信託資金辦理對生產事業直接投資或投資住宅建築及企業建築。

二、授信

(一) 授信之定義（銀§5-2）

本法稱授信，謂銀行辦理放款、透支、貼現、保證、承兌及其他經中央主管機關指定之業務項目。簡言之，就是銀行對顧客授予信用，並承擔風險之業務。

(二) 授信的種類

1. 依期間區分（銀§5）

短期信用	期限在1年內者。
中期信用	期限超過1年，在7年以內者。
長期信用	期限超過7年者。

2. 依有無擔保區分（銀§12、13）

擔保授信	對銀行之授信提供擔保者，有不動產或動產抵押權、動產或權利質權、借款人營業交易所發生之應收票據、各級政府公庫主管機關、銀行或經政府核准設立之信用保證機構之保證。
無擔保授信	無擔保授信，謂無上述各款擔保之授信。

3. 依銀行是否以其所有資金撥貸來區分：

直接授信	銀行直接撥貸資金，貸放予借款人。
間接授信	銀行以受託擔任客戶之債務保證人、匯票承兌人、開發國內外信用狀或其他方式，授予信用，承擔風險，而不直接撥貸資金之授信行為。

(三) 授信業務

1. 週轉資金貸款：

(1) **定義**：銀行以協助企業在其經常營業活動中，維持商品及勞務之流程運轉所需之週轉資金為目的，而辦理之融資業務。

(2) **償還來源**：短期以企業之營收或流動資產變現為主。
長期以企業之盈餘、營收及其他適當基金為主。

2. **資本支出貸款：**
   (1) **定義：** 銀行以協助企業購置、更新或擴充改良其營運所需之土地、廠房及機器等，或協助企業從事重大之投資開發計畫為目的，所辦理之融資業務。
   (2) **償還來源：** 期望企業經營所產生之現金流量、利潤、提列之折舊、現金增資、公司債等作為償還來源。

3. **消費者貸款：**
   (1) **定義：** 協助個人理財周轉及置產投資等業務。
   (2) **償還來源：** 借款人之薪資、利息、租賃、投資或其他所得。

4. **保證：** 銀行接受信戶委託，對其商業本票、公司債或參與工程招標所需之保證金簽發保證書予以保證之授信方式。

5. **買方委託承兌：** 銀行接受買方委託，為買賣雙方所簽發之匯票擔任付款人而予承兌。對買方而言，銀行助其獲得賣方之信用；對賣方而言，助其獲得可在貨幣市場流通之銀行承兌匯票。

6. **賣方委託承兌：** 賣方拿交易憑證給銀行核驗，在交易憑證的金額內簽發定期付款匯票，由銀行變成付款人。賣方可拿此委託承兌於貨幣市場融資。

7. **開發國內外信用狀：** 銀行接受借款人（買方）委託簽發信用文件，賣方可以在履行約定條件後依照一定條件，開發一定金額以內的匯票或其他憑證，由該銀行負責承兌或付款的信用方式。

(四) **授信之限制**

1. **無擔保授信之限制**（銀§32）

   銀行不得對下列為無擔保授信：
   (1) 銀行持有實收資本總額3%以上之企業。
   (2) 本行負責人、職員、與本行負責人或辦理授信之職員有利害關係者。
   (3) 銀行主要股東（持有銀行已發行股份1%以上者，若為自然人，則本人之配偶及未成年子女之持股應計入本人之持股）。

2. **擔保授信之限制**（銀§33）

   銀行對下列對象為擔保授信，應有十足擔保，其條件不得優於其他同類授信對象，如授信達中央主管機關規定金額以上者，並應經三分之二以上董事之出席及出席董事四分之三以上同意：

(1)銀行持有實收資本總額百分之五以上之企業。

(2)本行負責人、職員、或與本行辦理授信之職員或負責人有利害關係者。

(3)銀行主要股東（持有銀行已發行股份1%以上者，若為自然人，則本人之配偶及未成年子女之持股應計入本人之持股）。

 觀念補給站

授信額度限額

項目	擔保額度	無擔保額度	總額度
銀行持有實收資本總額5%以上之企業、主要股東、本行相關利害關係人	同一法人：10% 同一自然人：2%	不行無擔保	總和不得超過銀行淨值的1.5倍
同一自然人	－	1%	3%
同一法人	－	5%	15%
公營事業	－	－	總和不得超過銀行淨值
同一關係人	－	10% 其中自然人：2%	40% 其中自然人：6%
同一關係企業	－	15%	40%

註：1.銀行法第33-3條授權規定事項辦法整理。

2.配合政府政策、公營事業、公債、國庫券等及100萬元以下之小額放款，皆不計入授信限額及授信總額內。

3.同一關係人係指本人、配偶、二親等以內之血親，以及本人或配偶負責之企業。

4.銀行法所稱淨值係指上會計年度決算後淨值。

3. **中長期放款之限制**（銀§12-1、38、72、72-2、76）

(1)銀行對購買或建造住宅或企業用建築，得辦理中、長期放款，其最長期限不得超過30年。但對於無自用住宅者購買自用住宅之放款，不在此限。

(2)商業銀行辦理住宅建築及企業建築放款之總額，不得超過放款時所收存款總餘額及金融債券發售額之和之30%。但下列情形不在此限：

A. 為鼓勵儲蓄協助購置自用住宅，經主管機關核准辦理之購屋儲蓄放款。

B. 以中央銀行提撥之郵政儲金轉存款辦理之購屋放款。

C. 以國家發展委員會中長期資金辦理之輔助人民自購住宅放款。

D. 以行政院開發基金管理委員會及國家發展委員會中長期資金辦理之企業建築放款。

E. 受託代辦之獎勵投資興建國宅放款、國民住宅放款及輔助公教人員購置自用住宅放款。

(3)商業銀行辦理中期放款之總餘額，不得超過其所收定期存款總餘額。

(4)商業銀行因行使抵押權或質權而取得之不動產或股票，除符合第74條或第75條規定者外，應自取得之日起四年內處分之。但經主管機關核准者，不在此限。

(5)銀行辦理自用住宅放款及消費性放款，不得要求借款人提供連帶保證人。銀行辦理自用住宅放款及消費性放款，已取得前條所定之足額擔保時，不得要求借款人提供保證人。

4. **消費者貸款之限制**：每一消費者不超過新臺幣100萬元為限。

(五) **授信審核原則**

1. **授信之基本原則**：安全性、流動性、公益性、收益性、成長性。

2. **授信5P審核原則**：借款戶（People）、資金用途（Purpose）、還款來源（Payment）、債權保障（Protection）、未來展望（Perspective）。

3. **考量資金用途**：需評估資金用途的正當性、合理性及必要性。

4. **抵押物評估**（銀§37）：借款人所提質物或抵押物之放款值，由銀行根據其時值、折舊率及銷售性，覈實決定。

> **知識延伸**
>
> 金管銀(一)字第0930028311號令，銀行法第32條所稱之消費者貸款，係指對於房屋修繕、耐久性消費品（包括汽車）、支付學費與其他個人之小額貸款，及信用卡循環信用。

(六) 銀行股份申報（銀§25）

　1. **股票種類**：銀行之股票應為記名式。

　2. **持股申報**：

　　(1)同一人或同一關係人單獨、共同或合計持有同一銀行已發行有表決權股份總數超過「5%」者，應向主管機關申報；持股超過5%後累積增減逾一個百分點者，亦同。→申報主管機關。

　　(2)同一人或同一關係人擬單獨、共同或合計持有同一銀行已發行有表決權股份總數超過「10%」、「25%」、「50%」者，均應分別事先向主管機關申請核准。→事先申請主管機關核准。

　　(3)同一人或本人與配偶、未成年子女合計持有同一銀行已發行有表決權股份總數1%以上者，應由本人通知銀行。→通知銀行。

牛刀小試

( )　**1** 依銀行法規定，下列敘述何者錯誤？ (A)銀行股票應為記名式 (B)商業銀行得.發行金融債券，並得約定此種債券持有人之受償順位次於銀行其他債權人 (C)所稱資本嚴重不足，係指自有資本與風險性資產之比率低於百分之二 (D)商業銀行辦理中期放款之總餘額，不得超過其所收活期存款總餘額。 【第26屆】

( )　**2** 依銀行法規定，針對借款人所提質物或抵押物之放款值，下列何者不是銀行覈實決定之依據？ (A)擔保品提供人之信用 (B)擔保品之時值 (C)擔保品之折舊率 (D)擔保品之銷售性。 【第26屆】

( )　**3** 銀行法所稱淨值係指下列何者？ (A)上會計年度決算前淨值 (B)上會計年度決算後淨值 (C)上會計年度決算前淨值扣除轉投資金額 (D)上會計年度決算後淨值扣除轉投資金額。 【第26屆】

( )　**4** 依銀行法規定，銀行對下列何種放款不受三十年期限之限制？ (A)計畫型放款 (B)設備資金放款 (C)個人購置耐久消費品放款 (D)無自用住宅者購買自用住宅放款。

(　) 5 甲銀行對A君有授信往來，依銀行法規定，下列何者不須納入A君之同一關係人？　(A)A君之配偶　(B)A君之伯父　(C)A君擔任董事長之企業　(D)A君之配偶擔任總經理之企業。　　【第25屆】

(　) 6 依銀行法規定，同一人或同一關係人單獨持有同一銀行之股份，超過銀行已發行有表決權股份總數多少比率者，應向主管機關申報？　(A)5%　(B)10%　(C)15%　(D)25%。　【第25屆】

(　) 7 下列何者不屬於銀行法所稱之擔保授信？　(A)授信銀行以外之本國銀行所為之保證　(B)財團法人農業信用保證基金所為之保證　(C)鄉、鎮、市公所所為之保證　(D)經政府機關核准設立之保險公司所為之信用保證保險。　　【第32屆】

(　) 8 銀行法所稱有利害關係者，下列何者非屬之？　(A)銀行總經理　(B)辦理授信之職員　(C)銀行總經理夫人之姪女　(D)辦理授信職員的伯父。　　【第22屆】

(　) 9 依銀行法規定，商業銀行辦理中期放款之總餘額有何限制？　(A)不得超過其所收存款總餘額　(B)不得超過其所收定期存款總餘額　(C)不得超過其所收存款總餘額及金融債券發售額之和之百分之二十　(D)不得超過其所收存款總餘額及金融債券發售額之和之百分之三十。　　【第22屆】

(　) 10 依銀行法規定，長期授信係指授信期限超過幾年者？　(A)一年　(B)五年　(C)七年　(D)十年。　　【第34屆】

解答與解析

1 (D)。銀行法第72條規定：「商業銀行辦理中期放款之總餘額，不得超過其所收定期存款總餘額。」選項(D)錯誤。

2 (A)。銀行法第37條規定：「借款人所提質物或抵押物之放款值，由銀行根據其時值、折舊率及銷售性，覈實決定。……」

3 (B)。銀行法所稱淨值係指上會計年度決算後淨值。

4 (D)。銀行法第38條規定：「銀行對購買或建造住宅或企業用建築，得辦理中、長期放款，其最長期限不得超過三十年。但對於無自用住宅者購買自用住宅之放款，不在此限。」

5 (B)。銀行法第25-1條規定：「前條所稱同一人，指同一自然人或同一法人。前條所稱同一關係人，指同一自然人或同一法人之關係人，其範圍如下：一、同一自然人之關係人：(一)同一自然人與其配偶及二親等以內血親。(二)前目之人持有已發行有表決權股份或資本額合計超過三分之一之企業。(三)第一目之人擔任董事長、總經理或過半數董事之企業或財團法人。二、同一法人之關係人：(一)同一法人與其董事長、總經理，及該董事長、總經理之配偶與二親等以內血親。(二)同一法人及前目之自然人持有已發行有表決權股份或資本額合計超過三分之一之企業，或擔任董事長、總經理或過半數董事之企業或財團法人。(三)同一法人之關係企業。關係企業適用公司法第三百六十九條之一至第三百六十九條之三、第三百六十九條之九及第三百六十九條之十一規定。……」A君之伯父為二親等以外，不須納入A君之同一關係人。

6 (A)。銀行法第25條規定：「……同一人或同一關係人單獨、共同或合計持有同一銀行已發行有表決權股份總數超過百分之五者，自持有之日起十日內，應向主管機關申報；持股超過百分之五後累積增減逾一個百分點者，亦同。……」

7 (C)。根據銀行法第12條：「本法稱擔保授信，謂對銀行之授信，提供左列之一為擔保者：
一、不動產或動產抵押權。
二、動產或權利質權。
三、借款人營業交易所發生之應收票據。
四、各級政府公庫主管機關、銀行或經政府核准設立之信用保證機構之保證。」

8 (C)。銀行法第33-1條規定：「前二條所稱有利害關係者，謂有左列情形之一而言：一、銀行負責人或辦理授信之職員之配偶、三親等以內之血親或二親等以內之姻親。……」銀行總經理夫人之姪女非三親等以內，非屬之。

9 (B)。銀行法第72條規定：「商業銀行辦理中期放款之總餘額，不得超過其所收定期存款總餘額。」

10 (C)。銀行法第5條規定：「銀行依本法辦理授信，其期限在一年以內
者，為短期信用；超過一年而在七年以內者，為中期信用。

焦點 **2**　民法（含民事訴訟法）

一、總則

(一) **權利能力**（民§6、§26）

　1.**定義**：在法律上能夠享受的權利、負擔義務的能力。

　2.**期限**：自然人的權利能力始於出生，終於死亡；法人之權利能力始於登
　　記，終於解散後清算終結；法人與法令限制內，有享受權力負擔義務的能
　　力，但專屬於自然人的權利義務則不再此限。

(二) **行為能力**（民§13、14、15-1、15-2、26、77）

　1.**完全行為能力人**：

　　(1)**定義**：有效法律行為者，可分為兩種：

　　　A. 成年人（滿18歲為成年人）。

　　　B. 未成年已結婚者。

　　　註：鑑於現今社會網路科技發達、資訊大量流通，青年之身心發展及
　　　　　建構自我意識之能力已不同以往；又世界多數國家就成年多定為
　　　　　18歲；另現行法制上，有關應負刑事責任及行政罰責任之完全責
　　　　　任年齡亦均規定為18歲。是以，我國民法於110年將成年年齡修正
　　　　　為18歲，並將於民國112年1月1日施行。

　　(2)**效力**：完全行為能力人所做的法律行為，在法律上有完全的效力，但
　　　在無意識或精神錯亂中所做的行為則無效。

　2.**限制行為能力人**：

　　(1)**定義**：其法律行為受限制之人，指滿7歲以上之未成年人。

　　(2)**效力**：限制行為能力人之意思表示或契約行為，須經由法定代理人事先
　　　允許或事後承認，始生效力。限制行為能力人所做的法律行為，若純獲
　　　法律上利益或依其年齡及身分，日常生活所必需者，其行為有效。

　3.**無行為能力人**：

　　(1)**定義**：指完全無法律行為能力之人，可分為兩種：

A. 未滿7歲之未成年人。

B. 受監護宣告之人。

(2)**效力**：無行為能力人所做的法律行為無效，但事實行為（撿致遺失物）仍發生法律效果，其法律行為須由法定代理人代理。

4. **監護宣告**：

(1)**定義**：對於因精神障礙或其他心智缺陷，致不能為意思表示或受意思表示，或不能辨識其意思表示之效果者，法院得因本人、配偶、四親等內之親屬、最近一年有同居事實之其他親屬、檢察官、主管機關、社會福利機構、輔助人、意定監護受任人或其他利害關係人之聲請，為監護之宣告。

(2)**效力**：受監護宣告之人，即為無行為能力之人。受監護之原因消滅時，上述可聲請監護之人得以向法院撤銷其監護宣告。

5. **輔助宣告**：

(1)**定義**：對於因精神障礙或其他心智缺陷，致其為意思表示或受意思表示，或辨識其意思表示效果之能力，顯有不足者，法院得因本人、配偶、四親等內之親屬、最近一年有同居事實之其他親屬、檢察官、主管機關或社會福利機構之聲請，為輔助之宣告。

(2)**效力**：受輔助宣告之人從事民法第15-2條第1項所列行為時，應經輔助人同意。但對前項純獲法律上利益，或依其年齡及身分、日常生活所必需者，不在此限。受輔助之原因消滅時，法院應依上述可聲請權人之聲請，撤銷其宣告。

(三) **時效**（民§125～147）

1. **定義**：指一定的事實狀態，繼續經過一定期間，而發生特定效果的制度，分為取得時效與消滅時效。分述如下：

(1)**消滅時效**：因權利不行使所形成之無權利狀態，繼續達一定之期間，致使請求權失效之法律事實。

知識延伸
取得時效為物權的規定，消滅時效為物權及債權二者皆適用。

(2)**取得時效**：係使無權占有人因一定期間之繼續占有而取得他人之物的所有權或其他財產權，時效經過後當然取得動產所有權或得請求登記為不動產所有人。

2. 相關規定：

(1)時效因告知訴訟而中斷者，若於訴訟終結後，6個月內不起訴，視為不中斷。

(2)請求權時效期間之終止時，因天災或其他不可避免之事變，導致不能中斷其時效者，自妨礙事由消滅起，「1個月」內時效不完成。

(3)無行為能力者，或限制行為能力人，對於其法代之權利，於代理關係消滅「1年內」，其時效不完成。

 觀念補給站

消滅時效期間

請求 權種類	請求權 （一般）	利息、紅利、贍養費、租金及其他一年或不及一年之定期給付債權	住宿費、運費、診費、律師會計師報酬等
消滅 時效時間	15年	5年	2年

二、債篇

(一) 契約（民§153～§166-1）

1. **定義**：雙方當事人以發生債之關係為目的，相互所為之對立意思表示一致而成立之法律行為。

2. **成立要件**：

(1)**一般要件**：需具有法律行為成立要件及生效要件。

(2)**意思表示合致**：當事人互相表示意思一致者，無論其為明示或默示，契約即為成立。當事人對於必要之點，意思一致，而對於非必要之點，未經表示意思者，推定

知識延伸

契約若是不動產之轉移設定或變更之義務，應由公證人做公證書；若未做，如當事人已合意並完成登記，則一樣有效。

其契約為成立，關於該非必要之點，當事人意思不一致時，法院應依其
事件之性質定之。

(3)**例外規定**：契約以負擔不動產物權之移轉、設定或變更之義務為標的
者，應由公證人作成公證書。未依前項規定公證之契約，如當事人已
合意為不動產物權之移轉、設定或變更而完成登記者，仍為有效。

(二) **代理**（民§167～§171）

1. **定義**：在代理權限內，以被代理人名義向第三人意思表示時，其效力直接
歸屬於被代理人之行為。

2. **代理種類**：

(1)**法定代理**：非基於當事人之意思授予代理權，為法律規定的代理權。如
父母為未成年子女的法定代理人，監護人為受監護人之法定代理人。

(2)**意定代理**：基於本人之意思授予代理人代理權，普通之代理均屬於意
定代理。

(3)**有權代理**：代理行為基於法律的規定，或本人之授權。

(4)**無權代理**：越權代理行為，非基於法律規定亦未經本人授權之行為。無
代理權人以代理人之名義所為之法律行為，非經本人承認，對於本人不
生效力。前項情形，法律行為之相對人，得定相當期限，催告本人確答
是否承認，如本人逾期未為確答者，視為拒絕承認。無代理權人所為之
法律行為，其相對人於本人未承認前，得撤回之。但為法律行為時，明
知其無代理權者，不在此限。

(5)**表見代理**：未經本人授權，而以本人名義所為之代理，因此第三人可
以主張該法律行為之效力及於本人；但若第三人明知其無代理權還與
此發生法律行為，則不在此限。

(6)**共同代理**：共同代理是指代理人為2人或2人以上，代理權由2人或2人
以上共同行使。代理人有數人者，其代理行為應共同為之。但法律另
有規定或本人另有意思表示者，不在此限。

(三) **不當得利**（民§179～§183）

1. **定義**：無法律上之原因而受利益，致他人受損害者，原則上應返還其利
益。例外規定：

(1)給付係履行道德上之義務者。

(2)債務人於未到期之債務因清償而為給付者。

(3)因清償債務而為給付，於給付時明知無給付之義務者。

(4)因不法之原因而為給付者。但不法之原因僅於受領人一方存在時，不在此限。

2.**特殊規定**：

(1)不當得利之受領人，除返還其所受之利益外，如本於該利益更有所取得者，並應返還。但依其利益之性質或其他情形不能返還者，應償還其價額。

(2)不當得利之受領人，不知無法律上之原因，而其所受之利益已不存在者，免負返還或償還價額之責任。受領人於受領時，知無法律上之原因或其後知之者，應將受領時所得之利益，或知無法律上之原因時所現存之利益，附加利息，一併償還；如有損害，並應賠償。

(3)不當得利之受領人，以其所受者，無償讓與第三人，而受領人因此免返還義務者，第三人於其所免返還義務之限度內，負返還責任。

(四) 利率（民§203～§205）

約定利率	若約定利率超過年利率16%，債權人對於超過部分之利息則無請求權。
法定利率	若利率未約定，則年利率以5%計。
債務人期前清償權	約定利率超過年利率12%者，經1年後，債務人可以隨時清償原本，但需於1個月前預告債權人。

(五) 債務遲延（民§229～§241）

債務人因期限屆滿，而未給付，即為債務遲延。若遲延則債務人必須賠償因遲延所生之損害且支付遲延利息。

(六) 保全（民§242～§245）

代位權	指債務人怠於行使其權利時，債權人為保全債權，可以以自己的名義，行使債權人之權利之權。但專屬於債務人本身者（如受扶養之權利）則不在此限。
撤銷權	債務人所為之無償行為，有害及債權者，債權人得聲請法院撤銷之。債務人所為之有償行為，於行為時明知有損害於債權人之權利者，以受益人於受益時亦知其情事者為限，債權人得聲請法院撤銷之。債務人之行為非以財產為標的，或僅有害於以給付特定物為標的之債權者，不適用撤銷權之規定。

(七) **契約**（民§245-1～§293）

　　1. **締約過失責任**：契約未成立時，當事人有下列情況而損害他方當事人者，應負賠償責任。此損害賠償請求權，因「2年間」不行使而消滅。情況如下：

　　(1) 惡意隱匿與契約有關係之重要事項。

　　(2) 故意洩漏他方要求保密之秘密。

　　(3) 其他顯然違反誠實及信用方法者。

　　2. **附合契約**：依照當事人一方預定用於同類契約之條款而訂定之契約，為下列各款之約定，按其情形顯失公平者，該部分約定無效：

　　(1) 免除或減輕預定契約條款之當事人之責任者。

　　(2) 加重他方當事人之責任者。

　　(3) 使他方當事人拋棄權利或限制其行使權利者。

　　(4) 其他於他方當事人有重大不利益者。

　　3. **違約金**：

　　(1) 當事人為確保契約之履行為目的，約定債務人不履行債務時，應支付一定金額或金錢以外之給付者。

　　(2) 若債務人已償還部分債款，則法院可裁定減少違約金。

　　(3) 若約定之違約金過高，法院可裁減至適合的金額。

　　4. **解除權**：

　　(1) 解除權係指契約成立後，當事人之一方依契約之訂定或法律之規定，可以行使解除權，行使後則契約消滅。若契約當事人之一方有數人時，則解除之意思表示，應由全體或向其全體為之。

　　(2) 解除權不得撤銷。

　　(3) 解除權之行使，不妨礙損害賠償之請求，可以請求賠償因不履行所產生的一切損失。

(八) **債**（民§220～§344）

　　1. **定義**：特定人間請求一定行為或不行為之法律關係，債權為債權人對債務人請求一定行為之財產權；債務為債務人對債權人為特定行為之義務。

　　2. **連帶債務**：（民§271～§293）

　　(1) **意義**：數人負同一債務，明示對於債權人各負全部給付之責任者，為連帶債務。

(2)**給付請求權**：連帶債務之債權人，可對於債務人中之一人或數人或全體同時或先後，請求全部或一部份之給付。

(3)**連帶責任**：各債務人均負全部給付義務，如果沒有全部履行，全體債務人仍各負全部給付義務。

3. **債之消滅**：（民§307～§344）

(1)**債權讓與**：原則上，債權人可以將債權讓與第三人，但有些債權性質不得讓與，不在此限；又若契約有明定者，也不能讓與；債權禁止扣押者也不得讓與，債權讓與需將所有權利及方法一併轉移，且須通知債務人，否則不生效力。

(2)**債務承擔**：債務人將債務轉移給第三人，免除債務。

(3)**債之清償**：清償人依債務本旨實現債務內容，並使債之關係消除。清償人可為債務人、債務人之代理人或使用人、第三人、有利害關係之第三人。清償地：除了法律另有規定或契約另有訂定外，應符合下列原則：以給付特定物為標的者，於訂約時，其物所在地為之。其他之債，由債權人之住所地為之。

(4)**清償抵充**：

指定抵充	一人負擔數宗債務，且給付種類相同時，若債務人無法全數清償，則由清償人於清償時，指定其應抵充之債務。
法定抵充	若不為清償者，則必須遵守下列規定。債務已屆清償期者，應先抵充；債務均未到期或均已到期時，則以擔保最少者優先抵充，若擔保相同，則以債務人清償後能獲得最多利益的先抵充，而若利益相同時，則先到期的先抵充；最後，若情況皆相同，則各按比例，均先償還一部分（到期、擔保、利益、都相同就按比例）
抵充順序	先抵充費用，接著為利息，最後才是本金。

(5)**債之抵銷**：債務人對債權人有同種債務，而使其與自己所負之債務，按其數額交換而歸於消滅的行為，禁止扣押或約定向第三人支付之債務不得抵銷。

(6) **免除**：債權人向債務人表示免除其債務之意思者，債之關係消滅。

(7) **混同**：債權與其債務同歸一人時，債之關係消滅。但其債權為他人權利之標的或法律另有規定者，不在此限。

4. **各種之債**：（民§345～§463-1）

(1) **租賃**：當事人約定，一方以物租給他方，並收取租金為收益。不動產之租賃若超過一年，應以字據訂立之，若無，則視為不定期限之租賃。租賃契約不得超過20年，

超過則以20年計算；但可在快到期時重新更新。出租人於租賃物交付後，承租人占有中，縱將其所有權讓與第三人，其租賃契約，對於受讓人仍繼續存在。前項規定，於未經公證之不動產租賃契約，其期限逾5年或未定期限者，不適用之。

(2) **委任**：稱委任者，謂當事人約定，一方委託他方處理事務，他方允為處理之契約。受任人受概括委任者，得為委任人為一切行為。但為左列行為，須有特別之授權：

A. 不動產之出賣或設定負擔。　B. 不動產之租賃其期限逾2年者。

C. 贈與。　　　　　　　　　　D. 和解。

E. 起訴。　　　　　　　　　　F. 提付仲裁。

(3) **保證**：稱保證者，謂當事人約定，一方於他方之債務人不履行債務時，由其代負履行責任之契約。保證債務、利息、違約金、損害賠償及其他從屬於主債務之負擔保證人之權利，除法律另有規定外，不得預先拋棄。保證債務，除契約另有訂定外，包含主債務之利息、違約金、損害賠償及其他從屬於主債務之負擔。保證人之負擔，較主債務人為重者，應縮減至主債務之限度。另債權人拋棄為其債權擔保之物權者，保證人就債權人所拋棄權利之限度內，免其責任。但保證人對於因行為能力之欠缺而無效之債務，如知其情事而為保證者，其保證仍為有效。保證人可主張之權力如下：

A. 主債務人所有之抗辯，保證人得主張之。主債務人拋棄其抗辯者，保證人仍得主張之。

B. 保證人得以主債務人對於債權人之債權，主張抵銷。

  C. 主債務人就其債之發生原因之法律行為有撤銷權者，保證人對於債
   權人，得拒絕清償。

  D. 保證人於債權人未就主債務人之財產強制執行而無效果前，對於債權
   人得拒絕清償。有下列各款情形之一者，保證人不得主張本權利：
   a. 保證人拋棄前條之權利。
   b. 主債務人受破產宣告。
   c. 主債務人之財產不足清償其債務。

三、民事訴訟法

(一) 通常訴訟程序（民訴§244～§264）

第一審	第二審	第三審（終審）
地方法院（事實審）	高等法院（事實審）	最高法院（法律審）

(二) 小額訴訟程序（民訴§436-8～§436-32）

 1. **原則**：凡是原告向被告請求給付的內容，是金錢或其他代替物或有價證
  券，而且請求給付的金額或價額，在新臺幣10萬元以下的訴訟事件，適
  用小額程序。簡易訴訟程序之第二審程序，係由地方法院管轄。

 2. **例外**：

法院改用	法院認為適用小而程序不適當，得依職權改用簡易程序。
合意改用 小額程序	請求給付內容的金額或價額在新臺幣50萬元以下的訴訟事件，當事人雙方為求簡速審理，可以經過書面合意，要求法官改用小額程序審理，並且也是由原法官繼續審理。

(三) 民事訴訟費用（民訴§77-13～§77-27）

 1. **因財產權而起訴**：民事因財產權而起訴，其訴訟標的之金額或價額在新臺
  幣10萬元以下部分，徵收1,000元；逾10萬元至100萬元部分，每萬元徵收
  100元；逾100萬元至1,000萬元部分，每萬元徵收90元；逾1,000萬元至1億
  元部分，每萬元徵收80元；逾1億元至10億元部分，每萬元徵收70元；逾
  10億元部分，每萬元徵收60元；其畸零之數不滿萬元者，以萬元計算。

2. **抗告／再為抗告：**

抗告／再為抗告	第一審	第二、三審
	1,000元	1,000元

3. **聲請再審：**

聲請再審	第一審	第二、三審
	1,000元	1,000元

4. **各項聲請事件：**

聲請事件	第一審	第二、三審
聲請參加訴訟或駁回參加		1,000元
聲請回復原狀		1,000元
起訴前聲請證據保全	1,000元	—
聲請假扣押、假處分或撤銷假扣押、假處分裁定		1,000元
聲請公示催告、除權判決		—
聲請發支付命令	500元	—

＊依督促程序聲請發支付命令，必須向債務人住所地之法院聲請。

5. **聲請調解：**

標的金（價）額	徵收聲請費
未滿10萬元	免徵
10萬元以上～未滿100萬元	1,000元
100萬元以上～未滿500萬元	2,000元
500萬元以上～未滿1,000萬元	3,000元
1,000萬元以上	5,000元
非財產權事件	免徵

(四) **訴訟費用之負擔**（民訴§78～§86）

1. **原則**：原則上訴訟費用，由敗訴之當事人負擔，這是指當事人全部勝訴的情形而言。當當事人一部勝訴、一部敗訴者之情形，其訴訟費用，由法院酌量情形，命兩造以比例分擔或命一造負擔，或命兩造各自負擔其支出之訴訟費用。

2. **例外規定**：

   (1)被告對於原告關於訴訟標的之主張逕行認諾，並能證明其無庸起訴者，訴訟費用，由原告負擔。

   (2)因共有物分割、經界或其他性質上類似之事件涉訟，由敗訴當事人負擔訴訟費用顯失公平者，法院得酌量情形，命勝訴之當事人負擔其一部。

   (3)因下列行為所生之費用，法院得酌量情形，命勝訴之當事人負擔其全部或一部：

   　A. 勝訴人之行為，非為伸張或防衛權利所必要者。

   　B. 敗訴人之行為，按當時之訴訟程度，為伸張或防衛權利所必要者。

   (4)當事人不於適當時期提出攻擊或防禦方法，或遲誤期日或期間，或因其他應歸責於己之事由而致訴訟延滯者，雖該當事人勝訴，其因延滯而生之費用，法院得命其負擔全部或一部。

   (5)原告撤回其訴者，訴訟費用由原告負擔。其於第一審言詞辯論終結前撤回者，得於撤回後3個月內聲請退還該審級所繳裁判費三分之二。前項規定，於當事人撤回上訴或抗告者準用之。

   (6)當事人為和解者，其和解費用及訴訟費用各自負擔之。但別有約定者，不在此限。和解成立者，當事人得於成立之日起3個月內聲請退還其於該審級所繳裁判費三分之二。

   (7)共同訴訟人，按其人數，平均分擔訴訟費用。但共同訴訟人於訴訟之利害關係顯有差異者，法院得酌量其利害關係之比例，命分別負擔。共同訴訟人因連帶或不可分之債敗訴者，應連帶負擔訴訟費用。共同訴訟人中有專為自己之利益而為訴訟行為者，因此所生之費用，應由該當事人負擔。

   (8)因參加訴訟所生之費用，由參加人負擔。

牛刀小試

( ) **1** 依民法規定，有關承攬人之抵押權登記請求權之敘述，下列何者錯誤？ (A)承攬人之法定抵押權須為抵押權登記始得行使 (B)承攬人請求抵押權登記應由定作人配合辦理，但承攬契約已經公證者，承攬人得單獨申請 (C)承攬人為抵押權登記之請求於開始工作前亦得為之 (D)承攬人就修繕報酬不得請求抵押權登記。 【第26屆】

( ) **2** 依民法規定，配偶有相互繼承遺產之權，如與被繼承人之兄弟姐妹同為繼承時，其應繼分為遺產之若干？ (A)按人數平均 (B)三分之一 (C)二分之一 (D)三分之二。 【第37屆】

( ) **3** 依民法規定，有關債權請求權之消滅時效期間，下列敘述何者正確？ (A)時效期間不得以契約約定減短，但可以加長 (B)時效期間不得以契約約定加長，但可以減短 (C)時效期間得由簽約當事人依約定予以減短或加長 (D)時效期間不得由簽約當事人依約定予以減短或加長。 【第35屆】

( ) **4** 依民法規定，利害關係人的代償，債權人不得拒絕，下列何者不是利害關係人？ (A)借款人的兄弟姐妹 (B)借款人的保證人 (C)抵押物目前的所有權人 (D)抵押物的次順位抵押權人。 【第35屆】

( ) **5** 下列何者無中斷消滅時效之效力？ (A)因和解而傳喚 (B)申報破產債權 (C)聲請強制執行 (D)依督促程序，聲請發支付命令。 【第26屆】

( ) **6** 依民法規定，時效因請求而中斷者，若於請求後幾個月內不起訴，視為不中斷？ (A)三個月 (B)六個月 (C)九個月 (D)一年。 【第25屆】

(　) **7** 某甲對A銀行同時負有數筆借款債務,均由某乙保證,且均已屆清償期,某乙表示願意代某甲清償部分債務,如果某乙還款時未指定清償哪一筆債務,依民法規定,A銀行應如何決定清償哪一筆債務? (A)由A銀行自由決定 (B)先清償債務之擔保最少者 (C)先清償利率最低之債務 (D)按各筆債務金額比例清償。　　　　　　　　　　　【第25屆】

(　) **8** 租用基地建築房屋,承租人房屋所有權移轉時,其基地租賃契約效力如何? (A)租約即行終止 (B)租約對房屋受讓人仍繼續存在 (C)租約是否繼續有效,應由基地所有人決定 (D)房屋有抵押權設定時,租約繼續有效,否則租約應即終止。 【第32屆】

(　) **9** 有關債權請求權之消滅時效期間,下列敘述何者錯誤? (A)本金債權請求權,消滅時效期間為十五年 (B)利息請求權,消滅時效期間為五年 (C)違約金請求權,消滅時效期間為二年 (D)本票執票人對前手之票據債權請求權,消滅時效期間為一年。　　　　　　　　　　　　　　【第31屆】

(　) **10** 數人負同一債務,明示對於債權人各負全部給付之責任者,稱之為何? (A)破產債務 (B)可分債務 (C)連帶債務 (D)重整債務。　　　　　　　　　　　　　　　　【第36屆】

(　) **11** 依民法規定,債務清償人所提出之給付,其清償順序為何? (A)先抵充原本,次充利息,次充費用 (B)先抵充利息,次充原本,次充費用 (C)先抵充費用,次充利息,次充原本 (D)先抵充利息,次充費用,次充原本。　　　　【第31屆】

(　) **12** 對於一人負擔數宗債務,而其給付種類相同,如清償人提出之給付,不足清償全部債額,且清償人於清償時,亦不指定其應抵充之債務時,下列何者優先抵充? (A)利息較高者 (B)擔保品較少者 (C)債務已屆清償期者 (D)違約金較高者。　　　　　　　　　　　　　　【第22屆】

解答與解析

1 (D)。民法第513條規定:「承攬之工作為建築物或其他土地上之工作物,或為此等工作物之重大修繕者,承攬人得就承攬關係報酬額,對於其工作所附之定作人之不動產,請求定作人為抵押權之登記;或對於將來完成之定作人之不動產,請求預為抵押權之登記。……」選項(D)有誤。

2 (C)。配偶有相互繼承遺產之權,其應繼分,依下列各款定之:(1)與「被繼承人之直系血親卑親屬(第一順位)」同為繼承時,其應繼分,與他繼承人「平均」。(2)與「被繼承人之父母或兄弟姊妹」(第二、三順位)同為繼承時,其應繼分,為遺產「二分之一」。

3 (D)。民法第147條規定:「時效期間,不得以法律行為加長或減短之,並不得預先拋棄時效之利益。」

4 (A)。借款人的兄弟姐妹不是利害關係人。

5 (A)。民法第129條規定:「消滅時效,因左列事由而中斷:一、請求。二、承認。三、起訴。左列事項,與起訴有同一效力:一、依督促程序,聲請發支付命令。二、聲請調解或提付仲裁。三、申報和解債權或破產債權。四、告知訴訟。五、開始執行行為或聲請強制執行。」

6 (B)。民法第130條規定:「時效因請求而中斷者,若於請求後六個月內不起訴,視為不中斷。」

7 (B)。民法第321條規定:「對於一人負擔數宗債務,而其給付之種類相同者,如清償人所提出之給付,不足清償全部債額時,由清償人於清償時,指定其應抵充之債務。」本題因乙未指定,那A銀行基於對銀行債權保障的考量,先清償債務之擔保最少者,對A銀行最有利。

8 (B)。民法第425條規定:「出租人於租賃物交付後,承租人占有中,縱將其所有權讓與第三人,其租賃契約,對於受讓人仍繼續存在。……」

9 (C)。墊款、本金、違約金請求權消滅期限皆為15年。利息、紅利則為5年。

10 (C)。數人負同一債務，明示對於債權人各負全部給付之責任者，稱之為「連帶債務」。

11 (C)。民法第323條規定：「清償人所提出之給付，應先抵充費用，次充利息，次充原本；其依前二條之規定抵充債務者亦同。」

12 (C)。民法第322條規定：「清償人不為前條之指定者，依左列之規定，定其應抵充之債務：一、債務已屆清償期者，儘先抵充。二、債務均已屆清償期或均未屆清償期者，以債務之擔保最少者，儘先抵充；擔保相等者，以債務人因清償而獲益最多者，儘先抵充；獲益相等者，以先到期之債務，儘先抵充。三、獲益及清償期均相等者，各按比例，抵充其一部。」

焦點 **3**　金融控股公司法及金融機構合併法

一、金融控股公司法

(一) **金融控股公司**（金控§4）

　1.**定義**：指對一銀行、保險公司或證券商有控制性持股，並依金融控股公司法設立之公司。

　2.**控制性持股**：指持有一銀行、保險公司或證券商已發行有表決權股份總數或資本總額超過25%，或直接、間接選任或指派一銀行、保險公司或證券商過半數之董事。

> **知識延伸**
>
> 轉換為金融控股子公司，轉換為金融控股公司之金融機構應以「100%」股份轉換之。

(二) **轉換**（金控§4）：指營業讓與及股份轉換。

(三) **大股東及子公司**（金控§4、5）

　1.**大股東**：

　(1)指持有金融控股公司或其子公司已發行有表決權股份總數或資本總額「5%」以上者；股東為自然人時，其配偶及未成年子女之持股數應一併計入本人之持股計算。

　(2)**同一自然人之關係人**，其範圍如下：

　　A. 同一自然人與其配偶及二親等以內血親。

　　B. 前款之人持有已發行有表決權股份或資本額合計超過三分之一之企業。

　　C. 第一款之人擔任董事長、總經理或過半數董事之企業或財團法人。

(3)**同一法人之關係人，其範圍如下：**

　A. 同一法人與其董事長、總經理，及該董事長、總經理之配偶與二親等以內血親。

　B. 同一法人及前款之自然人持有已發行有表決權股份或資本額合計超過三分之一之企業，或擔任董事長、總經理或過半數董事之企業或財團法人。

　C. 同一法人之關係企業。

(4)**計算同一人或同一關係人持有金融控股公司、銀行、保險公司或證券商之股份或資本額時，不包含下列各款情形所持有之股份或資本額：**

　A. 證券商於承銷有價證券期間所取得，且於證券主管機關規定期間內處分之股份。

　B. 金融機構因承受擔保品所取得，且自取得日起未滿4年之股份或資本額。

　C. 因繼承或遺贈所取得，且自繼承或受贈日起未滿2年之股份或資本額。

2.**子公司：**

指下列公司：

(1)**銀行子公司**：指金融控股公司有控制性持股之銀行。

(2)**保險子公司**：指金融控股公司有控制性持股之保險公司。

(3)**證券子公司**：指金融控股公司有控制性持股之證券商。

(4)**金融控股公司持有已發行有表決權股份總數或資本總額超過50%，或其過半數之董事由金融控股公司直接、間接選任或指派之其他公司。**

(四) **授信之限制**（金控§44、45、57）

1.**無擔保授信之限制：**

(1)金融控股公司之銀行子公司及保險子公司對下列之人辦理授信時，不得為無擔保授信。

為擔保授信時，準用銀行法第33條規定：「一、該金融控股公司之負責人及大股東。二、該金融控股公司之負責人及大股東為獨資、合夥經營之事業，或擔任負責人之企業，或為代表人之團體。三、有半數以上董事與金融控股公司或其子公司相同之公司。四、該金融控股公司之子公司與該子公司負責人及大股東。」

(2)金融控股公司之負責人或職員，意圖為自己或第三人不法之利益，或損害金融控股公司之利益，而為違背其職務之行為，致生損害於公司財產或其他利益者，處3年以上10年以下有期徒刑，得併科新臺幣1,000萬元以上2億元以下罰金。其因犯罪獲取之財物或財產上利益達新臺幣1億元以上者，處7年以上有期徒刑，得併科新臺幣2500萬元以上五億元以下罰金。金融控股公司負責人或職員，2人以上共同實施前項犯罪行為者，得加重其刑至二分之一。

2. **擔保授信之限制**：上述對象授信條件不得優於其他同類之授信對象，而若授信超過規定金額，則需三分之二以上董事出席及出席董事四分之三以上同意（與銀行法相同）。擔保授信限額規定（與銀行法相同），規定如下：

> **知識延伸**
>
> 授信超過規定金額是指對同一授信客戶每筆或累計金額達新臺幣一億元或該銀行子公司或保險子公司淨值1%孰低者。

(1)**同一法人**：擔保授信總餘額不得超過各該銀行淨值之10%。

(2)**同一自然人**：擔保授信總餘額不得超過各該銀行淨值之2%。

(3)**利害關係人**：擔保授信總餘額不得超過各該銀行淨值1.5倍。

3. **授信以外之交易限制**：

(1)金融控股公司或其子公司與下列人員進行授信以外的交易時，其條件不得優於其他同類之對象，並應經公司三分之二以上董事出席及出席董事四分之三以上同意。

A. 該金融控股公司與其負責人及大股東。

B. 該金融控股公司之負責人及大股東為獨資、合夥經營之事業，或擔任負責人之企業，或為代表人之團體。

C. 該金融控股公司之關係企業與其負責人及大股東。

D. 該金融控股公司之銀行子公司、保險子公司、證券子公司及該等子公司負責人。

(2)金融控股公司之銀行子公司與上述關係人授信以外交易之額度限制：

單一關係人	交易金額不得超過銀行子公司淨值之10%。
所有利害關係人	交易總額不得超過銀行子公司淨值之20%。

(五) **申報主管機關**（金控§16）

1. **金融機構轉換為金融控股公司時：**金融機構轉換為金融控股公司時，同一人或同一關係人單獨、共同或合計持有金融控股公司已發行超過10%有表決權股份總數者。

2. **金融控股公司設立後：**金融控股公司設立後，同一人或同一關係人單獨、共同或合計持有金融控股公司已發行超過5%有表決權股份總數者，應自持有日起「10日內」申報；且超過後累積增減大於1%者也須申報。

3. **金融控股公司設立後：**金融控股公司設立後，同一人或同一關係人擬單獨、共同或合計持有金融控股公司已發行有表決權股份總數超過「10%」、「25%」、「50%」者，應事先申請核准。

二、金融機構合併法

(一) **金融機構**（金併§4）

指下列銀行業、證券及期貨業、保險業所包括之機構、信託業、金融控股公司及其他經主管機關核定之機構。

(二) **合併後調整期限**（金併§7）

1. **金融機構經主管機關許可合併後：**金融機構經主管機關許可合併後，因合併而有不符法令規定者，主管機關應命其限期調整。

2. **同一業別金融機構合併時：**同一業別金融機構合併時，調整期限最長為2年。但金融機構因合併而不符其他法令有關關係人授信或同一人、同一關係人或同一關係企業授信規定者，調整期限最長為5年。必要時，均得申請延長一次，並以2年為限。

(三) **概括承受與概括讓與**（金併§14）

金融機構之概括承受或概括讓與，準用金融機構合併法之規定；但若外國金融機構於合併、概括承受或概括讓與前，於境外發生損失，則不得依法扣除。

(四) **不良債權之處理方式**（金併§13）

因合併出售不良債權所受之損失，於申報所得稅時，得於15年內認列損失。

─────| **牛刀小試** |─────

(　) **1** 依金融控股公司法規定，持有一銀行、保險公司或證券商已發
行有表決權股份總數或資本總額超過多少百分比者，即所謂
「控制性持股」？ (A)百分之三 (B)百分之十 (C)百分之
十五 (D)百分之二十五。 【第26屆】

(　) **2** 依金融控股公司法規定，金融控股公司所有子公司對同一關係
企業為交易行為合計達一定金額或比率者，應於每營業年度
各季終了幾日內，向主管機關申報？ (A)三十日 (B)二十日
(C)十五日 (D)十日。 【第34屆】

(　) **3** 依金融機構合併法規定，資產管理公司就已取得執行名義之債
權，得就其債務人或第三人所提供第一順位抵押權之不動產，
委託下列何者公開拍賣？ (A)財政部 (B)中央銀行 (C)銀
行公會 (D)經主管機關認可之公正第三人。 【第27屆】

(　) **4** 依金融控股公司法規定，金融控股公司與該金融控股公司之銀
行子公司為授信以外之交易時，其條件不得優於其他同類對
象，並應經公司多少以上董事出席及出席董事多少以上之決議
後為之？
(A)三分之二、四分之三 (B)三分之二、二分之一 (C)二分
之一、三分之二 (D)四分之三、三分之二。 【第31屆】

(　) **5** 金融機構合併法有關合併後限期調整得申請延長之規定，下列
敘述何者正確？ (A)得申請延長一次，並以三年為限 (B)得
申請延長二次，並以二年為限 (C)得申請延長三次，並以三
年為限 (D)得申請延長一次，並以二年為限。 【第29屆】

解答與解析

1 (D)。金融控股公司法第4條規定：「本法用詞，定義如下：一、控制
性持股：指持有一銀行、保險公司或證券商已發行有表決權股份總數
或資本總額超過百分之二十五，或直接、間接選任或指派一銀行、保
險公司或證券商過半數之董事。……」

2 (A)。根據金融控股公司法第46條規定：「金融控股公司所有子公司對下列對象為交易行為合計達一定金額或比率者，應於每營業年度各季終了三十日內，向主管機關申報，並以公告、網際網路或主管機關指定之方式對外揭露。」

3 (D)。金融機構合併法第11條規定：「……金融機構或金融機構不良債權之受讓人，就已取得執行名義之債權，得就其債務人或第三人所提供第一順位抵押權之不動產，委託經主管機關認可之公正第三人公開拍賣，並不適用民法債編施行法第二十八條之規定。公開拍賣所得價款經清償應收帳款後，如有剩餘應返還債務人。……」

4 (A)。金融控股公司法第45條規定：「金融控股公司或其子公司與下列對象為授信以外之交易時，其條件不得優於其他同類對象，並應經公司三分之二以上董事出席及出席董事四分之三以上之決議後為之：……」

5 (D)。金融機構合併法第7條規定：「……前項同一業別金融機構合併時，調整期限最長為二年。但金融機構因合併而不符其他法令有關關係人授信或同一人、同一關係人或同一關係企業授信規定者，調整期限最長為五年。必要時，均得申請延長一次，並以二年為限。」

焦點 4 公司法

一、公司 (公§1、2、5、8)

(一) **公司的定義**：以營利為目的的社團法人。

(二) **主管機關**：本法所稱主管機關：在中央為經濟部；在直轄市為直轄市政府。沒有在中央的登記下不得設立公司。

(三) **公司種類與負責人**

	定義	負責人
無限公司	二人以上股東所組織，無限清償責任。	執行業務或代表公司之股東
有限公司	由一人以上股東所組織，就其出資額為限，對公司負其責任之公司。	董事

	定義	負責人
兩合公司	一人以上無限責任股東與一人以上有限責任股東所組織,其無限責任股東對公司債務負連帶無限清償責任;有限責任股東就其出資額為限,對公司負其責任之公司。	執行業務或代表公司之股東
股份有限公司	兩人以上股東或政府、法人股東一人所組成,全部資本分為股份;股東就其所認股份,對公司負其責任之公司。	董事

此外,在執行職務範圍內,經理人、清算人、股份有限公司的發起人、監察人、檢查人、重整人或重整監督人都能算是公司的負責人。

二、公司的相關限制

(一) 業務與貸款限制(公§15)

公司之資金,除了以下情況外不得借給任何人:

1.公司間與行號間有業務往來者。

2.公司間與行號間有短期融通資金之必要者,融資金額不得超過貸與企業淨值的40%。

(二) 保證之限制(公§16)

除非因為其他法律或公司章程規定,否則公司不得當保證人。

(三) 股份轉讓之限制(公§163)

公司股份的轉讓,不能以章程禁止或限制。但非於公司設立登記後,不得轉讓。

(四) 股東名簿變更之限制(公§165)

股東名簿會因轉讓而變更,但下列情況股東名簿不得變更:

1.股東常會開會前「30日內」;公開發行公司則為「60日內」。

2.股東臨時會開會前「15日內」;公開發行公司則為「30日內」。

3.公司決定配息、紅利或其他利益基準日的前「5日內」。

(五) 公司收回股份之限制(公§158、167、167-1、167-2、167-3、186、235、317)

1.除下列情況外,公司不得將股份收回或收買:

(1)公司所發行的可收回特別股。

(2)公司營業有所變更或讓與財產時,於股東會表達反對者可以請公司以市價購回其所有股份。

(3)收買之股份轉讓於員工為員工酬勞。

(4)法人股東遭清算或宣告破產時,公司可以按市價購回

2. 上述第(2)及第(3)項,公司所收回之股份需在「6個月內」按市價售出,否則視為未發行。

3. 公司可經董事會三分之二以上出席且出席者過半同意後,收買其股份。但收買股份不得超過已發行總數的5%,總金額不得超過保留盈餘和已實現資本公積加起來的金額,並需於「3年內」轉讓給員工,否則視為未發行。

4. 公司可經董事會三分之二以上出席且出席者過半同意後,與員工簽訂認股權契約,約定一定時間內員工可以依約定價格購入公司股票。員工購入後不得轉讓,但若是因繼承者,則可轉讓。

三、董事與董事會

(一) **人數**(公§108、208)

董事	公司應至少置董事1人執行業務並代表公司,最多置董事3人,應經股東表決權三分之二以上之同意,就有行為能力之股東中選任之。
常務董事	三分之二董事出席,出席的董事互選,至少3人,最多不能超過董事會的三分之一。
董事長	未設常務董事,則由董事互選;若有常務董事,則常務董事互選。皆必須三分之二以上出席,出席的過半同意,互選出一個董事長。董事長為股東會、董事會及常務董事會的主席,對外則代表公司。

(二) **任期**(公§195)

不得超過3年,但可以連任。

(三) **缺額補選**(公§201)

董事缺額達三分之一時,董事會應於「30日內」召集股東臨時會補選;若是公開發行公司,則應於「60日內」補選。

(四) **股份轉讓**（公§197）

　　1.董事經選任後，應向主管機關申報，其選任當時所持有之公司股份數額；公開發行股票之公司董事在任期中轉讓超過選任當時所持有之公司股份數額二分之一時，其董事當然解任。

　　2.董事在任期中其股份有增減時，應向主管機關申報並公告之。

　　3.公開發行股票之公司董事當選後，於就任前轉讓超過選任當時所持有之公司股份數額二分之一時，或於股東會召開前之停止股票過戶期間內，轉讓持股超過二分之一時，其當選失其效力。

(五) **召集**（公§203、211）

　　1.每屆第一次董事會應於改選後「15日內」召集。

　　2.公司虧損達實收資本額的二分之一時，董事會應立即召集股東報告及召集開會。

(六) **決議**（公§202）

　　公司業務之執行，除公司法與公司章程規定外，均由董事決議。

四、公司債

(一) **發行公司債決議**（公§246）

　　公司經董事會決議後，得募集公司債。但須將募集公司債之原因及有關事項報告股東會。應由三分之二以上董事之出席，及出席董事過半數之同意行之。

(二) **總額限制**（公§247）

　　1.**公司債總額**：公開發行股票公司之公司債總額，不得逾公司現有全部資產減去全部負債後之餘額。若公司資產9億元，全部負債為5億元，則可發行的總額為4億元。

　　2.**無擔保公司債總額**：不得超過公司現有全部資產減去全部負債後餘額的「二分之一」。

> **知識延伸**
>
> 公開發行股票公司之公司債總額，不得逾公司現有全部資產減去全部負債後之餘額。
> 無擔保公司債之總額，不得逾前項餘額二分之一。

(三) **公司債之禁止**（公§249、250）

　　1.**公司有下列情況者，不得發行公司債：**

　　　(1)對於前已發行之公司債或其他債務有違約或遲延支付本息之事實，尚在繼續中者。

(2)最近3年或開業不及3年之開業年度課稅後之平均淨利，未達原定發行之公司債應負擔年息總額之1%者。但經銀行保證發行之公司債不受限制。

2. **公司有下列情況者，不得發行無擔保公司債：**

(1)對於前已發行之公司債或其他債務，曾有違約或遲延支付本息之事實已了結，自了結之日起3年內。

(2)最近3年或開業不及3年之開業年度課稅後之平均淨利，未達原定發行之公司債，應負擔年息總額之150%。

五、公司重整

(一) **重整之公司**（公§282）

公開發行股票或公司債的公開發行公司，可以聲請重整。

(二) **重整的申請及要件**（公§282）

1. **重整的要件**：因財務困難、暫停營業或有停業之虞，而有重建更生之可能者，則可以聲請重整。

2. **重整之聲請：**

(1)**重整必須由公司或關係人提出聲請**：公司提出必須經由董事會三分之二以上出席且出席者二分之一同意。關係人為：持續6個月以上持有已發行股份10%以上的股東或擁有公司已發行股份總數金額10%以上的公司債債權人。

(2)**重整必須向法院提出申請。**

(三) **選任檢查人**（公§285）

1. 法院接到重整申請後於裁定前應先選任檢查人，檢查人應對公司業務有專門學識或經營經驗，而非利害關係人。

2. 檢查人必須就公司之業務、財務、資產等情況加以調查，並於「30日內」調查完畢。

(四) **重整裁定**（公§285-1）

1. 法院依檢察人的報告，並參考目的事業主的主管機關及相關機關團體的意見後，於受理聲請後的「120日內」做出准許或駁回的裁定；此期間可延長，每次不超過30日，延長以2次為限。

2. 有下列情況之一者，法院應裁定駁回重整的聲請：

(1)聲請書所記載事項有虛偽不實者。

(2)依公司業務及財務狀況無重建更生之可能者。

(五) 重整監督人及重整人（公§289、290）

1. 法院裁定重整時，應就公司業務選任具有專業學識及經營經驗或金融機構為「重整監督人」，並訂定下列事項：

    (1)債權及股東權之申報日及場所，期間應在裁定日起「10日」以上「30日」以下。

    (2)所申報債權及股東權之審查期日及場所，應該申報期間屆滿後的「10日」以內。

    (3)第一次關係人會議期日及場所，應在申報期間「30日」以內。

2. 重整人由法院就債權人、股東、董事、目的事業中央主管機關或證券管理機關之專家中選派。

3. 重整人有數人時，則事務之決定須由重整人過半數同意。

4. 重整人執行職務時應受重整監督人的監督，若有違法，重整監督人可以向法院申請解除其職務。

5. 重整人為下列行為時，應於事前徵得重整監督人之許可：

    (1)營業行為以外之公司財產之處分。

    (2)公司業務或經營方法之變更。

    (3)借款。

    (4)重要或長期性契約之訂立或解除，其範圍由重整監督人定之。

    (5)訴訟或仲裁之進行。

    (6)公司權利之拋棄或讓與。

    (7)他人行使取回權、解除權或抵銷權事件之處理。

    (8)公司重要人事之任免。

    (9)其他經法院限制之行為。

(六) 重整裁定之效力（公§293、294）

1. 重整裁定送達公司後，公司業務的經營及財產的管理權力交由重整人，由重整監督人監督交接，並聲報法院，且公司股東會、董事及監察人的職務皆暫停。

2. 公司董事、經理人、監察人或職員有下列行為者，處1年以下有期徒刑、拘役或課或併科6萬元以下罰金：

    (1)拒絕移交。

    (2)隱匿或毀損有關公司業務或財務狀況之帳冊文件。

(3)隱匿或毀棄公司財產或為其他不利於債權人之處分。

(4)無故對前項詢問不為答覆。

(5)捏造債務或承認不真實之債務。

3. 重整裁定後，公司之破產、和解、強制執行等訴訟皆停止。

(七) **重整債權**（公§296）

1. 對公司的債權，若是在重整裁定前就成立，則為重整債權。依法享有優先受償權者，為優先重整債權；有抵押質權為擔保者，為有擔保重整債權，無此項擔保，則為無擔保重整債權。各項債權，非依重整程序，均不得行使權利。

2. 取回權、解除權或抵銷權之行使，應向重整人為之。

(八) **重整關係人**（公§300）

1. 重整關係人為公司股東及重整債權人。關係人會議由重整監督人擔任主席且召集，並於「5日前」訂明會議事由及通知重整關係人。

2. 關係人會議開會時，公司負責人及重整人應到場備詢。

(九) **重整計畫**（公§303～306）

1. 重整人應擬定重整計畫，連同公司業務及財務報表，提請第一次關係人會議審查。

2. 重整計畫之執行，除債務清償期限外，自法院裁定認可確定之日起算不得超過1年；其有正當理由，不能於1年內完成時，得經重整監督人許可，聲請法院裁定延展期限；期限屆滿仍未完成者，法院得依職權或依關係人之聲請裁定終止重整。

3. 重整計畫經關係人會議同意後（三分之二以上同意），重整人應聲請法院裁併認可後執行，並報主管機關備查；經法院認可之計畫，對於公司及關係人均有約束力，所記載之項目可強制執行。

4. 重整計畫未得關係人會議有表決權各組之可決時，重整監督人應即報告法院，法院得依公正合理之原則，指示變更方針，命關係人會議在1個月內再予審查。

(十) **終止重整**（公§307）

1. 重整計畫因情勢變遷或有正當理由導致不能或無須執行時，法院可因重整監督人、重整人或關係人的聲請，要求關係人再次審查，若顯示無重整隻可能或必要者，可以裁定終止重整。

2.法院為終止重整之裁定，應檢同裁定書通知主管機關；裁定確定時，主管機關應即為終止重整之登記；其合於破產規定者，法院得依職權宣告其破產。

(十一) **重整後效力** (公§311)

1.已申報之債權未受清償部分，除依重整計畫處理，移轉重整後之公司承受者外，其請求權消滅；未申報之債權亦同。

2.股東股權經重整而變更或減除之部分，其權利消滅。

3.重整裁定前，公司之破產、和解、強制執行及因財產關係所生之訴訟等程序，即行失其效力。但公司債權人對公司債務之保證人及其他共同債務人之權利，不因重整而受影響。

┃ **牛刀小試** ┃

(　) **1** 依公司法規定，股份有限公司董事長請假時，下列敘述何者錯誤？　(A)有副董事長時，由副董事長代理之　(B)無副董事長或副董事長亦請假或因故不能行使職權時，由董事長指定常務董事；其未設常務董事者，指定董事一人代理之　(C)未設副董事長，亦未指定代理人者，由常務董事（未設常務董事者，由董事）互推一人代理之　(D)不論有無副董事長，或有無指定代理人，均應由常務董事（未設常務董事者，由董事）互推一人代理之。　　　　　　　　　【第26屆】

(　) **2** 股份有限公司業務之執行，除公司法或章程另有規定外，由下列何者決議行之？　(A)董事長　(B)董事會　(C)監察人會　(D)總經理。　　　　　　　　　【第34屆】

(　) **3** 依公司法規定裁定重整後，對公司正進行中之強制執行程序之效力為何？　(A)無效　(B)繼續有效　(C)當然停止　(D)得撤銷之。　　　　　　　　　【第25屆】

(　) **4** 依公司法規定，有關股份轉讓之敘述，下列何者錯誤？　(A)公司股份之轉讓，得以章程禁止或限制之　(B)非於公司設立登記後，不得轉讓　(C)公司因合併或分割後，新設公司發

起人之股份得轉讓 (D)原則上發起人之股份非於公司設立登記一年後，不得轉讓。 【第31屆】

( ) **5** 依公司法規定，公司除依其他法律或公司章程規定得為保證者外，其權利能力如何？ (A)不得為任何保證人 (B)僅得為自然人之保證人 (C)僅得為法人之保證人 (D)得為自然人或法人之保證人。 【第32屆】

( ) **6** 依公司法規定，法院應於收受重整聲請後幾日內，為准許或駁回重整之裁定？ (A)30日 (B)60日 (C)90日 (D)120日。 【第34屆】

( ) **7** 重整裁定送達公司後，公司業務之經營及財產之管理處分權移屬於何人？ (A)重整人 (B)重整監督人 (C)檢查人 (D)重整人及重整監督人。 【第23屆】

( ) **8** 依公司法規定，公開發行股票公司，因財務困難，至少應有相當於已發行股份總數金額百分之幾以上之公司債權人始得向法院聲請公司重整？ (A)三十 (B)二十 (C)十五 (D)十。 【第23屆】

( ) **9** 公司法有關股份有限公司董事及董事會之規定，下列敘述何者錯誤？ (A)董事長對內為股東會、董事會及常務董事會主席，對外代表公司 (B)公司業務之執行，除公司法或章程規定應由董事會決議之事項外，均應由股東會決議行之 (C)常務董事於董事會休會時，依法令、章程、股東會決議及董事會決議，以集會方式經常執行董事會職權，由董事長隨時召集，以半數以上常務董事之出席，及出席過半數之決議行之 (D)董事長因故不能行使職權時，原則上由副董事長代理之。 【第33屆】

( ) **10** 依公司法規定，下列何者在執行職務範圍內，亦為公司之負責人？ (A)無限公司之發起人 (B)兩合公司之監察人 (C)有限公司之檢查人 (D)股份有限公司之重整人。 【第29屆】

解答與解析

1 (D)。公司法第208條規定：「……董事長對內為股東會、董事會及常
務董事會主席，對外代表公司。董事長請假或因故不能行使職權時，
由副董事長代理之；無副董事長或副董事長亦請假或因故不能行使職
權時，由董事長指定常務董事一人代理之；其未設常務董事者，指定
董事一人代理之；董事長未指定代理人者，由常務董事或董事互推一
人代理之。……」選項(D)有誤。

2 (B)。公司法第202條規定：「公司業務之執行，除本法或章程規定應
由股東會決議之事項外，均應由董事會決議行之。」

3 (C)。公司法第294條規定：「裁定重整後，公司之破產、和解、強制
執行及因財產關係所生之訴訟等程序，當然停止。」

4 (A)。公司法第163條規定：「公司股份之轉讓，除本法另有規定外，
不得以章程禁止或限制之。但非於公司設立登記後，不得轉讓。」

5 (A)。公司法第16條規定：「公司除依其他法律或公司章程規定得為保
證者外，不得為任何保證人。公司負責人違反前項規定時，應自負保
證責任，如公司受有損害時，亦應負賠償責任。」

6 (D)。法院重整裁定於受理聲請後的「120日內」做出准許或駁回的裁
定；此期間可延長，每次不超過30日，延長以二次為限。

7 (A)。公司法第293條規定：「重整裁定送達公司後，公司業務之經營及
財產之管理處分權移屬於重整人，由重整監督人監督交接，並聲報法
院，公司股東會、董事及監察人之職權，應予停止。……」

8 (D)。公司法第282條規定：「公開發行股票或公司債之公司，因財務
困難，暫停營業或有停業之虞，而有重建更生之可能者，得由公司或
左列利害關係人之一向法院聲請重整：一、繼續六個月以上持有已發
行股份總數百分之十以上股份之股東。二、相當於公司已發行股份總
數金額百分之十以上之公司債權人。公司為前項聲請，應經董事會以
董事三分之二以上之出席及出席董事過半數同意之決議行之。」

9 (B)。公司法第202條規定：「公司業務之執行，除本法或章程規定應由
股東會決議之事項外，均應由董事會決議行之。」

10 (D)。公司法第8條規定：「本法所稱公司負責人：在無限公司、兩合公司為執行業務或代表公司之股東；在有限公司、股份有限公司為董事。公司之經理人或清算人，股份有限公司之發起人、監察人、檢查人、重整人或重整監督人，在執行職務範圍內，亦為公司負責人。公司之非董事，而實質上執行董事業務或實質控制公司之人事、財務或業務經營而實質指揮董事執行業務者，與本法董事同負民事、刑事及行政罰之責任。但政府為發展經濟、促進社會安定或其他增進公共利益等情形，對政府指派之董事所為之指揮，不適用之。」所以，股份有限公司之重整人也是公司負責人。

焦點 5 票據法

一、票據的種類（票§2～4）

	定義	當事人
匯票	發票人簽發一定金額，委託付款人於指定到期日，無條件支付受款人或執票人之票據。	發票人 付款人 受款人
本票	發票人簽發一定金額，於指定到期日，由自己無條件支付受款人或執票人之票據。	發票人 受款人
支票	發票人簽發一定金額，委託金融業者於見票時，無條件支付受款人或執票人之票據。	發票人 付款人 受款人

知識延伸

1. 票據之功能：
   (1)匯兌功能。
   (2)信用功能。
   (3)支付功能。
2. 票據係指發票人依票據法之規定，簽發以無條件支付一定金額為目的之有價證券。

二、票據責任與效力（票§5、11、12、28、29）

(一) 票據責任

1. **票據依票上所載文義負責**：在票據上簽名者，不論是本名、藝名、筆名，或只簽姓、或只簽名，都應負責。

2. **票據的共同責任**：二人以上共同簽名者，應連帶負責。
3. **匯票特殊記載的責任**：匯票發票人擔保承兌及付款，但得依特約免除擔保之責，此項特約應載明於匯票。匯票上有免除擔保付款之記載者，其記載無效。

(二) **票據效力**

1. 欠缺本法所規定票據上應記載事項之一者，其票據無效。但本法別有規定者，不在此限。
2. 票據上記載本法所不規定之事項者，不生票據上之效力。
3. 票據金額以文字表示，金額若有錯誤不得改寫，應直接作廢；若其他記載需改寫，應於改寫處簽名蓋章。
4. 票據上雖有無行為能力人或限制行為能力人的簽名，但不影響其他人簽名的效力。
5. 發票人得記載對於票據金額支付利息及其利率。利率未經載明時，定為年利六釐。利息自發票日起算。但有特約者，不在此限。
6. 票據債務人不得因自己與發票人或執票人之前手間所存在抗辯之事由來對抗執票人。但執票人取得票據是出於惡意者，則不在此限。例如：甲跟乙訂貨而簽發支票給乙，經乙背書後將支票轉讓給丙），若乙未如預期出貨給甲，則甲不得因自己與乙之間的糾紛而拒絕此張票據的責任，亦即甲還是得付款給丙。

三、票據權力

(一) **執票人之權力**（票§22、42）

執票人之權利
- **付款請求權**：執票人向付款人出示票據請求其付款之權利。
- **追索權**：票據不獲付款或不獲承兌或其他原因時，執票人得向其背書人、前手或發票人請求償還票據金額及利息費用之權利。

(二) 票據的消滅時效（票§22、42）

1. 付款請求權：

票據	權利人	義務人	時效	
			期間	起算日
匯票	執票人	承兌人	3年	自到期日起算
本票	執票人	發票人		一般：自到期日起算 見票即付：自發票日起算
支票	執票人	發票人	1年	自發票日起算

2. 追索權：

(1) 起算日：

票據	權利人	義務人	時效	
			期間	起算日
匯票	執票人	前手	1年	自作成拒絕證書日起算。若免除拒絕證書，匯票及本票自到期日起算；支票自提示日起算。
本票	執票人	前手		
支票	執票人	前手	4個月	
匯票	背書人	前手	6個月	自為清償之日或被訴之日起算。

(2) 重要規定：（票§85、99、104、131）

A. 執票人若為發票人，對其前手無追索權。

B. 執票人若為背書人，對其後手無追索權。

C. 匯票到期不獲付款時，執票人於行使或保全匯票上權利之行為後，對於背書人、發票人及匯票上其他債務人得行使追索權。有下列情形之一者，雖在到期日前，執票人亦得行使前項權利：

　a. 匯票不獲承兌時。

　b. 付款人或承兌人死亡、逃避或其他原因無從為承兌或付款提示時。

　c. 付款人或承兌人受破產宣告時。

　　D. 執票人不在法定期間內行使或保全匯票及本票上的權利時，對前手喪失追索權，但對發票人還是有追索權。

　　E. 執票人不在約定期間內行使或保全匯票及本票上的權利時，對發票人喪失追索權，但對其他人如前手，還是有追索權。

　　F. 支票執票人不在法定提示期間內提示或未在拒絕付款日或其後5日內請求作成拒絕證書者，喪失對發票人以外之前手的追訴權。

　　G. 追索權的行使不需依債務之先後順序，執票人可兌發票人、承兌人、背書人及其他票據債務人間的任何一人或全體行使追索權，稱為「飛越追索」。

　　H. 執票人對債務人之一追索時，在追索未果前仍可對發票人行使追索權，稱為轉向追索。

　　I. 向本票發票人行使追索權時，可申請法院裁定後強制執行。

　　J. 有追索權的人：
　　　　a.執票人。
　　　　b.因被追索但清償後的票據債務人。
　　　　c.清償後的保證人。
　　　　d.參加付款人。

　　K. 償還義務人：追索權的償還義務人為承兌人、背書人、發票人即匯票上其他債務人。

　　L. 追索之金額：
　　　　a.執票人向匯票債務人行使追索權時可要求下列金額。
　　　　b.被拒絕付款的匯票金額及約定利息。
　　　　c.自到期日起如無約定利率者，依年利6%計算。
　　　　d.作成拒絕證書與通知的其他必要費用。

　　M.因執票人追索而清償者，可向承兌人或前手請求下列金額：
　　　　a.所支付之總金額。
　　　　b.利息。
　　　　c.所支出之必要費用。

(三) 票據提示（票§22、42、45、69、130）

　　1.**提示的定義**：票據執票人為行使票據權利而向付款人出示票據的動作。若匯票或本票上載有「擔當付款人」時，應向擔當付款人提示。

2. 提示之期限：

(1) **匯票及本票之提示期限**：均為到期日或其後「2日內」內，為付款之提示。

(2) 見票後定期付款之匯票，應自發票日起6個月內為承兌之提示。期限，發票人得以特約縮短或延長之。但延長之期限不得逾6個月。

(3) **支票之提示期限**：

    A. 發票地與付款地在同一省（市）區內者，發票日後7日內。

    B. 發票地與付款地不在同一省（市）區內者，發票日後15日內。

    C. 發票地在國外，付款地在國內者，發票日後2個月內。

3. **對執票人未於期限內提示的後果**：

(1) **匯票及本票**：喪失追索權，但還是有付款請求權。

(2) **支票**：

    A. 對背書人喪失追索權。

    B. 賠償因執票人沒有提示而使發票人受損失的金額，但金額不得超過票據之金額。

    C. 發票人可向委託付款的金融機構撤銷委託，執票人無法從付款機構拿到錢。

    D. 金融機構可拒絕付款給執票人，不需負法律上的責任。

(四) **拒絕證書**（票§20、22、87）

1. 拒絕證書由執票人請求拒絕付款地之法用公證處、商會或銀行公會作成。

2. 支票執票人被拒絕後，如要保有追索權，則必須在拒絕付款日或其後5天內請求作成拒絕證書；若未在期限內請求，則對發票人以外的前手皆喪失追索權。

四、票據代理（票§9、10）

(一) **有權代理**：代理人代理發票時，應記載本人名義及表示代理之意旨，並由代理人簽名蓋章。

(二) **無權代理**：代理人未載明為本人代理之旨而簽名於票據者，應自負票據上之責任。

五、票據背書（票§30～41）

(一) **定義**：執票人在票據背面簽名蓋章後，將票據交付他人以轉讓票據權利的行為。

(二) **背書的效力**

　1. **到期日前背書**：有完全之效力，即因背書而發生的票據權益轉移、擔保及證明的效力。

　2. **到期日後背書**：僅有通常債權轉讓之效力。

(三) **禁止背書**：記名匯票發票人有禁止轉讓之記載者，不得轉讓。背書人於票上記載禁止轉讓者，仍得依背書而轉讓之。但禁止轉讓者，對於禁止後再由背書取得匯票之人，不負責任。

(四) **背書附記條件**：有附記條件的背書，視為無記載。

(五) **部分背書**：記載部分背書之票據，不生效力。

(六) **背書之塗銷**

　1. 塗銷之背書，不影響背書之連續者，對於背書之連續，視為無記載。

　2. 塗銷之背書，影響背書之連續者，對於背書之連續，視為未塗銷。

　3. 執票人故意塗銷背書者，其被塗銷之背書人，及其被塗銷背書人名次之後而於未塗銷以前為背書者，均免其責任。

(七) **票據保證（含保付支票）**（票§58～64）

　1. **保付支票**：指付款人（金融機構）於支票上記載保證支付之意旨並簽名蓋章，一經保付，金融機構應負絕對責任。

> **知識延伸**
>
> 1. 保付僅適用於支票。
> 2. 票據保證僅適用於匯票及本票。

　2. **票據保證**：

　　指債務人以外的任何人於票據上簽名蓋章，保證債務之履行，保證的責任如下：

　　(1)保證人與被保人負同一責任。

　　(2)2人以上為保人時，均應負連帶責任。

　　(3)票據保證有獨立性，只要票據形式有效，保證人仍須負責。

　　(4)保證人於清償債務後可對被保人及其前手追索，被保人與前手均不得以對抗執票人的事由對抗保證人。

(八) **平行線支票**（票§139）

1. **定義**：支票在正面劃兩條平行線者，稱為平行線支票。

2. **取款方式**：劃平行線支票之執票人，如非金融業者，應將該項支票存入其在金融業者之帳戶，委託其代為取款。支票上平行線內，記載特定金融業者，應存入其在該特定金融業者之帳戶，委託其代為取款。

> **知識延伸**
>
> 平行線支票必須由發票人撤銷，但經背書轉讓後則不得撤銷。

3. **撤銷**：劃平行線之支票，得由發票人於平行線內記載照付現款或同義字樣，由發票人簽名或蓋章於其旁，支票上有此記載者，視為平行線之撤銷。但支票經背書轉讓者，不在此限。

(九) **票據付款**（票§24、26、29、69、70、73）

1. 匯票及本票之發票人可以於付款人外，記載一人為擔當付款人，支票則不行。

2. 匯票上有免除擔保付款之記載者，其記載無效。

> **知識延伸**
>
> 匯票及支票應記載付款人，本票則不用。

3. 匯票上有擔當付款人時，則付款提示應找擔當付款人。

4. 執票人原則上應於到期日或其後兩天內提示，但付款經執票人同意後可以延期，但延期最長為提示後3日為限。

5. 到期日前若要提前付款，執票人可以拒絕，但若是一部分的付款，執票人不得拒絕。

│ 牛刀小試 │

( ) 1 依票據法規定，二人於票據上共同簽名時，應如何負擔票據責任？ (A)各負擔二分之一 (B)依簽名先後決定應負責之順位 (C)由法院裁定該二人負擔比例 (D)該二人應連帶負責。 【第31屆】

( ) 2 依票據法規定，支票執票人未於法定期限內為付款提示，對於下列何者喪失追索權？ (A)全體債務人 (B)承兌人 (C)保證人 (D)發票人以外之前手。 【第31屆】

(　　) **3** 依票據法規定，執票人應於本票到期日或其後幾日內為付款之提示？　(A)二日　(B)三日　(C)四日　(D)五日。　　【第31屆】

(　　) **4** 依票據法規定，票據上記載本法所不規定之事項者，其效力如何？　(A)自始不生效力　(B)背書後生效　(C)絕對不生效力　(D)不生票據上之效力。　　【第30屆】

(　　) **5** 下列何種支票不受付款提示期限之限制？　(A)普通平行線支票　(B)特別平行線支票　(C)保付支票　(D)本行支票。　　【第30屆】

(　　) **6** 依票據法規定，本票發票人所負責任，與下列何者所負責任相同？　(A)匯票背書人　(B)匯票發票人　(C)匯票承兌人　(D)本票背書人。　　【第30屆】

(　　) **7** 依票據法規定，見票後定期付款之本票，其提示期限必須在發票日起幾個月內？　(A)二個月　(B)三個月　(C)四個月　(D)六個月。　　【第30屆】

(　　) **8** 票據上之記載，下列哪一項原記載人於交付前不得改寫？
(A)發票日　　　　　　　(B)到期日
(C)禁止背書轉讓之記載　(D)金額。　　【第24屆】

(　　) **9** 依票據法規定，下列敘述何者正確？　(A)匯票一部分之付款，執票人得拒絕之　(B)匯票上有免除擔保付款之記載者，其記載有效　(C)以重大過失取得票據者，仍得享有票據上之權利　(D)塗銷之背書，不影響背書之連續者，對於背書之連續，視為無記載。　　【第24屆】

(　　) **10** 依票據法規定，執票人應於本票到期日或其後幾日內為付款之提示？　(A)二日　(B)三日　(C)七日　(D)十五日。　【第24屆】

解答與解析

1 (D)。票據法第5條規定：「在票據上簽名者，依票上所載文義負責。二人以上共同簽名時，應連帶負責。」

2 (D)。票據法第122條規定：「……執票人不於第四十五條所定期限內為見票之提示或作成拒絕證書者，對於發票人以外之前手，喪失追索權。」

3 (A)。票據法第69條規定：「執票人應於到期日或其後二日內，為付款之提示。……」

4 (D)。票據法第12條規定：「票據上記載本法所不規定之事項者，不生票據上之效力。」

5 (C)。(1)票據法第138條規定：「……依第一項規定，經付款人保付之支票，不適用第十八條、第一百三十條及第一百三十六條之規定。」票據法第130條規定：「……支票之執票人，應於左列期限內，為付款之提示：一、發票地與付款地在同一省（市）區內者，發票日後七日內。二、發票地與付款地不在同一省（市）區內者，發票日後十五日內。三、發票地在國外，付款地在國內者，發票日後二個月內。」
(2)保付支票不受付款提示期限之限制。

6 (C)。票據法第121條規定：「本票發票人所負責任，與匯票承兌人同。」

7 (D)。票據法第45條規定：「見票後定期付款之匯票，應自發票日起六個月內為承兌之提示。前項期限，發票人得以特約縮短或延長之。但延長之期限不得逾六個月。」

8 (D)。票據法第11條規定：「……票據上之記載，除金額外，得由原記載人於交付前改寫之。但應於改寫處簽名。」

9 (D)。票據法第37條規定：「執票人應以背書之連續，證明其權利，但背書中有空白背書時，其次之背書人，視為前空白背書之被背書人。塗銷之背書，不影響背書之連續者，對於背書之連續，視為無記載。塗銷之背書，影響背書之連續者，對於背書之連續，視為未塗銷。」選項(D)正確。

10 (A)。票據法第69條規定：「執票人應於到期日或其後二日內，為付款之提示。……」

焦點 **6**　**各種保護法及公平交易法**

一、消費者保護法

(一) 定型化契約（消§2、9、11、11-1、12、15）

1. **定義**：指企業經營者為與不特定多數消費者訂立同類契約之用，所提出預先擬定之契約條款。定型化契約條款不限於書面，其以放映字幕、張貼、牌示、網際網路、或其他方法表示者，亦屬之。

2. **定型化契約的管制**：

   (1)定型化契約條款內容應符合平等互惠原則。

   (2)定型化契約條款如有疑義時，應為有利於消費者之解釋。

   (3)定型化契約中之定型化契約條款牴觸個別磋商條款之約定者，其牴觸部分無效。

   (4)定型化契約中之條款違反誠信原則，對消費者顯失公平者，無效。定型化契約中之條款有下列情形之一者，推定其顯失公平：

   　A. 違反平等互惠原則者。

   　B. 條款與其所排除不予適用之任意規定之立法意旨顯相矛盾者。

   　C. 契約之主要權利或義務，因受條款之限制，致契約之目的難以達成者。

3. **定型化契約的審閱**

   (1)企業經營者與消費者訂立定型化契約前，應有30日以內之合理期間，供消費者審閱全部條款內容。

   (2)企業經營者以定型化契約條款使消費者拋棄前項權利者，無效。

4. **用卡定型化契約不得記載事項**

   (1)契約中不得記載持卡人拋棄契約審閱期間之條款。

   (2)契約中不得記載少於7日之持卡人對契約變更得表示異議期間。

   (3)契約中不得記載附卡持卡人就正卡持卡人使用信用卡所生債務負連帶清償責任。

   (4)契約中不得記載將當期消費帳款計入當期本金計算循環信用利息。

   (5)契約中不得記載將循環信用利息、年費、預借現金手續費、掛失手續費或調閱簽帳單手續費或違約金等費用計入循環信用利息。

   (6)契約中不得記載調整前之消費帳款，適用調整後之循環信用利率。

(7)契約中不得記載發卡機構之廣告及發卡機構、持卡人間之口頭約定不構成契約之內容，亦不得記載廣告僅供參考。

(8)契約中不得記載持卡人在非美元之貨幣區域刷卡消費時，刷卡額先轉換為美元再轉換為新臺幣。

(9)契約中不得記載持卡人在非美元之貨幣區域刷卡消費時，就同一消費金額，收取二次國外交易服務費。

(10)契約中不得記載違反法律強制禁止之規定或違反誠信、顯失公平之條款。

(二) **通訊交易**（消§2）

指企業經營者以廣播、電視、電話、傳真、型錄、報紙、雜誌、網際網路、傳單或其他類似之方法，消費者於未能檢視商品或服務下而與企業經營者所訂立之契約。

(三) **訪問交易**（消§2）

指企業經營者未經邀約而與消費者在其住居所、工作場所、公共場所或其他場所所訂立之契約。

(四) **分期付款**（消§2）

指買賣契約約定消費者支付頭期款，餘款分期支付，而企業經營者於收受頭期款時，交付標的物與消費者之交易型態。

二、金融消費者保護法對金融消費者之保護措施

(一) **適用金保法之金融服務業**（金保法§3）

包括銀行業、證券業、期貨業、保險業、電子票證業及其他經主管機關公告之金融服務業。不包括金融控股公司、金融重建基金、中央存款保險、證券交易所、證券櫃檯買賣中心、證券集中保管事業、期貨交易所等。

(二) **適用金保法之金融消費者**（金保法§4）

1.接受金融服務業提供金融商品或服務者。但排除專業投資機構及符合一定財力或專業能力之自然人或法人。

2.所稱符合一定財力之法人：接受金融商品或服務時最近一期之財務報告總資產超過新臺幣5,000萬元。

3.符合一定財力或專業能力之自然人（專業投資人或專業客戶）：

(1)提供新臺幣3,000萬元以上之財力證明；或單筆投資逾新臺幣300萬元之等值外幣，且於該受託、銷售機構之存款及投資（含該筆投資）往

　　來總資產逾新臺幣1,500萬元，並提供總資產超過新臺幣3,000萬元以上之財力聲明書。

(2)具備充分之金融商品專業知識或交易經驗。

(3)投資人充分了解受託或銷售機構受專業投資人委託投資得免除之責任，同意簽署為專業投資人。

(三) 金融消費者可主張之重要權利（金保法§11）

　　金融服務業違反第9條或第10條規定，致金融消費者受有損害者，應負損害賠償責任。但金融服務業能證明損害之發生非因其未充分瞭解金融消費者之商品或服務適合度或非因其未說明、說明不實、錯誤或未充分揭露風險之事項所致者，不在此限。

(四) 金融爭議的處理（金保法§11、26）

1. **處理機構**：財團法人金融消費評議中心。

2. **爭議費用**：爭議處理服務費均向金融服務業收取，金融消費者無須繳費。

3. **評議程序**：

(1)評議程序以書面審理為原則，並使當事人有於合理期間陳述意見之機會。

(2)評議委員會認為有必要者，得通知當事人或利害關係人至指定處所陳述意見；當事人請求到場陳述意見，評議委員會認有正當理由者，應給予到場陳述意見之機會。

(3)前項情形，爭議處理機構應於陳述意見期日7日前寄發通知書予當事人或利害關係人。

4. **評議效力**：

(1)評議成立後，金融消費者得申請法院核定。經核定之評議決定與確定判決有同一效力。

(2)金保法規定金融服務業於事前同意適用評議程序，對一定額度以下之評議決定，應予接受。無需擔心金融服務業不賠錢，可申請強制執行。

(3)一定額度係指下列情形之一：

A. 投資型商品或服務之爭議在新臺幣100萬元以下。

B. 非投資型商品或服務之爭議在新臺幣10萬元以下之評議決定。

C. 保險業所提供之財產保險給付、人身保險給付及投資型保險商品或服務，其一定額度為新臺幣100萬元。

D. 保險業提供多次給付型醫療保險金給付及非屬保險給付爭議類型，其一定額度為新臺幣10萬元。

E. 保險給付之一定額度，係指保險金之金額，不包括請求之遲延利息。

三、個人資料之蒐集、處理或利用原則（個資法§5、8、9、15、51）

(一) **促進個人資料之合理利用**：為規範個人資料之蒐集、處理及利用，以避免人格權受侵害，並促進個人資料之合理利用，特制定本法

(二) **不得逾越特定目的之必要範圍**：個人資料之蒐集、處理或利用，應尊重當事人之權益，依誠實及信用方法為之，不得逾越特定目的之必要範圍，並應與蒐集之目的具有正當合理之關聯。

(三) **均須明確告知當事人**

1. 不論是直接或間接蒐集資料，除符合得免告知情形者外，均須明確告知當事人蒐集機關名稱、蒐集目的、資料類別、利用方式、資料來源等相關事項。

> **知識延伸**
>
> 將所蒐集個人資料供子公司為交叉行銷，不屬於個人資料之處理。

2. 個人資料之蒐集、處理與利用若為具特定目的且為執行法定職務必要範圍內，得免為告知亦無須經當事人同意之問題。

(四) **不適用的情形**

有下列情形之一者，不適用個人資料保護法規定：

1. 自然人為單純個人或家庭活動之目的，而蒐集、處理或利用個人資料。

2. 於公開場所或公開活動中所蒐集、處理或利用之未與其他個人資料結合之影音資料。

四、公平交易法（公§7、10、14、21）

(一) **獨占**

1. 事業在特定市場處於無競爭狀態，或具有壓倒性地位，可排除競爭之能力者。

2. 二以上事業，實際上不為價格之競爭，而其全體之對外關係，具有前項規定之情形者，視為獨占。

> **知識延伸**
>
> 公平交易法是規範市場的「經濟憲法」，內容包含：「獨占、結合、聯合」（反托拉斯法）及「不公平競爭」。

(二) **聯合行為**

1. 聯合行為，謂事業以契約、協議或其他方式之合意，與有競爭關係之他事業共同決定商品或服務之價格，或限制數量、技術、產品、設備、交易對象、交易地區等，相互約束事業活動之行為而言。

2. 其他方式之合意，指契約、協議以外之意思聯絡，不問有無法律拘束力，事實上可導致共同行為者。

3. 同業公會藉章程或會員大會、理、監事會議決議或其他方法所為約束事業活動之行為，亦為聯合行為。

(三) **結合**

1. 與他事業合併者。

2. 持有或取得他事業之股份或出資額，達到他事業有表決權股份或資本總額三分之一以上者。

3. 受讓或承租他事業全部或主要部分之營業或財產者。

4. 與他事業經常共同經營或受他事業委託經營者。

5. 直接或間接控制他事業之業務經營或人事任免者。

> **知識延伸**
>
> 「加速條款」是銀行要求借款人增「加」還款「速」度的重要依據，依公平交易法規範，借款人死亡而其繼承人聲明繼承時，銀行不得行使加速條款。

(四) **不公平競爭**：事業對於其交易相對人，就供給之商品轉售與第三人或第三人再轉售時，應容許其自由決定價格；有相反之約定者，其約定無效。

│ **牛刀小試** │

( )　**1** 依消費者保護法規定，銀行所訂定之定型化契約條款牴觸個別磋商條款時，其牴觸部分之效力為何？
(A)得撤銷　(B)無效　(C)探求當事人之真意　(D)由主管機關決定是否有效。　　　　　　　　　　　　　　　　【第30屆】

( )　**2** 依金融消費者保護法規定，評議程序以下列何者為原則？
(A)言詞辯論　(B)當事人陳述　(C)書面審理　(D)消保官之調查。　　　　　　　　　　　　　　　　　　　　　　　　【第30屆】

( ) **3** 下列何者適用個人資料保護法之規定？ (A)自然人為家庭活動之目的而蒐集個人資料 (B)自然人為個人交誼而處理或利用之個人資料 (C)於公開活動中所蒐集未與其他個人資料結合之影音資料 (D)金融機構海外分行對於本國人個人資料之蒐集利用。 【第30屆】

( ) **4** 依消費者保護法規定，企業經營者對於未經記載於定型化契約中之契約條款應踐行何措施，該條款方為有效？ (A)應向消費者明示其內容 (B)明示其內容有困難者，經主管機關同意即可 (C)明示其內容有困難者，以顯著之方式公告其內容即可 (D)毋需踐行任何措施，該條款即為有效。 【第31屆】

( ) **5** 依消費者保護法規定，有關訪問買賣之定義，下列敘述何者正確？ (A)企業經營者經邀約，至消費者之住居所，展示所推銷東西 (B)企業經營者未經邀約，至消費者住居所以外之其他場所，展示所推銷之東西 (C)企業經營者經邀約，在消費者之住居所或其他場所從事銷售之行為 (D)企業經營者未經邀約而在消費者住居所或其他場所從事銷售，所為之買賣。 【第30屆】

( ) 6 事業與有競爭關係之同一產銷階段之事業以契約合意，共同決定商品之價格、數量、交易對象、交易地區等，相互約束事業活動之行為，而足以影響生產、商品交易或服務供需之市場功能者，為公平交易法所稱之何種行為？ (A)聯合行為 (B)結合行為 (C)寡占行為 (D)獨占行為。 【第29屆】

( ) 7 依消費者保護法規定，有關定型化契約之敘述，下列何者錯誤？ (A)定型化契約中之條款違反誠信原則，對消費者顯失公平者，無效 (B)定型化契約條款如有疑義者，應為有利於消費者之解釋 (C)定型化契約中之定型化契約條款牴觸個別磋商條款之約定者，其牴觸部分仍為有效 (D)中央主管機關得選擇特定行業，參酌定型化契約條款之重要性等事項，公告定型化契約之審閱期間。 【第29屆】

解答與解析

1 (B)。消費者保護法第15條規定：「定型化契約中之定型化契約條款牴觸個別磋商條款之約定者，其牴觸部分無效。」

2 (C)。金融消費者保護法第26條規定：「評議程序以書面審理為原則，並使當事人有於合理期間陳述意見之機會。評議委員會認為有必要者，得通知當事人或利害關係人至指定處所陳述意見；當事人請求到場陳述意見，評議委員會認有正當理由者，應給予到場陳述意見之機會。……」

3 (D)。個人資料保護法第1條規定：「為規範個人資料之蒐集、處理及利用，以避免人格權受侵害，並促進個人資料之合理利用，特制定本法。」是金融機構海外分行對於本國人個人資料之蒐集利用適用個人資料保護法之規定。

4 (A)。消費者保護法第13條規定：「企業經營者應向消費者明示定型化契約條款之內容；明示其內容顯有困難者，應以顯著之方式，公告其內容，並經消費者同意者，該條款即為契約之內容。」

5 (D)。消費者保護法第2條規定：「……十一、訪問交易：指企業經營者未經邀約而與消費者在其住居所、工作場所、公共場所或其他場所所訂立之契約。……」

6 (A)。公平交易法第14條規定：「本法所稱聯合行為，指具競爭關係之同一產銷階段事業，以契約、協議或其他方式之合意，共同決定商品或服務之價格、數量、技術、產品、設備、交易對象、交易地區或其他相互約束事業活動之行為，而足以影響生產、商品交易或服務供需之市場功能者。……」

7 (C)。消費者保護法第15條規定：「定型化契約中之定型化契約條款牴觸個別磋商條款之約定者，其牴觸部分無效。」選項(C)有誤。

焦點**7**　**其他各法重點**

一、強制執行法（公§28、28-2、60～74、103、稅稽§6）

(一) **強制執行的定義**：債權人取得執行名義後，向法院聲請強制執行，並就債

務人財產類型，為不同之處理。金錢債權部分之執行分為保全（查封或扣押）及換價（變賣、拍賣、分配）兩程序；非金錢債權，則以直接或間接強制為之。

(二) **執行名義根據強制執行法第4條，強制執行須以下列執行名義為之：**
1. 確定之終局判決。
2. 假扣押、假處分、假執行之裁判及其他依民事訴訟法得為強制執行之裁判。
3. 依民事訴訟法成立之和解或調解。
4. 依公證法規定得為強制執行之公證書。
5. 抵押權人或質權人，為拍賣抵押物或質物之聲請，經法院為許可強制執行之裁定者。
6. 其他依法律之規定，得為強制執行名義者。

(三) **執行費用**

> **知識延伸**
>
> 實務上，又依94年8月5日修正之「臺灣高等法院民事訴訟、強制執行費用提高徵收額數標準」之規定，另核定要加徵收取執行費，故加徵後是以執行標的或價額的千分之8角計算。

1. 強制執行之費用，以必要部分為限，由債務人負擔，並應與強制執行之債權同時收取。前項費用，執行法院得命債權人代為預納。
2. 民事強制執行，其執行標的金額或價額未滿新臺幣5,000元者，免徵執行費。民事強制執行，其執行標的金額或價額未滿新臺幣5,000者，免徵執行費；新臺幣5,000元以上者，每百元收七角，其畸零之數不滿百元者，以百元計算。
3. 執行非財產案件，徵收執行費新臺幣3,000元。

(四) **執行法院**
1. 強制執行由應執行之標的物所在地或應為執行行為地之法院管轄。
2. 應執行之標的物所在地或應為執行行為地不明者，由債務人之住、居所、公務所、事務所、營業所所在地之法院管轄。

(五) **強制管理**
1. **定義**：強制管理，係以不動產管理中之收益，清償債權人之債權，常不能於短時間內全部清償。
2. **措施**：已查封之不動產，執行法院得因債權人之聲請或依職權，命付強制管理。

二、刑法（刑§318-1、335、336、營秘§12）

(一) **侵占罪**：所謂侵占罪，係指行為人易其所持有之物為所有，簡單說，就是行為人對於他所持有的東西（並非行為人所有），表現其變更持有為所有之意思。亦即侵占行為完畢即為既遂。在行為主體方面，此罪之行為人迨以持有他人之物為必要，故屬身分犯。

(二) **業務侵占罪**：行為人與所持有之物係基於業務關係而致刑有加重，故有稱此為雙重身分犯。

(三) **洩露秘密罪**

　1.無故洩漏因利用電腦或其他相關設備知悉或持有他人之秘密者，處2年以下有期徒刑、拘役或5,000元以下罰金。

　2.因故意或過失不法侵害他人之營業秘密者，負損害賠償責任。數人共同不法侵害者，連帶負賠償責任。前項之損害賠償請求權，自請求權人知有行為及賠償義務人時起，2年間不行使而消滅；自行為時起，逾10年者亦同。

三、動產擔保交易法（動保法§14、18、24、31、提存法§21）

(一) **不得為條件買賣之標的物**：經依本法設定抵押之動產，不得為附條件買賣之標的物。違反前項規定者，其附條件買賣契約無效。

(二) **不得為質權之標的物**：動產抵押權不得為質權之標的物。

(三) **抵押物所有權認定**：契約約定於債權已屆清償期而未為清償時，抵押物之所有權移屬於抵押權人者，其約定為無效。

(四) **無權力拋棄權**：契約約定動產擔保交易之債務人，拋棄本法所規定之權利者，其約定為無效。

(五) **提存物返還請求權**：依提存法規定，擔保提存之提存人取得法院命返還提存物之裁定確定者，得聲請該管法院提存所返還提存物，而此項聲請應於供擔保原因消滅之翌日起10年內為之。

(六) **回贖期間**：依動產擔保交易法規定，債務人不履行契約，致有害於抵押權之行使，抵押權人未經事先通知債務人或第三人，逕行占有抵押物時，如債務人或第三人在債權人占有抵押物後之10日期間內履行契約，並負擔占有費用者，得回贖抵押物。

── **牛刀小試** ──

( ) **1** 依強制執行法規定，強制執行之費用應由下列何者負擔？
(A)債權人　　　　　　　(B)債務人
(C)債權人及債務人平均分擔　(D)法院。　　　　【第31屆】

( ) **2** 依強制執行法規定，有關強制管理，下列敘述何者正確？
(A)強制執行法並無強制管理之規定　(B)執行法院不得依職權命付強制管理　(C)執行法院得依債權人之聲請命付強制管理
(D)強制管理適用於已查封之動產。　　　　【第31屆】

( ) **3** 依稅捐稽徵法規定，經法院、行政執行處執行拍賣之房屋，執行法院或行政執行處應於拍定幾日內，將拍定價額通知當地主管稅捐稽徵機關？
(A)三日　(B)五日　(C)七日　(D)十日。　　　　【第31屆】

( ) **4** 張三是民營銀行職員，將客戶繳納之股款先行挪用，但翌日即歸還，張三可能觸犯何項罪名？　(A)業務侵占既遂罪　(B)業務侵占未遂罪　(C)公務侵占既遂罪　(D)既已歸還稅款，即不為罪。　　　　【第31屆】

( ) **5** 依動產擔保交易法規定，下列敘述何者錯誤？　(A)經依本法設定抵押之動產，得為附條件買賣之標的物　(B)抵押物為可分割者，於拍賣得價足以清償債務及費用時，應即停止　(C)動產擔保交易，應以書面訂立契約。非經登記，不得對抗善意第三人
(D)契約約定於債權已屆清償期而未為清償時，抵押物之所有權移屬於抵押權人者，其約定為無效。　　　　【第30屆】

( ) **6** 強制執行法規定，民事強制執行之執行標的金額或價額超過新臺幣五千元者，執行費為每百元徵收多少？　(A)三角　(B)五角　(C)七角　(D)一元。　　　　【第30屆】

( ) **7** 戶籍地於高雄市而在台北市上班之甲，其按月向台南市總公司領取之薪津遭台中某銀行聲請執行，其強制執行管轄法院

為何？　(A)高雄地院　(B)台北地院　(C)台南地院　(D)台中地院。　　　　　　　　　　　　　　　　【第30屆】

(　　)　**8** 依提存法規定，擔保提存之提存人取得法院命返還提存物之裁定確定者，得聲請該管法院提存所返還提存物，而此項聲請應於供擔保原因消滅之翌日起多久期間內為之？　(A)一年　(B)二年　(C)三年　(D)十年。　　　　　　　　　　【第30屆】

(　　)　**9** 依動產擔保交易法規定，債務人不履行契約，致有害於抵押權之行使，抵押權人未經事先通知債務人或第三人，逕行占有抵押物時，如債務人或第三人在債權人占有抵押物後之幾日期間內履行契約，並負擔占有費用者，得回贖抵押物？　(A)10日　(B)15日　(C)20日　(D)30日。　　　　　　　　　　【第29屆】

(　　)　**10** 某銀行總行設台北市，債務人住所地為高雄市，雙方借據、約定書合意以台中地院為管轄法院，則該銀行訴訟代理人應向何地方法院起訴？　(A)各該地方法院俱有管轄權 (B)台北地院 (C)高雄地院　(D)台中地院。　　　　　　　　　　　　【第29屆】

(　　)　**11** 依強制執行法規定，拍賣之不動產無人應買，亦無人承受者，由執行法院定期再行拍賣，該再行拍賣之期日距公告之日，期間為多久？

　　(A)不得多於四十日　(B)不得少於五日　(C)不得少於十日多於四十日　(D)不得少於十日多於三十日。　　　　　【第29屆】

(　　)　**12** 依強制執行法規定，抵押物遭普通債權人實施查封後，抵押權人應如何行使權利？　(A)得主張保留抵押權　(B)應取得執行名義後參與分配　(C)俟清償期屆至後，再聲明參與分配　(D)不問其債權是否屆清償期，應提出權利證明文件聲明參與分配。　　　　　　　　　　　　　　　　　　　　　【第29屆】

(　　)　**13** 依強制執行法規定，實施強制執行時，法院每次延緩執行之期間屆滿後，債權人經執行法院通知而不於幾日內聲請續行執行者，視為撤回其強制執行之聲請？　(A)三日　(B)五日　(C)七日　(D)十日。　　　　　　　　　　　　　　　　　【第29屆】

解答與解析

1 (B)。強制執行法第28條規定：「強制執行之費用，以必要部分為限，由債務人負擔，並應與強制執行之債權同時收取。前項費用，執行法院得命債權人代為預納。」

2 (C)。強制執行法第103條規定：「已查封之不動產，執行法院得因債權人之聲請或依職權，命付強制管理。」選項(C)正確。

3 (B)。稅捐稽徵法第6條規定：「……經法院、行政執行處執行拍賣或交債權人承受之土地、房屋及貨物，執行法院或行政執行處應於拍定或承受五日內，將拍定或承受價額通知當地主管稅捐稽徵機關，依法核課土地增值稅、地價稅、房屋稅及營業稅，並由執行法院或行政執行處代為扣繳。」

4 (A)。張三是民營銀行職員，將客戶繳納之股款先行挪用，不論是否歸還，張三觸犯了業務侵占既遂罪。

5 (A)。動產擔保交易法第31條規定：「經依本法設定抵押之動產，不得為附條件買賣之標的物。違反前項規定者，其附條件買賣契約無效。」選項(A)有誤。

6 (C)。強制執行法第28-2條規定：「民事強制執行，其執行標的金額或價額未滿新臺幣五千元者，免徵執行費；新臺幣五千元以上者，每百元收七角，其畸零之數不滿百元者，以百元計算。……」

7 (C)。(1)強制執行法第7條規定：「強制執行由應執行之標的物所在地或應為執行行為地之法院管轄。應執行之標的物所在地或應為執行行為地不明者，由債務人之住、居所、公務所、事務所、營業所所在地之法院管轄。……」(2)本題應向執行之標的物所在地（台南總公司）之所屬法院聲請強制執行。

8 (D)。提存法第18條規定：「……前項聲請，應於供擔保原因消滅之翌日起十年內為之；逾期其提存物歸屬國庫。」

9 (A)。動產擔保交易法第18條規定：「……抵押權人不經第一項事先通知，逕行占有抵押物時，如債務人或第三人在債權人占有抵押物後之十日期間內履行契約，並負擔占有費用者，得回贖抵押物，但抵押物有敗壞之虞，或其價值顯有減少，足以妨害抵押權人之權利，或其保管費用過鉅者，抵押權人於占有後，得立即出賣。……」

10 (D)。應向雙方借據、約定書合意以台中地院為管轄法院起訴。

11 (D)。強制執行法第93條規定：「前二條再行拍賣之期日，距公告之日，不得少於十日多於三十日。」

12 (D)。強制執行法第34條規定：「有執行名義之債權人聲明參與分配時，應提出該執行名義之證明文件。依法對於執行標的物有擔保物權或優先受償權之債權人，不問其債權已否屆清償期，應提出其權利證明文件，聲明參與分配。……」

13 (D)。強制執行法第10條規定：「實施強制執行時，經債權人同意者，執行法院得延緩執行。前項延緩執行之期限不得逾三個月。債權人聲請續行執行而再同意延緩執行者，以一次為限。每次延緩期間屆滿後，債權人經執行法院通知而不於十日內聲請續行執行者，視為撤回其強制執行之聲請。……」

精選試題

第1~50題

( ) **1** 依銀行法規定，除消費者貸款及政府貸款外，銀行僅能對下列何者為無擔保授信？ (A)本行之負責人 (B)本行之職員 (C)本行之主要股東 (D)銀行對其持有實收資本總額百分之二之企業。 【第28屆】

( ) **2** 依銀行法規定，有關商業銀行之敘述，下列何者錯誤？ (A)商業銀行辦理中期放款之總餘額，不得超過其所收定期存款總餘額 (B)商業銀行得發行金融債券，並得約定此種債券持有人之受償順序次於銀行其他債權人 (C)所稱商業銀行，謂以收受支票存款、活期存款、定期存款，供給短期、中期信用為主要任務之銀行 (D)商業銀行不得就證券之發行與買賣，對有關證券商或證券金融公司予以資金融通。 【第28屆】

( ) **3** 依銀行法規定，同一人或本人與配偶、未成年子女合計持有同一銀行已發行有表決權股份總數超過多少百分比以上者，應由本人通知銀行？ (A)一 (B)三 (C)五 (D)十五。 【第28屆】

( ) **4** 依金融控股公司法規定，大股東係指持有金融控股公司或其子公司已發行有表決權股份總數或資本總額多少比率以上者？ (A)1% (B)3% (C)5% (D)10%。 【第28屆】

( ) **5** 依民法規定，數人負同一債務，明示對於債權人各負全部給付之責任者，稱之為何？ (A)破產債務 (B)可分債務 (C)連帶債務 (D)重整債務。 【第28屆】

( ) **6** 依民法規定，謂當事人約定，一方委託他方處理事務，他方允為處理之契約，稱之為何？ (A)代理 (B)承攬 (C)委任 (D)僱傭。 【第28屆】

(　)　**7** 夫妻無子女，惟各有父母兄弟健在。夫死未立遺囑，其所留遺產
應由何人繼承？　(A)妻單獨繼承　(B)由夫之兄弟繼承　(C)由夫
之父母繼承　(D)由妻與夫之父母共同繼承。　　　　　【第28屆】

(　)　**8** 依民法規定，不動產抵押權之效力，不及於下列何種標的？
(A)抵押物之從物　(B)抵押物之從權利　(C)抵押物扣押後自抵押
物分離之天然孳息　(D)抵押物扣押前抵押人就抵押物得收取之法
定孳息。　　　　　【第28屆】

(　)　**9** 有關公司股份之轉讓，下列敘述何者錯誤？　(A)公司股份之轉
讓，不得以章程禁止或限制之　(B)非於公司設立登記後，公司
股份不得轉讓　(C)公開發行股票公司為股份轉讓而辦理股東名
簿記載之變更，於股東常會開會前六十日內，股東臨時會開會前
三十日內，不得為之　(D)原則上發起人之股份非於公司設立登
記二年後，不得轉讓。　　　　　【第28屆】

(　)　**10** 依公司法規定，下列何者非申請公司重整之要件？　(A)限於公開
發行股票或公司債之公司始得聲請重整　(B)因暫停營業或有停業
之虞者得申請重整　(C)得由公司聲請重整　(D)由主管機關決定得
否重整。　　　　　【第28屆】

(　)　**11** 下列何者不是票據法規定之支票付款人？　(A)銀行　(B)信用合
作社　(C)農會　(D)保險公司。　　　　　【第28屆】

(　)　**12** 依票據法規定，有關支票之敘述，下列何者正確？　(A)發票
人得記載見票後定期付款　(B)發票人得記載對於票據金額之違
約金　(C)支票發票人於法定提示期限內，不得撤銷付款之委託
(D)支票之發票地與付款地在同一省（市）區內者，其法定提示
期限為發票日後15日內。　　　　　【第28屆】)

(　)　**13** 依票據法規定，匯票上發票人有免除下列何者之記載，其記載無
效？　(A)擔保承兌　(B)擔保付款　(C)禁止背書轉讓　(D)受款人
姓名或商號。　　　　　【第28屆】

( ) **14** 有關民事訴訟之費用，下列敘述何者錯誤？ (A)原告撤回其訴者，訴訟費用由被告負擔 (B)原告於第一審言詞辯論終結前撤回其訴者，得於撤回後三個月內聲請退還該審級所繳裁判費三分之二 (C)和解成立者，當事人得於成立之日起三個月內聲請退還其於該審級所繳裁判費三分之二 (D)當事人為和解者，其和解費用及訴訟費用各自負擔之。 【第28屆】

( ) **15** 民事訴訟當事人得以合意定何種訴訟程序之管轄法院？ (A)第一審 (B)第二審 (C)第三審 (D)再審。 【第28屆】

( ) **16** 債權銀行取得甲應清償借款之勝訴確定判決後，查得甲有一筆不動產，對該筆不動產，應以下列何種方式行使權利？ (A)聲請法院假執行 (B)自行拍賣 (C)聲請法院假處分 (D)聲請執行法院實施拍賣。 【第28屆】

( ) **17** 依強制執行法規定，不動產第一次拍賣，拍賣期日距公告之日，不得少於多少日？ (A)五日 (B)七日 (C)十日 (D)十四日。 【第28屆】

( ) **18** 債務人聲請延緩強制執行，執行法院在何種條件下，始得延緩執行？ (A)債務人供擔保後 (B)債權人同意後 (C)債務人供擔保及債權人同意後 (D)債務人供人保及債權人同意後。 【第28屆】

( ) **19** 依破產法規定，下列敘述何者正確？ (A)破產，對債務人受票據交換所通報拒絕往來戶者宣告之 (B)破產人因破產之宣告，對於應屬破產財團之財產，喪失其處分權，仍保有管理權 (C)有別除權之債權人，應依破產程序行使其權利 (D)破產債權，非依破產程序，不得行使。 【第28屆】

( ) **20** 銀行間以協議方式，共同決定存放款利率，屬於公平交易法所稱之何種行為？ (A)結合行為 (B)聯合行為 (C)獨占行為 (D)合併行為。 【第28屆】

( ) **21** 下列何者不是消費者保護法所稱「消費者」？ (A)計程車之乘客 (B)銀行消費借款之保證人 (C)購票參加演唱會的歌迷 (D)銀行消費借款之借款人。 【第28屆】

(　) **22** 依金融消費者保護法規定，評議委員會之評議決定應作成評議
書，送達當事人，有關送達準用下列何項規定？　(A)民事訴訟法
(B)非訟事件法　(C)行政訴訟法　(D)行政執行法。　【第28屆】

(　) **23** 有關刑法詐欺罪之敘述，下列何者錯誤？　(A)意圖為自己不
法之所有，以詐術使人將第三人之物交付所構成之罪　(B)意
圖為第三人不法之所有，以詐術使人將本人之物交付所構成之
罪　(C)處5年以下有期徒刑、拘役或科或併科50萬元以下罰金
(D)對未遂犯不罰。　【第28屆】

(　) **24** 依銀行法規定，若某筆放款期限為三十六個月，應使用下列何項
會計科目記帳？　(A)短期放款　(B)短期擔保放款　(C)中期放款
(D)長期放款。　【第27屆】

(　) **25** 依銀行法規定，銀行對於無自用住宅者購買自用住宅之放款，
最長期限不得超過多久？　(A)十五年　(B)二十年　(C)三十年
(D)無期限。　【第27屆】

(　) **26** 甲為某商業銀行之總經理，則該商業銀行得對下列何者辦理除消
費者貸款及政府貸款外之無擔保授信？　(A)甲之侄兒　(B)甲之
堂兄　(C)甲之父　(D)甲之孫。　【第27屆】

(　) **27** 依金融控股公司法規定，下列何者不屬於該法定義之金融機構？
(A)經營證券金融業務之證券金融公司　(B)依保險法以股份有限公司
組織設立之保險業　(C)票券金融公司　(D)農漁會信用部。【第27屆】

(　) **28** 依金融機構合併法規定，金融機構經主管機關許可合併後，因合
併而有逾越法令規定範圍者，主管機關應命其限期調整。同一
業別金融機構合併時，非屬逾越銀行法令有關關係人授信或同
一人、同一關係人或同一關係企業授信規定之情形，在未延長
調整期限之情況下，調整期限最長為幾年？　(A)一年　(B)二年
(C)四年　(D)五年。　【第32屆】

(　) **29** 依民法規定，受監護宣告之人是否有行為能力？　(A)有行為能力
(B)無行為能力　(C)有法人能力　(D)有限制行為能力。　【第27屆】

( ) **30** 依民法規定，締約之當事人因商議訂立契約知悉他方之秘密，經他方明示應予保密卻故意洩露者，嗣契約未成立，對於非因過失而信契約能成立致受損害之他方當事人，應負之責任為何？ (A)侵權行為責任 (B)損害賠償責任 (C)債務不履行責任 (D)不用負責。 【第27屆】

( ) **31** 某甲向A銀行借款一千萬元，並提供其所有之土地設定抵押權作為擔保。某甲以定作人名義委請B建設公司在該土地上興建樓房一幢，事後某甲未依約償還A銀行借款本息，A銀行依法可以採取下列何種方法求償？ (A)僅能聲請法院拍賣土地，並就賣得價金優先受償 (B)無法拍賣該土地及房屋，只能就某甲的其他財產求償 (C)聲請法院拍賣土地及房屋，並就全部賣得價金優先受償 (D)聲請法院拍賣土地及房屋，就土地賣得價金優先受償，但對於房屋之價金無優先受清償之權。 【第27屆】

( ) **32** 依民法規定，有關抵銷之敘述，下列何者錯誤？ (A)抵銷不得附條件或期限 (B)抵銷之要件必須雙方之債務均屆清償期 (C)抵銷應以意思表示向他方為之 (D)抵銷支票存款時，可暫緩終止其支票存款往來契約。 【第27屆】

( ) **33** 依民法規定，甲委任乙將房屋出租，其租賃期限至少超過多少年時，乙即須取得甲之特別授權？ (A)一年 (B)二年 (C)三年 (D)四年。 【第27屆】

( ) **34** 下列何種公司登記事項無法在主管機關之資訊網站查閱？ (A)公司所在地 (B)經理人姓名 (C)公司章程 (D)董事、監察人姓名及持股。 〔第27屆〕

( ) **35** 依公司法規定，有關股份有限公司自將股份買回之敘述，下列何者錯誤？ (A)公司除法律另有規定外，得經董事會以董事三分之二以上之出席及出席董事過半數同意之決議，收買其股份 (B)收買數量不得超過該公司已發行股份總數百分之五 (C)收買股份之總金額，不得逾已實現之資本公積 (D)公司依規定自將股份買回之股份，不得享有股東權利。 【第27屆】

(　　) **36** 下列何者為匯票所獨有之票據行為？　(A)發票　(B)背書　(C)付款　(D)承兌。　　　　　　　　　　　　　　　　　【第27屆】

(　　) **37** 依票據法規定，執票人向支票債務人行使追索權時，得請求自何日起之利息？　(A)發票日　(B)提示期限之起始日　(C)提示期限之末日　(D)付款提示日。　　　　　　　　　　　　　【第27屆】

(　　) **38** 有關支票之敘述，下列何者錯誤？　(A)支票發票人於票據法第一百三十條所定期限內，不得撤銷付款之委託　(B)付款人於支票上記載照付字樣時，發票人及背書人免除其責任　(C)在正面劃平行線二道者，付款人僅得對金融業者支付票據金額　(D)劃平行線之支票經背書轉讓後，得由發票人於平行線內記載照付現款或同義字樣並於其旁簽名或蓋章，以撤銷平行線。　　　　【第27屆】

(　　) **39** 依動產擔保交易法規定，債務人不履行契約，致有害於抵押權之行使，抵押權人占有抵押物時，應於幾日前通知債務人或第三人？　(A)1日　(B)2日　(C)3日　(D)4日。　　　　　　　　【第27屆】

(　　) **40** 依強制執行法規定，執行法院已延緩執行一次，嗣後債權人聲請續行執行而再同意延緩執行者，以幾次為限？　(A)三次　(B)二次　(C)一次　(D)不拘次數。　　　　　　　　　　　　　【第27屆】

(　　) **41** 執行債權人聲請法院扣押保證人之存款後，如何收取該存款？　(A)依存款行指示　(B)會同債務人收取　(C)債權人逕向銀行收取　(D)得由法院命令將該存款移轉於債權人。　　　　　　　【第27屆】

(　　) **42** 抵押人正僱工拆除抵押標的物之房屋，抵押權人為阻止該抵押人之行為，以保全將來之強制執行，應向法院為下列何種聲請？　(A)禁止命令　(B)假扣押　(C)假執行　(D)假處分。　　　【第27屆】

(　　) **43** 依公平交易法，指具競爭關係之同一產銷階段事業，以契約、協議或其他方式之合意，共同決定商品或服務之價格、數量、技術、產品、設備、交易對象、交易地區或其他相互約束事業

活動之行為，而足以影響生產、商品交易或服務供需之市場功
能者，稱為下列何者？　(A)競爭　(B)獨占　(C)結合　(D)聯
合行為。　　　　　　　　　　　　　　　　　　　　　【第27屆】

(　) **44** 依消費者保護法規定，定型化契約條款牴觸個別磋商條款之約定
者，其效力為何？　(A)全部無效　(B)牴觸部分無效　(C)個別磋
商無效　(D)視情況而定。　　　　　　　　　　　　　【第27屆】

(　) **45** 依金融消費者保護法規定，評議委員會應公平合理審酌評議事
件之一切情狀，以全體評議委員多少以上之出席，出席評議委
員多少以上之同意，作成評議決定？　(A)二分之一；二分之一
(B)二分之一；三分之二　(C)三分之二；二分之一　(D)三分之
二；四分之三。　　　　　　　　　　　　　　　　　【第27屆】

(　) **46** 依個人資料保護法規定，非公務機關對個人資料之利用，在何
種情形下，不得為特定目的外之利用？　(A)為增進公共利益所
必要　(B)為防止他人權益之重大危害者　(C)經當事人書面同意
(D)有利於非公務機關之權益。　　　　　　　　　　　【第27屆】

(　) **47** 有關刑法上侵占罪之敘述，下列何者錯誤？　(A)不處罰未遂犯
(B)犯罪者處五年以下有期徒刑、拘役或科或併科一千元以下罰金
(C)係意圖為自己不法之所有，而侵占自己持有他人之物者所構成
之犯罪　(D)係意圖為第三人不法之所有，而侵占自己持有他人之
物者所構成之犯罪。　　　　　　　　　　　　　　　【第27屆】

(　) **48** 於支票正面劃平行線二道，並於線內記載特定金融業者之支票為
何種支票？　(A)普通平行線支票　(B)特別平行線支票　(C)保付
支票　(D)本行支票。　　　　　　　　　　　　　　　【第26屆】

(　) **49** 依票據法規定，票據之偽造或票上簽名之偽造，對真正簽名者之
效力如何？　(A)可主張免除全部責任　(B)不影響　(C)僅依票載
金額負擔二分之一責任　(D)可主張免除部份責任。　　【第26屆】

( ) **50** 銀行持有甲簽發經乙背書之支票乙紙，銀行疏忽未於法定期限內提示付款，遭存款不足退票，則銀行對票據債務人之權利為何？(A)僅得對甲行使追索權 (B)僅得對乙行使追索權 (C)對甲乙均得行使追索權 (D)對甲乙均不得行使追索權。 【第26屆】

解答與解析

1 (D)。銀行法第32條規定：「銀行不得對其持有實收資本總額百分之三以上之企業，或本行負責人、職員、或主要股東，或對與本行負責人或辦理授信之職員有利害關係者，為無擔保授信。但消費者貸款及對政府貸款不在此限。」

2 (D)。銀行法第73條規定：「商業銀行得就證券之發行與買賣，對有關證券商或證券金融公司予以資金融通。前項資金之融通，其管理辦法由中央銀行定之。」選項(D)有誤。

3 (A)。銀行法第25條規定：「……同一人或本人與配偶、未成年子女合計持有同一銀行已發行有表決權股份總數百分之一以上者，應由本人通知銀行。」

4 (C)。金融控股公司法第4條規定：「……十、大股東：指持有金融控股公司或其子公司已發行有表決權股份總數或資本總額百分之五以上者；股東為自然人時，其配偶及未成年子女之持股數應一併計入本人之持股計算。」

5 (C)。民法第272條規定：「數人負同一債務，明示對於債權人各負全部給付之責任者，為連帶債務。無前項之明示時，連帶債務之成立，以法律有規定者為限。」

6 (C)。民法第528條規定：「稱委任者，謂當事人約定，一方委託他方處理事務，他方允為處理之契約。」

7 (D)。民法第1138條規定：「遺產繼承人，除配偶外，依左列順序定之：一、直系血親卑親屬。二、父母。三、兄弟姊妹。四、祖父母。」本題夫妻無子女，惟各有父母，故應由妻與夫之父母共同繼承。

8 (D)。民法第862條規定：「抵押權之效力，及於抵押物之從物與從權利。第三人於抵押權設定前，就從物取得之權利，不受前項規定之影響。以建築物為抵押者，其附加於該建築物而不具獨立性之部分，亦為抵押權效力所及。但其附加部分為獨立之物，如係於抵押權設定後附加者，準用第八百七十七條之規定。」故不動產抵押權之效力不及

於抵押物扣押前抵押人就抵押物得收取之法定孳息。

9 **(D)**。公司法第163條規定：「公司股份之轉讓，不得以章程禁止或限制之。但非於公司設立登記後，不得轉讓。發起人之股份非於公司設立登記一年後，不得轉讓。但公司因合併或分割後，新設公司發起人之股份得轉讓。」選項(D)有誤。

10 **(D)**。公司法第282條規定：「公開發行股票或公司債之公司，因財務困難，暫停營業或有停業之虞，而有重建更生之可能者，得由公司或左列利害關係人之一向法院聲請重整：一、繼續六個月以上持有已發行股份總數百分之十以上股份之股東。二、相當於公司已發行股份總數金額百分之十以上之公司債權人。公司為前項聲請，應經董事會以董事三分之二以上之出席及出席董事過半數同意之決議行之。」由主管機關決定得否重整非申請公司重整之要件。

11 **(D)**。票據法第4條規定：「……前項所稱金融業者，係指經財政部核准辦理支票存款業務之銀行、信用合作社、農會及漁會。」保險公司不是票據法規定之支票付款人。

12 **(C)**。票據法第135條規定：「發票人於第一百三十條所定期限內，不得撤銷付款之委託。」選項(C)正確。

13 **(B)**。票據法第29條規定：「發票人應照匯票文義擔保承兌及付款。但得依特約免除擔保承兌之責。前項特約，應載明於匯票。匯票上有免除擔保付款之記載者，其記載無效。」

14 **(A)**。民事訴訟法第83條規定：「原告撤回其訴者，訴訟費用由原告負擔。其於第一審言詞辯論終結前撤回者，得於撤回後三個月內聲請退還該審級所繳裁判費三分之二。前項規定，於當事人撤回上訴或抗告者準用之。」選項(A)有誤。

15 **(A)**。民事訴訟法第24條規定：「當事人得以合意定第一審管轄法院。但以關於由一定法律關係而生之訴訟為限。前項合意，應以文書證之。」

16 **(D)**。債權銀行取得甲應清償借款之勝訴確定判決後，查得甲有一筆不動產，對該筆不動產，應聲請執行法院實施拍賣以行使權利。

17 **(D)**。強制執行法第82條規定：「拍賣期日距公告之日，不得少於十四日。」

18 **(B)**。強制執行法第10條規定：「實施強制執行時，經債權人同意者，執行法院得延緩執行。……」

19 (D)。破產法第99條規定：「破產債權，非依破產程序，不得行使。」

20 (B)。公平交易法第14條規定：「本法所稱聯合行為，指具競爭關係之同一產銷階段事業，以契約、協議或其他方式之合意，共同決定商品或服務之價格、數量、技術、產品、設備、交易對象、交易地區或其他相互約束事業活動之行為，而足以影響生產、商品交易或服務供需之市場功能者。……」

21 (B)。消費者保護法第2條規定：「本法所用名詞定義如下：一、消費者：指以消費為目的而為交易、使用商品或接受服務者。……」銀行消費借款之保證人非以交易為目的，不是消費者保護法所稱「消費者」。

22 (A)。金融消費者保護法第28條規定：「評議委員會之評議決定應以爭議處理機構名義作成評議書，送達當事人。前項送達，準用民事訴訟法有關送達之規定。」

23 (D)。刑法第339條規定：「意圖為自己或第三人不法之所有，以詐術使人將本人或第三人之物交付者，處五年以下有期徒刑、拘役或科或併科五十萬元以下罰金。以前項方法得財產上不法之

利益或使第三人得之者，亦同。前二項之未遂犯罰之。」選項(D)有誤。

24 (C)。銀行法第5條規定：「銀行依本法辦理授信，其期限在一年以內者，為短期信用；超過一年而在七年以內者，為中期信用；超過七年者，為長期信用。」三十六個月為七年以內，為中期信用。

25 (D)。銀行法第38條規定：「銀行對購買或建造住宅或企業用建築，得辦理中、長期放款，其最長期限不得超過三十年。但對於無自用住宅者購買自用住宅之放款，不在此限。」

26 (B)。(1)銀行法第32條規定：「銀行不得對其持有實收資本總額百分之三以上之企業，或本行負責人、職員、或主要股東，或對與本行負責人或辦理授信之職員有利害關係者，為無擔保授信。但消費者貸款及對政府貸款不在此限。……」(2)銀行法第33-1條規定：「前二條所稱有利害關係者，謂有左列情形之一而言：一、銀行負責人或辦理授信之職員之配偶、三親等以內之血親或二親等以內之姻親。二、銀行負責人、辦理授信之職員或前款有利害關係者獨資、合夥經營之事業。三、銀行負責人、辦理授信之職員或第一款有利害關係者單獨或合計持有超過公司已發行股

份總數或資本總額百分之十之企業。四、銀行負責人、辦理授信之職員或第一款有利害關係者為董事、監察人或經理人之企業。但其董事、監察人或經理人係因投資關係，經中央主管機關核准而兼任者，不在此限。五、銀行負責人、辦理授信之職員或第一款有利害關係者為代表人、管理人之法人或其他團體。」(3)甲之堂兄為親等以外，該商業銀行得對其辦理除消費者貸款及政府貸款外之無擔保授信。

27 (D)。金融控股公司法第4條規定：「……三、金融機構：指下列之銀行、保險公司及證券商：(一)銀行：指銀行法所稱之銀行與票券金融公司及其他經主管機關指定之機構。(二)保險公司：指依保險法以股份有限公司組織設立之保險業。(三)證券商：指綜合經營證券承銷、自營及經紀業務之證券商，與經營證券金融業務之證券金融公司。……」

28 (D)。金融機構合併法第7條規定：「金融機構經主管機關許可合併後，因合併而有不符法令規定者，主管機關應命其限期調整。前項同一業別金融機構合併時，調整期限最長為二年。但金融機構因合併而不符其他法令有關關係人授信或同一人、同一關係人或同一關係企業授信規定

者，調整期限最長為五年。必要時，均得申請延長一次，並以二年為限。」

29 (B)。民法第15條規定：「受監護宣告之人，無行為能力。」

30 (B)。民法第245-1條規定：「契約未成立時，當事人為準備或商議訂立契約而有左列情形之一者，對於非因過失而信契約能成立致受損害之他方當事人，負賠償責任：一、就訂約有重要關係之事項，對他方之詢問，惡意隱匿或為不實之說明者。二、知悉或持有他方之秘密，經他方明示應予保密，而因故意或重大過失洩漏之者。三、其他顯然違反誠實及信用方法者。……」

31 (D)。甲未依約償還A銀行借款本息，A銀行依法可以聲請法院拍賣土地及房屋，就土地賣得價金優先受償，但對於房屋之價金無優先受清償之權。

32 (D)。抵銷支票存款時，應同時終止支票存款契約。選項(D)有誤。

33 (B)。民法第534條規定：「受任人受概括委任者，得為委任人為一切行為。但為左列行為，須有特別之授權：一、不動產之出賣或設定負擔。二、不動產之租賃其期限逾二年者。三、贈與。四、和解。五、起訴。六、提付仲裁。」

34 (C)。公司章程為公司內部資料，
　　要請公司提供。

35 (C)。公司法第167-1條規定：
　　「公司除法律另有規定者外，得
　　經董事會以董事三分之二以上之
　　出席及出席董事過半數同意之決
　　議，於不超過該公司已發行股份
　　總數百分之五之範圍內，收買其
　　股份；收買股份之總金額，不得
　　逾保留盈餘加已實現之資本公積
　　之金額。……」

36 (D)。「承兌」為匯票所獨有之票
　　據行為。

37 (D)。票據法第133條規定：「執
　　票人向支票債務人行使追索權
　　時，得請求自為付款提示日起之
　　利息，如無約定利率者，依年利
　　六釐計算。」

38 (D)。票據法第139條規定：
　　「……劃平行線之支票，得由發
　　票人於平行線內記載照付現款或
　　同義字樣，由發票人簽名或蓋章
　　於其旁，支票上有此記載者，視
　　為平行線之撤銷。但支票經背書
　　轉讓者，不在此限。」劃平行線
　　之支票背書轉讓後，不得撤銷。
　　選項(D)有誤。

39 (C)。票據法第18條規定：「抵押
　　權人依前條第一項規定實行占有
　　抵押物時，應於三日前通知債務
　　人或第三人。……」

40 (C)。票據法第10條規定：「實
　　施強制執行時，經債權人同意
　　者，執行法院得延緩執行。前項
　　延緩執行之期限不得逾三個月。
　　債權人聲請續行執行而再同意延
　　緩執行者，以一次為限。每次延
　　緩期間屆滿後，債權人經執行法
　　院通知而不於十日內聲請續行執
　　行者，視為撤回其強制執行之聲
　　請。……」

41 (D)。對於債務人薪資或其他繼續
　　性給付之債權為查扣執行之標的
　　者，只要是在債務範圍及法院執
　　行費用範圍內，對於扣押後再增
　　加之給付（薪資發給）都有扣押
　　執行之效力。法院可以命令將該
　　款項移轉給債權人（借款人），
　　但債務人喪失其權利或第三人喪
　　失支付能力時，債權人未能如期
　　獲得清償之部分，移轉命令失其
　　效力。

42 (D)。民事訴訟法第532條規定：
　　「債權人就金錢請求以外之請
　　求，欲保全強制執行者，得聲請
　　假處分。假處分，非因請求標的
　　之現狀變更，有日後不能強制執
　　行，或甚難執行之虞者，不得為
　　之。」
　　抵押人正僱工拆除抵押標的物之
　　房屋，抵押權人為阻止該抵押人
　　之行為，以保全將來之強制執
　　行，應向法院聲請假處分。

43 (D)。公平交易法第14條規定：「本法所稱聯合行為，指具競爭關係之同一產銷階段事業，以契約、協議或其他方式之合意，共同決定商品或服務之價格、數量、技術、產品、設備、交易對象、交易地區或其他相互約束事業活動之行為，而足以影響生產商品交易或服務供需之市場功能者。……」

44 (B)。消費者保護法第15條規定：「定型化契約中之定型化契約條款牴觸個別磋商條款之約定者，其牴觸部分無效。」

45 (A)。金融消費者保護法第15條規定：「預審委員應將審查意見報告提送評議委員會評議。評議委員會應公平合理審酌評議事件之一切情狀，以全體評議委員二分之一以上之出席，出席評議委員二分之一以上之同意，作成評議決定。」

46 (D)。個人資料保護法第16條規定：「公務機關對個人資料之利用，除第六條第一項所規定資料外，應於執行法定職務必要範圍內為之，並與蒐集之特定目的相符。但有下列情形之一者，得為特定目的外之利用：一、法律明文規定。二、為維護國家安全或增進公共利益所必要。三、為免除當事人之生命、身體、自由或財產上之危險。四、為防止他人權益之重大危害。五、公務機關或學術研究機構基於公共利益為統計或學術研究而有必要，且資料經過提供者處理後或經蒐集者依其揭露方式無從識別特定之當事人。六、有利於當事人權益。七、經當事人同意。」

47 (A)。刑法第335條規定：「意圖為自己或第三人不法之所有，而侵占自己持有他人之物者，處五年以下有期徒刑、拘役或科或併科一千元以下罰金。前項之未遂犯罰之。」選項(A)有誤。

48 (B)。於支票正面劃平行線二道，並於線內記載特定金融業者之支票為「特別平行線支票」。

49 (B)。票據法第15條規定：「票據之偽造或票上簽名之偽造，不影響於真正簽名之效力。」

50 (A)。票據法第122條規定：「……執票人不於第四十五條所定期限內為見票之提示或作成拒絕證書者，對於發票人以外之前手，喪失追索權。」故本題僅得對甲行使追索權。

第51~100題

(　) **51** 下列哪一種票據是有效之票據？ (A)票面載明有條件付款之支票 (B)支票未載受款人但有背書人 (C)發票日欠缺記載「年」之支票 (D)於發票人交付受款人前，發票人改寫票據金額，並在改寫處蓋章之支票。　　　　　　　　　　　　　　【第26屆】

(　) **52** 下列事件中，何者於起訴前無須先經法院調解？ (A)因定不動產之界線或設置界標發生爭執者 (B)因增加地租發生爭執者 (C)因僱傭關係之契約發生爭執者 (D)因請求清償新臺幣貳拾萬元借款者。　　　　　　　　　　　　　　　　　【第26屆】

(　) **53** 依強制執行法規定，債務人雖有財產經強制執行後，所得之數額仍不足清償債務時，執行法院應命債權人於幾個月內查報債務人之財產？ (A)一個月 (B)二個月 (C)三個月 (D)四個月。【第26屆】

(　) **54** 依強制執行法規定，下列何者錯誤？ (A)債務人所有被查封之不動產，其價值較諸所負之債務高出甚多，而另又有其他財產足供執行者，債務人應對債權人提起異議之訴以資救濟 (B)執行法院得向稅捐機關調查債務人之財產狀況，稅捐機關依法不得拒絕 (C)執行非財產案件，徵收執行費新臺幣三千元 (D)依規定繳納執行費後，執行人員之食、宿、舟、車費，不另徵收。　【第26屆】

(　) **55** 依提存法有關擔保提存及民事訴訟法之規定，下列敘述何者錯誤？ (A)法院命返還提存物之裁定確定者，提存人得聲請返還提存物 (B)假扣押所保全之請求，其本案訴訟已獲全部勝訴判決確定者，提存人得聲請返還提存物 (C)假處分所保全之請求，其請求取得與確定判法有同一效力者，提存人得聲請返還提存物 (D)應供擔保之原因已消滅，但受擔保利益人不同意返還提存物時，提存人仍不得聲請返還提存物。　　　　　　　　【第26屆】

(　) **56** 依107年8月1日修正之公司法規定，公司債之總額不得逾公司現有全部資產減去全部負債後餘額之多少比率？（本條文施行日期由行政院定之） (A)100% (B)50% (C)30% (D)10%。　【第32屆】

( ) **57** 銀行與借款人所簽之定型化契約之約定有疑義時,依消費者保護法規定,應如何解釋該項約定? (A)由銀行解釋 (B)由借款人解釋 (C)探求文字真義 (D)為有利借款人之解釋。 【第26屆】

( ) **58** 下列何者非金融消費者保護法所稱之金融服務業? (A)證券交易所 (B)銀行業 (C)期貨業 (D)保險業。 【第26屆】

( ) **59** 金融消費者保護法所稱之消費爭議,係指金融消費者與金融服務業間因產品或服務所生之下列何種爭議? (A)民事 (B)刑事 (C)行政 (D)以上皆是。 【第26屆】

( ) **60** 依個人資料保護法之定義,下列何者不屬於個人資料之處理? (A)為建立個人資料檔案所為資料之編輯 (B)將所蒐集個人資料供子公司為交叉行銷 (C)所蒐集個人資料之儲存 (D)個人資料之更正。 【第26屆】

( ) **61** 依電子簽章法規定,憑證機構對因其經營或提供認證服務之相關作業程序,致當事人受有損害者,應負賠償責任。惟於下列何種例外情形,憑證機構無須負賠償責任? (A)憑證機構能證明其行為無故意者 (B)憑證機構能證明其行為無過失者 (C)憑證機構能證明其過失行為非屬重大過失者 (D)憑證機構能證明其過失行為僅屬抽象輕過失者。 【第26屆】

( ) **62** 下列何項保證係屬中長期性質? (A)發行商業本票保證 (B)應繳押標金保證 (C)關稅記帳稅款保證 (D)發行公司債保證。 【第26屆】

( ) **63** 銀行法第三十三條規定,銀行對其利害關係人為擔保授信時,其授信條件不得優於同類授信對象,其中所稱之「授信條件」,依主管機關規定,不包括下列何者? (A)資金用途 (B)貸款期限 (C)利率 (D)擔保品及其估價。 【第26屆】

( ) **64** 依主管機關規定,對同一人或同一關係人之授信限額中所稱授信總餘額,如提供下列何種擔保品之授信,得不計入本規定所稱授信總餘額? (A)公債 (B)不動產 (C)機器 (D)股票。 【第26屆】

(　　) **65** 依銀行法第三十三條第二項之授信總餘額規定,如某家銀行
淨值新臺幣(以下同)三百億元,其授信總餘額之上限為
多少元?　(A)三百億元　(B)四百五十億元　(C)六百億元
(D)七百五十億元。　　　　　　　　　　　　　　　　　【第26屆】

(　　) **66** 主管機關規定,下列各種授信何者不屬於銀行法第十二條規定之
擔保授信?　(A)金融機構憑保險公司所為之保證保險或信用保
險辦理授信　(B)銀行對金融控股公司辦理授信,徵提該金融控
股公司子公司之股票設質為擔保品　(C)地上權設定抵押權所擔
保之授信　(D)國際合作發展基金會所為授信之保證。　【第26屆】

(　　) **67** 依銀行法規定,商業銀行因行使抵押權或質權而取得之不動產或
股票,除符合第七十四條或第七十五條規定或經主管機關核准者
外,應自取得之日起多久期間內予以處分?　(A)四年　(B)五年
(C)六年　(D)七年。　　　　　　　　　　　　　　　　【第26屆】

(　　) **68** 金融控股公司之銀行子公司對該金融控股公司之大股東辦理授信
時,下列敘述何者錯誤?　(A)不得為無擔保授信　(B)為擔保授
信時應準用銀行法第三十三條規定　(C)為擔保授信,應有十足
擔保,其條件不得優於其他同業對象　(D)授信達中央主管機關
規定金額以上者,並應經二分之一以上董事之出席及出席董事二
分之一決議。　　　　　　　　　　　　　　　　　　　【第25屆】

(　　) **69** 依票據法規定,對支票發票人票據上之權利自發票日起算多久期
間不行使,因時效而消滅?　(A)三個月　(B)六個月　(C)九個月
(D)一年。　　　　　　　　　　　　　　　　　　　　【第25屆】

(　　) **70** 發票人簽發一定之金額,於指定之到期日,由自己無條件支付與
受款人或執票人之票據,稱為下列何種票據?　(A)支票　(B)匯
票　(C)本票　(D)保付支票。　　　　　　　　　　　　【第25屆】

(　　) **71** 支票之發票地為宜蘭縣,付款地為澎湖縣,其執票人應於發票日
後多久期限內為付款之提示?　(A)三日　(B)七日　(C)十五日
(D)二個月。　　　　　　　　　　　　　　　　　　　【第25屆】

( ) **72** 以不相當之對價取得票據權利者,其票據權利如何? (A)不得享有票據上之權利 (B)對於前手以外之票據債務人無追索權 (C)不得享有優於前手之權利 (D)所得享有之票據權利,以其所支付之對價為限。 【第25屆】

( ) **73** 依民事訴訟法規定,關於請求給付金錢或其他替代物品之訴訟,訴訟標的金額或價額在新臺幣多少元以下案件,應適用小額訴訟程序? (A)十萬元 (B)二十萬元 (C)三十萬元 (D)五十萬元。 【第25屆】

( ) **74** 依強制執行法規定,經二次減價拍賣而未拍定之不動產,債權人不願承受或依法不得承受時,執行法院應於第二次減價拍賣期日終結後十日內公告願買受該不動產者,得於公告之日起幾個月內依原定拍賣條件為應買之表示? (A)一個月 (B)二個月 (C)三個月 (D)四個月。 【第25屆】

( ) **75** 依強制執行法規定,執行非財產案件,徵收執行費新臺幣多少元? (A)免徵 (B)1,000元 (C)3,000元 (D)5,000元。 【第25屆】

( ) **76** 依強制執行法規定,下列敘述何者錯誤? (A)實施強制執行時,債務人如具確實擔保者,執行法院得延緩執行 (B)實施強制執行時,得延緩之次數以二次為限 (C)每次延緩強制執行期間屆滿後,債權人經執行法院通知而不於十日內聲請續行者,視為撤回其強制執行之聲請 (D)實施強制執行時,如有特別情事繼續執行顯非適當者,執行法院得變更執行期日。 【第25屆】

( ) **77** 依消費者保護法規定,有關訪問買賣之定義,下列敘述何者正確? (A)企業經營者依約,至消費者之住居所,展示所推銷東西 (B)企業經營者依約,至消費者住居所以外之其他場所,展示所推銷之東西 (C)企業經營者經邀約,在消費者之住居所或其他場所從事銷售之行為 (D)企業經營者未經邀約,而在消費者住居所或其他場所從事銷售,所為之買賣。 【第25屆】

(　) **78** 金融消費者保護法之主管機構為下列何者？　(A)消費者保護團
　　　體　(B)金管會　(C)財政部　(D)中央銀行。　　　　　　【第25屆】

(　) **79** 依個人資料保護法規定，金融機構為業務需要，在下列何種情
　　　形下不得為個人資料之蒐集或處理？　(A)與當事人有契約關係
　　　(B)為開發潛在客戶取得當事人自行公開之個人資料　(C)與公共
　　　利益無關之統計分析而有必要者　(D)個人資料取自一般可得之來
　　　源，且當事人未禁止其為處理或利用者。　　　　　　　【第25屆】

(　) **80** 依公司法規定，董事會設有常務董事者，其名額至少幾人？
　　　(A)三人　(B)四人　(C)五人　(D)七人。　　　　　　　【第25屆】

(　) **81** 王五是民營銀行職員，將客戶繳納之稅款先行挪用，但翌日即
　　　歸還，王五可能觸犯何項罪名？　(A)業務侵占既遂罪　(B)業
　　　務侵占未遂罪　(C)公務侵占既遂罪　(D)既已歸還稅款，即不
　　　為罪。　　　　　　　　　　　　　　　　　　　　　　【第25屆】

(　) **82** 銀行法第十二條所稱擔保授信，其擔保方式不包括下列何者？
　　　(A)動產抵押權　(B)借款人營業交易而產生之支票　(C)地上權設
　　　定抵押權　(D)財團法人國際發展基金會之保證。　　　【第25屆】

(　) **83** 金融控股公司之銀行子公司對利害關係人辦理授信時，及對同一
　　　法人之擔保授信總餘額，最高不得超過該子公司淨值之多少百分
　　　比？　(A)2%　(B)5%　(C)10%　(D)15%。　　　　　　【第25屆】

(　) **84** 某甲為乙銀行之董事，今擬向乙銀行申請擔保放款，依主管機關規
　　　定，其擔保授信總餘額不得超過乙銀行淨值多少百分比？　(A)百
　　　分之十　(B)百分之五　(C)百分之三　(D)百分之二。　【第25屆】

(　) **85** 法院拍賣動產，如應買人所出之最高價低於底價，由執行法院定
　　　期再行拍賣時，應拍歸出價最高之應買人，但其最高價不足底價
　　　之多少比率，執行法院應作價交債權人承受？　(A)百分之五十
　　　(B)百分之六十　(C)百分之七十　(D)百分之八十。　　【第25屆】

( ) **86** 依銀行法規定，銀行因行使抵押權或質權而取得之不動產或股票，除經主管機關核准者或同法另有規定外，應自取得之日起幾年內處分之？ (A)二年 (B)三年 (C)四年 (D)五年。 【第25屆】

( ) **87** 依銀行法規定，銀行對某客戶辦理消費性放款，期限為三年，該銀行提供之信用屬於下列何種？ (A)短期信用 (B)中期信用 (C)長期信用 (D)依償還方式而定。 【第24屆】

( ) **88** 依銀行法規定，銀行對其持有實收資本總額若干百分比以上之企業為擔保授信，應有十足擔保，且其條件不得優於其他同類授信對象？
(A)百分之一 (B)百分之二 (C)百分之三 (D)百分之五。 【第24屆】

( ) **89** 銀行對授信債務人已取得債權憑證，該債權憑證仍載有利息債權未受償，請問該利息債權之請求權消滅時效為幾年？ (A)一年 (B)二年 (C)五年 (D)十五年。 【第24屆】

( ) **90** 依民法規定，某甲死亡時，有父母、配偶、未成年兒子二人、女兒一人，其遺產應如何繼承？ (A)配偶與兒子共三人平均繼承 (B)配偶繼承二分之一，兒子與女兒共三人繼承二分之一 (C)配偶、兒子與女兒共四人平均繼承 (D)父母與兒子共四人平均繼承。 【第24屆】

( ) **91** 依民法規定，應付利息之債務，其利率未經約定，亦無法律可據者，週年利率為多少？ (A)百分之五 (B)百分之六 (C)百分之十二 (D)百分之二十。 【第24屆】

( ) **92** 下列哪一種人無民事訴訟當事人能力？ (A)有權利能力者 (B)非法人之團體，設有代表人或管理人者 (C)胎兒關於其繼承債務 (D)有管理人之寺廟。 【第24屆】

( ) **93** 敘述何者錯誤？ (A)該強制執行案件係由債權人向法院聲請執行者 (B)應陳明債務人現無財產可供執行 (C)應導引法院書記官到現場執行 (D)執行法院所發給之債權憑證，係載明俟發現有財產時，再予強制執行。 【第24屆】

(　　) **94** 強制執行時，法院執行下列何物，不適用動產之執行程序？
(A)電冰箱　(B)電視機　(C)公司股票　(D)銀行存款。　【第24屆】

(　　) **95** 依破產法規定，在破產宣告前，對於債務人財產有下列何種權
利者，就其財產有別除權？　(A)質權　(B)抵銷權　(C)地上權
(D)農育權。　【第32屆】

(　　) **96** 依消費者保護法之規定，下列敘述何者錯誤？　(A)銀行定型
化契約條款如有疑義時，應為有利於消費者之解釋　(B)銀行定
型化契約中之條款違反誠信原則，對消費者顯失公平者，無效
(C)企業經營對於其提供之商品或服務，應重視消費者之健康與安
全　(D)定型化契約條款係指企業經營者為與不特定多數消費者
訂定契約之用而與消費者預先擬定之契約條款。　【第24屆】

(　　) **97** 依金融消費者保護法規定，評議程序以下列何者為原則？
(A)言詞辯論　(B)當事人陳述　(C)書面審理　(D)消保官之
調查。　【第37屆】

(　　) **98** 金融服務業對消費者如有預先約定限制或免除責任者，該約定部
分之法律效力為何？　(A)有效　(B)無效　(C)效力未定　(D)得
撤銷。　【第32屆】

(　　) **99** 下列何者適用個人資料保護法之規定？　(A)自然人為家庭活
動之目的而蒐集個人資料　(B)自然人為個人交誼而處理或利
用之個人資料　(C)於公開活動中所蒐集未與其他個人資料結
合之影音資料　(D)金融機構海外分行對於本國人個人資料之
蒐集利用。　【第30屆】

(　　) **100** 依個人資料保護法規定，損害賠償請求權，自請求權人知有損害
及賠償義務人時起，因幾年間不行使；或自損害發生時起，逾幾
年不行使而消滅？　(A)1年；3年　(B)2年；3年　(C)2年；5年
(D)3年；5年。

解答與解析

51 (B)。票據法第125條規定：「支票應記載左列事項，由發票人簽名：一、表明其為支票之文字。二、一定之金額。三、付款人之商號。四、受款人之姓名或商號。五、無條件支付之委託。六、發票地。七、發票年、月、日。八、付款地。未載受款人者，以執票人為受款人。未載發票地者，以發票人之營業所、住所或居所為發票地。發票人得以自己或付款人為受款人，並得以自己為付款人。」支票未載受款人但有背書人仍為有效票據。

52 (D)。財產權發生爭執其標的或價款在50萬元以下者，起訴前須經過法院調解，但請求償還新台幣借款則無需調解。

53 (A)。強制執行法第27條規定：「債務人無財產可供強制執行，或雖有財產經強制執行後所得之數額仍不足清償債務時，執行法院應命債權人於一個月內查報債務人財產。債權人到期不為報告或查報無財產者，應發給憑證，交債權人收執，載明俟發見有財產時，再予強制執行。……」

54 (A)。依強制執行法第12條第1項之規定，固得對該查封命令聲請或聲明異議，但此究非同法第14條所稱消滅或妨礙債權人請求之事由，尚無債務人據以提起異議之訴餘地。選項(A)有誤。

55 (D)。(1)強制執行法第104條規定：「有下列各款情形之一者，法院應依供擔保人之聲請，以裁定命返還其提存物或保證書：一、應供擔保之原因消滅者。二、供擔保人證明受擔保利益人同意返還者。三、訴訟終結後，供擔保人證明已定二十日以上之期間，催告受擔保利益人行使權利而未行使，或法院依供擔保人之聲請，通知受擔保利益人於一定期間內行使權利並向法院為行使權利之證明而未證明者。關於前項聲請之裁定，得為抗告，抗告中應停止執行。」(2)應擔保原因已消滅，不論受擔保利益人是否同意返還，提存人均得聲請返還提存物。選項(D)有誤。

56 (A)。公司法第247條規定：「公開發行股票公司之公司債總額，不得逾公司現有全部資產減去全部負債後之餘額。無擔保公司債之總額，不得逾前項餘額二分之一。」

57 (D)。消費者保護法第11條規定：「企業經營者在定型化契約中所用之條款，應本平等互惠之原則。定型化契約條款如有疑

義時，應為有利於消費者之解釋。」

58 (A)。金融消費者保護法第3條規定：「本法所定金融服務業，包括銀行業、證券業、期貨業、保險業、電子票證業及其他經主管機關公告之金融服務業。……」

59 (A)。金融消費者保護法第5條規定：「本法所稱金融消費爭議，指金融消費者與金融服務業間因商品或服務所生之民事爭議。」

60 (B)。個人資料保護法第2條規定：「本法用詞，定義如下：……四、處理：指為建立或利用個人資料檔案所為資料之記錄、輸入、儲存、編輯、更正、複製、檢索、刪除、輸出、連結或內部傳送。」將所蒐集個人資料供子公司為交叉行銷不屬於個人資料之處理。

61 (B)。電子簽章法第14條規定：「憑證機構對因其經營或提供認證服務之相關作業程序，致當事人受有損害，或致善意第三人因信賴該憑證而受有損害者，應負賠償責任。但能證明其行為無過失者，不在此限。……」

62 (D)。發行公司債保證之保證期限在一年以上，屬於中長期保證。

63 (A)。銀行法第三十三條授權規定事項辦法第3條規定：「……四、

所稱授信條件包括：(一)利率。(二)擔保品及其估價。(三)保證人之有無。(四)授信期限。(五)本息償還方式。……」

64 (A)。銀行法第三十三條授權規定事項辦法第2條規定：「……六、下列授信得不計入本辦法所稱授信總餘額：(一)配合政府政策，經主管機關專案核准之專案授信或經中央銀行專案轉融通之授信。(二)對政府機關之授信。(三)以公債、國庫券、中央銀行儲蓄券、中央銀行可轉讓定期存單、本行存單或本行金融債券為擔保品授信。(四)依加強推動銀行辦理小額放款業務要點辦理之新臺幣一百萬元以下授信。……」

65 (B)。所稱授信總餘額，指銀行對其持有實收資本總額百分之五以上之企業，或本行負責人、職員或主要股東，或對與本行負責人或辦理授信之職員有利害關係者為擔保授信，其總餘額不得超過各該銀行淨值一點五倍（即450億元）。

66 (B)。銀行法第12規定：「本法稱擔保授信，謂對銀行之授信，提供左列之一為擔保者：一、不動產或動產抵押權。二、動產或權利質權。三、借款人營業交易所發生之應收票據。四、各級政府公庫主管機關、銀行或經政府核准設立之信用保證機構之保

證。」銀行對金融控股公司辦理授信，徵提該金融控股公司子公司之股票設質為擔保品不屬於銀行法第十二條規定之擔保授信。

67 (A)。銀行法第76規定：「商業銀行因行使抵押權或質權而取得之不動產或股票，除符合第七十四條或第七十五條規定者外，應自取得之日起四年內處分之。但經主管機關核准者，不在此限。」

68 (D)。銀行法第33條規定：「銀行對其持有實收資本總額百分之五以上之企業，或本行負責人、職員、或主要股東，或對與本行負責人或辦理授信之職員有利害關係者為擔保授信，應有十足擔保，其條件不得優於其他同類授信對象，如授信達中央主管機關規定金額以上者，並應經三分之二以上董事之出席及出席董事四分之三以上同意。……」選項(D)有誤。

69 (D)。票據法第22條規定：「票據上之權利，對匯票承兌人及本票發票人，自到期日起算；見票即付之本票，自發票日起算；三年間不行使，因時效而消滅。對支票發票人自發票日起算，一年間不行使，因時效而消滅。……」

70 (C)。票據法第3條規定：「稱本票者，謂發票人簽發一定之金額，於指定之到期日，由自己無

條件支付與受款人或執票人之票據。」

71 (B)。票據法第130條規定：「支票之執票人，應於左列期限內，為付款之提示：一、發票地與付款地在同一省（市）區內者，發票日後七日內。二、發票地與付款地不在同一省（市）區內者，發票日後十五日內。三、發票地在國外，付款地在國內者，發票日後二個月內。」

72 (C)。票據法第14條規定：「以惡意或有重大過失取得票據者，不得享有票據上之權利。無對價或以不相當之對價取得票據者，不得享有優於其前手之權利。」

73 (A)。票據法第436-8條規定：「關於請求給付金錢或其他代替物或有價證券之訴訟，其標的金額或價額在新臺幣十萬元以下者，適用本章所定之小額程序。……」

74 (C)。強制執行法第95條規定：「經二次減價拍賣而未拍定之不動產，債權人不願承受或依法不得承受時，執行法院應於第二次減價拍賣期日終結後十日內公告願買受該不動產者，得於公告之日起三個月內依原定拍賣條件為應買之表示，執行法院得於詢問債權人及債務人意見後，許其買受。債權人復願為承受者，亦同。……」

75 (C)。強制執行法第28-2條規定：「……前項規定，於聲明參與分配者，適用之。執行非財產案件，徵收執行費新臺幣三千元。……」

76 (A)。強制執行法第13條規定：「……執行法院於前項撤銷或更正之裁定確定前，因必要情形或依聲請定相當並確實之擔保，得以裁定停止該撤銷或更正裁定之執行。當事人對前項裁定，不得抗告。」選項(A)有誤。

77 (D)。消費者保護法第2條規定：「……十一、訪問交易：指企業經營者未經邀約而與消費者在其住居所、工作場所、公共場所或其他場所所訂立之契約。……」

78 (B)。金融消費者保護法第2條規定：「本法之主管機關為金融監督管理委員會。」

79 (C)。個人資料保護法第19條規定：「非公務機關對個人資料之蒐集或處理，除第六條第一項所規定資料外，應有特定目的，並符合下列情形之一者：一、法律明文規定。二、與當事人有契約或類似契約之關係，且已採取適當之安全措施。三、當事人自行公開或其他已合法公開之個人資料。四、學術研究機構基於公共利益為統計或學術研究而有必要，且資料經過提供者處

理後或經蒐集者依其揭露方式無從識別特定之當事人。五、經當事人同意。六、為增進公共利益所必要。七、個人資料取自於一般可得之來源。但當事人對該資料之禁止處理或利用，顯有更值得保護之重大利益者，不在此限。八、對當事人權益無侵害。……」換言之，與公共利益無關之統計分析而有必要者，金融機構不得為個人資料之蒐集或處理。

80 (A)。公司法第208條規定：「董事會設有常務董事者，其常務董事依前項選舉方式互選之，名額至少三人，最多不得超過董事人數三分之一。董事長或副董事長由常務董事依前項選舉方式互選之。」

81 (A)。無論是否已歸還，王五已觸犯業務侵占既遂罪。

82 (B)。銀行法第12條規定：「本法稱擔保授信，謂對銀行之授信，提供左列之一為擔保者：一、不動產或動產抵押權。二、動產或權利質權。三、借款人營業交易所發生之應收票據。四、各級政府公庫主管機關、銀行或經政府核准設立之信用保證機構之保證。」

83 (C)。所稱授信限額，指銀行對其持有實收資本總額百分之五以上

之企業，或本行負責人、職員或
主要股東，或對與本行負責人或
辦理授信之職員有利害關係者為
擔保授信，其中對同一法人之擔
保授信總餘額不得超過各該銀行
淨值百分之十；對同一自然人之
擔保授信總餘額不得超過各該銀
行淨值百分之二。

84 **(D)**。所稱授信限額，指銀行對其
持有實收資本總額百分之五以上
之企業，或本行負責人、職員或
主要股東，或對與本行負責人或
辦理授信之職員有利害關係者為
擔保授信，其中對同一法人之擔
保授信總餘額不得超過各該銀行
淨值百分之十；對同一自然人之
擔保授信總餘額不得超過各該銀
行淨值百分之二。

85 **(A)**。強制執行法第70條規定：
「……拍賣物依前項規定，再行
拍賣時，應拍歸出價最高之應買
人。但其最高價不足底價百分之
五十；或雖未定底價，而其最
高價顯不相當者，執行法院應作
價交債權人承受；債權人不承受
時，執行法院應撤銷查封，將拍
賣物返還債務人。……」

86 **(C)**。銀行法第76條規定：「商
業銀行因行使抵押權或質權而取
得之不動產或股票，除符合第
七十四條或第七十五條規定者
外，應自取得之日起四年內處分
之。但經主管機關核准者，不在

此限。」

87 **(B)**。銀行法第5條規定：「銀行
依本法辦理授信，其期限在一年
以內者，為短期信用；超過一年
而在七年以內者，為中期信用；
超過七年者，為長期信用。」本
期屬超過一年而在七年以內者，
為中期信用。

88 **(D)**。銀行法第33條規定：「銀
行對其持有實收資本總額百分之
五以上之企業，或本行負責人、
職員、或主要股東，或對與本行
負責人或辦理授信之職員有利害
關係者為擔保授信，應有十足擔
保，其條件不得優於其他同類授
信對象，如授信達中央主管機關
規定金額以上者，並應經三分之
二以上董事之出席及出席董事四
分之三以上同意。……」

89 **(C)**。民法第126條規定：「利
息、紅利、租金、贍養費、退職
金及其他一年或不及一年之定期
給付債權，其各期給付請求權，
因五年間不行使而消滅。」

90 **(C)**。配偶有相互繼承遺產之權，
其應繼分，依下列各款定之：(1)
與「被繼承人之直系血親卑親屬
（第一順位）」同為繼承時，其
應繼分，與他繼承人「平均」。
(2)與「被繼承人之父母或兄弟姊
妹」（第二、三順位）同為繼承
時，其應繼分，為遺產「二分之
一」。

91 (A)。民法第203條規定：「應付
利息之債務，其利率未經約定，
亦無法律可據者，週年利率為百
分之五。」

92 (C)。民事訴訟法第40條規定：
「有權利能力者，有當事人能
力。胎兒，關於其可享受之利
益，有當事人能力。非法人之團
體，設有代表人或管理人者，有
當事人能力。中央或地方機關，
有當事人能力。」

93 (C)。強制執行法第27條規定：
「債務人無財產可供強制執行，
或雖有財產經強制執行後所得之
數額仍不足清償債務時，執行法
院應命債權人於一個月內查報債
務人財產。債權人到期不為報告
或查報無財產者，應發給憑證，
交債權人收執，載明俟發見有財
產時，再予強制執行。債權人聲
請執行，而陳明債務人現無財產
可供執行者，執行法院得逕行發
給憑證。」選項(C)有誤。

94 (D)。銀行存款是由執行法院以
「扣押命令」加以凍結，不適用
動產之執行程序。

95 (A)。破產法第108條規定：「在
破產宣告前，對於債務人之財產
有質權、抵押權或留置權者，就
其財產有別除權。有別除權之債
權人，不依破產程序而行使其權
利。」

96 (D)。消費者保護法第2條規定：
「……七、定型化契約條款：指
企業經營者為與多數消費者訂立
同類契約之用，所提出預先擬定
之契約條款。定型化契約條款
不限於書面，其以放映字幕、張
貼、牌示、網際網路、或其他方
法表示者，亦屬之。……」

97 (C)。金融消費者保護法第26條規
定：「評議程序以書面審理為原
則，並使當事人有於合理期間陳
述意見之機會。評議委員會認為
有必要者，得通知當事人或利害
關係人至指定處所陳述意見；當
事人請求到場陳述意見，評議委
員會認有正當理由者，應給予到
場陳述意見之機會。……」

98 (B)。金融消費者保護法第6條規
定：「本法所定金融服務業對金
融消費者之責任，不得預先約定
限制或免除。違反前項規定者，
該部分約定無效。」

99 (D)。個人資料保護法第51條規
定：「有下列情形之一者，不適
用本法規定：一、自然人為單純
個人或家庭活動之目的，而蒐
集、處理或利用個人資料。二、
於公開場所或公開活動中所蒐
集、處理或利用之未與其他個人
資料結合之影音資料。公務機關
及非公務機關，在中華民國領域
外對中華民國人民個人資料蒐

集、處理或利用者，亦適用本法。」

100 (C)。個人資料保護法第30條規定：「損害賠償請求權，自請求權人知有損害及賠償義務人時起，因二年間不行使而消滅；自損害發生時起，逾五年者，亦同。」

第101~142題

( ) **101** 依刑法規定，無故洩漏因利用電腦或其他相關設備知悉或持有他人之秘密者，處多久期間以下之有期徒刑、拘役或5千元以下罰金？ (A)一年 (B)二年 (C)三年 (D)六個月。 【第24屆】

( ) **102** 下列何種資產不得作為銀行法第十二條擔保授信之擔保品？ (A)土地 (B)地上權 (C)金融控股公司以子公司股票設質 (D)國際合作發展基金會所為授信之保證。 【第24屆】

( ) **103** 依銀行法規定，銀行得對下列何者為消費性貸款以外之無擔保授信？ (A)該銀行負責人之配偶 (B)持有該銀行已發行股份總數百分之二之個人股東 (C)該銀行辦理保管箱業務職員之配偶 (D)該銀行辦理授信職員之伯父。 【第23屆】

( ) **104** 有關民法時效之規定，下列敘述何者正確？ (A)時效期間，不得以法律行為加長或減短之 (B)時效消滅後所為之給付，債務人得以不知時效為理由，請求返還 (C)因起訴而中斷之時效，自提起訴訟之日起，重行起算 (D)退職金之各期給付請求權，因十年間不行使而消滅。 【第30屆】

( ) **105** 依民法規定，凡未定期限或期限超過多久之不動產租賃契約未經公證者，不適用買賣不破租賃原則？ (A)二年 (B)三年 (C)五年 (D)十年。 【第23屆】

( ) **106** 對於一人負擔數宗債務，而其給付之種類相同者，如清償人所提出之給付，不足清償全部債額時，下列敘述何者錯誤？ (A)應由債權人於受領時，指定其應抵充之債務 (B)未經指定抵充順序時，以債務已屆清償期者，儘先抵充 (C)未經指定抵

充順序，且債務均已屆清償期時，以債務之擔保最少者，儘先抵充　(D)清償人所提出之給付，應先抵充費用，次充利息，次充原本。　　　　　　　　　　　　　　　　　　　【第23屆】

(　　) **107** 執票人持本票向法院聲請裁定強制執行之對象，僅限於下列何人？ (A)付款人　(B)背書人　(C)發票人　(D)受款人。　　　　【第23屆】

(　　) **108** 票據上之權利，對匯票承兌人及本票發票人，自到期日起算；見票即付之本票，自發票日起算；經多久時間不行使，因時效而消滅？　(A)六個月　(B)一年　(C)二年　(D)三年。　　　【第29屆】

(　　) **109** 依票據法規定，受益償還請求權之義務人為下列何者？　(A)執票人　(B)發票人或承兌人　(C)背書人　(D)付款人。　【第23屆】

(　　) **110** 依票據法規定，下列何種情形，付款人得以付款？　(A)發票人撤銷付款委託之支票　(B)背書不連續之支票　(C)發行滿一年之支票　(D)背書簽名可能虛偽之支票。　　　　　　　【第23屆】

(　　) **111** 有關動產擔保交易，下列敘述何者錯誤？　(A)應以書面訂立契約　(B)非經登記，不得對抗善意第三人　(C)經依動產擔保交易法設定抵押之動產，不得為附條件買賣之標的物　(D)債權人依動產擔保交易法規定取回動產擔保交易標的物時，善意留置權人就標的物修繕致其價值增加所支出之費用，受償順序在債權人之後。【第23屆】

(　　) **112** 有關假扣押之規定，下列敘述何者錯誤？　(A)債權人就金錢請求或得易為金錢請求之請求，欲保全強制執行者，得聲請假扣押　(B)就附條件或期限之請求，不得聲請假扣押　(C)假扣押，非有日後不能強制執行或甚難執行之虞者，不得為之　(D)假扣押之聲請，應表明當事人及法定代理人。　　　　　　　　　　【第29屆】

(　　) **113** 依強制執行法規定，借款人提供不動產，設定第一順位抵押權予銀行，經借款人的其他債權人拍賣時，銀行應如何處理？ (A)在任何情況，銀行均可主張保留抵押權　(B)銀行應向法院陳

報債權參加分配，不得保留抵押權　(C)聲請拍賣的債權人是普通債權人時，銀行可主張保留抵押權　(D)聲請拍賣的債權人是次順位的抵押權人時，銀行可主張保留抵押權。　　　【第23屆】

(　) **114** 依強制執行法規定，下列何者得為強制執行之執行名義？　(A)依民事訴訟法成立之和解　(B)在民事執行處成立之和解　(C)在破產程序中成立之和解　(D)在警察機關成立之和解。　　【第27屆】

(　) **115** 依金融消費者保護法規定，下列何者非屬金融服務業對金融消費者進行說明及揭露之內容？　(A)可能之收益　(B)可能之風險　(C)交易成本　(D)操作之理論。　　　　　　　　【第33屆】

(　) **116** 依金融消費者保護法規定，評議委員會之評議決定應作成評議書，送達當事人，有關送達準用下列何項規定？　(A)民事訴訟法　(B)非訟事件法　(C)行政訴訟法　(D)行政執行法。　　【第36屆】

(　) **117** 依個人資料保護法之規定，金融機構違反本法規定，致個人資料被竊取、洩漏者，下列敘述何者正確？　(A)應即主動刪除當事人資料　(B)應查明後以適當方式通知當事人　(C)應停止利用該個人資料　(D)應補徵當事人書面同意書。　　【第23屆】

(　) **118** 依營業秘密法規定，因故意或過失不法侵害他人之營業秘密者，負損害賠償責任。此項損害賠償之請求權，自行為時起，逾幾年不行使而消滅？　(A)十年　(B)七年　(C)五年　(D)二年。　　【第23屆】

(　) **119** 依督促程序聲請發支付命令，比起訴簡便，惟仍有其限制，下列敘述何者錯誤？　(A)必須向債務人住所地之法院聲請　(B)必須向聲請人所在地之法院聲請　(C)支付命令必須能送達債務人收執（公示送達，或國外送達者不得行之）　(D)支付命令於三個月內無法送達予債務人時，該支付命令即失效力。　　【第23屆】

(　) **120** 有關金融機構概括承受或概括讓與，準用下列何者之規定？　(A)銀行法　(B)提存法　(C)金融控股公司法　(D)金融機構合併法。　　　　　　　　　　　　　　　　　　　　　　【第33屆】

(　　) **121** 依民法規定，應付利息之債務，其利率未經約定，亦無法律可據者，週年利率為多少？　(A)百分之五　(B)百分之六　(C)百分之十二　(D)百分之二十。　　　　　　　　　　　　　　　　　【第22屆】

(　　) **122** 依民法規定，有關抵銷之敘述，下列何者錯誤？　(A)應以意思表示，向他方為之　(B)禁止扣押之債，其債務人不得主張抵銷　(C)債之請求權，雖因時效而消滅，如在時效未完成前，其債務已適於抵銷者，亦不得為抵銷　(D)抵銷之意思表示附有條件者，無效。　　　　　　　　　　　　　　　　　　　　　　　　【第27屆】

(　　) **123** 執票人以無對價或以不相當之對價取得票據者，其票據權利之行使依法有何限制？　(A)不得享有票據權利　(B)不得享有優於其前手之權利　(C)僅得在其對價範圍內行使追索權　(D)該票據無效而發票人因此免除票據責任。　　　　　　　　　　　　【第22屆】

(　　) **124** 依票據法規定，支票執票人未於法定期限內為付款提示，對於下列何者喪失追索權？　(A)全體債務人　(B)承兌人　(C)保證人　(D)發票人以外之前手。　　　　　　　　　　　　　　　　【第31屆】

(　　) **125** 票據經變造時，下列敘述何者錯誤？　(A)簽名在變造前者，依原有文義負責　(B)簽名在變造後者，依變造文義負責　(C)不能辨別前後時，推定簽名在變造後　(D)參與或同意變造者，不論簽名在變造前後，均依變造文義負責。　　　　　　　　　【第22屆】

(　　) **126** 下列何者非屬金融控股公司法定義之證券商？　(A)經營證券承銷業務之證券商　(B)經營證券經紀業務之證券商　(C)證券投資顧問公司　(D)經營證券金融業務之證券金融公司。　　　【第33屆】

(　　) **127** 依金融控股公司法規定，下列何者不屬於該法定義之金融機構？　(A)經營證券金融業務之證券金融公司　(B)依保險法以股份有限公司組織設立之保險業　(C)票券金融公司　(D)農漁會信用部。【第27屆】

(　　) **128** 依強制執行法規定，債權人收受假扣押裁定後，逾多久期限者，不得聲請執行？　(A)十五日　(B)二十日　(C)三十日　(D)六十日。　　　　　　　　　　　　　　　　　　　　　　　　　【第22屆】

(　　) **129** 在不動產特別拍賣程序中，債權人申請為另行估價或減價拍賣，應於何時向執行法院提出，否則視為撤回該不動產之執行？ (A)在特別拍賣期限內，無人應買前　(B)在特別拍賣期滿後，無人應買前　(C)在特別拍賣期限內，有人應買後　(D)在特別拍賣期滿後，有人應買後。　　　　　　　　　　　　　【第22屆】

(　　) **130** 法院為破產宣告時，應決定申報債權之期間。該期間須在破產宣告之日起，幾日以上幾個月以下？　(A)15日；3個月　(B)10日；2個月　(C)5日；1個月　(D)20日；4個月。　　　　　【第22屆】

(　　) **131** 依消費者債務清理條例規定，債務人於法院裁定開始更生或清算程序前，多久期間內所為之無償行為，有害及債權人之權利者，除別有規定外，監督人或管理人得撤銷之？　(A)六個月　(B)一年　(C)二年　(D)五年。　　　　　　　　　　　　　　【第22屆】

(　　) **132** 依公司法規定，公司設立登記後，已登記之事項有變更而不為變更之登記者，其效力如何？　(A)該變更事項不生法律上效力　(B)僅不得以其事項對抗善意第三人，仍可對抗惡意第三人　(C)不得以其事項對抗第三人　(D)該變更事項不生公司法上效力，但具有民法之效力。　　　　　　　　　　　　　【第31屆】

(　　) **133** 依金融機構合併法規定，金融機構讓與不良債權時，就該債權對債務人或保證人已取得之執行名義，其效力為何？　(A)其效力及於不良債權受讓人　(B)其效力不及於不良債權受讓人　(C)僅債務人之執行名義效力及於不良債權受讓人　(D)僅保證人之執行名義效力及於不良債權受讓人。　　　　　　　　　　　【第31屆】

(　　) **134** 依銀行法規定，下列敘述何者錯誤？　(A)授信期限超過一年者為短期信用　(B)授信期限超過七年者為長期信用　(C)銀行對購買或建造住宅放款，最長期限不得超過30年　(D)銀行對無自用住宅者購買自用住宅之放款，不受最長30年期限之限制。　　　【第31屆】

(　　) **135** 意圖為自己或第三人不法所有，以不正當方法由自動付款設備取得他人金錢者，觸犯下列何種罪？　(A)背信罪　(B)詐欺罪　(C)重利罪　(D)瀆職罪。　　　　　　　　　　【第22屆】

(　　) **136** 依主管機關規定，銀行對全體利害關係人，其授信總餘額，不得超過各該行淨值若干倍？　(A)0.6倍　(B)1倍　(C)1.5倍　(D)2倍。　　　　　　　　　　　　　　　　　　　　　　【第31屆】

(　　) **137** 下列各項授信中，何者須計入銀行法中所稱授信限額及授信總餘額內？　(A)本行存單及本行金融債券為擔保授信　(B)公債或國庫券為擔保授信　(C)銀行保證之公司債為擔保授信　(D)中央銀行之儲蓄券為擔保授信。　　　　　　　　　　【第22屆】

(　　) **138** 票據法第二十二條第四項規定之票據利益償還請求權，請求之對象為下列何者？　(A)發票人或背書人　(B)發票人或保證人　(C)發票人或承兌人　(D)背書人或保證人。　　　　【第24屆】

(　　) **139** 依主管機關規定，下列何種授信仍應計入銀行法第三十三條授權規定事項所稱之授信限額或授信總餘額內？　(A)對政府機關之授信　(B)對公營事業之授信　(C)經主管機關專案核准之專案授信　(D)以他行存單為擔保品之授信。　　　　　　　【第28屆】

(　　) **140** 依銀行法及主管機關有關擔保授信之規定，下列敘述何者錯誤？　(A)以土地、廠房設定抵押權之授信，得為擔保授信　(B)以地上權為標的設定抵押權之授信，不得列為擔保授信　(C)以定存單設定質權之授信，得為擔保授信　(D)金融控股公司以子公司股票設質之授信，不得列為擔保授信。　　　　　　【第28屆】

(　　) **141** 銀行不得對本行有利害關係者為無擔保授信，但消費者貸款不在此限，惟每一消費者一般消費貸款之額度，依據主管機關規定，不得超過新臺幣多少元？　(A)六十萬元　(B)八十萬元　(C)一百萬元　(D)四百萬元。　　　　　　　　　　　　　　【第27屆】

( ) **142** 甲銀行淨值為新臺幣六百億元，依主管機關規定，對該銀行之主要股東大大公司辦理擔保授信之總餘額上限為多少？ (A)十二億元 (B)二十億元 (C)六十億元 (D)九十億元。 【第27屆】

解答與解析

101 (B)。刑法第318-1條規定：「無故洩漏因利用電腦或其他相關設備知悉或持有他人之秘密者，處二年以下有期徒刑、拘役或五千元以下罰金。」

102 (C)。銀行法第12條規定：「本法稱擔保授信，謂對銀行之授信，提供左列之一為擔保者：一、不動產或動產抵押權。二、動產或權利質權。三、借款人營業交易所發生之應收票據。四、各級政府公庫主管機關、銀行或經政府核准設立之信用保證機構之保證。」

103 (C)。 銀行法第32條規定：「銀行不得對其持有實收資本總額百分之三以上之企業，或本行負責人、職員、或主要股東，或對與本行負責人或辦理授信之職員有利害關係者，為無擔保授信。但消費者貸款及對政府貸款不在此限。……」

104 (A)。 (B)時效消滅後所為之給付，債務人不得以不知時效為理由，請求返還。(C)因起訴而中斷之時效，自受確定判決，或因其他方法訴訟終結時，重行起算。

(D)退職金之各期給付請求權，因五年間不行使而消滅。

105 (C)。民法第425條規定：「出租人於租賃物交付後，承租人占有中，縱將其所有權讓與第三人，其租賃契約，對於受讓人仍繼續存在。前項規定，於未經公證之不動產租賃契約，其期限逾五年或未定期限者，不適用之。」

106 (A)。民法第321條規定：「對於一人負擔數宗債務而其給付之種類相同者，如清償人所提出之給付，不足清償全部債額時，由清償人於清償時，指定其應抵充之債務。」選項(A)有誤。

107 (C)。票據法第123條規定：「執票人向本票發票人行使追索權時，得聲請法院裁定後強制執行。」

108 (D)。票據法第22條規定：「票據上之權利，對匯票承兌人及本票發票人，自到期日起算；見票即付之本票，自發票日起算；三年間不行使，因時效而消滅。對支票發票人自發票日起算，一年間不行使，因時效而消滅。……」

109 (B)。票據法第22條規定：
「……票據上之債權，雖依本法
因時效或手續之欠缺而消滅，執
票人對於發票人或承兌人，於
其所受利益之限度，得請求償
還。」

110 (D)。背書簽名雖可能為虛偽，但
銀行不負簽名辨識責任，得以付款。

111 (D)。動產擔保交易法第5條規
定：「動產擔保交易，應以書
面訂立契約。非經登記，不得
對抗善意第三人。債權人依本法
規定實行占有或取回動產擔保交
易標的物時，善意留置權人就動
產擔保交易標的物有修繕、加工
致其價值增加所支出之費用，於
所增加之價值範圍內，優先於依
本法成立在先之動產擔保權利受
償。」選項(D)有誤。

112 (B)。就附條件或期限之請求，
得聲請假扣押。選項(B)有誤。

113 (B)。強制執行法第34條規定：
「有執行名義之債權人聲明參與
分配時，應提出該執行名義之證
明文件。依法對於執行標的物有
擔保物權或優先受償權之債權
人，不問其債權已否屆清償期，
應提出其權利證明文件，聲明參
與分配。……」

114 (A)。強制執行法第4條規定：
「強制執行，依左列執行名義為

之：一、確定之終局判決。二、
假扣押、假處分、假執行之裁判
及其他依民事訴訟法得為強制
執行之裁判。三、依民事訴訟法
成立之和解或調解。四、依公證
法規定得為強制執行之公證書。
五、抵押權人或質權人，為拍賣
抵押物或質物之聲請，經法院為
許可強制執行之裁定者。六、其
他依法律之規定，得為強制執行
名義者……」

115 (D)。金融消費者保護法第10條
規定：「……第一項金融服務業
對金融消費者進行之說明及揭
露，應以金融消費者能充分瞭解
之文字或其他方式為之，其內
容應包括但不限交易成本、可能
之收益及風險等有關金融消費者
權益之重要內容；其相關應遵
循事項之辦法，由主管機關定
之。……」

116 (A)。金融消費者保護法第28條
規定：「評議委員會之評議決定
應以爭議處理機構名義作成評
議書，送達當事人。前項送達，
準用民事訴訟法有關送達之規
定。」

117 (B)。個人資料保護法第12條規
定：「公務機關或非公務機關違
反本法規定，致個人資料被竊
取、洩漏、竄改或其他侵害者，
應查明後以適當方式通知當事
人。」

118 (A)。營業秘密法第12條規定：「因故意或過失不法侵害他人之營業秘密者，負損害賠償責任。數人共同不法侵害者，連帶負賠償責任。前項之損害賠償請求權，自請求權人知有行為及賠償義務人時起，二年間不行使而消滅；自行為時起，逾十年者亦同。」

119 (B)。依督促程序聲請發支付命令，必須向債務人住所地之法院聲請。

120 (D)。根據金融機構合併法第14條規定：「金融機構概括承受或概括讓與者，準用本法之規定。」

121 (A)。民法第203條規定：「應付利息之債務，其利率未經約定，亦無法律可據者，週年利率為百分之五。」

122 (C)。民法第337條規定：「債之請求權雖經時效而消滅，如在時效未完成前，其債務已適於抵銷者，亦得為抵銷。」

123 (B)。票據法第14條規定：「以惡意或有重大過失取得票據者，不得享有票據上之權利。無對價或以不相當之對價取得票據者，不得享有優於其前手之權利。」

124 (D)。根據票據法第104條：「執票人不於本法所定期限內為行使或保全匯票上權利之行為者，對於前手喪失追索權。執票人不於約定期限內為前項行為者，對於該約定之前手，喪失追索權。」

125 (C)。票據法第16條規定：「票據經變造時，簽名在變造前者，依原有文義負責；簽名在變造後者，依變造文義負責；不能辨別前後時，推定簽名在變造前。前項票據變造，其參與或同意變造者，不論簽名在變造前後，均依變造文義負責。」

126 (C)。根據金融控股公司法第4條：「……(三)證券商：指綜合經營證券承銷、自營及經紀業務之證券商，與經營證券金融業務之證券金融公司。」

127 (D)。根據金融控股公司法第4條：「……三、金融機構：指下列之銀行、保險公司及證券商：(一)銀行：指銀行法所稱之銀行與票券金融公司及其他經主管機關指定之機構。(二)保險公司：指依保險法以股份有限公司組織設立之保險業。(三)證券商：指綜合經營證券承銷、自營及經紀業務之證券商，與經營證券金融業務之證券金融公司。

128 (C)。強制執行法第132條規定：「……債權人收受假扣押或假處分裁定後已逾三十日者，不得聲請執行。」

129 (A)。強制執行法第95條規定：「……前項三個月期限內，無人應買前，債權人亦得聲請停止前項拍賣，而另行估價或減價拍賣，如仍未拍定或由債權人承受，或債權人未於該期限內聲請另行估價或減價拍賣者，視為撤回該不動產之執行。……」

130 (A)。破產法第64條規定：「法院為破產宣告時，應選任破產管理人，並決定左列事項：一、申報債權之期間。但其期間，須在破產宣告之日起，十五日以上，三個月以下。二、第一次債權人會議期日。但其期日，須在破產宣告之日起一個月以內。」

131 (C)。債務人於法院裁定開始更生或清算程序前，二年內所為之無償行為，有害及債權人之權利者，監督人或管理人得撤銷之。

132 (C)。公司法第12條規定：「公司設立登記後，有應登記之事項而不登記，或已登記之事項有變更而不為變更之登記者，不得以其事項對抗第三人。」

133 (A)。根據金融機構合併法第11條：「金融機構讓與不良債權時，就該債權對債務人或保證人已取得之執行名義，其效力及於不良債權受讓人。」

134 (A)。授信期限一年「以內」者為短期信用。

135 (B)。詐欺罪係指意圖為自己或第三人不法所有，以不正當方法由自動付款設備取得他人金錢者。

136 (C)。所稱授信總餘額，指銀行對其持有實收資本總額百分之五以上之企業，或本行負責人、職員或主要股東，或對與本行負責人或辦理授信之職員有利害關係者為擔保授信，其總餘額不得超過各該銀行淨值一‧五倍。

137 (C)。下列授信得不計入本辦法所稱授信總餘額：
(1)配合政府政策，經主管機關專案核准之專案授信或經中央銀行專案轉融通之授信。
(2)對政府機關之授信。
(3)以公債、國庫券、中央銀行儲蓄券、中央銀行可轉讓定期存單、本行存單或本行金融債券為擔保品授信。
(4)依加強推動銀行辦理小額放款業務要點辦理之新臺幣一百萬元以下之授信。

138 (C)。票據法第22條規定：「……票據上之債權，雖依本法因時效或手續之欠缺而消滅，執票人對於發票人或承兌人，於其所受利益之限度，得請求償還。」

139 (D)。下列授信不計入本規定所稱授信限額及授信總餘額內：

(1)配合政府政策，經本部專案核准之專案授信或經中央銀行專案轉融通之授信。

(2)對政府機關或公營事業之授信。

(3)以公債、國庫券、中央銀行儲蓄券、中央銀行可轉讓定期存單、本行存單或本行金融債券為擔保品之授信。

140 (B)。銀行辦理以地上權為標的物之抵押權所擔保之授信，得列為銀行法第十二條之擔保授信。選項(B)有誤。

141 (C)。銀行法第32條所稱之消費者貸款，係指對於房屋修繕、耐久性消費品（包括汽車）、支付學費與其他個人之小額貸款，及信用卡循環信用。消費者貸款額度，合計以每一消費者不超過新臺幣100萬元為限，其中信用卡循環信用，係以信用卡循環信用餘額計算，銀行並應注意上述額度之控管。

142 (C)。所稱授信限額，指銀行對其持有實收資本總額百分之五以上之企業，或本行負責人、職員或主要股東，或對與本行負責人或辦理授信之職員有利害關係者為擔保授信，其中對同一法人之擔保授信總餘額不得超過各該銀行淨值百分之十；對同一自然人之擔保授信總餘額不得超過各該銀行淨值百分之二。故本題對該銀行之主要股東大大公司辦理擔保授信之總餘額上限＝600×10%＝60（億元）。

Chapter 2　授信及外匯相關規章

焦點 1　銀行公會徵信準則

一、徵信

所謂「徵信工作」，係指與授信業務有關之信用調查與財務分析等工作。簡單的說，徵信就是「驗證信用」，徵信作業是授信過程中不可或缺的一環，由徵信人員以公正、客觀的方式調查分析授信戶的組織型態、規模、營運概況、管理能力、財務結構、產銷情形、銀行往來關係、信用狀況及未來展望，並做成客觀的報告，藉以提供授信單位主管決策的參考。因此，徵信之調查與分析可視為確保授信債權之先決條件。

二、徵信方法

(一) 徵信單位辦理徵信，除另有規定外，應以直接調查為主，間接調查為輔。

(二) 授信客戶發生突發事件，徵信單位得配合營業單位派員實地調查。

三、徵信資料

(一) **短期授信：**

　　1. 授信戶資料表。

　　2. 登記證件影本。

　　3. 章程或合夥契約影本。

　　4. 董監事名冊影本。

　　5. 股東名簿或合夥名冊或公開發行公司變更登記表影本。

　　6. 主要負責人、保證人之資料表。

　　7. 最近3年之資產負債表、損益表或會計師財務報表查核報告。（會計師依會計師法或證券交易法（以下同）受處分警告或申誡者，其簽發之財務報表查核報告自處分日起1年內如准予採用，應註明採用之原因並審慎評估；受處分停止執行業務或停止辦理公開發行公司之查核簽證者，其簽發之財務報表查核報告自處分日起於受處分停止執行業務期間內不予採用；

受處分除名或撤銷公開發行公司查核簽證之核准者，其簽發之財務報表查核報告自處分日起不予採用。）

8. 最近稅捐機關納稅證明影本。
9. 同一關係企業及集團企業資料表。
10. 有關係企業之公開發行公司最近年度之關係企業三書表。

(二) **週轉資金授信（中長期授信）**：除上述短期授信規定資料外，總授信金額（包含財團法人金融聯合徵信中心歸戶餘額及本次申貸金額，其中存單質借、出口押匯及進口押匯之金額得予扣除）達新臺幣2億元者，另加送營運計畫、現金流量預估表、預估資產負債表及預估損益表。

> **知識延伸**
>
> 企業授信應徵取之財務資料年限為最近「3年」。

(三) **其他中長期授信**：除上述短期授信規定資料外，總授信金額達新臺幣2億元者，另加送個案預計資金來源去路表、建廠進度表、營運計畫、現金流量預估表、預估資產負債表及預估損益表。

(四) **個人授信**：個人在金融機構總授信金額達新臺幣「2,000萬元」者，應徵提綜合所得稅相關報稅資料。個人授信戶，其填送個人收入情形，與綜合所得稅申報書內容有出入時，以申報書內容為準，作為其償還能力與還款財源之參考。

> **知識延伸**
>
> 企業授信戶總授信金額達新臺幣「3,000萬元」以上者，其財務報表必須經會計師查核簽證。

四、徵信範圍

中小企業總授信金額在新臺幣「600萬元以下」或「1,500萬元以下且具有十足擔保者」，其徵信範圍得予簡化。

─────── | **牛刀小試** | ───────

(　　) 1 依「中華民國銀行公會會員徵信準則」規定，總授信金額未達新臺幣二億元之企業中長期授信案件，免送下列何種資料？
(A)董監事名冊影本　(B)個案預計資金來源去路表　(C)主要負責人資料表　(D)最近稅捐機關納稅證明影本。　【第31屆】

(　　) 2 依「中華民國銀行公會會員徵信準則」規定，下列何種授信不得自該準則所稱「總授信金額」中扣除？　(A)存單質借 (B)商業本票保證　(C)出口押匯　(D)進口押匯。　【第31屆】

(　　) 3 依「中華民國銀行公會會員徵信準則」規定，下列何者非企業短期授信案應徵取之基本資料？　(A)預估財務報表 (B)公司章程　(C)登記證件影本　(D)同一關係企業及集團企業資料表。　【第31屆】

(　　) 4 依「中華民國銀行公會會員徵信準則」規定，個人授信戶填送之個人收入情形，若與綜合所得稅申報書內容有出入時應以何者之收入為準，作為其償還能力與還款財源之參考？　(A)個人填送資料　(B)申報書內容　(C)個人填送與申報書內容金額二者孰低　(D)個人填送與申報書內容金額二者孰高。　【第30屆】

(　　) 5 依「中華民國銀行公會會員徵信準則」規定，對於中小企業總授信金額在下列何項條件內，其徵信範圍得以簡化？　(A)新臺幣五百萬元以下　(B)新臺幣六百萬元以下　(C)新臺幣二千萬元以下且具有十足擔保者　(D)新臺幣三千萬元以下且提供不動產十足擔保者。　【第30屆】

解答與解析

1 (B)。中華民國銀行公會會員徵信準則第16條規定：「……(2)其他中長期授信：除第1目規定資料外，總授信金額達新臺幣二億元者，另加送個案預計資金來源去路表、建廠進度表、營運計畫、現金流量預估表、預估資產負債表及預估損益表。3.其他授信：依有關規定辦理。……」換言之，總授信金額未達新臺幣二億元之企業中長期授信案件，免送個案預計資金來源去路表。

2 (B)。中華民國銀行公會會員徵信準則第16條規定：「……2.中長期授信：(1)週轉資金授信（包括短期授信展期續約超過一年以上者）：除第1目規定資料外，總授信金額（包含財團法人金融聯合徵信中心歸戶餘額及本次申貸金額，其中存單質借、出口押匯及進口押匯之金額得

予扣除，下同）達新臺幣二億元者，另加送營運計畫、現金流量預估表、預估資產負債表及預估損益表。……」

3 (A)。中華民國銀行公會會員徵信準則第16條規定：「企業授信案件應索取基本資料如下：(一)授信業務1.短期授信：(1)授信戶資料表。(2)登記證件影本。(3)章程或合夥契約影本。(4)董監事名冊影本。(5)股東名簿或合夥名冊或公開發行公司變更登記表影本。(6)主要負責人、保證人之資料表。(7)最近三年之資產負債表、損益表或會計師財務報表查核報告。(8)最近稅捐機關納稅證明影本。(9)同一關係企業及集團企業資料表。(10)有關係企業之公開發行公司最近年度之關係企業三書表。……」

4 (B)。中華民國銀行公會會員徵信準則第25條規定：「……(四)個人授信戶，其填送個人收入情形，與綜合所得稅申報書內容有出入時，以申報書內容為準，作為其償還能力與還款財源之參考。……」

5 (B)。中華民國銀行公會會員徵信準則第22條規定：「……3.中小企業總授信金額在新臺幣六百萬元以下；或新臺幣一千五百萬元以下且具有十足擔保者，其徵信範圍簡化如下：……」

焦點2　銀行公會授信準則

一、授信定義
所稱授信，係指會員辦理放款、透支、貼現、保證、承兌及其他經中央主管機關核准之業務。

二、授信原則
辦理授信業務應本安全性、流動性、公益性、收益性及成長性等五項基本原則，並依借款戶、資金用途、償還來源、債權保障及授信展望等五項審核原則核貸之。

三、擔保品估價原則
(一) 會員對擔保品之審核及估價應審慎辦理，其估價並應參照時值、折舊率及銷售性，覈實決定。

(二) 聯合授信案件，倘經主辦銀行委託專業之鑑價機構出具擔保品鑑價報告
　　者，參加銀行經依自行鑑價標準，審慎評估該鑑價結果之合理性後，得將
　　該鑑價報告作為自行之擔保品鑑價報告，或依其自行評估結果酌予修正後
　　採用之。

四、授信資金撥付

會員對准貸之授信案件，應依據授信戶資金用途覈實撥付，其撥付應以撥帳方
式為之，不得以現金直接撥付，必要時得約定逕撥付其計畫所預定受款人。其
須配合自有資金運用者，應監督授信戶配合運用。

五、對大陸地區授信原則

(一) 依「臺灣地區與大陸地區金融業務往來及投資許可管理辦法」規定，
　　對已取得國內居留資格或登記證照之大陸地區人民及企業辦理授信，
　　其中擔保放款之核貸成數原則上不得優於適用相同利率期間、融資用
　　途、擔保品條件之國內客戶。惟會員如與借款人已有長期往來關係，
　　且借款人無逾期還款紀錄者，得不在此限。另對在臺無住所之大陸地
　　區人民，應遵循「臺灣地區銀行及信用合作社辦理在臺無住所大陸地
　　區人民不動產擔保放款業務應注意事項」規定辦理。
(二) 依「臺灣地區與大陸地區金融業務往來及投資許可管理辦法」規定，對已
　　取得在臺登記證照之大陸地區企業辦理授信，除依前項前段規定原則辦理
　　外，宜參考下列原則辦理：
　1.以徵提擔保品為原則。
　2.以營運週轉、購置在臺資產或參與公共工程融資為主要借款用途。
　3.必要時得徵提大陸母公司（總公司）及在臺子公司、分公司或辦事處營
　　運、財務資料，以審視公司營運狀況有無重大變化。

六、企業授信注意事項

辦理企業授信，宜注意評估企業與其同一關係（集團）企業暨相關自然人等資
產、負債與營運狀況，並應徵提同一關係（集團）企業資料表及公開發行公司
之關係企業三書表，以瞭解同一關係（集團）企業整體之財務資訊，俾綜合評
估其實際資金需求。

七、購屋貸款及各項消費性貸款注意事項

(一) 辦理個人購屋貸款（含自建住宅）及各項消費性貸款，如約定收取提前清償違約金，應以個別磋商條款方式約定，並按「提供消費者選擇權」及「違約金遞減」等二項原則，予以計收。

(二) 如客戶因「提供貸款抵押之不動產遭政府徵收或天災毀損並取得證明文件」、「借款人死亡或重大傷殘並取得證明文件」、「銀行主動要求還款」或「未以個別磋商條款方式約定」之因素而須提前清償貸款者，銀行不得向客戶收取提前清償違約金。

八、還款來源

(一) **資本支出**：資本支出貸款，謂會員以協助企業購置、更新、擴充或改良其營運所需之土地、廠房、機器等，或協助企業從事重大之投資開發計畫為目的，而辦理之融資業務。資本支出貸款係寄望以企業經營所產生之現金流量、所獲之利潤、提列之折舊、現金增資、發行公司債或其他適當資金，作為其償還來源。

(二) **消費者貸款**：消費者貸款，謂會員以協助個人置產、投資、理財週轉、消費及其他支出為目的，而辦理之融資業務。消費者貸款係寄望以借款人之薪資、利息、租賃、投資或其他所得扣除生活支出後所餘之資金，作為其還款財源。

| 牛刀小試 |

(　) **1** 依「中華民國銀行公會會員授信準則」規定，辦理授信業務之五項基本原則為何？　(A)安全性、流動性、公益性、收益性及成長性　(B)安全性、流動性、公益性、創造性及成長性　(C)循環性、流動性、公益性、收益性及成長性　(D)安全性、流動性、公益性、交易性及成長性。　　　【第31屆】

(　) **2** 依「中華民國銀行公會會員授信準則」規定，下列何者不是資本支出貸款所寄望之還款來源？　(A)企業處分資產　(B)所提列之折舊　(C)發行公司債　(D)企業經營所產生之現金流量。　　　【第31屆】

(　) **3** 依「中華民國銀行公會會員授信準則」規定，銀行辦理個人
購屋貸款（含自建住宅）及各項消費性貸款，下列何項情
形，得向客戶收取提前清償違約金？　(A)提供貸款抵押之
不動產遭政府徵收或天災毀損並取得證明文件者　(B)借款
人死亡或重大傷殘並取得證明文件者　(C)銀行主動要求還
款者　(D)客戶依已訂定之個別磋商條款方式約定而提前清
償貸款者。　　　　　　　　　　　　　　　　　　【第30屆】

解答與解析

1 (A)。依「中華民國銀行公會會員授信準則」規定，辦理授信業務之五
項基本原則為安全性、流動性、公益性、收益性及成長性。

2 (A)。中華民國銀行公會會員授信準則第12條規定：「週轉資金貸款，
短期係寄望以企業之營業收入或流動資產變現，作為其償還來源；中
長期係寄望以企業之盈餘、營業收入或其他適當資金，作為其償還來
源。……」企業處分資產不是資本支出貸款所寄望之還款來源。

3 (D)。中華民國銀行公會會員授信準則第9條規定：「……如客戶因
「提供貸款抵押之不動產遭政府徵收或天災毀損並取得證明文件」、
「借款人死亡或重大傷殘並取得證明文件」、「銀行主動要求還款」
或「未以個別磋商條款方式約定」之因素而須提前清償貸款者，銀行
不得向客戶收取提前清償違約金。」

焦點3　消費者債務清理條例

一、消費者定義

本條例所稱消費者，指五年內未從事營業活動或從事小規模營業活動之自然
人。前述小規模營業指營業額平均每月新臺幣20萬元以下者。

二、更生聲請

(一) 原則：
1. 債務人無擔保或無優先權之債務總額未逾新臺幣1,200萬元者，於法院裁
定開始清算程序或宣告破產前，得向法院聲請更生。

2. 自債務人提出協商請求之翌日起逾30日不開始協商，或自開始協商之翌日起逾90日協商不成立，債務人得逕向法院聲請更生或清算。

(二) **延長**：更生方案經法院裁定認可確定後，債務人因不可歸責於己之事由，致履行有困難者，得聲請法院裁定延長其履行期限。但延長之期限不得逾2年。

三、再次免責裁定聲請

法院為不免責或撤銷免責之裁定確定後，債務人繼續清償債務，而各普通債權人受償額均達其債權額之20%以上者，法院得依債務人之聲請裁定免責。

四、得撤銷債務人之行為

債務人所為之下列行為，除別有規定外，監督人或管理人得撤銷之：

(一) 債務人於法院裁定開始更生或清算程序前，2年內所為之無償行為，有害及債權人之權利者。

(二) 債務人於法院裁定開始更生或清算程序前，2年內所為之有償行為，於行為時明知有害及債權人之權利，而受益人於受益時亦知其情事者。

(三) 債務人於法院裁定開始更生或清算程序前，6個月內所為提供擔保、清償債務或其他有害及債權人權利之行為，而受益人於受益時，明知其有害及債權人之權利者。

(四) 債務人於法院裁定開始更生或清算程序前，6個月內所為提供擔保、清償債務或其他有害及債權人權利之行為，而該行為非其義務或其義務尚未屆清償期者。

───── | 牛刀小試 | ─────

(　　) 1 依消費者債務清理條例規定，除該條例別有規定外，債務人於法院裁定開始更生或清算程序前，多久期限內所為提供擔保、清償債務或其他有害及債權人權利之行為，而受益人於受益時，明知其有害及債權人之權利者，監督人或管理人得撤銷之？　(A)三個月　(B)六個月　(C)一年　(D)二年。　【第31屆】

(　　) **2** 依消費者債務清理條例規定，更生方案經法院裁定認可確定後，債務人因不可歸責於己之事由，致履行有困難者，得聲請法院裁定延長其履行期限。但延長之期限不得逾幾年？
(A)五年　(B)三年　(C)二年　(D)一年。　　　　【第28屆】

(　　) **3** 依消費者債務清理條例規定，債務人於法院裁定開始更生或清算程序前，多久期間內所為之無償行為，有害及債權人之權利者，除別有規定外，監督人或管理人得撤銷之？　(A)六個月
(B)一年　(C)二年　(D)五年。　　　　【第22屆】

解答與解析

1 (B)。消費者債務清理條例第20條規定：「債務人所為之下列行為，除本條例別有規定外，監督人或管理人得撤銷之：一、債務人於法院裁定開始更生或清算程序前，二年內所為之無償行為，有害及債權人之權利者。二、債務人於法院裁定開始更生或清算程序前，二年內所為之有償行為，於行為時明知有害及債權人之權利，而受益人於受益時亦知其情事者。三、債務人於法院裁定開始更生或清算程序前，六個月內所為提供擔保、清償債務或其他有害及債權人權利之行為，而受益人於受益時，明知其有害及債權人之權利者。四、債務人於法院裁定開始更生或清算程序前，六個月內所為提供擔保、清償債務或其他有害及債權人權利之行為，而該行為非其義務或其義務尚未屆清償期者。……」

2 (C)。消費者債務清理條例第75條規定：「更生方案經法院裁定認可確定後，債務人因不可歸責於己之事由，致履行有困難者，得聲請法院裁定延長其履行期限。但延長之期限不得逾二年。債務人可處分所得扣除自己及依法應受其扶養者所必要生活費用之餘額，連續三個月低於更生方案應清償之金額者，推定有前項事由。」

3 (C)。債務人於法院裁定開始更生或清算程序前，二年內所為之無償行為，有害及債權人之權利者，監督人或管理人得撤銷之。

焦點 4 銀行資產評估損失準備提列及逾期放款催收款呆帳處理辦法

一、授信資產分類

銀行對資產負債表表內及表外之授信資產，分類如下：

(一) **第一類屬正常之授信資產。**

(二) **第二類應予注意者（不良資產）**：指授信資產經評估有足額擔保部分，且授信戶積欠本金或利息超過清償期1個月至12個月者；或授信資產經評估已無擔保部分，且授信戶積欠本金或利息超過清償期1個月至3個月者；或授信資產雖未屆清償期或到期日，但授信戶已有其他債信不良者。

(三) **第三類可望收回者（不良資產）**：指授信資產經評估有足額擔保部分，且授信戶積欠本金或利息超過清償期12個月者；或授信資產經評估已無擔保部分，且授信戶積欠本金或利息超過清償期3個月至6個月者。

(四) **第四類收回困難者（不良資產）**：指授信資產經評估已無擔保部分，且授信戶積欠本金或利息超過清償期6個月至12個月者。

(五) **第五類收回無望者（不良資產）**：指授信資產經評估已無擔保部分，且授信戶積欠本金或利息超過清償期12個月者；或授信資產經評估無法收回者。

二、提列備抵呆帳準備及保證責任準備

應收款項及應收票據，應按前點規定確實評估後，依下列規定提列備抵呆帳：

(一) 第一類為餘額1%以內。　　　(二) 第二類為餘額2%。

(三) 第三類為餘額10%。　　　　(四) 第四類為餘額50%。

(五) 第五類為餘額100%。

三、逾期放款

(一) 逾期放款，指積欠本金或利息超過清償期3個月，或雖未超過3個月，但已向主、從債務人訴追或處分擔保品者。

(二) 協議分期償還放款符合一定條件，並依協議條件履行達6個月以上，且協議利率不低於原承作利率或銀行新承作同類風險放款之利率者，得免予列報逾期放款。但於免列報期間再發生未依約清償超過3個月者，仍應予列報。

(三) 前項所稱一定條件，指符合下列情形者：

原係短期放款者	以每年償還本息在10%以上為原則，惟期限最長以五年為限。
原係中長期放款者	其分期償還期限以原殘餘年限之2倍為限，惟最長不得超過30年。於原殘餘年限內，其分期償還之部分不得低於積欠本息30%。若中長期放款已無殘餘年限或殘餘年限之2倍未滿5年者，分期償還期限得延長為5年，並以每年償還本息在10%以上為原則。

(四) **所謂清償期**：對於分期償還之各項放款及其他授信款項，以約定日期定其清償期。但如銀行依契約請求提前償還者，以銀行通知債務人還款之日為清償期。

四、催收款

催收款，指經轉入催收款科目之各項放款及其他授信款項。凡逾期放款應於清償期屆滿6個月內轉入催收款科目。但經協議分期償還放款並依約履行者，不在此限。

五、轉列呆帳情形

逾期放款及催收款，具有下列情事之一者，應扣除估計可收回部分後轉銷為呆帳：

(一) 債務人因解散、逃匿、和解、破產之宣告或其他原因，致債權之全部或一部不能收回者。

(二) 擔保品及主、從債務人之財產經鑑價甚低或扣除先順位抵押權後，已無法受償，或執行費用接近或可能超過銀行可受償金額，執行無實益者。

(三) 擔保品及主、從債務人之財產經多次減價拍賣無人應買，而銀行亦無承受實益者。

(四) 逾期放款及催收款逾清償期2年，經催收仍未收回者。

六、轉列呆帳程序

(一) 逾期放款及催收款之轉銷，應經董（理）事會之決議通過，並通知監察人（監事）。但經主管機關或金融檢查機關（構）要求轉銷者，應即轉銷為呆帳，並提報最近一次董（理）事會及通知監察人備查。董事會休會期間，得由常務董（理）事會代為行使，並通知監察人（監事），再報董事會備查。

(二) 如其於授信或轉銷呆帳時，屬於銀行法第33條規定金額以上之案件，應經三分之二以上董事之出席及出席董事四分之三以上之同意。

(三) 外國銀行在臺分行得依其總行授權程序辦理。

七、和解

銀行如認為主、從債務人確無能力全部清償本金，得依董（理）事會規定之授權額度標準，斟酌實情，由有權者核准與債務人成立和解，再報常務董（理）事會備查。

| 牛刀小試 |

( ) **1** 依「銀行資產評估損失準備提列及逾期放款催收款呆帳處理辦法」規定，銀行如認為主、從債務人確無能力全部清償本金，由有權者核准與債務人成立和解，該再報下列何者備查？
(A)總經理　(B)董事長　(C)常務董（理）事會　(D)監察人會。　　　　　　　　　　　　　　　　　　　　　　　　【第31屆】

( ) **2** 依「銀行資產評估損失準備提列及逾期放款催收款呆帳處理辦法」規定，銀行對授信資產評估之分類，下列何者錯誤？
(A)第一類為正常者　(B)第二類為可望收回者　(C)第四類為收回有困難者　(D)第五類為收回無望者。　　　　　　　　【第31屆】

( ) **3** 陳先生向A銀行申貸十年期週轉金貸款，已於民國107年3月20日到期，因所提供抵押物被他債權人查封而無法換約，倘依主管機關規定，辦理協議分期償還，符合免列報逾期

放款之最長期限為何？　(A)五年　(B)七年　(C)十四年
(D)十五年。　　　　　　　　　　　　　　　　　　　【第31屆】

(　　) 4 依「銀行資產評估損失準備提列及逾期放款催收款呆帳處理
辦法」規定，銀行逾期放款及催收款逾清償期多久，經催收
仍未收回者，應扣除可收回部份後，轉銷為呆帳？　(A)一年
(B)二年　(C)三年　(D)四年。　　　　　　　　　　【第31屆】

(　　) 5 依主管機關函示，銀行之債務人如無逾期情事之授信案件，惟
擔保品已遭其他債權人強制執行，是否屬「銀行資產評估損失
準備提列及逾期放款催收款呆帳處理辦法」所稱之逾期放款？
(A)應視為正常之授信　(B)應視為已逾「清償期」　(C)應視為
「訴追或處分擔保品」　(D)應視銀行是否依契約條款主張加
速到期，予以判斷。　　　　　　　　　　　　　　【第31屆】

(　　) 6 依主管機關規定，銀行對不良授信資產之評估，屬第四類收
回困難者，應按其債權餘額之多少比率為最低標準，提列備
抵呆帳準備及保證責任準備？　(A)百分之十　(B)百分之三十
(C)百分之五十　(D)百分之百。　　　　　　　　　【第30屆】

(　　) 7 依「銀行資產評估損失準備提列及逾期放款催收款呆帳處理辦
法」規定，逾期放款及催收款項轉銷呆帳時，應先沖抵之科
目，下列何者正確？　(A)什項收入　(B)待追索債權　(C)已提
列之備抵呆帳　(D)追索債權。　　　　　　　　　　【第23屆】

(　　) 8 依「銀行資產評估損失準備提列及逾期放款催收款呆帳處理
辦法」規定，銀行對授信資產評估之分類，下列何者錯誤？
(A)第一類為正常者　(B)第二類為可望收回者　(C)第四類為收
回困難者　(D)第五類為收回無望者。　　　　　　　【第22屆】

(　　) 9 依「銀行資產評估損失準備提列及逾期放款催收款呆帳處理辦
法」規定，協議分期償還放款需符合「一定條件」，有關該條件
之敘述，下列何者正確？　(A)原係短期放款者，以每年償還本
息在百分之五以上為原則　(B)原係短期放款者，償還期限最

長以五年為限 (C)原係中長期放款者，分期償還期限以原殘餘年限之三倍為限 (D)原係中長期放款者，於原殘餘年限內，其分期償還之部分不得低於積欠本息百分之二十。 【第22屆】

解答與解析

1 (C)。銀行資產評估損失準備提列及逾期放款催收款呆帳處理辦法第9條規定：「……三、銀行如認為主、從債務人確無能力全部清償本金，得依董（理）事會規定之授權額度標準，斟酌實情，由有權者核准與債務人成立和解，再報常務董（理）事會備查。……」

2 (B)。銀行資產評估損失準備提列及逾期放款催收款呆帳處理辦法第3條規定：「銀行對資產負債表表內及表外之授信資產，除將屬正常之授信資產列為第一類外，餘不良之授信資產，應按債權之擔保情形及逾期時間之長短予以評估，分別列為第二類應予注意者，第三類可望收回者，第四類收回困難者，第五類收回無望者。」

3 (A)。銀行資產評估損失準備提列及逾期放款催收款呆帳處理辦法第7條規定：「本辦法稱逾期放款，指積欠本金或利息超過清償期三個月，或雖未超過三個月，但已向主、從債務人訴追或處分擔保品者。協議分期償還放款符合一定條件，並依協議條件履行達六個月以上，且協議利率不低於原承作利率或銀行新承作同類風險放款之利率者，得免予列報逾期放款。但於免列報期間再發生未依約清償超過三個月者，仍應予列報。前項所稱一定條件，指符合下列情形者：一、原係短期放款者，以每年償還本息在百分之十以上為原則，惟期限最長以五年為限。……」

4 (B)。銀行資產評估損失準備提列及逾期放款催收款呆帳處理辦法第11條規定：「逾期放款及催收款，具有下列情事之一者，應扣除估計可收回部分後轉銷為呆帳：一、債務人因解散、逃匿、和解、破產之宣告或其他原因，致債權之全部或一部不能收回者。二、擔保品及主、從債務人之財產經鑑價甚低或扣除先順位抵押權後，已無法受償，或執行費用接近或可能超過銀行可受償金額，執行無實益者。三、擔保品及主、從債務人之財產經多次減價拍賣無人應買，而銀行亦無承受實益者。四、逾期放款及催收款逾清償期二年，經催收仍未收回者。」

5 (D)。依主管機關函示，銀行之債務人如無逾期情事之授信案件，惟擔保品已遭其他債權人強制執行，應視銀行是否依契約條款主張加速到期，予以判斷是否屬「銀行資產評估損失準備提列及逾期放款催收款呆帳處理辦法」所稱之逾期放款。

6 (C)。銀行資產評估損失準備提列及逾期放款催收款呆帳處理辦法第5條規定：「銀行對資產負債表表內及表外之授信資產，應按第三條及前條規定確實評估，並以第一類授信資產債權餘額扣除對於我國政府機關（指中央及地方政府）之債權餘額後之百分之一、第二類授信資產債權餘額之百分之二、第三類授信資產債權餘額之百分之十、第四類授信資產債權餘額之百分之五十及第五類授信資產債權餘額全部之和為最低標準，提足備抵呆帳及保證責任準備。……」

7 (C)。銀行資產評估損失準備提列及逾期放款催收款呆帳處理辦法第12條規定：「逾期放款及催收款項之轉銷，應先就提列之備抵呆帳或保證責任準備等項下沖抵，如有不足，得列為當年度損失。」

8 (B)。依「銀行資產評估損失準備提列及逾期放款催收款呆帳處理辦法」規定，銀行對授信資產評估之分類，第二類為應予注意者。選項(B)有誤。

9 (B)。依「銀行資產評估損失準備提列及逾期放款催收款呆帳處理辦法」規定，協議分期償還放款需符合「一定條件」，該條件係指原係短期放款者，以每年償還本息在10%以上為原則，惟期限最長以5年為限。原係中長期放款者，其分期償還期限以原殘餘年限之2倍為限，惟最長不得超過20年。於原殘餘年限內，其分期償還之部分不得低於積欠本息30%。

焦點5　中央銀行對金融機構購置高價住宅貸款業務規定及兩岸往來許可辦法

一、金融機構承作高價住宅貸款

(一) 高價房屋的定義：

購置高價住宅貸款：指金融機構承作借款人為購買建物權狀含有「住」字樣之下列住宅（含基地），所辦理之抵押貸款：

1. **座落於臺北市者**：鑑價或買賣金額為新臺幣7,000萬元以上。
2. **座落於新北市者**：鑑價或買賣金額為新臺幣6,000萬元以上。
3. **座落於臺北市及新北市以外之國內地區者**：鑑價或買賣金額為新臺幣4,000萬元以上。

(二) **貸款限制**：

金融機構承作借款人之購置高價住宅貸款，其貸款條件限制如下：

1. 不得有寬限期。
2. 貸款額度最高不得超過住宅（含基地）鑑價或買賣金額較低者之六成。
3. 除前款貸款額度外，不得另以修繕、周轉金或其他貸款名目，額外增加貸款金額。

(三) **土地取得成本**：中央銀行對金融機構辦理購置住宅貸款及土地抵押貸款業務規定，所稱土地取得成本係指購買土地所支付之對價金額。

二、臺灣地區與大陸地區金融業務往來及投資許可管理辦法

(一) **子銀行**：

子銀行係指有下列情形之一者：

1. 直接或間接被他金融機構持有已發行有表決權股份總數或資本總額超過50%之銀行。
2. 被他金融機構控制之銀行。

(二) **陸資銀行**：

陸資銀行係指依第三地區法規組織登記之銀行，且有下列情形之一者：

1. 大陸地區人民、法人、團體、其他機構直接或間接持有其已發行有表決權股份總數或資本總額超過30%。
2. 大陸地區人民、法人、團體、其他機構對其具有控制能力。

(三) **授信總額度限度**：臺灣地區銀行對大陸地區之授信、投資及資金拆存總額度，不得超過其上年度決算後淨值之1倍。

(四) **分支機構授信額度**：臺灣地區銀行在第三地區設立之分支機構及國際金融業務分行辦理金融授信總餘額，加計其對大陸地區以外國家或地區之法人辦理授信業務且授信額度或資金轉供大陸地區人民、法人、團體、其他機構及其在大陸地區以外國家或地區設立之分支機構使用之總餘額，不得超過第三地區分支機構及國際金融業務分行上年度決算後資產淨額合計數之30%。但短期貿易融資及國際聯貸之餘額，免予計入。

| **牛刀小試** |

(　) **1** 依「中央銀行對金融機構辦理購置高價住宅貸款業務規定」，金融機構承作高價住宅貸款，其條件限制，不包括下列何者？　(A)貸款期間不得超過十年　(B)不得有寬限期　(C)貸款額度最高不得超過住宅（含基地）鑑價或買賣金額較低者之六成　(D)不得另以修繕、週轉金或其他貸款名目，額外增加貸款金額。　　　　　　　　　　　　　　【第30屆】

(　) **2** 依「臺灣地區與大陸地區金融業務往來及投資許可管理辦法」規定，被他金融機構控制之銀行，稱為下列何者？　(A)子銀行　(B)參股投資　(C)大陸地區商業銀行　(D)陸資銀行。　　　　　　　　　　　　　　　　　　　　　【第26屆】

(　) **3** 依「中央銀行對金融機構辦理購置住宅貸款及土地抵押貸款業務」規定，所稱土地取得成本係指下列何者？　A.購買土地所支付之對價金額　B.拆遷補償費　C.仲介費　D.容積移轉費　(A)僅A　(B)僅AC　(C)僅AD　(D)ABCD。　　　　　　【第23屆】

(　) **4** 依中央銀行規定，張三購買之住宅坐落於台北市，買賣價為新臺幣6千萬元，銀行鑑價為新臺幣8千萬元，其申貸購屋貸款最高額度為新臺幣多少元？　(A)3,600萬元　(B)4,200萬元　(C)4,800萬元　(D)5,600萬元。　　　　　　　　　　　【第23屆】

解答與解析

1 (A)。依「中央銀行對金融機構辦理購置高價住宅貸款業務規定」第三點規定，金融機構承作借款人之購置高價住宅貸款，其貸款條件限制如下：

(1)不得有寬限期。

(2)貸款額度最高不得超過住宅（含基地）鑑價或買賣金額較低者之六成。

(3)除前款貸款額度外，不得另以修繕、周轉金或其他貸款名目，額外增加貸款金額。

2 (A)。臺灣地區與大陸地區金融業務往來及投資許可管理辦法第3規定：「本辦法用詞，定義如下：一、子銀行：指有下列情形之一者：(一)直接或間接被他金融機構持有已發行有表決權股份總數或資本總額超過百分之五十之銀行。(二)被他金融機構控制之銀行。……」

3 (A)。中央銀行對金融機構辦理購置住宅貸款及土地抵押貸款業務規定，所稱土地取得成本係指購買土地所支付之對價金額。

4 (A)。貸款額度最高不得超過住宅鑑價或買賣金額較低者之6成（即最高額度為3,600萬元），且不得另以其他名目額外增加貸款金額。

焦點 6　外匯相關規章

一、管理外匯條例

(一) **外匯的定義**：所稱外匯，指「外國貨幣」、「票據」及「有價證券」。

(二) **主管機關**：管理外匯之行政主管機關為財政部，掌理外匯業務機關為中央銀行。

(三) **違反處置**：中央銀行對指定辦理外匯業務之銀行違反本條例之規定，得按其情節輕重，停止其一定期間經營全部或一部外匯之業務。

> **知識延伸**
>
> 中央銀行對違反規定之銀行，勒令其停辦遠期外匯業務三個月之法源依據為「管理外匯條例」。

二、國際金融業務條例

(一) **國際金融業務分行**：

下列銀行，得由其總行申請主管機關特許，在中華民國境內，設立會計獨立之國際金融業務分行，經營國際金融業務：

1. 經中央銀行指定，在中華民國境內辦理外匯業務之外國銀行。
2. 經政府核准，設立代表人辦事處之外國銀行。
3. 經主管機關審查合格之著名外國銀行。
4. 經中央銀行指定，辦理外匯業務之本國銀行。

> **知識延伸**
>
> 國際金融業務分行
> ＝離岸銀行
> ＝境外銀行。

(二) **國際金融業務分行業務：**
國際金融業務分行經營之業務如下：
1. 收受中華民國境外之個人、法人、政府機關或境內外金融機構之外匯存款。
2. 辦理中華民國境內外之個人、法人、政府機關或金融機構之外幣授信業務。
3. 對於中華民國境內外之個人、法人、政府機關或金融機構銷售本行發行之外幣金融債券及其他債務憑證。
4. 辦理中華民國境內外之個人、法人、政府機關或金融機構之外幣有價證券或其他經主管機關核准外幣金融商品之買賣之行紀、居間及代理業務。
5. 辦理中華民國境外之個人、法人、政府機關或金融機構之外幣信用狀簽發、通知、押匯及進出口託收。
6. 辦理該分行與其他金融機構及中華民國境外之個人、法人、政府機關或金融機構之外幣匯兌、外匯交易、資金借貸及外幣有價證券或其他經主管機關核准外幣金融商品之買賣。
7. 辦理中華民國境外之有價證券承銷業務。
8. 境外外幣放款之債務管理及記帳業務。
9. 對中華民國境內外之個人、法人、政府機關或金融機構辦理與前列各款業務有關之保管、代理及顧問業務。
10. 辦理中華民國境內外之個人、法人、政府機關或金融機構委託之資產配置或財務規劃之顧問諮詢、外幣有價證券或其他經主管機關核准外幣金融商品之銷售服務。
11. 經主管機關核准辦理之其他外匯業務。
(三) **國際金融業務分行業務限制**：國際金融業務分行欲辦理中華民國境外之有價證券承銷業務，須經「中央銀行」核准。

三、銀行業辦理外匯業務管理辦法
(一) **銀行業的定義**：所稱銀行業，係指中華民國境內之銀行、全國農業金庫股份有限公司（以下簡稱農業金庫）、信用合作社、農（漁）會信用部及中華郵政股份有限公司（以下簡稱中華郵政公司）。
(二) **指定銀行的定義**：所稱指定銀行，係指經中央銀行許可辦理外匯業務，並發給指定證書之銀行或農業金庫。
(三) **報送規定**：依中央銀行規定，指定銀行辦理進口外匯業務，應於承作之「次營業日」，將交易日報送中央銀行外匯局。

四、銀行業辦理外匯業務作業規範

(一) 指定銀行辦理外幣貸款業務：

指定銀行辦理外幣貸款業務，應依下列規定辦理：

1. **承作對象**：以國內顧客為限。

2. **憑辦文件**：應憑顧客提供其與國外交易之文件或本行核准之文件，經確認後辦理。

3. **兌換限制**：外幣貸款不得兌換為新臺幣。但出口後之出口外幣貸款，不在此限。

4. **報送資料**：外幣貸款之撥款及償還，應參考「指定銀行承作短期及中長期外幣貸款資料填報說明」填報交易日報及相關明細資料；並將月底餘額及承作量，依短期及中長期貸款類別，報送本行外匯局。

5. **外債登記**：於辦理外匯業務時，獲悉民營事業自行向國外洽借中長期外幣貸款者，應促請其依民營事業中長期外債申報要點辦理，並通知本行外匯局。

(二) 指定銀行辦理進口外匯業務：

指定銀行辦理進口外匯業務，應依下列規定辦理：

1. **憑辦文件**：開發信用狀、辦理託收、匯票之承兌及結匯，應憑國內顧客提供之交易單據辦理。

2. **開發信用狀保證金之收取比率**：由指定銀行自行決定。

3. **掣發單證**：進口所需外匯以新臺幣結購者，應掣發進口結匯證實書；其未以新臺幣結購者，應掣發其他交易憑證。

4. **報送資料**：應於承作之次營業日，將交易日報及相關明細資料傳送至本行外匯資料處理系統。

┤ 牛刀小試 ├

(　　) **1** 有關國際金融業務分行（OBU）辦理外幣授信業務，得否收受境內外股票、不動產或其他新臺幣資產作為擔保品或副擔保，下列何者正確？　(A)得為擔保品或副擔保　(B)得為擔保品，不得為副擔保　(C)不得為擔保品，得為副擔保　(D)不得為擔保品，亦不得為副擔保。　　　　　　　　　　　【第30屆】

(　) **2** 依「銀行業辦理外匯業務作業規範」規定,指定銀行辦理外幣貸款業務,下列敘述何者正確? (A)承作對象以國外顧客為限 (B)出口後之出口外幣貸款可兌換為新臺幣 (C)不得憑顧客與國外交易之文件辦理 (D)應將承作貸款之相關表報送金管會銀行局。 【第30屆】

(　) **3** 依中央銀行規定,指定銀行辦理進口外匯業務,應於承作之次營業日,將交易日報送下列何者? (A)中央銀行外匯局 (B)經濟部國貿局 (C)金管會銀行局 (D)銀行公會。 【第23屆】

(　) **4** 依銀行業辦理外匯業務作業規範,下列敘述何者錯誤? (A)開發信用狀保證金收取比率,由指定銀行自行決定 (B)開發信用狀應憑國內客戶提供之交易單據辦理 (C)以新臺幣結購進口所需外匯者,指定銀行應掣發其他交易憑證 (D)掣發單證得以電子文件製作。 【第23屆】

(　) **5** 依國際金融業務條例規定,下列何者不屬於國際金融業務分行經營之業務? (A)境外外幣放款之債務管理及記帳業務 (B)辦理境內之有價證券承銷業務 (C)收受境外法人之外匯存款 (D)辦理境內外之法人之外幣授信業務。 【第22屆】

(　) **6** 依「銀行業辦理外匯業務作業規範」規定,下列敘述何者錯誤? (A)外幣貸款業務承作對象以國內顧客為限 (B)辦理進口託收應憑國內客戶提供之交易單據辦理 (C)辦理出口信用狀通知應憑國外同業委託之文件辦理 (D)以新臺幣結購進口所需外匯者,指定銀行應掣發其他交易憑證。 【第22屆】

解答與解析

1 (A)。國際金融業務分行(OBU)辦理外幣授信業務,得收受境內外股票、不動產或其他新臺幣資產作為擔保品或副擔保。

2 (B)。銀行業辦理外匯業務作業規範第6點規定:「六、指定銀行辦理外幣貸款業務,應依下列規定辦理:(一)承作對象:以國內顧客為限。

(二)憑辦文件：應憑顧客提供其與國外交易之文件或本行核准之文件，經確認後辦理。(三)兌換限制：外幣貸款不得兌換為新臺幣。但出口後之出口外幣貸款，不在此限。……」選項(B)正確。

3 (A)。依中央銀行規定，指定銀行辦理進口外匯業務，應於承作之次營業日，將交易日報送中央銀行外匯局。

4 (C)。銀行業辦理外匯業務作業規範第3點規定：「三、指定銀行辦理進口外匯業務，應依下列規定辦理：(一)憑辦文件：開發信用狀、辦理託收、匯票之承兌及結匯，應憑國內顧客提供之交易單據辦理。(二)開發信用狀保證金之收取比率：由指定銀行自行決定。(三)掣發單證：進口所需外匯以新臺幣結購者，應掣發進口結匯證實書；其未以新臺幣結購者，應掣發其他交易憑證。……」選項(C)有誤。

5 (B)。依國際金融業務條例第4條規定OBU得辦理中華民國境內之業務有：外幣授信業務、銷售本行發行之外幣金融債券及其他債務憑證、外幣有價證券買賣之行紀、居間及代理業務。不含境內之有價證券承銷業務。

6 (D)。進口所需外匯以新臺幣結購者，應掣發進口結匯證實書；其未以新臺幣結購者，應掣發其他交易憑證。選項(D)有誤。

精選試題

第1~50題

(　)　**1** 中央銀行曾對違反規定之銀行，勒令其停辦遠期外匯業務三個月，中央銀行做此處分之法源依據為下列何者？　(A)管理外匯條例　(B)銀行法　(C)國際金融業務條例　(D)銀行法施行細則。【第28屆】

(　)　**2** 依國際金融業務條例規定，下列何者不屬於國際金融業務分行經營之業務？　(A)境外外幣放款之債務管理及記帳業務　(B)辦理境內之有價證券承銷業務　(C)收受境外法人之外匯存款　(D)辦理境內外之法人之外幣授信業務。【第28屆】

(　)　**3** 依消費者債務清理條例規定，更生方案經法院裁定認可確定後，債務人因不可歸責於己之事由，致履行有困難者，得聲請法院裁定延長其履行期限。但延長之期限不得逾幾年？　(A)五年　(B)三年　(C)二年　(D)一年。【第28屆】

(　)　**4** 依「中華民國銀行公會會員徵信準則」規定，個人授信金額達下列何項標準時，應徵提綜合所得稅相關報稅資料？　(A)在金融機構總授信金額達新臺幣一千萬元　(B)在本機構總授信金額達新臺幣五百萬元　(C)在金融機構總授信金額達新臺幣二千萬元　(D)在本機構總授信金額達新臺幣一千萬元。【第28屆】

(　)　**5** 依「中華民國銀行公會會員徵信準則」規定，下列何種授信其授信總額雖達新臺幣二億元以上，得免增加償還能力分析？　(A)長期授信　(B)中期授信　(C)短期週轉性融資　(D)短期週轉資金授信連續展期超過一年以上。【第28屆】

(　)　**6** 公司行號向金融機構辦理融資所提供之上年度會計師財務簽證報告，每年何時起必須及時提送？　(A)5月1日　(B)6月1日　(C)7月1日　(D)8月1日。【第28屆】

( ) **7** 依「中華民國銀行公會會員徵信準則」規定，有關徵信報告之編報及權責，下列敘述何者錯誤？ (A)徵信之結果應把握重點，以客觀立場公正分析 (B)徵信報告內容必須簡潔明晰前後一致 (C)徵信報告經核定後，如有補充事項，應於徵信報告適當處以紅筆加註 (D)凡依本準則、各金融機構有關規定及一般慣例所作之徵信報告，事後雖發現瑕疵，應免除其責任。 【第28屆】

( ) **8** 依「中華民國銀行公會會員授信準則」規定，銀行以協助企業購置、更新、擴充或改良其營運所需之土地、廠房、機器為目的而辦理之融資，屬於下列何項授信？ (A)消費者貸款 (B)資本支出貸款 (C)中長期週轉資金貸款 (D)公司債保證。 【第28屆】

( ) **9** 依主管機關規定，得排除適用DBR22倍之個人無擔保貸款，不包括下列何者？ (A)法拍屋代墊投標保金及代墊尾款貸款 (B)企業員工認購股票（可轉換公司債） (C)非國民旅遊卡之信用卡動支金額 (D)個人自建房屋自住之建築融資貸款。 【第28屆】

( ) **10** 國際金融業務分行可經營下列何種業務？ (A)中華民國境內法人簽發外幣信用狀 (B)中華民國境內法人信用狀押匯 (C)中華民國境外法人進出口託收 (D)中華民國境內法人進出口託收。【第23屆】

( ) **11** 依「中華民國銀行公會會員授信準則」規定，下列何種授信業務，必須明瞭借款人之事項與辦理一般營運週轉金貸款相同？ (A)買方委託承兌 (B)賣方委託承兌 (C)短期債務保證 (D)中長期債務保證。 【第28屆】

( ) **12** 依「銀行資產評估損失準備提列及逾期放款催收款呆帳處理辦法」規定，逾期放款及催收款項轉銷呆帳時，應先沖抵之科目為何？ (A)什項收入 (B)待追索債權 (C)已提列之備抵呆帳 (D)追索債權。 【第28屆】

( ) **13** 依主管機關規定，金融機構將消費性信用貸款之不良債權出售予資產管理公司，應符合之條件，下列敘述何者錯誤？ (A)債務人依「消費者債務清理條例」第151條規定申請協商期間，不得將該不良

債權轉售予資產管理公司　(B)得標之資產管理公司不得將不良債權再轉售予第三人，並應委託原出售之金融機構或其指定或同意之催收機構進行催收　(C)已出售之不良債權，雖依債務協商機制，經最大債權銀行協商成功者，該資產管理公司仍得不接受該協商還款方案　(D)應與買受人約定不得有不當催收行為。　【第28屆】

(　　) **14** 依「銀行資產評估損失準備提列及逾期放款催收款呆帳處理辦法」規定，下列何者符合中、長期放款協議分期償還案件免列報為逾期放款之條件？　(A)其分期償還期限，以原殘餘年限之二倍為限，惟最長不得超過三十年　(B)於原殘餘年限內，其分期償還之部分不得低於積欠本息百分之二十　(C)若已無殘餘年限或殘餘年限之二倍未滿五年者，分期償還期限得延長為十年　(D)每年償還本息在百分之五以上者，無年限限制。　【第28屆】

(　　) **15** 依「銀行資產評估損失準備提列及逾期放款催收款呆帳處理辦法」規定，逾期放款及催收款逾清償期幾年，經催收仍未收回者，應扣除估計可收回部分後轉銷呆帳？　(A)六年　(B)一年　(C)二年　(D)三年。　【第28屆】

(　　) **16** 某銀行於民國104年5月11日貸款給陳先生短期週轉金新臺幣五百萬元，約定期間一年，按月繳息（計息期間為每月11日至下月10日止）。嗣陳先生因週轉失靈，利息僅繳至同年9月18日即發生延滯。依主管機關規定，本件利息延滯之「起算認定點」為何？　(A)104年9月18日　(B)104年10月11日　(C)104年12月18日　(D)105年1月11日。　【第28屆】

(　　) **17** 有關國際金融業務分行（OBU）辦理企業授信（不含國際聯貸案）之規定，下列敘述何者錯誤？
(A)銀行授信戶總授信歸戶範圍仍應涵括OBU之授信金額　(B)企業授信案達新臺幣三千萬元者得以稅務簽證代替財務簽證　(C)OBU辦理外幣授信業務，得收受境內外股票、不動產或其他有關新臺幣資產作為擔保品或副擔保　(D)OBU辦理涉及兩岸之外幣授信業

務,其擔保品之收受,仍應依「臺灣地區與大陸地區金融業務往來許可辦法」相關規定辦理。 【第28屆】

( ) **18** 依「銀行業辦理外匯業務管理辦法」規定,指定銀行開發信用狀保證金之收取比率為何? (A)自行決定 (B)不得低於5% (C)不得低於10% (D)不得低於20%。 【第28屆】

( ) **19** 國際金融業務分行欲辦理中華民國境外之有價證券承銷業務,須經下列何單位核准? (A)財政部 (B)中央銀行 (C)經濟部 (D)外交部。 【第27屆】

( ) **20** 依消費者債務清理條例規定,債務人於法院調解不成立之日起幾日內,聲請更生或清算者,以其調解之聲請,視為更生或清算之聲請,不另徵收聲請費? (A)20日 (B)30日 (C)60日 (D)90日。 【第27屆】

( ) **21** 依「中華民國銀行公會會員徵信準則」規定,下列何項不是對企業辦理徵信時應索取之基本資料?
(A)借戶關係企業資料表 (B)借戶職員名冊 (C)財務報表 (D)主要負責人個人資料表。 【第27屆】

( ) **22** 依「中華民國銀行公會會員徵信準則」規定,徵信報告書一經核定,除非筆誤或繕校錯誤,可否再修改內容? (A)不得更改 (B)不得大幅修改 (C)除徵信人員外不得更改 (D)除授信人員外不得更改。 【第27屆】

( ) **23** 依「中華民國銀行公會會員徵信準則」規定,各金融機構如發現授信戶提供之財務報表所列資料與其他相關徵信資料有不一致情形時,下列何者不是金融機構應處理之方式? (A)逕予退件 (B)向授信戶查證 (C)請授信戶提出說明 (D)於徵信報告中詳實列示。 【第27屆】

( ) **24** 依銀行業辦理外匯業務作業規範,下列敘述何者錯誤? (A)開發信用狀保證金收取比率,由指定銀行自行決定 (B)開發信用狀

應憑國內客戶提供之交易單據辦理　(C)以新臺幣結購進口所需外匯者，指定銀行應掣發其他交易憑證　(D)掣發單證得以電子文件製作。　　　　　　　　　　　　　　　　　　　　　　　　　　　【第23屆】

(　) **25** 甲公司於各銀行間計有下列授信，短期放款額度一千萬元，餘額五百萬元，出口押匯額度二千萬元，餘額一千萬元，本次至A銀行申請綜合額度二千萬元，依「中華民國銀行公會會員徵信準則」規定，其總授信金額為何？　(A)一千五百萬元　(B)二千五百萬元　(C)三千五百萬元　(D)五千萬元。　　【第27屆】

(　) **26** 依「中華民國銀行公會會員徵信準則」規定，個人在金融機構總授信金額至少達新臺幣多少元時，應提供最近年度綜合所得稅結算申報書影本加附繳稅取款委託書等相關資料，以供核對？
(A)一千萬元　(B)二千萬元
(C)二千五百萬元　(D)三千萬元。　　　　　　　　　　　　【第27屆】

(　) **27** 依主管機關規定，銀行對有利害關係者為擔保授信，其對同一授信客戶每筆或累計金額達下列何項標準，應經三分之二以上董事出席及出席董事四分之三以上同意？　(A)新臺幣五千萬元或各該銀行淨值百分之一孰低　(B)新臺幣一億元或各該銀行淨值百分之一孰低　(C)新臺幣二億元或各該銀行淨值百分之二孰低　(D)新臺幣五億元或各該銀行淨值百分之三孰低。　　　　【第27屆】

(　) **28** 依「中華民國銀行公會會員授信準則」規定，下列何者為直接授信？　(A)短期債務保證　(B)賣方委託承兌　(C)擔保透支　(D)開發國內、外信用狀。　　　　　　　　　　　　　　　　　　【第27屆】

(　) **29** 銀行法第十二條第四款所稱銀行之保證，包括經主管機關認可之其他國外金融機構之保證，依主管機關補充說明，下列敘述何者錯誤？　(A)包括已在我國設立分行之外國銀行總（分）行　(B)包括未在我國設立分行之外國銀行，其最近一年總資產或資本在世界排名一千名以內信用卓著　(C)不包括大陸地區金融機構　(D)包括大陸地區金融機構之海外分支機構。　　　　　　【第27屆】

（　） **30** 依主管機關規定，銀行辦理自用住宅放款應遵循事項，下列何者錯誤？　(A)銀行取得足額擔保時，得誘使借款人提供一般保證人　(B)銀行取得足額擔保時，借款人為強化自身信用條件，得主動向銀行提出保證人　(C)不動產所有權為二人共有，且借款書載明共同申請借款之情事，銀行得徵提共同借款人　(D)應於契約或其他書面文件中，提供擔保物提供人自己選擇設定普通抵押權或最高限額抵押權。　　　　　　　　　　　　　　　　【第27屆】

（　） **31** 依「銀行資產評估損失準備提列及逾期放款催收款呆帳處理辦法」規定，協議分期償還放款於免列報逾期放款期間未依協議條件按期攤還時，銀行應如何處理？　(A)可視履約誠意，暫緩列報為逾期放款　(B)未依約清償超過三個月者，應即列報為逾期放款　(C)另訂新的分期償還契約，於未再履約之時，始列報為逾期放款　(D)由營業單位陳報總行，專案免列報為逾期放款。　　　　　　　【第27屆】

（　） **32** 依主管機關規定，銀行受託為民眾參與法院不動產拍賣之競標並提供貸款，所處理之下列事項何者錯誤？　(A)其貸款作業仍須依徵授信程序辦理　(B)有銀行法利害關係人授信規範之適用　(C)應注意授信風險　(D)在民眾得標成為法拍屋權利人前，銀行得與其約定代收法院發給之不動產權利移轉書及辦理貸款設定抵押權登記等事宜。　　　　　　　　　　　　　　　　　　　　【第27屆】

（　） **33** 依「銀行資產評估損失準備提列及逾期放款催收款呆帳處理辦法」規定，授信資產經評估有足額擔保部分，不應列入下列何項資產類別？　(A)第1類　(B)第2類　(C)第3類　(D)第4類。【第27屆】

（　） **34** 依「銀行資產評估損失準備提列及逾期放款催收款呆帳處理辦法」規定，有關列報為逾期放款之授信案件，下列敘述何者正確？　(A)凡授信本金、利息超逾約定清償期限六個月以上者　(B)短期授信本金超逾約定清償期限一個月或利息六個月以上者，或中、長期授信未按期攤還逾六個月以上者　(C)短期授信本金、利息逾約定清償期限三個月以上者，或中、長期授信未按期攤還逾六個月以上者　(D)授信資產積欠本金或利息超過清償期三個月或雖未超過三個月，但已向主、從債務人訴追或處分擔保品者。　　　　【第27屆】

(　　) **35** 依主管機關規定，各銀行對每一客戶轉銷呆帳金額超過新臺幣
五千萬元以上客戶呆帳資料，下列敘述何者錯誤？　(A)轉銷呆
帳資料依銀行法規定不負保密義務　(B)每年12月31日前，於各
銀行網站專區揭露上年度每一客戶之呆帳資料　(C)呆帳資料之
揭露，包括借戶戶名、隱藏後四碼之身分證字號及呆帳轉銷金額
(D)應揭露之資料，應經會計師查核簽證。　　　　　　【第27屆】

(　　) **36** 依管理外匯條例規定，其所稱之外匯係指下列何者？　(A)外國貨
幣、黃金及白銀　(B)外國貨幣、黃金及旅行支票　(C)外國貨幣、
外匯存款及外幣支票　(D)外國貨幣、票據及有價證券。【第26屆】

(　　) **37** 有關銀行申報利害關係人資料所填載「主要股東名冊」之敘述，下
列何者正確？　(A)主要股東為自然人時，應將其成年子女之持股計
入　(B)主要股東為自然人時，應將其配偶及未成年子女之持股計
入　(C)銀行將於「主要股東名冊」定期函報主管機關　(D)解除主
要股東資格者，得不於名冊之備註欄註明其解除日期。　【第26屆】

(　　) **38** 依「中華民國銀行公會會員徵信準則」規定，徵信單位辦理徵
信，除另有規定外，應以何種調查為主？　(A)直接調查　(B)間
接調查　(C)形式調查　(D)外部調查。　　　　　　　　【第26屆】

(　　) **39** 依「中華民國銀行公會會員徵信準則」規定，中長期週轉資金授
信總授信金額包括歸戶及申請金額達新臺幣二億元以上，除應
索取短期授信所需資料外，另加徵提哪些資料？A.預計資金來
源去路表　B.預估資產負債表　C.現金流量預估表　D.預估損益
表　E.營運計畫　(A)僅A.B.C.D　(B)僅A.C.D.E　(C)僅A.B.D.E
(D)僅B.C.D.E。　　　　　　　　　　　　　　　　　【第26屆】

(　　) **40** 依「中華民國銀行公會會員徵信準則」規定，下列何種授信金額
可自總授信金額中扣除？　(A)開發進口遠期信用狀　(B)進口押
匯　(C)以存單擔保辦理之履約保證　(D)中小企業信用保證基金
保證之放款。　　　　　　　　　　　　　　　　　　　【第26屆】

(　) **41** 有關徵信業務，下列敘述何者正確？　(A)同屬中長期授信，客戶經營情形無重大變動者，營業單位得逕行引用一年以上之原徵信報告　(B)授信客戶發生突發狀況，徵信單位得配合營業單位派員實際調查　(C)徵信單位應依誠信原則撰寫徵信報告，對授信案件表示准駁之意見　(D)徵信報告為授信審核唯一依據。　　【第26屆】

(　) **42** 依「中華民國銀行公會會員授信準則」規定，下列何者屬於授信業務？　(A)金錢信託　(B)股票簽證　(C)保管箱業務　(D)商業本票保證。　　【第26屆】

(　) **43** 金融機構得否以下列外國證券為擔保品，辦理新臺幣授信？　A.大陸地區中央政府債券　B.最近1年全世界資產或資本排名前1千名以內信用卓著之銀行總行及其分支機構所簽發之定期存單　(A)僅A可以　(B)僅B可以　(C)A、B均可　(D)A、B均不可。　　【第26屆】

(　) **44** 依「銀行資產評估損失準備提列及逾期放款催收款呆帳處理辦法」規定，銀行對授信資產評估之分類，下列何者錯誤？　(A)第一類為正常者　(B)第二類為應予注意者　(C)第三類為收回有困難者　(D)第五類為收回無望者。　　【第26屆】

(　) **45** 依「銀行資產評估損失準備提列及逾期放款催收款呆帳處理辦法」規定，逾期放款轉入催收款科目，下列敘述何者錯誤？　(A)逾期放款應於清償期屆滿六個月內轉入催收款科目　(B)逾期放款本息轉入「催收款項」科目後，無須計算應收利息，俟追訴獲得清償，再就實收利息報繳營業稅　(C)對內、對外債權均停止計息　(D)逾期放款未轉入催收款前，以「暫記帳」方式處理之應收未收利息，應連同本金一併轉入催收款項。　　【第26屆】

(　) **46** 依「銀行資產評估損失準備提列及逾期放款催收款呆帳處理辦法」規定，銀行逾期放款及催收款逾清償期多久，經催收仍未收回者，應扣除可收回部份後，轉銷為呆帳，但經主管機構或金融檢查機構要求轉銷者，應即轉銷為呆帳？　(A)三個月以上一年以下　(B)二年以上　(C)一年以上三年以下　(D)三年以上。　　【第26屆】

（　　）**47** 依主管機關所頒有關轉銷呆帳之規定，下列敘述何者錯誤？
(A)逾期放款未轉列催收款之前仍可轉銷呆帳　(B)轉銷應經董
（理）事會之決議通過並通知監察人　(C)債務人解散、逃匿者，
一定要有法院之執行名義，不得僅憑政府有關機關之證明　(D)轉
銷時應即查明授信有無依據法令及銀行規章辦理。　　　【第26屆】

（　　）**48** 國際業務分行可否收受下列新臺幣資產為擔保品？　A.境內股票
B.不動產　(A)僅A可以　(B)僅B可以　(C)A、B均可以　(D)A、
B均不可。　　　【第26屆】

（　　）**49** 依「中華民國銀行公會會員徵信準則」規定，企業授信應徵取
之財務資料年限為最近幾年？　(A)一年　(B)二年　(C)三年
(D)五年。　　　【第23屆】

（　　）**50** 張三以股票向銀行借款五百萬元，蓋妥質權設定印鑑章後，張三
要求領回股票，由其向公司辦理設質登記，下列敘述何者正確？
(A)股票已辦妥設質手續，不必再向公司辦理設質登記　(B)股票已
蓋妥設質印章，交給張三沒關係　(C)股票應由銀行保管，並由銀
行向公司辦妥設質登記，不能交還張三保管　(D)應等銀行保管七
日後才可以交還張三保管。　　　【第25屆】

解答與解析

1 (A)。中央銀行曾對違反規定之銀
行，勒令其停辦遠期外匯業務三個
月，中央銀行做此處分之法源依據
為「管理外匯條例」。

2 (B)。(1)國際金融業務條例第4條
規定：「國際金融業務分行經營之
業務如下：一、收受中華民國境外
之個人、法人、政府機關或境內外
金融機構之外匯存款。二、辦理中
華民國境內外之個人、法人、政府
機關或金融機構之外幣授信業務。

三、對於中華民國境內外之個人、
法人、政府機關或金融機構銷售本
行發行之外幣金融債券及其他債務
憑證。四、辦理中華民國境內外之
個人、法人、政府機關或金融機構
之外幣有價證券或其他經主管機關
核准外幣金融商品之買賣之行紀、
居間及代理業務。五、辦理中華民
國境外之個人、法人、政府機關或
金融機構之外幣信用狀簽發、通
知、押匯及進出口託收。六、辦理
該分行與其他金融機構及中華民國

境外之個人、法人、政府機關或金融機構之外幣匯兌、外匯交易、資金借貸及外幣有價證券或其他經主管機關核准外幣金融商品之買賣。七、辦理中華民國境外之有價證券承銷業務。八、境外外幣放款之債務管理及記帳業務。九、對中華民國境內外之個人、法人、政府機關或金融機構辦理與前列各款業務有關之保管、代理及顧問業務。十、辦理中華民國境內外之個人、法人、政府機關或金融機構委託之資產配置或財務規劃之顧問諮詢、外幣有價證券或其他經主管機關核准外幣金融商品之銷售服務。……十一、經主管機關核准辦理之其他外匯業務。」(2)辦理境內之有價證券承銷業務不屬於國際金融業務分行經營之業務。

3 (C)。消費者債務清理條例第75條規定:「更生方案經法院裁定認可確定後,債務人因不可歸責於己之事由,致履行有困難者,得聲請法院裁定延長其履行期限。但延長之期限不得逾二年。債務人可處分所得扣除自己及依法應受其扶養者所必要生活費用之餘額,連續三個月低於更生方案應清償之金額者,推定有前項事由。」

4 (C)。中華民國銀行公會會員徵信準則第25條規定:「……(三)個人年度收入,應根據有關資料酌予匡計,其在金融機構總授信金額達新

台幣二千萬元者,應與下列文件之一進行核對:1.最近年度綜合所得稅結算申報書影本或綜合所得稅結算申報試算稅額通知書影本加附繳稅取款委託書或申報繳款書或扣繳憑單影本。……」

5 (C)。中華民國銀行公會會員徵信準則第22條規定:「……2.中長期授信:(1)週轉資金授信(包括短期授信展期續約超過一年以上者):除第1目規定外,總授信金額達新台幣二億元者,另增加償還能力分析。(2)其他中長期授信:除第1目規定外,另增加建廠或擴充計畫(含營運及資金計畫)與分期償還能力分析。……」

6 (B)。公司行號向金融機構辦理融資所提供之上年度會計師財務簽證報告,每年6月1日起必須及時提送。

7 (C)。中華民國銀行公會會員徵信準則第31條規定:「徵信報告一經核定,除係筆誤或繕校錯誤者外,不得更改,其有再加說明之必要時,得另補充說明之。」選項(C)有誤。

8 (B)。銀行以協助企業購置、更新、擴充或改良其營運所需之土地、廠房、機器為目的而辦理之融資,屬於「資本支出貸款」。

9 (C)。得排除適用DBR22倍規範之個人無擔保貸款項目如次:(一)

借款用途屬創業、所營事業營運週轉金、建築融資、投標保證金貸款、農業用途之貸款項目，且銀行係以「企業戶」授信程序辦理並應符合貴會所訂徵、授信準則有關企業授信相關規範者。(二)個人無擔保放款在「一定合理期間」內將擔保品設定擔保物權者，包括「法拍屋代墊投標保證金及代墊尾款貸款」、「企業員工認購股票（可轉換公司債）」、「個人自建房屋自住之建築融資貸款」、「參與都市更新計畫貸款」。上述一定合理期間不得超過6個月，但個人自建房屋自住之建築融資貸款，其一定合理期間最長以3年為限，如有特殊原因且敘明理由者，得延長為5年；個人參與都市更新計畫貸款，其一定合理期間最長以6年為限等。不包括非國民旅遊卡之信用卡動支金額。

10 (C)。國際金融業務條例第4條規定：「國際金融業務分行經營之業務如下：一、收受中華民國境外之個人、法人、政府機關或境內外金融機構之外匯存款。二、辦理中華民國境內外之個人、法人、政府機關或金融機構之外幣授信業務。三、對於中華民國境內外之個人、法人、政府機關或金融機構銷售本行發行之外幣金融債券及其他債務憑證。四、辦理中華民國境內外之個人、法人、政府機關或金融機構之外幣有價證券或其他經主管機關核准外幣金融商品之買賣之行紀、居間及代理業務。五、辦理中華民國境外之個人、法人、政府機關或金融機構之外幣信用狀簽發、通知、押匯及進出口託收。六、辦理該分行與其他金融機構及中華民國境外之個人、法人、政府機關或金融機構之外幣匯兌、外匯交易、資金借貸及外幣有價證券或其他經主管機關核准外幣金融商品之買賣。七、辦理中華民國境外之有價證券承銷業務。八、境外外幣放款之債務管理及記帳業務。九、對中華民國境內外之個人、法人、政府機關或金融機構辦理與前列各款業務有關之保管、代理及顧問業務。十、辦理中華民國境內外之個人、法人、政府機關或金融機構委託之資產配置或財務規劃之顧問諮詢、外幣有價證券或其他經主管機關核准外幣金融商品之銷售服務。十一、經主管機關核准辦理之其他外匯業務。……」

11 (A)。依「中華民國銀行公會會員授信準則」規定，買方委託承兌，必須明瞭借款人之事項與辦理一般營運週轉金貸款相同。

12 (C)。銀行資產評估損失準備提列及逾期放款催收款呆帳處理辦法第13條規定：「逾期放款及

催收款之轉銷，應先就提列之備抵呆帳或保證責任準備等項下沖抵，如有不足，得列為當年度損失。」

13 (C)。 已出售之不良債權，如客戶依「消費者債務清理條例」第151條規定提出協商並成立者，資產管理公司應比照該協商條件逕向債務人協商。選項(C)有誤。

14 (A)。 銀行資產評估損失準備提列及逾期放款催收款呆帳處理辦法第7條規定：「本辦法稱逾期放款，指積欠本金或利息超過清償期三個月，或雖未超過三個月，但已向主、從債務人訴追或處分擔保品者。協議分期償還放款符合一定條件，並依協議條件履行達六個月以上，且協議利率不低於原承作利率或銀行新承作同類風險放款之利率者，得免予列報逾期放款。但於免列報期間再發生未依約清償超過三個月者，仍應予列報。前項所稱一定條件，指符合下列情形者：一、原係短期放款者，以每年償還本息在百分之十以上為原則，惟期限最長以五年為限。二、原係中長期放款者，其分期償還期限以原殘餘年限之二倍為限，惟最長不得超過三十年。於原殘餘年限內，其分期償還之部分不得低於積欠本息百分之三十。若中長期放款已無殘餘年限或殘餘年限之二倍未

滿五年者，分期償還期限得延長為五年，並以每年償還本息在百分之十以上為原則。」

15 (C)。 銀行資產評估損失準備提列及逾期放款催收款呆帳處理辦法第11條規定：「逾期放款及催收款，具有下列情事之一者，應扣除估計可收回部分後轉銷為呆帳：一、債務人因解散、逃匿、和解、破產之宣告或其他原因，致債權之全部或一部不能收回者。二、擔保品及主、從債務人之財產經鑑價甚低或扣除先順位抵押權後，已無法受償，或執行費用接近或可能超過銀行可受償金額，執行無實益者。三、擔保品及主、從債務人之財產經多次減價拍賣無人應買，而銀行亦無承受實益者。四、逾期放款及催收款逾清償期二年，經催收仍未收回者。」

16 (B)。 本題利息僅繳至104年9月18日即發生延滯，而計自期間為每月11日至下月10日止，故主管機關規定，本件利息延滯之「起算認定點」為下個月的11日（即104年10月11日）。

17 (B)。 稅務簽證不得代替財務簽證。選項(B)有誤。

18 (A)。 依「銀行業辦理外匯業務管理辦法」規定，指定銀行開發信用狀保證金之收取比率自行決定。

19 (B)。國際金融及證券業務之行政主管機關為金融監督管理委員會（以下簡稱金管會）；業務主管機關為中央銀行。故國際金融業務分行欲辦理中華民國境外之有價證券承銷業務，須經中央銀行核准。

20 (A)。消費者債務清理條例第532條規定：「……債務人於法院調解不成立之日起二十日內，聲請更生或清算者，以其調解之聲請，視為更生或清算之聲請，不另徵收聲請費。……」

21 (B)。中華民國銀行公會會員徵信準則第16條規定：「企業授信案件應索取基本資料如下：(一)授信業務1.短期授信：(1)授信戶資料表。(2)登記證件影本。(3)章程或合夥契約影本。(4)董監事名冊影本。(5)股東名簿或合夥名冊或公開發行公司變更登記表影本。(6)主要負責人、保證人之資料表。(7)最近三年之資產負債表、損益表或會計師財務報表查核報告。(8)最近稅捐機關納稅證明影本。(9)同一關係企業及集團企業資料表。(10)有關係企業之公開發行公司最近年度之關係企業三書表。……」

22 (A)。中華民國銀行公會會員徵信準則第31條規定：「徵信報告一經核定，除係筆誤或繕校錯誤者

外，不得更改，其有再加說明之必要時，得另補充說明之。」

23 (A)。中華民國銀行公會會員徵信準則第31條規定：「……(五)對授信戶依前述規定提供之財務報表應注意其內容之正確性及合理性，如發現其財務報表所列資料與其他相關徵信資料有不一致之情形，應向授信戶查證或請其提出說明，並於徵信報告中詳實列示。……」

24 (C)。銀行業辦理外匯業務作業規範第3點規定：「三、指定銀行辦理進口外匯業務，應依下列規定辦理：(一)憑辦文件：開發信用狀、辦理託收、匯票之承兌及結匯，應憑國內顧客提供之交易單據辦理。(二)開發信用狀保證金之收取比率：由指定銀行自行決定。(三)掣發單證：進口所需外匯以新臺幣結購者，應掣發進口結匯證實書；其未以新臺幣結購者，應掣發其他交易憑證。……」。選項(C)有誤。

25 (B)。(1)總授信金額（包含財團法人金融聯合徵信中心歸戶餘額及本次申貸金額，其中存單質借、出口押匯及進口押匯之金額得予扣除。(2)故本題總授信金額＝2,000＋500＝2,500（萬元）。

26 (B)。中華民國銀行公會會員徵信準則第25條規定：「……(三)個

人年度收入，應根據有關資料酌予匡計，其在金融機構總授信金額達新台幣二千萬元者，應與下列文件之一進行核對：……」

27 (B)。 所稱授信達中央主管機關規定金額者，係指銀行對其持有實收資本總額百分之五以上之企業，或本行負責人、職員或主要股東，或對與本行負責人或辦理授信之職員有利害關係者為擔保授信，其對同一授信客戶之每筆或累計金額達新臺幣一億元或各該銀行淨值百分之一孰低者。

28 (C)。 依「中華民國銀行公會會員授信準則」規定，擔保透支為直接授信。

29 (C)。 銀行法第十二條釋疑如下：一、銀行法第十二條第四款所稱銀行之保證，依銀行法施行細則第二條第二項規定包括經主管機關認可之其他國外金融機構之保證。茲補充上揭所稱經主管機關認可之其他國外金融機構如下：(一)已在我國設立分行之外國銀行總（分）行。(二)未在我國設立分行之外國銀行總（分）行，其最近一年總資產或資本在世界排名一千名以內信用卓著者。二、大陸地區金融機構及其海外分支機構，比照適用前項規定。

30 (A)。 已提供十足擔保，不得再徵提保人。選項(A)有誤。

31 (B)。 銀行資產評估損失準備提列及逾期放款催收款呆帳處理辦法第7條規定：「本辦法稱逾期放款，指積欠本金或利息超過清償期三個月，或雖未超過三個月，但已向主、從債務人訴追或處分擔保品者。……」

32 (D)。 在民眾得標成為法拍屋權利人前，銀行不得與其約定代收法院發給之不動產權利移轉書及辦理貸款設定抵押權登記等事宜。選項(D)有誤。

33 (D)。 (1)銀行資產評估損失準備提列及逾期放款催收款呆帳處理辦法第3條規定：「銀行對資產負債表表內及表外之授信資產，除將屬正常之授信資產列為第一類外，餘不良之授信資產，應按債權之擔保情形及逾期時間之長短予以評估，分別列為第二類應予注意者，第三類可望收回者，第四類收回困難者，第五類收回無望者。」(2)依「銀行資產評估損失準備提列及逾期放款催收款呆帳處理辦法」規定，授信資產經評估有足額擔保部分，不應列入第四類。

34 (D)。 銀行資產評估損失準備提列及逾期放款催收款呆帳處理辦法第7條規定：「本辦法稱逾期放款，指積欠本金或利息超過清償期三個月，或雖未超過三個月，

但已向主、從債務人訴追或處分
擔保品者。……」

35 (B)。金管會規定，各銀行需於每
年4月30日前，在網站專區揭露載
至上一年度12月31日轉銷呆帳金額
達5000萬元或貸放後半年內發生逾
期累計轉銷呆帳達3000萬元以上呆
帳大戶資料。選項(B)有誤。

36 (D)。管理外匯條例第2條規定：
「本條例所稱外匯，指外國貨
幣、票據及有價證券。前項外國
有價證券之種類，由掌理外匯業
務機關核定之。」

37 (B)。(1)銀行申報利害關係人資
料所填載「主要股東名冊」，應
將其配偶及未成年子女之持股計
入。(2)主要股東名冊應配合股權
變動隨時變動，而非定期。(3)解
除主要股東資格者，要於名冊之
備註欄註明其解除日期。

38 (A)。中華民國銀行公會會員徵信
準則第12條規定：「徵信單位辦
理徵信，除另有規定外，應以直
接調查為主，間接調查為輔。」

39 (D)。中華民國銀行公會會員徵信
準則第16條規定：「……(2)其他
中長期授信：除第1目規定資料
外，總授信金額達新台幣二億元
者，另加送個案預計資金來源去
路表、建廠進度表、營運計畫、
現金流量預估表、預估資產負債
表及預估損益表。……」

40 (B)。中華民國銀行公會會員徵
信準則第16條規定：「……2.中
長期授信：(1)週轉資金授信（包
括短期授信展期續約超過一年以
上者）：除第1目規定資料外，
總授信金額（包含財團法人金融
聯合徵信中心歸戶餘額及本次
申貸金額，其中存單質借、出口
押匯及進口押匯之金額得予扣
除，下同）達新台幣二億元者，
另加送營運計畫、現金流量預估
表、預估資產負債表及預估損益
表。……」

41 (B)。中華民國銀行公會會員徵信
準則第13條規定：「授信客戶發
生突發事件，徵信單位得配合營
業單位派員實地調查。」選項(B)
正確。

42 (D)。中華民國銀行公會會員徵信
準則第2條規定：「本準則所稱授
信，係指會員辦理放款、透支、
貼現、保證、承兌及其他經中央
主管機關核准之業務。」商業本
票保證屬於授信業務。

43 (C)。金融機構得以下列外國證券
為擔保品，辦理新臺幣授信：(1)
大陸地區及外國中央政府所發行
之債券。(2)最近一年全世界資產
或資本排名前一千名以內信用卓著
之銀行總行及其分支機構暨本國銀
行之海外分行所簽發之定期存單。

44 (C)。銀行資產評估損失準備提列及逾期放款催收款呆帳處理辦法第3規定：「銀行對資產負債表表內及表外之授信資產，除將屬正常之授信資產列為第一類外，餘不良之授信資產，應按債權之擔保情形及逾期時間之長短予以評估，分別列為第二類應予注意者，第三類可望收回者，第四類收回困難者，第五類收回無望者。」

45 (C)。銀行資產評估損失準備提列及逾期放款催收款呆帳處理辦法第10規定：「逾期放款經轉入催收款者，應停止計息。但仍應依契約規定繼續催理，並在催收款各分戶帳內利息欄註明應計利息，或作備忘紀錄。逾期放款未轉入催收款前應計之應收利息，仍未收清者，應連同本金一併轉入催收款。」逾期放款經轉入催收款科目，對內停止計息，對外照常計息，選項(C)有誤。

46 (B)。銀行資產評估損失準備提列及逾期放款催收款呆帳處理辦法第11規定：「逾期放款及催收款，具有下列情事之一者，應扣除估計可收回部分後轉銷為呆帳：一、債務人因解散、逃匿、和解、破產之宣告或其他原因，致債權之全部或一部不能收回者。二、擔保品及主、從債務人之財產經鑑價甚低或扣除先順位抵押權後，已無法受償，或執行費用接近或可能超過銀行可受償金額，執行無實益者。三、擔保品及主、從債務人之財產經多次減價拍賣無人應買，而銀行亦無承受實益者。四、逾期放款及催收款逾清償期二年，經催收仍未收回者。」

47 (C)。逾期放款催收款項有債務人因解散、逃匿、和解、破產之宣告或其他原因，導致債權全部或一部不能回收者，應扣除估計可收回部分後轉銷呆帳，有關債務人解散、逃匿得憑政府有關機關之證明。選項(C)錯誤。

48 (C)。國際業務分行可收受境內股票、不動產等新臺幣資產為擔保品。

49 (C)。中華民國銀行公會會員徵信準則第16條規定：「企業授信案件應索取基本資料如下：(一)授信業務：1.短期授信：(1)授信戶資料表。(2)登記證件影本。(3)章程或合夥契約影本。(4)董監事名冊影本。(5)股東名簿或合夥名冊或公開發行公司變更登記表影本。(6)主要負責人、保證人之資料表。(7)最近三年之資產負債表、損益表或會計師財務報表查核報告。……」

50 (C)。股票蓋妥質權設定印鑑章後，應由銀行保管，並由銀行向公司辦妥設質登記，不能交還張三保管。

第51~104題

(　　) **51**「消費者債務清理條例」所稱消費者，係指幾年內未從事營業活動或從事小規模營業活動之自然人？　(A)五年　(B)三年　(C)二年　(D)一年。　　　　　　　　　　　　　　　　　　　　　【第25屆】

(　　) **52** 下列何項授信案仍應辦理徵信工作？　(A)公營事業　(B)政府計畫性　(C)政府機關　(D)提供他行定存單十足擔保。　　　【第25屆】

(　　) **53** 依「中華民國銀行公會會員徵信準則」規定，中小企業總授信金額在新臺幣（以下同）六百萬元以下；或符合下列何種條件者，其徵信範圍得予簡化？　(A)一千五百萬元以下且具有十足擔保者　(B)一千五百萬元以下且有兩位保證人者　(C)二千萬元以下且具有十足擔保者　(D)二千萬元以下且有兩位保證人者。　　【第25屆】

(　　) **54** 下列何種情形甲、乙二公司屬於「集團企業」？　(A)甲公司董事長為乙公司總經理之父親　(B)甲公司持有乙公司資本總額三分之一　(C)甲公司之董事與乙公司之董事有三分之一相同　(D)甲公司與乙公司相互投資各達對方資本總額二分之一。　　【第25屆】

(　　) **55** 依「中華民國銀行公會會員徵信準則」規定，企業短期授信案件之徵信範圍，下列何者正確？　A.企業組織沿革　B.財務狀況　C.產業概況　(A)僅AB　(B)僅AC　(C)僅BC　(D)ABC。　【第25屆】

(　　) **56** 有關金融機構辦理消費性放款應注意事項，下列敘述何者錯誤？　(A)對借戶填寫之申請書資料內容應詳為查證　(B)對借戶提供身分證明文件，應至內政部戶政役為民服務公用資料庫網站查詢　(C)在職證明書不得作為借戶財力證明文件　(D)嚴禁行員與放款客戶有資金往來。　　　　　　　　　　　　　　　　　　　　　　　　　　【第25屆】

(　　) **57** 有關不計入銀行法第三十三條第二項規定所稱之授信限額及授信總餘額內之授信種類，下列何者非屬之？　(A)對政府機關之授信　(B)以公債為擔保品之授信　(C)以授信銀行股票為擔保品之授信　(D)配合政府政策，經主管機關專案核准之專案授信。　【第25屆】

( ) **58** 在符合行政院核定「中小企業認定標準」之中小企業中，下列何者為中小企業信用保證基金所排除之承保對象？ (A)教育服務業 (B)營造業 (C)特殊娛樂業 (D)礦業及土石採取業。 【第25屆】

( ) **59** 依「中華民國銀行公會會員授信準則」規定，下列何者不是銀行辦理授信業務五項基本原則之一？ (A)安全性 (B)穩定性 (C)公益性 (D)成長性。 【第25屆】

( ) **60** 依「定期存款質借及中途解約辦法」規定，有關定期存款存單質借條件，下列敘述何者正確？ (A)質借人可不限於原存款人 (B)得受理其他銀行之定期存款存單質借 (C)質借期限可視狀況超過原存單上約定之到期日 (D)質借成數由各銀行在存單面額內自行斟酌辦理。 【第25屆】

( ) **61** 依「銀行資產評估損失準備提列及逾期放款催收款呆帳處理辦法」規定，若甲在A銀行之無擔保授信，其積欠本息超過清償期九個月，則該不良授信資產經評估應列於下列何者？ (A)應予注意者 (B)可望收回者 (C)收回困難者 (D)收回無望者。【第25屆】

( ) **62** 依主管機關規定，下列何者得免列報為逾期放款？ (A)已獲信用保證基金理賠款項 (B)積欠本金或利息超過清償期三個月 (C)積欠本金或利息未超過清償期三個月，但已向主、從債務人訴追 (D)協議分期償還案件，免列報期間再發生未依約清償超過三個月者。 【第25屆】

( ) **63** 有關協議分期償還放款，符合免列報之條件，下列何者錯誤？ (A)依協議條件履行須達六個月以上 (B)協議利率不低於原承作利率或銀行新承作同類風險放款之利率者 (C)原係短期放款，以每年償還本息在百分之十以上為原則，惟期限最長以五年為限 (D)原係中長期放款者，其分期償還期限以原殘餘年限之兩倍為限，但最長不得超過十五年。 【第25屆】

( ) **64** 依銀行辦理外匯業務作業規範規定，下列何者為指定銀行辦理外幣貸款業務之憑辦文件？ (A)國內顧客提供之國內交易單據

(B)國外同業委託之文件　(C)國內顧客提供其與國外交易之文件
(D)由指定銀行自行決定。　　　　　　　　　　　　　【第25屆】

(　) **65** 依「銀行辦理外匯業務作業規範」規定,指定銀行辦理進口外匯業
務,應於何時將其交易日報檢送中央銀行?　(A)每月十日前　(B)每
月五日前　(C)承作之次營業日　(D)承作後五個營業日內。【第25屆】

(　) **66** 依國際金融業務條例規定,下列何者不是國際金融業務所得經營
之業務?　(A)境外外幣放款之債務管理及記帳業務　(B)辦理對
大陸台商之外匯存款　(C)辦理中華民國境外之有價證券承銷業
務　(D)辦理中華民國境外法人、政府機關或金融機構之外幣授
信業務。　　　　　　　　　　　　　　　　　　　【第25屆】

(　) **67** 中央銀行對銀行辦理外匯業務違反規定者,可停止其一定期間經
營全部或一部外匯之業務,係根據下列何種法律?　(A)銀行法
(B)管理外匯條例　(C)中央銀行法　(D)貿易法。　　　【第24屆】

(　) **68** 依主管機關規定,金融機構受理民眾申請支票存款開戶業務時,
依規定應查詢內政部戶役政網站,以防民眾持偽冒身分證開戶,
下列敘述何者正確?　(A)如工作繁忙可免辦查詢　(B)應於開戶
時即時辦理查詢　(C)如網路忙線或中斷可先行辦理開戶於次日
再補辦查詢　(D)如因故未辦理查詢應登錄待辦事項登記簿,於
一週內完成查詢。　　　　　　　　　　　　　　　【第24屆】

(　) **69** 依「中華民國銀行公會會員徵信準則」規定,下列何項授信不得
自借戶總授信金額內扣除?　(A)貼現　(B)進口押匯　(C)出口押
匯　(D)存單質借。　　　　　　　　　　　　　　　【第24屆】

(　) **70** 依「中華民國銀行公會會員徵信準則」規定,有關徵信工作之敘
述,下列何者錯誤?　(A)為謀徵信工作迅速完成,徵信單位對於
經常往來客戶,得事前主動索齊資料,辦理徵信　(B)徵信單位亦
得主動蒐集資料辦理徵信,並將結果通知相關單位參考　(C)授信客
戶發生突發事件,徵信單位得配合營業單位派員實地調查　(D)辦
理徵信原則上應以間接調查為主,直接調查為輔。　　【第24屆】

( ) **71** 依金融聯合徵信中心規定，信用卡資料揭露期限，自停卡發生日起揭露多久？ (A)六個月 (B)三年 (C)五年 (D)七年。【第24屆】

( ) **72** 依「中華民國銀行公會會員徵信準則」規定，公司組織向金融機構申請下列何種授信業務，其總授信金額雖未達新臺幣三千萬元，仍應徵提會計師查核簽證之財務報表？ (A)關稅記帳保證 (B)發行公司債保證 (C)本票保證 (D)工程預付款保證。【第24屆】

( ) **73** 依中央主管機關規定，金融機構代證券商墊付交割股款結算淨額予台灣證券交易所或墊付股款予客戶時，下列敘述何者錯誤？ (A)應在有效控制風險之前提下，依有關授信程序及規定辦理 (B)得以遲延借記轉帳支出傳票方式處理 (C)不得以延後記帳方式處理 (D)協助證券商完成交割而將專戶差額補足，即屬墊付股款行為。【第24屆】

( ) **74** 依主管機關規定，下列何者不是銀行法第十二條之一所規範之「消費性放款」？ (A)購置住宅貸款 (B)房屋修繕貸款 (C)支付學費貸款 (D)信用卡循環信用。【第24屆】

( ) **75** 有關覆審追蹤，下列敘述何者錯誤？ (A)為因應授信事後管理需要辦理之工作 (B)銀行應自行訂定辦理放款覆審工作要點 (C)覆審人員得覆審本身經辦之授信案件 (D)發現有礙債權確保之虞，應研議債權保全措施。【第24屆】

( ) **76** 依經濟部訂定之中小企業認定標準，各機關基於輔導業務之性質，製造業、營造業、礦業及土石採取業經常僱用員工數未滿幾人者認定為中小企業？ (A)二百人 (B)一百人 (C)五十人 (D)二十人。【第24屆】

( ) **77** 依「銀行資產評估損失準備提列及逾期放款催收款呆帳處理辦法」規定，逾期放款至遲應於清償期屆滿幾個月內轉入催收款科目，但經協議分期償還放款並依約履行者，不在此限？ (A)三個月 (B)四個月 (C)六個月 (D)七個月。【第24屆】

(　　) **78** 逾期放款轉入催收款項者，對內部及對外部之債權，依主管機關規定，應如何計算利息？　(A)對內及對外，均照常計息　(B)對內及對外，均不計息　(C)對內照常計息，對外債權則不予計息　(D)對內停止計息，對外債權照常計息。　　　　　【第24屆】

(　　) **79** 依「銀行資產評估損失準備提列及逾期放款催收款呆帳處理辦法」規定，協議分期償還放款需符合「一定條件」，有關該條件之敘述，下列何者正確？　(A)原係短期放款者，以每年償還本息在百分之五以上為原則　(B)原係短期放款者，償還期限最長以五年為限　(C)原係中長期放款者，分期償還期限以原殘餘年限之三倍為限　(D)原係中長期放款者，於原殘餘年限內，其分期償還之部分不得低於積欠本息百分之二十。　　　　　【第24屆】

(　　) **80** 依金融機構出售不良債權應注意事項規定，金融機構標售不良債權之公告，須刊登於所屬業別之公會網站。自公告日起至領取標售資料截止日，至少須為幾個工作日？　(A)三個工作日　(B)四個工作日　(C)五個工作日　(D)七個工作日。　　　　　【第24屆】

(　　) **81** 依銀行辦理外匯業務作業規範規定，指定銀行辦理外幣貸款業務，下列敘述何者正確？　(A)承作對象以國外顧客為限　(B)出口後之出口外幣貸款可兌換為新臺幣　(C)不得憑顧客與國外交易之文件辦理　(D)應將承作貸款之相關表報送金管會銀行局。【第32屆】

(　　) **82** 依中央銀行規定，指定銀行辦理進口外匯業務開發信用狀向客戶收取保證金之比率，下列敘述何者正確？　(A)由客戶自行決定　(B)由指定銀行自行決定　(C)由主管機關核定　(D)依規定不得收取。　　　　　【第27屆】

(　　) **83** 依主管機關規定，國際金融業務分行辦理授信業務，下列敘述何者錯誤？　(A)中華民國境內之個人、法人、政府機關或金融機構向國際金融業務分行融資時，應依照向國外銀行融資之有關法令辦理　(B)使國際金融業務分行對國內之融資，與國外銀行向國內之融資，兩者立於相同之基礎　(C)總授信歸戶範圍不包括國際金

融業務分行辦理之授信金額　(D)以本行外匯定期存單質借部份，可不計入總授信歸戶金額內。　　　　　　　　　　　　【第27屆】

(　) **84** 下列何者為「台灣地區與大陸地區金融業務往來及投資許可管理辦法」所稱之主管機關？　(A)中央銀行　(B)外交部　(C)金管會 (D)海基會。　　　　　　　　　　　　　　　　　　　【第27屆】

(　) **85** 依國際金融業務條例規定，國際金融業務分行不可以辦理下列何項業務？　(A)中華民國境內法人之外幣信用狀簽發　(B)中華民國境外法人之外幣信用狀通知　(C)中華民國境內法人之外幣授信業務　(D)收受中華民國境內金融機構之外匯存款。　　　【第24屆】

(　) **86** 依「中華民國銀行公會會員徵信準則」規定，有關徵信檔案及表格之管理，下列敘述何者正確？　(A)徵信資料應依年度別單獨設卷　(B)徵信檔案為機密文件，非經主管核准，不得借閱 (C)授信戶如確已清償銷戶，其徵信檔案即可報經主管核准銷毀 (D)徵信表格應使用銀行公會訂定之統一格式，金融機構不得自行訂定。　　　　　　　　　　　　　　　　　　【第22屆】

(　) **87** 依「中華民國銀行公會會員徵信準則」規定之徵信程序，下列何者錯誤？　(A)客戶申請授信時，由徵信單位索齊資料後辦理徵信 (B)為爭取優良廠商，徵信單位得主動辦理徵信，並將結果通知相關單位參考　(C)聯合授信案件之徵信工作，倘經參加銀行自行評估主辦銀行提供之聯合授信說明書內容，認已涵蓋所需之徵信資料及徵信範圍者，得將聯合授信說明書作為徵信報告　(D)徵信單位辦理徵信，應以直接調查為主，間接調查為輔。　　　【第22屆】

(　) **88** 依「中華民國銀行公會會員徵信準則」規定，下列何種授信得自該準則所稱「總授信金額」中扣除？　(A)貼現　(B)透支　(C)墊付國內應收帳款　(D)出口押匯。　　　　　　　　　　【第22屆】

(　) **89** 會計師依會計師法受相關處分者，依「中華民國銀行公會會員徵信準則」規定，銀行對其簽發之財務報表查核報告，下列何者敘述正確？　(A)受處分警告者，自處分日起一年內不予採用　(B)受

處分申誡者，自處分日起二年內不予採用　(C)受處分停止執行業
務者，自處分日起三年內不予採用　(D)受處分除名者，自處分日
起不予採用。　　　　　　　　　　　　　　　　　　　　　　【第22屆】

(　) **90** 依「中華民國銀行公會會員徵信準則」規定，銀行受理客戶貸款時，
總授信金額係指下列何者？　(A)金融聯合徵信中心歸戶餘額加
上本次申貸金額　(B)全體金融機構訂約金額加上本次申貸金額
(C)全體金融機構歸戶餘額　(D)全體金融機構訂約金額。【第22屆】

(　) **91** 依經濟部「中小企業認定標準」規定，製造業、營造業實收資本
額在新臺幣多少元以下且已依法辦理公司登記或商業登記者，
始可稱為中小企業？　(A)一億元　(B)八千萬元　(C)六千萬元
(D)四千萬元。　　　　　　　　　　　　　　　　　　　　　【第22屆】

(　) **92** 依「中華民國銀行公會會員授信準則」規定，下列敘述何者錯
誤？　(A)短期週轉資金貸款償還來源，可寄望借款企業流動資
產變現　(B)中長期週轉資金貸款償還來源，可寄望借款企業提列
之折舊　(C)資本支出貸款償還來源，可寄望借款企業經營之利潤
(D)消費者貸款償還來源，可寄望借款人之薪資。　　　　【第22屆】

(　) **93** 依經濟部所訂「中小企業認定標準」規定，中小企業經輔導擴充
後，其規模超過規定標準者，自擴充之日起，幾年內仍視同中小
企業？　(A)一年　(B)二年　(C)三年　(D)五年。　　　【第22屆】

(　) **94** 依「銀行資產評估損失準備提列及逾期放款催收款呆帳處理辦
法」規定，協議分期償還放款需符合「一定條件」，有關該條件
之敘述，下列何者正確？　(A)原係短期放款者，以每年償還本息
在百分之五以上為原則　(B)原係短期放款者，償還期限最長以五
年為限　(C)原係中長期放款者，分期償還期限以原殘餘年限之三
倍為限　(D)原係中長期放款者，於原殘餘年限內，其分期償還之
部分不得低於積欠本息百分之二十。　　　　　　　　　　【第22屆】

(　) **95** 銀行對擔保品之審核及估價應審慎辦理，下列何者非估價主要參照
因素？　(A)稀有性　(B)時值　(C)折舊率　(D)銷售性。【第23屆】

( ) **96** 有關「中華民國銀行公會會員徵信準則」所稱總授信金額之認定，下列何種授信金額非屬得予扣除項目？ (A)存單質借 (B)出口押匯 (C)進口押匯 (D)十足擔保之授信。 【第23屆】

( ) **97** 依「中華民國銀行公會會員授信準則」規定，下列何者為間接授信？ (A)開發國外信用狀 (B)週轉資金貸款 (C)消費者貸款 (D)資本支出貸款。 【第23屆】

( ) **98** 有關銀行辦理定期存款存單質借之規定，下列敘述何者錯誤？ (A)申請質借人限於原存款人 (B)辦理質借之銀行，限於原開發存單之銀行 (C)質借期限最長不得超過原存單上所約定之到期日 (D)基於債權確保，得徵提保證人一名。 【第23屆】

( ) **99** 依「中華民國銀行公會會員授信準則」規定，下列何者係以企業之盈餘及營業收入為還款來源之授信？ (A)短期週轉資金貸款 (B)中長期週轉資金貸款 (C)透支 (D)貼現。 【第23屆】

( ) **100** 依主管機關規定，銀行對不良授信資產之評估，屬第四類收回困難者，應按其債權餘額之多少比率為最低標準，提列備抵呆帳準備及保證責任準備？ (A)百分之十 (B)百分之三十 (C)百分之五十 (D)百分之百。 【第23屆】

( ) **101** 依「銀行資產評估損失準備提列及逾期放款催收款呆帳處理辦法」規定，逾期放款及催收款項轉銷呆帳時，應先沖抵之科目，下列何者正確？ (A)什項收入 (B)待追索債權 (C)已提列之備抵呆帳 (D)追索債權。 【第26屆】

( ) **102** 依主管機關規定，免列報逾期放款之協議分期償還案件，原係短期放款，以「每年償還在百分之十以上者為原則」，其「百分之十」係指下列何者？ (A)帳列催收款餘額之百分之十 (B)借戶與銀行協議時所積欠本息合計數之百分之十 (C)借戶與銀行協議時本金餘額之百分之十 (D)積欠本金、利息、違約金合計之百分之十。 【第23屆】

(　) **103** 有關金融機構出售不良債權之相關規範，下列何者正確？ (A)可任意選擇採公開標售或個案議價　(B)國外分行不良債權應以公開標售為限　(C)有明確市場價格得採個案議價　(D)公開標售而未成交者，得與參與競標之最低投資人議價。　【第23屆】

(　) **104** 依中央銀行規定，指定銀行辦理進口外匯業務，應於承作之次營業日，將交易日報送下列何者？　(A)中央銀行外匯局　(B)經濟部國貿局　(C)金管會銀行局　(D)銀行公會。　【第23屆】

解答與解析

51 (A)。消費者債務清理條例第2條規定：「本條例所稱消費者，指五年內未從事營業活動或從事小規模營業活動之自然人。……」

52 (D)。中華民國銀行公會會員徵信準則第22條規定：「……3.中小企業總授信金額在新台幣六百萬元以下；或新台幣一千五百萬元以下且具有十足擔保者，其徵信範圍簡化如下：(1)短期授信：A.企業之組織沿革。B.企業及其主要負責人一般信譽（含票信及債信紀錄）。C.產銷及損益概況。D.存款及授信往來情形（含本行及他行）。E.保證人一般信譽（含票信及債信紀錄）。(2)中長期授信：除第3目第(1)細目規定外，另增加F.行業展望、G.建廠或擴充計畫（含營運計畫）。……」提供他行定存單十足擔保的授信案徵信是可簡化，但仍應辦理徵信工作。

53 (A)。中華民國銀行公會會員徵信準則第22條規定：「……3.中

小企業總授信金額在新台幣六百萬元以下；或新台幣一千五百萬元以下且具有十足擔保者，其徵信範圍簡化如下：(1)短期授信：A.企業之組織沿革。B.企業及其主要負責人一般信譽（含票信及債信紀錄）。C.產銷及損益概況。D.存款及授信往來情形（含本行及他行）。E.保證人一般信譽（含票信及債信紀錄）。(2)中長期授信：除第3目第(1)細目規定外，另增加F.行業展望、G.建廠或擴充計畫（含營運計畫）。……」

54 (D)。相互投資各達對方資本總額二分之一的企業為「集團企業」。

55 (D)。中華民國銀行公會會員徵信準則第22條規定：「企業授信案件之徵信範圍如下：(一)授信業務1.短期授信：(1)企業之組織沿革。(2)企業及其主要負責人一般信譽（含票信及債信紀錄）。

(3)企業之設備規模概況。(4)業
務概況（附產銷量值表）。(5)存
款及授信往來情形（含本行及他
行）。(6)保證人一般信譽（含票
信及債信紀錄）。(7)財務狀況。
(8)產業概況。……」

56 (C)。在職證明書得作為借戶財力
證明文件。選項(C)有誤。

57 (C)。下列授信得不計入本辦法
所稱授信總餘額：(1)配合政府政
策，經主管機關專案核准之專案
授信或經中央銀行專案轉融通之
授信。(2)對政府機關之授信。(3)
以公債、國庫券、中央銀行儲蓄
券、中央銀行可轉讓定期存單、
本行存單或本行金融債券為擔保
品授信。(4)依加強推動銀行辦理
小額放款業務要點辦理之新臺幣
一百萬元以下之授信。

58 (C)。在符合行政院核定「中小企
業認定標準」之中小企業中，特
殊娛樂業為中小企業信用保證基
金所排除之承保對象。

59 (B)。五項基本原則安全性、流動
性、公益性、收益性及成長性。

60 (D)。定期存款質借及中途解約辦
法第2條規定：「定期存款存單之
質借條件如下：一、申請質借人
限於原存款人。二、辦理質借之
銀行，限於原開發存單之銀行。
三、質借期限，照銀行一般貸款

之規定期限。但最長不得超過原
存單上所約定之到期日。四、質
借成數由各銀行在存單面額內自
行斟酌辦理。五、質借利率由各
銀行自行斟酌辦理。」

61 (C)。銀行資產評估損失準備提列
及逾期放款催收款呆帳處理辦法
第4條規定：「……三、收回困
難者：指授信資產經評估已無擔
保部分，且授信戶積欠本金或利
息超過清償期六個月至十二個月
者。……」

62 (A)。已獲信用保證基金理賠款項
不屬於逾期放款。

63 (D)。協議分期償還放款符合一定
條件，並依協議條件履行達六個月
以上，且協議利率不低於原承作利
率或銀行新承作同類風險放款之利
率者，得免予列報逾期放款。但於
免列報期間再發生未依約清償超過
三個月者，仍應予列報。
前項所稱一定條件，指符合下列
情形者：
一、原係短期放款者，以每年
償還本息在百分之十以上為
原則，惟期限最長以五年為
限。
二、原係中長期放款者，其分期償
還期限以原殘餘年限之二倍為
限，惟最長不得超過三十年。
於原殘餘年限內，其分期償還
之部分不得低於積欠本息百分

之三十。若中長期放款已無殘餘年限或殘餘年限之二倍未滿五年者，分期償還期限得延長為五年，並以每年償還本息在百分之十以上為原則。

64 (C)。銀行業辦理外匯業務作業規範第6點規定：「六、指定銀行辦理外幣貸款業務，應依下列規定辦理：(一)承作對象：以國內顧客為限。(二)憑辦文件：應憑顧客提供其與國外交易之文件或本行核准之文件辦理。(三)兌換限制：外幣貸款不得兌換為新臺幣，但出口後之出口外幣貸款，不在此限。……」

65 (C)。銀行業辦理外匯業務作業規範第3點規定：「三、指定銀行辦理進口外匯業務，應依下列規定辦理：(一)憑辦文件：開發信用狀、辦理託收、匯票之承兌及結匯，應憑國內顧客提供之交易單據辦理。(二)開發信用狀保證金之收取比率：由指定銀行自行決定。(三)掣發單證：進口所需外匯以新臺幣結購者，應掣發進口結匯證實書；其未以新臺幣結購者，應掣發其他交易憑證。上述單證得以電子文件製作。(四)列報文件：應於承作之次營業日，依下列規定向本行外匯局檢送交易日報：……」

66 (B)。國際金融業務條例第4條規定：「國際金融業務分行經營之

業務如下：一、收受中華民國境外之個人、法人、政府機關或境內外金融機構之外匯存款。二、辦理中華民國境內外之個人、法人、政府機關或金融機構之外幣授信業務。三、對於中華民國境內外之個人、法人、政府機關或金融機構銷售本行發行之外幣金融債券及其他債務憑證。四、辦理中華民國境內外之個人、法人、政府機關或金融機構之外幣有價證券或其他經主管機關核准外幣金融商品之買賣之行紀、居間及代理業務。五、辦理中華民國境外之個人、法人、政府機關或金融機構之外幣信用狀簽發、通知、押匯及進出口託收。六、辦理該分行與其他金融機構及中華民國境外之個人、法人、政府機關或金融機構之外幣匯兌、外匯交易、資金借貸及外幣有價證券或其他經主管機關核准外幣金融商品之買賣。七、辦理中華民國境外之有價證券承銷業務。八、境外外幣放款之債務管理及記帳業務。九、對中華民國境內外之個人、法人、政府機關或金融機構辦理與前列各款業務有關之保管、代理及顧問業務。十、辦理中華民國境內外之個人、法人、政府機關或金融機構委託之資產配置或財務規劃之顧問諮詢、外幣有價證券或其他經主管機關核准外幣金融商品之銷售服

務。十一、經主管機關核准辦理之其他外匯業務。……」

67 **(B)**。管理外匯條例第25條規定：「中央銀行對指定辦理外匯業務之銀行違反本條例之規定，得按其情節輕重，停止其一定期間經營全部或一部外匯之業務。」

68 **(B)**。依主管機關規定，金融機構受理民眾申請支票存款開戶業務時，依規定應查詢內政部戶役政網站時，應於開戶時即時辦理查詢。

69 **(A)**。中華民國銀行公會會員徵信準則第16條規定：「……2.中長期授信：(1)週轉資金授信（包括短期授信展期續約超過一年以上者）：除第1目規定資料外，總授信金額（包含財團法人金融聯合徵信中心歸戶餘額及本次申貸金額，其中存單質借、出口押匯及進口押匯之金額得予扣除，下同）達新台幣二億元者，另加送營運計畫、現金流量預估表、預估資產負債表及預估損益表。……」

70 **(D)**。中華民國銀行公會會員徵信準則第12條規定：「徵信單位辦理徵信，除另有規定外，應以直接調查為主，間接調查為輔。」

71 **(C)**。依金融聯合徵信中心規定，信用卡資料揭露期限，自停卡發生日起揭露五年。

72 **(C)**。中華民國銀行公會會員徵信準則第18條規定：「會員對授信戶提供之財務報表或資料，應依下列規定辦理：(一)上述財務報表或資料以經會計師查核簽證，或加蓋稅捐機關收件章之申報所得稅報表（或印有稅捐機關收件章戳記之網路申報所得稅報表），或附聲明書之自編報表者為準。但辦理本票保證依法須取得會計師查核簽證之財務報表，及企業總授信金額達新台幣三千萬元以上者，仍應徵提會計師財務報表查核報告。……」

73 **(B)**。金融機構代證券商墊付交割股款結算淨額予台灣證券交易所或墊付股款予客戶時，不得以遲延借記轉帳支出傳票方式處理。選項(B)有誤。

74 **(A)**。消費性放款係指對於房屋修繕、耐久性消費財產（包括汽車）、支付學費及其他個人之小額貸款，及信用卡循環信用等。

75 **(C)**。辦理授信覆審，其覆審人員不得覆審本身經辦之授信案件，每一授信案件經辦理覆審後，應編製覆審報告。選項(C)有誤。

76 **(A)**。中小企業認定標準第2條規定：「本標準所稱中小企業，指依法辦理公司登記或商業登記，並合於下列基準之事業：一、製造業、營造業、礦業及土石採取

業實收資本額在新臺幣八千萬元以下，或經常僱用員工數未滿二百人者。二、除前款規定外之其他行業前一年營業額在新臺幣一億元以下，或經常僱用員工數未滿一百人者。」

77 (C)。銀行資產評估損失準備提列及逾期放款催收款呆帳處理辦法第7條規定：「……協議分期償還放款符合一定條件，並依協議條件履行達六個月以上，且協議利率不低於原承作利率或銀行新承作同類風險放款之利率者，得免予列報逾期放款。但於免列報期間再發生未依約清償超過三個月者，仍應予列報。……」

78 (D)。逾期放款轉入催收款項者，對內部及對外部之債權，依主管機關規定，對內停止計息，對外債權照常計息。

79 (B)。銀行資產評估損失準備提列及逾期放款催收款呆帳處理辦法第7條規定：「本辦法稱逾期放款，指積欠本金或利息超過清償期三個月，或雖未超過三個月，但已向主、從債務人訴追或處分擔保品者。協議分期償還放款符合一定條件，並依協議條件履行達六個月以上，且協議利率不低於原承作利率或銀行新承作同類風險放款之利率者，得免予列報逾期放款。但於免列報期間再發生未依約清償超過三個月者，仍

應予列報。前項所稱一定條件，指符合下列情形者：一、原係短期放款者，以每年償還本息在百分之十以上為原則，惟期限最長以五年為限。……」

80 (D)。金融機構出售不良債權應注意事項第5點規定：「……(三)金融機構標售不良債權之公告，須刊登於所屬業別之公會網站。自公告日起至領取標售資料截止日，至少須為七個工作日，領取標售資料截止日至決標日，除無擔保案件至少須有七個工作日外，其餘案件應有二十八日以上工作日。……」

81 (B)。銀行業辦理外匯業務作業規範第6點規定：「六、指定銀行辦理外幣貸款業務，應依下列規定辦理：(一)承作對象：以國內顧客為限。(二)憑辦文件：應憑顧客提供其與國外交易之文件或本行核准之文件辦理。(三)兌換限制：外幣貸款不得兌換為新臺幣，但出口後之出口外幣貸款，不在此限。……」選項(B)正確。

82 (B)。銀行業辦理外匯業務作業規範第3點規定，指定銀行辦理進口外匯業務開發信用狀向客戶收取保證金之比率，由指定銀行自行決定。

83 (C)。依主管機關規定，國際金融業務分行辦理授信總授信歸戶範

圍包括國際金融業務分行辦理之授信金額。選項(C)有誤。

84 (C)。台灣地區與大陸地區金融業務往來及投資許可管理辦法第2條規定：「本辦法所稱主管機關為行政院金融監督管理委員會。」

85 (A)。國際金融業務條例第4條規定：「國際金融業務分行經營之業務如下：一、收受中華民國境外之個人、法人、政府機關或境內外金融機構之外匯存款。二、辦理中華民國境內外之個人、法人、政府機關或金融機構之外幣授信業務。三、對於中華民國境內外之個人、法人、政府機關或金融機構銷售本行發行之外幣金融債券及其他債務憑證。四、辦理中華民國境內外之個人、法人、政府機關或金融機構之外幣有價證券或其他經主管機關核准外幣金融商品之買賣之行紀、居間及代理業務。五、辦理中華民國境外之個人、法人、政府機關或金融機構之外幣信用狀簽發、通知、押匯及進出口託收。六、辦理該分行與其他金融機構及中華民國境外之個人、法人、政府機關或金融機構之外幣匯兌、外匯交易、資金借貸及外幣有價證券或其他經主管機關核准外幣金融商品之買賣。七、辦理中華民國境外之有價證券承銷業務。八、境外外幣放款之債務管理及

記帳業務。九、對中華民國境內外之個人、法人、政府機關或金融機構辦理與前列各款業務有關之保管、代理及顧問業務。十、辦理中華民國境內外之個人、法人、政府機關或金融機構委託之資產配置或財務規劃之顧問諮詢、外幣有價證券或其他經主管機關核准外幣金融商品之銷售服務。十一、經主管機關核准辦理之其他外匯業務。……」

86 (B)。中華民國銀行公會會員徵信準則第34條規定：「徵信檔案為機密文件，管理檔案人員應負責妥善管理，除經辦工作人員外，非經主管核准，不得借閱。……」

87 (A)。為謀徵信工作迅速完成，徵信所需各種資料應由「營業單位」負責索取。選項(A)有誤。

88 (D)。中華民國銀行公會會員徵信準則第16條規定：「……2.中長期授信：(1)週轉資金授信（包括短期授信展期續約超過一年以上者）：除第1目規定資料外，總授信金額（包含財團法人金融聯合徵信中心歸戶餘額及本次申貸金額，其中存單質借、出口押匯及進口押匯之金額得予扣除，下同）達新台幣二億元者，另加送營運計畫、現金流量預估表、預估資產負債表及預估損益表。……」

89 (D)。中華民國銀行公會會員徵信準則第18條規定：「……(七)會計師依會計師法或證券交易法（以下同）受處分警告或申誡者，其簽發之財務報表查核報告自處分日起一年內如准予採用，應註明採用之原因並審慎評估；受處分停止執行業務或停止辦理公開發行公司之查核簽證者，其簽發之財務報表查核報告自處分日起於受處分停止執行業務期間內不予採用；受處分除名或撤銷公開發行公司查核簽證之核准者，其簽發之財務報表查核報告自處分日起不予採用。……」

90 (A)。中華民國銀行公會會員徵信準則第16條規定：「……2.中長期授信：(1)週轉資金授信（包括短期授信展期續約超過一年以上者）：除第1目規定資料外，總授信金額（包含財團法人金融聯合徵信中心歸戶餘額及本次申貸金額，其中存單質借、出口押匯及進口押匯之金額得予扣除，下同）達新台幣二億元者，另加送營運計畫、現金流量預估表、預估資產負債表及預估損益表。……」

91 (B)。中小企業認定標準第2條規定：「本標準所稱中小企業，指依法辦理公司登記或商業登記，並合於下列基準之事業：一、製造業、營造業、礦業及土石採取業實收資本額在新臺幣八千萬元以下，或經常僱用員工數未滿二百人者。二、除前款規定外之其他行業前一年營業額在新臺幣一億元以下，或經常僱用員工數未滿一百人者。」

92 (B)。中華民國銀行公會會員徵信準則第12條規定：「……週轉資金貸款，短期係寄望以企業之營業收入或流動資產變現，作為其償還來源；中長期係寄望以企業之盈餘、營業收入或其他適當資金，作為其償還來源。……」

93 (B)。中小企業認定標準第6條規定：「具有下列情形之一者，視同中小企業：一、中小企業經輔導擴充後，其規模超過第二條所定基準者，自擴充之日起，二年內視同中小企業。……」

94 (B)。依「銀行資產評估損失準備提列及逾期放款催收款呆帳處理辦法」規定，協議分期償還放款需符合「一定條件」，該條件係指原係短期放款者，以每年償還本息在10%以上為原則，惟期限最長以5年為限。原係中長期放款者，其分期償還期限以原殘餘年限之2倍為限，惟最長不得超過20年。於原殘餘年限內，其分期償還之部分不得低於積欠本息30%。

95 (A)。中華民國銀行公會會員授信準則第23條規定：「會員對擔保品之審核及估價應審慎辦理，其估價並應參照時值、折舊率及銷售性，覈實決定。……」

96 (D)。中華民國銀行公會會員徵信準則第16條規定：「……2.中長期授信：(1)週轉資金授信（包括短期授信展期續約超過一年以上者）：除第1目規定資料外，總授信金額（包含財團法人金融聯合徵信中心歸戶餘額及本次申貸金額，其中存單質借、出口押匯及進口押匯之金額得予扣除，下同）達新台幣二億元者，另加送營運計畫、現金流量預估表、預估資產負債表及預估損益表。…………」

97 (A)。中華民國銀行公會會員授信準則第10條規定：「……(二)間接授信：1.保證：(1)商業本票及公司債保證，(2)工程相關保證，(3)其他保證。2.承兌：(1)買方委託承兌，(2)賣方委託承兌。3.開發國、內外信用狀。4.其他間接授信商品……」

98 (D)。中華民國銀行公會會員授信準則第22條規定：「授信戶為法人者，得免徵董（理）監事連保，惟須提供董（理）事會同意借款之決議、授權書或已訂有授權條款之章程。如以本金融機構

之定期存款質借，並由金融機構將放款撥入該法人之存款戶內，得酌情准其免予提供。……」選項(D)有誤。

99 (B)。中華民國銀行公會會員授信準則第12條規定：「……週轉資金貸款，短期係寄望以企業之營業收入或流動資產變現，作為其償還來源；中長期係寄望以企業之盈餘、營業收入或其他適當資金，作為其償還來源。……」

100 (C)。應收款項及應收票據，應按前點規定確實評估後，依下列規定提列備抵呆帳：(一)第一類為餘額百分之一以內。(二)第二類為餘額百分之二。(三)第三類為餘額百分之十。(四)第四類為餘額百分之五十。(五)第五類為餘額百分之百。

101 (C)。銀行資產評估損失準備提列及逾期放款催收款呆帳處理辦法第12條規定：「逾期放款及催收款項之轉銷，應先就提列之備抵呆帳或保證責任準備等項下沖抵，如有不足，得列為當年度損失。」

102 (B)。逾期放款列報範圍之規定第4點規定：「三、各金融機構按月列報之逾期放款，符合左列情形者，准免列入列報逾期放款範圍：(一)協議分期償還案件，借戶依協議條件按期履約，併符合

左列條件者：1.原係短期放款，以每年償還本息在百分之十以上者為原則，惟期限最長以五年為限。……」其「百分之十」係指借戶與銀行協議時所積欠本息合計數之百分之十。

103 (C)。金融機構出售不良債權之作業程序，除下列情形外，應以公開標售為原則：(1)債權可全數收回或有明確市場價格時，得以個案議價方式出售。但不得有利害關係人非常規交易情事。(2)不良債權經公開標售而未成交者，得與參與競標之最高出價投資議價之。惟成交價格不得低於該投資人之原始出價。(3)國外分行之不良債權，得依當地實務出售。

104 (A)。依中央銀行規定，指定銀行辦理進口外匯業務，應於承作之次營業日，將交易日報送中央銀行外匯局。

Chapter 3　信用卡及現金卡相關規章

焦點 1　信用卡業務機構管理辦法

一、信用卡的定義
信用卡係指持卡人憑發卡機構之信用，向特約之人取得商品、服務、金錢或其他利益，而得延後或依其他約定方式清償帳款所使用之支付工具。

二、開業設立
信用卡公司及外國信用卡公司應自主管機關許可設立之日起，「6個月內」辦妥公司設立登記。信用卡業務機構有正當理由延展開業者，其延展期限不得超過「6個月」，且以一次為限。

三、變更營業設立
信用卡業務機構增加辦理其他信用卡業務，應檢具營業計畫書向主管機關申請，主管機關自申請書送達之次日起30日內，未表示反對者，視為已核准。前項營業計畫書應載明下列事項：
(一) 辦理業務緣由。
(二) 辦理業務各關係人間權利義務關係約定書。
(三) 業務章則及業務流程。
(四) 市場展望及風險、效益評估。

四、風險控管
(一) 依主管機關規定，為降低發卡機構之風險，於發卡或簽訂特約商店前，應向金融聯合徵信中心查詢信用卡戶或特約商店之信用狀況。
(二) 發卡機構應按持卡人之信用狀況，訂定不同等級之信用風險，並考量資金成本及營運成本，採取循環信用利率差別定價，且至少每季應定期覆核持卡人所適用利率。

五、信用卡相關限制

發卡機構行銷時，應依下列規定辦理：

(一) 禁止以「快速核卡」、「以卡辦卡」、「以名片辦卡」及其他未審慎核卡之行銷行為等為訴求。

(二) 禁止行銷人員於街頭（含騎樓）行銷。

(三) 應建立信用卡空白申請書控管機制，及對行銷人員與申請案件進件來源之管理機制。

(四) 發卡機構不得於辦卡、核卡、開卡、預借現金及動用循環信用時，給予申請人、持卡人或其他第三人贈品或獎品等優惠。

(五) 發卡機構於核發新卡時所提供之權益或優惠，除有不可歸責於發卡機構之事由外，於約定之提供期間內未經持卡人同意不得變更，且於符合前開變更條件時，亦應於60日前以書面或事先與持卡人約定之電子文件通知持卡人。

(六) 發卡機構不得同意持卡人以信用卡作為繳付放款本息之工具。

(七) 發卡機構於持卡人收到所申請信用卡之日起7日內，經持卡人通知解除契約者，不得向持卡人請求負擔任何費用。但持卡人已使用者，不在此限。

(八) 發卡機構告知義務，倘有增加持卡人之可能負擔等情形者，應於60日前以顯著方式標示於書面或事先與持卡人約定之電子文件通知持卡人，持卡人如有異議得終止契約。

六、辦理學生信用卡業務

發卡機構辦理學生申請信用卡業務，應依下列規定辦理：

(一) 禁止對學生行銷。

(二) 全職學生申請信用卡以3家發卡機構為限，每家發卡機構信用額度不得超過新臺幣2萬元。

(三) 以學生身分申請信用卡者，發卡機構應將發卡情事通知其父母或法定代理人。

> **知識延伸**
>
> 學生信用卡額度每張「2萬」為限，持卡張數以「3張」為限。

(四) 學生申請信用卡，未滿20歲之信用卡申請人，除申請人能證明持續「12個月」有穩定之收入且經法定代理人同意外，僅能申請家長之附卡。

七、函報主管機關之情形

(一) 專營信用卡業務機構有下列情形之一者，應立即將財務報表、虧損原因及改善計畫，函報主管機關：

1. 累積虧損逾實收資本額、捐助基金及其孳息之三分之一。
2. 淨值低於專撥營運資金之三分之二。

(二) 主管機關對具有前項情形之信用卡業務機構，得限期命其補足資本、捐助基金及其孳息、專撥營運資金，或限制其營業；屆期未補足者，得勒令其停業。

八、事後追蹤

(一) 發卡機構對已核發之信用卡至少每半年應定期辦理覆審。

(二) 專營信用卡業務機構每屆營業年度終了4個月內，應將下列資料，報請主管機關備查：

1. 營業報告書。
2. 經會計師查核且報經董（理）事會通過或外國信用卡公司負責人同意之財務報告。
3. 其他經主管機關指定之資料。

(三) 有關信用卡逾期帳款之監理指標，係以6個月以上帳款佔應收帳款餘額（含催收款）之比率為標準。

九、預借現金額度

發卡機構新核發之信用卡於中華民國境內之預借現金額度，不得超過其信用額度之一成，但原發卡機構對既有持卡人已核給之預借現金額度，不在此限。

十、分期付款

發卡機構所提供之信用卡分期付款服務，如係與特約商店有合作關係者，應依下列規定辦理：

(一) 應於持卡人原信用額度內承作。

(二) 分期付款期間不得超過2年6個月。

(三) 特約商店應於交易時以書面告知持卡人該分期付款服務係發卡機構提供，及所需負擔費用之計收標準與收取條件。但屬網際網路或電視購物等非面對面式交易者，特約商店得以其他替代方式告知，並須留存相關紀錄。

(四) 發卡機構不得以確保特約商店商品或服務提供為由，要求持卡人負擔相關費用。

十一、備抵呆帳提列及轉銷

發卡機構應依下列規定辦理逾期帳款之備抵呆帳提列及轉銷事宜：

(一) **備抵呆帳之提列**：當月應繳最低付款金額超過指定繳款期限1個月至3個月者，應提列全部墊款金額2%之備抵呆帳；超過3個月至6個月者，應提列全部墊款金額50%之備抵呆帳；超過6個月者，應將全部墊款金額提列備抵呆帳。

(二) **呆帳之轉銷**：當月應繳最低付款金額超過指定繳款期限6個月未繳足者，應於該6個月後之3個月內，將全部墊款金額轉銷為呆帳。

(三) 逾期帳款之轉銷，應按董（理）事會授權額度標準，由有權人員核准轉銷，並彙報董（理）事會備查。但外國信用卡公司得依其總公司授權程序辦理。

十二、最低應繳金額

所稱之最低應繳金額，每期至少應包含下列項目：

(一) 當期一般消費之10%。

(二) 當期預借現金、前期未清償之消費帳款及預借現金等應付帳款之5%。

(三) 每期應付之分期本金及利息。

(四) 超過信用額度之全部使用信用卡交易金額。

(五) 累計以前各期逾期未付最低應繳款項之總和。

(六) 循環信用利息及各項費用。

> **知識延伸**
>
> 各信用卡會員機構於特定特約如有提供國內免簽名交易，其單筆最高金額不得超逾新臺幣3,000元。

│牛刀小試│

(   ) **1** 有關信用卡業務機構管理辦法第四十四條第二項所稱之最低應繳金額，依主管機關規定，每期應包含之項目，下列何者非屬之？ (A)當期預借現金之百分之十 (B)每期應付之分期本金及利息 (C)超過信用額度之全部使用信用卡交易金額 (D)循環信用利息及各項費用。 【第31屆】

(   ) **2** 有關信用卡逾期帳款之監理指標，係以幾個月以上帳款佔應收帳款餘額（含催收款）之比率為標準？ (A)一個月 (B)三個月 (C)六個月 (D)九個月。 【第31屆】

(   ) **3** 依主管機關規定，各信用卡會員機構於特定特約如有提供國內免簽名交易，其單筆最高金額不得超逾新臺幣多少元？ (A)1,000元 (B)2,000元 (C)3,000元 (D)5,000元。 【第31屆】

(   ) **4** 有關信用卡發卡業務與收單業務之敘述，下列何者錯誤？ (A)發行信用卡屬發卡業務 (B)辦理信用卡循環信用屬發卡業務 (C)簽訂特約商店屬發卡業務 (D)代理收付特約商店信用卡消費帳款屬收單業務。 【第30屆】

(   ) **5** 依銀行公會規定，收單機構應嚴格執行下列何者簽約特約商店資料及解約特約商店資料之報送，以充分揭露資訊？ (A)聯合信用卡處理中心 (B)財政部財政資訊中心 (C)金融聯合徵信中心 (D)財金資訊股份有限公司。 【第30屆】

(   ) **6** 依「信用卡業務機構管理辦法」規定，信用卡業務機構申請增加辦理其他信用卡業務時，其檢具之營業計畫書應載明事項，下列何者非屬之？ (A)辦理業務緣由 (B)現有信用卡業務之市佔率 (C)信用卡業務章則及業務流程 (D)市場展望及風險、效益評估。 【第30屆】

(   ) **7** 依「信用卡業務機構管理辦法」規定，信用卡分期付款期間以不超過多久為限？ (A)1年 (B)1年6個月 (C)2年 (D)2年6個月。 【第29屆】

( ) **8** 有關主管機關對信用卡業務之相關規定，下列何者錯誤？
(A)客戶貸款本息不得以信用卡支付 (B)媒體廣告得以「快速發卡」作訴求 (C)信用卡循環信用利率應於營業場所牌告 (D)主動調高持卡人額度應事先通知持卡人並取得其書面同意。 【第29屆】

解答與解析

1 (A)。信用卡業務機構管理辦法第四十四條第二項所稱之最低應繳金額，每期至少應包含下列項目：
(1)當期一般消費之百分之十。
(2)當期預借現金、前期未清償之消費帳款及預借現金等應付帳款之百分之五。
(3)每期應付之分期本金及利息。
(4)超過信用額度之全部使用信用卡交易金額。
(5)累計以前各期逾期未付最低應繳款項之總和。
(6)循環信用利息及各項費用。

2 (C)。有關信用卡逾期帳款之監理指標，係以6個月以上帳款佔應收帳款餘額（含催收款）之比率為標準。

3 (C)。持卡人原須以簽名方式結帳之交易，倘國內消費金額於新臺幣3,000元以下或國外消費金額屬於信用卡國際組織規定之免簽名交易者，特約商店得以免簽名方式結帳。

4 (C)。特約商店：指與收單機構簽訂契約，並接受持卡人以信用卡支付商品或服務之款項者。選項(C)有誤。

5 (C)。依銀行公會規定，收單機構應嚴格執行金融聯合徵信中心簽約特約商店資料及解約特約商店資料之報送，以充分揭露資訊。

6 (B)。信用卡業務機構管理辦法第6條規定：「兼營信用卡業務之銀行、信用合作社及其他機構，應檢具下列書件向主管機關申請許可：一、申請書。二、營業執照影本。三、公司章程或相當公司章程文件。四、營業計畫書：載明業務之範圍、業務經營之原則與方針及具體執行之方法、市場展望及風險、效益評估。……」

7 (D)。信用卡業務機構管理辦法第50條規定：「發卡機構所提供之信用卡分期付款服務，如係與特約商店有合作關係者，應依下列規定辦理：一、應於持卡人原信用額度內承作。二、分期付款期間不得超過二年六個月。……」

8 (B)。信用卡行銷時，禁止以「快速核卡」、「以卡辦卡」、「以名片辦卡」及其他類似之行銷行為等為訴求，以避免外界誤以為欠缺徵信審核程序，並不得給予贈品或獎品。

焦點2 金融機構辦理現金卡業務應注意事項

一、現金卡的定義

現金卡業務，係指銀行及信用合作（以下簡稱金融機構）社提供一定金額之信用額度，僅供持卡人憑金融機構本身所核發之卡片於自動化服務設備或以其他方式借領現金，且於額度內循環動用之無擔保授信業務。

二、現金卡額度

(一) **一般額度**：所核給之信用額度應與申請人申請時之還款能力相當，且核給可動用額度加計申請人於全體金融機構之無擔保債務（含信用卡）歸戶總餘額後，不得超過申請人最近一年平均月收入之22倍。

(二) **學生額度**：全職學生申請現金卡以2家金融機構為限，每家金融機構首次核給信用額度不得超過新臺幣1萬元，但經父母同意者最高限額為新臺幣2萬元，並禁止針對學生族群促銷。金融機構發現申請人具有全職學生身分且有持卡超過2家金融機構或每家金融機構核給信用額度已超過新臺幣2萬元之情事，應立即通知持卡人停止卡片之使用。

三、現金卡限制

(一) **行銷限制**：

1.金融機構辦理現金卡業務行銷時，禁止以「快速核卡」、「以卡辦卡」、「以名片辦卡」及其他類似之行銷行為等為訴求，且禁止於街頭（含騎樓）設攤行銷。

2.辦卡、核卡、開卡及動用額度時不得給予持卡人贈品或獎品等優惠。

(二) **計息限制**：金融機構辦理現金卡業務不得將各項費用計入借款本金予以計息，亦不得以複利方式計息。

四、風險控管

金融機構應按持卡人之信用狀況，訂定不同等級之信用風險，並依主管機關之規定，採取差別利率定價，且定期覆核調整。

五、事後追蹤

金融機構對已核發之現金卡至少每半年應定期辦理覆審。

六、呆帳

金融機構辦理現金卡業務，當期應繳最低付款金額超過指定繳款期限6個月未繳足者，應於該6個月後之3個月內，將債權餘額轉銷為呆帳。

七、主管機構管制措施

金融機構辦理現金卡業務逾期放款比率超過主管機關之規定者，主管機關得視情節，予以糾正、限期改善或暫停現金卡業務。

───────────┤ **牛刀小試** ├───────────

(　　) **1** 主管機關排除適用「金融機構對於債務人於全體金融機構之無擔保債務歸戶後之總餘額除以平均月收入，不宜超過22倍」，不包括下列何者？　(A)現金卡　(B)政策性就學貸款，且尚未開始清償　(C)財團法人農業信用保證基金信用保證之貸款　(D)依據經濟部中小企業處頒訂微型企業貸款要點辦理之貸款。　　　　　　　　　　　　　　　　　【第30屆】

(　　) **2** 依「金融機構辦理現金卡業務應注意事項」規定，金融機構對已核發之現金卡至少多久應定期辦理覆審？　(A)每半年　(B)每季　(C)每二個月　(D)每月。　　　　　　　　　　　　　　　　　【第30屆】

解答與解析

1 (A)。主管機關排除適用「金融機構對於債務人於全體金融機構之無擔保債務歸戶後之總餘額除以平均月收入，不宜超過22倍」，不包括現金卡。

2 (A)。信用卡業務機構管理辦法第17點規定：「金融機構對已核發之現金卡至少每半年應定期辦理覆審。金融機構為控管持卡人之信用狀況及確保債權，如需降低持卡人之信用額度時，應於契約明定調整事由，並善盡告知義務。……」

NOTE

精選試題

(　　) **1** 依主管機關規定，銀行辦理各項放款業務，下列敘述何者錯誤？
(A)辦理消費性貸款，不得按月隨利息向客戶收取手續費　(B)不得接受自行發行之次順位金融債券為擔保品　(C)應將小額信貸及信用卡之帳務合併計算，以利客戶繳款沖帳　(D)不得以其自行發行之到期保本結構型商品為質物辦理擔保授信。　　【第28屆】

(　　) **2** 依主管機關規定，有關信用卡申請人年齡之敘述，下列何者錯誤？　(A)正卡申請人須年滿二十歲　(B)附卡申請人須年滿十五歲　(C)未滿二十歲之申請人皆僅能申請家長之附卡　(D)對於二十歲以上之申請人，若其為全職學生，每家發卡機構信用額度不得超過新臺幣2萬元。　　【第28屆】

(　　) **3** 依「信用卡業務機構管理辦法」規定，發卡機構於核發新卡時所提供之權益或優惠，除有不可歸責於發卡機構之事由外，於約定之提供期間內未經持卡人同意不得變更，且於符合變更條件時，亦應於幾日前以書面或事先與持卡人約定之電子文件通知持卡人？　(A)15日　(B)30日　(C)45日　(D)60日。　　【第28屆】

(　　) **4** 依主管機關規定，發卡機構新核發之信用卡於中華民國境內之預借現金額度，不得超過其信用額度之多少？　(A)1成　(B)2成　(C)3成　(D)5成。　　【第28屆】

(　　) **5** 依「信用卡業務機構管理辦法」規定，發卡機構於持卡人收到所申請信用卡之日起七日內，經持卡人通知解除契約者，不得向持卡人請求負擔任何費用。但於下列何種情形，不在此限？
(A)持卡人已使用信用卡　(B)持卡人已收取信用卡業務員自行贈送之發卡贈品者　(C)於信用卡契約中事先特約約定持卡人同意負擔該筆費用　(D)持卡人無契約解除權，故持卡人通知發卡機構解約，即應負擔解約費用。　　【第28屆】

( )　**6** 依「信用卡業務機構管理辦法」規定,下列敘述何者錯誤?
(A)發卡機構對已核發之信用卡至少每年應定期辦理覆審　(B)信用
卡業務之會計處理準則,由銀行公會報請主管機關核定之　(C)發
卡機構信用卡契約條款印製之字體不得小於十二號字　(D)信用卡
業務機構增加辦理其他信用卡業務,應檢具營業計畫書向主管機
關申請,主管機關自申請書送達之次日起三十日內,未表示反對
者,視為已核准。　　　　　　　　　　　　　　　　　【第28屆】

( )　**7** 依「信用卡業務機構管理辦法」規定,專營信用卡業務機構每屆
營業年度終了多久期限內,應將營業報告書及財務報告,報請主
管機關備查?
(A)四個月　(B)三個月　(C)二個月　(D)一個月。　　【第28屆】

( )　**8** 有關主管機關對信用卡業務之規範,下列敘述何者錯誤?
(A)辦理信用卡循環信用不得以複利計息　(B)客戶貸款本息得以信
用卡轉繳方式支付　(C)正卡持卡人不得代理附卡申請人簽名申請
附卡　(D)發卡機構主動調高持卡人信用額度應事先通知持卡人並
取得其書面同意。　　　　　　　　　　　　　　　　　【第27屆】

( )　**9** 依「信用卡業務機構管理辦法」規定,信用卡發卡機構對當期應
繳最低付款金額超過指定繳款期限者之處理,下列敘述何者錯
誤?　(A)超過一個月至三個月者,應提列全部墊款金額25%之備
抵呆帳　(B)超過三個月至六個月者,應提列全部墊款金額50%之
備抵呆帳　(C)超過六個月者,應提列墊款金額100%之備抵呆帳
(D)超過六個月未繳足者,應於該六個月後之三個月內,將全部墊
款轉銷為呆帳。　　　　　　　　　　　　　　　　　　【第27屆】

( )　**10** 依「信用卡業務機構管理辦法」規定,發卡機構所提供之信用
卡分期付款服務,如係與特約商店有合作關係者,其分期付款
期間不得超過多久?　(A)3年　(B)2年6個月　(C)1年6個月
(D)1年。　　　　　　　　　　　　　　　　　　　　　【第27屆】

(　) **11** 依「信用卡業務機構管理辦法」規定，信用卡發卡機構欲增加
向持卡人收取之年費時，應於幾日前以書面或事先與持卡人約
定之電子文件通知持卡人？　(A)三十日　(B)四十日　(C)五十日
(D)六十日。　　　　　　　　　　　　　　　　　　　　　【第27屆】

(　) **12** 依主管機關規定，為降低發卡機構之風險，於發卡或簽訂特約商
店前，應向何者查詢信用卡戶或特約商店之信用狀況？　(A)聯
合信用卡處理中心　(B)財政部財政資訊中心　(C)金融聯合徵信中
心　(D)財金資訊股份有限公司。　　　　　　　　　　　　【第26屆】

(　) **13** 信用卡業務機構申請增加辦理其他信用卡業務時，其應檢具之
營業計畫書應載明事項，下列何者非屬之？　(A)辦理業務緣
由　(B)現有信用卡業務之市佔率　(C)信用卡業務章則及業務流程
(D)市場展望及風險、效益評估。　　　　　　　　　　　　【第26屆】

(　) **14** 依金管機關規定，年滿二十歲之全職學生經父母同意者，其現
金卡首次核給信用額度最高限額為新臺幣多少元？　(A)1萬元
(B)2萬元　(C)3萬元　(D)4萬元。　　　　　　　　　　　　【第28屆】

(　) **15** 有關主管機關對信用卡業務之相關規定，下列何者錯誤？　(A)發
卡機構不得同意持卡人以信用卡作為繳付保險單借款本息之工具
(B)金融機構辦理信用卡業務之循環信用利率不得差別訂價　(C)發
卡機構不得對信用卡預借現金功能進行行銷　(D)發卡機構不得於
信用卡申請書上附加勾選其他非經客戶同意之卡片。　　【第26屆】

(　) **16** 下列敘述何者錯誤？
(A)當月應繳最低付款金額超過指定繳款期限一個月至三個月者，
應提列全部墊款金額百分之十之備抵呆帳　(B)當月應繳最低付款
金額超過指定繳款期限三個月至六個月者，應提列全部墊款金額
百分之五十之備抵呆帳　(C)當月應繳最低付款金額超過指定繳款
期限六個月者，應將全部墊款金額提列備抵呆帳　(D)當月應繳最
低付款金額超過指定繳款期限六個月未繳足者，應於該六個月後
之三個月內，將全部墊款金額轉銷為呆帳。　　　　　　【第26屆】

( )　**17** 依主管機關規定，便利商店業得代收發卡機構信用卡持卡人應繳納之信用卡消費帳款，惟每筆帳單代收金額上限為新臺幣多少元？
(A)一萬元　(B)二萬元　(C)三萬元　(D)四萬元。　　　【第25屆】

( )　**18** 依主管機關規定，各信用卡會員機構於特定特約如有提供國內免簽名交易，其單筆最高金額，不得超逾新臺幣多少元？
(A)1,000元　(B)2,000元　(C)3,000元　(D)5,000元。　　　【第25屆】

( )　**19** 依「金融機構辦理現金卡業務應注意事項」規定，金融機構對已核發之現金卡至少多久應定期辦理覆審？　(A)每半年　(B)每季
(C)每二個月　(D)每月。　　　【第25屆】

( )　**20** 有關信用卡紅利點數之使用範圍，下列敘述何者錯誤？　(A)兌換商品　(B)調高信用額度　(C)抵扣交易時刷卡金額或消費金額
(D)折抵信用卡附加功能使用費，如：機場接送等。　　　【第25屆】

( )　**21** 依信用卡業務機構管理辦法規定，信用卡業務機構向主管機關申請核發營業執照，下列何者不屬於應檢附之書件？　(A)公司登記證件　(B)股東名冊　(C)公司章程　(D)土地所有權狀。【第24屆】

( )　**22** 依主管機關規定，信用卡帳單可否完整揭示持卡人之信用卡卡號或身分證統一編號？　(A)二者均得完整揭示　(B)二者均不得完整揭示　(C)信用卡卡號可完整揭示，但身分證統一編號不可
(D)身分證統一編號可完整揭示，但信用卡卡號不可。　　　【第24屆】

( )　**23** 依信用卡業務機構管理辦法規定，下列何者不是發卡機構於申請人申請時應以書面告知之事項？　(A)信用卡遺失、被竊或滅失時之處理方式　(B)有關信用卡贈品及紅利積點方式　(C)有關信用卡交易帳款疑義之處理程序　(D)持卡人對他人無權使用其信用卡後所發生之權利義務關係。　　　【第24屆】

( )　**24** 依信用卡業務機構管理辦法規定，發卡機構於持卡人收到所申請信用卡之日起幾日內，於持卡人尚未使用前，經持卡人通知解除契約者，不得向持卡人請求負擔任何費用？　(A)七日　(B)九日
(C)十四日　(D)十五日。　　　【第24屆】

(　) **25** 依主管機關規定,對於二十歲以上之學生申請人,其正卡持卡
　　　張數如已超過幾張,發卡機構不宜再核給信用卡?　(A)一張
　　　(B)二張　(C)三張　(D)無限制。　　　　　　　　　【第24屆】)

(　) **26** 有關信用卡發卡業務與收單業務之敘述,下列何者錯誤?
　　　(A)發行信用卡屬發卡業務　(B)辦理信用卡循環信用屬發卡業務
　　　(C)簽訂特約商店屬發卡業務　(D)代理收付特約商店信用卡消費帳
　　　款屬收單業務。　　　　　　　　　　　　　　　　【第23屆】

(　) **27** 有關信用卡附卡申請人與正卡持卡人之關係,下列何者錯誤?
　　　(A)父母　(B)祖父母　(C)兄弟姊妹　(D)配偶父母。　【第23屆】

(　) **28** 為落實消費者保護法及保護學生持卡人之規定,各發卡機構應發
　　　給「學生持卡人專屬手冊」,下列何者不屬於該手冊中應記載事
　　　項?　(A)學生個人過去授信不良紀錄資料　(B)正確使用信用卡
　　　之方式　(C)如何做好個人財務管理　(D)信用卡保管及使用安全
　　　注意事項。　　　　　　　　　　　　　　　　　　【第23屆】

(　) **29** 依主管機關規定,國內各發卡機構對二十歲以上無獨立經濟來源
　　　之學生辦理學生卡,下列敘述何者錯誤?　(A)持卡張數如已超過
　　　三張,不宜再核給信用卡　(B)每張信用卡信用額度之核給宜以三
　　　萬元為限　(C)發卡機構如接獲家長反應其子女為學生,且有超出
　　　清償能力刷卡情形時,應立即配合處理　(D)如財團法人金融聯合
　　　徵信中心將學生身分登錄時,其他發卡機構應配合依學生發卡規
　　　定管理。　　　　　　　　　　　　　　　　　　　【第23屆】

(　) **30** 依主管機關規定,經辦理「親屬代償註記」後,金融機構如不
　　　能確認其具有還款能力,不得另行核發新卡或核准其貸款之情
　　　形,不包含下列何者?　(A)信用卡持卡人　(B)房屋貸款申請人
　　　(C)現金卡持卡人　(D)小額消費信用貸款申請人。　【第23屆】

(　) **31** 依「信用卡業務機構管理辦法」規定,信用卡發卡機構欲增加向
　　　持卡人收取之年費時,至遲應於幾日前以書面或事先與持卡人約
　　　定之電子文件通知持卡人?　(A)三十日　(B)四十日　(C)五十日
　　　(D)六十日。　　　　　　　　　　　　　　　　　　【第22屆】

( ) **32** 依主管機關規定，為降低發卡機構之風險，於發卡或簽訂特約商店前，應向何者查詢信用卡戶或特約商店之信用狀況？ (A)聯合信用卡處理中心 (B)財政部財政資訊中心 (C)金融聯合徵信中心 (D)財金資訊股份有限公司。 【第22屆】

( ) **33** 信用卡業務機構有正當理由延展開業者，其延展期限不得超過多久且以幾次為限？ (A)三個月；一次 (B)三個月；二次 (C)六個月；一次 (D)六個月；二次。 【第22屆】

( ) **34** 依主管機關規定，有關發行學生信用卡應遵守之事項，下列敘述何者正確？ (A)毋需具有充分還款能力，即得獨立申請正卡 (B)申請書填載學生身分者，發卡機構應將其發卡情事函知其學校校長 (C)學生持卡人持有正卡，以一家發卡機構為限 (D)發卡機構除與學校合作發行具有學生證功能之信用卡外，禁止對學生族群促銷信用卡。 【第22屆】

( ) **35** 有關主管機關對信用卡業務之規範，下列敘述何者錯誤？ (A)正卡持卡人不得代理附卡申請人簽名申請附卡 (B)客戶貸款本息得以信用卡轉繳方式支付 (C)發卡機構應將其所發行各卡別信用額度最低限額之規定，刊登於該機構之網站及相關卡友資訊 (D)發卡機構主動調高持卡人信用額度應事先通知持卡人並取得其書面同意。 【第22屆】

解答與解析

1 (C)。鑒於信用卡及小額信貸係屬兩獨立之金融商品，帳務不應合併計算。選項(C)有誤。

2 (C)。對於未滿二十歲之信用卡申請人，除發卡機構親自核對法定代理人簽名同意或由法定代理人代為向發卡機構提出申請者或申請人持續十二個月有穩定之收入且經法代理人同意外，僅能申請家長之附

卡。選項(C)有誤。

3 (D)。信用卡業務機構管理辦法第19條規定：「……發卡機構於核發新卡時所提供之權益或優惠，除有不可歸責於發卡機構之事由外，於約定之提供期間內未經持卡人同意不得變更，且於符合前開變更條件時，亦應於六十日前以書面或事先與持卡人約定之電子文件通知持卡人。……」

4 (A)。發卡機構新核發之信用卡於中華民國境內之預借現金額度，不得超過其信用額度之一成，但原發卡機構對既有持卡人已核給之預借現金額度，不在此限。

5 (A)。信用卡業務機構管理辦法第43條規定：「發卡機構於持卡人收到所申請信用卡之日起七日內，經持卡人通知解除契約者，不得向持卡人請求負擔任何費用。但持卡人已使用者，不在此限。」

6 (A)。信用卡業務機構管理辦法第24條規定：「……發卡機構對已核發之信用卡至少每半年應定期辦理覆審。……」選項(A)有誤。

7 (A)。信用卡業務機構管理辦法第34條規定：「專營信用卡業務機構每屆營業年度終了四個月內，應將下列資料，報請主管機關備查：一、營業報告書。二、經會計師查核且報經董（理）事會通過或外國信用卡公司負責人同意之財務報告。三、其他經主管機關指定之資料。」

8 (B)。發卡機構不得同意持卡人以信用卡作為繳付放款本息之工具。選項(B)有誤。

9 (A)。信用卡業務機構管理辦法第32條規定：「發卡機構應依下列規定辦理逾期帳款之備抵呆帳提列及轉銷事宜：一、備抵呆帳之提列：當月應繳最低付款金額超過指定繳款期限一個月至三個月者，應提列全部墊款金額百分之二之備抵呆帳；超過三個月至六個月者，應提列全部墊款金額百分之五十之備抵呆帳；超過六個月者，應將全部墊款金額提列備抵呆帳。……」

10 (B)。信用卡業務機構管理辦法第50條規定：「發卡機構所提供之信用卡分期付款服務，如係與特約商店有合作關係者，應依下列規定辦理：一、應於持卡人原信用額度內承作。二、分期付款期間不得超過二年六個月。……」

11 (D)。信用卡業務機構管理辦法第41條規定：「發卡機構應受前條第一項告知內容之拘束，倘有下列情形者，應於六十日前以顯著方式標示於書面或事先與持卡人約定之電子文件通知持卡人，持卡人如有異議得終止契約：……」

12 (C)。依主管機關規定，為降低發卡機構之風險，於發卡或簽訂特約商店前，應向金融聯合徵信中心查詢信用卡戶或特約商店之信用狀況。

13 (B)。信用卡業務機構管理辦法第15條規定：「信用卡業務機構增加辦理其他信用卡業務，應檢具營業計畫書向主管機關申請，主管機關自申請書送達之次日起

三十日內，未表示反對者，視為已核准。前項營業計畫書應載明下列事項：一、辦理業務緣由。二、辦理業務各關係人間權利義務關係約定書。三、業務章則及業務流程。四、市場展望及風險、效益評估。……」

14 (B)。信用卡業務機構管理辦法第23條規定：「發卡機構辦理學生申請信用卡業務，應依下列規定辦理：一、禁止對學生行銷。二、全職學生申請信用卡以三家發卡機構為限，每家發卡機構信用額度不得超過新臺幣二萬元。三、以學生身分申請信用卡者，發卡機構應將發卡情事通知其父母或法定代理人。四、第三款之通知事項應於申請書及契約中載明。」

15 (B)。信用卡業務機構管理辦法第24條規定：「發卡機構應按持卡人之信用狀況，訂定不同等級之信用風險，並考量資金成本及營運成本，採取循環信用利率差別定價，且至少每季應定期覆核持卡人所適用利率。……」選項(B)有誤。

16 (A)。信用卡業務機構管理辦法第32條規定：「發卡機構應依下列規定辦理逾期帳款之備抵呆帳提列及轉銷事宜：一、備抵呆帳之提列：當月應繳最低付款金額超過指定繳款期限一個月至三個月

者，應提列全部墊款金額百分之二之備抵呆帳；超過三個月至六個月者，應提列全部墊款金額百分之五十之備抵呆帳；超過六個月者，應將全部墊款金額提列備抵呆帳。二、呆帳之轉銷：當月應繳最低付款金額超過指定繳款期限六個月未繳足者，應於該六個月後之三個月內，將全部墊款金額轉銷為呆帳。……」選項(A)有誤。

17 (B)。發卡機構委由便利商店業代收信用卡持卡人消費帳款，應依「金融機構作業委託他人處理應注意事項」規定辦理；發卡機構應與受委託機構研訂安全控管計畫，且受委託機構每筆帳單代收金額上限為新台幣貳萬元。

18 (C)。依主管機關規定，各信用卡會員機構於特定特約如有提供國內免簽名交易，其單筆最高金額，不得超逾新臺幣3,000元。

19 (A)。金融機構辦理現金卡業務應注意事項第17點規定：「金融機構對已核發之現金卡至少每半年應定期辦理覆審。……」

20 (B)。信用卡紅利點數不可用於調高信用額度。

21 (D)。信用卡業務機構管理辦法第9條規定：「信用卡公司及外國信用卡公司應自主管機關許可設立之日起，六個月內辦妥公司設立

登記，並檢同下列之書件，向主
管機關申請核發營業執照：一、
信用卡公司應檢具書件如下：(一)
營業執照申請書。(二)公司登記證
件。(三)會計師資本繳足查核報
告書。(四)公司章程。(五)股東名
冊。(六)董事名冊及董事會會議紀
錄。設有常務董事者，其常務董
事名冊及常務董事會會議紀錄。
(七)監察人名冊及監察人會議紀
錄。(八)其他經主管機關規定之書
件。……」

22 (B)。依主管機關規定，信用卡帳
單不可完整揭示持卡人之信用卡
卡號或身分證統一編號。

23 (B)。依信用卡業務機構管理辦法
規定，有關信用卡贈品及紅利積
點方式，不是發卡機構於申請人
申請時應以書面告知之事項。

24 (A)。信用卡業務機構管理辦法
第43條規定：「發卡機構於持卡
人收到所申請信用卡之日起七日
內，經持卡人通知解除契約者，
不得向持卡人請求負擔任何費
用。但持卡人已使用者，不在此
限。」

25 (C)。信用卡業務機構管理辦法
第23條規定：「發卡機構辦理
學生申請信用卡業務，應依下列
規定辦理：一、禁止對學生行
銷。二、全職學生申請信用卡以
三家發卡機構為限，每家發卡機

構信用額度不得超過新臺幣二萬
元。……」

26 (C)。簽訂特約商店非屬發卡業
務，選項(C)有誤。

27 (B)。附卡：正卡申請人為其配
偶、父母、配偶父母、滿15歲之
子女、兄弟姐妹申請附卡。附卡
申請人如未滿二十歲，須法定代
理人（即父母或監護人）共同簽
名同意。

28 (A)。為落實消費者保護法及保
護學生持卡人之規定，各發卡
機構應發給「學生持卡人專屬
手冊」，學生個人過去授信不良
紀錄資料不屬於該手冊應記載事
項。

29 (B)。依主管機關規定，國內各發
卡機構對二十歲以上無獨立經濟
來源之學生辦理學生卡，每張信
用卡信用額度之核給宜以2萬元為
限。選項(B)有誤。

30 (B)。包括信用卡、現金卡及小額
消費信用貸款等，當親屬代替清
償持卡人銀行欠款後，將可向銀
行提出「由親屬代償」註記。

31 (D)。信用卡業務機構管理辦法第
19條規定：「……發卡機構於核
發新卡時所提供之權益或優惠，
除有不可歸責於發卡機構之事由
外，於約定之提供期間內未經持
卡人同意不得變更，且於符合前

開變更條件時,亦應於六十日前以書面或事先與持卡人約定之電子文件通知持卡人。」

32 (C)。依主管機關規定,為降低發卡機構之風險,於發卡或簽訂特約商店前,應向金融聯合徵信中心查詢信用卡戶或特約商店之信用狀況。

33 (C)。信用卡業務機構管理辦法第9條規定,信用卡公司及外國信用卡公司應自主管機關許可設立之日起,六個月內辦妥公司設立登記。如有正當理由,得申請延展。延展期限不得超過六個月,並以一次為限。

34 (D)。發卡機構禁止對學生族群促銷或推介信用卡。

35 (B)。發卡機構不得同意持卡人以信用卡作為繳付放款本息之工具。選項(B)有誤。

NOTE

NOTE

Chapter 1 基礎授信

焦點 1 授信定義與類型

一、授信之意義

所稱授信，係指銀行辦理放款、透支、貼現、保證、承兌及其他經中央主管機關核准之業務。換言之，授信就是銀行對於客戶授予信用，並負擔風險之業務。

二、授信的類型

銀行辦理授信業務類別彙總表如下：

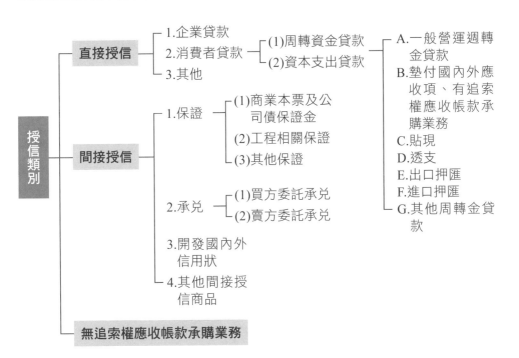

授信類別
- 直接授信
  - 1.企業貸款
  - 2.消費者貸款
    - (1)周轉資金貸款
      - A.一般營運週轉金貸款
      - B.墊付國內外應收項、有追索權應收帳款承購業務
      - C.貼現
      - D.透支
      - E.出口押匯
      - F.進口押匯
      - G.其他周轉金貸款
    - (2)資本支出貸款
  - 3.其他
- 間接授信
  - 1.保證
    - (1)商業本票及公司債保證金
    - (2)工程相關保證
    - (3)其他保證
  - 2.承兌
    - (1)買方委託承兌
    - (2)賣方委託承兌
  - 3.開發國內外信用狀
  - 4.其他間接授信商品
- 無追索權應收帳款承購業務

以下內容先就授信的主要型態介紹，銀行授與信用之型態主要有兩種：

(一) **直接授信**：銀行以其所有之資金貸與需要者，以賺取利息收入之授信業務，如放款、透支、貼現之直接授信，也就是以銀行資金融通予企業或個人為主要內容之融資業務。直接授信，大致可分為：

1. **企業貸款**：
   (1) **週轉資金貸款**：係銀行以協助企業在其經常營業活動中，維持商品及勞務之流程運轉所需之週轉資金為目的，而辦理之融資業務。短期係以企業之營業收入或流動資產變現，作為其償還來源。中長期係以企業之盈餘、營運收入或其他適當資金，作為其償還來源。
   (2) **資本支出貸款**：係以協助企業購置、更新、擴充或改良其營運所需之土地、廠房、機器等，或協助企業從事重大之投資開發計劃為目的，而辦理之融資業務資本支出貸款以企業經營所產生之現金流量，含所獲之利潤、提列之折舊、現金增資、發行公司債或其他適當資金等，作為其償還來源。

2. **消費者貸款**：銀行以協助個人置產、投資、理財週轉、消費及其他支出為目的，而辦理之融資業務。消費者貸款係以借款人之薪資、利息、租賃、投資或其他所得扣除生活支出後所餘之資金，作為其還款來源。

3. **其他**：如政府機關、團體之貸款或其他新種授信商品。

(二) **間接授信**：直接授信之外，銀行利用其特有之信用創造功能，為客戶辦理保證、匯票承兌、簽發信用狀等，以賺取保證費、承兌費、簽證費等收入，而非直接以資金授予需要者，賺取手續費之授信業務。

1. **保證**：
   (1) **商業本票及公司債保證**：銀行接受授信戶委託，對其發行之商業本票、公司債，由銀行予以保證，以增強該商業本票及公司債之流通性，俾利授信戶獲得融資之授信方式。

知識延伸

1. 直接授信：謂銀行以直接撥貸資金之方式，貸放予借款人之融資業務。
2. 間接授信：謂銀行以非以直接撥貸資金之方式，貸放予借款人之融資業務。

(2)**工程相關保證**：銀行接受授信戶委託，對其參與工程招標所需之押標金、承攬工程所需之預付款**保證金**、**履約保證金**、**保固保證金**、**保留款保證金**等工程相關保證金，由銀行簽發保證書予以保證之授信方式。

(3)**其他保證**：如關稅記帳稅款、分期付款信用等，得委託銀行予以保證。

2.**承兌**：

(1)**買方委託承兌**：銀行接受買方之委託，為買、賣方所簽發之匯票擔任付款人而予承兌。辦理買方委託承兌，對買方（委託人）而言，係助其獲得賣方之信用，對賣方而言，係助其獲得可在貨幣市場流通之銀行承兌匯票。

> **知識延伸**
>
> 辦理賣方委託承兌，
> 銀行必須明瞭之事項
> 與辦理貼現同。

(2)**賣方委託承兌**：賣方憑交易憑證供銀行核驗，在交易憑證之金額內簽發定期付款匯票，由銀行為付款人而予承兌。辦理賣方委託承兌，係協助賣方（委託人）取得銀行承兌匯票，以便向貨幣市場獲得融資。辦理賣方委託承兌，銀行必須明瞭之事項與辦理貼現同。

3.**開發國內、外信用狀**：銀行接受借款人（買方）委託簽發信用文書，通知並授權指定受益人（賣方），在其履行約定條件後，依照一定條件，開發一定金額以內之匯票或其他憑證，由銀行或其指定銀行負責承兌或付款之授信方式。銀行得視借款人之資金需要，於受益人押匯墊付款項後，續貸予一般營運週轉金貸款，以償付墊付之款項。

4.**其他間接授信商品**：如關稅記帳稅款、分期付款信用等，得委託銀行予以保證。

牛刀小試

( )　**1** 銀行辦理商業本票保證，使客戶得透過貨幣市場取得資金，此種授信之性質屬於下列何者？　(A)直接授信　(B)間接授信　(C)中期授信　(D)長期授信。　　　　　　　　　　　【第27屆】

( )　**2** 下列何者屬於間接授信？　(A)貼現　(B)開發信用狀　(C)透支　(D)出口押匯。　　　　　　　　　　　　　　　【第26屆】

( ) **3** 下列何項銀行業務屬於「消費借貸」行為？　(A)房屋擔保放款　(B)保管箱　(C)定期儲蓄存款　(D)支票存款。　【第26屆】

( ) **4** 下列何者非為授信業務類別中之間接授信？　(A)辦理保證　(B)匯票承兌　(C)票據貼現　(D)簽發信用狀。　【第22屆】

( ) **5** 銀行與委任人之債權人約定，於委任人不能履行債務時，由銀行代負履行責任之授信業務屬於下列何項？　(A)承兌　(B)信託　(C)保證　(D)背書。　【第22屆】

解答與解析

1 (B)。銀行辦理商業本票保證，使客戶得透過貨幣市場取得資金，此種授信為間接授信的一種。

2 (B)。間接授信：謂銀行以受託擔任客戶之債務保證人、匯票承兌人、開發國內外信用狀或其他方式，授予信用，承擔風險，而不直接撥貸資金之授信行為。

3 (A)。消費性貸款：對於房屋購置、房屋修繕、耐久性消費財（包括汽車），支付學費、信用卡循環信用及其他個人之小額貸款均包括在內的借貸行為。

4 (C)。(1)間接授信係指銀行以其信用介入借款人與第三者之間的交易，保證其交易如期履約，若借款人無法如期履約，由銀行承擔風險，負責清償該交易所發生的財務損失。銀行藉此拓展國家貿易，改善國民經濟生活與商業交易型態，擴張社會金融服務。包含：A.保證。B.承兌。C.開發國內、外信用狀。D.其他間接授信商品。(2)票據貼現為直接授信。

5 (C)。保證為銀行與委任人之債權人約定，於委任人不能履行債務時，由銀行代負履行責任之授信業務。

焦點 2 授信之基本概念

一、授信的基本原則

辦理授信業務應本安全性、流動性、公益性、收益性及成長性等五項基本原則，並依授信5P審核原則核貸之。分述如下：

(一) **安全性**：授信業務之安全性，係在確保存款戶及股東之權益。

(二) **流動性**：應避免資金的呆滯，維持適度之流動性。

(三) **公益性**：能促進經濟發展。

(四) **收益性**：應顧及合理收益，銀行才能持續經營。

(五) **成長性**：能促進業務成長，追求永續經營。

二、授信5P原則

所謂5P原則是銀行用來判斷錢借給你的安全性，以及可以借多少錢給你的五項評估標準，整理如下表：

項目	評估重點

借款戶
People
	指針對貸款戶的信用狀況、經營獲利能力及其與銀行往來情形等進行評估：
	1.評估借款戶之責任感與經營成效所需瞭解事項包括：
	  (1) 營業歷史（創立時間、企業生命週期及營業項目）。
	  (2) 經營能力（營業金額增減趨勢、獲利能力）。
	  (3) 誠實信用（過去對承諾之履行、財務報表之可靠性）。
	  (4) 關係企業情況。
	2.評估與銀行之往來情形所需瞭解事項：評估與銀行之往來情形則需瞭解其存款、外匯之往來佔有率與放款是否相稱，及是否主動提供徵信資料等。

資金用途 Purpose	銀行需衡量有意貸款者的資金運用計劃是否合情、合理、合法，明確且具體可行。並於貸款後持續追查是否依照原定計畫運用。大致借款戶的運用計畫可分為： 1.購買資產：包括購買流動資產（週轉資金貸款）、固定資產（中長期性之設備資金貸款）。週轉資金貸款又分旺季需增加之臨時性週轉金及創業或淡季時需要之經常性週轉資金。

項目	評估重點
資金用途 Purpose	2.償還既存債務：指融通借款戶，以償還其對其他銀行或民間所負之債務，即「以債還債」的意思，債權銀行需負較大之風險。 3.替代股權：以銀行的融資，替代原本應由股東提供之股款，無疑要承擔最高之風險。
還款來源 Payment	分析借款戶是否具有還款來源，可說是授信原則最重要的參考指標，也考核貸放主管的能力。授信首重安全性，其次才是收益性、公益性。通常借款戶是否能有足夠還款來源與其借款的資金用途有關；因此如果資金用途是依景氣及實際所需資金加以評估，並於貸款後加以追蹤查核，則借款戶履行還款的可能性即相對提高。因此，分析借款人償還授信的資金來源，是銀行評估信用的核心。
債權確保 Protection	為了確保債權，任何貸款都應有兩道防線，第一為還款來源，第二則為債權確保，而擔任確保債權角色者，通常為銀行與借款戶所徵提的擔保品。當借款戶不能就其還款來源履行還款義務時，銀行仍可藉由處分擔保品而如期收回放款，也就是所謂的確保債權。一般而言，又可分為內部保障及外部保障，分述如下： 1.內部保障： 　專指銀行與借款人之間的直接關係： 　(1) 借款人的財務結構。 　(2) 擔保品：應注意非為法令所禁止，並具有整體性、可靠性及變現性，估價時並應注意其運用狀況，重置價值及市場價值。 　(3) 放款契約的限制條件：銀行為確保授信債權，可於契約中訂明若干限制條件要求借款戶確實履行。如維持最低限度的流動比率，禁止分配盈餘或發放現金股息，以及其他各種承諾或切結。 2.外部保障：指由第三者對銀行承擔借款人的信用責任而言。銀行債權的外部保障通常以連帶保證、票據背書等方式為之。其關鍵，仍在於保證人，背書人之信用、資力等條件。

項目	評估重點
借款戶展望 Perspective	銀行在從事授信業務時，須就其所需負擔的風險與所能得到的利益加以衡量。其所負擔的風險，為本金的損失與資金的凍結，而所能得到的利益，則為扣除貸款成本後的利息、手續費收入及有關其他業務的成長。因此銀行對於授信條件，除上述四個原則外，應就整體經濟金融情勢對借款戶行業別的影響，及借款戶本身將來的發展性加以分析，再決定是否核貸。

＊在資金的用途類型中，以「購買資產」為最佳用途，「償還既存債務」次之，至於「替代股權」之用途則屬最差。

三、授信5C原則

項目	評估重點
品格 Character	代表一個人過去所獲得之綜合評價，如個人習慣、生活方式、社交活動、還款意願等，憑以驗證其未來償還本息之承諾。
能力 Capacity	還款能力端視客戶現金流量（薪資或稅後利潤）是否足夠，品格與能力兩者必須相輔相成，相互配合。
資本 Capital	個人的財富與企業的淨值是財務能力的具體表現，可確保債務的履行。
擔保品 Collateral	若借戶信用無法完全符合前述3C的要求，則必須提供實質擔保品作為日後還款之保證，所提供資產品質之好壞將影響呆帳的比率。
整體經濟情況 Conditions	係指借戶和金融機構均無法控制之經濟與商業情況。借戶應有應變經濟情況劇變的風險意識與觀念，才能化險為夷降低風險。

＊徵信工作係根據徵信5C原則評估客戶的信用程度，而授信業務係根據授信5P原則准駁客戶的每一申貸案件。

四、授信期限

(一) **短期信用**：期限在1年以內者。

(二) **中期信用**：期限超過1年，在7年以內者。

(三) **長期信用**：期限超過7年者。

 觀念補給站

短期授信與中長期授信評估之差異：

	短期授信	長期授信
評估重點	強調流動資產之變現能力之評估，並注意控制授信用途及追隨交易行為，以把握還款來源，使交易完成後能自動獲得清償，屬於「資產轉換型授信」。	強調「盈餘」與「管理」之評估因素，並以中長期預測方法評估授信戶未來數年之現金流量，從未來之各年之現金用途來分析其財源，以判斷中長期授信能否按期收回，故又稱之為「現金流量型授信」。

五、授信擔保

(一) **擔保品種類：**

1. **不動產抵押權**：依民法第860條規定：「稱抵押權者，係指對於債務人或第三人不移轉占有而供擔保之不動產，得就其賣得價金受清償之權。」不動產抵押權之設定，除應以書面作成契約記載雙方設定抵押權之意思表示外，並須經過地政機關之登記始生效力。承辦不動產抵押貸款業務，應先辦妥抵押權設定登記，於領到「他項權利證明書」並核對土地建物登記謄本無訛後，始得辦理貸放手續。

2. **動產抵押權**：依動產擔保交易法第15條規定：「稱動產抵押者，係指抵押權人對債務人或第三人不移轉占有而就擔保債權人之動產設定動產抵押權，於債務人不履行契約時，抵押權人得占有抵押物，並得出賣，其賣得價金優先於其他債權而受清償之交易。」

3. **動產質權**：依民法第884條規定：「稱動產質權者，是指因擔保債權，占有由債務人或第三人移交之動產，得就其賣得價金，受清償之權。」

4. **權利質權**：依民法第900條規定，所謂權利質權，是指以可讓與之債權及其他權利為標的物之質權。所謂可讓與之債權包括金錢債權、證券債權；而其他權利，乃指無體財產權而言，如商標權、著作權、專利權等。此種質權與動產質權之不同點，即在於前者之標的物為權利，後者之標的物為有體物。一般銀行可接受為授信擔保之權利質權標的物有：股份（以股票為限）、公債、國庫券、公司債、存單、倉單等。至於授信戶提供應收帳款債權讓與銀行為擔保之授信，依財政部函釋，衡酌其債權確保性及債權評估之客觀性，不宜列入銀行法第12條之擔保授信，故非銀行法第12條所明列之擔保授信。

5. **借款人營業交易所發生之應收票據**：依銀行法第15條，所稱「商業票據」，係依國內商品交易或勞務提供而產生之匯票或本票。至於占交易客票相當大比例之遠期支票，由於其性質屬於支付工具而非信用憑證，因此遠期支票不得成為銀行法所稱之擔保。申請貼現或墊付國內票款之匯票、本票，應以基於商品在國內之銷售，或在國內提供服務等實際交易行為所得，且票信良好者為限。凡無實際交易為基礎之票據，或票據之票信不佳者，銀行均應不予受理。

6. **各級政府公庫主管機關、銀行或經政府核准設立之信用保證機構之保證**：依財政部規定，得任保證之公庫主管機關，中央限由主管院、部、會、署、局為之。地方限由省（市）、縣（市）政府為之。所謂銀行之保證，係指授信銀行以外之本國銀行、信託投資公司、外國銀行在華分行或經財政部認可之其他國內外金融機構之保證。此外國銀行不包括大陸地區金融機構及其海外分行。所謂經政府核准設立之信用保證機構，係指財團法人中小企業信用保證基金、財團法人農業信用保證基金、財團法人華僑貸款信用保證基金或其他經財政部核准設立或認可之信用保證機構。經中小企業信用保證基金保證，並對未獲保證之成數部分已另提供足夠擔保者，應視為擔保授信。金融機構依憑經政府機關核准設立之保險公司所為信用保證保險辦理授信，可比照銀行法第12條第4款所稱「經政府核准設立之信用保證機構之保證」，視為擔保。

(二) 擔保品管理

1. 擔保品之選擇除法令明文禁止外，尚應具有市場性、價格變動較少、易於處分。

2. 辦理不動產最高限額抵押權設定，一般以借款金額加二成為設定金額。

3. 除土地、有價證券外，應由借款人（或提供人）投保適當之保險（如火險、地震險），並以銀行為受益人（或抵押權人）。

4. 應定期或不定期查看擔保品之保管、使用情形，不動產擔保品並與登記謄本核對。

> **知識延伸**
>
> 銀行可接受為授信擔保之權利質權標的物有：股份（以股票為限）、公債、國庫券、公司債、存單、倉單等。

六、授信訂價方法

銀行授信訂價方法可分為下列四種：

(一) 成本加成訂價法：將資金成本、固定成本、變動成本、風險成本之合計數，按一定成數加成後，作成授信訂價。

(二) 市場價格訂價法：依金融市場動態、區域性因素及同業間競爭利率水準等項目加以考量，以作為授信之訂價。

(三) 目標利潤訂價法：依銀行之訂價政策所訂目標利潤，於授信成本上加計後，以作為授信之訂價。

(四) 雙方議價法：由銀行人員與客戶面對面現場談判，以議定一合理價格，作為授信之訂價。

七、銀行法授信規定

(一) 授信的種類

1. **依期間區分：**

   (1) **短期信用**：期限在1年內者。

   (2) **中期信用**：期限超過1年，在7年以內者。

   (3) **長期信用**：期限超過7年者。

2. **依有無擔保區分：**

   (1) **擔保授信**：對銀行之授信提供擔保者，有不動產或動產抵押權、動產或權利質權、借款人營業交易所發生之應收票據、各級政府機關或政府核准設立之信用保證機構之保證。

(2)**無擔保授信**：無提供擔保品之授信。

(二) **授信之限制**

1. **無擔保授信之限制：**

銀行不得對下列為無擔保授信：

(1)銀行持有實收資本總額3%以上之企業。

(2)本行負責人、職員、與本行負責人或辦理授信之職員有利害關係者。

(3)銀行主要股東（持有銀行已發行股份1%以上者，若為自然人，則本人之配偶及未成年子女之持股應計入本人之持股）。

2. **擔保授信之限制：**

銀行對下列對象為擔保授信，應有十足擔保，其條件不得優於其他同類授信對象，如授信達中央主管機關規定金額以上者，並應經三分之二以上董事之出席及出席董事四分之三以上同意：

(1)銀行持有實收資本總額5%以上之企業。

(2)本行負責人、職員、或與本行辦理授信之職員或負責人有利害關係者。

(3)銀行主要股東（持有銀行已發行股份1%以上者，若為自然人，則本人之配偶及未成年子女之持股應計入本人之持股）。

 **觀念補給站**

授信額度限額

項目	擔保額度	無擔保額度	總額度
銀行持有實收資本總額5%以上之企業、主要股東、本行相關利害關係人	同一法人：10% 同一自然人：2%	不行無擔保	總和不得超過銀行淨值的1.5倍
同一自然人	－	1%	3%
同一法人	－	5%	15%
同一關係人	－	10% 其中自然人：2%	40% 其中自然人：6%
同一關係企業	－	15%	40%

┤ **牛刀小試** ├

( ) **1** 依銀行法規定，銀行辦理授信時，徵提下列何項為擔保者，可稱為擔保授信？ (A)反面承諾 (B)遠期支票 (C)權利質權 (D)非營業交易所發生之應收票據。 【第27屆】

( ) **2** 依主管機關規定，銀行對其全體利害關係人之擔保授信總餘額，不得超過下列何項限制？
(A)該銀行淨值 (B)該銀行淨值1.5倍 (C)該銀行淨值2.5倍 (D)該銀行淨值25%。 【第27屆】

( ) **3** 銀行可以對下列何者承作除政府及消費者貸款外之無擔保授信？ (A)該銀行負責人 (B)該銀行辦理授信之職員 (C)該銀行持有實收資本總額百分之二之企業 (D)持有該銀行已發行股份總額百分之一的股東。 【第27屆】

( ) **4** 甲銀行上一會計年度決算後淨值為新臺幣200億元，目前董事會成員有九名董事；A君係持有甲銀行已發行股份1.5%之股東，擬向甲銀行申請購置房屋擔保貸款新臺幣1.2億元，期限七年，則下列敘述何者正確？
(A)違反銀行法有關授信限制對象之規定，不得承作 (B)由董事會同意，並應經五位以上董事出席及四位以上出席董事同意 (C)由董事會同意，並應經六位以上董事出席及五位以上出席董事同意 (D)由董事會同意，並應經七位以上董事出席及四位以上出席董事同意。 【第27屆】

( ) **5** 依銀行法規定，授信期限超過多少年者，即稱為長期信用？
(A)五年 (B)七年 (C)十年 (D)十五年。 【第26屆】

( ) **6** 銀行承辦授信業務所應把握授信之五大基本原則，下列何者錯誤？
(A)安全性 (B)流動性 (C)公益性 (D)變化性。 【第26屆】

( ) **7** 有關授信信用評估五P原則，下列何者應是銀行評估授信之核心？ (A)借款戶因素 (B)還款財源因素 (C)債權保障因素 (D)授信展望因素。 【第26屆】

( ) **8** 銀行法第三十三條所指對利害關係人之擔保授信條件不得優於其他同類授信對象，下列何者不是上開授信條件之一？ (A)利率 (B)保證人之有無 (C)貸款期限 (D)違約金之有無。 【第22屆】

( ) **9** 在作授信決策前，對借款戶之營業歷史、經營能力、誠實信用以及其關係企業情況進行瞭解，係屬信用評估五P原則中的何項？ (A)People (B)Purpose (C)Payment (D)Protection。 【第32屆】

( ) **10** 銀行辦理中長期授信係為協助借款人購置、更新或擴充固定資產，或協助建立經常性營運週轉金，請問下列何種授信不屬於中長期融資之用途？ (A)企業投資建設新廠 (B)貼現 (C)企業經常性營運週轉金 (D)房屋貸款及修繕貸款。 【第22屆】

解答與解析

1 (C)。銀行法第12條規定：「本法稱擔保授信，謂對銀行之授信，提供左列之一為擔保者：一、不動產或動產抵押權。二、動產或權利質權。三、借款人營業交易所發生之應收票據。四、各級政府公庫主管機關、銀行或經政府核准設立之信用保證機構之保證。」

2 (B)。所稱授信總餘額，指銀行對其持有實收資本總額百分之五以上之企業，或本行負責人、職員或主要股東，或對與本行負責人或辦理授信之職員有利害關係者為擔保授信，其總餘額不得超過各該銀行淨值1.5倍。

3 (C)。銀行法第32條規定：「銀行不得對其持有實收資本總額百分之三以上之企業，或本行負責人、職員、或主要股東，或對與本行負責人或辦理授信之職員有利害關係者，為無擔保授信。但消費者貸款及對政府貸款不在此限。」是銀行可以對該銀行持有實收資本總額百分之二之企業。

4 (C)。銀行法第33條規定：「銀行對其持有實收資本總額百分之五以上之企業，或本行負責人、職員、或主要股東，或對與本行負責人或辦理授信之職員有利害關係者為擔保授信，應有十足擔保，其條件不得

優於其他同類授信對象，如授信達中央主管機關規定金額以上者，並
應經三分之二以上董事之出席及出席董事四分之三以上同意。……」
甲銀行董事成員有9人，三分之二為6人以上出席，四分之三為5人以上
同意。

5 (B)。銀行法第5條規定：「銀行依本法辦理授信，其期限在一年以內
者，為短期信用；超過一年而在七年以內者，為中期信用；超過七年
者，為長期信用。」

6 (D)。銀行辦理授信業務，應把握安全性、流動性、公益性、收益性及
成長性等五項基本原則。

7 (B)。授信5P原則：(1)借款戶People。(2)資金用途Purpose。(3)還款來
源Payment。(4)債權保障Protection。(5)未來展望Perspective。其中還
款財源因素是銀行評估授信之核心。

8 (D)。所謂「授信條件」包括：(1)利率；(2)擔保品及估價；(3)保證人
之有無；(4)貸款期限；(5)本息償還方式。

9 (A)。借款戶因素（People）是指對借款戶之營業歷史、經營能力、誠
實信用、關係企業情況進行瞭解。

10 (B)。貼現屬於短期融資之用途。

焦點**3**　**徵信範圍及基本規範**

一、應遵守原則

(一) 應遵守先徵信後授信之原則。

(二) **徵信與授信應分別人員辦理**：徵信工作與授信業務除已實施帳戶管理員
之銀行外應由不同單位或不同人員分別辦理，基於內部牽制原則，其徵信
工作與授信業務應分開由不同人員辦理。

(三) **應以徵信報告為主要參考依據**：

　1.徵信案件之審核，應以徵信報告為主要參考依據，非經移送徵信單位辦理
徵信之授信案件，不得核貸。

　2.會員銀行、政府機關、公營事業、政府計畫性授信案件及已提供本行十足
擔保之授信案件得酌情免予索取。

3. 海外分行之授信案件及國際金融業務分行之
國際聯貸案件，得依海外分行當地之法令規
定與實務慣例或國際聯貸之特性，酌情索取
相關資料以配合辦理徵信工作。

二、徵信調查方法

一般辦理徵信調查，主要有直接調查和間接調查
兩種，分述如下：

(一) **直接調查**：以訪問客戶並至公司和工廠實地
勘察現場，以取得第一手資料為主，因此亦
稱實地徵信。對於企業經營狀況的瞭解與確
認，直接面對客戶，並親自得知其生產加工
過程等實況，可以彌補書面資料之不足。

(二) **間接調查**：間接調查之目的，是在補充上述
直接調查之不足，並驗證客戶信用優劣程
度。通常以取自第三者的資料為主。調查方
式如下：

1. 透過金融聯合徵信中心資料，查詢借戶與各
往來銀行之借款紀錄有無逾放、退票情事、
進出口實績、負責人信用及銀行借款往來情
形等。

2. 透過借戶的上下游客戶查詢借戶信用及負責
人的信譽、經營能力、經營概況等。

3. 藉由產業資料庫、公開資訊查詢借戶經營概
況與在該行業內所占的比重，該行業景氣、
市場狀況及發展趨勢等。

4. 就報章雜誌所報導的借戶動態資料進行蒐集和查證分析工作。

5. 股票上市櫃企業，可由其股票價格的漲落，反映投資人對該公司的看法，
與其獲利能力的高低。如有炒作現象，其炒作題材為何，是基本面好轉或
籌碼面供需，或董事、監事、主要股東與市場主力結合或對作等，而得知
經營者心態，或對公司前景有無信心等。

知識延伸

1. 所稱帳戶管理員的
精神所在，係在提供
授信客戶專人服務，
因此任何一位帳戶
管理員所管轄的授
信帳號，不論徵信工
作或授信業務，均由
該帳戶管理員負責
完全服務，亦即由該
帳戶管理員一手包
辦徵信工作與授信
業務。

2. 徵信工作係指與授
信業務有關之信用
調查與財務分析等
工作。簡單的說，
徵信就是「驗證信
用」。

3. 辦理徵信應以直接
調查為主，間接調查
為輔。徵信人員應交
互運用，以達成調查
的目的。

4. 授信客戶發生突發
事件，徵信單位得配
合營業單位派員實
地調查。

三、徵信流程

(一) **票債信用查詢**：對授信戶借保戶之信用調
　　查，為徵信作業的基本要領。信用資訊的來
　　源，除了借保戶往來廠商、銀行同業及實
　　地調查外，應用最為廣泛的，應屬「財團法
　　人金融聯合徵信中心」及「票據交換所」。
　　總授信歸戶金額，其金額係以授信科目為計
　　算標準，而應計入之授信科目包括遠期信用
　　狀、保證款項及一般放款，其中一般放款所
　　含科目，依金融業慣例可以扣除出口押匯、
　　買入光票及國內外即期信用狀。

(二) **訪談及實地調查**。

(三) **借保戶提供資料之查證**：

　1. **個人授信戶應徵提資料如下**：

　　(1)授信戶及保證人之個人資料表。惟消費性貸
　　　款（即使用消費者貸款申請書）可免徵。

　　(2)同一關係人資料表。

　　(3)在金融機構總授信金額達新台幣二千萬元
　　　（聯徵中心授信餘額加計本次申貸金額）
　　　者，應徵取最近年度綜合所得稅結算申報
　　　書影本加附繳稅取款委託書或申報繳款書
　　　影本或扣繳憑單影本（或附回執聯之二維條碼申報或網路申報所得稅
　　　資料或附信用卡繳稅對帳單之申報所得稅資料）核對；上述資料亦得
　　　以稅捐機關核發之綜合所得稅稅額證明書或各類所得歸戶清單替代。
　　　但授信申請人如屬依法免納所得稅者，得以給付薪資單位所核發之薪
　　　資證明及其他扣繳憑單替代所得稅結算申報書影本。

　　(4)有關身分證件影本、戶口名簿影本、經營事業資料、本人與配偶之土
　　　地及建物所有權狀影本等，亦得視需要酌情徵提。

　2. **企業授信戶徵信資料（短期）**：

　　(1)授信戶資料表。

　　(2)登記證件影本（如公司執照、營利事業登記證、工廠登記證等）。

(3)章程或合夥契約影本。

(4)董監事名冊影本。

(5)股東名簿或合夥名冊或公開發行公司變更登記表影本。

(6)主要負責人、保證人之資料表。

(7)最近三年之資產負債表、損益表或會計師財務報表查核報告。

(8)最近稅捐機關納稅證明影本（如401表）。

(9)同一關係企業/集團企業資料表。

(10)有關係企業之公開發行公司最近年度之關係企業三書表。

3. **企業授信戶徵信資料（中長期）：**

(1)週轉資金授信→除與前述短期授信所述A至J目相同外，總授信金額（包含財團法人金融聯合徵信中心歸戶餘額及本次申貸金額，其中存單質借、出口押匯及進口外匯之金額得予扣除，下同）達新台幣2億元者，另加送營運計畫、現金流量預估表、預估資產負債表及預估損益表。

(2)其他中長期授信→除與前述短期授信所述A至J目相同外，總授信金額達新台幣2億元者，另加送個案預計資金來源去路表、建廠進度表、營運計畫、現金流量預估表、預估資產負債表及預估損益表。營運計畫、現金流量預估表、預估資產負債表及預估損益表，其編製期間應配合授信期限編製，惟如客戶係按年度預估者，仍可予以受理，但應承諾於翌年度初編妥時，即將新年度預估報表自動檢送。

(3)辦理本票保證依法須取得會計師查核簽證之財務報表，及企業總授信金額達新台幣3,000萬元以上者，仍應徵提會計師財務報表查核報告。

(四) **依據5P撰寫徵信報告：**

1. 徵信報告撰寫注意要點如下：

(1)徵信單位應依誠信原則，公正平實撰寫徵信報告，不宜對授信案件表示准駁之意見。

(2)徵信之結果應彙集整理，充分檢討，並把握重點，以公正、客觀立場分析。

(3)徵信報告書內容必須一致、簡潔明晰，避免前後矛盾。

(4)較長之報告，應於首端另備提要。

(5)徵信報告為機密文件，專供內部授信有關人員參考，不得提示客戶或作為拒貸之藉口。

(6)徵信報告書一經判行，除非繕校錯誤或筆誤，不得更改，其有再加以
　　說明之必要時，得另以補充說明之。

2.重要比率分析：

(1)**短期償債比率分析**

A.**流動比率**：為測驗企業短期償債能力的參考，並為衡量營運資金是
否足夠的指標。

計算公式	流動比率＝$\dfrac{流動資產}{流動負債}$
	說明：此項比率越大，代表企業短期償債能力越強。此一比率通常維持在 200%（即 2：1）以上，但實際上仍應視各該行業的狀況而定。

B.**速動比率**：亦稱「酸性測驗比率」，係測驗企業極短期償債能力大
小的指標。

計算公式	速動比率＝$\dfrac{速動資產}{流動負債}$
	※ 速動資產＝流動資產－預付費用－存貨 說明：速動比率用來測驗企業緊急變現能力，此一比率至少應維持在 100% 以上（即 1：1）。

C.**營業淨現金流量對流動負債比**：衡量企業以營業活動賺取現金償還
流動負債的能力。

計算公式	營業淨現金流量對流動負債比＝$\dfrac{營業活動現金流量}{流動負債}$
	說明：比例越高，表示企業透過營業活動賺取現金來償還流動負債的能力越佳。

D. **應收帳款週轉率**：用以檢驗企業回收應收款項的能力，也就是應收款項一年中回收的「次數」。比率數值愈高，代表收款成效愈好，資金滯留在外愈低，成為呆帳的機會就愈小。

計算公式　$應收帳款週轉率 = \dfrac{銷貨淨額}{(期初應收帳款＋期末應收帳款)/2}$

E. **應收帳款平均收回天數**：企業在特定期間內，收回應收帳款所需的天數。

計算公式　$應收帳款平均收回天數 = \dfrac{365天(或360天)}{應收帳款週轉率}$

F. **存貨週轉率**：此一比率用來衡量企業買進商品至賣出商品的流通速度。

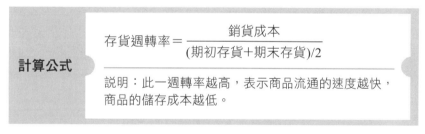

計算公式　$存貨週轉率 = \dfrac{銷貨成本}{(期初存貨＋期末存貨)/2}$

說明：此一週轉率越高，表示商品流通的速度越快，商品的儲存成本越低。

G. **存貨週轉率平均天數**：企業賣出存貨的所需天數；此比率愈小，代表存貨愈低，資本運用效率也愈高。

計算公式　$存貨週轉率平均天數 = \dfrac{365天(或360天)}{存貨週轉率}$

H. **平均營業週期**：此週期為企業以現金購買存貨、將存貨出售產生應收帳款所需時間。

> | 計算公式 | 平均營業週期＝應收帳款平均收回天數＋存貨週轉平均天數 |
> |---|---|

(2)**資本結構與長期償債能力分析**

A. **負債比率**：係用來衡量企業透過舉債經營的程度，亦即外來資金（負債）占企業總資產的比率。

> 計算公式：
> $$負債比率＝\frac{負債總額}{資產總額}$$
> 說明：此項比率用來說明總資產中有多少來自外來資金。

B. **權益比率**：係用來衡量以自有資金經營企業的程度，亦即自有資金（股東權益占企業總資產的比率）。權益比率的高低可以表示企業長期償債能力的強弱。

> 計算公式：
> $$權益比率＝\frac{股東權益總額}{資產總額}＝1－負債比率$$

C. **財務槓桿指數**：又叫「權益乘數」，指以自有資本來舉債，運用支付固定利息之負債來營運並賺取盈餘，支付利息後的盈餘歸於股東，達成增加股東權益資本報酬率的目的。

> 計算公式：
> $$財務槓桿指數＝\frac{股東權益報酬率(ROE)}{總資產報酬率(ROA)}$$
> 說明：財務槓桿指數可衡量財務槓桿是否有利於股東，若小於1，表示不利，大於1則為有利。

D. **財務槓桿比率**：公司每一元的權益資金，可透過財務槓桿購入幾倍的資產。槓桿愈大，公司舉債比重愈高。

> 計算公式：
>
> $$財務槓桿比率＝\frac{資產總額}{股東權益總額}$$
>
> 說明：此比例越大表示自有資金比重越低，財務風險越高。

E. **長期資金對固定資產比率**：衡量企業長期穩定資金用來支應固定投資需求的狀況。

> 計算公式：
>
> $$長期資金對固定資產比率＝\frac{(長期負債＋股東權益)}{固定資產}$$
>
> 說明：若小於1，表示企業需依賴短期資金來支應長期資本支出，企業財務危機已可能發生，故此比率以遠大於1為宜。

F. **利息保障倍數**：衡量企業一年所賺的淨利，是否足以償還應支出的利息，倍數愈高愈安全。

> 計算公式：
>
> $$利息保障倍數＝\frac{(稅前淨利＋利息費用)}{利息費用}$$
>
> $$＝\frac{(稅後淨利＋所得稅＋利息費用)}{利息費用}$$
>
> 說明：此倍數越高表示企業到期支付利息的能力越強。

(3)衡量經營績效分析

A. **毛利率**：係用來衡量銷貨毛利占銷貨淨額的百分率。

> 計算公式：$毛利率＝\dfrac{銷貨毛利}{銷貨淨額}$

B. **利潤率（或稱純益率）**：用來衡量銷貨收入可以產生多少的利潤（純益）比率。

> 計算公式：利潤率＝$\dfrac{\text{本期淨利}}{\text{銷貨淨額}}$

C. **營業淨現金流量對銷貨收入比率**：代表透過正常營業收入產生現金的能力。

> 計算公式：營業淨現金流量對銷貨收入比率＝$\dfrac{\text{營業活動現金流量}}{\text{銷貨收入淨額}}$

D. **資產報酬率（Return on Asset, ROA）**：用來衡量全部資產所獲致的報酬率。

> 計算公式：資產報酬率＝$\dfrac{\text{稅後淨利＋利息費用} \times (1-\text{稅率})}{\text{平均總資產}}$
>
> 說明：此項比率係衡量企業獲利能力及管理績效的指標。

E. **股東權益報酬率（Return on Equity, ROE）**：用來衡量股東權益所獲取的報酬率，亦稱資本報酬率或股東投資報酬率。

> 計算公式：股東權益報酬率＝$\dfrac{\text{稅後淨利}}{\text{平均股東權益}}$

F. **總資產週轉率**：計算每一元資產投資可產生的銷貨收入。

> 計算公式：總資產週轉率＝$\dfrac{\text{銷貨收入淨額}}{\text{平均資產}}$
>
> 說明：該數字越大表示其資產之使用效率越高。

G. **固定資產週轉率**：計算每一元固定資產投資可產生的銷貨收入。

> 計算公式：固定資產週轉率＝$\dfrac{\text{銷貨收入淨額}}{\text{平均固定資產}}$
>
> 說明：該數字越大表示其固定資產之使用效率越高。

H. **每股盈餘**：用來衡量普通股每股所能賺得的盈餘額。

> 計算公式：每股盈餘＝$\dfrac{\text{本期淨利－特別股股利}}{\text{普通股加權平均流通在外股數}}$

I. **本益比**：用來衡量每股市價等於每股盈餘的倍數。

> 計算公式：本益比＝$\dfrac{\text{每股市價}}{\text{每股盈餘}}$

J. **股息發放率**：衡量公司從當年盈餘中拿多少出來配息的比例。

> 計算公式：股息發放率＝$\dfrac{\text{每股股利}}{\text{每股盈餘}}$

K. **每股淨值**：企業在變賣所有資產、並償還債務後，剩餘的部份分配給每一股（普通股）股東的可得金額。

> 計算公式：每股淨值＝$\dfrac{\text{淨值}}{\text{在外流通股數}}$

(五) **交付授信人員辦理後續工作。**

四、中小企業信用保證基金保證

(一) 保證對象

1. **中小企業**：符合行政院核定「中小企業認定標準」之中小企業，惟不含金融及保險業、特殊娛樂業。所稱中小企業，係指依法辦理公司登記或商業登記，並合於下列標準之企業（不含分支機構或附屬機構）：

    (1) 實收資本額在新臺幣1億元以下，或經常僱用員工數未滿200人之事業。

    (2) 無下列票信、債信異常企業移送信用保證限制事項：

        A. 企業或其關係人使用票據受拒絕往來處分中，或知悉其退票尚未辦妥清償註記之張數已達應受拒絕往來處分之標準。

        B. 企業或其關係人之債務，有下列情形之一：

            a. 債務本金逾期尚未清償。

            b. 尚未依約定分期攤還，已超過1個月。

            c. 應繳利息尚未繳付，延滯期間已超過3個月。

    (3) 符合下列情形之一者，視同中小企業，仍得移送信用保證：

        A. 企業（含創業貸款所輔導創設之企業）經輔導始超過中小企業規模者，在其後二年（因擴充而超過者）或3年（因合併而超過者）內。

        B. 輔導機關、輔導體系或相關機構辦理中小企業行業集中輔導，其中部分企業超過中小企業規模者，輔導機關、輔導體系或相關機構認為有併同輔導之必要時，在集中輔導期間內，仍得送保。

2. **創業個人。**

3. **其他經本基金董事會通過並經經濟部核准之保證對象。**

(二) 送保額度

原則上信保基金對同一企業保證之融資總額度最高為1億元（相同負責人或負責人互為配偶之關係企業則應合併計算在內），惟信保基金為配合政府政策，目前對同一企業保證之融資總額度上限提高為1.5億元。另下列貸款信用保證，得不受前述之限制：

1. 自有品牌推廣海外市場貸款。

2. 貿易自由化受損產業升級轉型貸款。

3. 推動中堅企業躍升信用保證計畫（目前送保已達總額度上限，本基金已停止受理申請）。

4. 相對保證專案貸款。

5. 協助中小企業增加國內投資。

6. 外銷貸款優惠信用保證方案。

7. 協助中小企業赴新南向國家投資融資信用保證。

8. 前瞻建設暨綠能科技融資保證。

9. 企業海外智慧財產權訴訟貸款。

10. 批次保證。

(三) 送保方式

1. **透過往來銀行申請（間接保證）**：信保基金與主要國內金融機構簽約辦理信用保證貸款，企業可就近向往來銀行申請。

    (1)**間接保證額度申請**：由金融機構向信保基金提出申請，經信保基金審核同意後，憑以辦理授信送保。

    (2)**批次保證**：凡符合行政院所核定「中小企業認定標準」之中小企業（但不含金融及保險業、特殊娛樂業、不動產開發業），可向取得承辦批次保證之金融機構申請貸款，銀行可以依規定先行貸款給企業，再移送信保基金追認保證。

2. **直接向信保基金申請（直接保證）**：

    (1)在上述間接保證制度下，部分以研發、設計為主之科技產業或智慧財產權開發等具研發、經營管理、市場拓展等有發展潛力但融資條件不足之中小企業，較不易循市場機制取得融資。為配合政府產業政策，扶植並協助該類企業之發展，暢通其融資管道，特增加直接保證機制，即企業直接向信保基金申請信用保證，經信保基金審核通過即核發承諾書予企業，企業再憑承諾書向金融機構申請融資。

    (2)目前「直接保證」適用對象主要為政府指定之產業推動辦公室或輔導機構等單位推薦之企業。申請條件詳次題「申請直接保證之資格」。

    (3)申請直接信用融資保證之企業應同時具備下列2項基本資格：

    　A. 符合下列適用對象之一者：

    　　a. 符合行政院規定「中小企業認定標準」之中小企業。

    　　b. 信保基金董事會通過並經主管機關核准得送保之非中小企業。

    　B. 符合下列申請資格之一者：

    　　a. 有下列相關單位推薦者：

　　　　　・制定產業政策與配合推動產業發展之各級政府機關或其所成立
　　　　　之相關推動單位或政府設立之各工業區、科技園區之管理機關。
　　　　　・學校、學術機構或政府等相關單位轄下之創新育成中心。
　　　b.經濟部中小企業處（馬上辦服務中心）轉介。
　　　c.曾獲得政府主辦之創新、研發、經營、行銷等相關獎項者。
　　　d.曾通過政府機關推動研究發展或產品創新之計劃或優惠貸款者。
　　　e.所開發之技術或產品已取得專利權、著作權、商標權，或經資產
　　　　鑑價機構所提出評價報告者。
　　　f. 信保基金送保戶並經信保基金認定已積極從事開發新產品、新技
　　　　術或轉型之企業。
　　　g.中小企業發展基金「中小企業創業育成信託投資專戶」投資之中
　　　　小企業。
　　　h.曾以直接保證方式取得貸款之企業。
　　　i. 申請供應鏈融資保證之企業。
　3.**向專責受理窗口申請：**
　　(1)為協助特定產業發展，政府相關單位辦理特定產業之融資信用保證，
　　　企業須先至各該政府單位專責受理窗口辦理，如文化創意產業優惠貸
　　　款係向文化部申請、自有品牌推廣海外市場貸款係向經濟部工業局申
　　　請等。
　　(2)信保基金與政府相關單位、各縣市政府及企業以相對保證專案之方式
　　　合作，共同捐助成立專款，提供合作單位欲協助對象較優之融資信用
　　　保證，適用對象可直接向合作單位設立之受理窗口申請。如勞動部勞
　　　動力發展署（微型創業鳳凰貸款、就業保險失業者創業貸款）、教育
　　　部體育署（中小型運動服務業貸款）及各縣市政府、中華電信、中
　　　鋼、麗寶建設等之專責窗口。

(四) 信保基金評估承保考量主要因素
　　除需符合保證對象的基本資格外，對於票信、債信或營業狀況不良之情
　　事，亦會作為重要考量，舉例如下：
　1.使用票據有受拒往或退票尚未清償註記情形。
　2.貸款有還本付息延滯未繳情形。

3. 營收及獲利能力變化。

4. 企業負債比率過高。

5. 企業或關係企業群之銀行總貸款佔其營業額比率過高。

6. 其他有影響企業正常營運之情事。

(五) **非中小企業可申請移送信用保證之貸款項目**

1. 企業海外智慧財產權訴訟貸款。

2. 自有品牌推廣海外市場貸款。

3. 辦理非中小企業專案貸款。

4. 社會創新事業專案貸款。

5. 地方創生事業專案貸款。

> **知識延伸**
>
> 中小企業信用保證基金對使用統一發票之同一企業，辦理綜合額度之授權額度最高為「1,000萬元」。

五、徵信之相關法律規範

(一) **民法：**

1. **行為能力**：未滿7歲之未成年人，無行為能力。滿7歲以上之未成年人，有限制行為能力。未成年人已結婚者，有行為能力。

2. **利息**：約定利率超過週年20%者，債權人對於超過部分之利息，無請求權。

3. **未定期間之保證**：就連續發生之債務為保證而未定有期間者，保證人得隨時通知債權人終止保證契約。前項情形，保證人對於通知到達債權人後所發生主債務人之債務，不負保證責任。

4. **時效**：

項目	得知後時效	事實發生後時效
銀行對負責人或職員因違背職務的撤銷權	1年	10年
個人資料保護法規定，損害賠償請求權	2年	5年
營業秘密法規定，因故意或過失不法侵害他人之營業秘密者，負損害賠償責任	2年	10年
聲請返還提存物	—	擔保原因消滅後10年

項目	得知後時效	事實發生後時效
以抵押權擔保之債權,其請求權已因時效而消滅,如抵押權人於消滅時效完成後5年間不實行其抵押權者,其抵押權消滅	－	5年
租賃動產為營業者之租價	－	2年
租賃不動產為營業者;租賃動產而非以之為營業者	－	5年
承攬報酬與其墊款之請求權	－	2年
墊款、本金、違約金、票據利得償還請求權	－	15年
利息、紅利	－	5年

(二) 民事訴訟法:

1. 通常訴訟程序 (民訴§244～§264)

第一審
地方法院(事實審) → 第二審
高等法院(事實審) → 第三審(終審)
最高法院(法律審)

2. 小額訴訟程序 (民訴§436-8～§436-32)

(1) **原則**:凡是原告向被告請求給付的內容,是金錢或其他代替物或有價證券,而且請求給付的金額或價額,在新台幣10萬元以下的訴訟事件,適用小額程序。簡易訴訟程序之第二審程序,係由地方法院管轄。

(2) **例外**:

法院改用	法院認為適用小而程序不適當,得依職權改用簡易程序。
合意改用小額程序	請求給付內容的金額或價額在新台幣50萬元以下的,當事人雙方為求簡速審理,可以經過書面合意,要求法官改用小額程序審理,並且也是由原法官繼續審理。

(三) **公平交易法：**

1. **加速條款的適用：**「加速條款」是銀行要求借款人增「加」還款「速」度的重要依據，依公平交易法規範，借款人死亡而其繼承人聲明繼承時，銀行不得行使加速條款。

2. **指定保險公司：**依公平交易法規定，銀行不得對借款人要求投保特定之保險或指定保險公司。

(四) **刑法：**

1. **公務員違背職務之行為：**公務員或仲裁人對於違背職務之行為，要求、期約或收受賄賂或其他不正利益者，處3年以上10年以下有期徒刑，得併科200萬元以下罰金。

2. **業務侵占：**行為人與所持有之物係基於業務關係而致刑有加重，故有稱此為雙重身分犯。

3. **洩露秘密**

   (1) 無故洩漏因利用電腦或其他相關設備知悉或持有他人之秘密者，處2年以下有期徒刑、拘役或15,000元以下罰金。

   (2) 因故意或過失不法侵害他人之營業秘密者，負損害賠償責任。數人共同不法侵害者，連帶負賠償責任。前項之損害賠償請求權，自請求權人知有行為及賠償義務人時起，2年間不行使而消滅；自行為時起，逾10年者亦同。

(五) **其他規章：**

1. **短期授信徵信資料：**

   (1) 授信戶資料表。　　　　(2) 登記證件影本。

   (3) 章程或合夥契約影本。　(4) 董監事名冊影本。

   (5) 股東名簿或合夥名冊或公開發行公司變更登記表影本。

   (6) 主要負責人、保證人之資料表。

   (7) 最近3年之資產負債表、損益表或會計師財務報表查核報告。（會計師依會計師法或證券交易法（以下同）受處分警告或申誡者，其簽發之財務報表查核報告自處分日起1年內如准予採用，應註明採用之原因並審慎評估；受處分停止執行業務或停止辦理公開發行公司之查核簽證者，其簽發之財務報表查核報告自處分日起於受處分停止執行業務期間內不予採用；受處分除名或撤銷公開發行公司查核簽證之核准者，其簽發之財務報表查核報告自處分日起不予採用。）

(8)最近稅捐機關納稅證明影本。

(9)同一關係企業及集團企業資料表。

(10)有關係企業之公開發行公司最近年度之關係企業三書表。

2. **週轉資金授信徵信資料**：除上述短期授信規定資料外，總授信金額（包含財團法人金融聯合徵信中心歸戶餘額及本次申貸金額，其中存單質借、出口押匯及進口押匯之金額得予扣除）達新台幣2億元者，另加送營運計畫、現金流量預估表、預估資產負債表及預估損益表。

3. **其他中長期授信徵信資料**：除上述短期授信規定資料外，總授信金額達新台幣2億元者，另加送個案預計資金來源去路表、建廠進度表、營運計畫、現金流量預估表、預估資產負債表及預估損益表。

4. **授信原則**：辦理授信業務應本安全性、流動性、公益性、收益性及成長性等五項基本原則，並依借款戶、資金用途、償還來源、債權保障及授信展望等五項審核原則核貸之。

5. **擔保品估價原則**：會員對擔保品之審核及估價應審慎辦理，其估價並應參照時值、折舊率及銷售性，覈實決定。

6. **還款來源**：資本支出貸款係寄望以企業經營所產生之現金流量、所獲之利潤、提列之折舊、現金增資、發行公司債或其他適當資金，作為其償還來源。消費者貸款係寄望以借款人之薪資、利息、租賃、投資或其他所得扣除生活支出後所餘之資金，作為其還款財源。

7. **授信資產分類**：

銀行對資產負債表表內及表外之授信資產，分類如下：

(1)第一類屬正常之授信資產。

(2)第二類應予注意者（不良資產）。

(3)第三類可望收回者（不良資產）。

(4)第四類收回困難者（不良資產）。

(5)第五類收回無望者（不良資產）。

8. **提列備抵呆帳準備**：

(1)第一類為餘額1%以內。　　(2) 第二類為餘額2%。

(3)第三類為餘額10%。　　　(4) 第四類為餘額50%。

(5)第五類為餘額100%。

9. **外匯的定義**：所稱外匯，指「外國貨幣」、「票據」及「有價證券」。

10. **轉列呆帳情形**：逾期放款及催收款，具有下列情事之一者，應扣除估計可
    收回部分後轉銷為呆帳：

    (1)債務人因解散、逃匿、和解、破產之宣告或其他原因，致債權之全部
    或一部不能收回者。

    (2)擔保品及主、從債務人之財產經鑑價甚低或扣除先順位抵押權後，已無
    法受償，或執行費用接近或可能超過銀行可受償金額，執行無實益者。

    (3)擔保品及主、從債務人之財產經多次減價拍賣無人應買，而銀行亦無
    承受實益者。

    (4)逾期放款及催收款逾清償期2年，經催收仍未收回者。

| 牛刀小試 |

( ) **1** 依公平交易法規範，下列何種情況，銀行不得行使加速條款？
(A)借款人聲請公司重整 (B)債務人不依約清償本金 (C)借款
人死亡而其繼承人聲明繼承 (D)借款人因刑事而受沒收主要
財產之宣告。 【第31屆】

( ) **2** 依中小企業信用保證基金規定，直接信用保證之保證成數最高
為何？
(A)八成 (B)八成五 (C)九成 (D)九成五。 【第31屆】

( ) **3** 外國銀行在中華民國境內設立分行營業，須經中華民國政府的
核准許可後，始可開業，此制度屬於下列何項？ (A)備查制
(B)認許制 (C)自由營業 (D)登記制。 【第31屆】

( ) **4** 銷貨淨額與資產總額之比率，以下列何項稱之？
(A)資產週轉率 (B)資產收益率 (C)營業利益率 (D)資產獲
利率。 【第31屆】

( ) **5** 有關中小企業信用保證基金直接保證手續費之敘述，下列何者
錯誤？ (A)保證手續費包括基本保證手續費與差額保證手續
費 (B)基本保證手續費為年費率0.5% (C)差額保證手續費視

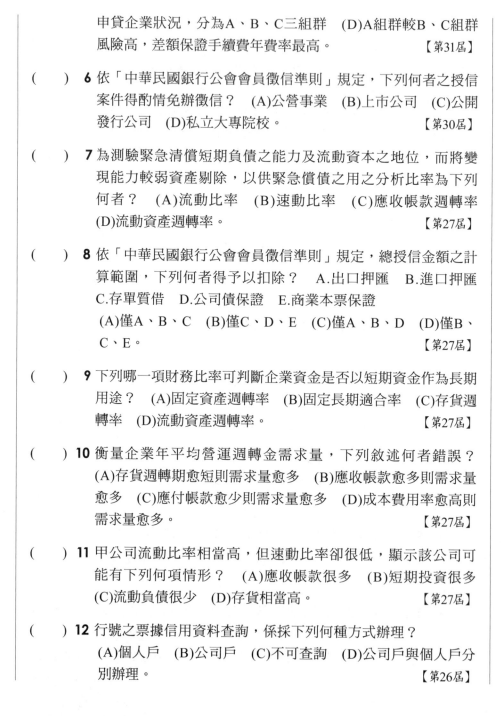

申貸企業狀況，分為A、B、C三組群 (D)A組群較B、C組群
風險高，差額保證手續費年費率最高。 【第31屆】

( ) **6** 依「中華民國銀行公會會員徵信準則」規定，下列何者之授信
案件得酌情免辦徵信？ (A)公營事業 (B)上市公司 (C)公開
發行公司 (D)私立大專院校。 【第30屆】

( ) **7** 為測驗緊急清償短期負債之能力及流動資本之地位，而將變
現能力較弱資產剔除，以供緊急償債之用之分析比率為下列
何者？ (A)流動比率 (B)速動比率 (C)應收帳款週轉率
(D)流動資產週轉率。 【第27屆】

( ) **8** 依「中華民國銀行公會會員徵信準則」規定，總授信金額之計
算範圍，下列何者得予以扣除？ A.出口押匯 B.進口押匯
C.存單質借 D.公司債保證 E.商業本票保證
(A)僅A、B、C (B)僅C、D、E (C)僅A、B、D (D)僅B、
C、E。 【第27屆】

( ) **9** 下列哪一項財務比率可判斷企業資金是否以短期資金作為長期
用途？ (A)固定資產週轉率 (B)固定長期適合率 (C)存貨週
轉率 (D)流動資產週轉率。 【第27屆】

( ) **10** 衡量企業年平均營運週轉金需求量，下列敘述何者錯誤？
(A)存貨週轉期愈短則需求量愈多 (B)應收帳款愈多則需求量
愈多 (C)應付帳款愈少則需求量愈多 (D)成本費用率愈高則
需求量愈多。 【第27屆】

( ) **11** 甲公司流動比率相當高，但速動比率卻很低，顯示該公司可
能有下列何項情形？ (A)應收帳款很多 (B)短期投資很多
(C)流動負債很少 (D)存貨相當高。 【第27屆】

( ) **12** 行號之票據信用資料查詢，係採下列何種方式辦理？
(A)個人戶 (B)公司戶 (C)不可查詢 (D)公司戶與個人戶分
別辦理。 【第26屆】

解答與解析

1 (C)。「加速條款」是銀行要求借款人增「加」還款「速」度的重要依據,依公平交易法規範,借款人死亡而其繼承人聲明繼承時,銀行不得行使加速條款。

2 (C)。依中小企業信用保證基金規定,直接信用保證之保證成數最高為九成。

3 (B)。外國銀行在中華民國境內設立分行營業,須經中華民國政府的核准許可後,始可開業,此制度屬於「認許制」。

4 (A)。資產週轉率＝銷貨淨額／資產總額

5 (D)。除了比較信用狀況外,還要比較營業狀況及財務狀況,才能決定差額手續費年費率。選項(D)有誤。

6 (A)。中華民國銀行公會會員徵信準則第17條規定:「前條所列資料,會員銀行、政府機關、公營事業、政府計畫性授信案件及已提供本行定存單十足擔保之授信案件得酌情免予索取。……」

7 (B)。速動比率是指速動資產對流動負債的比率。為測驗緊急清償短期負債之能力及流動資本之地位,而將變現能力較弱資產剔除,以供緊急償債之用之分析比率為速動比率。

8 (A)。中華民國銀行公會會員徵信準則第16條規定:「……2.中長期授信:(1)週轉資金授信(包括短期授信展期續約超過一年以上者):除第1目規定資料外,總授信金額(包含財團法人金融聯合徵信中心歸戶餘額及本次申貸金額,其中存單質借、出口押匯及進口押匯之金額得予扣除,下同)達新台幣二億元者,另加送營運計畫、現金流量預估表、預估資產負債表及預估損益表。……」

9 (B)。固定長期適合率指標在充分反映企業償債能力的同時,也反映了企業資金使用的合理性,分析企業是否存在盲目投資、長期資產擠占流動資金、或者負債使用不充分等問題,可判斷企業資金是否以短期資金作為長期用途。

10 (A)。存貨週轉期愈短,流動資金使用效率越好,則企業的週轉天數可以愈長,故企業年平均營運週轉金需求量愈少。

11 (D)。流動資產與速動資產的差異在於存貨及預付費用。流動比率相當高，但速動比率卻很低，顯示該公司可能存貨或預付費用相當高。

12 (A)。查詢人申請查詢退票資訊，個人戶包括不具法人人格之行號、團體。

NOTE

精選試題

第1~50題

(　)　**1** 銀行對同一關係人之授信總餘額，不得超過銀行淨值之百分之四十，所稱同一關係人不包括下列何者？　(A)本人、配偶　(B)本人擔任董事長之企業　(C)三親等血親　(D)本人配偶擔任總經理之企業。　【第28屆】

(　)　**2** 下列何者非中小企業信用保證基金之送保方式？　(A)直接保證　(B)間接保證　(C)批次保證　(D)包裹保證。　【第28屆】

(　)　**3** 授信決策的信用評估五P原則，除借款戶、資金用途、償還來源及債權保障外，尚須注意之因素為何？　(A)經營能力　(B)誠實信用　(C)關係企業情況　(D)授信展望。　【第28屆】

(　)　**4** 提供被查詢者最近三年內退票總張數、總金額及其他相關資訊為票據交換所第幾類票據信用資料查詢之查覆內容？　(A)第一類　(B)第二類　(C)第三類　(D)第四類。　【第28屆】

(　)　**5** 依中華民國銀行公會會員授信準則規定，下列何者非屬間接授信？　(A)進口押匯　(B)商業本票保證　(C)開發國內信用狀　(D)開發國外信用狀。　【第28屆】

(　)　**6** 下列何項所計算出之比率，不屬於財務結構分析？　(A)負債總額÷資本淨值　(B)資本淨值÷資產總額　(C)（淨值＋長期負債）÷固定資產　(D)銷貨淨額÷資本淨額。　【第28屆】

(　)　**7** 分析借戶之短期償債能力，其速動比率〔（流動資產－存貨）／流動負債〕一般認為至少多少百分比以上較為合適？　(A)50%　(B)100%　(C)150%　(D)200%。　【第28屆】

（　　）　**8** 假設甲銀行104年底淨值為120億元，105年1月4日（星期一）對非為利害關係人之同一法人最高授信總餘額不得超過多少元？
(A)6億元　(B)12億元　(C)18億元　(D)24億元。　　　【第28屆】

（　　）　**9** 企業之資產週轉率愈高，表示下列何者愈佳？　(A)財務結構
(B)經營效能　(C)獲利能力　(D)短期償債能力。　　　【第28屆】

（　　）　**10** 授信五P原則中，債權保障因素可分為內部保障與外部保障，對於內部保障，下列敘述何者錯誤？
(A)借戶有良好之財務結構　(B)周全的放款契約條款　(C)以借戶之資產作擔保　(D)背書保證。　　　【第28屆】

（　　）　**11** 就短期授信而言，下列何項資金非由銀行直接提供？　(A)短期放款　(B)透支　(C)承兌　(D)貼現。　　　【第28屆】

（　　）　**12** 有關資本支出貸款之用途，下列何者錯誤？
(A)協助企業改良營運所需之廠房機器　(B)協助企業從事重大之投資開發計畫　(C)協助企業維持經常性營業活動　(D)協助企業購置土地擴大營運。　　　【第28屆】

（　　）　**13** 國內信用狀融資之遠期匯票，應向下列何者申請承兌？
(A)外匯指定銀行　(B)開狀銀行　(C)開狀申請人　(D)受益人指定之銀行。　　　【第28屆】

（　　）　**14** 銀行辦理承兌匯票之貼現，係以下列何者之信用為基礎？
(A)承兌人　(B)發票人　(C)借款人　(D)執票人。　　　【第28屆】

（　　）　**15** 下列何者不是銀行辦理保證業務之保證方式？　(A)簽發保證函
(B)簽發擔保信用狀　(C)在支票上簽章保證　(D)在債權憑證上簽章保證。　　　【第28屆】

（　　）　**16** 有關短期授信，下列敘述何者正確？　(A)又稱為資產轉換型授信　(B)又稱為現金流量型授信　(C)特別強調盈餘評估　(D)特別強調管理評估。　　　【第28屆】

( ) **17** 銀行辦理匯票承兌業務，下列何種情形，不得受理買方委託匯票承兌之申請？ (A)買方簽發之匯票，受款人非賣方 (B)匯票之發票人非買方 (C)買方所涉交易尚未付現 (D)承兌期限未超過其交易之賒銷期間。 【第28屆】

( ) **18** 下列何種票據不得辦理貼現？ (A)商業承兌匯票 (B)本票 (C)第二類商業本票 (D)國內遠期信用狀項下產生之匯票。 【第28屆】

( ) **19** 企業為支應其正常營運所需的最低流動資產量，而需保持的經常性週轉金，宜以下列何種方式籌措？ (A)透支 (B)貼現 (C)發行商業本票 (D)中期週轉金貸款。 【第28屆】

( ) **20** 利用未來估算法計算企業週轉資金需求，會使用到營運週轉期之數值。下列何者不是計算企業營運週轉期之項目？ (A)應付款項週轉期 (B)應收款項週轉期 (C)存貨週轉期 (D)預付款項週轉期。 【第28屆】

( ) **21** 固定長期適合率為下列何者時，表示自有資金加上長期負債，不足以支應固定資產及長期投資？ (A)大於100% (B)等於100% (C)小於100% (D)小於80%。 【第28屆】

( ) **22** 遠期信用狀稱為什麼？ (A)SIGHT L/C (B)USANCE L/C (C)LOCAL L/C (D)STANDBY L/C。 【第28屆】

( ) **23** 銀行辦理房屋貸款，多採下列何種方式估價？ (A)比較法 (B)收益法 (C)成本法 (D)法拍價格。 【第28屆】

( ) **24** 有關中小企業信用保證基金不代位清償準則，下列敘述何者錯誤？ (A)未依授信案件之准貸條件辦理 (B)辦理機器設備之授信案件設定動產抵押權 (C)違反授信單位總管理機構之規定 (D)授信款項有流入授信單位辦理該案徵、授信有關人員帳戶。 【第28屆】

( ) **25** 依中小企業信用保證基金規定，授權保證案件應於授信之翌日起幾個營業日內，透過信用保證基金網路作業系統逐筆填送「移送信用保證通知單」，並將計收保證手續費匯存該基金指定帳戶？

(A)五個營業日　(B)七個營業日　(C)十個營業日　(D)十五個營業日。　　　　　　　　　　　　　　　　　　　　　　　　　　　　　【第27屆】

(　) **26** 借款資金之運用計畫中，下列何者銀行承擔之風險最高？
(A)購買流動資產　(B)購置固定資產　(C)替代股權　(D)償還既存債務。　　　　　　　　　　　　　　　　　　　　　　　　　　　【第27屆】

(　) **27** 有關各種銀行辦理授信業務的限制，下列敘述何者正確？
(A)商業銀行不得發行次順位金融債券　(B)外國銀行不受銀行法對利害關係人授信之限制　(C)工業銀行、輸出入銀行及中小企業銀行均屬銀行法所稱專業銀行　(D)商業銀行所辦理之中期放款經轉列催收款後，仍需計入銀行法第72條所稱之中期放款總餘額內。　　　　　　　　　　　　　　　　　　　　　　　　【第27屆】

(　) **28** 企業為維持正常營運所需的最低流動資產量，無法以自有資金滿足，須由銀行對其差額融資，稱為下列何種貸款？　(A)經常性週轉資金貸款　(B)設備資金貸款　(C)臨時性週轉資金貸款(D)季節性週轉資金貸款。　　　　　　　　　　　　　　　　　【第27屆】

(　) **29** 一般稱「資產轉換型授信」係指下列何者？　(A)短期授信(B)中期授信　(C)長期授信　(D)專案融資。　　　　　　　　【第27屆】

(　) **30** 就銀行核給墊付國內票款額度之估算，與借款公司會計報表何項會計科目無關？　(A)營業收入　(B)應收帳款　(C)應付票據(D)應收票據。　　　　　　　　　　　　　　　　　　　　　　　【第27屆】

(　) **31** 行號之票據信用資料查詢，係採下列何種方式辦理？
(A)個人戶　(B)公司戶　(C)不可查詢　(D)公司戶與個人戶分別辦理。　　　　　　　　　　　　　　　　　　　　　　　　　　　【第26屆】

(　) **32** 有關銀行對授信戶提供之擔保品的選擇及審核原則，下列何者錯誤？　(A)不動產產權無糾葛且易處分　(B)設質股票價格波動大、收益性高　(C)船舶具有營運價值　(D)機器設備可獨立生產者。　　　　　　　　　　　　　　　　　　　　　　　　　　【第26屆】

( ) **33** 依銀行法規定,銀行對個別利害關係人辦理擔保授信,應有十足擔保,其條件不得優於其他同類授信對象,如授信達中央主管機關規定金額以上者,並應經A以上董事之出席及出席董事B以上同意? (A)A:五分之四,B:四分之三 (B)A:五分之四,B:三分之二 (C)A:四分之三,B:三分之二 (D)A:三分之二,B:四分之三。 【第26屆】

( ) **34** 銀行法中,同一關係人範圍包括本人甲、配偶乙及下列何人?
(A)甲之兄弟妻 (B)甲之姐妹夫
(C)乙之孫女 (D)乙之女婿。 【第26屆】

( ) **35** 依銀行法規定,商業銀行辦理住宅建築及企業建築放款之總額,除但書規定外,不得超過放款時之一定比率,其限制為何?
(A)存款總餘額之30% (B)存款總餘額之20% (C)存款總餘額及金融債券發售額之和之30% (D)存款總餘額及金融債券發售額之和之20%。 【第26屆】

( ) **36** 依中小企業信用保證基金規定,間接送保案件應於該基金保證書所載有效期限內核准並動用首筆授信,必要時得申請延長多久?
(A)三個月 (B)二個月 (C)一個月 (D)十五日。 【第26屆】

( ) **37** 依主管機關規定,銀行對同一關係企業之無擔保授信總餘額,不得超過該銀行淨值之多少比率? (A)百分之一 (B)百分之三 (C)百分之五 (D)百分之十五。 【第26屆】

( ) **38** 依主管機關函釋,下列何者屬於銀行法第十二條有關權利質權之範圍? (A)倉單 (B)提單 (C)應收帳款債權 (D)授信銀行自行發行之次順位金融債券。 【第26屆】

( ) **39** 企業委請銀行保證發行三年期公司債,以償還原先利用短期債務擴充機器設備,可改善之財務比率為下列何者? (A)流動比率 (B)負債比率 (C)存貨週轉率 (D)股東權益比率。 【第26屆】

( ) **40** 有關短期授信的性質，下列敘述何者錯誤？ (A)屬於週轉金貸款 (B)現金流量型授信 (C)追隨交易行為承作之貸款 (D)可循環動用。 【第26屆】

( ) **41** 憑國外開來之信用狀，簽發轉開信用狀（Back to Back L/C）時，該項國外信用狀稱為下列何項？ (A)Sight L/C (B)Master L/C (C)Secondary L/C (D)Standby L/C。 【第26屆】

( ) **42** 下列何種授信不屬於自償性之授信？ (A)墊付國內應收款項 (B)消費者貸款 (C)進口押匯 (D)出口押匯。 【第26屆】

( ) **43** 中小企業信用保證基金保證案件，若徵信資料中認定另有實際負責人時，須以下列何者徵提為連帶保證人？ (A)僅以實際負責人 (B)僅以營業證照上之負責人 (C)實際負責人及營業證照上之負責人 (D)實際負責人或營業證照上之負責人。 【第26屆】

( ) **44** 中小企業信用保證基金代位清償之範圍為何？ A.本金 B.積欠利息 C.逾期利息 D.違約金 E.訴訟費用
(A)僅A、B、C (B)僅A、B、C、D (C)僅A、B、C、E (D)A、B、C、D、E。 【第26屆】

( ) **45** 甲銀行去年會計年度決算後總資產三千億元，總負債二千億元，依主管機關規定，甲銀行對同一自然人之無擔保授信總餘額不得超過新臺幣若干元？ (A)五億元 (B)十億元 (C)二十億元 (D)三十億元。 【第22屆】

( ) **46** 下列何者不屬於銀行法第卅二條及第卅三條所稱之「本行負責人」？ (A)協理 (B)主任 (C)專門委員 (D)副理。 【第22屆】

( ) **47** 支票執票人對發票人請求權之消滅時效期間有多久？ (A)二個月 (B)四個月 (C)六個月 (D)一年。 【第22屆】

( ) **48** 有關「抵銷」之規定，下列敘述何者錯誤？ (A)對債務人之支票存款主張抵銷，應先終止支票存款委任契約 (B)抵銷之意思

表示可附條件　(C)抵銷須雙方之債務均已至清償期　(D)抵銷應以意思表示向他方為之,其性質為形成權之一種。　【第22屆】

(　　) **49** 所謂「飛躍上訴」係指簡易訴訟經二審判決後,如上訴利益逾新台幣多少元者,在符合一定條件下經原審法院核准,仍得上訴最高法院?　(A)十萬元　(B)二十萬元　(C)五十萬元　(D)一百萬元。　【第22屆】

(　　) **50** 聲請本票強制執行裁定之相對人為下列何者?　(A)發票人　(B)背書人　(C)保證人　(D)承兌人。　【第22屆】

解答與解析

1 (C)。銀行法第33-3條規定:「前項授信或其他交易之同一人、同一關係人或同一關係企業範圍如下:一、同一人為同一自然人或同一法人。二、同一關係人包括本人、配偶、二親等以內之血親,及以本人或配偶為負責人之企業。……」不包括三親等血親。

2 (D)。(1)可透過往來銀行申請信保(間接保證)。(2)可直接向信用保證基金申請(直接保證)。(3)可透過由金融機構之總管理機構向本基金提出申請,經本基金核發得辦理批次保證之批號。

3 (D)。授信5P原則:(1)授信戶People。(2)資金用途Purpose。(3)還款來源Payment。(4)債權確保Protection。(5)未來展望Perspective。

4 (A)。第一類票據信用資料查詢未清償註記提供最近三年內之退票未辦理清償註記者;已清償註記提供最近六個月內已辦理退票清償註記。

5 (A)。進口押匯係銀行接受借款人之委託,對其國外賣方先行墊付信用狀項下單據之款項,並寬限借款人於約定之期限內備妥款項贖領進口單據之融通方式,進口押匯屬於直接授信。

6 (D)。淨值週轉率＝銷貨淨額÷資本淨額,屬於經營效能分析。

7 (B)。分析借戶之短期償債能力,其速動比率〔(流動資產－存貨)／流動負債〕一般認為至少100%以上較為合適。

8 (C)。
銀行對同一法人之授信總餘額,不得超過該銀行淨值百分之十五,即120億×15%＝18億。

9 (B)。總資產週轉率＝$\dfrac{\text{銷貨收入淨額}}{\text{平均資產}}$
該數字越大表示經營效能越佳。

10 (D)。背書保證屬於外部保障。

11 (C)。承兌是指執票人在匯票到期之前，要求付款人在該匯票上作到期付款的記載。承兌資金非由銀行直接提供。

12 (C)。資本支出貸款用途：購置、興建、更新、擴充或改良其營運所需之固定資產或從事重大之投資開發計畫所需資金。

13 (B)。國內信用狀融資之遠期匯票：由信用狀受益人（賣方）於交貨後，依照信用狀條款，按貨款金額簽發匯票，持經開狀銀行承兌後，約定期間付款。

14 (A)。銀行辦理承兌匯票之貼現，係以承兌人之信用為基礎。

15 (C)。銀行辦理保證業務之保證方式：
(1)簽發保證函。
(2)簽發擔保信用狀。
(3)在債權憑證上簽章保證。

16 (A)。強調流動資產轉換成現金能力之評估，並注意控制授信用途及追蹤交易行為，使交易完成後能自動獲得清償，故短期授信也被稱為「資產轉換型授信」。

17 (A)。買方簽發之匯票，受款人須為賣方。

18 (C)。第二類商業本票，不得辦理貼現。

19 (D)。中長期週轉資金貸款：其以維持企業正常營運所需之經常性週轉資金為目的。

20 (A)。企業營運週轉期＝存貨週轉期＋應收款項週轉期＋預付款項週轉期

21 (A)。固定長期適合率大於100%時，表示自有資金加上長期負債，不足以支應固定資產及長期投資。

22 (B)。遠期信用狀（Usance L/C）是指開證行或付款行收到信用證的單據時，在規定期限內履行付款義務的信用狀。

23 (A)。銀行辦理房屋貸款，多採標的物與相近之標的比較的方式估價。

24 (B)。中小企業信用保證基金不代位清償準則之一：
購置土地、廠房或機器設備之授信案件，授信單位未依一般程序設定第一順位抵押權或動產抵押權，亦未將無法設定或無設定實益之情形通知本基金者。但機器設備之授信期間未超過兩年者，不在此限。

25 (B)。移送信用保證基金間接保證之授信案件，應於授信之翌日起7個營業日內，透過「信用保證網路作業系統」網路填送該基金「移送信用保證通知單」，並將

計收之保證手續費匯存該基金指
定帳戶。

26 (C)。替代股權：以銀行的融資，
替代原本應由股東增資的股款，
風險極高。

27 (C)。銀行法第88條規定：「前條
所稱專業信用，分為左列各類：
一、工業信用。二、農業信用。
三、輸出入信用。四、中小企業
信用。五、不動產信用。六、地
方性信用。」

28 (A)。經常性週轉資金貸款係指
企業為維持正常營運所需的最低
流動資產量，無法以自有資金滿
足，須由銀行對其差額融資。

29 (A)。短期授信強調流動資產轉換
成現金能力之評估，並注意控制
授信用途及追蹤交易行為，使交
易完成後能自動獲得清償，故短
期授信也被稱為「資產轉換型授
信」。

30 (C)。就銀行核給墊付國內票款額
度應以借款公司營業收入、應收
帳款、應收票據估算之。

31 (A)。查詢人申請查詢退票資訊，
個人戶包括不具法人人格之行
號、團體。

32 (B)。銀行對授信戶提供之擔保品
的選擇及審核原則之一，設質股票
價格波動大、收益的不確定越高。

33 (D)。銀行法第33條規定：「銀
行對其持有實收資本總額百分之
五以上之企業，或本行負責人、
職員、或主要股東，或對與本行
負責人或辦理授信之職員有利害
關係者為擔保授信，應有十足擔
保，其條件不得優於其他同類授
信對象，如授信達中央主管機關
規定金額以上者，並應經三分之
二以上董事之出席及出席董事四
分之三以上同意。……」

34 (C)。銀行法第25-1條規定：
「……前條所稱同一關係人，
指同一自然人或同一法人之關係
人，其範圍如下：一、同一自然
人之關係人：(一)同一自然人與其
配偶及二親等以內血親。(二)前
目之人持有已發行有表決權股份
或資本額合計超過三分之一之企
業。(三)第一目之人擔任董事長、
總經理或過半數董事之企業或財
團法人。」乙之孫女為二親等以
內血親，為同一關係人。

35 (C)。銀行法第72-2條規定：「商
業銀行辦理住宅建築及企業建築
放款之總額，不得超過放款時所
收存款總餘額及金融債券發售額
之和之百分之三十。……」

36 (A)。依中小企業信用保證基金規
定，間接送保案件應於該基金保
證書所載有效期限內核准並動用

首筆授信，必要時得申請延長三個月。

37 (D)。銀行對同一關係企業之授信總餘額不得超過該銀行淨值百分之四十，其中無擔保授信總餘額不得超過該銀行淨值之百分之十五。但對公營事業之授信不予併計。

38 (A)。銀行可接受為授信擔保之權利質權標的物有：股份（以股票為限）、公債、國庫券、公司債、存單、倉單等。至於授信戶提供應收帳款債權讓與銀行為擔保之授信。

39 (A)。企業委請銀行保證發行三年期公司債，以償還原先利用短期債務擴充機器設備，可使流動負債減少，改善流動比率。

40 (B)。短期授信亦稱「資產轉換型授信」；中長期授信亦稱「現金流量型授信」。

41 (B)。即憑國外開來的（Master L/C）向本地銀行申請另開一張以國內或國外供應商為受益人的信用狀，稱為轉開信用狀（Back to Back L/C）。

42 (B)。自償性貸款：貸款憑據本身即具有還款功能。消費者貸款不屬於自償性之授信。

43 (C)。中小企業信用保證基金保證案件，若徵信資料中認定另有實際負責人時，須以實際負責人及營業證照上之負責人徵提為連帶保證人。

44 (C)。中小企業信用保證基金代位清償之範圍不含違約金。

45 (B)。銀行法對同一自然人無擔保授信總餘額不得超過淨值之1%
淨值＝3,000-2,000＝1,000
1,000×1%＝10（億）。

46 (C)。銀行法施行細則第3條規定：「……前項負責人之範圍，在銀行應包括董（理）事、監察人（監事）、總經理（局長）、副總經理（副局長、協理）、經理、副經理。在農會信用部或漁會信用部應包括農會或漁會之總幹事、信用部（分部）主任；理事、監事涉及信用部業務時，亦為負責人。」

47 (D)。票據法第22條規定：「票據上之權利，對匯票承兌人及本票發票人，自到期日起算；見票即付之本票，自發票日起算；三年間不行使，因時效而消滅。對支票發票人自發票日起算，一年間不行使，因時效而消滅。……」

48 (B)。民法第335條規定：「抵銷，應以意思表示，向他方為之。其相互間債之關係，溯及最初得為

抵銷時，按照抵銷數額而消滅。前項意思表示，附有條件或期限者，無效。」選項(B)有誤。

49 (D)。 簡易訴訟經二審之判決原則上不得再上訴，但上訴利益逾100萬元者，在符合一定條件下，仍得上訴最高法院（稱「飛躍上訴」，因未經高等法院審理）。

50 (A)。 票據法對本票特有之簡易裁定執行程序，不須經過判決程序即可強制執行，惟此種裁定僅可對本票之發票人為之。

第51~105題

( ) **51** 銀行法第12條規定擔保授信之擔保品，不包括下列何者？ (A)定存單之質權 (B)有交易行為之支票 (C)汽車之抵押權 (D)農業信用保證基金之保證。 【第22屆】

( ) **52** 依「中華民國銀行公會會員徵信準則」規定，銀行對下列何項之授信案件得酌情免予索取徵信資料？甲：會員銀行，乙：政府機關，丙：公營事業，丁：提供他行定存單十足擔保 (A)甲乙丙丁 (B)僅甲乙丙 (C)僅甲乙丁 (D)僅甲丙丁。 【第22屆】

( ) **53** 依中小企業信用保證基金規定，直接信用保證之保證成數最高為何？ (A)八成 (B)八成五 (C)九成 (D)九成五。 【第22屆】

( ) **54** 甲公司流動比率相當高，但速動比率卻很低，顯示該公司可能有下列何項情形？ (A)應收帳款很多 (B)短期投資很多 (C)流動負債很少 (D)存貨相當高。 【第22屆】

( ) **55** 依主管機關規定，銀行對其全體利害關係人之擔保授信總餘額，不得超過下列何項限制？ (A)該銀行淨值 (B)該銀行淨值1.5倍 (C)該銀行淨值2.5倍 (D)該銀行淨值25%。 【第22屆】

( ) **56** 授信戶借款期間因企業活動所產生的營運資金，即為下列何項之淨額？ (A)總資產減總負債 (B)流動資產減流動負債 (C)現金流入減現金流出 (D)營業收入減營業支出。 【第22屆】

(　　)　**57** 依「中華民國銀行公會會員授信準則」規定，以協助企業從事重大之投資開發計畫為目的，而辦理之融資業務稱為下列何項？(A)設備資金貸款　(B)資本支出貸款　(C)開發性融資　(D)專案融資。　　　　　　　　　　　　　　　　　　　　　【第22屆】

(　　)　**58** 有關企業營運週轉金需求，下列敘述何者錯誤？　(A)產銷量愈大，所需營運週轉金愈多　(B)收帳期愈長，所需營運週轉金愈多　(C)現金存量之多寡不影響營運週轉金需要　(D)應付票據期限愈短，所需營運週轉金愈多。　　　　　　　　【第22屆】

(　　)　**59** 銀行辦理保證業務所開發之信用狀為下列何者？(A)Sight L/C　(B)Usance L/C　(C)Back to Back L/C　(D)Standby L/C。　　　　　　　　　　　　　　　　　　　　　　　【第22屆】

(　　)　**60** 下列財務結構，何者較為穩健？　(A)自有資本比率55%，固定長期適合率95%，淨值報酬率20%　(B)自有資本比率45%，固定長期適合率120%，淨值報酬率20%　(C)自有資本比率35%，固定長期適合率125%，淨值報酬率20%　(D)自有資本比率40%，固定長期適合率100%，淨值報酬率20%。　　　　　　　　【第22屆】

(　　)　**61** 中小企業信用保證基金代位清償之逾期利息，其範圍為何？(A)以不超過本金之半數為原則　(B)無上限　(C)最高以到期日（或視為到期日）後六個月為限　(D)最高以到期日（或視為到期日）後三個月為限。　　　　　　　　　　　　【第22屆】

(　　)　**62** 移送中小企業信用保證基金保證案件，應繳付之利息延滯期間達多久者，授信單位應於知悉之日起二個月內通知基金？　(A)一個月　(B)二個月　(C)三個月　(D)六個月。　　　　　　　【第22屆】

(　　)　**63** 依主管機關規定，消費者貸款額度以不超過新臺幣若干元為限？(A)六十萬元　(B)七十萬元　(C)八十萬元　(D)一百萬元。【第22屆】

(　　)　**64** 下列何者不能以獨自之意思表示為有效的借款或保證行為？
(A)已結婚之未成年人　　　　　　(B)禁治產人
(C)成年人　　　　　　　　　　　(D)盲人。　　　　　　　【第22屆】

(　) 65 民法規定請求權因十五年間不行使而消滅，但若為以抵押權擔保之債權，其請求權雖因時效而消滅，抵押權人於消滅時效完成後多久期間內仍得實行其抵押權？　(A)六個月　(B)一年　(C)三年　(D)五年。　【第22屆】

(　) 66 甲向銀行借款二百萬元，期限10年，繳款五年後，甲無力繳款，則依主管機關免列報逾期放款之規定，銀行可同意其分期償還之最長期限為何？
(A)五年　(B)十年　(C)十五年　(D)二十年。　【第26屆】

(　) 67 有關消滅時效之中斷，下列敘述何者錯誤？　(A)中斷之方式有請求、承認及起訴　(B)請求後六個月內不起訴者，視為不中斷　(C)向主債務人中斷時效，對於保證人亦生效力　(D)向保證人中斷時效，對於主債務人亦生效力。　【第26屆】

(　) 68 有關訴訟程序，下列敘述何者錯誤？　(A)小額訴訟程序不適用合意管轄之規定　(B)訴訟當事人對於判決不服，得於收受判決後二十日內聲明上訴　(C)若被告否認借據上簽章為真正時，應由被告負舉證責任　(D)小額訴訟程序適用於訴訟標的金額在新臺幣壹拾萬元以下之案件。　【第26屆】

(　) 69 有關票據債權消滅時效期間之敘述，下列何者與票據法之規定不符？　(A)匯票執票人對承兌人，自到期日起算三年　(B)本票執票人對發票人，自到期日起算，見票即付之本票，自提示日起算三年　(C)支票執票人對發票人，自發票日起算一年　(D)匯票背書人對前手，自為清償之日或被訴之日起算六個月。　【第26屆】

(　) 70 依消費者保護法規定，銀行與客戶訂立定型化契約前，應有多久之合理期間供客戶審閱全部條款內容？　(A)七日以內　(B)十日以內　(C)三十日以內　(D)四十五日以內。　【第27屆】

(　) 71 依民法規定，約定利率超過年息百分之十二者，債務人可在一年後隨時清償原本，但需於多久前預告債權人？　(A)一週　(B)一個月　(C)二個月　(D)三個月。　【第27屆】

(　　) **72** 有關民法對於保證人所賦予之權利，下列敘述何者錯誤？
(A)債權人拋棄其為債權擔保之物權者，保證人就債權人拋棄權
利之限度內，免其責任　(B)保證訂有期限者，債權人於其期間
內對保證人不為審判上之請求，保證人免其責任　(C)就連續發
生之債務為保證而未定有期限者，其保證無效　(D)保證人向債
權人清償後，債權人對於主債務人之債權，於其清償之限度內，
移轉於保證人。　　　　　　　　　　　　　　　　【第27屆】

(　　) **73** 依公平交易法規定，銀行不得對借款人為下列何項作為？
(A)要求加徵保證人　(B)與借款人議定提前清償違約金　(C)於契
約訂定行使加速條款之條件　(D)要求投保特定之保險或指定保
險公司。　　　　　　　　　　　　　　　　　　　【第27屆】

(　　) **74** 借款之各期利息，其給付請求權之消滅時效期間為多少年？
(A)一年　(B)二年　(C)三年　(D)五年。　　　　　【第28屆】

(　　) **75** 有關票據法及民法對授信利率之規定，下列何者正確？　(A)備
償票據未載明利率時，應適用年息百分之五　(B)貸款契約未載
明利率時，應適用年息百分之六　(C)約定利率超過年息百分之
二十者，債權人對超過部分之利息無請求權　(D)約定利率超過年
息百分之十者，借款人可在一年後隨時清償原本。　　【第28屆】

(　　) **76** 被繼承人債務有200萬元，但遺產僅有50萬元。繼承人若依法於
知悉其得繼承之時起三個月內，開具遺產清冊呈報法院，須在多
少元之範圍內清償被繼承人之債務？　(A)200萬元　(B)150萬元
(C)100萬元　(D)50萬元。　　　　　　　　　　　【第28屆】

(　　) **77** 依票據法規定，本票之執票人對前手之追索權，多久期間不
行使，因時效而消滅？　(A)四個月　(B)六個月　(C)一年
(D)三年。　　　　　　　　　　　　　　　　　　【第28屆】

(　　) **78** 依督促程序聲請支付命令，債務人收到法院之支付命令後，其
聲明異議之法定期間為何？　(A)五日　(B)十日　(C)二十日
(D)三十日。　　　　　　　　　　　　　　　　　【第28屆】

( ) **79** 依民事訴訟法規定，訴訟當事人接獲第一審法院判決書後，如有不服，應於多久期限內聲明上訴第二審法院？ (A)七日 (B)十日 (C)十四日 (D)二十日。 【第28屆】

( ) **80** 中小企業信用保證基金間接保證代位清償之申請範圍包括哪些？A.本金 B.積欠利息 C.逾期利息 D.違約金 E.訴訟費用 (A)僅A、B、E (B)僅A、B、C、D (C)僅A、B、C、E (D)A、B、C、D、E。 【第28屆】

( ) **81** 銀行最高限額抵押權所擔保之債權若已確定，則該債權經有利害關係之第三人代償後，債權及抵押權發生下列何種效果？ (A)債權及抵押權均告消滅 (B)債權消滅，抵押權由代償人承受 (C)債權及抵押權均由代償人承受 (D)債權由代償人承受，抵押權消滅。 【第28屆】

( ) **82** 本票執票人因聲請支付命令而中斷時效，該支付命令自確定之日起，執票人對發票人之付款請求權，其重行起算之時效期間為多久？ (A)三年 (B)五年 (C)十年 (D)十五年。 【第28屆】

( ) **83** 銀行辦理下列何項短期授信業務時，係採預扣利息方式辦理？ (A)透支 (B)墊付國內票款 (C)短期放款 (D)貼現。 【第27屆】

( ) **84** 下列票據何者可以接受以辦理貼現業務？ (A)承兌匯票 (B)遠期支票 (C)未記載發票日之本票 (D)未表明一定金額之本票。 【第27屆】

( ) **85** 有關短期週轉金貸款之主要還款財源，下列何者非屬之？ (A)營業收入 (B)折舊 (C)盈餘 (D)流動資產變現。 【第27屆】

( ) **86** 下列何者不是銀行辦理之保證方式？ (A)在債權憑證上簽章保證 (B)簽發擔保信用狀 (C)在本票背面背書 (D)簽發保證函。 【第27屆】

( ) **87** 銀行可接受下列何種票據辦理墊付國內票款融資？ (A)借款戶之原料供應商所開立票據 (B)借款戶負責人之配偶所開立票據 (C)借款戶銷貨之買方所開立票據 (D)借款戶之下游廠商為保證購貨所開立票據。 【第27屆】

（　）　**88** 保證發行之商業本票，由下列何者作為擔當付款人？　(A)保證
銀行　(B)授信戶　(C)授信戶指定之銀行　(D)台灣集中保管結算
所股份有限公司。　　　　　　　　　　　　　　　　　　【第27屆】

（　）　**89** 依「中華民國銀行公會會員授信準則」規定，開發國內信用狀，
銀行必須瞭解之事項與辦理下列何項授信同？　(A)進口押匯
(B)貼現　(C)透支　(D)墊付國內應收款項。　　　　　　【第27屆】

（　）　**90** 有關銀行辦理承兌業務之敘述，下列何者錯誤？　(A)屬間接授
信　(B)僅限於匯票　(C)風險性較一般放款業務低　(D)除考量其
收益外，另應評估其安全性。　　　　　　　　　　　　　【第26屆】

（　）　**91** 國內信用狀受益人依信用狀所定之條件交貨後，得檢附匯票、匯
票承兌申請書、統一發票、有關單據及信用狀正本向開狀銀行申
請承兌。其中匯票承兌申請書，原則上須由何人簽章？　(A)信
用狀申請人　(B)受益人　(C)信用狀申請人及受益人雙方　(D)不
須簽章。　　　　　　　　　　　　　　　　　　　　　【第26屆】

（　）　**92** 中長期授信如總授信金額未達新臺幣若干元者，均免加送現金
收支預估表、預估資產負債表、預估損益表、建廠進度表及營
運計劃？
(A)三千萬元　(B)五千萬元　(C)一億元　(D)二億元。　【第22屆】

（　）　**93** 就銀行成本考量，下列何種授信之利率定價最高？　(A)一般短
期週轉金貸款　(B)透支　(C)墊付國內票　(D)貼現。　【第22屆】

（　）　**94** 銀行辦理承兌匯票之貼現業務，係以下列何者之信用為基礎？
(A)發票人　(B)受益人　(C)承兌人　(D)保證人。　　　【第22屆】

（　）　**95** 有關國際金融業務分行（OBU）業務，下列敘述何者錯誤？
(A)免提存款準備金，免代客戶扣繳利息所得稅　(B)不受外匯管
制且不受利率管理條例管理　(C)所使用之各種憑證免徵印花稅
(D)辦理外匯存款時，准許兌換為新臺幣。　　　　　　　【第22屆】

( ) **96** 下列何項授信業務，銀行辦理時必須明瞭之事項與辦理貼現相同？ (A)中長期債務保證 (B)買方委託承兌 (C)賣方委託承兌 (D)出口押匯。 【第22屆】

( ) **97** 銀行辦理放款業務時，下列敘述何者正確？ (A)所有自用住宅放款不得再要求另提保證人 (B)所有企業戶不動產擔保放款不得再要求另提保證人 (C)所有消費性放款不得再要求另提保證人 (D)存款人以其定期存款於存款銀行辦理質借，不得再要求另提保證人。 【第22屆】

( ) **98** 金融機構出售予資產管理公司之不良債權，依金融機構合併法規定，其出售所受損失之得於幾年內認列？ (A)一年 (B)五年 (C)十年 (D)十五年。 【第22屆】

( ) **99** 銀行對於授信債權之請求權消滅時效，非因下列何項事由而中斷？ (A)請求 (B)紓困 (C)承認 (D)起訴。 【第22屆】

( ) **100** 依中央銀行規定，指定銀行辦理進口外匯業務開發信用狀向客戶收取保證金之比率，下列敘述何者正確？ (A)由客戶自行決定 (B)由指定銀行自行決定 (C)由主管機關核定 (D)依規定不得收取。【第22屆】

( ) **101** 無追索權之應收帳款承購業務，其應收帳款由應收帳款承購商或保險公司保證者，當國外承購商因賣方過失產生商業糾紛而拒絕理賠時，銀行列報逾期放款之時機，下列敘述何者正確？ (A)帳款逾期三個月 (B)清償日屆滿九十日 (C)帳款到期日後九十日 (D)確定不理賠之日起三個月內。 【第23屆】

( ) **102** 依主管機關規定，銀行辦理自用住宅放款應遵循事項，下列何者錯誤？ (A)銀行取得足額擔保時，得誘使借款人提供一般保證人 (B)銀行取得足額擔保時，借款人為強化自身條件，得主動向銀行提出保證人 (C)不動產所有權為二人共有，且借款書載明共同申請借款之情事，銀行得徵提共同借款人 (D)應於契約或其他書面文件中，提供擔保物提供人自己選擇設定普通抵押權或最高限額抵押權。 【第23屆】

(　　) **103** 依據民事訴訟法規定，訴訟當事人接獲第一審法院判決書後，如有不服，應於多久期限內聲明上訴第二審法院？　(A)五天 (B)十天　(C)二十天　(D)一個月。　　　　　　　　　【第22屆】

(　　) **104** 代償借款債務之第三人如為保證人，有關代償之規定，下列敘述何者正確？　(A)該代償之第三人得按其清償之限度，承受債權人之債權　(B)經債務人同意後，該代償之第三人得承受債權人之債權　(C)該借款債務因清償而消滅，代償之第三人無法承受債權　(D)債權人得拒絕該第三人之代償。　　　　　　　【第22屆】

(　　) **105** 下列何項債權其消滅時效期間為五年？　(A)借款本金　(B)墊款 (C)利息　(D)違約金。　　　　　　　　　　　　　　【第22屆】

解答與解析

51 (B)。銀行法第12條規定：「本法稱擔保授信，謂對銀行之授信，提供左列之一為擔保者：一、不動產或動產抵押權。二、動產或權利質權。三、借款人營業交易所發生之應收票據。四、各級政府公庫主管機關、銀行或經政府核准設立之信用保證機構之保證。」銀行法第12條規定擔保授信之擔保品，不包括有交易行為之支票。

52 (B)。會員銀行、政府機關、公營事業、政府計畫性或已提供本行定存單十足擔保之授信案件，得酌情免辦徵信。

53 (C)。依中小企業信用保證基金規定，直接信用保證之保證成數最高九成。

54 (D)。速動比率＝速動資產÷流動負債＝（流動資產－存貨－預付費用）÷流動負債
故流動比率相當高，但速動比率卻很低，可能有存貨投資很多。

55 (B)。全體利害關係人之擔保授信總餘額，不得超過淨值之150%。

56 (B)。營運資金＝流動資產－流動負債。

57 (B)。資本支出貸款以協助企業購買、更新、擴充機器設備、或改良其營運所需之廠房、土地、機器等或協助企業從事重大之投資開發計畫為目的。其金額大、回收期限長，多屬資本支出，故宜以中長期授信配合。

58 **(C)**。營運資金＝流動資產－流動負債。現金存量之多寡影響營運週轉金需要。

59 **(D)**。銀行辦理保證業務所開發之信用狀為Standby L/C。

60 **(A)**。自有資本比率愈高，固定長期適合率愈低，財務結構愈穩健，故選(A)。

61 **(C)**。信保基金代位清償之範圍：包括本金、積欠利息、逾期利息、訴訟費用（違約金非代位清償之範圍），其中逾期利息最高以授信到期日後「六個月」為限。

62 **(C)**。下列情形之一，應於知悉之日起二個月內以通知信保基金：
(1)授信對象停止營業。
(2)未能依約分期攤還達一個月。
(3)授信對象或負責人支票拒絕往來。
(4)應繳利息延滯達三個月。
(5)授信對象或負責人受破產宣告，或清理債務中，或其財產受強制執行假扣押、處分、或拍賣之聲請者。
(6)授信對象或負責人被提起足以影響償債能力之訴訟者。
(7)其他信用惡化情形，銀行主張提前視為到期者。

63 **(D)**。銀行法第32條所稱之消費者貸款，係指對於房屋修繕、耐久性消費品（包括汽車）、支付學費及其他個人之小額貸款及信用卡循環信用；該貸款額度，合計以每一消費者不超過新台幣100萬元為限。

64 **(B)**。無行為能力人係指完全無法律行為能力之人，通常指：未滿七歲之未成年人及受監護宣告之人（修法前稱為禁治產人）。禁治產人不能以獨自之意思表示為有效的借款或保證行為。

65 **(D)**。民法第880條規定：「以抵押權擔保之債權，其請求權已因時效而消滅，如抵押權人，於消滅時效完成後，五年間不實行其抵押權者，其抵押權消滅。」

66 **(B)**。原係中長期放款者，其分期償還期限以原殘餘年限之二倍為限，惟最長不得超過二十年。本期原殘餘年限為五年，其二倍為十年。

67 **(D)**。向主債務人中斷時效，不及於保證人。

68 **(C)**。按舉證責任分配，故若被告否認借據上簽章為真正時，應由原告負舉證責任。

69 **(B)**。票據法第22條規定：「票據上之權利，對匯票承兌人及本票發票人，自到期日起算；見票即付之本票，自發票日起算；三年間不行使，因時效而消滅。對支

票發票人自發票日起算，一年間不行使，因時效而消滅。……」

70 (C)。依消費者保護法規定，銀行與客戶訂立定型化契約前，應有三十日以內之合理期間供客戶審閱全部條款內容。

71 (B)。民法第204條規定：「約定利率逾週年百分之十二者，經一年後，債務人得隨時清償原本。但須於一個月前預告債權人。前項清償之權利，不得以契約除去或限制之。」

72 (C)。民法第754條規定：「就連續發生之債務為保證而未定有期間者，保證人得隨時通知債權人終止保證契約。前項情形，保證人對於通知到達債權人後所發生主債務人之債務，不負保證責任。」選項(C)有誤。

73 (D)。依公平交易法規定，銀行不得對借款人要求投保特定之保險或指定保險公司。

74 (D)。民法第126條規定：「利息、紅利、租金、贍養費、退職金及其他一年或不及一年之定期給付債權，其各期給付請求權，因五年間不行使而消滅。」

75 (C)。民法第205條規定：「約定利率，超過週年百分之二十者，債權人對於超過部分之利息，無請求權。」

76 (D)。現行的民法採「當然限定繼承」原則，故繼承人僅在繼承遺產的限額人有清償被繼承人之債務的義務。

77 (C)。票據法第22條規定：「……匯票、本票之執票人，對前手之追索權，自作成拒絕證書日起算，一年間不行使，因時效而消滅。……」

78 (C)。民事訴訟法第516條規定：「債務人對於支付命令之全部或一部，得於送達後二十日之不變期間內，不附理由向發命令之法院提出異議。……」

79 (D)。民事訴訟法第440條規定：「提起上訴，應於第一審判決送達後二十日之不變期間內為之。但宣示或公告後送達前之上訴，亦有效力。」

80 (C)。中小企業信用保證基金間接保證代位清償之申請範圍不包括違約金。

81 (C)。銀行最高限額抵押權所擔保之債權若已確定，則該債權經有利害關係之第三人代償後，債權及抵押權均由代償人承受。

82 (B)。民法第137條規定：「時效中斷者，自中斷之事由終止時，重行起算。因起訴而中斷之效時，自受確定判決或因其他方法訴訟終結時，重行起算。經確定

判決或其他與確定判決有同一效
力之執行名義所確定之請求權，
其原有消滅時效期間不滿五年
者，因中斷而重行起算之時效期
間為五年。」

83 **(D)**。銀行辦理貼現時，係採預扣
利息方式辦理。

84 **(A)**。承兌匯票可以接受以辦理貼
現業務。

85 **(B)**。折舊非實際有現金流入，非
屬短期週轉金貸款之還款財源。

86 **(C)**。在本票背面背書是個人辦理
保證方式之一。

87 **(C)**。銀行可接受借款戶銷貨之買
方所開立票據辦理墊付國內票款
融資。

88 **(D)**。集保結算制度下，商業本票
的擔當付款人統一為「臺灣集中
保管結算所股份有限公司」。

89 **(A)**。依「中華民國銀行公會會員
授信準則」規定，開發國內信用
狀，銀行必須瞭解之事項與辦理
進口押匯同。

90 **(C)**。銀行辦理承兌業務風險性並
未較一般放款業務低。

91 **(C)**。匯票承兌申請書，原則上
須由信用狀申請人及受益人雙方
簽章。

92 **(D)**。中長期授信總授信金額達
新台幣二億元者，應加徵營運計
畫、現金流量預估表、預估資產
負債表、預估損益表等。

93 **(B)**。透支之利率較一般短期新台
幣放款利率高，且採浮動利率。
故透支之利率定價最高。

94 **(C)**。銀行辦理承兌匯票之貼現，
係以「承兌人」之信用為基礎，
而辦理本票之貼現，則以發票人
之信用為基礎。

95 **(D)**。國際金融業務分行（OBU）
辦理外匯存款，不得有下列行為：
(1)收受外幣現金。
(2)不准許以外匯存款兌換為新臺
幣。

96 **(C)**。銀行辦理賣方委託承兌必須
明瞭事項與貼現相同。

97 **(D)**。定期存款質借不得再要求另
提保證人。

98 **(D)**。金融機構合併法第13條規
定：「……八、因合併出售不良
債權所受之損失，於申報所得稅
時，得於十五年內認列損失。」

99 **(B)**。銀行對於授信債權之請求權
消滅時效，因下列事由而中斷：
(1)請求。(2)承認。(3)起訴。

100 **(B)**。開發信用狀保證金之收取
比率：由指定銀行自行決定。

101 (D)。無追索權之應收帳款由應收帳款承購商或保險公司保證者，俟應收帳款承購商或保險公司確定不理賠之日起三個月內，列報逾期放款。無應收帳款承購商或保險公司保證之無追索權應收帳款，如係因買方之原因造成逾期，於帳款轉銷時將買方資料填報聯徵中心建檔並予揭露供會員金融機構查詢，如因賣方之原因造成逾期，則於帳款轉銷時列報為賣方之逾期放款。

102 (A)。為避免爭議，銀行依本條規定辦理自用住宅放款或消費性放款，因未取得足額擔保而徵取一般保證人，或借款人為強化自身授信條件主動提出一般保證人時，應向保證人充分說明其保證之法律責任及風險；辦理擔保物抵押權設定時，應使擔保物提供人瞭解該抵押權所擔保之債務範圍；債務人或擔保物提供人要求清償證明時，其借款及所擔保之債務範圍已完全清償，應立即發給，不得推拖。選項(A)有誤。

103 (C)。民事訴訟法規定第440條規定：「提起上訴，應於第一審判決送達後二十日之不變期間內為之。但宣示或公告後送達前之上訴，亦有效力。」

104 (A)。有利害關係第三人之代償，銀行不得拒絕，於清償之後，該清償人得按其清償之限度，承受債權人之債權。

105 (C)。(1)借款本金消滅時效15年。(2)墊款消滅時效15年。(3)利息消滅時效5年。(4)違約金消滅時效15年。

Chapter 2 企業授信

焦點 1　企業授信基本概念

一、企業授信之意義

企業授信是指銀行向企業客戶直接提供的資金，或者對客戶在有關經濟活動中可能產生的賠償、支付責任做出的保證，包括貸款、貿易融資、票據融資、融資租賃、透支、各項墊款等表內業務，以及票據承兌、開出信用證、保函、備用信用證、信用證保兌、債券發行擔保、借款擔保、有追索權的資產銷售、未使用的不可撤銷的貸款承諾等表外業務。簡單來說，授信是指銀行向客戶直接提供資金支持，或對客戶在有關經濟活動中的信用向第三方作出保證的行為。

二、企業授信之功能

(一) **為企業短期財務安排提供便利**：由於授信額度可以循環使用，企業財務計劃的制定因此變得更加明確和有條理，不必為經常性業務特別安排資金。

(二) **滿足企業基本融資需求**：授信額度按貸款、信用證和保函等多種授信業務品種設定了單項的額度，基本覆蓋了客戶主要的融資需求。經銀行同意，其中各單項產品的額度可相互調劑使用，交叉互換，提高了額度的利用率。

(三) **簡化企業授信審批手續**：客戶獲得授信額度後，將根據協議的規定，自行決定額度使用方式和履約時間，無須逐筆逐項報授信銀行審批，避免了單筆授信審批時須履行的資信調查、擔保落實等手續。

三、企業授信風險

銀行授信風險主要來自兩個方面：

(一) **外部風險**：即由於國家政策、經營環境、銀行客戶等外部因素發生變化而導致的風險。

(二) **內部風險**：即由於銀行內部經營管理不善而造成的風險。

四、影響授信期間因素

影響授信期間主要的考慮因素：

1	**行業慣例**	在實際工作中，會以本企業上一年度的授信期限、本行業的平均授信期限、授信期限的定值假設為基礎，做出適當延長或縮短授信期限的不同方案。
2	**市場競爭壓力**	通常說來，信用銷售企業所在行業的競爭越激烈，給予客戶的授信期限就會越長。
3	**授信方擁有貨物的時間**	授信期限不能超過信用銷售客戶自己消耗貨物的時間，也不允許延長授信期限到貨物銷售之後。在正常情況下，授信期限要短於上述期限。

五、企業授信之種類

一般企業授信之種類可分為：

(一) **短期授信**：短期授信指1年以下（含1年）的授信；主要是支應企業周轉中所需支付的流動資產、產銷費用等；又稱為經常性融資。短期授信業務主要有：一般周轉金貸款、墊付國內票款、貼現、透支、承兌、短期外銷貸款、存單質借、保證、進口押匯、出口押匯等。

(二) **中長期授信**：中長期授信一般是指1年以上的授信。銀行辦理中長期授信應以經營情形良好，財務結構健全及徵信資料完整之客戶為對象，並由各戶提供擔保為原則。

六、台商在大陸

(一) **企業型態**

　1.**三資企業**：合資企業、獨資企業、合作經營，具有法人資格、負有限責任、可取得商標與科技與土地使用權、可申請融資。

　2.**三來一補**：來料加工、來件裝配、來樣加工、補償貿易，無法人資格、負無限責任、不可取得商標與科技與土地使用權、不可申請融資。

> **知識延伸**
>
> 三資企業負有限責任，具有法人資格；三來一補企業負無限責任，不具法人資格。

(二) **企業向中資銀行借款須具備條件**

1. 負債÷總資產不得高於70%。
2. 流動資產÷流動負債需大於100%。
3. 已開立基本帳戶。
4. 對外投資累積金額不得超過其淨值總額50%。

───── │ 牛刀小試 │ ─────

( )　**1** 有關「三資企業」與「三來一補企業」之差別,下列敘述何者
錯誤? 　(A)兩者皆具有法人資格　(B)三資企業負有限責任;
三來一補企業負無限責任　(C)三資企業可取得商標與科技;
三來一補企業不可取得商標與科技　(D)三資企業可申請融
資;三來一補企業不可申請融資。　　　　　　　【第31屆】

( )　**2** 有關「三資企業」與「三來一補企業」之比較,下列敘述何者錯
誤? 　(A)法人資格:前者有,後者無　(B)企業責任:前者為無
限責任,後者為有限責任　(C)土地使用權:前者能取得,後者無
法取得　(D)商標與科技取得:前者可,後者不可。　　【第30屆】

( )　**3** 有關企業(含外資)向中資銀行借款須具備條件,下列敘述何
者錯誤? 　(A)負債÷總資產不得高於70%　(B)流動資產÷流
動負債需大於100%　(C)已開立基本帳戶　(D)對外投資累積金
額不得超過其淨值總額30%。　　　　　　　　　【第29屆】

解答與解析

1 (A)。三來一補企業不具有法人資格。選項(A)有誤。

2 (B)。三資企業負有限責任;三來一補企業負無限責任。

3 (D)。企業(含外資)向中資銀行借款須具備條件之一,對外投資累積
金額不得超過其淨值總額50%。

焦點2　短期授信

一、一般營運週轉金授信

(一) 一般營運週轉金授信定義

提供企業於正常營運週期內所需週轉資金之融通方式。企業營運週轉期＝存貨週轉期＋應收款項週轉期＋預付款項週轉期。

(二) 企業週轉資金需求之計算公式

企業週轉資金需求之計算公式的簡易判斷法：

（應收票據＋應收帳款＋存貨＋預付貨款）－（應付款項＋預收貨款）

(三) 週轉金授金風險控管

1. **授信期限**：最長不超過1年。

2. **避免短期資金做長期使用**：應注意企業是否有短期資金做長期使用情形，通常可由流動比率與固定長期適合率來判斷。如果流動比率<100%，而固定長期適合率卻>100%，即表示企業有短期資金做長期使用情形。

> **知識延伸**
>
> 1. 流動比率＝流動資產/流動負債。
> 2. 固定長期適合率＝（固定資產＋長期投資)/(淨值＋長期負債）

二、透支

(一) 透支定義：企業於其支存戶無存款餘額或餘額不足支付時，由銀行先予墊付之融通方式。透支契約期限一般在1年以內。

(二) 透支特性

1. **僅作為企業緊急調度準備之用**：透支僅作為企業緊急調度準備之用，企業動用透支額度的時間均甚短。

2. **做為輔助性融資之用**：透支係針對企業現金管理缺口做輔助性融資，最正常的用法是彌補企業現金正常收支的時間差距，或預防託收票據未能如期收妥等用途。

> **知識延伸**
>
> 透支利息計算若無特別約定時，則按每日最高透支餘額之積數計算。

3. **利率較高**：

透支之利率較一般短期新臺幣放款利率高，且採浮動利率。計息方式有二：

(1)以「每日最後透支餘額」之積數計算利息。

(2)以「每日最高透支餘額」之積數計算利息。

三、墊付國內應收款項

(一) 墊付國內應收款項定義

企業因國內商品交易或勞務提供所取得之客票先予墊付，俟票據到期兌現時償還墊款之融通方式。通常為公民營事業機構及商號提供基於商品之銷售、出租或提供服務等實際交易行為所產生之客票，背書後交付銀行，貸款用途為營運週轉金性質，每筆融資最長通常不超過180天，貸放成數則係最高以所提供未到期之客票之八成計算。

(二) 墊付國內票款融資之計算公式

墊付國內票款融資最高額度之計算公式：

（全年內銷金額÷週轉次數）×墊付成數－其他行庫辦理票據融資金額

四、貼現

(一) 貼現定義：企業以其因交易而持有之未到期承兌匯票或本票讓與銀行，由銀行以預收利息方式先予墊付，俟本票或匯票到期時收取票款並償還墊款之融通方式。

(二) 貼現標的：以合法商業交易行為所產生之「承兌匯票」及「本票」為限。

五、票據承兌

(一) 票據承兌定義

銀行接受買方或賣方之委託，為其因交易或勞務所生而簽發之匯票擔任付款人並予以承兌，客戶係期望藉由銀行信用之介入，使其簽發之匯票可於貨幣市場流通，以取得資金。辦理「買方」委託承兌，銀行必須明瞭之事項與辦理「一般營運週轉金貸款」同。辦理「賣方」委託承兌，銀行必須明瞭之事項與辦理「貼現」同。

(二) 票據承兌種類

依委託之當事人區分，可分為：

1. 買方委託承兌：為銀行接受買方委託，對交易行為之買方或賣方所簽發之匯票予以承兌。銀行辦理買方委託匯票承兌業務，對買賣雙方均有裨益，

對買方（委託人）而言，係協助其獲得賣方之信用；對賣方而言，其獲得銀行承兌匯票，可在貨幣市場流通而取得營運資金。

2. **賣方委託承兌**：指委託人為交易行為之賣方，並為匯票之發票人，由銀行作為付款人並予以承兌。銀行辦理賣方委託匯票承兌業務，目的在協助賣方（委託人），將其遠期支票轉換為銀行承兌匯票，以便向貨幣市場獲得融資。

(三) **票據承兌審核**

有下列情形之一者，銀行不得受理買方委託匯票承兌之申請：

1. 未具交易基礎之融通性匯票。
2. 就所涉之交易，買方已交付現款、即期票據或遠期票據予賣方。
3. 就同一賒銷之交易基礎，同一承兌期間，同一承兌金額之同一交易，業經銀行據以辦理匯票承兌者，不得再以該交易為基礎，辦理匯票承兌，以避免重複融資。
4. 買方簽發之匯票，非以賣方為受款人。

六、國內、外信用狀融資

(一) **國內、外信用狀融資定義**

銀行接受借款人（買方）委託簽發之信用文書，通知並授權指定受益人（賣方），在其履行約定條件後，依照一定條件，開發一定金額以內之匯票或其他憑證，由銀行負責承兌或付款之授信方式。

(二) **國內、外信用狀融資審核**

有下列情形之一者，銀行得拒絕核給國內信用狀授信額度或拒絕受理信用狀之開發，其已核給授信額度者並得視個案情形核減或取消其授信額度：

1. **非屬申請人營業所需**：供應商所營事業性質及其銷售之產品非屬申請人營業所需，有違常情者。
2. **供應商與申請人為關係人**：供應商為申請人之關係人，顯無需以信用狀作為付款工具。
3. **購買之貨品與營業性質不符**：申請人申請開發信用狀，其購買之貨品與營業性質不符；或其購買之數量或金額與其營業規模顯不相當；或所列貨品單價偏離當時正常市價者。

4. **資金流向與申貸用途不符**：銀行將信用狀項下墊付貨款撥付至信用狀受益
　　人指定帳戶，但隨即由申請人提領該筆資金，或其資金流向與申貸用途不
　　符，有不當流用情事者。

5. **申請人未予充分配合**：銀行請求申請人提供有關資料或必要之協助，申
　　請人未予充分配合；或申請人有違反承諾事項之情事發生者。

七、保證業務

(一) **發行商業本票保證**：企業委託銀行對其發行之商業本票予以保證，俾利企
　　業獲得資金。

(二) **發行公司債保證**：接受企業委託，對其發行之公司債由銀行予以保證，俾
　　利企業獲得融資之授信方式。

(三) **履約保證**：買方在與賣方簽約時，為恐賣方嗣後不履約，規定賣方應繳若
　　干金額以為保證，是為履約保證金。此項保證金如買方委請銀行開發保證
　　函替代，即所謂履約保證。

(四) **預付款保證**：在買賣合約或工程合約中，買方預付部分或全部貨款或工程
　　款，由賣方提供銀行之保證，以保證賣方履約，否則退還買方預付款項，
　　又稱償還保證。

(五) **押標金保證**：企業參與招標採購時，招標人規定有意投標者須於投標前，
　　按底價繳納若干成之金額以為保證，其目的係在約束並促使投標人於得標
　　後，與買方簽訂契約俾如期交貨或按期施工。此項保證金如參與招標人委
　　請銀行開發保證函替代，即所謂押標金保證。

(六) **分期付款保證**：企業以分期付款方式向國內或國外之供應商廠商訂購原
　　料、機器設備或貨品時，該供應商為確保賒帳交易風險，往往要求企業洽
　　請銀行出具保證函，保證該分期付款之本金及利息到期將依約付款。而此
　　種由銀行出具的保證，即稱為分期付款保證，保證金額一般為分期付款之
　　本金加利息。

─┤ **牛刀小試** ├─

(　) **1** 就銀行成本考量，下列何種授信之利率定價最高？　(A)一般短期週轉金貸款　(B)透支　(C)墊付國內票款　(D)貼現。　　【第31屆】

(　) **2** 有關短期授信，下列何者不具自償性？　(A)透支　(B)墊付國內票款　(C)貼現　(D)出口押匯。　　【第31屆】

(　) **3** 有關銀行辦理承兌業務之敘述，下列何者錯誤？　(A)屬間接授信　(B)僅限於匯票　(C)風險性較一般放款業務低　(D)除考量其收益外，另應評估其安全性。　　【第31屆】

(　) **4** 下列何者將使企業營運週轉資金需求轉為殷切？　(A)產銷量縮小　(B)收取期票，由三個月調整為二個月　(C)付款期票，由二個月調整為三個月　(D)存貨安全存量，由三個月調整為四個月。　　【第31屆】

(　) **5** 就保證的方式而言，下列何者不屬於保證業務？　(A)簽發擔保信用狀　(B)在本票上簽章保證　(C)簽發保證函　(D)在匯票承兌人處簽章。　　【第31屆】

(　) **6** 一年以內到期的長期負債，應改列為下列何項會計科目？
(A)長期負債 　　　　　　　(B)流動負債
(C)遞延負債 　　　　　　　(D)其他負債。　　【第30屆】

(　) **7** 有關透支之敘述，下列何者正確？　(A)透支利率一般較短期放款為低　(B)利息計算若無特別約定，則採每日最後透支餘額之積數計算　(C)透支契約期限一般在一年以內　(D)透支可以用於支應購置廠房設備資金之需。　　【第30屆】

(　) **8** 有關授信人員辦理墊付國內票款業務應注意事項，下列何者錯誤？　(A)注意有無借票或換票情形　(B)所收客票之發票人不宜過於集中　(C)票據發票人或背書人應為借款戶之原料供應商　(D)以關係人票據辦理融資者，宜視其資信酌予限制其金額。　　【第30屆】

解答與解析

1 (B)。(1)利率定價公式：客戶負擔利率＝放款指數利率（％）＋依評定等級之固定加碼（％）(2)就銀行成本考量，透支授信之利率定價最高。

2 (A)。透支意超額支出，使用在「存款」上，表明客戶使用超過其存款的款項。金融機構經授信流程，授予使用額度，允許客戶於存款不足以支付款項時，由金融機構在使用額度內墊付不足部分。透支不具自償性。

3 (C)。不同的授信品種，其風險大小是不一樣的，同時，授信期限越長，風險越大。承兌業務之風險並不見得低於放款業務。

4 (D)。存貨安全存量，由三個月調整為四個月，則存貨的安全存量增加，將使企業營運週轉資金需求增加。

5 (D)。在匯票承兌人處簽章屬於授信業務。

6 (B)。流動負債係指符合下列條件之一的負債：
(1)因營業所發生的債務，預期將於企業的正常營業週期中清償者。
(2)主要為交易目的而發生者。
(3)須於資產負債表日後十二個月內清償的負債。
(4)企業不能無條件延期至資產負債表日後逾十二個月清償的負債。

7 (C)。「透支」是指銀行准許借款人於其支票存款戶無存款餘額或餘額不足支付時，由銀行先予墊付之融通方式，透支契約期限一般在1年以內。

8 (C)。票據發票人或背書人應為該交易的買方。

焦點 **3** 中長期授信

一、中長期授信種類

(一) **中長期週轉資金貸款**：借款用途係供企業中長期經常性週轉金需求，以寄望企業經營所產生之盈餘、攤提折舊與變賣閒置性資產所得做為償還財源的貸款。

(二) **資本資支貸款**：企業借款人為充實基本建設或技術改造項目的工程建設、技術、設備的購置、安裝方面的中長期資金融通業務，謂之。一般常見的，計有購置土地、興建廠房與添購生產用之機器設備等資本性支出貸款，又稱「計畫性融資」。

(三) **聯合貸款**

1. **聯合貸款定義**：聯合貸款是由兩家或數家銀行一起對某一項目或企業提供貸款，並以相同之承作條件貸款。

2. **聯合貸款之優點**：

    (1) **對企業而言**：

        A. 可減低洽貸成本，有效籌足鉅額資金。

        B. 保持抵押品完整。

        C. 提高在同業間之地位。

        D. 擴大市場接觸面，增加新的借款機會。

    (2) **對聯貸銀行而言**：

        A. 避免重覆融資，提高資金運用效率。

        B. 建立各銀行間的密切合作關係。

        C. 增加客戶層面，增加收益。

3. **聯貸的權利義務**：

    (1) 擔保權益由聯合貸款全體參貸銀行分享，徵提之擔保品抵押權人通常為主辦銀行。

    (2) 發生壞帳由各參貸銀行按撥貸比例分擔。

4. **國際聯貸**：

    (1) **國際聯貸定義**：貸款人與聯貸銀行之間或聯貸銀行與聯貸銀行之間涉及不同國家之聯貸案，稱之。

    (2) **國際聯貸費用**：

        國際聯貸之手續費（Fee）多樣化，一般國際聯貸之手續費包括：

費用名稱	定義
安排費 Arranger Fee 或管理費 Management Fee	由安排者收取，通常於簽約時或簽約後數日，一次付清。

費用名稱	定義
參貸費 **Participation Fee**	所有參貸銀行按其參貸金額乘以某一費率而得，為誘使銀行參貸較大金額，通常按不同位階給予不同費率，位階愈高，費率愈高。
包銷費 **Underwriting Fee**	聯貸案若有包銷的情形，則借款人應支付包銷費給包銷者。
承諾費 **Commitment Fee**	借款人於簽約後即依未用額度按期支付承諾費予聯貸銀行直至用款期限截止。
代理費 **Agency Fee**	支付予代理行之費用，通常按年計收，代理行是聯貸合約簽訂後，處理還本付息、各項通知等行政手續之銀行。
顧問費 **Consultant Fee**	某些中長期專案融資（Project Finance）聯貸案可能聘有財務顧問、技術顧問、保險顧問，來協助審核計畫進行的相關內容。
律師費 **Lawyer Fee**	聘請律師之費用。

(四) **專案融資**

1. **專案融資定義**：BOT為「Build-Operate-Transfer」的簡稱，一般係指民間企業支付權利金，取得政府特許以投資及籌資興建公共設施，並於興建完成後一定期間內經營該設施，特許經營期間屆滿後，再將該設施之所有資產移轉予政府。若不需移轉資產而由民間企業繼續營運者，則為BOO（Own）模式。目前興建中的臺灣高速鐵路，即是採BOT模式，民營電廠則採BOO模式。

2. **其他民間參與公共建設之模式：**

BOO **（Build-Own-Operate）**	為配合國家政策，由民間自行覓土地籌資規劃興建，擁有所有權，並自為營運，無須將資產移轉給政府，民營電廠即屬BOO模式。

BT （Build and Transfer）	由政府規劃民間籌資興建，建設完成後再由政府一次或分期償付建設經費。
OT （Operate and Transfer）	政府將已興建完成之公共建設委託民間機構於一定期間內經營，營運期滿後，營運權歸政府，即所謂「公辦民營」或「公有民營」。
BTO （Build-Transfer-Operate）	由民間機構籌資興建公共建設，興建完成後將資產移轉給政府（政府取得所有權），再由政府委託該民間機構經營一段期間。
BLT （Build-Lease-Transfer）	由民間機構投資興建公共建設，完工後租給政府使用，租期屆滿後將該資產移轉給政府。
BL （Build-and-Lease）	由政府興建公共建設租予民間機構使用。
ROT （Rehabilitate-Operate-Transfer）	政府將老舊之公共設施交由民間機構修復改建，並經營一段時間後移轉給政府。

二、中長期授信審核

中長期企業融資與中長期週轉金貸款採一般5P原則審查。惟計畫型融資與建築融資則銀行以計畫可行性評估來辦理。此計畫型之可行評估大體包括：

(一) **公司現況**：對企業公司現況予以了解。

(二) **組織背景**：對經營團隊予以了解。

(三) **管理系統**：對管理制度及經營理念加以了解。

(四) **資金來源與運用**：了解公司的債務及股本來源及運用方式。

(五) **技術、產品與市場可行性評估**：

主要針對技術、產品與市場分析其可行性，並與承作條件綜合考量如下：

1. **是否給予寬限期**：在寬限期內，只繳利息，不還本金之期限。

2. **是否約定特約條款**：中長期授信，為降低授信風險，銀行往往要求借款人注意履行某些特約條款，以避免財務狀況趨於惡化。常見的特約條款可分為以下三類：

(1)**肯定條款**（Affirmative Covenant）：例如：在授信期間內維持一定金額以上之淨週轉金；按期提供各種財務報告表；有關第三人之保證或承諾。

(2)**否定條款**（Negative Pledge）：例如：禁止超過某期間或金額以上之新借款；禁止合併、固定資產出售或出租；禁止債務保證、出售應收帳款、投資或保證。

(3)**限制條款**：例如：分紅、減資、償還其他長期債務，增加固定資產之限制；財務比率、債務總額之限制。

(六) **業務發展趨勢**：對未來業界的發展趨勢加以了解並注意計畫風險。

(七) **財務趨勢**：

較常採用之定量化決策指標有：

1. **預估營收成長率**：可採趨勢分析就不同年度期的財務報表或同一項目的比較分析。

2. **預估稅前淨益率**：預估比率越高表示未來企業獲利能力越強。

3. **預估負債比率**：

可透過以下列比率分析之：

利息保障倍數 $= \dfrac{(\text{稅前淨利} + \text{利息費用})}{\text{利息費用}}$，此倍數越高表示企業到期支付利息的能力越強。

4. **預估流動比率**：

可透過以下列比率分析之：

(1)流動比率 $= \dfrac{\text{流動資產}}{\text{流動負債}}$，此項比率越大，代表企業短期償債能力越強。此一比率通常維持在200%（即2：1）以上，但實際上仍應視各該行業的狀況而定。

(2)速動比率 $= \dfrac{\text{速動資產}}{\text{流動負債}}$，速動比率用來測驗企業緊急變現能力，此一比率至少應維持在100%以上。

※速動資產＝流動資產－預付費用－存貨

5. **長期償債能力比率**：

可透過以下列比率分析之：

長期資金對固定資產比率＝$\dfrac{(長期負債＋股東權益)}{固定資產}$，若小於1，表示企業需依賴短期資金來支應長期資本支出，企業財務危機已可能發生，故此比率以遠大於1為宜。

6. **預估現金流量**：

(1) **營業活動**：營業活動是指所有與創造營業收入有關的交易活動之收入，諸如進貨、銷貨等所產生的現金流量。

流入項目	流出項目
1. 現銷商品及勞務收現數。 2. 應收帳款或應收票據應收現金。 3. 利息及股利收入收現。 4. 出售以交易為目的之金融資產。 5. 出售指定公平價值列入損益之金融資產。 6. 其他，如訴訟賠款等。	1. 現購商品及原物料付現數。 2. 償還應付帳款及應付票據。 3. 利息費用付現數。 4. 支付各項營業費用。 5. 支付各項稅捐、罰款及規費。 6. 其他，如支付訴訟賠款等。

(2) **投資活動**：係指購買及處分公司的固定資產、無形資產、其他資產、債權憑證及權益憑證等所產生的現金流量。

流入項目	流出項目
1. 收回貸款。 2. 出售債權憑證。 3. 處分非以交易為目的之金融資產。 4. 處分固定資產。	1. 放款給他人。 2. 取得債權憑證。 3. 取得非以交易為目的之金融資產。 4. 取得固定資產。

> **知識延伸**
>
> 約當現金：指下列短期且具高度流動性之投資：
> 1. 隨時可轉換為定額現金者。
> 2. 即將到期且利率變動對其價值之影響甚少者，例如：
>   (1) 自投資起三個月內到期之公債。
>   (2) 即將到期之國庫券。
>   (3) 商業本票及銀行承兌匯票。
> 以上資產由於變現容易且交易成本低，因此可視為現金。

(3)**籌資活動**：包括股東（業主）的投資及分配股利給股東（業主）、籌資性債務的借入及償還。

流入項目	流出項目	
1.現金增資。 2.舉借債務。	1.支付股利。 3.退回資本。 5.償付分期付款金額。	2.購買庫藏股票。 4.償還借款。

───┤ **牛刀小試** ├───

( ) **1** 編製現金流量表時，下列何者非屬營業活動之現金流出項目？　(A)購買庫藏股票　(B)訴訟賠償款　(C)捐贈　(D)支付規費。　　　　　　　　　　　　　　　　　　　【第31屆】

( ) **2** 國際聯貸合約中，銀行往往要求借款人於簽約後即依未用額度按期支付手續費予聯貸銀行，直到用款期限截止，此收費名目為下列何者？　(A)參貸費　(B)包銷費　(C)承諾費　(D)代理費。　　　　　　　　　　　　　　　　　　　【第31屆】

( ) **3** 企業委請銀行保證發行三年期公司債，以償還原先利用短期債務擴充機器設備，可改善之財務比率為下列何者？　(A)流動比率　(B)負債比率　(C)存貨週轉率　(D)股東權益比率。　　　【第31屆】

( ) **4** 在中長期授信計劃可行性評估中，下列何者屬銀行所考慮的外在風險？　(A)居民抗爭風險　(B)發起人風險　(C)行銷層面風險　(D)營運層面風險。　　　　　　　　　　　　　　　【第31屆】

( ) **5** 同產業中兩家從事相同業務公司之合併，稱為下列何者？　(A)水平式合併　(B)垂直式合併　(C)同源式合併　(D)複合式合併。　　　　　　　　　　　　　　　　　　　　　【第31屆】

( ) **6** 由民間機構籌資興建公共建設，興建完成後先將資產移轉給政府，再由政府委託該民間機構經營一段期間，此模式即為下列何者？　(A)BTO　(B)BOT　(C)BOO　(D)BLT。　　　【第31屆】

( )　**7** 聯合貸款所徵提之擔保品，其抵押權人通常為下列何者？
(A)全體參貸銀行　(B)主辦銀行　(C)承作擔保授信之參貸銀行
(D)最大債權之參貸銀行。　　　　　　　　　　　【第31屆】

( )　**8** 辦理承包工程押標金保證之額度，一般約為工程底價或預算之
若干百分比？　(A)5%至10%　(B)10%至20%　(C)20%至10%
(D)30%以上。　　　　　　　　　　　　　　　【第31屆】

解答與解析

1 (A)。購買庫藏股票屬於融資活動之現金流出項目。

2 (C)。國際聯貸合約中，銀行往往要求借款人於簽約後即依未用額度按期支付手續費予聯貸銀行，直到用款期限截止，此收費名目為「承諾費」。

3 (A)。企業以長期資金清償短期借款，可改善流動比率。

4 (A)。在中長期授信計劃可行性評估中，居民抗爭風險屬銀行所考慮的外在風險。

5 (A)。水平式合併係指同產業中兩家從事相同業務公司之合併。

6 (A)。BTO（Build-Transfer-Operate，建設-移交-運營）係指由民間機構籌資興建公共建設，興建完成後先將資產移轉給政府，再由政府委託該民間機構經營一段期間。

7 (B)。聯合貸款所徵提之擔保品，其抵押權人通常為主辦銀行。

8 (A)。辦理承包工程押標金保證之額度，一般約為工程底價或預算之5%至10%。

精選試題

( ) **1** 有關銀行為廠商承包工程需要而開具保證函,下列敘述何者錯誤? (A)應詳閱工程合約中有關責任範圍之條款 (B)因工程所需,保證函用途及於:押標金、履約、預付款、保固等範圍 (C)廠商若提供擔保及有實力之保人,銀行對於廠商承包工程能力可不予評審 (D)押標金一般依工程底價或預算訂5－10%之金額,且保證責任至確認未得標或得標簽約為止。 【第28屆】

( ) **2** 一般而言,若無特別約定,銀行辦理透支業務之利息,以下列何者之透支餘額計算? (A)每日最初 (B)每日最低 (C)每日最高 (D)每日最低與最終孰高。 【第28屆】

( ) **3** 一般而言,辦理國際聯貸取得主辦權的銀行,為誘使銀行參貸較大金額,通常按不同位階給予不同費率,位階愈高,費率愈高,此種收費名目稱為下列何者? (A)承諾費 (B)代理費 (C)參貸費 (D)顧問費。 【第28屆】

( ) **4** 中長期授信案在計畫評估過程中,銀行往往會要求借款人注意履行某些特約條款,下列何者屬於否定條款(Negative Pledge)? (A)須按期提供財務報告 (B)有關第三人之保障或承諾 (C)禁止超過某期間或金額以上之新借款 (D)增加固定資產之限制。 【第28屆】

( ) **5** 聯合貸款之聯貸說明書係由下列何者製作提供? (A)主辦銀行 (B)借款企業 (C)參貸銀行 (D)主管機關。 【第28屆】

( ) **6** 有關銀行辦理保證業務,下列敘述何者錯誤? (A)保留款之保證期間為至工程完工並驗收合格後終止 (B)預付款保證之銀行,其保證責任以預付款扣除已收回、可收回或承包商已償還金額之餘額為準並以保證金額為最高限額 (C)發行商業本票保證時,每張面額以新臺幣十萬元或十萬元倍數為單位 (D)商業本票每筆保證期限自發行日起至該本票到期日止,以不超過90天為限。 【第28屆】

(　　) **7** 聯合貸款案件相關合約文件審核重點之一為擔保物權之設定方式
須配合聯貸銀行債權之主張形式，方可確保所有參貸銀行債權。
將來如貸款發生問題，處分抵押品所得款項分配方式，除非事先
另有約定外，原則上採下列何種方式分受其利益？　(A)主辦行有
優先受償權利　(B)參貸金額大者優先受償　(C)按參貸銀行已撥貸
未受清償餘額比例　(D)按簽約當時承諾攤貸金額比例。【第28屆】

(　　) **8** 執行BOT的五個階段中，訂定契約期所簽訂之EPC（Engineering
Procurement and Construction Contract），其潛在工程風險由下列
何者承擔？
(A)政府　(B)特許公司　(C)金融機構　(D)承包商。　　　【第28屆】

(　　) **9** 編製現金流量表時，下列何者屬於融資活動所產生之現金流量？
(A)支付利息　(B)支付股利　(C)捐贈　(D)取得固定資產。【第28屆】

(　　) **10** 編製現金流量表時，下列何者屬於投資活動的現金流量項目？
(A)現金增資發行新股　(B)收取股利　(C)償還借入款　(D)處分
固定資產。　　　　　　　　　　　　　　　　　　　　【第28屆】

(　　) **11** 可樂公司為大華銀行獨家往來客戶，全年營收約一億元，其中外
銷金額佔六成，該公司應收帳款週轉率為五次，若貸款成數為八
成，則銀行核定墊付國內票款最高額度為多少？　(A)2,000萬元
(B)1,600萬元　(C)960萬元　(D)640萬元。　　　　　　【第28屆】

(　　) **12** 有關大陸台商融資所辦理之貸款卡，下列敘述何者錯誤？
(A)個體經營者辦理擔保貸款，需辦理貸款卡　(B)當年辦理的貸
款卡仍須年審　(C)每年3月至6月15日辦理貸款卡年審　(D)承兌
匯票、信用證之信貸業務需辦理貸款卡。　　　　　　　【第28屆】

(　　) **13** 銀行簽發保證函，用以擔保承包商於領取工程款後，將依契約規
定如期完工。若承包商不履約，致使業主無法於開工後依工程進
度發給之工程驗收款中扣回，承包商如不償還時，由保證銀行負
責賠償，此類保證屬下列何項？　(A)工程履約保證　(B)預付款
保證　(C)保留款保證　(D)支付款保證。　　　　　　　【第28屆】

( ) **14** 下列何者不具法人資格？ (A)三來一補企業 (B)中外合資企業 (C)中外合作企業 (D)外資企業。 【第28屆】

( ) **15** 下列哪一項不是銀行評估BOT投資計畫的要素？ (A)技術來源與績效 (B)資金來源與投資報酬率 (C)股東能力與誠信 (D)全體股東是否擔任保證人。 【第29屆】

( ) **16** 企業為維持正常營運所需的最低流動資產量，包括現金、存貨、應收帳款、應收票據等。無法以自有資金滿足，須由銀行對其差額所為之融資，係指下列何者？ (A)經常性週轉資金貸款 (B)季節性週轉資金貸款 (C)臨時性週轉資金貸款 (D)計劃性融資貸款。 【第29屆】

( ) **17** 臺灣高速鐵路之興建為下列何種民間企業參與公共建設之模式？ (A)BOO（Build-Own-Operate） (B)BOT（Build-Operate-Transfer） (C)BTO（Build-Transfer-Operate） (D)TOT（Transfer-Operate-Transfer）。 【第29屆】

( ) **18** 當聯合貸款之貸款項目包括甲項：土地廠房貸款；乙項：進口機器貸款；丙項：國產機器貸款；請問擔保品土地廠房的擔保權益由下列何者分享？ (A)本聯合貸款全體參貸銀行 (B)甲項土地廠房貸款之參貸銀行 (C)乙項進口機器貸款之參貸銀行 (D)丙項國產機器貸款之參貸銀行。 【第29屆】

( ) **19** 在計劃性融資（Project Finance）之財務分析中，通常以下列何者為專案的投資報酬率？ (A)專案貸款利率 (B)專案內部報酬率（IRR） (C)郵匯局一年期定儲利率 (D)九十天期商業本票之利率。 【第29屆】

( ) **20** 有關透支用途之敘述，下列何者錯誤？ (A)針對企業現金管理的缺口做輔助性融資 (B)用於應收帳款之融通 (C)彌補企業現金正常收支的時間差距 (D)預防託收票據未能如期收妥。 【第29屆】

(　) **21** 下列何者在BOT的計畫風險之評估中，屬於外在環境方面評估
要點？　(A)營運績效與成本結構　(B)原物料供應與公共設施
(C)政治風險與政府承諾　(D)產品售價與市場分析。　【第29屆】

(　) **22** 編製現金流量表時，造成現金流出之因素為下列何者？　(A)資
產減少、負債增加、淨值增加　(B)資產增加、負債減少、淨值
減少　(C)資產增加、負債增加、淨值減少　(D)資產減少、負債
減少、淨值增加。　【第29屆】

(　) **23** 下列何者非為中長期授信承作條件之肯定條款？　(A)按期提供
各種財務報告表　(B)維持一定金額以上之淨週轉金　(C)有關第
三人之保證或承諾　(D)財務比率之限制。　【第29屆】

(　) **24** 編製現金流量表時，下列何者屬於營業活動所產生之現金流量？
(A)應收帳款收現　(B)購買庫藏股票　(C)償還銀行借款　(D)收
取保險理賠款。　【第29屆】

(　) **25** 淨值週轉率係用以分析授信戶之何項能力？　(A)短期償債能力
(B)財務結構　(C)經營效能　(D)獲利能力。　【第30屆】

(　) **26** 由企業資產負債表上之相關科目估算其經常性週轉金時，下列何
者非屬需考慮之科目？　(A)應收票據　(B)固定資產　(C)應收帳
款　(D)預付貨款。　【第29屆】

(　) **27** 有關進口機器設備貸款，下列敘述何者錯誤？　(A)一般以進口
設備價款之七成為原則　(B)原則上期限不超過七年　(C)銀行沒
有立場要求客戶與工程承包商簽訂統包合約　(D)銀行可要求技
術提供廠商出具履約保證函。　【第29屆】

(　) **28** 現金收支預估表所稱現金，不包括下列何者？　(A)庫存現金
(B)活期存款　(C)債權本票　(D)支票存款。　【第27屆】

(　) **29** 企業年年獲利，卻發生資金週轉失靈，可自下列何種報表知悉其
原因？　(A)現金流量表　(B)資產負債表　(C)損益表　(D)長期
投資明細表。　【第27屆】

( ) **30** 廠商為投標需要，委由銀行向業主保證，如得標後未能依投標文件規定及期限與業主簽訂工程契約，由保證銀行賠償業主之損失，此種保證稱為下列何者？　(A)履約保證　(B)押標金保證　(C)支付款保證　(D)保固保證。　　　　　　【第27屆】

( ) **31** 通常國際聯貸的準據法，係以下列何者或美國紐約州法為準據法？　(A)香港法　(B)日本法　(C)英國法　(D)德國法。【第27屆】

( ) **32** 下列何者屬於非自償性貸款？　(A)出口信用狀週轉金貸款　(B)墊付國內票款　(C)貼現　(D)透支。　　　　　【第27屆】

( ) **33** 信義公司透支契約以「每日最高透支餘額」之積數計算利息，於104年12月27日其帳戶餘額為透支50,000元，104年12月28日該帳戶有二筆交易，即早上存入25,000元，中午提款20,000元，則104年12月28日當天透支計息積數為多少？　(A)50,000元　(B)45,000元　(C)25,000元　(D)20,000元。　　　【第27屆】

( ) **34** 銀行審理透支業務時，下列注意事項何者錯誤？　(A)借款人須財務優良且具自律精神　(B)借戶係以透支額度供一般營運週轉使用　(C)不得移用於應收帳款或存貨之融資　(D)應配合借戶業務量及銀行往來情形核給額度。　　　　　　【第27屆】

( ) **35** 編製現金流量表時，下列何者不屬於現金流量項目？　(A)支付股利　(B)現金增資　(C)盈餘轉增資　(D)支付罰款。　【第27屆】

( ) **36** 下列何者不是「聯合貸款」的主要優點？　(A)對貸款銀行而言，得保有介入權，以保障權益　(B)對貸款銀行而言，可增加收益　(C)對借款人而言，可減低洽貸成本　(D)對借款人而言，可提高在同業間的地位。　　　　　　　【第27屆】

( ) **37** 中長期授信在協商擔保條件時，其考量之否定條款，下列何者非屬之？　(A)禁止分紅、減資或增加固定資產　(B)禁止超過某期間或金額以上之新借款　(C)禁止合併、固定資產出售或出租　(D)禁止債務保證、出售應收帳款、投資或保證。　　　　【第27屆】

（　）**38** 下列何者不屬於國際聯貸手續費所稱之Front-end-fees？　(A)管理費（Management Fee）　(B)徵信費（Credit Fee）　(C)參貸費（Participation Fee）　(D)包銷費（Underwriting Fee）。　【第27屆】

（　）**39** 有關聯合貸款之作業流程，下列敘述何者錯誤？　(A)借款人得以競標方式尋找主辦行　(B)借款人應製作聯貸說明書以供主辦行籌組聯貸銀行團　(C)聯貸案所需合約包括聯合授信合約及聯貸銀行合約　(D)借款人於預定撥款日應檢送應備文件向主辦行提出申請。　【第27屆】

（　）**40** A公司向甲銀行要求對其發行NT\$100,000,000，90天期之融資性商業本票（CP2）進行保證，並由甲銀行負責簽證承銷，年利率7%，保證費率0.5%，則A公司負擔之利息及保證費計新臺幣若干元？（小數點以下四捨五入）　(A)1,726,027元　(B)1,849,315元　(C)1,918,356元　(D)1,945,000元。　【第26屆】

（　）**41** 銀行對中長期授信申貸案件審查重點之一為評估授信戶未來數年的現金流量，並從營業活動、投資活動及融資活動三方面估算，下列何項交易屬於現金流入？　(A)支付稅捐　(B)退回資本　(C)支付利息　(D)舉借債務。　【第26屆】

（　）**42** 企業週轉資金需求之計算公式中，簡易判斷法為下列何者？　(A)（應收票據＋應收帳款＋存貨＋預付貨款）－（應付款項＋預收貨款）　(B)（固定資產＋長期投資）÷（淨值＋長期負債）　(C)本期損益＋折舊－長期股權投資－應收帳款增加數＋應付帳款增加數　(D)全年內銷金額÷週轉次數。　【第26屆】

（　）**43** 對融資銀行而言，下列何者非聯合貸款之優點？　(A)提高資金運用效率　(B)避免重複融資　(C)可杜絕呆帳發生　(D)增加客戶層面。　【第26屆】

（　）**44** 下列何者不屬於買賣業之營運週轉流程？　(A)購貨　(B)存貨　(C)應收帳款　(D)在製品。　【第26屆】

( ) **45** 一般國際聯貸案包括數個收費名目。倘借款人於簽約後即應依未動用額度及約定費率按期支付費用予聯貸銀行，直至用款期限截止，是項費用稱為： (A)參貸費 (B)前置費 (C)安排費 (D)承諾費。 【第26屆】

( ) **46** 有關聯合貸款之敘述，下列何者錯誤？ (A)同一聯貸案參與之金融機構至少要有二家以上 (B)同一聯貸案必須以相同的承作條件貸放 (C)在同一計畫項下只能貸予一個借款人 (D)聯合貸款案以中長期融資計畫居多。 【第26屆】

( ) **47** 甲公司在乙銀行有透支額度新臺幣600萬元，並約定以「每日最高透支餘額」之積數計息，若昨日甲公司透支餘額為400萬元，今日上午十一時該公司存入150萬元，嗣後該帳戶無任何交易，則今日甲公司透支戶應以多少金額為計息積數？ (A)250萬元 (B)400萬元 (C)550萬元 (D)600萬元。 【第26屆】

( ) **48** 下列何項授信業務屬於計劃性融資（Project Finance）？ (A)機關職工之福利貸款 (B)土地融資 (C)發電廠融資 (D)中長期週轉金貸款。 【第26屆】

( ) **49** 聯合貸款所徵提之擔保品，其抵押權人通常為下列何者？ (A)全體參貸銀行 (B)主辦銀行 (C)承作擔保授信之參貸銀行 (D)最大債權之參貸銀行。 【第26屆】

( ) **50** 由民間機構投資興建公共建設，完工後租給政府使用，租期屆滿後將該資產移轉給政府，係屬下列何種模式？ (A)OT（Operate and Transfer） (B)BT（Build and Transfer） (C)BTO（Build-Transfer-Operate） (D)BLT（Build-Lease-Transfer）。 【第26屆】

( ) **51** 銀行辦理中長期授信案件，往往要求借款人注意履行各項財務比率維持的特約條款，此項特約條款係指下列何者？ (A)肯定條款 (B)否定條款 (C)限制條款 (D)落日條款。 【第26屆】

( ) **52** 銀行對企業中長期授信申貸案件進行財務評估時，其長期償債能力比率（淨值及長期負債與固定資產比率）在各貸款年度原

則上要達到多少百分比以上，方可推估其具長期償債能力？
(A)85%　(B)100%　(C)200%　(D)250%。　　　　　　【第26屆】

(　　) **53** 於編製現金流量表時，下列何者屬於融資活動的現金流量項目？
(A)償還短期借款　(B)取得固定資產　(C)投資有價證券　(D)收
取利息及股利。　　　　　　　　　　　　　　　　　【第26屆】

(　　) **54** 銀行受客戶委任為押標金保證，其保證效力期限為何？　(A)自
開具保證函起至投標日終止　(B)自投標日起至與業主簽約後終
止　(C)自投標日起至工程開工日終止　(D)自開具保證函起至工
程開工日終止。　　　　　　　　　　　　　　　　　【第26屆】

(　　) **55** 依公司法規定，公司最近三年或開業不及三年之開業年度課稅後
之平均淨利，未達原定發行之公司債應負擔年息總額之多少比率
者，不得發行無擔保公司債？　(A)百分之九十　(B)百分之一百
(C)百分之一百二十　(D)百分之一百五十。　　　　　【第26屆】

(　　) **56** 依主管機關規定，下列何者不是發行公司債之計畫用途？
(A)汰舊換新廠房設備　(B)支付股利　(C)償還債務　(D)購併他
公司。　　　　　　　　　　　　　　　　　　　　　【第26屆】

(　　) **57** 實務上銀行可要求業主同意採分次解除保證責任方式出具保證書
之保證業務，係指下列何者？　(A)保留款保證　(B)預付款保證
(C)保固保證　(D)支付款保證。　　　　　　　　　　【第26屆】

(　　) **58** 依賴企業之保留盈餘為還款財源之貸款，係屬於下列何種貸款？
(A)現金流量型貸款　(B)股權轉換型貸款　(C)資產轉換型貸款
(D)臨時週轉型貸款。　　　　　　　　　　　　　　　【第22屆】

(　　) **59** 銀行對中長期授信申貸案件審查重點之一為評估授信戶未來數
年的現金流量，並從營業活動、投資活動及融資活動三方面估
算，下列何項交易屬於現金流入？　(A)支付稅捐　(B)退回資本
(C)支付利息　(D)舉借債務。　　　　　　　　　　　【第22屆】

( ) **60** 編製現金流量表時，下列何者屬於營業活動所產生之現金流量？
(A)收取股利 (B)支付股利 (C)償還銀行借款 (D)收取保險理
賠款。 【第22屆】

( ) **61** 甲公司透支契約未特別約定利息計算方式，於102年10月7日其帳
戶餘額為透支100,000元，102年10月8日該帳戶有二筆交易，即
早上存入50,000元，中午提款40,000元，則102年10月8日當天透
支計息積數為多少？ (A)100,000元 (B)90,000元 (C)50,000
元 (D)40,000元。 【第22屆】

( ) **62** 下列何者不是銀行辦理保證業務之保證方式？ (A)簽發保證函
(B)簽發擔保信用狀 (C)在支票上簽章保證 (D)在債權憑證上簽
章保證。 【第22屆】

( ) **63** 台電公司第一、二階段開放民間經營發電廠（IPP），民間企業
如長生電力、麥寮電力、和平電力、新桃電力等均係採下列何種
方式？ (A)BT (B)BOT (C)BOO (D)LDO。 【第22屆】

( ) **64** 銀行承作中長期授信案，為降低授信風險，往往要求借款人履行
某些特約條款，下列何者屬於特約條款中的否定條款？ (A)債
務總額之限制 (B)按期提供各種財務報告表 (C)禁止出售應收
帳款 (D)財務比率之限制。 【第22屆】

( ) **65** 半導體製造及代工廠商有下列何項資金需求時，以中長期授信聯
合貸款方式辦理為宜？ (A)擴建新廠 (B)買庫藏股 (C)配發現
金股利 (D)接到大訂單所需購料。 【第22屆】

( ) **66** 企業所需週轉資金倘係自貨幣市場取得，可透過下列何者之發
行方式支應？ (A)商業本票 (B)公司債 (C)可轉讓定期存單
(D)股票。 【第22屆】

( ) **67** 有關大陸地區銀行辦理不動產抵押應注意事項，下列敘述何者
錯誤？ (A)違約金與損害賠償金為抵押權之擔保範圍 (B)學
校、醫院之財產不得抵押 (C)建設用地使用權可作為抵押財產
(D)土地所有權可作為抵押財產。 【第22屆】

解答與解析

1 (C)。廠商雖提供擔保及有實力之保人，銀行對於廠商承包工程能力仍應予評審，以確保債權。

2 (C)。利息計算若無特別約定時，則按每日最高透支餘額之積數計算。

3 (C)。參貸費：由所有參貸銀行按其參貸金額乘以某一費率而得，為誘使銀行參貸較大金額，通常按不同位階給予不同費率，位階愈高，費率愈高。

4 (C)。否定條款（Negative Pledge），例如：(1)禁止超過某期間或金額以上之新借款。(2)禁止合併、固定資產出售或出租。(3)禁止債務保證、出售應收帳款、投資或保證。

5 (A)。聯合貸款之聯貸說明書係由主辦銀行製作提供。

6 (D)。商業本票每筆保證期限自發行日起至該本票到期日止，以不超過365天為限。

7 (C)。聯合貸款案件將來如貸款發生問題，處分抵押品所得款項分配方式，除非事先另有約定外，原則上採按參貸銀行已撥貸未受清償餘額比例分受其利益。

8 (D)。執行BOT的五個階段中，訂定契約期所簽訂之EPC，其潛在工程風險由承包商承擔。

9 (B)。融資活動：包括股東（業主）的投資及分配股利給股東（業主）、籌資性債務的借入及償還。

流入項目	流出項目
(1)現金增資。(2)舉借債務。	(1)支付股利。(2)購買庫藏股票。(3)退回資本。(4)償還借款。(5)償付分期付款金額。

10 (D)。係指購買及處分公司的固定資產、無形資產、其他資產、債權憑證及權益憑證等所產生的現金流量。

流入項目	流出項目
(1)收回貸款。	(1)放款給他人。
(2)出售債權憑證。	(2)取得債權憑證。
(3)處分非以交易為目的之金融資產。	(3)取得非以交易為目的之金融資產。
(4)處分固定資產。	(4)取得固定資產。

11 (D)。（100,000,000×0.4）/5×0.8＝6,400,000

12 (B)。大陸台商融資所辦理之貸款卡，當年辦理的貸款卡不須年審。

13 (B)。預付款保證係指若承包商不履約，致使業主無法於開工後依工程進度發給之工程驗收款中扣回，承包商如不償還時，由保證銀行負責賠償。

14 (A)。「三來一補」的「三來」是指來料加工、來樣加工、來件裝配，而「一補」是指補償貿易，是中華人民共和國（特別是廣東省）在改革開放初期嘗試性地創立的一種企業合作貿易形式，三來一補企業不具法人資格。

15 (D)。全體股東是否擔任保證人不是銀行評估BOT投資計畫的要素。

16 (A)。經常性週轉資金貸款係指企業為維持正常營運所需的最低流動資產量，包括現金、存貨、應收帳款、應收票據等。無法以自有資金滿足，須由銀行對其差額所為之融資。

17 (B)。所謂BOT即以興建（Build）、營運（Operate）、移轉（Transfer）方式，推動民間參與公共工程，係指政府規劃之公共工程計畫，經一定特許程序由民間機構投資興建及營運，臺灣高速鐵路之興建即採之。

18 (A)。聯合貸款擔保品的擔保權益由聯合貸款全體參貸銀行分享。

19 (B)。在計劃性融資（Project Finance）之財務分析中，通常以專案內部報酬率（IRR）為專案的投資報酬率。

20 (B)。「透支」是指銀行准許借款人於其支票存款戶無存款餘額或餘額不足支付時，由銀行先予墊付之融通方式，透支主要係用於針對企業現金管理的缺口做輔助性融資、彌補企業現金正常收支的時間差距、預防託收票據未能如期收妥。

21 (C)。在BOT的計畫風險之評估中，政治風險與政府承諾屬於外在環境方面評估要點。

22 (B)。編製現金流量表時，造成現金流出之因素為資產增加（購買資產）、負債減少（償還負債）、淨值（分配股利）減少。

23 (D)。財務比率、債務總額之限制為限制條款，非為中長期授信承作條件之肯定條款。

24 (A)。營業活動是指所有與創造營業收入有關的交易活動之收入，諸如進貨、銷貨、應收帳款收現等所產生的現金流量。

25 (C)。淨值週轉率係用以分析授信戶之經營效能。

26 (B)。固定資產屬長期資金考慮項目，非屬企業估算其經常性週轉金需考慮之科目。

27 (C)。銀行可要求客戶與工程承包商簽訂統包合約以要求某種程度的保障。

28 (C)。現金收支預估表所稱現金係指可隨時轉現的存款，不包括債權本票。

29 (A)。資金週轉失靈的原因可從現金流量表中得知。

30 (B)。押標金保證係指廠商為投標需要，委由銀行向業主保證，如得標後未能依投標文件規定及期限與業主簽訂工程契約，由保證銀行賠償業主之損失。

31 (C)。通常國際聯貸的準據法，係以英國法或美國紐約州法為準據法。

32 (D)。自償性貸款係指放款到期時，無須自行匯入資金還款，銀行本身有副擔保或其他方式還款，如票貼、押匯額度、出口信用狀週轉金貸款等。透支非屬自償性貸款。

33 (A)。利息計算若無特別約定時，則按每日最高透支餘額之積數計算。因今日之透支餘額低於昨日透支餘額，故昨日之透支餘額50,000元即為今日最高透支餘額之計息積數。

34 (B)。透支應是現金管理的輔助融資，屬應急及備用功能，不得視為一般短期週轉來運用。選項(B)有誤。

35 (C)。盈餘轉增資不影響現金流量的增減。

36 (A)。所謂聯合貸款（下稱「聯貸」），係指銀行接受借款公司的委託，以相同的貸款條件，結合兩家以上的銀行或金融機構組成聯合授信銀行團（聯貸銀行團），共同與借款人訂立聯合貸款合約，按約定比例貸放予借款人的一種授信行為。
(1)對借款人而言：
　　A.一次籌足中長期所需資金。　　B.擴張銀行往來關係。
　　C.建立在間接金融市場之知名度。
(2)對授信銀行而言：
　　A.分散授信風險。　　　　　　　B.集中控管擔保品。
　　C.增進銀行收益。　　　　　　　D.擴展可承作市場商機。

37 (A)。禁止分紅、減資或增加固定資產為擔保條件中的限制條款，非否定條款。

38 (B)。國際聯貸手續費所稱之Front-end-fees係指先付費，係指聯貸開始履行後，借款人應付的費用。徵信費（Credit Fee）不屬之。

39 (B)。主辦銀行應製作聯貸說明書作為籌組聯貸銀行團之文件。選項(B)有誤。

40 (B)。$100,000,000×（0.07＋0.005）×90÷365＝1,849,315（元）$

41 (D)。舉借債務會增加現金流入，增加負債。

42 (A)。企業週轉資金需求之計算公式：（應收票據＋應收帳款＋存貨＋預付貨款）－（應付款項＋預收貨款）

43 (C)。聯合貸款之優點：
(1)對借款人而言：可減低洽貸成本、有效籌足鉅額資金、保持抵押品完整、提高在同業間之地位、擴大市場接觸面，增加新的借款機會。
(2)對聯貸銀行而言：避免重覆融資、建立各銀行間的密切合作關係、提高資金運用效率、增加客戶層面、增加收益。

44 (D)。在製品是製造業才有的營運週轉流程。

45 (D)。一般國際聯貸案包括數個收費名目。倘借款人於簽約後即應依未動用額度及約定費率按期支付費用予聯貸銀行，直至用款期限截止，是項費用稱為「承諾費」。

46 (C)。聯合貸款是由兩家或數家銀行,在相同的承作條件下,一起對某一項目或企業提供貸款。故聯合貸款並未限制只能貸予一個借款人。

47 (B)。透支戶應以當日最高額度為計息積數,即400萬元。

48 (C)。資本支出貸款(計畫性融資)係寄望以企業之投資開發計畫所產生之現金流量、所獲之利潤、所提列之折舊、現金增資、發行公司債等作為其償債來源,如本題的發電廠融資。

49 (B)。聯合貸款所徵提之擔保品,其抵押權人通常為主辦銀行。

50 (D)。BLT(Build-Lease-Transfer):建設-租賃-移交。即政府出讓項目建設權,在項目運營期內,政府有義務成為項目的租賃人,在租賃期結束後,所有資產再轉移給政府。

51 (C)。銀行辦理中長期授信案件,往往要求借款人注意履行各項財務比率維持的特約條款,此項特約條款係指「限制條款」。

52 (B)。銀行對企業中長期授信申貸案件進行財務評估時,其長期償債能力比率在各貸款年度原則上要達到100%以上,方可推估其具長期償債能力。

53 (A)。(1)融資活動:包括股東(業主)的投資及分配股利給股東(業主)、融資性債務的借入及償還。(2)償還短期借款為營業活動之現金流量項目。

流入項目	流出項目
‧現金增資　‧舉借債務	‧支付股利　‧購買庫藏股票 ‧退回資本　‧償還借款 ‧償付分期付款金額

54 (B)。銀行受客戶委任為押標金保證,其保證效力期限自投標日起至與業主簽約後終止。

55 (D)。公司法第249條規定:「公司有下列情形之一者,不得發行無擔保公司債:一、對於前已發行之公司債或其他債務,曾有違約或遲延支付本息之事實已了結,自了結之日起三年內。二、最近三年或開業不及三年之開

業年度課稅後之平均淨利,未達原定發行之公司債,應負擔年息總額之百分之一百五十。」

56 (B)。依主管機關規定,發行公司債之計畫用途不包含支付股利。

57 (B)。實務上銀行可要求業主同意採分次解除保證責任方式出具保證書之保證業務,係指「預付款保證」。

58 (A)。中長期授信則特別強調「盈餘」及「管理」因素的評估,並以中長期預測方法,評估授信戶未來的現金流量情形,分析其償還能力,依賴企業之保留盈餘為還款財源之貸款,係屬於現金流量型貸款。

59 (D)。支付稅捐、退回資本、支付利息均屬現金流出,只有舉借債務為現金流入。

60 (A)。支付股利、償還銀行借款為籌資活動;收取保險理賠款為投資活動;收取股利為營業活動之現金流量。

61 (A)。利息計算若無特別約定時,則按每日最高透支餘額之積數計算。因今日之透支餘額低於昨日透支餘額,故昨日之透支餘額100,000元即為今日最高透支餘額之計息積數。

62 (C)。銀行辦理保證之方式,包括:簽發保證函、簽發擔保信用狀(standby L/C)、在本票上簽章保證、在債權憑證上簽章保證等。

63 (C)。BOO模式(Build-Own-Operate)BOO即建設一擁有一經營,承包商根據政府賦予的特許權,建設並經營某項產業項目,但是並不將此項基礎產業項目移交給公共部門。民營電廠則採BOO模式。

64 (C)。否定條款(Negative Pledge):禁止超過某期間或金額以上之新借款。如禁止合併、固定資產出售或出租、禁止債務保證、出售應收帳款、投資或保證。

65 (A)。擴建新廠以中長期授信聯合貸款方式辦理為宜。

66 (A)。國內工商企業為籌集短期資金,發行以融通資金為目的之商業本票,委請銀行保證,由銀行負保證付款之責任。申請人取得銀行保證之商業本票,可透過貨幣市場取得資金。

67 (D)。依大陸物權法第184條規定下列財產不得抵押:土地所有權……。

Chapter 3　外匯授信

焦點 1　外匯授信基本概念

一、外匯授信之意義

外匯授信係指銀行為協助進出口業者完成國際貿易，所為之資金融通及促進國際貿易所為的各項承兌、保證等業務。

二、外匯授信之種類

(一) 進口外匯業務

進口業務以開發信用狀及其相關業務為最大宗。舉凡自開發信用狀開始，至到單、贖單、擔保提貨／副提單背書、貿易融資墊款／還款、預購遠期外匯等，均屬之。銀行辦理各種進口外匯授信業務分述如下：

1. **即期信用狀**（Sight L/C）：指開狀銀行核予進口商一即期信用狀額度，進口商可在此額度內循環使用，申請開發即期信用狀，但開狀銀行未同時給予外幣放款額度，進口單據寄達時，進口商須還清信用狀款項（扣除開

> **知識延伸**
>
> 以信用狀辦理者，銀行較能掌握還款來源。

   狀時所結購之開狀保證金）與銀行墊款利息，才能贖取單據。即期信用狀（Sight Credit）到達時，開狀申請人必須備款贖單。Sight L/C開狀銀行收到受益人提示單據列帳時，其會計科目為「進口押匯」。

2. **遠期信用狀**（Usance L/C）：是指信用狀上規定受益人簽發遠期匯票。一般可分為：

   (1) **買方遠期信用狀**（Buyer's Usance L/C）：指開狀銀行核予進口商一遠期信用狀額度，進口商可在此額度內循環使用，申請開發買方（或賣方）遠期信用狀；進口商倘申請買方遠期信用狀，在進口單據寄達時，進口商得承兌贖單，由開狀銀行以即期方式墊款補償出口地之押匯銀行，再將墊款轉成外幣短期放款，而於額度核准之短期放款到期日，進口商須償還墊款之本金外加放款期間之利息。

(2)**賣方遠期信用狀**（Seller's Usance L/C）：進口商申請開發賣方遠期信用狀，係佔用其獲核准之買方遠期信用狀簽發，開狀銀行對押匯銀行承諾於信用狀規定或推定之到期日補償；而在進口單據寄達時，進口商得承兌贖單，但因開狀銀行係於到期日始予以補償，並無墊款之發生；因此，僅以應收承兌票款入帳並通知出口地押匯銀行有關已承兌補償之到期日，再由開狀銀行於到期日進口商還款後將款項匯付出口地之押匯銀行，但由於開狀銀行並未墊款，因此進口商僅償還信用狀款項即可。

3. **承兌交單（D/A）、付款交單（D/P）擔保提貨與副提單**：承作D/A、D/P擔保提貨與副提單，銀行之角色從代理人轉變為保證人，直接涉入買賣雙方之交易，產生債權債務關係；因此，進口商須先申請並獲核准D/A、D/P擔保提貨與副提單背書額度後，始得辦理。提單一旦經銀行背書提貨後，進口商與銀行均不可對該筆信用狀主張拒付。

> **知識延伸**
>
> 海運提單（B/L）「提單」在海商法中稱為「載貨證券」，係屬物權證書（有價證券）。海運提單是海上貨物運輸最主要的單據，對開狀銀行之保障性最高。

4. **O/A（或D/A、D/P）貸款**：配合以託收（D/A、D/P）或記帳（O/A）方式進口貨物進口商之融資需要，由銀行貸予外幣墊付進口貨款，進口商則以提領貨物後銷售所得款項清償貸款本息之外幣融資業務。

5. **各項外幣聯貸**：由金融同業合組聯貸銀行團，依據參貸比率由各銀行集體提供之外幣貸款。

(二) 出口外匯業務

供出口廠商外銷商品所需採購、製造、加工之週轉資金，一般以6個月為原則。銀行辦理各種進口外匯授信業務分述如下：

1. **裝船前融資**：

訂單融資	出口商憑買賣雙方共同簽訂並相互確認之訂單或買賣契約，向往來銀行申請出口融資，以供購料生產如期出貨。此種融資，出口商必須先向往來銀行申請外銷貸款額度，由於出口商尚未將貨物出口，就先向銀行支領一筆款項，這對銀行而言，無異是一筆信用借款，風險很高。

信用狀融資	大部分的國內銀行尚未辦理訂單融資時,出口商必須持國外信用狀向銀行抵押才能辦理外銷貸款。由於出口商也是尚未將貨物裝船出口,因此銀行對出口商辦理信用狀融資之程序,也是與辦理訂單融資的程序相同,其差異處在於銀行所承受風險的程度不同。
預支信用狀	開狀銀行應進口商之要求,在信用狀上特別加註預支價款之條款,准許受益人於貨物打包出口前,得憑該信用狀簽發匯票(或收據),聲明書及/或說明書,向開狀銀行所指定之銀行請求預墊貨款,待貨物出口後,受益人備妥信用狀所規定之單據,向銀行提示押匯時,由銀行扣除先前所墊付之款項後,再將餘款付予受益人。

2. **裝船後融資:**

(1) **出口押匯**:出口商依據信用狀規定,簽發匯票,並備妥貨運單據,連同有關押匯文件一併提交指定銀行申請押匯。銀行審單人員依據信用狀內容,逐步審核匯票和貨運單據,如押匯文件符合信用狀之要求,銀行會把押匯款扣除手續費、電報費、郵費、利息後之淨額,撥入出口商指定之帳戶。

(2) **付款交單(D/P)**:出口商依買賣契約規定交運貨物後,簽發「即期匯票」連同有關單據,委託銀行代為向買方收取貨款。買方則須付清貨款後,始可取得相關單據辦理提貨。出口商出貨前,可憑訂單向往來銀行辦理訂單融資;出貨後,亦可憑匯票及貨運單據向往來銀行辦理D/P融資。

(3) **承兌交單(D/A)**:出口商依買賣契約規定交運貨物後,簽發「遠期匯票」連同有關單據,委託銀行代為向買方提示並收取票款。買方僅須在匯票上簽字,承諾將如期如數兌現價款,即可取得貨運單據辦理提貨,俟承諾付款的期限屆滿時,再結付貨款。

(4) **記帳(O/A)**:出口商依買賣契約之規定,先將貨物運交買方,貨款則依約定先行記帳,必須經過一段時日,俟約定的期限屆滿時,始能向買方結收帳款。簡言之,O/A係由賣方將貨運單證直接寄給買方提貨,而未經過銀行,於約定期限屆滿時為匯還出口商貨款而申請外幣融資。

(5) **轉開信用狀（Back-to-back L/C）**：即憑國外開來的（Master L/C）向本地銀行申請另開一張以國內或國外供應商為受益人（即第二受益人）之信用狀。當信用狀受益人本身並非貨物的供應商，但不願讓進口商知道其本身並非供應商，同時亦不願讓進口商知道本身以低價購得貨物轉賣，或避免國外買方與供應商直接接觸時，便可向中間貿易商所在地之通知銀行或其往來之銀行，憑國外開本人的信用狀（Master L/C）申請另開一張轉開信用狀（Back to Back L/C）給國內或國外供應商。國內轉開信用狀之運送單據，須符合MASTER L/C之條件，應以MASTER L/C之受益人名義裝運。

(6) **應收帳款承購業務**：應收帳款承購商（如銀行）與出口商簽訂契約，同意出口商於貨物輸出後，購買其對特定進口商的銷貨債權，並附帶辦理債權的管理、收回、催討、週轉性融資授信，買方的信用調查、承擔信用風險。簡單而言，出口商把銷貨債權賣給銀行並立即得到貨款，而由銀行去承擔風險，和負責向進口商收款。

(7) **買斷業務**：出口商將其在貿易中對於國外進口商之未來中長期應收債權賣給買斷行的一種融資方式。

 觀念補給站

1. O/A係由賣方將貨運單證直接寄給買方提貨，而未經過銀行，於約定期限屆滿時為匯還出口商貨款而申請外幣融資。

2. 通常轉開信用狀(Back-to-back L/C)：
   (1) 轉開信用狀的金額通常較原信用狀為小。
   (2) 有效期限較原信用狀短。
   (3) 數量和品質條件必須一致。
   (4) 對賣方而言，風險順序（由低至高）：L/C、D/P、D/A、O/A。

---

3. **設備資金貸款**：銀行對進口商要從國外進口機器行貸款。

4. **外幣保證業務**：保證業務係銀行授信業務之一，其性質雖與一般放款貸放資金不同，但所承擔的風險卻與放款相同，因為銀行為客戶向第

三者保證所發生之保證責任，於客戶未能
依約履行其債務時，負有無條件清償的義
務。銀行辦理保證業務所開發之信用狀為
Standby L/C。

5. **買入光票**：

(1)**光票定義**：作為付款工具之單據稱為財務
單據，包含有支票、本票、匯票或其他財
務證明文件，至於與貨物之交付相關之運
送單據、保險單據商業發票等，稱為「商
業單據」；伴隨商業單據之財務單據，例如：出口押匯之信用狀項下
匯票，或出口託收之匯票，稱為跟單票據；而未伴隨商業單據之財務
單據，則稱為「光票（Clean Bill）」。

(2)**操作程序**：客戶須事先申請買入光票額度，辦理時經銀行審查票據
後，依付款地區別，按牌告外幣放款利率，收取一定天數之利息及手
續費後，再按買入當日牌告買入匯率換算新臺幣解付，再將該等票據
寄送付款地，委託代收銀行向付款銀行提示收款，俟款項入賬後沖抵
原先之墊款，銷帳結案。

(3)**銀行的風險控管**：

A. 有無經受款人背書，且應查明背書真偽。

B. 票據不得有偽造或變造。

C. 不得受理未到期或逾起發票日6個月以上之票據。

D. 不得受理禁止流通之票據。

(三) **外匯授信風險**

1. **流動性風險**：當財政政策改變或國際金融市
場發生變故，可能導致銀行資金調度吃緊的
流動性風險。

2. **市場利率風險**：資產轉換向為金融機構的主
要功能之一，旨在調度資金。如因存在不同
的到期期限及流動性特質，以致銀行資產負
債長短期期限結構常不太一致，並因而承擔
潛在的利率變動風險。

3. **信用風險**：在出口商方面，有可能發生貨物出口後，進口商財務狀況惡化，導致未獲付款等信用風險。在進口商方面，有可能發生出口商出口品質不良的信用風險。
4. **國家風險**：某些國家發生動盪導致無法清償外債的風險。
5. **匯率風險**：匯率變動所導致的營收減少的風險。

━━━━━━━━━| 牛刀小試 |━━━━━━━━━

( ) **1** 就保證的方式而言，下列何者不屬於保證業務？　(A)簽發擔保信用狀　(B)在本票上簽章保證　(C)簽發保證函　(D)在匯票承兌人處簽章。　　　　　　　　　　　【第31屆】

( ) **2** 有關辦理墊付國內應收款項業務，下列敘述何者錯誤？　(A)辦理墊付國內票款係銀行法所稱之無擔保授信　(B)國內應收帳款承購業務係墊付國內應收款項的一種　(C)有追索權國內應收帳款承購授信對象為應收帳款讓與者（即買方）　(D)無追索權之墊付國內應收款項，於帳款無法收回時，銀行不得向借戶主張返還墊付之款項。　　　　　　　　　【第31屆】

( ) **3** 進口商急欲提貨，向銀行申請簽發擔保提貨書，銀行若同意辦理，提單一旦經銀行背書提貨後，進口商與銀行可否對該筆信用狀主張拒付？　(A)僅銀行可　(B)僅進口商可　(C)進口商與銀行均可　(D)進口商與銀行均不可。　　　　　　　　【第31屆】

( ) **4** 下列何者屬裝船後融資？　(A)出口押匯　(B)出口信用狀週轉金貸款　(C)憑國外訂單或輸出契約辦理融資　(D)轉開國內信用狀。　　　　　　　　　　　　　　　　　　　【第31屆】

( ) **5** 下列何者屬於外匯間接授信項目？　(A)進口押匯　(B)買入光票　(C)外幣保證　(D)出口押匯。　　　　　　【第31屆】

( ) **6** 下列何者非屬「大陸出口、臺灣押匯」交易方式？　(A)三角貿易　(B)第三地提供原料，委託大陸加工　(C)臺灣提供原料委託大陸加工　(D)大陸提供原料委託臺灣加工。　　　【第31屆】

(　　) **7** 外銷貸款以下列何種文件辦理者，較能掌握還款來源？
(A)訂單或合約　(B)承兌交單（D/A）　(C)付款交單（D/P）
(D)信用狀（L/C）。　　　　　　　　　　　　　　【第31屆】

(　　) **8** 有關銀行受理買入光票業務，下列敘述何者錯誤？　(A)未到期之
票據，不得受理　(B)旅行支票（Traveller's Checks）非屬光票，不
得受理　(C)票據之日期已逾越六個月之票據，不得受理　(D)美
國地區付款票據，付款人於付款後仍得再行退票。　　【第31屆】

(　　) **9** 進口商為規避新臺幣匯率貶值風險，下列方法何者錯誤？
(A)預售遠期外匯　(B)預購遠期外匯　(C)維持外幣債權與債務
均衡　(D)以新臺幣為交易貨幣。　　　　　　　　　【第31屆】

(　　) **10** Import Factor買入出口商對進口商之應收帳款債權，所承擔之
風險不包括下列何項？　(A)進口商之信用風險　(B)進口國之
政治風險　(C)進口商之財務風險　(D)移轉風險。　　【第31屆】

(　　) **11** 下列何種信用狀之項下單據到達時，開狀申請人必須備款贖
單？　(A)SIGHT L/C　(B)USANCE L/C　(C)MASTER L/C
(D)STANDBY L/C。　　　　　　　　　　　　　　【第31屆】

(　　) **12** 出口押匯是屬於下列何種授信？　(A)中長期授信　(B)長期授
信　(C)出口裝船後融資　(D)出口裝船前融資。　　【第30屆】

(　　) **13** 有關憑MASTER L/C轉開BACK TO BACK L/C之敘述，下
列何者錯誤？　(A)有效期限應早於MASTER L/C　(B)裝船
期限可以晚於MASTER L/C　(C)金額可以小於MASTER L/C
(D)可應用於三角貿易。　　　　　　　　　　　　　【第30屆】

(　　) **14** 有關進口機器設備資金貸款，下列敘述何者錯誤？　(A)一
般以進口設備款之七成核貸為原則　(B)期限原則上不超過七
年　(C)還款來源應來自融資活動之淨流入為佳　(D)為恐投
資金額超出預算，可要求資力雄厚之股東出具維護保證契約
（Maintenance Agreement）。　　　　　　　　　　【第30屆】

(　　) **15** 一般而言，BACK TO BACK L/C之運送單據，應以下列何者名義裝運？　(A)MASTER L/C之受益人　(B)國外買主　(C)押匯銀行　(D)BACK TO BACK L/C之受益人。　【第30屆】

解答與解析

1 (D)。在匯票承兌人處簽章屬於授信業務。

2 (C)。有追索權之應收帳款承購業務，比照一般放款，授信對象為賣方。

3 (D)。進口商急欲提貨，向銀行申請簽發擔保提貨書，銀行若同意辦理，提單一旦經銀行背書提貨後，進口商與銀行均不可對該筆信用狀主張拒付。

4 (A)。裝船後融資包括遠期匯票、出口押匯等。

5 (C)。保證屬於間接授信項目。

6 (D)。「大陸出口、臺灣押匯」是指臺灣廠商接獲第三國廠商（如美國）之訂單，但是臺灣廠商自己並不在臺灣生產該訂單所要之商品，而是透過在大陸所投資之企業生產該商品，並直接將商品從大陸運給第三國廠商。大陸提供原料委託臺灣加工非屬「大陸出口、臺灣押匯」交易方式。

7 (D)。信用狀（Letter of Credit，簡稱L/C，又稱credit）係銀行（即開狀銀行）基於本身的需要或循顧客（即開狀申請人，通常為貨物的買方）的請求與指示，向第三人（即受益人，通常為貨物的賣方）所簽發的一種文據，銀行向第三人承諾，如該第三人能履行該文據所規定的條件，憑特定單據對第三人或其指定人為之付款，或對受益人所簽發之匯票承兌並付款，或授權另一銀行執行上述之付款或對上述匯票為之付款、承兌或讓購。外銷貸款以信用狀辦理者，較能掌握還款來源。

8 (B)。光票（Clean Bill）是指不附帶商業單據的匯票（如貨運等相關單據），而在國外付款的外幣票據。旅行支票（Traveller's Checks）屬光票。

9 (A)。進口商有外匯的需求，為規避新臺幣匯率貶值風險，應預購遠期外匯。選項(A)有誤。

10 (B)。Import Factor買入出口商對進口商之應收帳款債權,所承擔之風
險包括進口商之信用風險、進口商之財務風險、移轉風險等。

11 (A)。即期信用狀（Sight Credit）是指受益人根據信用狀的規定,可
憑即期跟單匯票或僅憑單據收取貨款的信用狀。即期信用狀（Sight
Credit）到達時,開狀申請人必須備款贖單。

12 (C)。出口裝船後融資:出口押匯、出口託收融資、應收帳款承購業
務等。

13 (B)。當信用狀受益人本身並非貨物的供應商,但不願讓進口商知道
其本身並非供應商,同時亦不願讓進口商知道本身以低價購得貨物轉
賣,或避免國外買方與供應商直接接觸時,便可向中間貿易商所在
地之通知銀行或其往來之銀行,憑國外開本人的信用狀（Master L/
C）申請另開一張轉開信用狀（Back to Back L/C）給國內或國外供應
商。憑MASTER L/C轉開BACK TO BACK L/C兩者係分立之交易,
裝船期限可以早於MASTER L/C。

14 (C)。進口機器設備資金貸款,還款來源應來自營業活動之淨流入為佳。

15 (A)。一般而言,BACK TO BACK L/C之運送單據,應以MASTER L/C
之受益人名義裝運。

焦點2 外匯保險及規範

一、國際規則

目前國際間通行之銀行保證所適用之國際規則,分述如下:

(一) UCP600

1. **信用狀不可撤銷**:據UCP600之規定「信用狀係不可撤銷」,於輸出貨物
後,依該信用狀之條款及規定,簽發匯票（信用狀規定須提示匯票時）並
備妥全部貨運單據,向信用狀指定之銀行（或於自由讓購之信用狀,任一
銀行均為指定銀行）辦理信用狀款項之動用手續,或向受益人往來之銀行
（第一押匯銀行）,轉信用狀指定銀行（第二押匯銀行）辦理信用狀款項
之動用手續,以取得出口貨款。

2. **讓購信用狀的判斷**：依據UCP600規定讓購係以墊款方式買入匯票及／或單據，應不屬於買斷行為。「若信用狀之使用方式為由保兌銀行讓購，則為無追索權讓購。」因此，若讓購行為係由保兌銀行為之者，對受益人就不具追索權，是一種買斷行為。在現行UCP600之架構下，出口押匯也應屬於融資墊款行為；但在保兌行情下，是一種買斷行為。

3. **是否付款決定**：依UCP600規定，銀行應自提示日之次日起最長5個營業日決定是否接受單據或主張拒付。

(二) URDG758：URDG758（請求統一保證規定）係處理相關既定與一致性之保證問題。

(三) ISP98：國際擔保執行條款（ISP98）係針對信用狀統一慣例（UCP500）中有關於擔保信用狀之規定為補充，為擔保信用狀之執行規範。目前國際間通行之銀行保證，係以「ISP98」規範擔保函。

> **知識延伸**
>
> 目前國際間通行之銀行保證所適用之國際規則：URDG758、UCP600、ISP98，不含URC522（託收統一規則）、INCOTERMS2010。

二、外匯保險

(一) **賣方投保**：進口價格條款為CIF（Cost,Insurance and Freight）或CIP時，運費及保險費在內交貨。賣方負擔貨到目的港卸貨前所有費用→賣方付保險費。

(二) **買方投保**：進口價格條件為FOB（Free on Board）或CPR，裝船前所有費用由賣方支付，裝船後所有費用即由買方負擔→買方付保險費。

(三) **保險單之審核原則**

保險單據的審核，除依UCP600對保險單據之規定審核外，尚有一些實務上必須遵守的審核原則。例如：

1. 須由保險公司、保險人或其代理人所出具並簽署。代理人之簽字須表明代理人是否代替或代表保險公司或保險人簽署。

2. 由保險經紀人所簽發之投保通知書（Cover Note），不得接受。

3. 保險單代替統保單項下之保險證明書或聲明書，可以接受。

4. 其承保日不遲於裝運日之當日起生效外，保單日不得遲於裝運日。

5.保險金額須與信用狀同一幣別。若信用狀未規定所須投保範圍時,則保險金額至少須為貨物CIF價額或CIP價額之110%。

6.保險金額之大小寫須一致。

7.保險單內所開列之貨名稱、麥頭、件數、起運港、轉運港、卸貨港、目的地、船名等須與運送單據及商業發票相符。

8.保險單據應以出口商為被保險人,並由其作成空白背書。若被保險人為保兌銀行、開狀銀行或買方時,須由該等機構背書。

9.賠償地點應依信用狀規定。

10.所保險之條款,應與信用狀規定相符。

┤ 牛刀小試 ├

( )　**1** 下列何種進口價格條款,保險係由賣方投保?　(A)CIP　(B)FOB　(C)CFR　(D)CPT。　　　　　　　　　　　　【第31屆】

( )　**2** 下列何者並非目前通行於全球的國際擔保?　(A)受ISP98規範的擔保函(standby)　(B)受URCG325規範的契約保證函(Contract Guarantee)　(C)受URDG758規範的即付保證函(Demand Guarantee)　(D)受UCP600規範的擔保信用狀(Stand-by L/C)。　　　　　　　　　　　　【第31屆】

( )　**3** 有關開發三角貿易信用狀,下列敘述何者正確?　(A)背對背L/C之條款可與MASTER L/C之規定牴觸　(B)背對背L/C之有效期間及裝船期限可遲於MASTER L/C　(C)背對背L/C規定出貨後若干日辦理押匯者,應較MASTER L/C同項規定長　(D)背對背L/C之商業發票金額可小於MASTER L/C金額。　　　【第31屆】

( )　**4** 依UCP600規定,銀行應於何時決定是否接受單據或主張拒付?　(A)自提示日起最長五個營業日　(B)自提示日起最長七個營業日　(C)自提示日之次日起最長五個營業日　(D)自提示日之次日起最長七個營業日。　　　　　　　　　　　　【第31屆】

(　)　**5** 依據出進口廠商登記管理辦法之規定，公司、行號須向下列何者登記為出進口廠商？　(A)財政部　(B)外貿協會　(C)國貿局　(D)關稅總局。　　　　　　　　　　【第30屆】

(　)　**6** 開狀銀行判斷對押匯單據是否付款之依據為下列何者？　(A)押匯單據項下貨物品質之優劣　(B)進口商信用之良窳　(C)押匯單據之真偽　(D)押匯單據是否符合信用狀規定。　　【第30屆】

解答與解析

1 (A)。運費及保險費付至（CIP）之保險係由賣方投保。

2 (B)。受URCG325規範的契約保證函（Contract Guarantee）並非目前通行於全球的國際擔保。

3 (D)。背對背信用狀：信用狀的受益人本身雖是出口商，但可能只具代理性質，或業務過多而將部分訂單轉出，為避免製造商或同業接觸其業務往來的商業機密，所以將自己所獲得的信用狀提請往來銀行轉開另一張信用狀給供應商，背對背L/C之商業發票金額可小於MASTER L/C金額。

4 (C)。依UCP600規定，銀行應自提示日之次日起最長五個營業日決定是否接受單據或主張拒付。

5 (C)。出進口廠商登記管理辦法第2條規定：「公司或商號經營出進口業務，除法令另有禁止或限制規定者外，得依本辦法向經濟部國際貿易局（以下簡稱貿易局）申請登記為出進口廠商。」

6 (D)。開狀銀行判斷對押匯單據是否付款之依據為押匯單據是否符合信用狀規定。

精選試題

( ) **1** 銀行在辦理出口商應收帳款收買業務（Factoring）之徵信審查時，下列何者不須考量？ (A)買方之信用 (B)貨物之品質 (C)買賣雙方交易行為是否屬實 (D)買方歷史、業績、業務、財務等相關資。 【第28屆】

( ) **2** 有關出口授信，下列敘述何者正確？ (A)憑輸出契約辦理之融資屬裝船後融資 (B)出口信用狀週轉金貸款屬裝船後融資 (C)出口押匯屬裝船後融資 (D)D/A、D/P方式外銷貸款屬裝船前融資。 【第28屆】

( ) **3** 因交易對方國家外匯短缺而對外債之支付或匯款限制所生之風險，屬於下列何項？ (A)匯率風險 (B)信用風險 (C)付款條件風險 (D)國家風險。 【第28屆】

( ) **4** 銀行辦理憑國外訂單或輸出契約之出口融資業務時，若憑貸之訂單或契約為出口廠商之海外關係企業或子公司所簽發者，融資銀行應如何處理？ (A)不予受理 (B)延長貸款期間 (C)酌降融資成數後辦理 (D)詳予查證實際交易內容後審慎辦理。 【第28屆】

( ) **5** 下列何種運送單據係屬可經背書行為轉讓之有價證券？ (A)海運提單 (B)航空提單 (C)郵政收據 (D)承攬運送人所簽發之運送單據。 【第28屆】

( ) **6** 有關外幣保證函與擔保信用狀，下列敘述何者錯誤？ (A)對受益人而言，擔保信用狀較有保障 (B)擔保信用狀開狀銀行在法律上是主債務人 (C)外幣保證函格式已大致定型化，而擔保信用狀尚無一定格式 (D)一般而言，擔保信用狀都言明遵守UCP600或ISP98。 【第28屆】

( ) **7** 國內進口商向銀行申請開發信用狀，於到單時由開狀行付款而給予進口商180天之融資，此種信用狀俗稱為下列何項？ (A)即

期信用狀　(B)買方遠期信用狀　(C)賣方遠期信用狀　(D)擔保信用狀。　　　　　　　　　　　　　　　　　　　【第28屆】

( )　**8** 有關核定出口託收融資額度之考量因素，下列何者正確？A.出口實績　B.出口商之產銷能力　C.進出口商雙方之信用狀況　(A)僅A.B　(B)僅A.C　(C)僅B.C　(D)A.B.C。　【第28屆】

( )　**9** 下列各項外匯業務何者屬於進口直接授信？　(A)國外應付帳款融資　(B)擔保提貨　(C)進口押匯　(D)開發擔保信用狀（Standby L/C）。　　　　　　　　　　　　　【第28屆】

( )　**10** 出口信用狀週轉金貸款以下列何者為到期日，惟以開狀地為基準者，貸款期限宜縮短？　(A)信用狀有效期限　(B)最後裝船期限　(C)裝船日　(D)商業發票簽發日。　　　　　　　【第28屆】

( )　**11** 下列各項外匯業務中，何者非屬外匯授信項目？　(A)外銷貸款　(B)預購遠期外匯　(C)航空提單之背書　(D)紅條款（預支條款）信用狀墊款。　　　　　　　　　　　　　　　【第28屆】

( )　**12** 辦理外匯業務簽發保證函時，其有效日期未明確表示者，應以下列何者為準？　(A)受益人所在地日期　(B)開狀銀行所在地日期　(C)通匯銀行所在地日期　(D)申請人所在地日期。　【第28屆】

( )　**13** 下列何者為託收統一規則之簡稱？　(A)URDG　(B)ISP98　(C)URC522　(D)ISBP。　　　　　　　　　　　【第28屆】

( )　**14** 銀行辦理買方委託承兌，匯票之發票人為下列何者？　(A)限交易之買方　(B)限交易之賣方　(C)銀行　(D)買方或賣方皆可。　　　　　　　　　　　　　　　　　　　【第27屆】

( )　**15** 依中央銀行規定，進口外匯業務開發信用狀保證金之收取比率為何？　(A)一成　(B)二成　(C)三成　(D)由指定銀行自行決定。　　　　　　　　　　　　　　　　　【第26屆】

(　) **16** 下列信用狀之修改，何者會動用到貸款額度？　(A)信用狀金額增加　(B)有效日期延後　(C)最後裝船期限延長　(D)將禁止分批裝船改成允許分批裝船。　　　　　　　　　　　　　　　【第26屆】

(　) **17** 賣方遠期信用狀係開狀銀行對押匯單據予以承兌，承諾於到期日清償貨款，如賣方向押匯銀行申請貼現，其貼現息由下列何者負擔？　(A)開狀銀行　(B)押匯銀行　(C)買方　(D)賣方。　　　　【第26屆】

(　) **18** 下列何者屬裝船後融資？　(A)出口押匯　(B)出口信用狀週轉金貸款　(C)憑國外訂單或輸出契約辦理融資　(D)轉開國內信用狀。　　　　　　　　　　　　　　　　　　　　　　【第26屆】

(　) **19** 下列何種運輸單據，對銀行較具保障？　(A)空運提單　(B)海運提單　(C)郵包收據　(D)鐵路運送單據。　　　　　　　　【第26屆】

(　) **20** 下列何者不屬於應收帳款承購商對賣方（即出口商）提供的服務？　(A)資金融通　(B)承擔買方無法付款的倒帳風險　(C)承擔可歸責於賣方過失而產生的商業糾紛　(D)應收帳款管理、收取與催收。　　　　　　　　　　　　　　　　　　　【第26屆】

(　) **21** 有關中央銀行對於外幣貸款之規定，下列敘述何者正確？　(A)貸款成數最高僅得為交易金額之九成　(B)承作對象不包括個人　(C)顧客應提供與國外交易之證明文件　(D)一律不可以兌換為新臺幣。　　　　　　　　　　　　　　　　　　【第26屆】

(　) **22** 銀行開發下列何種價格條款之信用狀時，應於信用狀上明確指示賣方應投保之保險種類？　(A)CIP　(B)CPT　(C)FOB　(D)CFR。　　　　　　　　　　　　　　　　　　　　　　【第26屆】

(　) **23** 外銷貸款以下列何種文件辦理者，較能掌握還款來源？　(A)訂單或合約　(B)承兌交單（D/A）　(C)付款交單（D/P）　(D)信用狀（L/C）。　　　　　　　　　　　　　　　　　　【第26屆】

(　) **24** 下列何者不屬於買入光票應查核事項？　(A)票據有無經過受款人背書　(B)票據上之日期是否已到期　(C)注意票據取得來源及原因，以防範融通性票據　(D)票據所附加之跟單單據。　【第26屆】

( ) **25** 目前國際間通行之銀行保證，係以下列何者規範擔保函？
(A)ISBP　(B)GRIF　(C)ISP98　(D)URC522。　　【第26屆】

( ) **26** 依UCP600規定，開狀銀行應自提示日之次日起最長多久內，以
決定單據提示是否符合？　(A)五日　(B)五個銀行營業日　(C)七
日　(D)七個銀行營業日。　　【第26屆】

( ) **27** 下列何種信用狀項下之單據到達時，開狀申請人必須備款贖
單？　(A)SIGHT L/C　(B)USANCE L/C　(C)MASTER L/C
(D)STANDBY L/C。　　【第26屆】

( ) **28** 銀行辦理出口信用狀週轉金貸款時，下列何項毋須作為融資期間
之考量因素？
(A)信用狀有效期限　(B)分批裝運者，必須參考分批最後裝運日
(C)信用狀提示期限　(D)開發信用狀日期。　　【第26屆】

( ) **29** 買方委託銀行辦理匯票承兌，下列何種情況銀行不宜受理？
(A)買方簽發之匯票以賣方為受款人　(B)買方已交付遠期票據予賣方
(C)買方尚未付款予賣方　(D)具交易基礎之賒銷交易。　　【第22屆】

( ) **30** 有關國內信用狀融資業務，下列敘述何者錯誤？　(A)可分為
遠期信用狀及即期信用狀二種　(B)受益人提示之統一發票，其
發票日以不早於信用狀開發日為原則　(C)同一貨品甲方賣給乙
方，嗣後甲方再向乙方購回，此交易亦可開發信用狀　(D)國內
信用狀之承兌或墊款期限以不超過180天為原則。（第22屆）

( ) **31** 有關出口交易方式，對賣方之銷貨風險由低至高排序，下列何者
正確？　(A)L/C、D/P、D/A、O/A　(B)L/C、D/P、O/A、D/A
(C)L/C、O/A、D/P、D/A　(D)L/C、D/A、O/A、D/P。　【第22屆】

( ) **32** 目前國內本國銀行辦理出口押匯之法律性質，下列何者正確？
(A)保證　(B)墊款　(C)買斷　(D)透支。　　【第22屆】

( ) **33** 下列各項外匯業務中，何者非屬外匯授信項目？　(A)出口透支
(B)外匯承兌　(C)航空提單之背書　(D)預購遠期外匯。【第22屆】

(　) **34** 銀行授信案件下之投保險類，原則上要求信用狀申請人投保下列何者對銀行最有利？　(A)Institute Cargo Clauses(C)　(B)Institute Cargo Clauses(B)　(C)Institute Cargo Clauses(A)　(D)FPA。　　　　　　　　　　　　　　　　【第22屆】

(　) **35** 一般而言，BACK TO BACK L/C之運送單據，應以何者為託運人？　(A)MASTER L/C之受益人　(B)國外買主　(C)BACK TO BACK L/C之受益人　(D)押匯銀行。　　　　　　　　　　　【第22屆】

(　) **36** 有關辦理託收方式外銷貸款，下列敘述何者正確？　(A)託收文件借款人可委請任一往來銀行為託收銀行　(B)代收銀行可由借款人自行指定，不須融資銀行同意　(C)託收款項收妥日期早於貸款到期日，應提前清償貸款　(D)貨款不必匯交融資銀行，可由借款人收妥後再行償還。　　　　　　　　　　　　　　【第22屆】

(　) **37** 下列何者不是擔保信用狀或保證函適用之規範？　(A)UCP600　(B)URDG758　(C)INCOTERMS 2010　(D)ISP98。　　【第22屆】

(　) **38** 銀行在辦理開發進口信用狀，向客戶收取保險單時，下列何者有瑕疵？　(A)保險單為保險公司所簽發　(B)保險單幣別與信用狀幣別不同　(C)保險單日期早於裝船日期　(D)保險金額較信用狀金額高出一成。　　　　　　　　　　　　　　　　　【第22屆】

(　) **39** 銀行開發下列何種價格條款之信用狀時，應於信用狀上明確指示賣方應投保之保險種類？　(A)CIP　(B)FAS　(C)FOB　(D)CFR。　　　　　　　　　　　　　　　　　　　　　　　【第22屆】

(　) **40** 出口押匯是屬於下列何項授信？　(A)中長期授信　(B)出口裝船前融資　(C)出口裝船後融資　(D)非屬授信行為。　　【第22屆】

(　) **41** 利率變動風險及匯率變動風險兩者係屬於下列何項風險？　(A)流動性風險　(B)市場風險　(C)作業風險　(D)經濟風險。【第22屆】

( ) **42** 銀行在辦理應收帳款承購業務（Factoring）之徵信審查時，下列何者不須考量？ (A)買方之信用 (B)貨物之品質 (C)買賣雙方交易行為是否屬實 (D)應收帳款品質及帳齡分析。 【第22屆】

( ) **43** 有關進口機器設備資金貸款，下列敘述何者錯誤？ (A)一般以進口設備價款之七成為原則 (B)原則上期限不超過七年 (C)銀行沒有立場要求客戶與工程承包商簽訂統包合約 (D)銀行可要求技術提供廠商出具履約保證函。 【第22屆】

( ) **44** 外幣保證函之有效期限，未表示以受益人所在地或開狀銀行所在地的日期為準時，應以下列何者所在地的日期為準？ (A)受益人 (B)開狀銀行 (C)開狀申請人 (D)通知銀行。 【第22屆】

( ) **45** 下列何種單據係屬物權證書（有價證券）？ (A)海運提單 (B)航空提單 (C)郵包收據 (D)領貨收據。 【第30屆】

( ) **46** 有關辦理出口信用狀融資之敘述，下列何者錯誤？ (A)不論有無其他擔保品，皆屬擔保放款 (B)供支應裝船前之購料、加工等周轉 (C)信用狀押匯款應優先清償本貸款 (D)憑辦之信用狀應加註「本筆信用狀已於OO銀行融資」。 【第30屆】

( ) **47** 有關擔保提貨之敘述，下列何者錯誤？ (A)凡全額結匯之客戶皆可辦理 (B)進口商及銀行將喪失主張拒付之權利 (C)收到單據時，應以提單正本換回擔保提貨書 (D)D/P項下應要求客戶先繳足貨款。 【第30屆】

( ) **48** A銀行向B銀行拆借一筆大金額之資金，以擔保信用狀保證。經雙方合意，B銀行於約定之到期日，執行擔保信用狀受領款項，並不涉及違約事件，稱為下列何者？ (A)投標保證 (B)保固保證 (C)財務保證 (D)直接付款保證。 【第30屆】

( ) **49** 下列何者係屬銀行之外匯授信業務？ (A)進口代收 (B)匯出匯款 (C)買入光票 (D)光票託收。 【第30屆】

(　　) **50** Sight L/C開狀銀行收到受益人提示單據列帳時，其會計科目為何？　(A)進口押匯　(B)出口押匯　(C)買入匯款　(D)買入應收帳款。　　　　　　　　　　　　　　　　　　　　　　　　　　　　【第30屆】

(　　) **51** 單據係由出口商直接寄予進口商而未經過銀行，於約定期限屆滿時為匯還出口商貨款而申請外幣融資，稱為下列何者？(A)Sight L/C　(B)Usance L/C　(C)D/P　(D)O/A。　　【第30屆】

(　　) **52** 有關運輸單據中，下列何者對開狀銀行之保障性最高？　(A)航空提單　(B)郵包收據　(C)海運提單　(D)傭船提單。　【第29屆】

(　　) **53** 開發保證函後，有關開證銀行保證責任之解除，下列敘述何者錯誤？　(A)保證函正本退還時，當然解除保證責任　(B)掌握有充分之證據，證明債務人已償還債務　(C)保證函內未載明有效日期時，應以書面或電詢國外通知銀行，以茲確認　(D)可憑申請人之書面要求即終止保證責任。　　　　　　　　　　　　【第29屆】

(　　) **54** 授信人員辦理外匯授信（貿易融資）時與一般國內融資比較不同之點，應考慮下列何風險？　(A)利率風險　(B)資金流動風險(C)借戶信用風險　(D)國家風險。　　　　　　　　　　【第29屆】

(　　) **55** 下列何者非屬外匯間接授信之項目？　(A)買斷國外應收帳款　(B)開發背對背信用狀　(C)外幣保證　(D)D/A、D/P擔保提貨。【第29屆】

(　　) **56** 下列何者係屬於裝船前之出口融資？　(A)D/A外銷貸款　(B)D/P外銷貸款　(C)出口押匯　(D)出口信用狀週轉金。　　【第29屆】

(　　) **57** 出口商辦理託收（D/A、D/P）方式外銷貸款，若該筆交易已取得下列何種保險，可避免進口商倒閉或進口國政治風險而不獲國外買主承兌或付款？　(A)ICC（WAR RISK）　(B)ICC（ALL RISK）　(C)中小企業信用保證基金之保證　(D)中國輸出入銀行承保託收方式輸出綜合保險。　　　　　　　　　　　　【第29屆】

(　　) **58** 有關擔保提貨或副提單背書，下列敘述何者錯誤？　(A)D/A或D/P擔保提貨應依一般授信程序申請額度　(B)擔保提貨後俟正本單

據到達後，如有瑕疵進口商仍得主張拒付　(C)D/P項下之擔保提貨應先要求客戶繳足貨款　(D)D/A項下之擔保提貨於匯票寄達時，應要求進口商來銀行辦理承兌。　　　　　　　　　　【第29屆】

(　　) **59** 銀行保證函與擔保信用狀二者相似之處為下列何項？　(A)銀行係從屬債務人　(B)申請人不履行合約時，受益人得以求償　(C)格式相同且定型化　(D)依據開發之國際規則相同。　【第29屆】

(　　) **60** 下列何者較適合採用無追索權出口票據貼現業務（Forfaiting）？　(A)Standby L/C　(B)Sight L/C　(C)Usance L/C　(D)Revocable L/C。　　　　　　　　　　　　　　　　　　　　　　　【第29屆】

(　　) **61** 下列何者不屬於進口授信之項目？　(A)進口押匯　(B)購料貸款－買方遠期信用狀　(C)應收承兌票款－賣方遠期信用狀　(D)買入光票。　　　　　　　　　　　　　　　　　　　　　　【第29屆】

(　　) **62** 銀行辦理買入光票，下列何項非屬「光票」之範圍？　(A)旅行信用狀項下之匯票　(B)由外國公司或個人所簽發之匯票　(C)到期外國公債及息票　(D)出口押匯之匯票。　　　　　　【第29屆】

(　　) **63** 銀行買入光票時，所辦理之一般查核事項不包括下列何項？　(A)票據發票人簽章之真偽　(B)票據抬頭人背書之真偽　(C)票據有無塗改或擦改　(D)票據之日期是否已逾期。　　　【第29屆】

解答與解析

1 (B)。銀行在辦理出口商應收帳款收買業務（Factoring）之徵信審查時，因不涉及貨物的移轉，故不需考慮貨物品質。

2 (C)。出口信用狀週轉金（出口押匯）屬裝船後之出口融資。

3 (D)。因交易對方國家外匯短缺而對外債之支付或匯款限制所生之風險，屬於國家風險。

4 (D)。銀行辦理憑國外訂單或輸出契約之出口融資業務時，若憑貸之訂單或契約為出口廠商之海外關係企業或子公司所簽發者，融資銀行應詳予查證實際交易內容後審慎辦理。

5 (A)。海運提單是海上貨物運輸最主要的單據，對開狀銀行之保障性最高，《1978年聯合國海上貨物運輸

公約》（United Nations Convention On The Carriage Of Goods By Sea），《漢堡規則》（Hamburg Rules）中的第一條第七款將海運提單定義為：指用以證明海上貨物運輸合同和貨物已經由承運人接收或者裝船，以及承運人保證據以交付貨物的單證。海運提單係屬可經背書行為轉讓之有價證券。

6 (C)。擔保信用狀（standby L/C）已大致定型化，保證函（L/G）則尚無一定格式。

7 (B)。國內進口商向銀行申請開發信用狀，於到單時由開狀行付款而給予進口商180天之融資，此種信用狀俗稱為「買方遠期信用狀」。

8 (D)。核定出口託收融資額度之考量因素有：出口實績、出口商之產銷能力、進出口商雙方之信用狀況等。

9 (A)。國外應付帳款融資，並非透過銀行開發「信用狀」，而是出口商先將貨物裝船出口後，再將提單、商業發票、保險單等文件交由銀行D/A、D/P方式託收、或將提單等單據直接寄予進口商（O/A）；進口商為償還上述有關之款項而向銀行申請融資，融資之款項應直接匯款予出口商，屬於進口直接授信。

10 (A)。出口信用狀週轉金貸款以信用狀有效期限為到期日，惟以開狀地為基準者，貸款期限宜縮短。

11 (B)。外匯授信項目：
(1)進口即期信用狀。
(2)買方遠期信用狀，到單轉外幣短放。
(3)賣方遠期信用狀，到單轉應收承兌票款。
(4)D/A、D/P擔保提貨或副提單背書。
(5)O/A（或D/A、D/P）貸款。
(6)各項外幣聯貸。

12 (A)。辦理外匯業務簽發保證函時，其有效日期未明確表示者，應以受益人所在地日期為準。

13 (C)。託收統一規則（URC522）是為了減少託收業務各有關當事人可能產生的矛盾和糾紛。

14 (D)。買方委託承兌：發票人買賣方皆可。
賣方委託承兌：發票人限賣方。

15 (D)。中央銀行規定，進口外匯業務開發信用狀保證金之收取比率由指定銀行自行決定，惟目前多數銀行對平常往來之客戶則按開狀金額之10%徵提。

16 (A)。在信用狀之修改，信用狀金額變更才會動用到貸款額度。

17 (D)。賣方遠期信用狀係開狀銀行對押匯單據予以承兌，承諾於到期日清償貨款，如賣方向押匯銀行申請貼現，其貼現息由賣方負擔。

18 (A)。裝船後融資：(1)出口押匯。
(2)託收融資。(3)收帳款收買業
務。(4)中長期出口票據貼現融資
業務。

19 (B)。海運提單是海上貨物運輸
最主要的單據，對開狀銀行之保
障性最高，《1978年聯合國海上
貨物運輸公約》（United Nations
Convention On The Carriage Of
Goods By Sea），《漢堡規則》
（Hamburg Rules）中的第一條第
七款將海運提單定義為：指用以證
明海上貨物運輸合同和貨物已經由
承運人接收或者裝船，以及承運人
保證據以交付貨物的單證。海運提
單對銀行較具保障。

20 (C)。應收帳款承購商對賣方（即出
口商）提供的服務有：資金融通、
承擔買方無法付款的倒帳風險、應
收帳款管理、收取與催收等。

21 (C)。(1)貸款成數最高僅得為交易
金額之八成五。(2)承作對象限定
國內個人及法人。(3)出口後可兌
換為新臺幣。

22 (A)。進口價格條款為CIF或CIP
時，保險係由「賣方」投保。

23 (D)。信用狀是國際貿易上透過銀
行間的貨款支付方式及可規定貿
易條款的一種付款工具。它是比
較保障買賣雙方的交易不起變化
的優良付款方式。外銷貸款以信

用狀（L/C）辦理者，較能掌握還
款來源。

24 (D)。買入光票應查核事項：
(1)須詢明其光票來源及用途。
(2)注意票據上是否有受款人名稱
並應經過客戶（即申請人）背
書，以備萬一退票時行使追索
權。
(3)注意票據是否經過塗改。
(4)票據上之發票日是否已到期或
到期後六個月內，未到期或逾
越六個月之票據不得受理。
(5)票據之正反面有無禁止在我國
流通或禁止對我國執票人付款
之記載。
(6)票據要項之記載是正確，譬如
金額大小寫相符，限額支票之
金額是否超過其限額等。
(7)附條件之票據，不宜受理。

25 (C)。國際擔保執行條款（ISP98）
係針對信用狀統一慣例（UCP500）
中有關於擔保信用狀之規定為補
充，為擔保信用狀之執行規範，係
目前國際間通行之銀行保證的規範
擔保函。

26 (B)。依UCP600規定，開狀銀行
應自提示日之次日起最長五個銀
行營業日內，以決定單據提示是
否符合。

27 (A)。即期信用證（SIGHT L/C）
指信用狀項下單據到達交單時，
信用狀申請人需結匯付款。開狀

人要立即全額付款，也許資金上
調度不方便，但不須額外付銀行
利息。SIGHT L/C到達時，開狀
申請人必須備款贖單。

28 (D)。銀行辦理出口信用狀週轉金
貸款時，開發信用狀日期毋須作
為融資期間之考量因素。

29 (B)。有下列情形之一者，銀行
不得受理買方委託匯票承兌之申
請：
(1)未具交易基礎之融通性匯票。
(2)就所涉之交易，買方已交付現
款、即期票據或遠期票據予賣
方。
(3)就同一賒銷之交易基礎，同一
承兌期間，同一承兌金額之同
一交易，業經銀行據以辦理匯
票承兌者，不得再以該交易為
基礎，辦理匯票承兌，以避免
重複融資。
(4)買方簽發之匯票，非以賣方為
受款人。

30 (C)。同一貨品先由一方售予他
方，嗣後再向他方購回者，銀行
得拒絕核給國內信用狀授信額度
或拒絕受理信用狀之開發。選項
(C)有誤。

31 (A)。以D/P、D/A、O/A為付款方
式時，出口商貨物出口後，承擔進
口商信用風險。以L/C為付款方式
時，出口商只承擔開狀銀行信用風
險。對賣方之銷貨風險由低至高排
序為L/C、D/P、D/A、O/A。

32 (B)。出口商因出口貨品或輸出勞
務，而得向國外收取之信用狀款
項，由銀行先予墊付，因此出口
押匯的法律性質為「墊款」。

33 (D)。預購遠期外匯為外匯買賣或
匯兌業務，非屬外匯授信項目。

34 (C)。投保險類原則上要求信
用狀申請人投保Institute Cargo
Clauses(A)。

35 (A)。國內轉開信用狀之運送單
據，須符合MASTER L/C之條
件，應以MASTER L/C之受益人
名義裝運。

36 (C)。(1)託收文件借款人應委請
融資銀行為託收銀行。選項(A)
有誤。(2)代收銀行須融資銀行同
意。選項(B)有誤。(3)貨款須匯交
融資銀行償還外銷貸款。選項(D)
有誤。

37 (C)。Stand-by L/C一般而言，都言
明遵守UCP600或ISP98，而L/G皆
言明遵守URDG758或其法律關係
依開狀銀行所在地法律為依據。
Incoterms 2010是國貿條規，不是
擔保信用狀或保證函適用之規範。

38 (B)。保險單幣別與信用狀幣別應
相同。

39 (A)。進口價格條款為CIF或CIP
時，保險係由「賣方」投保，應
於信用狀上明確指示賣方應投保
之保險類型。

40 (C)。裝船後融資有：
(1)出口押匯。
(2)託收（D/P,D/A）外銷貸款。

41 (B)。利率變動風險及匯率變動風險二者合稱為「市場風險」。

42 (B)。銀行在辦理應收帳款承購業務（Factoring）之徵信審查時，須考量買方之信用、買賣雙方交易行為是否屬實、應收帳款品質及帳齡分析等。

43 (C)。銀行可要求客戶與工程承包商簽訂統包合約，以確保能如期施工於預計期間內完工。

44 (A)。外幣保證函之有效期限未表示以受益人所在地或開證銀行所在地之日期為準時，應以受益人所在地之日期為準。

45 (A)。海運提單（B/L）「提單」在我國海商法中稱為「載貨證券」，係屬物權證書（有價證券）。

46 (A)。有擔保品者才屬於擔保放款。

47 (A)。對於未核予開狀額度之全額結匯開狀案件，原則上不得辦理擔保提貨。選項(A)有誤。

48 (D)。A銀行向B銀行拆借一筆大金額之資金，以擔保信用狀保證。經雙方合意，B銀行於約定之到期日，執行擔保信用狀受領款項，並不涉及違約事件，稱為「直接付款保證」。

49 (C)。光票（Clean Bill）是指不附帶商業單據的匯票（如貨運等相關單據），而在國外付款的外幣票據。買入光票係屬銀行之外匯授信業務之一。

50 (A)。Sight L/C開狀銀行收到受益人提示單據列帳時，其會計科目為「進口押匯」。

51 (D)。O/A係由賣方將貨運單證直接寄給買方提貨，而未經過銀行，於約定期限屆滿時為匯還出口商貨款而申請外幣融資。

52 (C)。海運提單是海上貨物運輸最主要的單據，對開狀銀行之保障性最高，《1978年聯合國海上貨物運輸公約》（United Nations Convention On The Carriage Of Goods By Sea），《漢堡規則》（Hamburg Rules）中的第一條第七款將海運提單定義為：指用以證明海上貨物運輸合同和貨物已經由承運人接收或者裝船，以及承運人保證據以交付貨物的單證。

53 (D)。開發保證函後，銀行保證責任之解除，原則上保證函正本退還才解除保證責任，如一直未收回，宜致函船公司，請求換回擔保提貨書解除保證責任。

54 (D)。授信人員辦理外匯授信（貿易融資）時與一般國內融資比較不同之點，應考慮國家風險。

55 (A)。所謂間接授信，謂銀行以受
託擔任客戶之債務保證人、匯票
承兌人、開發國內外信用狀或其
他方式，授予信用，承擔風險，
而不直接撥貸資金之授信行為。
買斷國外應收帳款非屬外匯間接
授信之項目。

56 (D)。出口信用狀週轉金屬裝船前
之出口融資。

57 (D)。出口商辦理託收（D/A、D/
P）方式外銷貸款，若該筆交易已
取得中國輸出入銀行承保託收方
式輸出綜合保險，可避免進口商
倒閉或進口國政治風險而不獲國
外買主承兌或付款。

58 (B)。擔保提貨後俟正本單據到達
後，雖有瑕疵，進口商不得主張
拒付。

59 (B)。銀行保證函與擔保信用狀二
者相似之處為申請人不履行合約
時，受益人得以求償。

60 (C)。遠期信用證（Usance L/C）
是指開證行或付款行收到信用證
的單據時，在規定期限內履行付
款義務的信用證。遠期信用證較
適合採用無追索權出口票據貼現
業務。

61 (D)。光票（Clean Bill）是指不附
帶商業單據的匯票（如貨運等相
關單據），而在國外付款的外幣
票據。買入光票係屬銀行之外匯
授信業務之一，不屬於進口授信
之項目。

62 (D)。光票（Clean Bill）是指不
附帶商業單據的匯票（如貨運等
相關單據），而在國外付款的外
幣票據。出口押匯之匯票非屬
「光票」。

63 (A)。銀行不負責辨別發票人簽章
之真偽。

Chapter 4 消費者授信

焦點 1　消費者貸款基本概念

一、消費者貸款之意義

(一) **一般定義**：消費者貸款係指個人因為消費（消費者）而有融資需求所辦理的貸款，例如個人因為購買房屋而辦理的購屋貸款、或個人因為購買汽車而辦理的購車貸款等。按金管會現行相關規定，定義消費者貸款包括房屋購置、房屋修繕、購置耐久性消費財（包含汽車），支付學費、信用卡循環動用及其他個人之小額貸款均包括在內。

(二) **會員授信準則定義**：依據中華民國銀行商業同業公會全國聯合會所頒布之「會員授信準則」對消費者貸款所下定義為：「所謂消費者貸款，謂會員以協助個人資產、投資、理財週轉、消費及其他支出為目的，而辦理之融資業務。消費者貸款係寄望以借款人之薪資、利息、投資或其他所得扣除生活支出後所餘之資金，作為其還款來源。」

二、消費者貸款特性

(一) **每戶貸款金額小，件數多**：消費者貸款對象係以個人為主體，並以個人（或家庭）的消費為融資目的，因此每戶貸款金額相較於企業戶之貸款為小，且件數多。

> **知識延伸**
> 消費者貸款原則上採數量化核貸程序，不採逐案核貸程序審理消費者貸款案件。

(二) **不具自償性**：消費者貸款，無論借款人表明的貸款用途為何，所貸資金的型態均為「消費」而非「生產」，不具自償性。

(三) **貸款期間長，採分期償還**：消費者貸款不具自償性，須依賴借款人每月薪資及其他穩定性所得償還，因此每戶貸款金額雖小，但相對於借款人每月可供償債之所得淨額而言，非短期內所能償還，故消費者貸款期間長，採分期償還。

(四) **徵信不易辦理，授信風險高**：消費者貸款必須大量承作，銀行對每位申請人提供的財力證明及其他個人資料，也無法有太多的時間去辦理徵信調查，因此在資料有限，時間也不充裕的情況下，消費者貸款的徵信不易辦理，授信風險高。

(五) **差異化貸放條件辦理**：消費者貸款依據各族群不同的風險程度及貸款需求訂定不同的辦理程序及差異的貸放條件。

(六) **辦理成本較其他貸款高**：消費者貸款的承作成本及貸放後的管理成本（帳務處理及催繳等）也較其他貸款高。因此，為反映風險及各項作業成本，消費者貸款的利率應較其他貸款相對提高或加收手續費。

三、消費者貸款評估

銀行徵信或授信審查人員在辦理消費者小額信用貸款審查時，除了需考量徵信5C或5P外，基於消費者貸款的特性，尚必須特別注意下列幾點評估因素：

(一) **償債能力**：申貸者的償債能力應包括申貸者本身所得來源、所得水準及持續性負債多寡，以及申貸金額所作之綜合考量。通常消費者小額信用貸款本身不具自償性，因此貸款本息必須依賴申貸者經常性收入或其他收入來支應，有些申貸者只考慮滿足目前的消費慾望，未考量日後的償還能力，故消費者小額信用貸款所重的就是申貸戶的償債能力。

(二) **穩定性**：針對申貸者的職業特性、在職期間以及個人特質如付款習慣、持有資產等所做的考量。消費者小額信用貸款通常對固定薪資收入者，採取較開放的態度，因為其在未來的時期內有穩定可靠的收入；對於自營企業或依賴佣金、獎金收入者如承包商、業務員，因未來的收入較不穩定及不確定性，銀行授信風險相對無法掌握。

(三) **還款意願**：指申貸者是否具有運用所得以償還借款的意願，通常以往的還款情況可以作為參考指標。由於消費者小額信用貸款金額較企業融資為小，故個案催收成本高，導致部分申貸戶心存僥倖，雖有能力償還卻藉故搬遷或假藉其他理由拖欠不還。因此銀行承作消費者小額信用貸款必須了解申貸戶是否有償還意願，以降低授信風險。

四、消費者貸款信用風險評估方式

銀行授信應考量客戶族群的特性與自身條件的限制,選擇最合乎本身經濟效益與風險控管原則,才能有效篩選客戶,評定其信用風險,以作出准駁與否的授信決策。以下就目前使用中的評估方式羅列比較如下表:

知識延伸

消費者小額信用貸款著重於借款人的信用,較適宜採個人信用評分作為授信審核依據。

信用風險評估方式	定義	特性
經驗法則與主觀判斷法	通常是由徵、授信人員及其主管人員憑個人的經驗,以主觀的價值判斷作成授信決策。	1.執行上較容易而且處理事務上彈性也較大。 2.受限於人類的有限理性。 3.缺乏客觀標準。 4.制度不健全時易導致弊端叢生。
信用評等制度	將客戶的信用品質區分成不同等級,再予以評估,給予適當的等級,用以代表其綜合評價並具體表示申請者信用品質及信用風險之方法。	1.評等項目不易選擇。 2.因個別要素的評價,易受授信人員之個人喜好、偏見不同而有不同認知。 3.徵信成本隨評等項目的多寡有所不同。
信用評分制度	將原評估要素的定性評級以定量的分數取代之,使授信人員可以更客觀的方式給予評分。	1.內容簡單,評分客觀。 2.評分項目選擇不易。
混合評等及評分制度	綜合信用評等及信用評分二種方法,先利用信用評分表計算申貸戶的分數,再依其分數編入應屬等級,相同的等級,則給予相同的授信條件。	1.結合了信用評分制與信用評等制的特性。 2.複雜度較高,執行上較不便利。

信用風險評估方式	定義	特性
專家系統	整合專家的專業知識與經驗於系統中，並利用電腦資訊科技的技術來建立自動評核系統。	1.具有相當的客觀性。 2.複雜度高。 3.執行不易。
統計方法	在研究銀行授信評估為了較具客觀性及正確性，大多採用。	1.具有相當的客觀性。 2.相對複雜度較高。 3.變數選擇不易。

五、消費者貸款產品之訂價

(一) 消費者貸款產品之訂價方式

消費者貸款產品之訂價方式有下列三種：

1. **成本導向訂價**：依據資金成本加碼之。
2. **需求導向訂價**：依據客戶認知價值之。
3. **競爭導向訂價**：依據競爭者所定價格之。

(二) 銀行放款商品利率訂價因素

銀行放款商品利率訂價之主要考慮因素為：

1. **銀行資金部位**：銀行資金部位緊，則利率高。
2. **是否受政府法令限制**：受政府法令限制者，則利率較高。
3. **未來利率變動風險**：未來利率變動風險大，則利率高。
4. **客戶使用彈性**：客戶使用彈性大，則利率高。
5. **信用風險**：信用風險大，則利率高。
6. **貸款期間**：貸款期間長，則利率高。
7. **產品種類**：額度循環型產品利率較本息分期償還型為高。

─── | **牛刀小試** | ───

（　） **1** 下列何者不是消費者貸款產品訂價考慮因素？　(A)銀行資金部位　(B)政府法令　(C)產品種類　(D)地震、颱風等天然災害。　【第31屆】

（　） **2** 下列何項貸款種類傾向於運用「統計/數量」、「資料倉儲（Data Warehousing）」進行管理？　(A)國際應收帳款融資　(B)聯合貸款　(C)外銷貸款　(D)消費者貸款。　【第31屆】

（　） **3** 消費者貸款依據資金成本加預期報酬率及其他管理成本來訂價，是屬於下列何種訂價？　(A)成本導向　(B)需求導向　(C)競爭導向　(D)消費導向。　【第30屆】

（　） **4** 承作小額貸款時，利用下列何者可提升審案效率並控制授信品質？　(A)資產負債表　(B)損益表　(C)現金流量表　(D)信用評分。　【第30屆】

（　） **5** 下列何者非屬主管機關所稱消費者貸款之範圍？　(A)房屋修繕貸款　(B)耐久性消費品貸款　(C)子女教育貸款　(D)股票質押貸款。　【第30屆】

解答與解析

1 (D)。消費者貸款產品訂價考慮因素並不包含天然災害。

2 (D)。消費者貸款傾向於運用「統計/數量」、「資料倉儲」進行管理。

3 (A)。消費者貸款依據資金成本加預期報酬率及其他管理成本來訂價，是屬於成本導向訂價。

4 (D)。承作小額貸款時，利用信用評分可提升審案效率並控制授信品質。

5 (D)。所稱之消費者貸款，係指對於房屋修繕、耐久性消費品（包括汽車）、支付學費與其他個人之小額貸款，及信用卡循環信用。

焦點 2　各類消費者貸款

一、房屋貸款

(一) **房屋貸款定義**：指個人貸款用途為購置住宅者，含政府優惠房屋貸款及不同銀行間轉貸其原始用途為購置住宅者。

(二) **房屋貸款種類**

房屋貸款依用途可分為：

1. **購屋貸款**：

指金融機構承作借款人購買座落於特定地區建物權狀含有「住」字樣住宅（含基地）之抵押貸款。金融機構承作名下已有1戶以上房屋為抵押之擔保放款，應適用之規定為：

(1)不得有寬限期。

(2)貸款額度最高不得超過住宅（含基地）鑑價金額之6成。

(3)除前款貸款額度外，不得另以修繕、周轉金或其他貸款名目額外增加貸款金額。

另借款人未檢附抵押土地具體興建計畫者，金融機構不得受理以該土地為擔保之貸款。貸款額度最高不得超過抵押土地取得成本與金融機構鑑價金額較低者之6.5成，其中一成應俟借款人動工興建後始得撥貸。

2. **修繕貸款**：指個人貸款用途為住宅用建物之裝潢或修繕者。不含個人商業用店舖等非住宅用建物之裝潢或修繕者。

3. **週轉型房貸**：指借款人為個人投資週轉需要，提供自有或他人不動產為擔保向金融機構辦理之貸款，可隨時提領，隨時清償。

4. **綜合型房貸**：係指結合購屋及個人投資週轉二種用途的貸款。

5. **抵利型房貸**：抵利型房貸就是讓房貸戶以存款折抵房貸本金，但並非將存款領出、直接償還本金，存款本身依舊在房貸戶名下。但選擇抵利型房貸，卻可讓承貸戶因此減少利息支出，降低每月攤還金額或縮短還款期。此外，抵利型房貸最大的好處，就是當承貸戶在有需求的時候，仍可動用此一存款。

6. **指數型房貸**：所謂的指數型房貸，就是一種會隨著基準利率上下浮動的利率。

7. **固定型房貸**：從這款房貸產品的名稱，不難看出其最大的特色，就是固定式的利率。最大的好處，是較不受利率上漲影響，且房貸戶可以掌握每月須繳交之房貸本息多寡，有效的規劃每月的財務收支。

8. **壽險型房貸**：壽險型房貸，當然就是與保險結合的房貸產品。其優點在於，一旦承貸戶意外身故，則等同於房貸金額的保險理賠金，就可以優先作為清償房貸之用，避免不動產因無法按時繳交本息，而遭銀行收回。

9. **保險型房貸**：保險型房貸是指房貸戶因自備款不足或信用條件不足，導致申貸金額不敷需求時，即可利用「額外投保」的方式，增加貸款金額。

10. **回復型房貸**：所謂的回復型房貸，則是指房貸戶已清償的房貸額度，將自動轉成一個可隨時動用、隨時借款的理財額度。

11. **遞減型房貸**：遞減型房貸的定價基礎，通常也是以中華郵政二年期定儲機動利率為主。但從這類房貸的名稱不難推想，加碼利率為逐年遞減，也就是甫貸款的前幾年利率較高，但隨著還款時間增長、貸款金額漸減，利率也會越來越低。

12. **轉貸**：即借款人以原擔保之房屋轉向別家銀行申貸利率較低、額度較高或服務較佳的貸款。

13. **同額轉貸**：即借款人轉貸房屋貸款時，雖貸款於額低於原房貸金額，但新貸銀行仍按原貸銀行的房屋貸款同額貸予借款人。

14. **法拍屋貸款**：借款人為投標購買法拍屋而向銀行申請融資之貸款。

(三) **房屋貸款保險**

1. **房屋貸款應投保火險、地震險**：
   (1)受益人應為金融機構。
   (2)投保期間應涵蓋借款期間。
   (3)火險投保金額應足夠，一般係以重置成本為投保金額，地震險每戶按120萬元計算。
   (4)商業、工廠或空屋之保險費率，較住宅保險費率為高。

2. **金融機構保留保單正本，借款人保留副本。**

二、汽車貸款

(一) **汽車貸款定義**：指個人貸款用途為購買汽車（屬耐久性消費財）者。不含個人及公司行號購買汽車供營業使用者。原則上新車之貸款成數最

高為車價「八成半」（進口車最高為車價「八成」）；中古車之購車
貸款予週轉金貸款，原則上其成數最高為車價之「八成」。

(二) **汽車貸款種類**
　1.**新車購車貸款、中古車購車貸款**：因購車而以所購汽車為擔保品向金融機
　　構申請貸款。
　2.**原車融資、回復型車貸**：因週轉需要，以現有汽車為擔保品，向銀行申請
　　融資。

三、小額貸款及信用貸款

(一) **小額貸款及信用貸款定義**：小額貸款和信用貸款都是屬於信用貸款，也就
　　是借款人不需提供任何擔保品即可申貸的貸款。
(二) **小額貸款及信用貸款之比較**
　1.**對象不同**：小額貸款對象是個人，信用貸款對象可以是個人也可以是公司
　　行號。
　2.**額度不同**：小額貸款額度不多，每家銀行定義小額貸款金額不太一樣，有
　　的30萬元有的60萬元為上限。信用貸款設限額度通常大於小額貸款，個
　　人最多200萬元公司最多500萬元。

四、信用卡及現金卡

(一) **定義**
　1.**信用卡**：指持卡人憑發卡機構之信用，向特約之人取得商品、服務、金錢
　　或其他利益，而得延後或依其他約定方式清償帳款所使用之支付工具。
　2.**現金卡**：係指金融機構提供一定金額之信用額度，僅供持卡人憑金融機構
　　本身所核發之卡片於自動化服務設備或以其他方式借領現金，且於額度內
　　循環動用之無擔保授信業務。
(二) **信用卡計息方式**
　　信用卡循環信用以日計息，起算日之計算方式有三：
　1.**銀行代持卡人先付款的墊款日**：時間最早，對持卡人最不利。
　2.**對帳單上的結帳日**：時間居中。
　3.**持卡人繳款截止日**：時間最晚，對持卡人最有利。

(三) **學生申請信用卡之規定：**

1. **未滿20歲應經法定代理人同意**：對於未滿20歲之信用卡申請人，應經法定代理人同意，並僅能申請家長之附卡。

2. **持卡以三家為限**：持卡人所持有卡片以3家發卡機構為限。

3. **注意使用情形：**

(1) 對於20歲以上之信用卡申請人，應確認其具有獨立穩定之經濟來源且具有充分之還款能力，始得發卡。申請書填載學生身分者，各發卡機構應將其發卡情事函知持卡人之父母，請其注意持卡人使用之情形。

(2) 申請書填寫未表明學生身分者，各發卡機構於20至24歲之申請人，除逐戶至財團法人金融聯合徵信中心查詢是否為學生外，應主動瞭解其確實身分，於財團法人金融聯合徵信中心登錄其學生身分，以利其他發卡機構對學生申請信用卡之管理。

五、股票／有價證券貸款

(一) **股票/有價證券貸款定義**：指持有股票/有價證券貸款者，提供自有之股票/有價證券為擔保，向銀行申請短期貸款。

(二) **維持率**

1. 借款人有價證券擔保放款帳戶內各筆融通，逐日依收盤價格計算其整戶擔保維持率：

整戶擔保維持率＝（擔保品市值＋抵繳證券市值）/（本公司放款金額＋應收利息）×100%

2. 依所提供擔保品及抵繳證券之市價每營業日計算，擔保維持率低於140%時，即辦理追繳。整戶擔保維持率低於140%時，即通知借款人於三個營業日內以補提擔保品或補繳差額。

(三) **補繳證券之範圍**

有價證券擔保放款之擔保維持率不足時，除以現金繳納借款差額外，補繳證券之範圍包括：

1. 中央政府債券、地方政府債券、公司債、金融債。
2. 上市、上櫃有價證券。
3. 登錄櫃檯買賣之黃金現貨。
4. 受益憑證。

> **知識延伸**
>
> 借款人提供之抵繳證券可為非本人所有，應檢附所有人戶籍資料、來源證明及同意書。

六、交易性金融業務

(一) **交易性金融定義**：指金融業內部設立專門部門為客戶量身服務，並以多功能的IT系統處理大量金融交易。

(二) **交易性金融業務的特色**

1. **具有同質性與常態性的交易**：交易型態均為同質性與常態性，即出口押匯等。

2. **數量大且穩定**：交易性金融業務的交易數量大且穩定。

3. **參與客戶商業流程與資金轉移**：提供全方位的方案以強化客戶關係。

4. **客製化作業程序**：卓越的電腦運算能力以簡化交易流程。

5. **功能強大的IT系統及快速處理作業能力**：功能強大的IT系統以減少人為錯誤，快速處理作業能力以利降低成本。

(三) **交易性金融種類**

1. **企業金融部門**：包括現金管理、貿易融資（含開狀與押匯）、外幣買賣、收付款轉帳、外幣結匯清算及證券託管等。

2. **消費金融及信用卡部門**：包括房屋貸款申請、鑑價抵押、信用卡付款與追索欠款、財產信託或資產管理等。

(四) **影響交易性金融業務之因素**：影響交易性金融業務之因素有競爭壓力、成本考量、客戶要求多功能及全方位的產品解決方案等。

| 牛刀小試 |

( ) **1** 依主管機關規定，有關現金卡之申請，下列敘述何者錯誤？
(A)申請人應年滿二十歲　(B)申請時須檢附身分證明文件及所得或財力資料　(C)全職學生申請現金卡以三家發卡機構為限
(D)行銷時不得給予贈品或獎品。　　　　　　　　　　【第31屆】

( ) **2** 甲以市價2,000萬元之不動產為擔保，向銀行借款1,400萬元，若建築物之重置成本為1,000萬元，則該建築物宜投保火險金額為何？　(A)1,000萬元　(B)1,200萬元　(C)1,400萬元
(D)2,000萬元。　　　　　　　　　　　　　　　　　【第31屆】

( ) **3** 消費者貸款如係撥入借款人以外之第三者帳戶時，應先取得下列何者之同意書？　(A)借款人　(B)第三者　(C)貸款銀行
(D)連帶保證人。　　　　　　　　　　　　　　　　【第31屆】

( ) **4** 有關影響交易性金融業務之因素，下列何者非屬之？ (A)競爭壓力 (B)成本考量 (C)企業在地化營運的趨勢 (D)客戶要求多功能及全方位的產品解決方案。　　　　　【第31屆】

( ) **5** 某甲以原有車輛為擔保，向銀行申請週轉金貸款，下列敘述何者錯誤？ (A)應徵提連帶保證人 (B)應查驗車況 (C)鑑價係採評比方式認定 (D)應簽立動產抵押契約書。　　　【第31屆】

( ) **6** 下列何者非屬交易型金融業務之範疇？ (A)股票承銷 (B)付款及現金管理 (C)貿易融資 (D)有價證券處理。　　　【第31屆】

( ) **7** 陳伯伯以其新購五層公寓之二樓建物作為購屋貸款之擔保品，該建物坪數為40坪，土地持分1/3，買賣價格為每坪NT$30萬元，若貸放成數為買賣價格之七成，請問合併鑑價之放款值約為新臺幣多少元？ (A)280萬元 (B)560萬元 (C)840萬元 (D)1,200萬元。　　　　　　　　　　　　　【第30屆】

( ) **8** 有關借款人投保火險、地震險，下列敘述何者正確？ (A)火險依鑑價金額為保險金額 (B)地震險最高不得超過新臺幣100萬元 (C)保單正本由銀行保留，借款人保留副本 (D)受益人為借款人。　　　　　　　　　　　　　　　【第30屆】

( ) **9** 銀行承作股票貸款，有關擔保品股票之鑑價及貸放成數，下列何者錯誤？ (A)一般而言，貸放成數即是維持率的倒數 (B)銀行會依獲利穩定及未來潛力等區分風險等級與貸放成數 (C)最好以每日成交行情資料更新客戶擔保品維持率 (D)設質比例或信用交易比率高之個股應給予較高之貸放成數。　　【第30屆】

( ) **10** 下列何者在鑑價時，造價標準較高？ (A)鋼骨結構建築物 (B)鋼筋混凝土建築物 (C)加強磚造建築物 (D)三者相同。【第30屆】

( ) **11** 有關信用卡消費作業流程，下列何者錯誤？ (A)持卡人完成開卡程序後即可持卡消費 (B)特約商店係向發卡機構請款 (C)將交易資料送至發卡機構是收單銀行的工作 (D)發卡機構應將消費帳單定期通知持卡人。　　　　　　　　　【第30屆】

(　　) **12** 下列何者非屬銀行辦理小額信用貸款業務轉貸之優點？
(A)利率較原貸銀行為高　(B)借款人身分不易偽造或變造
(C)銀行可快速推展小額信用貸款業務　(D)借款人須提供原貸
款的繳款紀錄，銀行可明確明瞭其還款情形。　　　【第30屆】

解答與解析

1 (C)。依主管機關規定，有關現金卡之申請，全職學生申請現金卡以2
家發卡機構為限。

2 (A)。建築物投保火險金額以保障建物，故以建物之重置成本1,000萬元
為宜。

3 (A)。消費者貸款如係撥入借款人以外之第三者帳戶時，基於保障借款
人的權益，應先取得借款人之同意書。

4 (C)。有關影響交易性金融業務之因素有競爭壓力、成本考量、客戶要
求多功能及全方位的產品解決方案等。

5 (A)。甲已以原有車輛為擔保，銀行不得再徵提連帶保證人。選項(A)有
誤。

6 (A)。交易型金融業務之範疇包括貨幣結算（如付款及現金管理）、貿
易融資（如遠期信用狀買斷）、資金調度（如有價證券處理）等。

7 (C)。$40×30×70\%＝840$（萬元）

8 (C)。借款人投保火險、地震險，為保障債權，保單正本由銀行保留，
借款人保留副本。

9 (D)。設質比例或信用交易比率高之個股應給予較低之貸放成數。

10 (A)。鋼骨結構建築物造價最高，所以在鑑價時，造價標準較高。

11 (B)。特約商店係向收單銀行請款。

12 (A)。銀行辦理小額信用貸款業務轉貸之缺點為利率較原貸銀行為高。

精選試題

( ) **1** 有關消費者房屋貸款業務，下列敘述何者正確？ (A)契約金額若有塗改，需加蓋指紋 (B)為求信任，債權憑證塗改處不須蓋章以示確認 (C)應善盡授信條件告知義務，並將借據影本提供予客戶留存 (D)房屋貸款為有擔保品貸款，不需要核對購屋貸款相關契約是否由借款人及保證人親簽。 【第28屆】

( ) **2** 下列何者非屬信用卡所衍生之授信業務？ (A)循環信用 (B)預借現金 (C)分期付款 (D)汽車貸款。 【第28屆】

( ) **3** 銀行辦理房屋貸款業務，有關客戶提供之火險保單，下列敘述何者正確？ (A)一律依貸款金額投保 (B)抵押權特約條款以借款人為抵押權人 (C)保單正本應由借款人留存 (D)商業、工廠或空屋之保險費率，較住宅保險費率為高。 【第28屆】

( ) **4** 有關計算信用卡循環信用之利息起息日，下列何者對消費者最不利？ (A)銀行結帳日 (B)銀行墊款日 (C)繳款截止日 (D)延滯繳款始日。 【第28屆】

( ) **5** 下列何者不是消費者貸款之特性？ (A)不具自償性 (B)消費者貸款必須大量承作，方能顯出成效 (C)依據客戶不同的風險程度，訂定不同的處理程序及差異化的貸放條件 (D)為適當控制授信品質，仍採企業融資精神逐案核貸程序審理消費者貸款案件。 【第28屆】

( ) **6** 有關銀行放款商品利率訂價之主要考慮因素，下列敘述何者錯誤？ (A)銀行資金部位緊則利率較高 (B)受政府法令限制者則利率較高 (C)未來利率變動風險小則利率較高 (D)客戶使用彈性大則利率較高。 【第28屆】

( ) **7** 借款人辦理不動產最高限額抵押權設定，一般以下列何者為設定金額？ (A)借款金額 (B)借款金額加一成 (C)借款金額加二成 (D)借款金額加五成。 【第28屆】

(　)　**8** 發卡銀行依持卡人指定的活存帳戶內存款金額核發信用卡，持卡人消費時即於指定帳戶內扣款者，稱為下列何者？　(A)簽帳卡（Charge Card）　(B)聰明卡（Smart Card）　(C)公司卡（Corporate Card）　(D)Debit卡。　　　　　　　　　【第28屆】

(　)　**9** 通常消費者貸款客戶延滯多久尚未還款，即宜先進行以電話或信函之催繳行動？　(A)7－30天　(B)31－60天　(C)61－90天　(D)90天以上。　　　　　　　　　　　　　　　　　　　【第28屆】

(　)　**10** 目前各銀行對於汽車貸款所要求之基本申請條件，下列何者錯誤？　(A)借款人須有固定職業　(B)借款人及保證人無信用不良紀錄　(C)貸款期間最長十年　(D)中古車週轉金貸款成數最高以車價八成為原則。　　　　　　　　　　　　　　【第28屆】

(　)　**11** 消費者貸款產品之訂價方式中，主要依據客戶的認知價值來訂價，係屬下列何種導向之訂價？　(A)成本導向　(B)需求導向　(C)競爭導向　(D)利潤導向。　　　　　　　　　　　　【第27屆】

(　)　**12** 下列何種貸款較適宜採個人信用評分作為授信審核依據？　(A)墊付國內應收款項　(B)購屋貸款　(C)消費者小額信用貸款　(D)房屋修繕貸款。　　　　　　　　　　　　　　【第27屆】

(　)　**13** 下列何者不屬於消費者貸款？　(A)現金卡貸款　(B)房屋修繕貸款　(C)抵利型房貸　(D)土地融資。　　　　　　　　【第27屆】

(　)　**14** 信用卡在起息日計算循環信用利息時，下列何種計算方式對發卡銀行最為有利？　(A)銀行墊款日　(B)銀行結帳日　(C)信用卡帳單通知繳款日　(D)信用卡帳單通知繳款截止日。　　　【第27屆】

(　)　**15** 銀行承作汽車貸款，分為購車貸款及週轉金貸款（re-finance），一般而言，購車後至遲多久內提出貸款申請者，可視為購車貸款？　(A)二週　(B)一個月　(C)三個月　(D)六個月。　【第27屆】

(　)　**16** 房屋貸款應由申貸人投保火險，以銀行為受益人，銀行應保管下列何種文件？　(A)保單正本及保費收據副本　(B)保單副本及保

費收據正本　(C)保單副本及保費收據副本　(D)保單正本及保費
收據正本。　　　　　　　　　　　　　　　　　【第27屆】

(　　) **17**房屋貸款辦理抵押權設定時，一般以借款金額加幾成為設定金
額？　(A)一成　(B)一成五　(C)二成　(D)三成。　【第27屆】

(　　) **18**有關房屋貸款之貸後管理，下列敘述何者錯誤？　(A)充分掌握
客戶繳息情況　(B)借戶其他借款發生逾期催收情事者應凍結其
往來額度　(C)定期檢查客戶信用資料　(D)擔保品受假扣押者應
適度調高其利率。　　　　　　　　　　　　　【第27屆】

(　　) **19**某甲提供150張股票在A銀行辦理股票貸款，期間一年，每月付
息，到期還本，借款當時評估市價每股125元，借款金額1,200萬
元，A銀行股票貸款的維持率訂為120%，則該銀行通常會於該
股票市價每股跌至多少元時，通知追繳？　(A)88元　(B)92元
(C)96元　(D)104元。　　　　　　　　　　　【第27屆】

(　　) **20**銀行放款商品利率訂價之考慮因素，下列敘述何者錯誤？
(A)信用風險大，訂價高　(B)貸款期間長，訂價低　(C)額度循環
型產品利率較本息分期償還型為高　(D)訂價中應涵蓋利潤率，
以維持一定獲利水準。　　　　　　　　　　　【第27屆】

(　　) **21**有關股票及有價證券貸款，下列敘述何者錯誤？　(A)擔保品
應具有良好的變現性與流通性　(B)以本行股票為質者貸放成數
不得超過八成　(C)未上市上櫃股票原則上不宜接受為擔保品
(D)自行之定期存單貸放成數可達九成。　　　　【第27屆】

(　　) **22**某甲以原有車輛為擔保，向銀行申請週轉金貸款，下列敘述何者
錯誤？　(A)撥款後應提供汽車牌照登記書以供設定　(B)應辦理
驗車，以了解車況　(C)鑑價係採評比方式認定　(D)核貸金額乃
以借款人售車價（車商進價）為核貸基準。　　　【第27屆】

(　　) **23**有關現金卡業務之特色，下列敘述何者正確？　(A)每戶貸款額
度很小，毋須控管風險　(B)必須為高所得具還款能力者始可申

貸　(C)每筆動撥須收取手續費或帳戶管理費　(D)廣告促銷費
用低。　　　　　　　　　　　　　　　　　　　　【第26屆】

(　) **24** 汽車貸款借款人必須以汽車為擔保，並設定下列何種權利予銀
行？　(A)信託占有　(B)不動產抵押權　(C)動產抵押權　(D)權
利質權。　　　　　　　　　　　　　　　　　　【第26屆】

(　) **25** 有關股票／有價證券貸款，若以銀行經營角度觀之，其應考慮因
素，下列何者錯誤？　(A)具有變現性與流通性　(B)避免過度集
中　(C)具有良好的前手市場　(D)做好維持率的控管。【第26屆】

(　) **26** 下列何種授信不屬於自償性之授信？　(A)墊付國內應收款項
(B)消費者貸款　(C)進口押匯　(D)出口押匯。　　　【第26屆】

(　) **27** 銀行辦理股票貸款時，應加強注意下列何項因素？　(A)擔保品本身
(B)擔保品發行公司　(C)擔保品提供人　(D)保證人。　【第26屆】

(　) **28** 某甲每月薪資收入3萬元，現擬申請房屋貸款350萬元，期限20
年，銀行提出前二年利率2.9%及搭配下列之攤還本息方式，何
者對某甲目前之還款負擔最輕鬆？　(A)分20年本息平均攤還
(B)本金寬限期二年，寬限期滿本息平均攤還　(C)分30年本息均
攤，20年期滿時本金及利息一次清償　(D)按月支付利息及攤還本
金1萬元，20年期滿時本金及利息一次清償。　　　【第26屆】

(　) **29** 有關消費金融業務，下列敘述何者正確？　(A)經營消
費金融業務最終目的係在追求最低的風險　(B)3C是指
Customers,Competitors,Corporate（Resources）　(C)Vintage
是指貸放年份，不同時間貸放的倒帳率沒有太大差異　(D)Roll
Rate是指不良資產的回收率。　　　　　　　　　【第26屆】

(　) **30** 下列何者不屬於消費者貸款之特性？　(A)每戶貸款金額小件數
多　(B)原則上採數量化核貸程序　(C)對所有客戶訂定相同的貸
放條件　(D)大多屬中長期融資。　　　　　　　　【第26屆】

( ) **31** 下列何者不是信用卡業務衍生之業務？　(A)循環信用　(B)預借現金　(C)結合金融卡功能　(D)現金卡貸款。　　　　　【第26屆】

( ) **32** 由於消費者貸款產品差異性不大，同時市場競爭日趨激烈，因此大部分的消費者產品，均採用下列何種導向的訂價方式？　(A)成本導向　(B)需求導向　(C)競爭導向　(D)利潤導向。　【第26屆】

( ) **33** 有關消費者房屋貸款之利率調整方式，下列何者非屬之？　(A)固定利率與機動利率組合　(B)按到期時之基本放款利率加碼　(C)依客戶往來關係定價　(D)依動用金額高低訂定不同利率。　　　　　【第26屆】

( ) **34** 有關「交易性金融業務」之特色，下列敘述何者錯誤？　(A)具有同質性與常態性的交易　(B)參與客戶商業流程與資金轉移　(C)標準作業程序無法客製化　(D)功能強大的IT系統及快速處理作業能力。　　　　　【第26屆】

( ) **35** 結合中長期分期攤還方式及循環動用方式辦理之房屋貸款，稱為下列何者？　(A)購屋貸款　(B)綜合型房貸　(C)週轉型房貸　(D)修繕貸款。　　　　　【第22屆】

( ) **36** 有關銀行審核汽車貸款時，其風險評估因素，下列何者非屬之？　(A)收益性因素　(B)償還能力因素　(C)償還意願因素　(D)債權保障因素。　　　　　【第22屆】

( ) **37** 下列何者非屬主管機關所稱消費者貸款之範圍？　(A)房屋修繕貸款　(B)耐久性消費品貸款　(C)子女教育貸款　(D)股票質押貸款。　　　　　【第22屆】

( ) **38** 消費者貸款與一般企業貸款比較，其特性為何？　(A)具有自償性　(B)每戶貸款金額小，件數多　(C)借款期限在一年以內　(D)到期一次清償本金。　　　　　【第22屆】

( ) **39** 影響消費者貸款產品之利率訂價因素，下列敘述何者錯誤？　(A)銀行資金部位較緊，其利率訂價較高　(B)貸款管理及服務成

本較高者，其利率訂價較高　(C)貸款期間較短者，其利率訂價較高　(D)信用風險較高者，其利率訂價較高。　　　【第22屆】

(　) **40** 有關汽車貸款業務之敘述，下列何者正確？　(A)在核貸金額時，週轉金貸款以借款人之售車價（車商之進價）為核貸金額之基準　(B)週轉金貸款係先付清車款取得車輛後，再向銀行申請融資，銀行在審核時之尺度較購車貸款為寬鬆　(C)購車貸款（含新車及中古車）之鑑價，依車商與購車人簽訂買賣契約之售價予以評估　(D)凡購車後六個月內提出融資申請者，視為購車貸款。　　　【第22屆】

(　) **41** 依主管機關規定，全職學生申請現金卡以幾家金融機構為限？　(A)一家　(B)二家　(C)三家　(D)五家。　　　【第22屆】

(　) **42** 辦理不動產抵押放款授信案件，下列何種房地產較不適宜作為擔保品？　(A)住宅大樓　(B)獨棟透天厝　(C)公寓房屋及其所附著之土地　(D)辦公大樓地下室。　　　【第22屆】

(　) **43** 下列何者非屬交易性金融業務的種類？　(A)貨幣結算　(B)資金調度　(C)前台之外匯交易　(D)遠期信用狀買斷。　　　【第22屆】

解答與解析

1 (C)。有關消費者房屋貸款業務，應善盡授信條件告知義務，並將借據影本提供予客戶留存。

2 (D)。汽車貸款與信用卡無涉。

3 (D)。商業、工廠或空屋之火險保險費率，較住宅保險費率為高。

4 (B)。有關計算信用卡循環信用之利息起息日，從銀行墊款日（最早起算）對消費者最不利。

5 (D)。消費者貸款原則上採數量化核貸程序，不採逐案核貸程序審理消費者貸款案件。

6 (C)。未來利率變動風險小則利率較低。

7 (C)。借款人辦理不動產最高限額抵押權設定，一般以借款金額加二成為設定金額。

8 (D)。Debit卡係指發卡銀行依持卡人指定的活存帳戶內存款金額核發

信用卡，持卡人消費時即於指定帳戶內扣款。

9 (A)。通常消費者貸款客戶延滯7-30天尚未還款，即宜先進行以電話或信函之催繳行動。

10 (C)。目前各銀行對於汽車貸款期間最長七年。

11 (B)。消費者貸款產品之訂價方式中，主要依據客戶的認知價值來訂價，係屬需求導向之訂價。

12 (C)。消費者小額信用貸款著重於借款人的信用，較適宜採個人信用評分作為授信審核依據。

13 (D)。消費者貸款民眾為滿足理財及消費上的需要，向銀行申請的貸款。土地融資不屬於消費者貸款。

14 (A)。銀行墊款日計算期間最長，對發卡銀行最為有利。

15 (B)。一般而言，購車後至遲一個月內提出貸款申請者，可視為購車貸款。

16 (A)。房屋貸款應由申貸人投保火險，以銀行為受益人，銀行應保管保單正本及保費收據副本。

17 (C)。房屋貸款辦理抵押權設定時，一般以借款金額加二成為設定金額。

18 (D)。擔保品受假扣押者，可逕向立約人求償，不應調高其利率。選項(D)有誤。

19 (C)。1,200萬×120％＝1,440萬
1440萬÷150張＝9.6萬
每張價格為96元。

20 (B)。貸款期間長，則信用風險較大，訂價高。選項(B)有誤。

21 (B)。銀行不得接受客戶持有自家銀行股票為質設擔保品。

22 (A)。以原有車輛為擔保，向銀行申請週轉金貸款，應於撥款前提供汽車牌照登記書以供設定。選項(A)有誤。

23 (C)。(1)每戶貸款額度很小，仍須控管風險。
(2)不必為高所得具還款能力者即可申貸。
(3)每筆動撥須收取手續費或帳戶管理費。
(4)廣告促銷費用高。

24 (C)。汽車貸款借款人必須以汽車為擔保，並設定動產抵押權予銀行。

25 (C)。必須有良好的變現市場（即後手市場），非前手市場。

26 (B)。自償性貸款：貸款憑據本身即具有還款功能。消費者貸款不屬於自償性之授信。

27 (B)。銀行辦理股票貸款時，應加強注意該股票發行公司（擔保品發行公司）因素。

28 (B)。本金寬限兩年（前兩年只繳利息）寬限期滿後本息平均攤還，負擔最輕。

29 (B)。(A)銀行經營消費金融之目的，是在一定可以接受的風險程度下，追求最大利潤。(B)3C是指Customers,Competitors,Corporate（Resources）(C)Vintage是指不同時間貸放，倒帳機率也不同。(D)Roll Rate是指時間遞延的不良資產比率。

30 (C)。消費者貸款對所有客戶可訂定不相同的貸放條件，依客戶風險程度不同決定。

31 (D)。現金卡與信用卡是兩種業務型態。

32 (C)。由於消費者貸款產品差異性不大，同時市場競爭日趨激烈，因此大部分的消費者產品，均採用競爭導向的訂價方式。

33 (B)。房屋貸款之利率調整方式，固定利率、機動利率、固定機動組合利率、分段利率、依動用金額高低訂定不同利率、依客戶往來關係決定定價。

34 (C)。「交易性金融業務」特色之一，具標準作業程序可客製化。

35 (B)。綜合型房貸結合購屋及個人投資週轉二類用途，以中長期分期攤還及循環動用方式辦理。

36 (A)。審核汽車貸款時，其風險評估因素有：(1)穩定性因素。(2)償還能力因素。(3)償還意願因素。(4)債權保障因素。

37 (D)。依據金管會93.10.4.第0930028311號令規定：「……銀行法第32條所稱之消費者貸款係指對於房屋修繕、耐久性消費品（包括汽車）、支付學費及其他個人之小額貸款，及信用卡循環信用。」

38 (B)。消費者貸款與一般企業貸款比較，具有下列特性：
(1)每戶貸款金額小，件數多。
(2)不具自償性。
(3)貸款時間長，多屬中長期融資，應採分期償還。
(4)消費者貸款多採本息均攤，還款壓力大，貸款餘額不易攀升。
(5)徵信不易辦理，授信風險高。
(6)貸款多採族群分類,差異化辦理。
(7)需仰賴基層行員持續推展。
(8)辦理成本較其他貸款高，融資費率相對亦高。
(9)逾放需整體考量。

39 (C)。貸款期間愈長，則利率訂價愈高。選項(C)有誤。

40 (A)。(1)週轉金貸款係先付清車款取得車輛後，再向銀行申請融資，銀行在審核時之尺度較購車貸款為嚴謹。選項(B)有誤。
(2)購車貸款之鑑價，依車商與購車人簽訂買賣契約之「購車價」予以評估。選項(C)有誤。
(3)凡購車後一個月內提出融資申請者，視為購車貸款。選項(D)有誤。

41 (B)。學生須年滿二十歲始能申請現金卡，且全職學生申請現金卡以二家發卡機構為限。

42 (D)。辦理不動產抵押放款授信案件，辦公大樓地下室較不適宜作為擔保品。

43 (C)。交易性金融業務種類：
(1)企業金融部門：包括現金管理、貿易融資（含開狀與押匯）、外幣買賣、收付款轉帳、外幣結匯清算及證券託管等。
(2)消費金融及信用卡部門：包括房屋貸款申請、鑑價抵押、信用卡付款與追索欠款、財產信託或資產管理等。

Chapter 5 事後管理及催收

焦點 1 授信覆審及問題貸款

一、授信覆審之意義

貸放後對授信案件為再一次的審查，覆審人員不得覆審本身經辦之授信案件。

二、授信覆審之功能

(一) 對已存在的貸款進行監督。

(二) 處理問題貸款。

三、問題貸款

(一) 逾期放款

1. 逾期放款係指積欠本金或利息超過清償期3個月，或雖未超過3個月，但已向主、從債務人訴追或處分擔保品者。協議分期償還放款符合一定條件，並依協議條件履行達6個月以上，且協議利率不低於原承作利率或銀行新承作同類風險放款之利率者，得免予列報逾期放款。但於免列報期間再發生未依約清償超過3個月者，仍應予列報。

2. 所稱一定條件，指符合下列情形者：

   (1) 原係短期放款者，以每年償還本息在10%以上為原則，惟期限最長以5年為限。

   (2) 原係中長期放款者，其分期償還期限以原殘餘年限之2倍為限，惟最長不得超過20年。於原殘餘年限內，其分期償還之部分不得低於積欠本息30%。若中長期放款已無殘餘年限或殘餘年限之2倍未滿5年者，分期償還期限得延長為5年，並以每年償還本息在10%以上為原則。

3. 所謂清償期，對於分期償還之各項放款及其他授信款項，以約定日期定其清償期。但如銀行依契約請求提前償還者，以銀行通知債務人還款之日為清償期。

(二) 催收款：指經轉入催收款科目之各項放款及其他授信款項。凡逾期放款應於清償期屆滿六個月內轉入催收款科目。

(三) 不良之授信資產之備抵呆帳提列

1. 第二類應予注意者：2%。
2. 第三類可望收回者：10%。
3. 第四類收回困難者：50%。
4. 第五類收回無望者：100%。

(四) 問題貸款的催收

1. 貸款重組：

貸款重組又稱為協議清償，可分為：

降額、延長貸款到期日	本息可以協商降額、延期、分期償還，以減輕借款人之立即負擔。惟降額、延期等條件不宜放寬太久，僅能暫定2、3年，屆期再視借款人還款能力，另定償債協議。在分期付款協議下，若借戶再未依約還款，則宜立即採取法律行動。
追加抵押品或擔保	假扣押之不動產若借、保人願設定抵押權（含次順位）予銀行，或償還某一金額之本金，則在協議分期還款後，可研議予以撤除假扣押。若借戶一次償還大部分金額，或已依分期付款協議償還大部分欠款，則可同意借戶豁免追索債權豁免逾期利息，或可酌予降息，或一部份付現，其餘用分期付款方式還款。

2. 變賣抵押品：當共同合作不能解決問題，或任何一方不願意合作解決問題時，銀行的另一方案就是採取保全程序，設法變賣抵押品以收回貸款。

債權人為保障日後強制執行之請求，得對債務人之財產實施保全程序有二種，即假扣押、假處份，分述如下：

(1) **假扣押**：債權人為避免債務人變更財產現狀，而聲請禁止其處分財產；聲請假扣押須有要保全強制執行的「金錢請求」或「得易為金錢請求的請求」。聲請假扣押時，通常法院裁定應提供擔保之金額或價額，約為請求假扣押金額之三分之一。

(2) **假處份**：債權人對債務人聲請「金錢請求以外的請求」，法院裁定強制或禁止債務人對請求的標的為一定行為，進而達到確保債權人請求的保全程序。取得假處分裁定後，必須於三十天內聲請假處分執行。

3. **申請法律裁決**：如果無抵押品，或抵押品的拍賣價額無法償還全部貸款，銀行可透過法院的判決，請求借款者或保證人承擔償還責任。

4. **破產索賠**：破產索賠係債權人和債務人解決債務糾紛的最後方式，借款人可以自行申請破產，銀行也可以向法院要求清算借款者的財產。在破產宣告前，對於債務人之財產有別除權者，得不依破產程序行使權利，別除權是指債權人因債設有擔保物而就債務人特定財產在破產程式中享有的單獨、優先受償權利，有質權、抵押權或留置權。

─────────── │ **牛刀小試** │ ───────────

(　　) **1** 銀行聲請假扣押，法院一般都要求以提供擔保代替釋明，請問法院准提供擔保之擔保物為何？　(A)機器　(B)建物　(C)土地連同建物　(D)現金或有價證券（如公債）。　　　　【第28屆】

(　　) **2** 聲請假扣押時，通常法院裁定應提供擔保之金額或價額，約為請求假扣押金額之多少？　(A)三分之一　(B)三分之二　(C)四分之三　(D)全部。　　　　【第26屆】

(　　) **3** 在破產宣告前，對於債務人之財產有別除權者，得不依破產程序行使權利，所謂「別除權」不包括下列何者？　(A)質權　(B)抵押權　(C)抵銷權　(D)留置權。　　　　【第26屆】

解答與解析

1 (D)。法院准提供擔保之擔保物為現金或有價證券（如公債）。

2 (A)。聲請假扣押時，通常法院裁定應提供擔保之金額或價額，約為請求假扣押金額之三分之一。

3 (C)。別除權是指債權人因債設有擔保物而就債務人特定財產在破產程序中享有的單獨、優先受償權利，有質權、抵押權或留置權。

焦點 2 貸款損失管理

一、相關保全程序的天數

事件	天數
分配請求權	1日
破產之宣告法院應就收到聲請的幾日內裁定宣告破產或駁回。	7日內
實施強制執行時，法院每次延緩執行之期間屆滿後，債權人經執行法院通知而不於幾日內聲請續行執行者，視為撤回其強制執行之聲請。	10日
重整時，債權及股東權之申報期間	10日以上30日以下
支付命令沒有在20日聲明異議，則聲請人會取得支付命令確定證明書，可作為執行名義。	20日
強制執行法規定，債權人收受假扣押裁定後，逾多久期限者，不得聲請執行。	30日
經2次減價拍賣而未拍定之不動產，債權人不願承受或依法不得承受時，執行法院應於第2次減價拍賣期日終結後10日內公告願買受該不動產者，得於公告之日起3個月內依原定拍賣條件為應買之表示。	—
強制執行法規定，拍賣之不動產無人應買，亦無人承受者，由執行法院定期再行拍賣，該再行拍賣之期日距公告之日。	期間不得少於10日多於30日
破產時，申報債權之期間。	15日以上3個月以下
法院重整裁定於受理聲請後的「120日內」做出准許或駁回的裁定；此期間可延長，每次不超過30日，延長以2次為限。	最多180日
法院為公司重整之裁定前，對公司財產所為之保全處分，除法院准予重整外，其期間為何。	期間不得超過90日，但可延長一次；最長為180日

二、強制執行規定

(一) **強制執行的定義**：債權人取得執行名義後，依法院聲請強制執行，並就債務人財產類型，為不同之處理。金錢債權部分之執行分為保全（查封或扣押）及換價（變賣、拍賣、分配）兩程序；非金錢債權，則以直接或間接強制為之。

執行程序

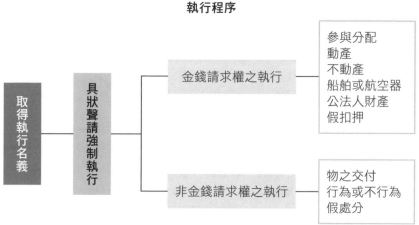

(二) **執行法院**

　1.強制執行由應執行之標的物所在地或應為執行行為地之法院管轄。

　2.應執行之標的物所在地或應為執行行為地不明者，由債務人之住、居所、公務所、事務所、營業所所在地之法院管轄。

三、不動產拍賣

(一) **拍賣程序**

　1.**鑑定底價**：拍賣不動產，執行法院應命鑑定人就該不動產估定價格，經核定後，為拍賣最低底價。依此，法院核定不動產之拍賣最低底價，除應參考鑑定人提出之估定價格外，尚須斟酌該不動產之實際狀況及債權人、債務人之利益而為最妥適之決定。例如：地價證明、不動產座落地段、屋齡、建材、分區使用證明、附近不動產之成交價格等。然實務上，執行法院通常仍以鑑定人提出之估定價格為訂定拍賣底價之參考依據。

　2.**通知債權人及債務人詢價**：執行法院接獲鑑定人對於拍賣不動產所提出之鑑價結果後，會將鑑價結果通知債權人及債務人詢價，即對於鑑定價格陳述意見，但當事人所表示之拍賣底價，僅作為法院訂定底價之參考。

3. **標價**：執行法官訂拍賣最低底價，應按各筆不動產標的物，分別標價，即所謂拍賣底價。而建築物及基地，不得指定單獨拍賣（強制執行法第96條第2項）。倘該數筆不動產標的物於使用上有關聯性時，應合併拍賣。

4. **債權人承受**：拍賣不動產時，如無人應買或應買人所出之最高價未達拍賣最低價額時，而到場債權人於拍賣期日終結前聲明願承受者，則執行法院即可依該次拍賣之最低價額將不動產交債權承受。如債權人不願承受或依法不得承受時，由執行法院定期再行拍賣。如債務人將不動產出租第三人，而抵押權契約設定日期先於租賃契約，致拍賣公告為執行標的物不點交之記載時，應遞狀聲請執行法院排除租賃關係後繼續拍賣，以免不動產上存在租賃關係，致影響投資大眾之承買意願及債權回收。

5. **第二次拍賣底價**：再行拍賣時，執行法院應酌減拍賣最低價額，酌減數額不得逾原底價20%。

6. **第三次拍賣底價**：如再行拍賣時亦無人應買，或應買人所出之最高價額亦未達酌減數額後之拍賣價額時，則再減價定期拍賣。再減價之數額不得逾於原拍賣價額之20%。

7. **取得所有權**：強制執行法規定，拍賣之不動產，買受人於領得執行法院所發給權利移轉證書之日起取得該不動產之所有權。

(二) **特別拍賣程序**：執行法院對已查封之不動產，業經3次拍賣仍無法拍定，復不適於債權人承受者，執行法院於第2次減價拍賣即第三次拍賣期日終結後10日內，公告願買該不動產者，得於公告之日起3個月內依第3次拍賣底價承買之一種執行程序。在公告期間內債權人仍可向法院聲請另行估價或再減價拍賣，如仍未拍定或未由債權人承受，或債權人未於該期間內聲請另行估價或減價拍賣者，視為撤回該不動產之執行。

> **知識延伸**
>
> 稅捐之徵收，優先於普通債權。土地增值稅、地價稅、房屋稅之徵收及法院、行政執行處執行拍賣或變賣貨物應課徵之營業稅，優先於一切債權及抵押權。

(三) **通知當地主管稅捐稽徵機關**：經法院、行政執行處執行拍賣或交債權人承受之土地、房屋及貨物，執行法院或行政執行處應於拍定或承受5日內，將拍定或承受價額通知當地主管稅捐稽徵機關，依法核課土地增值稅、地價稅、房屋稅及營業稅，並由執行法院或行政執行處代為扣繳。

───────　┃牛刀小試┃　───────

(　　) **1** 依強制執行法規定，強制執行之實施經債權人同意，執行法院
得延緩執行，其期限不得逾三個月，但債權人聲請續行強制執
行而再同意延緩執行之次數，以幾次為限？
(A)三次　(B)二次　(C)一次　(D)不限次數。　　【第26屆】

(　　) **2** 不動產經過三次拍賣未拍定，債權人亦不願承受時，其後續程
序為何？　(A)發還債務人　(B)進入強制管理程序
(C)進入特別拍賣程序　(D)視為撤回強制執行。　　【第26屆】

(　　) **3** 以下列何者為執行名義聲請強制執行時，若執行不足抵償債權
時，法院不發給債權憑證？
(A)確定判決　(B)確定之支付命令　(C)拍賣抵押物裁定　(D)
依民事訴訟法成立之和解。　　【第26屆】

解答與解析

1 (C)。強制執行法第10條規定：「……前項延緩執行之期限不得逾三
個月。債權人聲請續行執行而再同意延緩執行者，以一次為限。每次
延緩期間屆滿後，債權人經執行法院通知而不於十日內聲請續行執行
者，視為撤回其強制執行之聲請。……」

2 (C)。依強制執行法第70條規定，不動產經過三次拍賣未拍定，債權人
亦不願承受時，進入特別拍賣程序。

3 (C)。以拍賣抵押物裁定為執行名義聲請強制執行時，若執行不足抵償
債權時，法院不發給債權憑證。

精選試題

( )　**1** 承辦強制執行手續之法院，屬於下列何種法院之民事執行處？
(A)地方法院　　　　　　　(B)高等法院
(C)最高法院　　　　　　　(D)所有法院皆可。　　　【第28屆】

( )　**2** 所謂「飛躍上訴」係指簡易訴訟經二審判決後，如上訴利益逾新
臺幣多少元者，在符合一定條件下經原審法院核准，仍得上訴最
高法院？
(A)十萬元　(B)二十萬元　(C)五十萬元　(D)一百萬元。【第28屆】

( )　**3** 逾期放款之債務人在本行之其他分行若有支票存款，應如何處
理？　(A)聲請法院假扣押　(B)終止支票存款契約並行使抵銷權
(C)向法院聲請支付命令　(D)行使抵銷權，但毋庸終止支票存款
契約。　　　　　　　　　　　　　　　　　　　【第28屆】

( )　**4** 甲銀行撥貸一筆無擔保放款給乙，屆期未還，經對乙取得確定勝
訴判決。假設乙之唯一財產遭法院強制執行，並於105年7月6日
（星期三）拍定，請問甲銀行如欲參與分配，至遲應於何日遞
狀聲明？　(A)105年7月4日　(B)105年7月5日　(C)105年7月6日
(D)105年7月7日。　　　　　　　　　　　　　　【第28屆】

( )　**5** 依強制執行法規定，原則上同一強制執行案件，不動產之拍賣最多能
拍賣若干次？　(A)三次　(B)四次　(C)五次　(D)七次。　【第28屆】

( )　**6** 依強制執行法規定，特別拍賣程序期間為何？　(A)六個月
(B)三個月　(C)二個月　(D)二十日。　　　　　　【第28屆】

( )　**7** 債權人就債務人對第三人的金錢債權強制執行，聲請法院發扣押
命令後，如第三人無異議時，可以再聲請法院發下列何種命令？
(A)移轉命令、收取命令或支付轉給命令
(B)僅能聲請移轉命令或收取命令
(C)僅能聲請支付轉給命令
(D)僅能聲請收取命令。　　　　　　　　　　　　【第28屆】

( )　**8** 依強制執行法規定，如不動產特別拍賣程序期間內仍無人應買，債權人亦不願承受且未聲請續行減價或另行估價拍賣時，該案件應如何處理？　(A)視為撤回執行　(B)發債權憑證結案　(C)法院將該不動產作價交債權人承受　(D)逕行再拍賣程序。　　【第28屆】

( )　**9** 某銀行之總行位於台北市，其催收案之借款人住桃園市，不動產抵押物提供人（兼連帶保證人）住新竹市，不動產座落於台中市，請問銀行應向何一法院聲請裁定拍賣？　(A)台北地方法院　(B)桃園地方法院　(C)新竹地方法院　(D)台中地方法院。　　【第26屆】

( )　**10** 有關「查封」之敘述，下列何者正確？
(A)動產查封以「揭示」為主　(B)所有動產均為可查封之標的，例如：寢具、衣物　(C)動產、不動產之查封，法院應先通知地政機關辦理查封登記　(D)如法院對地政機關為查封登記之通知，比實施查封早到達時，亦發生查封效力。　　【第26屆】

( )　**11** 依督促程序聲請發支付命令，比起訴簡便，惟仍有其限制，下列敘述何者錯誤？　(A)必須向債務人住所地之法院聲請　(B)必須向聲請人所在地之法院聲請　(C)支付命令必須能送達債務人收執（公示送達，或國外送達者不得行之）　(D)支付命令於三個月內無法送達予債務人時，該支付命令即失效力。　　【第23屆】

( )　**12** 依相關規定，有關放款覆審之敘述，下列何者錯誤？　(A)放款覆審得以實地調查與書面審核等方式為之　(B)放款覆審得以定期及不定期方式進行　(C)轉銷呆帳時，應查明有無依規定辦理覆審追查工作　(D)放款覆審工作應主動積極辦理，故毋須列為內部稽核範圍。　　【第22屆】

( )　**13** 下列何者非為強制執行之執行名義？　(A)確定之終局判決　(B)訴訟外成立之和解　(C)依公證法規定得為強制執行之公證書　(D)拍賣抵押物裁定。　　【第22屆】

( )　**14** 有關支付命令，下列敘述何者錯誤？　(A)必須向債務人住所地之法院聲請　(B)債務人應為送達之處所不明時，得聲請公示

送達 (C)債務人收受法院支付命令後，若未於二十日內聲明異議，該支付命令與確定判決有同一效力 (D)支付命令於三個月內無法送達於債務人時，該支付命令即失去效力。 【第22屆】

( ) **15** 依強制執行法規定，對不動產之拍賣程序，何時可進行「特別拍賣程序」？ (A)第三次拍賣未拍定時 (B)第六次拍賣未拍定時 (C)第七次拍賣未拍定時 (D)債權人得隨時向法院聲請。【第22屆】

( ) **16** 銀行之不動產抵押物若遭第三人聲請強制執行，即將進行拍賣，銀行應立刻採取何種法律程序？ (A)假扣押 (B)假處分 (C)參與分配 (D)聲請支付命令。 【第22屆】

( ) **17** 有關「管轄法院」，下列敘述何者錯誤？ (A)假扣押由本案管轄法院或假扣押標的物所在地之地方法院管轄 (B)支付命令應向借據約定之合意管轄法院聲請 (C)消費借貸之爭訟，當事人可合意定第一審管轄法院 (D)強制執行，應向執行標的物所在地或應為執行行為地之法院為之。 【第22屆】

( ) **18** 有關授信覆審，下列敘述何者錯誤？ (A)重要授信個案如有實際需要，應辦理實地覆審 (B)覆審人員得覆審本身經辦之授信案件 (C)應編製覆審報告 (D)直接授信應查核其資金實際用途是否與申貸用途相符。 【第26屆】

解答與解析

1 (A)。承辦強制執行手續之法院，屬於地方法院之民事執行處。

2 (D)。所謂「飛躍上訴」係指簡易訴訟經二審判決後，如上訴利益逾新臺幣一百萬元者，在符合一定條件下經原審法院核准，仍得上訴最高法院。

3 (B)。逾期放款之債務人在本行之其

他分行若有支票存款，銀行應終止支票存款契約並行使抵銷權。

4 (B)。甲銀行如欲參與分配，至遲應於拍定日（105年7月5日）前遞狀聲明參與分配。

5 (B)。依強制執行法規定，原則上同一強制執行案件，不動產之拍賣最多能拍賣（3+1）次。額外那次為特別拍賣。

6 **(B)**。強制執行法第95條第一項、第二項規定:「經二次減價拍賣而未拍定之不動產,債權人不願承受或依法不得承受時,執行法院應於第二次減價拍賣期日終結後十日內公告願買受該不動產者,得於公告之日起三個月內依原定拍賣條件為應買之表示,執行法院得於詢問債權人及債務人之意見後,許其買受。債權人復願為承受者,亦同。前項三個月期限內,無人應買前,債權人亦得聲請停止前項拍賣,而另行估價或減價拍賣,如仍未拍定或由債權人承受,或債權人未於該期限內聲請另行估價或減價拍賣者,視為撤回該不動產之執行。」特別拍賣程序期間為三個月。

7 **(A)**。債權人就債務人對第三人的金錢債權強制執行,聲請法院發扣押命令後,如第三人無異議時,可以再聲請法院發移轉命令、收取命令或支付轉給命令。

8 **(A)**。強制執行法第95條規定:「……前項三個月期限內,無人應買前,債權人亦得聲請停止前項拍賣,而另行估價或減價拍賣,如仍未拍定或由債權人承受,或債權人未於該期限內聲請另行估價或減價拍賣者,視為撤回該不動產之執行。……」

9 **(D)**。應向抵押物之繫屬法院(台中地方法院)聲請裁定拍賣。

10 **(D)**。(1)動產查封以「標封」為主。
(2)寢具衣物不得查封。
(3)已登記不動產查封,法院才應先通知地政機關。

11 **(B)**。依督促程序聲請發支付命令,專屬債務人為被告時,必須向債務人住所地之法院聲請。

12 **(D)**。放款覆審工作應主動積極辦理,並列為內部稽核範圍。

13 **(B)**。強制執行法第4條規定:「強制執行,依左列執行名義為之:一、確定之終局判決。二、假扣押、假處分、假執行之裁判及其他依民事訴訟法得為強制執行之裁判。三、依民事訴訟法成立之和解或調解。四、依公證法規定得為強制執行之公證書。五、抵押權人或質權人,為拍賣抵押物或質物之聲請,經法院為許可強制執行之裁定者。六、其他依法律之規定,得為強制執行名義者。」

14 **(B)**。督促程序之目的在求簡捷,因此支付命令如必須公示送達(例如債務人應送達處所不明)或於國外送達者,不得為之。選項(B)有誤。

15 **(A)**。於第三次拍賣仍未拍定,債權人亦不願承受時,執行法院應公告願買受該不動產者,得於

「三個月內」依原定拍賣條件為應買之表示，即特別拍賣程序。

16 (C)。當銀行獲悉其他債權人已對債務人之財產強制執行時，應於拍賣、變賣終結或交債權人承受之日一日前向法院聲明參與分配。

17 (B)。支付命令之聲請必須向債務人住所地之法院聲請。選項(B)有誤。

18 (B)。覆審人員不得覆審本身經辦之授信案件。

NOTE

NOTE

Chapter 1 中華民國銀行公會會員徵信準則　修正時間：中華民國106年4月26日

壹、總則

第1條　本會為提高各會員之徵信水準，加強徵信工作，發揮徵信功能，並求會員間徵信作業之一致性與合理化，特訂定本準則。

第2條　本會各會員辦理徵信工作，除法令另有規定者外，悉依本準則之規定辦理。

第3條　各會員宜依本身業務之需要，建立超然徵信體系，以健全徵信工作。

第4條　本準則所稱徵信工作，係指與授信業務有關之信用調查與財務分析等工作。

第5條　本準則所稱徵信單位，係指總分支機構專責辦理徵信之單位，所稱徵信人員，係指徵信單位及營業單位辦理徵信之人員。

貳、工作守則

第6條　徵信人員對徵信資料應依法嚴守秘密。

第7條　徵信人員應依誠信公正原則，辦理徵信工作。

參、徵信程序

第8條　客戶申請授信時，由營業單位索齊資料後，移送徵信單位辦理徵信。

第9條　為謀徵信工作迅速完成，徵信單位對於經常往來客戶，得事前主動索齊資料，辦理徵信。

第10條　為爭取優良廠商，徵信單位亦得主動蒐集資料辦理徵信，並將結果通知相關單位參考。

第11條　參貸行辦理聯合授信（以下簡稱聯貸）案件之徵信工作，倘經自行評估認主辦行提供之聯貸說明書具參考價值者，得作為徵信報告之參考資料，惟參貸行仍應進行盡職調查及信用風險分析，**不得僅以主辦行提供之聯貸說明書作為徵信報告**。

第12條　徵信單位辦理徵信，除另有規定外，應以**直接調查為主**，間接**調查**為輔。

第13條　授信客戶發生突發事件，徵信單位得配合營業單位**派員實地調查**。

第14條   各會員間宜加強聯繫，以掌握客戶營運動態，必要時得與較具規模之專業徵信機構密切聯繫。

肆、徵信資料

第15條   徵信工作所需資料，由營業單位於接受客戶申請時一併索齊，資料不齊而未依限補齊者，不予辦理徵信。

第16條   企業授信案件應索取基本資料如下：

(一) 授信業務

　1. 短期授信：

　　(1) 授信戶資料表。

　　(2) 登記證件影本。

　　(3) 章程或合夥契約影本。

　　(4) 董監事名冊影本。

　　(5) 股東名簿或合夥名冊或公開發行公司變更登記表影本。

　　(6) 主要負責人、保證人之資料表。

　　(7) 最近三年之資產負債表、損益表或會計師財務報表查核報告。

　　(8) 最近稅捐機關納稅證明影本。

　　(9) 同一關係企業及集團企業資料表。

　　(10) 有關係企業之公開發行公司最近年度之關係企業三書表。

　2. **中長期授信：**

　　(1) **週轉資金授信（包括短期授信展期續約超過一年以上者）：除第1目規定資料外，總授信**金額（包含財團法人金融聯合徵信中心歸戶餘額及本次申貸金額，其中存單質借、出口押匯及進口押匯之金額得予扣除，下同）**達新台幣二億元者，另加送營運計畫、現金流量預估表、預估資產負債表及預估損益表。**

　　(2) **其他中長期授信：除第1目規定資料外，總授信金額達新台幣二億元者，另加送個案預計資金來源去路表、建廠進度表、營運計畫、現金流量預估表、預估資產負債表及預估損益表。**

　3. 其他授信：依有關規定辦理。

(二) 無追索權應收帳款承購業務：

　1. 賣方：為充分瞭解申請客戶之概況，仍應索取上述相關之基本資料，惟：

　　(1) 作無預支價金業務時，得不索取。

　　(2) 買方有承諾付款時，得酌情索取。

　2. 買方：

　　(1) 買方風險未經應收帳款承購商（Import Factor：IF）或信用保證機構移轉風險者：應取得買方之相關資訊或外部評等報告。

　　(2) 買方風險經應收帳款承購商（Import Factor：IF）或信用保證機構移轉風險者：應

蒐集應收帳款承購商或信用保證機構之相關資訊或外部評等報告。

會員對已取得在臺登記證照之大陸地區企業在臺子公司授信，其應索基本資料，比照前項規定辦理。

會員對已取得在臺登記證照之大陸地區企業在臺分公司或辦事處授信，其應索取基本資料，除比照第1項規定辦理外，另為瞭解大陸地區總公司之營運情形，必要時得另徵提其大陸總公司之財務、金融機構授信往來等相關資訊，作為徵信評估之參考。

第17條　前條所列資料，會員銀行、政府機關、公營事業、政府計畫性授信案件及已提供本行定存單十足擔保之授信案件得酌情免予索取。

海外分行之授信案件及國際金融業務分行之國際聯貸案件，得依海外分行當地之法令規定與實務慣例或國際聯貸之特性，酌情索取相關資料以配合辦理徵信工作。

國際金融業務分行之非國際聯貸案件，如授信戶為國內企業之境外關係企業，其財務、業務實際上由國內企業負責運作，且**符合下列條件之一者，其財務資料得以「國內企業合併報表」或「國內企業之會計師財務報表查核報告**（查核報告須有揭

露國內企業與境外企業之投資關係或另由國內企業出具與該授信境外企業關係之聲明書）**及境外關係企業之所得稅報表**（如設立於免稅地，得改徵提自編報表及最近年度政府規費繳訖證明單據影本）」**替代**：

(一) 由授信戶提供十足之外幣定存單或其他合格外幣資產為擔保品者。

(二) 由授信戶之國內關係企業擔任連帶保證人或由國內關係企業開立本票經授信戶背書或由授信戶與國內關係企業擔任本票共同發票人者。

依本會所訂「中華民國銀行公會會員銀行辦理在臺無住所外國人新臺幣授信業務要點」規定對在臺無住所外國人辦理之新臺幣授信業務，如該在臺無住所外國人有經國際信用評等機構（如Moody's、S&P或Fitch）評等在BBB－以上等級，得比照本條第二項規定酌情索取相關資料，以配合辦理徵信。但金管會104年5月8日金管銀法字第10400077630號令規定之文件、外國法人之董監事名冊、最近三年度之財務報表、股權分配資料、信評資料及借款用於國內從事投資之交易證明文件仍應徵提。上述交易證明文件於借款用於投資證券時，得以先徵提『外國人投資證券之完成登記證明文件』，並於事後再補徵提相關交易資料之方式替代；如為

來台上市（櫃）公司募集與發行公司債之保證業務時，得先以徵提公開說明書、發行計畫及中央銀行同意函，並於事後再補徵提金融監督管理委員會核准文件之方式替代。

第18條　會員對授信戶提供之財務報表或資料，應依下列規定辦理：

(一) 上述財務報表或資料以經會計師查核簽證，或加蓋稅捐機關收件章之申報所得稅報表（或印有稅捐機關收件章戳記之網路申報所得稅報表），或附聲明書之自編報表者為準。但辦理本票保證依法須取得會計師查核簽證之財務報表，及企業總授信金額達新台幣三千萬元以上者，仍應徵提會計師財務報表查核報告。公開發行公司並應徵提金融監督管理委員會規定之會計師財務報表查核報告（即長式報告），上述報告亦得自財團法人中華民國證券暨期貨市場發展基金會網站或台灣證券交易所股份有限公司公開資訊觀測站下載。

(二) 海外分行之授信案件，得依海外分行當地之法令規定與實務慣例，作為是否徵提會計師財務報表查核報告之依據，不受前款規定之限制。惟授信戶如未出具會計師財務報表查核報告者，仍應出具其向所在地國家稅捐機關申報之所得稅報表。

(三) 最近一年內新設立之授信戶總授信金額達新台幣三千萬元以上者，得以會計師驗資簽證及已附聲明書之自編財務報表代替。

(四) 授信戶新年度會計師財務報表查核報告及關係企業三書表如未能於會計年度結束五個月內提出，遇有授信案展期、續約或申請新案時，得先依據其提供之暫結報表或決算報表予以分析，惟授信戶應提出由會計師具名於規定期限內完成財務報表查核報告及關係企業三書表之承諾書。會員以授信戶自行提供之暫結報表或決算報表辦理徵信時，應徵取其聲明書，並責成授信戶限期補送會計師財務報表查核報告；另基於企業新授信戶財務報表未經會計師查核簽證，即據以辦理授信，風險較大，各會員宜自行訂定受理此類授信案件之相關規定，以資規範。

(五) 對授信戶依前述規定提供之財務報表應注意其內容之正確性及合理性，如發現其財務報表所列資料與其他相關徵信資料有不一致之情形，應向授信戶查證或請其提出說明，並於徵信報告中詳實列示。

(六) 會員應於授信契約中約定，請授信戶要求受託查核簽證之會計師將財務報表查核報

告副本送達財團法人金融聯合徵信中心。

(七) 會計師依會計師法或證券交易法（以下同）受處分警告或申誡者，其簽發之財務報表查核報告自處分日起一年內如准予採用，應註明採用之原因並審慎評估；受處分停止執行業務或停止辦理公開發行公司之查核簽證者，其簽發之財務報表查核報告自處分日起於受處分停止執行業務期間內不予採用；受處分除名或撤銷公開發行公司查核簽證之核准者，其簽發之財務報表查核報告自處分日起不予採用。

(八) 辦理應收帳款承購業務之買方，該買方額度免計入授信金額達新台幣三千萬元，應徵提會計師財務報表查核報告之金額中。

第19條 個人授信應檢送授信戶及保證人之個人資料表及（或）其他有關文件。

第20條 徵信單位對於徵信資料之修正或補充，得通知營業單位或逕洽客戶辦理。

第21條 企業授信戶得由營業單位洽索其各關係企業之有關資料，併送徵信單位參考。

伍、徵信範圍

第22條 企業授信案件之徵信範圍如下：

(一) 授信業務

1. 短期授信：
   (1) 企業之組織沿革。
   (2) 企業及其主要負責人一般信譽（含票信及債信紀錄）。
   (3) 企業之設備規模概況。
   (4) 業務概況（附產銷量值表）。
   (5) 存款及授信往來情形（含本行及他行）。
   (6) 保證人一般信譽（含票信及債信紀錄）。
   (7) 財務狀況。
   (8) 產業概況。

2. 中長期授信：
   (1) 週轉資金授信（包括短期授信展期續約超過一年以上者）：除第1目規定外，總授信金額達新台幣二億元者，另增加償還能力分析。
   (2) 其他中長期授信：除第1目規定外，另增加建廠或擴充計畫（含營運及資金計畫）與分期償還能力分析。

3. 中小企業總授信金額在新台幣六百萬元以下；或新台幣一千五百萬元以下且具有十足擔保者，其徵信範圍簡化如下：
   (1) 短期授信：
   ①企業之組織沿革。

②企業及其主要負責人一般信譽（含票信及債信紀錄）。

③產銷及損益概況。

④存款及授信往來情形（含本行及他行）。

⑤保證人一般信譽（含票信及債信紀錄）。

(2) 中長期授信：

除第3目第(1)細目規定外，另增加⑥行業展望。⑦建廠或擴充計畫（含營運計畫）。

(二) 無追索權應收帳款承購業務

1. 賣方：如有預支價金時，比照前款規定辦理；但如屬無預支價金或買方有承諾付款時，得酌情辦理。

2. 買方：

(1) 買方風險未經應收帳款承購商（Import Factor：IF）或信用保證機構移轉風險者：法令規範許可及資料可搜集之狀況下，應儘量依前款短期授信之徵信範圍及交易付款習慣等，對買方進行評估。

(2) 買方風險經應收帳款承購商（Import Factor：IF）或信用保證機構移轉風險者：應蒐集IF及信用保證機構之公開資訊或信用評等報告，評估其財務結構及可承擔風險之程度。

(三) 海外及大陸地區授信

除依本條第(一)及(二)款徵信範圍辦理外，並視授信個案風險情形，辦理實地訪查、公司主管訪談等相關徵信作業，其相關管理規定由會員自行訂定。

第23條　前條所列範圍各會員仍得依其業務需要或個案情形酌予增減。

第24條　辦理財務分析前，如個別企業會計科目依其內容性質而有修正之必要者，得依財團法人中華民國會計研究發展基金會所訂頒之財務會計準則予以調整重編。

第25條　個人授信應辦理徵信事項如下：

(一) 徵信單位對於個人資料表所填經營事業，及土地、建物欄內容，應逐項與其有關資料核對，並應查明授信戶財產設定他項權利及租賃情形，必要時並將其證件資料影印存卷。

(二) 徵信單位對於個人授信案件，應查詢授信戶及保證人存借（含保證）往來情形、餘額及有無不良紀錄。

(三) 個人年度收入，應根據有關資料酌予匡計，其在金融機構總授信金額達新台幣二千萬元者，應與下列文件之一進行核對：

1. 最近年度綜合所得稅結算申報書影本或綜合所得稅結算申報試算稅額通知書影本加附繳稅取款委託書或申報繳款書或扣繳憑單影本。

2. 附回執聯之二維條碼申報或網路申報所得稅資料。
3. 附信用卡繳稅對帳單之申報所得稅資料。
4. 稅捐機關核發之綜合所得稅納稅證明書或各類所得歸戶清單。
前述各項文件資料，授信申請人如屬依法免納所得稅者，得以給付薪資單位所核發之薪資證明及其他扣繳憑單替代。個人所得來自境外者，得以其所得來源地區所屬稅捐稽徵機關發給之最近年度納稅相關資料、給付單位核發之薪資證明或其他足資證明財力之文件替代。

(四) 個人授信戶，其填送個人收入情形，與綜合所得稅申報書內容有出入時，以申報書內容為準，作為其償還能力與還款財源之參考。

(五) 辦理個人授信，應依據授信戶借款用途，確實匡計資金實際需求及評估償還能力。

對在臺有住所之大陸地區人民授信，應辦理徵信事項，除比照前項規定辦理外，應徵提在臺長期居留證或在臺依親居留證。對在臺無住所之大陸地區人民授信，應辦理徵信事項，除比照第1項規定辦理外，應徵提下列文件：

(一) 合法入境簽證之大陸地區護照，及領有內政部入出國及移民署核發之「中華民國統一證號基資表」等。

(二) 內政部入出國及移民署所核發之「台灣地區入出境許可證」。

(三) 大陸地區居民證或大陸地區往來台灣通行證。

(四) 大陸地區薪資證明或所得稅報稅資料等收入文件。

(五) 內政部許可在台灣地區取得、設定不動產物權文件。

第三項所稱「在臺無住所之大陸地區人民」係指未持有在臺長期居留證或在臺依親居留證之大陸地區人民。

陸、追蹤徵信

第26條 對於授信戶之追蹤徵信依各會員之有關規定辦理。

第27條 辦理追蹤徵信之結果應即通知相關單位。

柒、徵信報告

第28條 徵信之結果應彙集整理，充分檢討，並把握重點，以客觀立場公正分析。
徵信報告為授信審核主要參考依據之一，除法令另有規定外，授信案件於核貸前應先辦理徵信。

第29條 徵信報告內容必須簡潔明晰前後一致。

第30條 徵信報告篇幅較長者，應於首端另備提要。

第31條　徵信報告一經核定,除係筆誤或繕校錯誤者外,不得更改,其有再加說明之必要時,得另補充說明之。

捌、徵信檔案

第32條　徵信資料應加整理,保持完整。

第33條　徵信資料應依客戶別單獨設卷,並應依資料先後及資料性質整理歸檔。

第34條　徵信檔案為機密文件,管理檔案人員應負責妥善管理,除經辦工作人員外,非經主管核准,不得借閱。授信戶已清償銷戶者,其徵信檔案仍應妥予整理保管,並訂定適當之保存期限。

玖、徵信表格

第35條　授信戶資料表及其他徵信表格由本會訂定統一格式。但會員如另有需要,得自行訂定。

拾、權責範圍

第36條　徵信人員應對所作之徵信報告,就徵信當時狀況及其所能知悉之事項負其責任。

第37條　凡依本準則、各會員有關規定及一般慣例所作之徵信報告,事後雖發現瑕疵,應免除其責任。

拾壹、附則

第38條　本準則未規定事項,悉依有關法令、各會員有關規定及一般慣例辦理。

第39條　本準則經本會理事會通過並報金融監督管理委員會核備後施行;修正時,亦同。

Chapter 2　中華民國銀行公會會員授信準則

修正時間：中華民國107年9月5日

壹、總則

第1條　本會為促進各會員健全銀行業務經營，發揮授信功能，提昇授信品質，確保授信資產之安全，特訂定本準則。

第2條　本準則所稱授信，係指會員辦理放款、透支、貼現、保證、承兌及其他經中央主管機關核准之業務。

第3條　會員辦理授信業務，除遵循銀行法等有關法令規定及各會員授信政策外，悉依本準則辦理。

第4條　為提高服務效率，縮短授信作業流程，各會員應實施分層負責之授權制度，其相關措施由各會員自行訂定。

第5條　會員應加強提升自有資本與風險性資產比率，以健全財務結構。

貳、工作守則

第6條　各級授信人員與客戶洽談應保持懇切之態度，對受理申貸案件所應徵提之資料應充分告知客戶，必要時得協助其依照規定格式填具申請書，並應秉持公正客觀之立場審查。

第7條　會員對所屬授信人員之品德、操守應嚴予督導考核，並作長期計劃培訓，以充實專業知識，提昇服務素質。

第8條　會員應本平等互惠及誠信公平原則，將有關約定事項載明於書面，必要時並告知客戶，讓客戶充分瞭解。簽訂借貸契約後，應將契約（或註明「與正本完全相符」的影本）乙份交付客戶收執。

會員辦理授信，收取手續費、規費、開辦費、承諾費或貸款提前清償違約金等有關費用，應於書面中明定收費方式，且上開手續費不得按月隨利息收取。

第9條　會員辦理個人購屋貸款（含自建住宅）及各項消費性貸款，如約定收取提前清償違約金，應以個別磋商條款方式約定，並按「提供消費者選擇權」及「違約金遞減」等二項原則，予以計收。

如客戶因「提供貸款抵押之不動產遭政府徵收或天災毀損並取得證明文件」、「借款人死亡或重大傷殘並取得證明文件」、「銀行主動要求還款」或「未以個別磋商條款方式約定」之因素而須提前清償貸款

者，銀行不得向客戶收取提前清償違約金。

參、授信類別

第10條　會員依有關法令之規定，辦理下列授信業務：
(一) 直接授信
　1. 企業貸款：
　　(1) 週轉資金貸款。
　　(2) 資本支出貸款。
　2. 消費者貸款。
　3. 其他：如政府機關、團體之貸款或其他新種授信商品。
(二) 間接授信
　1. 保證：
　　(1) 商業本票及公司債保證。
　　(2) 工程相關保證。
　　(3) 其他保證。
　2. 承兌：
　　(1) 買方委託承兌。
　　(2) 賣方委託承兌。
　3. 開發國、內外信用狀。
　4. 其他間接授信商品。
(三) 無追索權應收帳款承購業務。

第11條　所稱直接授信，謂會員以直接撥貸資金之方式，貸放予借款人之融資業務。

第12條　所稱週轉資金貸款，謂會員以協助企業在其經常營業活動中，維持商品及勞務之流程運轉所需之週轉資金為目的，而辦理之融資業務。
週轉資金貸款，短期係寄望以企業之營業收入或流動資產變現，作為其償還來源；中長期係寄望以企業之盈餘、營業收入或其他適當資金，作為其償還來源。
週轉資金貸款如有徵提授信戶交易之票據或應收帳款作為備償來源者，應注意該票據或應收帳款與授信戶經營之業務有無關聯，凡金額較鉅，或發票人、應收帳款債務人集中，或屬其關係（集團）企業所提供者，應特別注意其風險集中情形，審慎辦理。
週轉資金貸款種類如下：
(一) 一般營運週轉金貸款。
(二) 墊付國內、外應收款項、有追索權應收帳款承購業務。
(三) 貼現。
(四) 透支。
(五) 出口押匯。
(六) 進口押匯。
(七) 其他週轉金貸款。

第13條　所稱資本支出貸款，謂會員以協助企業購置、更新、擴充或改良其營運所需之土地、廠房、機器等，或協助企業從事重大之投資開發計畫為目的，而辦理之融資業務。
資本支出貸款係寄望以企業經營所產生之現金流量、所獲之利潤、提列之折舊、現金增資、發行公司債或其他適當資金，作為其償還來源。

第14條　所稱消費者貸款，謂會員以協助個人置產、投資、理財週轉、消費及其他支出為目的，而辦理之融資業務。

消費者貸款係寄望以借款人之薪資、利息、租賃、投資或其他所得扣除生活支出後所餘之資金，作為其還款財源。

第15條　所稱間接授信，謂會員以受託擔任客戶之債務保證人、匯票承兌人、開發國內外信用狀或其他方式，授予信用，承擔風險，而不直接撥貸資金之授信行為。

第16條　所稱無追索權應收帳款承購，謂會員承購客戶（以下稱賣方）因買賣契約、勞務契約或其他債權契約得對應收帳款債務人（以下稱買方）請求於一定清償期間給付一定金額之應收帳款債權，並承擔買方之信用風險。

第17條　本準則所列授信類別之相關定義及說明，除前列規定者外，其餘授信類別之說明詳如附表。

肆、審核及撥貸

第18條　會員對授信案件審核之作業程序應製作流程圖，標示於營業場所。對審核結果不論核准與否應迅予通知客戶。

第19條　辦理授信案件，除法令另有規定外，於核貸前應先辦理徵信，未經辦理徵信者，不應核貸。

辦理消費者貸款除依前項規定辦理徵信外，並應向財團法人金融聯合徵信中心查詢申請人之親屬代償註記，作為核貸之參考。

第20條　辦理授信業務應本安全性、流動性、公益性、收益性及成長性等五項基本原則，並依借款戶、資金用途、償還來源、債權保障及授信展望等五項審核原則核貸之。

銀行辦理授信業務徵提保證人時，應確實審酌其資歷及保證能力，不得有浮濫徵提無實益保證人或連帶保證人之情形；如有徵提連帶保證人者，應充分告知其權利義務及保證責任範圍。保證契約屬未定期間最高限額保證者，銀行與保證人簽訂契約後，應每年一次以書面通知函告知其連帶保證人最高限額保證金額及通知當月基準日所負保證債務金額，並敘明保證債務金額會隨授信動撥情形而有變化，但有下列情形之一者，不在此限：

(一)主債務人已發生授信逾期情事。

(二)海外分行及國際金融業務分行簽訂之保證契約。

(三)保證人表示不願接收相關保證債務金額訊息通知時（應提供佐證資料）。

銀行辦理授信業務，不得要求授信款項須有一定比率回存入借戶相關帳戶中不得動用（即所謂授信回存）。

銀行不得以搭配購買壽險或金融商品作為授信准駁條件或於貸款過程中不當勸誘，且不得以企業負責人於他行之房貸轉貸予該行作為授信之准駁條件。

辦理企業授信審核時，宜審酌借款戶是否善盡環境保護、企業誠信經營及社會責任。

辦理海外及大陸地區授信案件，宜加強對授信戶的審核及貸後管理措施，並視授信個案風險情形，採行加強債權保障措施，其相關管理規定由會員自行訂定。

第20-1條　會員承作大型公共工程專案融資除應依一般徵、授信規範辦理外，應遵循下列原則並訂定內部管理規定：

(一) 確認專案投資計畫是否適用專案融資。

(二) 辦理盡職調查（DueDiligence），就專案計畫之財務、法律、保險、技術等方面進行可行性及風險評估，必要時，應委託外部專家（如律師、會計師等）專業顧問公司或第三方檢測驗證機構出具評估報告。銀行經審慎評估該報告之合理性後，得將該評估報告作為自行之可行性及風險評估報告，或依其自行評估結果酌予修正後採用之。如屬機密性公共工程融資案件，應由政府有關部門或其指定之專業顧問公司出具評估報告，且銀行得逕行採用該評估報告作為徵審之參考依據。

(三) 辦理專案融資風險評估時，應加強注意評估下列事項：

1. 借款人之主要股東、專案之投資人、發起人及其專案執行之能力及資力、過往實績及經營誠信等。

2. 資金用途應評估各項成本及費用支出之合理性，並就整體財務規劃覈實評估借款人資金缺口，以合理規劃授信額度。

3. 還款來源應評估財務假設、預測之可達成性及專案計畫完工後之現金流量，是否足以償還借款本息。

4. 債權確保應評估專案內各項主要標的物或擔保品，及其違約時之處分方式。

(四) 為確保融資銀行之權益，應與借款人及投資人、發起人等關係人協商風險分攤機制及擔保架構，必要時應採取相關風險控管機制，得包括但不限於加強徵提擔保品及（或）保證人、以信託方式設立專戶控管資金、引進外部專家（律師、會計師等）進行監管、借款人違約時之續建完工機制、退場機制或介入權等相關事宜。如屬機密性公共工程融資案件，得與工程採購機關商議由政府機關承擔債務或提供保證。

(五) 落實貸後管理機制：

1. 訂定追蹤專案計畫執行進度，並強化落實覆審作業。

2. 審慎評估授信戶及其經營管理階層之負面或異常資訊對債權之影響，確實掌握授信戶實際財業務狀況。

3. 控管放款資金撥貸作業，並確實審查交易文件之合理性或真實性及資金流向。

(六) 辦理專案融資重大款項之國外匯款，應依防制洗錢及打擊資恐等相關法規辦理。

第20-2條 銀行辦理聯合授信（以下簡稱聯貸）案件之主辦行、管理行與參貸行間職責約定及資訊分享事項，應遵循下列原則：

(一) 職責約定事項：

1. 主辦行

(1) 主辦行應先就申請案借款計畫確實評估其效益與可行性，分析其還款能力。

(2) 主辦行如決定籌組聯貸銀行團後，應將其所持有由借款人提供之財、業務徵信資料，提供參貸行分析及評估，並視個案需要製作成聯貸說明書，邀請其他銀行參貸。

(3) 如主辦行就該個案製有聯貸說明書，應請借款人或其授權之人確認並聲明內容均屬真實無誤。

(4) 主辦行應視個案需要，聯繫有意願參貸之銀行召開聯貸說明會。

(5) 主辦行應於聯貸合約訂明授信條件、主辦行、管理行與參貸行間之權利義務，及銀行與借款人間之權利義務，並安排與借款人辦理簽約事宜。

2. 管理行：管理行應視聯貸合約規定，辦理擔保品管理、保險、撥貸、貸款用途及資金流向追蹤、收取本息、貸後管理等有關事宜，並依聯貸合約約定向參貸行通知。

3. 參貸行：

(1) 參貸行應評估分析聯貸案之可行性與合理性，並依內部程序簽報後，作成是否參加聯貸之決定。

(2) 在評估過程中，應儘可能調查借款人現況、信用度、營運、財務狀況及行業市場資訊等，以達成審慎獨立之判斷。

(3) 參貸行應視個案需要，向主辦行或管理行查詢聯貸案管理情形，並請其協助調閱相關資料或向借保人或本案關係人要求辦理實地訪察及勘廠；必要時得請主辦行或管理行向借保人或本案關係人要求委請公正第三方（如會計師或其他專業機構）出具評估報告。

(二) 資訊分享事項：

1. 主辦行、管理行及參貸行得相互提供借保人相關資料供雙方進行查調分析。

2. 借保人發生不良記錄、重大違約情事或知悉有其他突發事件發生者，管理行應依聯貸合約進行處理，以維聯貸銀行團債權，同時通知參貸行，並視需要召開聯貸會議，檢討聯貸案之執行。

3. 參貸行知悉借保人有不良記錄或突發事件發生者，亦應通知管理行。

4. 主辦行或管理行對於參貸行為債權保障或風險管理需求，所提出之合理查詢事項，應協助參貸行轉知借保人或本案關係人，並將查詢結果回復參貸行。

5. 管理行應依聯貸合約約定，要求借款人定期提供相關財務報表資料，並轉知參貸行。

第20-3條　會員辦理政府採購且聯貸金額達50億元以上者，得與採購機關、借款人共同簽訂行政院公共工程委員會（以下簡稱工程會）頒定之「重大政府採購得標廠商與銀行及採購機關三方協議書」（以下簡稱「三方協議書」），內容包括採購契約款應撥入專戶控管、撥入專戶方式非經會員同意不得變更、借款人動用專戶款項應以專款專用為原則；且會員得向採購機關查詢採購契約內容、履約情形，並得向採購機關查詢依採購契約約定應提出之請款單據、估驗報告或估驗計價單等。

前項「三方協議書」內容，依工程會107年6月29日工程企字第10700199980號函規定，會員得視個案情形調整，並與採購機關、借款人三方合意後簽訂。

第21條　授信戶依規定所提供之會計師財務報表查核報告，應作為授信審核之重要依據。對會計師簽發修正式無保留意見查核報告之授信申請案件，應瞭解並註明其簽發之原因。對會計師簽發保留意見、否定意見或無法表示意見之授信申請案件，若參酌其他因素准貸時，應加強後續覆審追蹤。

第22條　授信戶為法人者，得免徵董（理）監事連保，惟須提供董（理）事會同意借款之決議、授權書或已訂有授權條款之章程。如以本金融機構之定期存款質借，並由金融機構將放款撥入該法人之存戶內，得酌情准其免予提供。

依本會所訂「中華民國銀行公會會員銀行辦理在臺無住所外國人新臺幣授信業務要點」規定對在臺無住所外國法人辦理之新臺幣授信，得不受前項前段之限制，但應提供外國法人出具同意在台代表人或代理人借款及設定擔保物權之授權書。

依「臺灣地區與大陸地區金融業務往來及投資許可管理辦法」第16條規

定，對已取得在臺登記證照之大陸地區企業在臺子公司、分公司及辦事處授信，應比照第1項規定辦理。

第23條　會員對擔保品之審核及估價應審慎辦理，其估價並應參照時值、折舊率及銷售性，覈實決定。

聯合授信案件，倘經主辦銀行委託專業之鑑價機構出具擔保品鑑價報告者，參加銀行經依自行鑑價標準，審慎評估該鑑價結果之合理性後，得將該鑑價報告作為自行之擔保品鑑價報告，或依其自行評估結果酌予修正後採用之。

第24條　會員對准貸之授信案件，應依據授信戶資金用途覈實撥付，其撥付應以撥帳方式為之，不得以現金直接撥付，必要時得約定逐撥付其計畫所預定受款人。其須配合自有資金運用者，應監督授信戶配合運用。

伍、風險管理

第25條　會員辦理授信業務，應瞭解行業消長趨勢，配合經濟發展需要，將資金作合理分配，並注意風險管理，其相關風險管理規定由會員依有關法規自行訂定。

第26條　會員辦理授信業務，不論採何種方式定價，或對任何授信客戶（包括公營事業或政府機關），應避免惡性削價競爭，其實際貸放利率，宜考量市場利率、本身資金成本、營運成本、預期風險損失成本及合理利潤等，訂定合理之放款定價。考量市場競爭因素，得將授信客戶整體貢獻度，作為放款定價減項評估之因素。

前項整體貢獻度包括授信個案利息以外之其他收益、授信客戶與銀行其他金融業務往來收益（例如存款、外匯、信託、財富管理…）、授信關係戶創造之收益等。

會員承作授信個案時，如納入放款定價減項因素，應敘明減項事由，並於核定授信條件前進行損益分析。

會員應訂定放款定價減項因素及調整幅度暨核定權限之內部規範，作為授信單位辦理之依據，且應建立內部定期彙整陳報及檢討機制，並納入內部控制及內部稽核。

第27條　會員對授信戶資金用途宜注意評估其正當性、合理性及必要性；對同一人、同一關係人、同一關係企業或集團企業授信等宜加強評估其授信風險，並按行業別、集團企業別、國家地區別分別訂定風險承擔限額。

會員辦理股票質押授信業務除加強評估其授信風險，並訂定風險承擔限額外，應注意下列事項：

(一) 會員不得受理公司組織之企業以其本公司發行之股票辦理質押授信。

(二) 會員辦理股票質押授信，應向財團法人金融聯合徵信中心或

其他單位查詢該標的股票設質
情形，以瞭解股票發行公司主
要股東、董事、監察人、經理
人及該公司全部股票之質押比
率，作為核貸參考。

(三) 股票發行公司董事、監察人、
持股超過10%之大股東與其利
害關係人（係指上述對象之
配偶、未成年子女及利用他
人名義持有股份者為準，下
同）持有該公司之股份設質比
率超過50%時（上述對象及其
利害關係人資料暨持股設質比
率，以撥貸前一天公開資訊觀
測站公告資料為準），依金
管會95.12.29金管銀(六)字第
09560006200號函規定，會員
對渠等再以其持有該公司股票
申請質押授信者宜審慎辦理。

(四) 會員對金融機構及金融控股公
司董事、監察人、持股超過10%
之大股東與其利害關係人（上
述對象及其利害關係人資料，以
撥貸前一天公開資訊觀測站公
告資料為準）以該公司股票為擔
保品辦理股票質押，其擔保品之
放款值，依金管會95.12.29金管
銀(六)字第09560006200號函規
定，如欲超過鑑估值6成者，授
審單位應提出具體徵信評估報
告意見，並提董事會討論（外國
銀行在台分行須經在台負責人
核定）。

(五) 會員受理股票發行公司授信申
請案件時，應參酌該公司股票
質押之情形，一併進行評估。

第27-1條　辦理無追索權應收帳款承購
應注意評估其交易正當性、合理性；對
同一買方（或承保之承購商或信用保
證機構）、同一賣方（有預支價金者）
由會員自行訂定風險承擔限額。

第27-2條　會員依「臺灣地區與大陸
地區金融業務往來及投資許可管理辦
法」第16條規定，對已取得國內居留
資格或登記證照之大陸地區人民及企
業辦理授信，其中擔保放款之核貸成
數原則上不得優於適用相同利率期
間、融資用途、擔保品條件之國內客
戶。惟會員如與借款人已有長期往來
關係，且借款人無逾期還款紀錄者，
得不在此限。另對在臺無住所之大陸
地區人民，應遵循「臺灣地區銀行及
信用合作社辦理在臺無住所大陸地區
人民不動產擔保放款業務應注意事
項」規定辦理。

會員依「臺灣地區與大陸地區金融業
務往來及投資許可管理辦法」第16條
規定，對已取得在臺登記證照之大
陸地區企業辦理授信，除依前項前段
規定原則辦理外，宜參考下列原則辦
理：

(一) 以徵提擔保品為原則。

(二) 以營運週轉、購置在台資產或
參與公共工程融資為主要借款
用途。

(三) 必要時得徵提大陸母公司（總公司）及在臺子公司、分公司或辦事處營運、財務資料，以審視公司營運狀況有無重大變化。

第28條 辦理企業授信，宜注意評估企業與其同一關係（集團）企業暨相關自然人等資產、負債與營運狀況，並應徵提同一關係（集團）企業資料表及公開發行公司之關係企業三書表，以瞭解同一關係（集團）企業整體之財務資訊，俾綜合評估其實際資金需求，其相關規定由會員自行訂定。

第29條 會員應經常檢討各項授信辦理成果，必要時得選擇若干授信金額較大之企業，就其產銷、營運及外匯收支及所屬產業趨勢等情形，詳為分析。

陸、覆審追蹤

第30條 會員應於授信案件貸放後辦理覆審及追蹤考核工作，其重點在瞭解授信戶能否按照原訂貸款計畫妥善運用，切實履行契約規定及其他約定事項，重要授信個案如有實際需要，應辦理實地覆審。其相關管理規定由會員依有關法規自行訂定。

會員應於無追索權應收帳款承購後辦理覆審及追蹤考核工作，其相關規定由會員自行訂定。

會員辦理聯貸案之貸後覆審，主辦行或管理行應依聯貸合約約定按時提供授信戶貸後管理相關資料予參貸行，參貸行應依其內部貸後管理相關規定，自行辦理貸後覆審作業及追蹤考核工作，並視個案實際需要，洽請主辦行或管理行協助查詢聯貸案管理情形、調閱案件最新相關資料或辦理實地覆審。

辦理授信覆審，其覆審人員不得覆審本身經辦之授信案件，每一授信案件經辦理覆審後，應編製覆審報告。

第31條 授信覆審追蹤工作，除承辦授信人員所提出應予追蹤管理之事項外，並循下列各款實施：

(一) 直接授信應查核其資金實際用途是否與申貸用途相符。對中、長期放款或經核准轉期之授信戶，應責成其就財務、業務及原計畫之進度按期填報並作必要之查核。

(二) 配合交易行為之週轉資金貸款應追蹤查核其交易行為是否實在。

(三) 對約定分期償還之企業授信，應隨時查核其產銷情形及獲利能力。

(四) 無追索權應收帳款承購應注意買方之付款是否有嚴重逾期現象。

第32條 覆審人員發現授信戶有未依申貸用途或計畫使用放款、執行申貸計畫有偏差不實情事、有違約異常徵兆，或其他有礙債權確保之虞等情形時，應即追查原因，提出檢討，必要時應研議債權保全措施。

柒、逾期處理

第33條　會員對授信逾期案件、催收款項及呆帳之處理，應依主管機關有關規定自行訂定。

第34條　**授信逾期案件應積極催討，未獲清償者，應依規定轉列催收款項，並繼續設法催收，經評估收回無望者，依規定程序轉列呆帳。**對已轉列呆帳者，仍應隨時注意各債務人之經濟情況及償債能力，伺機追償。

第35條　會員對授信資產品質應覈實評估，並適當提列備抵呆帳，以強化經營體質。

捌、授信檔案

第36條　授信資料應依法令規定予以保密，並設置檔案妥善管理；對授信戶個人資料之蒐集、電腦處理及利用等，並應遵守「電腦處理個人資料保護法」等有關法令，其相關管理規定由會員自行訂定。

授信戶已清償銷戶者，其授信檔案仍應妥善保管，並訂定適當之保存期限。

玖、附則

第37條　本準則為會員辦理授信之原則，未規定事項悉依各會員內部有關規定辦理。

第38條　本準則經理事會通過並報金融監督管理委員會核備後施行；修正時，亦同。

第37屆　授信法規

( )　**1** 依銀行法規定，商業銀行辦理中期放款之總餘額，不得超過其所收何種存款之總餘額？　(A)定期存款　(B)活期存款　(C)活期存款及定期存款　(D)支票存款、活期存款及定期存款。

( )　**2** 依銀行法施行細則規定，下列何者非屬銀行負責人？　(A)董事　(B)經理　(C)副經理　(D)稽核。

( )　**3** 銀行法第三十二條所稱之主要股東，係指持有銀行已發行股份總數多少百分比以上者？　(A)0.1%　(B)0.3%　(C)0.5%　(D)1%。

( )　**4** 依金融控股公司法規定，持有一銀行、保險公司或證券商已發行有表決權股份總數或資本總額超過多少百分比者，即所謂「控制性持股」？　(A)百分之三　(B)百分之十　(C)百分之十五　(D)百分之二十五。

( )　**5** 依國際金融業務條例規定，國際金融業務分行可辦理下列何種業務？　(A)收受中華民國境外法人之外匯存款　(B)辦理中華民國境內之有價證券承銷業務　(C)收受外幣現金辦理外匯存款　(D)以外匯存款兌換為新臺幣。

( )　**6** 某甲積欠A銀行三百萬元貸款未還，A銀行查得某甲在該行有一萬元活期存款，A銀行得對該筆存款行使下列何項權利？　(A)留置權　(B)質權　(C)抵押權　(D)抵銷權。

( )　**7** 依民法規定，配偶有相互繼承遺產之權，如與被繼承人之兄弟姐妹同為繼承時，其應繼分為遺產之多少？　(A)按人數平均　(B)三分之一　(C)二分之一　(D)三分之二。

( )　**8** 依民法規定，締約之當事人因商議訂立契約知悉他方之秘密，經他方明示應予保密卻故意洩露者，嗣契約未成立，對於非因過失而信契約能成立致受損害之他方當事人，應負之責任為

何？　(A)侵權行為責任　(B)損害賠償責任　(C)債務不履行責任
(D)不用負責。

(　　)　**9** 同意就連續發生之借款債務為保證，而該保證契約並未約定保證
期間。依民法規定，保證人得以下列何一方式終止保證契約，使
保證責任減至最低？　(A)得隨時通知債權人　(B)得定一個月以
上期限通知債權人　(C)得定二個月以上期限通知債權人　(D)得
定三個月以上期限通知債權人。

(　　)　**10** 甲於民國109年5月取得「A屋及A屋座落基地」之所有權，於110
年1月，甲將A屋向銀行設定抵押以申辦貸款。嗣後甲無力清償，
銀行於拍賣抵押物（A屋）時，下列敘述何者正確？　(A)銀行得
聲請法院將A屋及A屋座落基地併附拍賣，銀行就二者賣得價金
均有優先受償權　(B)執行法院應依職權將A屋及A屋座落基地併
附拍賣，銀行就二者賣得價金均有優先受償權　(C)銀行聲請法
院拍賣抵押物時，視為已有地上權之設定，A屋拍定人依法享有
地上權　(D)為使銀行債權得順利回收，A屋拍定人得依法無償使
用基地。

(　　)　**11** 甲股份有限公司之公司章程未就公司不動產設定抵押貸款有所規
定，甲公司擬將公司不動產抵押向銀行貸款，依公司法規定，應
經該公司何種會議決議？　(A)股東會　(B)董事會　(C)經理人會
議　(D)監察人會議。

(　　)　**12** 公司法對公司權利能力限制之規定，下列敘述何者正確？
(A)公司之資金，除有「公司間或與行號間有業務往來者」或
「公司間或與行號間有短期融通資金之必要者，融資金額不得超
過貸與企業淨值的百分之四十」兩種情形外，不得貸與股東或任
何他人　(B)公司負責人違反公司法第15條資金貸放款項限制之
規定時，應由該負責人自負返還責任，與借用人無涉　(C)僅限
於「公司章程明文規定公司得為保證」此一情形外，公司不得為
任何保證人　(D)公司負責人違反公司法第16條公司為保證人限
制之規定時，應由公司與公司負責人連帶負責。

( ) **13** 二人為票據保證時，其保證責任為何？ (A)視保證人相互間契約而定 (B)連帶責任 (C)每人各負二分之一責任 (D)保證無效。

( ) **14** 在票據上記載票據法所不規定之事項者，其效力如何？ (A)不生票據上之效力 (B)持票人不得享有票據權利 (C)票據歸於無效 (D)債務人依票據上所載之事項文義負責。

( ) **15** 依票據法規定，下列敘述何者正確？ (A)匯票一部分之付款，執票人得拒絕之 (B)匯票上有免除擔保付款之記載者，其記載有效 (C)以重大過失取得票據者，仍得享有票據上之權利 (D)塗銷之背書，不影響背書之連續者，對於背書之連續，視為無記載。

( ) **16** 支票之發票地為宜蘭縣，付款地為澎湖縣，其執票人依票據法規定，應於發票日後多久期限內為付款之提示？ (A)三日 (B)七日 (C)十五日 (D)二個月。

( ) **17** 依動產擔保交易法規定，債務人不履行契約或抵押物被遷移、出賣、出質、移轉或受其他處分，致有害於抵押權之行使者，抵押權人得占有抵押物。抵押權人依此規定實行占有抵押物時，應於幾日前通知債務人或第三人？ (A)10日 (B)7日 (C)5日 (D)3日。

( ) **18** 依民事訴訟法規定，公示送達，自將公告或通知書黏貼公告處之日起，其登載公報或新聞紙者，自最後登載之日起，經幾日發生效力？ (A)7日 (B)10日 (C)15日 (D)20日。

( ) **19** 依強制執行法規定，拍賣不動產未拍定，執行法院再行拍賣時均會酌減拍賣最低價額，酌減數額不得逾多少？ (A)百分之五 (B)百分之十 (C)百分之十五 (D)百分之二十。

( ) **20** 依強制執行法規定，下列何者錯誤？ (A)執行名義無確定判決同一效力者，於執行名義成立前，如有債權不成立或消滅或妨礙債權人請求之事由發生，債務人不得於強制執行期間提起異議之

訴　(B)執行法院得向稅捐機關調查債務人之財產狀況，稅捐機關依法不得拒絕　(C)執行非財產案件，徵收執行費新臺幣三千元　(D)依規定繳納執行費後，執行人員之食、宿、舟、車費，不另徵收。

(　　) **21** 依破產法規定，在破產宣告前，對於債務人財產有下列何種權利者，就其財產有別除權？　(A)質權　(B)抵銷權　(C)地上權　(D)農育權。

(　　) **22** 下列何種提存物須經法院裁定准許，始得向提存所取回？　(A)擔保提存出於錯誤者　(B)假扣押經裁判後未聲請執行　(C)假扣押所保全之請求，其本案訴訟已獲全部勝訴判決確定者　(D)假處分所保全之請求，其本案訴訟已獲全部勝訴判決確定者。

(　　) **23** 中央主管機關得選擇特定行業，公告規定其定型化契約應記載或不得記載之事項，如有違反前開公告之定型化契約者，其定型化契約條款效力如何？　(A)仍為有效　(B)無效　(C)由法院判決是否有效　(D)企業經營者保留契約內容解釋權。

(　　) **24** 金融消費者保護法之主管機構為下列何者？　(A)消費者保護團體　(B)金管會　(C)財政部　(D)中央銀行。

(　　) **25** 依金融消費者保護法規定，評議程序以下列何者為原則？　(A)言詞辯論　(B)當事人陳述　(C)書面審理　(D)消保官之調查。

(　　) **26** 某甲至銀行提款，於提款單上填寫提領新臺幣（下同）五萬四千元，銀行行員付款時，誤付為四萬五千元，某甲未點明數額即離開銀行。稍晚，該行員發現短付九千元後意圖據為己有，並將該九千元收入自己皮包內，則該行員已觸犯何罪？　(A)竊盜罪　(B)傷害罪　(C)侵占罪　(D)強盜罪。

(　　) **27** 依「中華民國銀行公會會員徵信準則」規定，下列何者得酌情免予索取徵信資料辦理授信？　(A)政府為大股東之民營企業之授信　(B)政府機關、公營事業之授信　(C)已提供他行定存單十足擔保之授信　(D)非會員銀行之授信。

(　　) **28** 依「中華民國銀行公會會員徵信準則」規定，辦理企業短期授信案件，下列何者非屬應索取之資料？　(A)營運計畫　(B)董監事名冊影本　(C)登記證件影本　(D)主要負責人、保證人之資料表。

(　　) **29** 依「中華民國銀行公會會員徵信準則」規定，會計師依會計師法或證券交易法受下列何種處分，其簽發之財務報表查核報告如經採用，應註明採用之原因並審慎評估？　(A)受申誡者　(B)受處分停止執行業務者　(C)受處分停止辦理公開發行公司之查核簽證者　(D)受處分撤銷公開發行公司之查核簽證者。

(　　) **30** 下列何種情形甲、乙二公司屬於「集團企業」？　(A)甲公司董事長為乙公司總經理之父親　(B)甲公司持有乙公司資本總額三分之一　(C)甲公司之董事與乙公司之董事有三分之一相同　(D)甲公司與乙公司相互投資各達對方資本總額二分之一。

(　　) **31** 有關「中華民國銀行公會會員徵信準則」各條款所稱之「總授信金額」係指下列何者扣減得予扣除項目後之金額？　(A)查詢金融聯合徵信中心歸戶之授信額度　(B)金融聯合徵信中心歸戶額度加計本次申貸金額　(C)金融聯合徵信中心歸戶餘額加計本次申貸金額　(D)借戶最近六個月內向各金融機構申請授信之額度。

(　　) **32** 依主管機關規定，與銀行有利害關係者為擔保授信，其對同一授信戶每筆或累計金額達下列何項標準者，須經董事會決議通過？　(A)新臺幣五千萬元　(B)各該銀行淨值之0.5%　(C)新臺幣一億元或各該銀行淨值之百分之一兩者孰低　(D)新臺幣一億元或各該銀行淨值之百分之一兩者孰高。

(　　) **33** 銀行辦理放款業務，下列何者不得再要求另提保證人？　(A)非自用住宅放款　(B)企業戶不動產擔保放款　(C)消費性放款　(D)存款人以其定期存款於存款銀行辦理質借。

(　　) **34** 依「中小企業認定標準」規定，所稱中小企業，指依法辦理公司登記或商業登記，實收資本額在新臺幣多少元以下？或經常僱用員工未滿多少人之事業？　(A)8,000萬元、100人　(B)8,000萬元、200人　(C)1億元、100人　(D)1億元、200人。

（　）**35** 銀行辦理進出口押匯授信案件，下列何者應適用銀行法三十二條對利害關係者無擔保授信之限制？A.遠期進口押匯授信B.貨物未實際進口之三角貿易信用狀進口押匯授信C.未徵取貨物單據為質之進口押匯授信　(A)僅A　(B)僅A、B　(C)僅B、C　(D)A、B、C。

（　）**36** 有關覆審追蹤之敘述，下列何者錯誤？　(A)覆審追蹤之重點在瞭解授信戶能否按照原訂貸款計畫妥善運用，切實履行契約規定及其他約定事項　(B)辦理授信覆審，其覆審人員不得覆審本身經辦之授信案件　(C)配合交易行為之短期週轉資金貸款，應責成其就財務、業務及原計畫之進度按期填報並作必要之查核　(D)無追索權應收帳款承購應注意買方之付款是否有嚴重逾期現象。

（　）**37** 金融機構代理證券公司股款收付劃撥交割業務，得否以「延遲借記轉帳支出傳票」或「延遲記帳方式」處理？　(A)均得　(B)均不得　(C)前者得，後者不得　(D)前者不得，後者得。

（　）**38** 依主管機關規定，有關銀行法第三十三條之一各款所稱「辦理授信之職員」之敘述，下列何者錯誤？　(A)係指辦理該筆授信有最後決定權之人員　(B)如係提由放款審議委員會做最後之決定，則放款審議委員會之各委員均為有最後決定權之人員　(C)放款審議委員會之委員如與授信戶有利害關係，則開會時該委員退席迴避則不受銀行法限制　(D)放款審議委員會之委員是否出席參與討論或表決，均與利害關係者之認定無涉。

（　）**39** 依「中華民國銀行公會會員授信準則」規定，銀行對同一人、同一關係人、同一關係企業或集團企業授信，以及下列何項業務，宜加強評估授信風險？　(A)房屋擔保放款　(B)小額消費放款　(C)股票質押放款　(D)信用卡。

（　）**40** 逾期放款及催收款經評估債務人財務、業務狀況，認為尚有經營價值者，得酌予變更原授信案之還款約定，並按下列何者規定之授權額度標準，由有權者核准？　(A)總行授信部門經理　(B)總經理　(C)董（理）事會　(D)副總經理。

(　　) **41** 依「信用卡業務機構管理辦法」規定，信用卡當月應繳最低付款金額超過指定繳款期限六個月未繳足者，應於該六個月後之多久期間內，將全部墊款金額轉銷為呆帳？　(A)三個月　(B)四個月　(C)五個月　(D)六個月。

(　　) **42** 依「銀行資產評估損失準備提列及逾期放款催收款呆帳處理辦法」規定，授信資產經評估有足額擔保部分，不應列入下列何項資產類別？　(A)第1類　(B)第2類　(C)第3類　(D)第4類。

(　　) **43** 依「銀行資產評估損失準備提列及逾期放款催收款呆帳處理辦法」規定，逾期放款如協議分期償還符合一定條件，並依協議條件履行達幾個月以上，且協議利率不低於原承作利率或銀行新承作同類風險放款之利率者，得免予列報逾期放款？　(A)六個月　(B)五個月　(C)三個月　(D)二個月。

(　　) **44** 金融機構出售不良債權時，除其他法令規定外，並應依「金融機構出售不良債權應注意事項」辦理，而下列何者非屬此事項所指金融機構？　(A)銀行　(B)農、漁會信用部　(C)信用合作社　(D)信用卡業務機構。

(　　) **45** 為落實消費者保護法及保護學生持卡人之規定，發卡機構應發給「學生持卡人專屬手冊」，而下列何者非屬該手冊中應記載事項？　(A)學生個人過去授信不良紀錄資料　(B)正確使用信用卡之方式　(C)如何做好個人財務管理　(D)信用卡保管及使用安全注意事項。

(　　) **46** 依主管機關規定，下列何者不得為信用卡正卡持卡人之附卡持卡人？　(A)兄弟　(B)姊妹　(C)姪子　(D)配偶父母。

(　　) **47** 下列何者為信用卡定型化契約得記載事項？　(A)信用卡使用之限制　(B)持卡人拋棄契約審閱期間之條款　(C)將當期消費帳款計入當期本金計算循環信用利息　(D)附卡持卡人就正卡持卡人使用信用卡所生債務負連帶清償責任。

(　)　**48** 有關主管機關對信用卡業務之相關規定，下列何者錯誤？　(A)發卡機構不得同意持卡人以信用卡作為繳付保險單借款本息之工具　(B)金融機構得將共同行銷條款納入信用卡定型化契約條款　(C)發卡機構不得對信用卡預借現金功能進行行銷　(D)發卡機構不得於信用卡申請書上附加勾選其他非經客戶同意之卡片。

(　)　**49** 有關指定銀行辦理進口外匯業務之規定，下列敘述何者錯誤？(A)送報資料應於承作之次營業日傳送央行　(B)以新臺幣結購者，應掣發進口結匯證實書　(C)不以新臺幣結購者，應掣發出口結匯證實書　(D)開發信用狀保證金收取比率由指定銀行自行決定。

(　)　**50** 下列何者為「台灣地區與大陸地區金融業務往來及投資許可管理辦法」所稱之主管機關？　(A)中央銀行　(B)外交部　(C)金管會(D)海基會。

解答與解析　（答案標示為#者，表官方曾公告更正該題答案。）

1 (A)。根據銀行法第72條，商業銀行辦理中期放款之總餘額，不得超過其所收定期存款總餘額。

2 (D)。根據銀行法施行細則第3條第2項，前項負責人之範圍，在銀行應包括董（理）事、監察人（監事）、總經理（局長）、副總經理（副局長、協理）、經理、副經理。在農會信用部或漁會信用部應包括農會或漁會之總幹事、信用部（分部）主任；理事、監事涉及信用部業務時，亦為負責人。

3 (D)。主要股東指持有銀行已發行股份總數1%以上者。

4 (D)。控制性持股：指持有一銀行、保險公司或證券商已發行有表決權股份總數或資本總額超過百分之二十五，或直接、間接選任或指派一銀行、保險公司或證券商過半數之董事。

5 (A)。根據國際金融業務條例第4條，國際金融業務分行經營可辦理收受中華民國境外法人之外匯存款業務。

6 (D)。抵銷權：當二人互負同種類債務，且債務均屆期的時候，可以各自用自己的債權與他方的債務互為抵銷。

7 (C)。與「被繼承人之父母或兄弟姊妹」（第二、三順位）同為繼承時，其應繼分，為遺產「二分之一」。

8 (B)。締約之當事人因商議訂立契約知悉他方之秘密，經他方明示應予保密卻故意洩露者，嗣契約未成立，對於非因過失而信契約能成立致受損害之他方當事人，應負損害賠償責任。

9 (A)。根據民法第754條，就連續發生之債務為保證而未定有期間者，保證人得隨時通知債權人終止保證契約。

10 (C)。銀行聲請法院拍賣抵押物時，視為已有地上權之設定，A屋拍定人依法享有地上權。

11 (B)。公司法第171條規定：「股東會除本法另有規定外，由董事會召集之。」本題由董事會議決議即可。

12 (A)。(A)公司法第15條，公司之資金，除有左列各款情形外，不得貸與股東或任何他人：一、公司間或與行號間有業務往來者。二、公司間或與行號間有短期融通資金之必要者。融資金額不得超過貸與企業淨值的百分之四十。(B)公司負責人違反前項規定時，應與借用人連帶負返還責任；如公司受有損害

者，亦應由其負損害賠償責任。(C)(D)公司法第16條，公司除依其他法律或公司章程規定得為保證者外，不得為任何保證人。公司負責人違反前項規定時，應自負保證責任，如公司受有損害時，亦應負賠償責任。

13 (B)。二人為票據保證時，其保證責任為連帶責任。

14 (A)。票據法第12條，票據上記載本法所不規定之事項者，不生票據上之效力。

15 (D)。票據法第37條規定：「執票人應以背書之連續，證明其權利，但背書中有空白背書時，其次之背書人，視為前空白背書之被背書人。塗銷之背書，不影響背書之連續者，對於背書之連續，視為無記載。塗銷之背書，影響背書之連續者，對於背書之連續，視為未塗銷。」選項(D)正確。

16 (B)。票據法第130條規定：「支票之執票人，應於左列期限內，為付款之提示：一、發票地與付款地在同一省（市）區內者，發票日後七日內。二、發票地與付款地不在同一省（市）區內者，發票日後十五日內。三、發票地在國外，付款地在國內者，發票日後二個月內。」

17 (D)。動產擔保交易法：
(1)第17條第1項：債務人不履行契約或抵押物被遷移、出賣、出質、移轉或受其他處分，致有害於抵押權之行使者，抵押權人得占有抵押物。
(2)第18條第1項：抵押權人依前條第一項規定實行占有抵押物時，應於三日前通知債務人或第三人。

18 (D)。民事訴訟法第152條，公示送達，自將公告或通知書黏貼公告處之日起，公告於法院網站者，自公告之日起，其登載公報或新聞紙者，自最後登載之日起，經二十日發生效力；就應於外國為送達而為公示送達者，經六十日發生效力。但第一百五十條之公示送達，自黏貼公告處之翌日起，發生效力。

19 (D)。強制執行法第92條，再行拍賣期日，無人應買或應買人所出之最高價，未達於減定之拍賣最低價額者，準用前條之規定；如再行拍賣，其酌減數額，不得逾減定之拍賣最低價額百分之二十。

20 (A)。強制執行法第14條第2項，執行名義無確定判決同一之效力者，於執行名義成立前，如有債權不成立或消滅或妨礙債權人請求之事由發生，債務人亦得於強制執行程序終結前提起異議之訴。

21 (A)。在破產宣告前，對於債務人財產有質權者，就其財產有別除權。

22 (A)。擔保提存出於錯誤者須經法院裁定准許，始得向提存所取回。

23 (B)。消費者保護法第17條第1項，中央主管機關為預防消費糾紛，保護消費者權益，促進定型化契約之公平化，得選擇特定行業，擬訂其定型化契約應記載或不得記載事項，報請行政院核定後公告之。
同條第4項，違反第一項公告之定型化契約，其定型化契約條款無效。該定型化契約之效力，依前條規定定之。

24 (B)。金融消費者保護法之主管機構金管會。

25 (C)。評議程序以書面審理為原則。

26 (C)。「侵占罪」是一種蓄意將他人交給自己保管的私人財物、公司財物、遺失財物，以及埋藏物等非法據為己有或讓第三人占據，不還給當事人的行為所衍生的罪刑。

27 (B)。會員銀行、政府機關、公營事業、政府計畫性授信案件及已提供本行定存單十足擔保之授信案件得酌情免予索取徵信資料辦理授信。

28 (A)。短期授信應索取之資料
　(1)授信戶資料表。
　(2)登記證件影本。
　(3)章程或合夥契約影本。
　(4)董監事名冊影本。
　(5)股東名簿或合夥名冊或公開發
　　　行公司變更登記表影本。
　(6)主要負責人、保證人之資料表。
　(7)最近三年之資產負債表、損益表
　　　或會計師財務報表查核報告。
　(8)最近稅捐機關納稅證明影本。
　(9)同一關係企業及集團企業資料表。
　(10)有關係企業之公開發行公司
　　　　最近年度之關係企業三書表。

29 (A)。會計師依會計師法或證券交
　易法（以下同）受處分警告或申誡
　者，其簽發之財務報表查核報告自
　處分日起一年內如准予採用，應註
　明採用之原因並審慎評估。

30 (D)。相互投資各達對方資本總
　額二分之一的企業為「集團企
　業」。

31 (C)。總授信金額：包含財團法人
　金融聯合徵信中心歸戶餘額及本次
　申貸金額，其中存單質借、出口押
　匯及進口押匯之金額得予扣除。

32 (C)。與銀行有利害關係者為擔保
　授信，其對同一授信戶每筆或累
　計金額達新臺幣一億元或各該銀
　行淨值之百分之一兩者孰低者，
　須經董事會決議通過。

33 (D)。定期存款質借及中途解約辦
　法第3條，銀行對於以定期存款存
　單辦理質借之案件，不得再要求
　另提保證人。

34 (D)。中小企業，指依法辦理公司
　登記或商業登記，實收資本額在
　新臺幣1億元以下，或經常僱用員
　工未滿200人之事業。

35 (D)。以上選項均應適用銀行法
　三十二條對利害關係者無擔保授
　信之限制。

36 (C)。對中、長期放款或經核准轉
　期之授信戶，應責成其就財務、
　業務及原計畫之進度按期填報並
　作必要之查核。

37 (B)。金融機構代理證券公司股款
　收付劃撥交割業務，不得以「延
　遲借記轉帳支出傳票」或「延遲
　記帳方式」處理。

38 (C)。放款審議委員會之委員如與
　授信戶有利害關係，則開會時該
　委員退席迴避受銀行法限制。

39 (C)。中華民國銀行公會會員授信
　準則第27條第2項，會員辦理「股
　票質押授信業務」除「加強評估
　其授信風險」，並訂定風險承擔
　限額外，應注意下列事項...。

40 (C)。銀行資產評估損失準備提列
　及逾期放款催收款呆帳處理辦法
　第9條，逾期放款及催收款經評

估債務人財務、業務狀況，認為
尚有繼續經營價值者，得酌予變
更原授信案件之還款約定，並按
董（理）事會規定之授權額度標
準，由有權者核准。

41 (A)。信用卡當月應繳最低付款金
額超過指定繳款期限六個月未繳足
者，應於該六個月後三個月內，將
全部墊款金額轉銷為呆帳。

42 (D)。授信資產經評估有足額擔保
部分，不應列入第4類資產類別。

43 (A)。銀行資產評估損失準備提列
及逾期放款催收款呆帳處理辦法
第7條，協議分期償還放款符合一
定條件，並依協議條件履行達六
個月以上，且協議利率不低於原
承作利率或銀行新承作同類風險
放款之利率者，得免予列報逾期
放款。

44 (B)。金融機構係指銀行、信用合
作社、票券金融公司及信用卡業
務機構。

45 (A)。各發卡機構對在申請書職
業欄填註學生之申請人，除發給
一般持卡人手冊外，應另行發給
「學生持卡人專屬手冊」，並應
載明下列事項：
1.信用卡業務管理辦法第九條第
二項各款事項。
2.申請時應詳閱信用卡契約條款，
以瞭解契約雙方之權利義務。

3.正確使用信用卡之方式及如何
做好個人財務管理。
4.如何適當使用循環信用及預借現
金功能，以避免過度擴張信用。
5.持卡人之繳款義務及信用不良
紀錄之影響。
6.信用卡保管及使用安全注意事項。
7.持卡人就使用信用卡消費事項，
應經常與父母做良好溝通。

46 (C)。限制附卡申請人的關係需為
正卡人的配偶、父母、子女、兄
弟姊妹及配偶父母。

47 (A)。信用卡定型化契約不得記載
事項一、契約中不得記載持卡人拋
棄契約審閱期間之條款。二、契約
中不得記載少於七日之持卡人對契
約變更得表示異議期間。三、契約
中不得記載附卡持卡人就正卡持卡
人使用信用卡所生債務負連帶清償
責任。四、契約中不得記載將當期
消費帳款計入當期本金計算循環信
用利息。

48 (B)。金融機構不得將共同行銷條
款納入信用卡定型化契約條款。

49 (C)。進口所需外匯以新臺幣結購
者，應掣發進口結匯證實書；未
結售為新臺幣者，應掣發其他交
易憑證。

50 (C)。根據台灣地區與大陸地區金
融業務往來及投資許可管理辦法
第2條，本辦法所稱主管機關為行
政院金融監督管理委員會。

第37屆　授信實務

( )　**1** 中小企業信用保證基金將申貸企業依風險程度分為A、B、C三個組群，其差額保證手續費年利率，下列何者最低？　(A)A組群　(B)B組群　(C)C組群　(D)A、B、C三個組群相同。

( )　**2** 有關銀行辦理股票質押業務應注意事項，下列敘述何者錯誤？　(A)應評估授信風險，訂定風險承擔限額　(B)應查詢該標的股票設質情形　(C)受理企業以其本公司發行之股票辦理質押授信時應降低授信成數　(D)受理股票發行公司授信申請案件時，應參酌其股票質押情形一併評估。

( )　**3** 有關債權確保之外部保障，下列何者非屬之？　(A)保證人　(B)背書保證　(C)周全的放款契約條款　(D)以第三者之資產作擔保。

( )　**4** 借款之各期利息，其給付請求權之消滅時效期間為多少年？　(A)一年　(B)二年　(C)三年　(D)五年。

( )　**5** 下列何者非屬銀行法所稱專業銀行？　(A)商業銀行　(B)農業銀行　(C)輸出入銀行　(D)中小企業銀行。

( )　**6** 有關銀行辦理授信業務應把握之基本原則，下列何者錯誤？　(A)安全性　(B)固定性　(C)公益性　(D)收益性。

( )　**7** 依「中華民國銀行公會會員授信準則」規定，墊付國內、外應收款項業務歸類於下列何項授信類別？　(A)週轉資金貸款　(B)設備資金貸款　(C)消費者貸款　(D)間接授信。

( )　**8** 按財務比率分析法評估，下列何者愈高表示企業之經營效能愈佳？　(A)存貨　(B)應收帳款週轉率　(C)速動比率　(D)資本淨值與資產總額比率。

( )　**9** 依銀行法第12條規定，擔保授信之擔保品不包括下列何項？　(A)定存單之質權　(B)汽車之抵押權　(C)農業信用保證基金之保證　(D)有交易行為之遠期支票。

(　) **10** 假設甲銀行109年底淨值為120億元，次年對非為利害關係人之同一法人最高授信總餘額不得超過多少元？ 　(A)6億元 　(B)12億元 　(C)16億元 　(D)18億元銀行對同一法人之授信總餘額，不得超過該銀行淨值百分之十五。

(　) **11** 中小企業信用保證基金批次信用保證之最高保證成數為何？ (A)十成 　(B)九成 　(C)八成 　(D)七成。

(　) **12** 依民法規定，就連續發生之債務為保證而未定有期間者，下列敘述何者正確？ 　(A)連帶保證人得主張先訴抗辯權 　(B)主債務人已受破產宣告，推定保證人亦受破產宣告 　(C)保證人對於終止保證契約通知到達債權人後所發生主債務人之債務，不負保證責任 　(D)當主債務人之財產不足清償債務時，應先對主債務人請求後，才能對連帶保證人請求。

(　) **13** 依「中華民國銀行公會會員授信準則」規定，出口押匯歸類於下列何種授信業務？ 　(A)週轉資金貸款 　(B)短期債務保證 　(C)買方委託承兌 　(D)賣方委託承兌。

(　) **14** 有關銀行週轉資金貸款之敘述，下列何者錯誤？ 　(A)臨時性週轉金貸款之還款來源為營業收入 　(B)經常性週轉金貸款又稱資產轉換型貸款 　(C)經常性週轉金貸款之還款來源可為企業之保留盈餘 　(D)理論上，凡企業所需之經常性週轉金宜申請中長期貸款支應。

(　) **15** 銀行法對於銀行辦理授信，其有關授信用途與授信期間之規範，下列敘述何者錯誤？ 　(A)建造住宅得辦理中、長期貸款 　(B)對購買企業用建築之貸款期限不得超過三十年 　(C)對個人購置耐久消費品得辦理長期放款 　(D)對買受人所簽發經承銷商背書之本票得辦理貼現。

(　) **16** 分析授信戶之短期償債能力，流動比率一般認為應大於多少為佳？ 　(A)50% 　(B)100% 　(C)150% 　(D)200%。

( )　**17** 辦理墊付國內票款融資係以應收票據之兌付為還款來源，銀行辦理此項業務，下列敘述何者正確？　(A)應注意交易真實性及票據債務人債信情形　(B)對借票、換票之票據，只要非關係人票據即可接受　(C)票據不必要求借款廠商背書　(D)以借款人為發票人之票據亦可接受。

( )　**18** 台灣高鐵係由民間企業採取下列何種方式參與？　(A)BT（Build and Transfer）　(B)BOT（Build-Operate-Transfer）　(C)BOO（Build-Own-Operate）　(D)BL（Build and Lease）。

( )　**19** 下列何者非屬因承包工程而衍生之保證業務？　(A)發行公司債保證　(B)押標金保證　(C)保留款保證　(D)保固保證。

( )　**20** 一般而言，辦理國際聯貸，取得主辦權的銀行為誘使銀行參貸較大金額，通常按不同位階給予不同費率，位階愈高，費率愈高，此種收費名目稱為下列何者？　(A)承諾費　(B)代理費　(C)參貸費　(D)顧問費。

( )　**21** 下列何者非屬「擔保授信」之擔保品？　(A)有價證券　(B)反面承諾　(C)可讓與之確定債權　(D)具營運價值之船舶。

( )　**22** 企業年年獲利卻發生資金週轉失靈，可自下列何種報表知悉其原因？　(A)現金流量表　(B)資產負債表　(C)損益表　(D)長期投資明細表。

( )　**23** 下列何項銀行授信業務，企業所取得之資金係來自貨幣市場而非由銀行直接撥貸？　(A)外銷貸款　(B)墊付國內票款　(C)發行商業本票保證　(D)貼現。

( )　**24** 下列何者非屬買賣業之營運週轉流程？　(A)購貨　(B)存貨　(C)應收帳款　(D)在製品。

( )　**25** 有關短期授信，下列何者不具自償性？　(A)透支　(B)墊付國內票款　(C)貼現　(D)出口押匯。

(　　)　**26** 下列何項非屬銀行辦理中長期授信的主要用途？　(A)票據承兌　(B)購置機器設備　(C)興建房屋出售　(D)公司債發行保證。

(　　)　**27** 承兌票據基本上是以下列何者的信用基礎為主？　(A)發票人　(B)承兌人　(C)借款人　(D)票據之抬頭人。

(　　)　**28** 下列何者在BOT的計畫風險之評估中，屬於外在環境方面評估要點？　(A)股東能力與誠信　(B)技術來源與績效　(C)政治風險與政府承諾　(D)產品、售價與市場分析。

(　　)　**29** 銀行對企業辦理墊付國內票款融資最高額度之核定，可依下列何項公式核算作為參考？　(A)全年內銷金額÷（應收帳款＋應收票據）×墊付成數　(B)〔全年內銷金額－（應收帳款＋應收票據）〕×墊付成數　(C)（全年內銷金額÷週轉次數）×墊付成數－其他行庫辦理票據融資金額　(D)全年內銷金額×週轉次數×墊付成數－其他行庫辦理票據融資金額。

(　　)　**30** 有關定義「聯合貸款」所包含的要件，下列何者錯誤？　(A)二家以上金融機構　(B)相同的承作條件　(C)共同貸放予一個或數個借款人　(D)各金融機構共同負擔相等授信風險。

(　　)　**31** 於編製現金流量表時，下列何者屬於營業活動的現金流量項目？　(A)現金銷售商品及勞務　(B)購買庫藏股票　(C)退回資本　(D)償還借入款。

(　　)　**32** 有關「三資企業」與「三來一補企業」之比較，下列敘述何者錯誤？　(A)法人資格：前者有，後者無　(B)企業責任：前者為無限責任，後者為有限責任　(C)土地使用權：前者能取得，後者無法取得　(D)融資取得：前者可，後者不可。

(　　)　**33** 通常下列何項因素會導致公司雖然經營虧損但仍具相當之還本付息能力？　(A)存貨金額大　(B)折舊金額大　(C)長期投資金額大　(D)應收帳款金額大。

（　）**34** 有關「促進民間參與公共建設法」之主管機關與主辦機關，下列
敘述何者錯誤？　(A)主管機關為金管會　(B)主辦機關在中央為
目的事業主管機關　(C)主辦機關在直轄市為直轄市政府　(D)主
辦機關在縣（市）為縣（市）政府。

（　）**35** 在辦理計畫可行性評估的過程中，下列何項非為評估計畫自償
率之因素？　(A)投入之金額　(B)產出之期限　(C)利息支出
(D)折現率。

（　）**36** 有關利息保障倍數之敘述，下列何者正確？　(A)分子為折舊攤
銷＋財務費用　(B)分子為稅後純益＋折舊攤銷　(C)分母為財務
費用＋稅前純益　(D)分母為財務費用。

（　）**37** 有關銀行辦理承包工程保證，下列敘述何者正確？　(A)履約保
證金之額度，一般為工程合約金額之30%　(B)預付款保證之保證
責任應以預付款扣除已收回、可收回或承包商已償還金額之餘額
為準，並以保證金額為最高限額　(C)保留款之保證期間至保固
期滿後終止　(D)支付款保證係銀行向承包商提供保證，避免業
主因財務困難未能支付工程款。

（　）**38** 進行情境分析時，下列何者發生機率最大？　(A)最差狀況
(B)最好狀況　(C)最可能發生　(D)不會發生。

（　）**39** 某企業在銀行有透支額度，如該企業於七月一日透支餘額800萬
元，七月二日再透支200萬元，當天償還500萬元，七月三日再償
還500萬元，此期間如契約無特別約定，銀行對該企業計算透支
累積積數為何？　(A)1,300萬元　(B)1,800萬元　(C)2,100萬元
(D)2,300萬元。

（　）**40** 銀行審查中長期授信案計畫之經濟效益重點，下列何者錯
誤？　(A)資本密集　(B)節省能源　(C)賺取外匯　(D)再開
發國內資源。

（　）**41** 下列何項付款方式，銀行受理簽發擔保提貨書之責任較為確定？
(A)D/P　(B)L/C　(C)D/A　(D)O/A。

( ) **42** Factoring係指下列何種業務？ (A)信用狀買斷業務 (B)應收帳款承購業務 (C)買入光票業務 (D)出口週轉金貸款業務。

( ) **43** 在臺灣所謂「出口押匯」其意義為何？ (A)債權買斷 (B)融資墊款之授信 (C)附買回之票據融通 (D)無追索權之融資。

( ) **44** 有關貿易商對直接貿易與三角貿易之風險比較，下列何者錯誤？ (A)運輸風險：三角貿易較不易掌握 (B)匯率風險：直接貿易原則上係新臺幣與單一國家外匯 (C)信用風險：三角貿易與直接貿易交易對象均為二造 (D)操作管理風險：三角貿易較複雜。

( ) **45** 金融機構因買進出口商對進口商的應收帳款債權，所承擔對進口商的風險，不包括下列何者？ (A)信用風險 (B)政治風險 (C)財務風險 (D)移轉風險。

( ) **46** 銀行開發擔保信用狀（Stand-by L/C）對外提供保證，下列何者應負主債務人之義務？ (A)開狀銀行 (B)開狀申請人 (C)國外借款人 (D)通知銀行。

( ) **47** 有關辦理出口信用狀融資之敘述，下列何者錯誤？ (A)不論有無其他擔保品，皆屬擔保放款 (B)供支應裝船前之購料、加工等週轉 (C)信用狀押匯款應優先清償本貸款 (D)憑辦之信用狀應加蓋「本筆信用狀已於OO銀行融資」。

( ) **48** 有關Trade Card與一般外銷貸款比較，下列敘述何者錯誤？ (A)兩者均以信用狀為交易基礎 (B)押匯款為一般外銷貸款之還款來源 (C)Trade Card以應收帳款之匯入匯款為還款來源 (D)一般外銷貸款對買方之信用較無法掌握。

( ) **49** 出口信用狀週轉金貸款係屬下列何種外匯授信？ (A)外匯保證 (B)進口授信 (C)裝船前融資 (D)裝船後融資。

( ) **50** 下列何者非屬進口授信之項目？ (A)進口押匯 (B)購料貸款－買方遠期信用狀 (C)應收承兌票款－賣方遠期信用狀 (D)買入光票。

(　　) **51** 依UCP600規定,開狀銀行應自提示日之次日起多久內,以決定單據提示是否符合? (A)五日 (B)五個銀行營業日 (C)七日 (D)七個銀行營業日。

(　　) **52** A銀行向B銀行拆借一筆大金額之資金,以擔保信用狀保證。經雙方合意,B銀行於約定之到期日,執行擔保信用狀受領款項,並不涉及違約事件,稱為下列何者? (A)投標保證 (B)保固保證 (C)財務保證 (D)直接付款保證。

(　　) **53** 有關背對背信用狀之條款,下列何者與Master L/C之規定牴觸? (A)申請人為Master L/C之受益人 (B)金額小於Master L/C之金額 (C)有效期限早於Master L/C規定之有效期限 (D)保險須投保之百分比小於Master L/C之投保百分比。

(　　) **54** 在辦理進口開發「即期信用狀」,於進口單據寄達時,應以下列何會計科目列帳? (A)進口押匯 (B)外幣短期放款 (C)應收承兌匯票 (D)應收代收款。

(　　) **55** 地政機關依據土地設定登記相關文件,設定完成登記後之證明書,稱為下列何者? (A)他項權利證明書 (B)同意書 (C)約定書 (D)借據。

(　　) **56** 消費者貸款產品之訂價方式中,主要依據客戶的認知價值來訂價,係屬下列何種導向之訂價? (A)成本導向 (B)需求導向 (C)競爭導向 (D)利潤導向。

(　　) **57** 消費者貸款與一般企業貸款比較,其特性為何? (A)具有自償性 (B)到期一次清償本金 (C)借款期限在一年以內 (D)每戶貸款金額小,件數多。

(　　) **58** 陳伯伯以其新購五層公寓之二樓建物作為購屋貸款之擔保品,該建物坪數為40坪,土地持分1/3,買賣價格為每坪新臺幣30萬元,若貸放成數為買賣價格之七成,請問合併鑑價之放款值約為新臺幣多少元? (A)280萬元 (B)560萬元 (C)840萬元 (D)1,200萬元。

（　）　**59** 有關銀行放款商品利率訂價之主要考慮因素，下列敘述何者正確？　(A)產品新，訂價低　(B)期間長，訂價低　(C)客戶使用彈性大，訂價低　(D)信用風險大，訂價高。

（　）　**60** 有關計算信用卡循環信用之利息起息日，下列何者對消費者最不利？　(A)銀行結帳日　(B)銀行墊款日　(C)繳款截止日　(D)延滯繳款始日。

（　）　**61** 有關個人授信之規範，其在金融機構總授信金額達新臺幣多少元以上時，個人年度收入應與最近年度綜合所得稅結算申報書影本加附繳稅取款委託書等資料核對？　(A)五百萬元　(B)一千萬元　(C)二千萬元　(D)三千萬元。

（　）　**62** 同額轉貸之授信風險較高，但若借款人對轉貸房屋捨棄意願低時可以考慮承作，下列情況何者非屬「捨棄意願低」之情況？　(A)房屋為借款人自住　(B)原房屋貸款已繳納之本息佔貸款比例偏低　(C)房屋裝潢花費相當金額　(D)原房屋貸款為買賣取得且自備款高。

（　）　**63** 一般而言，下列何者的貸款利率較高？　(A)汽車貸款　(B)中小企業貸款　(C)信用卡循環利息　(D)信保基金擔保貸款。

（　）　**64** 下列何情形之房屋較適合銀行徵取為擔保品？　(A)久無人住，目前空置之房屋　(B)需求大於供給地區之房屋　(C)緊臨高壓電旁之房屋　(D)神壇或寺廟。

（　）　**65** 某甲以所有車輛為擔保，向銀行申請週轉金貸款，下列敘述何者錯誤？　(A)應徵提連帶保證人　(B)應查驗車況　(C)鑑價係採評比方式認定　(D)應簽立動產抵押契約書。

（　）　**66** 有關現金卡與一般循環貸款之異同，下列敘述何者正確？　(A)二者均為每月固定日繳息　(B)現金卡自發卡日起計息、循環貸款自撥款日起計息　(C)一般循環貸款當日借當日還仍須計息、現金卡則否　(D)還款時均按費用、利息、本金依序沖償。

(　) **67** 依強制執行法規定，特別拍賣程序期限為何？　(A)一個月　(B)二個月　(C)三個月　(D)四個月。

(　) **68** 中小企業信用保證基金保證案件，若徵信資料中認定另有實際負責人時，須徵提下列何者為連帶保證人？　(A)僅以實際負責人　(B)僅以營業證照上之負責人　(C)實際負責人及營業證照上之負責人　(D)實際負責人或營業證照上之負責人。

(　) **69** 債務人之借款到期，未積欠利息，因所提供之抵押物為其他債權人聲請法院查封，如仍有展期之必要，銀行實務上應以何種方式辦理，而不採借新還舊方式辦理，以免無法對抗執行債權人？　(A)增補契約　(B)債權讓與契約　(C)債務承擔契約　(D)變更抵押權設定契約。

(　) **70** 依民法規定，繼承人得拋棄繼承權，其應於知悉得繼承之日起幾個月內以書面向法院為之？　(A)一個月　(B)二個月　(C)三個月　(D)六個月。

(　) **71** 依主管機關規定，逾期放款應於清償期屆滿幾個月內轉入催收款科目？　(A)三個月　(B)六個月　(C)八個月　(D)十二個月。

(　) **72** 依民事訴訟法規定，銀行請求金額在新臺幣多少元以下之案件，即適用簡易訴訟程序？　(A)十萬元　(B)五十萬元　(C)一百萬元　(D)一百五十萬元。

(　) **73** 有關法拍所得案款，其分配順序由先而後應為下列何者？A.房屋稅B.關稅C.強制執行費用D.動產抵押權所擔保之債權　(A)CADB　(B)CDAB　(C)ACDB　(D)ACBD。

(　) **74** 下列何種和解可以作為強制執行名義？　(A)在重整程序的和解　(B)依破產法成立的和解　(C)在法院的和解　(D)當事人私下的和解。

(　) **75** 訴訟程序進行中，若被告經合法送達而未到庭，銀行為求迅速取得執行名義，應如何處理？　(A)由法院審酌辦理　(B)俟另期開庭　(C)即聲請一造辯論判決　(D)速再查報被告之應送達處所。

(　　) **76** 下列何者非屬金融機構向中小企業信用保證基金申請代位清償之範圍？　(A)本金　(B)積欠利息　(C)違約金　(D)訴訟費用。

(　　) **77** 依中小企業信用保證基金規定，送保案件之授信對象停止營業時，銀行應通知信保基金之期限為何？　(A)發生該情形之日起一個月內　(B)發生該情形之日起二個月內　(C)知悉該情形之日起一個月內　(D)知悉該情形之日起二個月內。

(　　) **78** 下列何種執行名義所載給付，經實施強制執行而無效果時，法院得發給債權憑證？　(A)拍賣抵押物之裁定　(B)假扣押之裁定　(C)本票裁定　(D)拍賣質物之裁定。

(　　) **79** 有關票據債權消滅時效期間之敘述，下列何者與票據法之規定不符？　(A)匯票執票人對承兌人，自到期日起算三年　(B)本票執票人對發票人，自到期日起算，見票即付之本票，自提示日起算三年　(C)支票執票人對發票人，自發票日起算一年　(D)匯票背書人對前手，自為清償之日或被訴之日起算六個月。

(　　) **80** 下列敘述何者錯誤？　(A)保全程序分為假扣押、假處分及假執行　(B)假扣押擔保金得以公債替代　(C)債務人之財產經假扣押後，即無法移轉或設定負擔予他人　(D)法院裁定准予假扣押後，債權人仍應向法院提存所辦理提存後，始得實施假扣押。

解答與解析　（答案標示為#者，表官方曾公告更正該題答案。）

1 (A)。根據中小企業信用保證基金「直接信用保證」保證手續費計收規則，中小企業信用保證基金視申貸企業之信用狀況、營業狀況、財務狀況、保證條件與無形資產狀況，依風險高低分為A、B、C三組群，各組群之保證手續費率以A組群最低、C組群最高。

2 (C)。受理企業以其本公司發行之股票辦理質押授信時應提高授信成數。

3 (C)。周全的放款契約條款屬於內部保障。

4 (D)。根據民法第126條，利息、紅利、租金、贍養費、退職金及其他一年或不及一年之定期給付債權，其各期給付請求權，因五年間不行使而消滅。

5 **(A)**。根據銀行法第20條，銀行分為下列三種：一、商業銀行。二、專業銀行。三、信託投資公司。 以上可見商業銀行非屬銀行法所稱專業銀行。

6 **(B)**。授信五項基本原則：公益性、安全性、流動性、收益性、成長性。

7 **(A)**。墊付國內、外應收款項業務歸類於週轉資金貸款授信。

8 **(B)**。應收帳款週轉率=銷貨淨額/平均應收帳款，此比率是分析公司應收款項轉變為現金的速度，該週轉率越高表示應收帳項收現能力越強。

9 **(D)**。根據銀行法第12條，本法稱擔保授信，謂對銀行之授信，提供左列之一為擔保者：一、不動產或動產抵押權。二、動產或權利質權。三、借款人營業交易所發生之應收票據。

10 **(D)**。甲銀行非為利害關係人之同一法人授信總餘額，不得超過該銀行淨值15%，120億×15%=18億。

11 **(A)**。根據財團法人中小企業信用保證基金批次信用保證要點，信用保證成數信用保證成數最高為十成。

12 **(C)**。民法第754條規定：就連續發生之債務為保證而未定有期間者，保證人得隨時通知債權人終止保證契約。前項情形，保證人對於通知到達債權人後所發生主債務人之債務，不負保證責任。

13 **(A)**。週轉資金貸款：銀行以協助企業在其經營營業活動中，維持商品及勞務之流程運轉所需之週轉金為目的，而辦理之融資業務。

14 **(B)**。短期授信強調流動資產轉換成現金能力之評估，並注意控制授信用途及追蹤交易行為，使交易完成後能自動獲得清償，故短期授信也被稱為「資產轉換型授信」。

15 **(C)**。對個人購置耐久消費品得辦理中期放款。

16 **(D)**。一般認為授信戶之短期償債能力，流動比率應大於200%為佳。

17 **(A)**。辦理墊付國內票款融資係以應收票據之兌付為還款來源，銀行應注意交易真實性及票據債務人債信情形。

18 **(B)**。BOT為Build-Operate-Transfer的簡稱，一般係指民間企業支付權利金，取得政府特許以投資及籌資興建公共設施，並於興建完成後一定期間內經營該設施，特許經營期間屆滿後，再將該設施之所有資產移轉予政府。

19 **(A)**。發行公司債保證非屬因承包工程而衍生之保證業務。

20 (C)。參貸費（Participation Fee）：由所有參貸銀行按其參貸金額乘以某一費率而得，為誘使銀行參貸較大金額，通常按不同位階給予不同費率，位階愈高，費率愈高。

21 (B)。反面承諾係一紙承諾書，債人並未實出任何不動產或動產，供銀行設定抵押權登記或質物之移轉占有，萬一債人生本息延滯償還或債不履行情事，銀行仍必須完成抵押權設定登記或質物之移轉占有，方能獲得優先受償權，與銀行法第十二所列舉保如不動產或動產抵押權、動產或權利質權等，已實際獲得優先受償權者截然不同。故法律上不能將反面承諾視同擔保。

22 (A)。現金流量表主要是表達在特定一段期間內，企業對於資產負債表上科目「現金」的變動說明，倘若企業年年獲利卻發生資金週轉失靈，可自此知悉原因。

23 (C)。發行商業本票保證：委請銀行保證後，企業可發行商業本票以在貨幣市場獲取短期資金，有助於企業在銀行體系之外增加取得資金管道。

24 (D)。在製品屬製造業營運週轉流程。

25 (A)。透支：銀行准許借款人於其支票存款戶無存款餘額或餘額不足支付時，由銀行先予墊付之融資方式；不具自償性。

26 (A)。票據承兌非屬銀行辦理中長期授信的主要用途。

27 (B)。承兌票據基本上是以承兌人的信用基礎為主。

28 (C)。政治風險與政府承諾屬於外在環境方面評估要點。

29 (C)。墊付國內票款融資最高額度之計算公式＝（全年內銷金額÷週轉次數）×墊付成數－其他行庫辦理票據融資金額。

30 (D)。貸款額度不相同，各金融機構的風險也不同。

31 (A)。(B)(C)(D)選項屬於融資活動的現金流項目。

32 (B)。三資企業負有限責任，具有法人資格；三來一補企業負無限責任，不具法人資格。

33 (B)。折舊金額大會導致公司帳面經營虧損，但實際已無現金再流出，故仍具相當之還本付息能力。

34 (A)。促進民間參與公共建設法第5條，本法所稱主管機關，為財政部。

本法所稱主辦機關，指主辦民間參與公共建設相關業務之機關：在中央為目的事業主管機關；在直轄市為直轄市政府；在縣（市）為縣（市）政府。主辦機關依本法辦理之事項，得授權所屬機關（構）執行之。

主辦機關得經其上級機關核定，將依本法辦理之事項，委託其他政府機關執行之。

前項情形，應將委託事項及所依據之前項規定公告之，並刊登於政府公報、新聞紙、或公開上網。

35 (C)。在辦理計畫可行性評估的過程中，評估計畫自償率之因素有：投入之金額、產出之期限、折現率等。

36 (D)。利息保障倍數＝稅前息前淨利÷利息費用

利息保障倍數是用來衡量一家企業支付負債之利息的能力，其數值愈高代表企業之償債能力愈佳。

37 (B)。預付款保證之保證責任應以預付款扣除已收回、可收回或承包商已償還金額之餘額為準，並以保證金額為最高限額。

38 (C)。字面意義，最可能發生機率最大。

39 (D)。利息計算若無特別約定時，則按每日最高透支餘額之積數計算，800+1,000+500=2,300萬元。

40 (A)。中長期授信案計畫審查要領：

1.應重視企業之組織與管理：企業經營團隊、管理制度、經營理念是否良好。

2.應特別重視計畫可行性評估：

(1)技術可行性：製程技術、生產設備、技術團隊、環保工安分析等。

(2)市場（產品行）銷可行性：產業前景、同業競爭分析等。

(3)財務可行性：資金來源運用、財務測及債能力分析等。

3.應考量其經濟效益：

(1)對國家未來經濟發展是否有貢獻

(2)是否能增加就業機會？對國內工業升級是否有幫助？能否節省外匯？能否節省能源？

41 (B)。信用狀（Letter of Credit，縮寫：L/C）付款方式，銀行受理簽發擔保提貨書之責任較為確定。

42 (B)。Factoring為應收帳款承購業務；Forfaiting為遠期信用狀買斷業務。

43 (B)。出口押匯屬於一種授信行為；出口商依信用狀規定，將貨物裝運後，提供匯票與相關單據（或僅提交相關單據不開具匯票），向

本行貸得出口貨款。同時本行將聯繫開狀銀行或指定銀行請求付款，協助出口商收取貨款。

44 (C)。直接貿易交易對象為二造；三角貿易交易對象為三造。

45 (B)。金融機構因買進出口商對進口商的應收帳款債權所承擔對進

口商的風險，不包括政治風險。

46（A）。銀行開發擔保信用狀（Stand-by L/C）對外提供保證，開狀銀行應負主債務人之義務。

47 (A)。有另外擔保品者才屬於擔保放款。

48 (A)。TradeCard與一般外銷貸款之比較：

一般外銷貸款	TradeCard
「短期放款─純無擔保」須與「信用狀副擔保」額度流用。	「短期放款─純無擔保」、無信用狀。
以押匯款為還款來源。	以應收帳款之匯入匯款為還款來源。
押匯後，若出口商財務狀況不佳，又發生 Unpaid 糾紛時，融資銀行擁有貨物之處分權。	出口後之融資，可要求客戶購買付款保證（Debt Purchase Agreement），經文件核實無瑕疵或買方接受單據而發生 Upaid，則可申請理賠。
買方之信用無法掌握，交易之風險性較高。	買方之信用均經信保機構 Coface 或 CIT 評等之大企業，並公開其信評資料，其交易品質較佳、金額較大，故商機可期。

49 (C)。出口信用狀週轉金貸款係屬裝船前融資。

50 (D)。買入光票列屬於其他外幣融資項。

51 (B)。UCP600的規定表明，5個銀行營業日是審單的最長時間限制，若超過該時間限制銀行只能接受單據。

52 (D)。擔保信用狀（Stand-by L/C）是指為保證債務人履行其債務內容，而以債權人為受益人所開發的信用狀；屬於直接付款保證。

53 (D)。背對背信用狀：信用狀的受益人本身雖是出口商，但可能只具代理性質，或業務過多而將部分訂單轉出，為避免製造商或同業接觸其業務往來的商業機密，

所以將自已所獲得的信用狀提請往來銀行轉開另一張信用狀給供應商，背對背L/C之商業發票金額可小於MASTER L/C金額。

54 **(A)**。在辦理進口開發「即期信用狀」，於進口單據寄達時，應以進口押匯列帳。

55 **(A)**。地政機關依據土地設定登記相關文件，設定完成登記後之證明書，稱為他項權利證明書。

56 **(B)**。因為客務意願為影響需求量的因子，屬於需求導向之訂價

57 **(D)**。消費者貸款每戶貸款金額小，件數多。

58 **(C)**。40×30×70％＝840（萬元）。

59 **(D)**。(A)產品新，訂價高
(B)期間長，訂價高
(C)客戶使用彈性大，訂價高

60 **(B)**。有關計算信用卡循環信用之利息起息日，從銀行墊款日（最早起算）對消費者最不利。

61 **(C)**。根據個人授信案件徵信處理注意事項，個人年度收支，應根據有關資料酌予匡計，其在金融機構總授信金額達二千萬元以上者，包含本次申貸金額，或在本金融機構授信金額達一千萬元以上者，應與年度綜合所得稅結算申報書影本核對。

62 **(B)**。已繳納之本息佔貸款比例偏低，代表借款人還得時間尚短，對其而言沉沒成本較低、捨棄意願會較高。

63 **(C)**。相較其他選項，循環利息屬於純粹信貸，且因使用到循環利息者違約機率較大，故貸款利率較高。

64 **(B)**。需求大於供給地區之房屋再賣出機率與成交價都會更好，較適合銀行徵取為擔保品。

65 **(A)**。已經車輛為擔保，則不一定要徵提連帶保證人。

66 **(C)**。一般循環貸款採當日最高動用餘額為計息基礎，因此當日借當日還仍須計息，現金卡則採當日最終動用餘額為計息基礎，因此當日借當日還無須計息。

67 **(C)**。特別拍賣程序期限為四個月。

68 **(C)**。中小企業信用保證基金保證案件，若徵信資料中認定另有實際負責人時，須徵提實際負責人及營業證照上之負責人為連帶保證人。

69 **(A)**。債務人之借款到期，未積欠利息，因所提供之抵押物為其他債權人聲請法院查封，如仍有展期之必要，銀行實務上應以增補契約方式辦理，而不採借新還舊方式辦理，以免無法對抗執行債權人。

70 (C)。民法第1174條規定：「繼承人得拋棄其繼承權。前項拋棄，應於知悉其得繼承之時起三個月內，以書面向法院為之。拋棄繼承後，應以書面通知因其拋棄而應為繼承之人。但不能通知者，不在此限。」

71 (B)。銀行逾期放款催收款及呆帳處理辦法第3條：「本辦法所稱催收款，係指經轉入「催收款項」科目之各項放款及其他授信款項。凡逾期放款應於清償期屆滿六個月內轉入「催收款項」。」

72 (B)。民事訴訟法第427條：「關於財產權之訴訟，其標的之金額或價額在新臺幣五十萬元以下者，適用本章所定之簡易程序。」

73 (A)。法拍所得案款分配順序：強制執行費用→房屋稅→動產抵押權所擔保之債權→關稅。

74 (C)。在法院的和解可以作為強制執行名義。

75 (C)。若被告經合法送達而未到庭，銀行為求迅速取得執行名義，應即聲請一造辯論判決。

76 (C)。違約金非屬金融機構向中小企業信用保證基金申請代位清償之範圍。

77 (D)。財團法人中小企業信用保證基金非中小企業專案貸款信用保證要點：……（信用惡化之通知）十二、信用保證案件尚未到期，有下列情形之一時，授信單位應於知悉之日起二個月內通知本基金：
(一)授信對象停止營業者。
(二)未能依約分期攤還已超過一個月者。
(三)授信對象或其負責人受票據交換所拒絕往來處分者。
(四)應繳付之利息延滯期間已超過三個月者。
(五)授信對象或其負責人受破產宣告，或清理債務中，或其財產受強制執行、假扣押、假處分或拍賣之聲請者。
(六)授信對象或其負責人被提起足以影響償債能力之訴訟者。

78 (C)。債權人以本票裁定為執行名義，申請實施強制執行而無效果時，法院得發給債權憑證。

79 (B)。本票執票人對發票人，自到期日起算，見票即付之本票，自「發票日」起算三年。

80 (A)。保全程序，係假扣押程序、假處分程序之總稱。
「假執行」是相對於「終局執行」的概念，判決確定後的強制執行為終局執行，反之，在判決尚未確定前的強制執行，就是所謂的假執行。

第38屆　授信法規

(　　) 1 銀行對遠期匯票或本票，以折扣方式預收利息而購入者，稱為下列何業務？　(A)承兌　(B)貼現　(C)背書　(D)透支。

(　　) 2 依銀行法規定，商業銀行辦理中期放款之總餘額有何限制？ (A)不得超過其所收存款總餘額　(B)不得超過其所收定期存款總餘額　(C)不得超過其所收存款總餘額及金融債券發售額之和之百分之二十　(D)不得超過其所收存款總餘額及金融債券發售額之和之百分之三十。

(　　) 3 依銀行法規定，銀行對其持有實收資本總額若干百分比以上之企業為擔保授信，應有十足擔保，且其條件不得優於其他同類授信對象？　(A)百分之一　(B)百分之二　(C)百分之三　(D)百分之五。

(　　) 4 依金融控股公司法規定，所謂「子公司」，除指控制性持股之類型外，係指金融控股公司持有已發行有表決權股份總數或資本總額超過多少比率之其他公司？　(A)20%　(B)30%　(C)40% (D)50%。

(　　) 5 金融機構概括承受或概括讓與時，準用下列何者？　(A)金融機構合併法　(B)國際金融業務條例　(C)金融控股公司法　(D)國際金融業。務分行管理辦法。

(　　) 6 國際金融業務分行辦理外幣信用狀簽發、通知、押匯及進出口託收之對象，不包括下列何者？　(A)境外個人　(B)境外法人 (C)境內法人　(D)境外金融機構。

(　　) 7 依民法規定，抵押權設定後，抵押人將所有權移轉予他人，抵押權之效力如何？　(A)不受影響　(B)失其效力　(C)效力未定 (D)由當事人決定。

(　　) 8 對於一人負擔數宗債務，而其給付種類相同，如清償人提出之給付，不足清償全部債額，且清償人於清償時，亦不指定其應抵充

之債務時，下列何者優先抵充？　(A)利息較高者　(B)擔保品較少者　(C)債務已屆清償期者　(D)違約金較高者。

(　　) **9** 保證人權利有一般抗辯權、拒絕清償權及先訴抗辯權等，依民法規定，該等權利可否預先拋棄？　(A)得預先拋棄　(B)一律不得預先拋棄　(C)除法律另有規定外，不得預先拋棄　(D)須經公證時得預先拋棄。

(　　) **10** 依民法規定，某甲死亡時，有父母、配偶、未成年兒子二人、女兒一人，其遺產應如何繼承？　(A)配偶與兒子共三人平均繼承　(B)配偶繼承二分之一，兒子與女兒共三人繼承二分之一　(C)配偶、兒子與女兒共四人平均繼承　(D)父母與兒子共四人平均繼承。

(　　) **11** 建築物營建承攬人就承攬關係所發生的報酬，依民法規定，可以要求定作人作下列哪一種行為，以保障債權？　(A)提供銀行保證函保證支付　(B)要求定作人就其所有財產設定抵押權予承攬人　(C)對於工作所附之定作人之不動產，請求定作人為抵押權之登記　(D)承攬人依法並沒有享有任何權利可以要求定作人提供擔保。

(　　) **12** 依公司法規定，下列何公司因財務困難，暫停營業或有停業之虞，而有重建更生之可能，得由公司或利害關係人向法院聲請重整？　(A)無限公司或有限公司　(B)所有發行股票或公司債之公司　(C)公開發行股票或公司債之公司　(D)所有公司。

(　　) **13** 依公司法規定，有關股份有限公司自將股份買回之敘述，下列何者錯誤？　(A)公司除法律另有規定外，得經董事會以董事三分之二以上之出席及出席董事過半數同意之決議，收買其股份　(B)收買數量不得超過該公司已發行股份總數百分之五　(C)收買股份之總金額，不得逾已實現之資本公積　(D)公司依規定自將股份買回之股份，不得享有股東權利。

(　　) **14** 下列何者為保付支票之票據債務人？　(A)支票之發票人　(B)付款之金融機構　(C)支票之受款人　(D)支票之背書人。

( )　**15** 票據上之債權，雖依票據法因時效或手續欠缺而消滅，執票人得請求償還之對象為下列何者？　(A)發票人或背書人　(B)發票人或保證人　(C)發票人或承兌人　(D)背書人或保證人。

( )　**16** 依票據法規定，票據上之權利，本票之執票人，對前手之追索權，自作成拒絕證書日起算，多久期間不行使，因時效而消滅？　(A)一年　(B)二年　(C)三年　(D)五年。

( )　**17** 以不相當之對價取得票據權利者，其票據權利如何？　(A)不得享有票據上之權利　(B)對於前手以外之票據債務人無追索權　(C)不得享有優於前手之權利　(D)所得享有之票據權利，以其所支付之對價為限。

( )　**18** 依民事訴訟法規定，關於請求給付金錢或其他替代物品之訴訟，訴訟標的金額或價額在新臺幣多少元以下案件，應適用小額訴訟程序？　(A)十萬元　(B)二十萬元　(C)三十萬元　(D)五十萬元。

( )　**19** 依強制執行法規定，有關動產之執行，下列敘述何者錯誤？　(A)應查封動產之賣得價金，清償強制執行費用後，無賸餘之可能者，法院不得查封　(B)實施查封後，第三人未經執行法院允許，占有查封物，執行法院得排除之　(C)查封物為有價證券時，執行法院得使債務人暫時保管之　(D)查封物以債務人為保管人時，法院得許其於無損查封物之價值範圍內，使用之。

( )　**20** 執行名義成立後，如有消滅或妨礙債權人請求之事由發生，債務人得於強制執行程序終結前，向執行法院為下列何種措施？　(A)聲請停止執行　(B)聲請暫緩執行　(C)聲請撤銷執行　(D)對債權人提起異議之訴。

( )　**21** 依破產法規定，法院對於破產之聲請，應自收到聲請之日起幾日內，以裁定宣告破產或駁回破產之聲請？　(A)六十日　(B)三十日　(C)十五日　(D)七日。

(　)　**22** 依消費者保護法規定，定型化契約條款有疑義時，應如何處理？
(A)有利消費者之解釋　(B)有利企業經營者之解釋　(C)廢止該條款　(D)該條款視為無記載。

(　)　**23** 甲銀行收取貸款利息以360天為分母，計付存款利息以365天為分母，屬公平交易法所稱之何種行為？　(A)結合行為　(B)聯合行為　(C)獨占行為　(D)顯失公平行為。

(　)　**24** 下列何者非金融消費者保護法所稱之金融服務業？　(A)證券交易所　(B)銀行業　(C)期貨業　(D)保險業。

(　)　**25** 依金融消費者保護法規定，金融消費者已依其他法律規定調處或調解不成立者，得於調處或調解不成立之日起幾日內申請評議？
(A)三十日　(B)六十日　(C)九十日　(D)一百二十日。

(　)　**26** 依個人資料保護法規定，損害賠償請求權，自請求權人知有損害及賠償義務人時起，因幾年間不行使；或自損害發生時起，逾幾年不行使而消滅？　(A)1年；3年　(B)2年；3年　(C)2年；5年　(D)3年；5年。

(　)　**27** 依消費者債務清理條例規定，除該條例別有規定外，債務人於法院裁定開始更生或清算程序前，多久期限內所為提供擔保、清償債務或其他有害及債權人權利之行為，而受益人於受益時，明知其有害及債權人之權利者，監督人或管理人得撤銷之？　(A)三個月　(B)六個月　(C)一年　(D)二年。

(　)　**28** 依「中華民國銀行公會會員徵信準則」規定，下列何者非屬企業中長期授信案件應索取之基本資料？　(A)同一關係企業及集團企業資料表　(B)公司職員名冊　(C)授信戶資料表　(D)最近稅捐機關納稅證明影本。

(　)　**29** 依「中華民國銀行公會會員徵信準則」規定，下列敘述何者錯誤？　(A)徵信人員應於徵信報告上對授信案件表示准駁之意

見 (B)客戶申請授信時，由營業單位索齊資料後，移送徵信單位辦理徵信 (C)對於授信戶之追蹤徵信依各會員之有關規定辦理 (D)辦理追蹤徵信之結果應即通知相關單位。

( ) **30** 個人授信戶，其填送個人收入情形，與綜合所得稅申報書內容有出入時，倘欲作為授信之參考，應以下列何項為準？ (A)申報書內容 (B)填送之個人收入資料 (C)兩者孰低 (D)兩者孰高。

( ) **31** 依台灣票據交換所規定，同一負責人不同公司戶與負責人個人名義之退票紀錄如何計算？ (A)個人與法人合併計算 (B)僅法人合併計算 (C)個人與法人連動計算 (D)分開計算。

( ) **32** 甲公司於短期授信新台幣三億元到期前申請續約一年，下列何者需加送預估報表辦理償還能力分析？ (A)因臨時接獲大額訂單 (B)因更新機器設備 (C)因購買公司所生產產品之原物料 (D)因應旺季來臨之資金需求。

( ) **33** 下列何者屬於銀行法第十二條所稱之擔保授信？ (A)對金融控股公司之融資，銀行徵提該金融控股公司之子公司股票為擔保之授信 (B)銀行徵提自行發行之次順位金融債券為擔保之授信 (C)對資產管理公司之融資，銀行徵提自身出售予該資產管理公司之不良債權為擔保之授信 (D)銀行徵提以地上權為標的設定抵押權為擔保之授信。

( ) **34** 下列何者非屬銀行法第三十三條第二項所稱之授信條件？ (A)利率 (B)擔保品及其估值 (C)本息償還方式 (D)火險及地震險。

( ) **35** 國內某民營銀行淨值新臺幣一百八十億元，依主管機關規定，該銀行對同一公營事業之授信總餘額，其限額為多少？ (A)新臺幣二十七億元 (B)新臺幣七十二億元 (C)新臺幣一百八十億元 (D)新臺幣二百七十億元。

(　) **36** 依主管機關釋示，下列何者不屬於銀行法第十二條之一規定之消費性放款？　(A)房屋修繕貸款　(B)信用卡循環信用　(C)汽車貸款　(D)自用住宅貸款。

(　) **37** 依主管機關規定，銀行對其職員之授信，下列敘述何者正確？(A)得對行員辦理無擔保消費者貸款，每人以新臺幣一百萬元為限　(B)對行員辦理之無擔保消費者貸款，包括信用卡循環信用額度，每人以新臺幣一百二十萬元為限　(C)一般民眾辦理無擔保消費者貸款上限與行員相同　(D)不得對行員辦理任何無擔保貸款。

(　) **38** 有關提前清償違約金計收之約定，下列敘述何者錯誤？　(A)個人購屋貸款不得約定　(B)對消費性貸款約定收取提前清償違約金，應以個別磋商條款方式約定　(C)對消費性貸款約定收取提前清償違約金，應按「提供消費者選擇權」及「違約金遞減」原則計收(D)因借款人死亡而提前清償消費性貸款者，不得計收。

(　) **39** 依「中華民國銀行公會會員授信準則」規定，下列何種授信業務，必須明瞭借款人之事項與辦理一般營運週轉金貸款相同？(A)買方委託承兌　(B)賣方委託承兌　(C)短期債務保證　(D)中長期債務保證。

(　) **40** 金融機構辦理「購置高價住宅貸款」，得否以修繕或周轉金名目承作？　(A)得以修繕但不得以周轉金承作　(B)得以周轉金但不得以修繕承作　(C)均不得以修繕或周轉金承作　(D)修繕或周轉金均可承作。

(　) **41** 依「銀行資產評估損失準備提列及逾期放款催收款呆帳處理辦法」規定，銀行對授信資產評估之分類，下列何者錯誤？(A)第一類為正常者　(B)第二類為應予注意者　(C)第三類為收回有困難者　(D)第五類為收回無望者。

（　） **42** 「銀行資產評估損失準備提列及逾期放款催收款呆帳處理辦法」
訂定之法源為何？　(A)會計法　(B)中央銀行法　(C)銀行法
(D)審計法。

（　） **43** 依「銀行資產評估損失準備提列及逾期放款催收款呆帳處理辦
法」規定，逾期放款及催收款逾清償期幾年，經催收仍未收回
者，應扣除估計可收回部分後轉銷呆帳？　(A)六年　(B)一年
(C)二年　(D)三年。

（　） **44** 依主管機關函示，銀行之債務人如無逾期情事之授信案件，惟
擔保品已遭其他債權人強制執行，是否屬「銀行資產評估損失
準備提列及逾期放款催收款呆帳處理辦法」所稱之逾期放款？
(A)應視為正常之授信　(B)應視為已逾「清償期」　(C)應視為
「訴追或處分擔保品」　(D)應視銀行是否依契約條款主張加速
到期，予以判斷。

（　） **45** 依「銀行資產評估損失準備提列及逾期放款催收款呆帳處理辦
法」規定，協議分期償還中長期放款案件免列列報逾期放款應
符合之條件，如該筆中長期放款已無殘餘年限或殘餘年限之二
倍未滿五年者，分期償還期限得延長為五年，但以每年最少償
還本息在百分之多少以上為原則？　(A)10%　(B)20%　(C)30%
(D)40%。

（　） **46** 指定銀行辦理進口外匯業務，應於承作之次營業日，將交易日報
送下列何者？　(A)中央銀行　(B)經濟部國貿局　(C)金管會銀行
局　(D)銀行公會。

（　） **47** 依「銀行業辦理外匯業務作業規範」規定，指定銀行辦理外幣
貸款業務，下列敘述何者正確？　(A)承作對象以國外顧客為限
(B)出口後之出口外幣貸款可兌換為新臺幣　(C)不得憑顧客與
國外交易之文件辦理　(D)應將承作貸款之相關表報送金管會銀
行局。

(　) **48** 境外華僑向國內金融機構辦理新台幣借款投資國內有價證券，依規定應由下列何者控管其資金用途？　(A)金管會證期局　(B)台灣證券交易所　(C)台灣集保結算所　(D)保管機構。

(　) **49** 有關信用卡消費款循環信用計息部分適用之會計科目及相關規定，下列敘述何者錯誤？　(A)得以「應付帳款」會計科目列帳　(B)應以另立子目方式表示　(C)應提足呆帳準備　(D)轉銷呆帳之期間宜較一般放款為短。

(　) **50** 依主管機關規定，本國銀行國際金融業務分行對單一法人授信總餘額，不得超過總行淨值之多少？　(A)1%　(B)3%　(C)5%　(D)15%。

解答與解析　（答案標示為#者，表官方曾公告更正該題答案。）

1 (B)。銀行支票貼現：銀行對一定數量之遠期匯票或本票，以折扣方式預收利息而購入者謂之「貼現」。

2 (B)。銀行法第72條（中期放款總餘額之限制）：「商業銀行辦理中期放款之總餘額，不得超過其所收定期存款總餘額。」

3 (D)。銀行法第33條規定：「銀行對其持有實收資本總額百分之五以上之企業，或本行負責人、職員、或主要股東，或對與本行負責人或辦理授信之職員有利害關係者為擔保授信，應有十足擔保，其條件不得優於其他同類授信對象，如授信達中央主管機關規定金額以上者，並應經三分之二以上董事之出席及出席董事四分之三以上同意。……」

4 (D)。所謂子公司指下列公司：
(1)銀行子公司：指金融控股公司有控制性持股之銀行。
(2)保險子公司：指金融控股公司有控制性持股之保險公司。
(3)證券子公司：指金融控股公司有控制性持股之證券商。
(4)金融控股公司持有已發行有表決權股份總數或資本總額超過50%，或其過半數之董事由金融控股公司直接、間接選任或指派之其他公司。

5 (A)。金融控股公司法第18條規定：「金融控股公司經主管機關許可者，得與下列公司為合併、概括讓與或概括承受，並準用金融機構合併法第六條、第八條、第九條及第十二條至第十四條之規定：……」

6 **(C)**。國際金融業務條例第4條規定：「國際金融業務分行經營之業務之一：辦理中華民國境外之個人、法人、政府機關或金融機構之外幣信用狀簽發、通知、押匯及進出口託收。」

7 **(A)**。民法第862條規定：「抵押權之效力，及於抵押物之從物與從權利。第三人於抵押權設定前，就從物取得之權利，不受前項規定之影響。以建築物為抵押，其附加於該建築物而不具獨立性之部分，亦為抵押權效力所及。但其附加部分為獨立之物，如係於抵押權設定後附加者，準用第八百七十七條之。」故不動產抵押權之效力不及於抵押物扣押前抵押人就抵押物得收取之法定孳息。

8 **(C)**。民法第322條規定：「清償人不為前條之指定者，依左列之規定，定其應抵充之債務：一、債務已屆清償期者，儘先抵充。二、債務均已屆清償期或均未屆清償期者，以債務之擔保最少者，儘先抵充；擔保相等者，以債務人因清償而獲益最多者，儘先抵充；獲益相等者，以先到期之債務，儘先抵充。三、獲益及清償期均相等者，各按比例，抵充其一部。」

9 **(C)**。民法第739條之一規定註釋：「保證人之權利，不得預先拋棄。保證人權利有一般抗辯權（第七百四十二條）、拒絕清償權、先訴抗辯權等。」保證契約雖為從契約，惟日前社會上甚多契約均要求保證人預先拋棄一切權利，對保證人構成過重之責任，有失公平。故為避免此不公平現象，增訂除法律另有規定外，乃規定保證人之權利不得預先拋棄。

10 **(C)**。配偶有相互繼承遺產之權，其應繼分，依下列各款定之：
(1)與「被繼承人之直系血親卑親屬（第一順位）」同為繼承時，其應繼分，與他繼承人「平均」。
(2)與「被繼承人之父母或兄弟姊妹」（第二、三順位）同為繼承時，其應繼分，為遺產「二分之一」。

11 **(C)**。民法第513條（法定抵押權）：「請求抵押權之登記：承攬之工作為建築物、其他土地上之工作物、為此等工作物之重大修繕者，為保護承攬人就承攬關係之報酬請求權，對於其工作所附之定作人之不動產，得請求定作人為抵押權之登記；或對於將來完成之定作人之不動產欲於抵押權之登記。」

12 **(C)**。公司法第282條規定：「公開發行股票或公司債之公司，因財務困難，暫停營業或有停業之虞，而有重建更生之可能者，得

由公司或左列利害關係人之一向
法院聲請重整。」

13 (C)。證券交易法第28-2條：「公
司買回股份之數量比例，不得超
過該公司已發行股份總數百分之
十；收買股份之總金額，不得逾
保留盈餘加發行股份溢價及已實
現之資本公積之金額。」

14 (B)。票據保證（含保付支票）
（票§58～64）
保付支票：指付款人（金融機
構）於支票上記載保證支付之意
旨並簽名蓋章，一經保付，金融
機構應負絕對責任。

15 (C)。票據法第22條（票據時效、
利益償還請求權）：「票據上之
債權，雖依本法因時效或手續之
欠缺而消滅，執票人對於發票人
或承兌人，於其所受利益之限
度，得請求償還。」

16 (A)。票據法第22條—票據上之權
利：「匯票、本票之執票人，對
前手之追索權，自作成拒絕證書
日起算，一年間不行使，因時效
而消滅。」

17 (C)。票據法第14條規定：「以惡
意或有重大過失取得票據者，不
得享有票據上之權利。無對價或
以不相當之對價取得票據者，不
得享有優於其前手之權利。」

18 (A)。小額訴訟程序（民訴§436-
8～§436-32）：「凡是原告向被
告請求給付的內容，是金錢或其
他代替物或有價證券，而且請求
給付的金額或價額，在新台幣10
萬元以下的訴訟事件，適用小額
程序。簡易訴訟程序之第二審程
序，係由地方法院管轄。」

19 (C)。強制執行法第59-1條：「查
封之有價證券，須於其所定之期
限內為權利之行使或保全行為
者，執行法院應於期限之始期屆
至時，代債務人為該行為。」
強制執行法第59條第2項：「查封
物除貴重物品及有價證券外，經
債權人同意或認為適當時，得使
債務人保管之。」

20 (D)。執行名義成立後，如有消滅
或妨礙債權人請求之事由或第三
人就執行標的物得主張權利。
強制執行法第14條規定，如有
消滅或妨礙債權人請求之事由發
生，債務人得於強制執行程序終
結前，向執行法院對債權人提起
債務人異議之訴。

21 (D)。破產法第5條：「關於和解
或破產之程序，除本法有規定
外，準用民事訴訟法之規定。」
民事訴訟法第63條：「法院對於
破產之聲請，應自收到聲請之日
起七日內，以裁定宣告破產或駁
回破產之聲請。」

22 **(A)**。由於定型化契約條款係由企業經營者所預先擬定，因此該等條款常有偏重企業經營者的利益，或因條款文字艱深、內容曖昧不明，導致消費者有與企業經營者不同預期的情形發生。

為保障在磋商上居於劣勢而常不能就定型化契約條款為充分思慮的消費者利益，消費者保護法遂於第十一條第二項明文規定：「定型化契約條款如有疑義時，應為有利於消費者之解釋。」（消費者保護處）

23 **(D)**。公平交易委員會對於公平交易法第25條案件之處理原則第7點：「主要規範不符合商業競爭倫理之不公平競爭行為、以不符合社會倫理手段從事交易之行為及濫用市場相對優勢地位而從事不公平交易行為，並以『足以影響交易秩序』為要件。」

24 **(A)**。適用金保法之金融服務業（金保法§3）：「包括銀行業、證券業、期貨業、保險業、電子票證業及其他經主管機關公告之金融服務業。不包括金融控股公司、金融重建基金、中央存款保險、證券交易所、證券櫃檯買賣中心、證券集中保管事業、期貨交易所等。」

25 **(B)**。根據金融消費者保護法第32條，金融消費者於本法施行前已向主管機關及其所屬機關、金融服務業所屬同業公會或財團法人保險事業發展中心申請申訴、和解、調解、調處、評議及其他相當程序，其爭議處理結果不成立者，得於爭議處理結果不成立之日起六十日內申請評議。

26 **(C)**。個人資料保護法第30條規定：「損害賠償請求權，自請求權人知有損害及賠償義務人時起，因二年間不行使而消滅；自損害發生時起，逾五年者，亦同。」

27 **(B)**。債務人於法院裁定開始更生或清算程序前，6個月內所為提供擔保、清償債務或其他有害及債權人權利之行為，而受益人於受益時，明知其有害及債權人之權利者。

28 **(B)**。中華民國銀行公會會員徵信準則第16條：「授信戶資料表、登記證件影本、章程或合夥契約影本、董監事名冊影本、股東名簿或合夥名冊或公開發行公司、變更登記表影本、主要負責人、保證人之資料表、最近三年之資產負債表、損益表或會計師財務報表查核報告、最近稅捐機關納稅證明影本、同一關係企業及集團企業資料表、有關係企業之公開發行公司最近年度之關係企業三書表。」

376 **Part 4** 歷屆試題及解析

29 (A)。依據5P撰寫徵信報告注意
要點之一：「徵信單位應依誠信
原則，公正平實撰寫徵信報告，
不宜對授信案件表示准駁之意
見。」

30 (A)。中華民國銀行公會會員徵信
準則第25條：「個人授信戶，其
填送個人收入情形，與綜合所得
稅申報書內容有出入時，以申報
書內容為準，作為其償還能力與
還款財源之參考。」

31 (D)。個別公司戶或其他法人戶、
同一負責人不同公司戶（或其他
法人）與負責人個人名義之退票
紀錄，係分開計算，查詢時應逐
戶分別申請辦理。

32 (B)。因授信總金額達新台幣三億
元（超過二億元），且又申請續
約一年，故屬其他中長期放款，
應另加送預估營運報表以評估未
來償債能力，而更新機器設備所
需資金即屬中長期融資。

33 (D)。本法稱擔保授信，謂對銀
行之授信，提供左列之一為擔保
者：
一、不動產或動產抵押權。
二、動產或權利質權。
三、借款人營業交易所發生之應
　　收票據。
四、各級政府公庫主管機關、銀
　　行或經政府核准設立之信用
　　保證機構之保證。

34 (D)。所稱授信條件包括：
(一)利率。
(二)擔保品及其估價。
(三)保證人之有無。
(四)授信期限。
(五)本息償還方式。

35 (C)。銀行法第33-3條授權規定
事項辦法(民國99年01月28日)：
「本法第三十三條之三第一項所
稱銀行對同一人、同一關係人
或同一關係企業之授信限額規定
如下：銀行對同一公營事業之授
信總餘額，不受前項規定比率之
限制，但不得超過該銀行之淨值
（淨值為180億元）。」

36 (D)。消費性放款：係指對於房屋
修繕、耐久性消費財產（包括汽
車）、支付學費及其他個人之小
額貸款，及信用卡循環信用等。
自用住宅放款：係指具有完全行
為能力之中華民國國民，目前確
無自用住宅，為購置自住使用之
住宅所為之金融機構貸款。

37 (A)。(B)銀行對其負責人、職員
辦理無擔保消費者貸款，其額度
以不超過新臺幣一百萬元。
(C)提供不動產作為副擔保之授
信，比照其他授信對象辦理。

38 (A)。提清償個人購屋貸款違約金
計收可以和各家金融機構約定違
約金計收方式。

39 **(A)**。依「中華民國銀行公會會
　　員授信準則」規定，買方委託承
　　兌，必須明瞭借款人之事項與辦
　　理一般營運週轉金貸款相同。

40 **(C)**。依「中央銀行對金融機構辦
　　理購置高價住宅貸款業務規定」
　　第三點規定：「金融機構承作借
　　款人之購置高價住宅貸款，其貸
　　款條件限制如下：
　　(1)不得有寬限期。
　　(2)貸款額度最高不得超過住宅
　　　（含基地）鑑價或買賣金額較
　　　低者之六成。
　　(3)除前款貸款額度外，不得另
　　　以修繕、周轉金或其他貸款名
　　　目，額外增加貸款金額。」

41 **(C)**。銀行資產評估損失準備提
　　列及逾期放款催收款呆帳處理辦
　　法第3條：「銀行對資產負債表
　　表內及表外之授信資產，除將屬
　　正常之授信資產列為第一類外，
　　餘不良之授信資產，應按債權
　　之擔保情形及逾期時間之長短予
　　以評估，分別列為第二類應予注
　　意者，第三類可望收回者，第四
　　類收回困難者，第五類收回無望
　　者。」

42 **(C)**。「銀行資產評估損失準備提
　　列及逾期放款催收款呆帳處理辦
　　法」依銀行法第45條之一第二項
　　規定訂定之。

43 **(C)**。銀行資產評估損失準備提列
　　及逾期放款催收款呆帳處理辦法
　　第6條：「逾期放款及催收款項，
　　具有左列情事之一者，應扣除估
　　計可收回部分後轉銷為呆帳。
　　一、債務人因解散、逃匿、和
　　　解、破產之宣告或其他原
　　　因，致債權之全部或一部不
　　　能收回者。
　　二、擔保品及主、從債務人之財
　　　產經鑑價甚低或扣除先順位抵
　　　押權後，已無法受償，或執行
　　　費用接近或可能超過銀行可受
　　　償金額，執行無實益者。
　　三、擔保品及主、從債務人之財
　　　產經多次減價拍賣無人應買，
　　　而銀行亦無承受實益者。
　　四、逾期放款及催收款逾清償
　　　期二年，經催收仍未收回
　　　者。」

44 **(D)**。銀行依「銀行資產評估損失
　　準備提列及逾期放款催收款呆帳
　　處理辦法」第7條及第8條，列報
　　逾期放款及轉列催收款，請依下
　　列情況辦理：
　　債務人如無逾期情事之授信契約
　　案件，擔保品雖已遭其他債權人
　　強制執行，是否屬上該條文所稱
　　之「逾期放款」，須視銀行是否
　　依契約條款主張加速到期，判斷
　　加速到期後清償期是否超過3個
　　月，或已向主、從債務人訴追或
　　處分擔保品。

45 (A)。銀行資產評估損失準備提列及逾期放款催收款呆帳處理辦法第7條規定：「……前項所稱一定條件，指符合下列情形者：一、原係短期放款者，以每年償還本息在百分之十以上為原則，惟期限最長以五年為限。二、原係中長期放款者，其分期償還期限以原殘餘年限之二倍為限，惟最長不得超過三十年。於原殘餘年限內，其分期償還之部分不得低於積欠本息百分之三十。若中長期放款已無殘餘年限或殘餘年限之二倍未滿五年者，分期償還期限得延長為五年，並以每年償還本息在百分之十以上為原則。……」

46 (A)。依銀行業辦理外匯業務作業規範：「指定銀行辦理進口外匯業務，其報送資料應於承作之次營業日，將交易日報及相關明細資料傳送至中央銀行外匯資料處理系統。」

47 (B)。(A)承作對象應以國內顧客為限。
(B)應憑顧客提供其與國外交易之文件或本行核准之文件辦理。
(D)應將承作貸款之相關表報送本行外匯局。

48 (D)。依華僑及外國人投資證券管理辦法第21條：「境外華僑及外國人應依本辦法及相關法令規定運用匯入之投資資金投資國內證券，除金管會另有規定外，並應遵守下列規定：
一、不得從事證券信用交易。
二、不得賣出尚未持有之證券。
三、不得為放款或提供擔保。
四、不得委託保管機構或證券集中保管事業以外之法人或個人代為保管證券。」

49 (A)。信用卡消費款循環信用計息部分，得以「應收帳款」科目列帳。

50 (D)。國際金融業務分行管理辦法第2條：「國際金融業務分行對單一客戶之授信，應與其所屬銀行其他各營業單位授信金額合計，不得超過下列限額：
一、本國銀行：對單一自然人之授信總餘額，不得超過總行淨值百分之三，其中無擔保授信總餘額不得超過總行淨值百分之一；對單一法人之授信總餘額，不得超過總行淨值百分之十五，其中無擔保授信總餘額不得超過總行淨值百分之五。」

第38屆　授信實務

( )　**1** 下列何種擔保品應投保火災保險？　(A)土地　(B)建物　(C)有價
證券　(D)汽車。

( )　**2** 下列何項銀行業務屬於「消費借貸」行為？　(A)房屋擔保放款
(B)保管箱　(C)定期定額基金　(D)支票存款。

( )　**3** 速動比率之計算，係自流動資產中扣除下列何者後，與流動負
債之比率？　(A)存貨　(B)應收帳款　(C)有價證券　(D)短期
投資。

( )　**4** 下列何者屬於間接授信？　(A)貼現　(B)開發信用狀　(C)透支
(D)出口押匯。

( )　**5** 個人申請授信，其個人資料表所填之土地建物欄內容，應與其下
列何種證件核對，俾查明其抵押權之設定情形？　(A)所有權狀
(B)地籍圖　(C)土地及建物登記謄本　(D)土地使用分區證明。

( )　**6** 依「中華民國銀行公會會員徵信準則」規定，銀行於授信戶新年
度何期間內，得先依據該授信戶提供之暫結決算表予以分析？
(A)新年度開始至該年四月一日前　(B)新年度開始至該年五月一
日前　(C)新年度開始至該年六月一日前　(D)新年度開始至該年
七月一日前。

( )　**7** 倘實收資本額或經常僱用人數符合中小企業標準時，下列何者非
屬中小企業信用保證基金之保證對象？　(A)礦業　(B)托嬰中心
(C)私立老人長期照顧機構　(D)特殊娛樂業。

( )　**8** 授信評估五P原則中，債權保障可分為外部保障及內部保障，下
列各項何者屬於外部保障？　(A)借戶有良好之財務結構　(B)借
戶提供資產為擔保　(C)第三人提供資產為擔保　(D)周全的放款
契約條款。

(　) **9** 遠期支票無論有無實際買賣交易行為，因屬支付工具，故性屬下
列何項？　(A)擔保授信　(B)動產擔保　(C)無擔保授信　(D)不
動產擔保。

(　) **10** 有關授信擔保品之鑑估，下列敘述何者錯誤？　(A)短期公債按
面值或市價孰低核估　(B)舊機器依原購置成本減去攤提折舊額
核估　(C)上市上櫃股票依核貸之前一個月均價鑑估　(D)土地鑑
估值應以時價或公告現值扣除土地增值稅鑑估。

(　) **11** 甲銀行109年底淨值為120億元，110年1月2日對同一關係人最高
授信總餘額，除公營事業外，不得超過多少億元？　(A)30億元
(B)36億元　(C)42億元　(D)48億元。

(　) **12** 有關民法及票據法對利率之規範，下列何者錯誤？　(A)以簽
發票據為債權憑證，而利率未經約定載明時，以年息6%為所
適用之利率　(B)以契約、借據為債權憑證，而利率未經約定
載明時，以年息5%為所適用之利率　(C)約定利率超過12%
者，債務人可在一年後隨時清償原本，但需於一個月前預告
債權人　(D)約定利率超過15%者，債權人對於超過部分之利
息，無請求權。

(　) **13** 力行公司向銀行新借短期週轉金貸款額度新臺幣二億元，於檢送
徵信相關資料時，可無須提供下列何項文件？　(A)公司章程影
本　(B)董監事名冊影本　(C)現金收支預估表　(D)會計師財務報
表查核報告。

(　) **14** 資本淨值與資產總額之比率（資本比率）可測得企業自有資本占
資產總額之比重，藉以查看企業之健全性如何，該比率以多少左
右為合理？　(A)25%　(B)50%　(C)75%　(D)100%。

(　) **15** 銀行法第三十三條之三係規範銀行對單一企業授信總額之限制，
銀行辦理下列何項中長期貸款可排除此一限制？　(A)建築融資
(B)中長期週轉金貸款　(C)政府特許之BOT專案融資　(D)中長
期資本支出貸款。

(　　) **16** 企業購置機器設備，若有資金需求，應向銀行申請下列何項授信？　(A)墊付國內票款　(B)發行商業本票保證　(C)透支　(D)中長期授信。

(　　) **17** 銀行對中長期週轉金授信申貸案件，在辦理財務評估過程中，較短期授信申貸案件增加下列何項分析？　(A)存貨變化　(B)應收帳款變化　(C)長期償債能力　(D)股價變動趨勢。

(　　) **18** 通常國際聯貸的準據法，係以下列何者或美國紐約州法為準據法？　(A)香港法　(B)日本法　(C)英國法　(D)德國法。

(　　) **19** 銀行承作中長期授信案，為降低授信風險，往往要求借款人履行某些特約條款，下列何者屬於特約條款中的否定條款？　(A)債務總額之限制　(B)財務比率之限制　(C)禁止出售應收帳款　(D)按期提供各種財務報告表。

(　　) **20** 有關營建工程授信，下列何者錯誤？　(A)一般以不超過三年為原則　(B)營建工程貸款以一次撥貸為原則　(C)應要求借戶投保「營造綜合險」　(D)以建物完工出售款或分戶貸款為還款。

(　　) **21** 有關聯合貸款之敘述，下列何者錯誤？　(A)有二家或二家以上之金融機構參與貸款　(B)聯貸銀行團之成員以相同的承作條件貸放　(C)聯合貸款案以中長期融資計畫為限　(D)借款人通常為一人，亦有可能為同一計畫下之數人。

(　　) **22** 台北車站交九特定用地開發案係採用下列何種民間參與公共建設模式？　(A)BTO　(B)BOT　(C)ROT　(D)BLT。

(　　) **23** 下列何者不是銀行辦理之保證方式？　(A)在債權憑證上簽章保證　(B)簽發擔保信用狀　(C)在本票背面背書　(D)簽發保證函。

(　　) **24** 廠商為投標需要，委由銀行向業主保證，如得標後未能依投標文件規定及期限與業主簽訂工程契約，由保證銀行賠償業主之損失，此種保證稱為下列何者？　(A)履約保證　(B)押標金保證　(C)支付款保證　(D)保固保證。

(　　) **25** 所謂營運資金，一般係以下列何項之餘額表示？　(A)流動資產減流動負債　(B)資產總額減負債總額　(C)速動資產減流動負債　(D)固定資產減固定負債。

(　　) **26** 銀行對於借款戶所提供之票據，下列何者得受理承辦貼現業務？　(A)經金融機構保證發行之本票　(B)法定應記載事項完整且經交易相對人承兌之匯票　(C)禁止背書轉讓之票據　(D)背書不連續之票據。

(　　) **27** 有關銀行辦理保證發行商業本票業務，下列敘述何者錯誤？　(A)每張面額以新台幣一萬元或一萬元之倍數為單位　(B)每筆最長保證期限不得超過一年　(C)保證費由銀行與客戶議定　(D)申請人須為依法登記之公、民營企業。

(　　) **28** 同產業中兩家從事相同業務公司之合併，稱為下列何者？　(A)水平式合併　(B)垂直式合併　(C)同源式合併　(D)複合式合併。

(　　) **29** 下列何者是銀行最常使用做為衡量長期償債能力之比率公式？　(A)利息保障倍數　(B)折舊保障倍數　(C)營收保障倍數　(D)流動能力保障倍數。

(　　) **30** 下列何者將使企業營運週轉資金需求轉為殷切？　(A)產銷量縮小　(B)收取期票，由三個月調整為二個月　(C)付款期票，由二個月調整為三個月　(D)存貨安全存量，由三個月調整為四個月。

(　　) **31** 編製現金流量表時，有關交易活動之敘述，下列何者錯誤？　(A)處分固定資產為投資活動　(B)營業收入為營業活動　(C)購買庫藏股票為籌資活動　(D)現金增資為投資活動。

(　　) **32** 銀行審理透支業務之注意事項，下列何者錯誤？　(A)借款人須財務優良且具自律精神　(B)借戶係以透支額度供一般營運週轉使用　(C)不得移用於應收帳款或存貨之融資　(D)應配合借戶業務量及銀行往來情形核給額度。

( ) **33** 下列何財務比率與流動比率搭配，可判斷企業資金是否以短期資金作為長期用途？ (A)固定資產週轉率 (B)固定長期適合率 (C)存貨週轉率 (D)流動資產週轉率。

( ) **34** 企業為維持正常營運所需的最低流動資產量，無法以自有資金滿足，需由銀行對其差額所為之融資，稱為下列何項？ (A)季節性週轉金貸款 (B)臨時性週轉金貸款 (C)經常性（永久性）週轉金貸款 (D)暫時性週轉金貸款。

( ) **35** 「倘為配合國家政策，由民間機構投資新建，擁有所有權，並自為營運或委託第三人營運」之民間參與公共建設模式為何？ (A)BOT (B)BOO (C)BTO (D)ROT。

( ) **36** 以企業資產負債表及損益表分析，辦理墊付國內票款融資額度之核定與下列哪一項目無關？ (A)應收票據 (B)應收帳款 (C)內銷金額 (D)存貨。

( ) **37** 銀行辦理中長期債務保證時，特應注意事項，下列敘述何者錯誤？ (A)簽發保證書宜訂明保證責任範圍，包括保證最高金額、保證期限、履行保證責任之條件等 (B)於保證期間應隨時追蹤注意債務人履債情形 (C)保證責任之解除，一般以受益人（業主）書面通知或交回保證書正本方式為之 (D)保證屬或有負債，故與直接資金之貸放，所承擔之風險自有不同。

( ) **38** 依公司法規定，公司最近三年或開業不及三年之開業年度課稅後之平均淨利，未達原定發行之公司債應負擔年息總額之多少比率者，不得發行無擔保公司債？ (A)百分之九十 (B)百分之一百 (C)百分之一百二十 (D)百分之一百五十

( ) **39** 有關票據承兌業務，下列敘述何者錯誤？ (A)所謂承兌，為匯票付款人在票面上記載承兌字樣並予簽名者 (B)付款人僅在票面簽名者，亦視為承兌 (C)承兌制度僅限於匯票，而本票及支票均無承兌的規定 (D)承兌人如到期不付款，倘執票人係原發票人，即不得直接請求其支付票款。

(　) **40** 銀行辦理墊付票款業務，對於票據交易內容之查核，下列何者應特別注意瞭解？ (A)發票人或背書人與買受人一致 (B)已融資之統一發票常有註銷之紀錄 (C)交易憑證所載內容與借戶經營業務具關聯性 (D)銷貨統一發票金額未逾報稅金額。

(　) **41** 辦理進口開狀時，倘以下列何種貿易條件交易時，保險係由賣方投保，且信用狀應明確規定保險單據與投保相關事宜？ (A)EXW (B)FOB (C)CPT (D)CIF。

(　) **42** 下列何種外匯授信，因貨物不進入國內，使銀行承擔較高之風險？ (A)進口押匯 (B)三角貿易授信 (C)D/P融資 (D)購料貸款。

(　) **43** 下列何者非屬裝船前出口融資業務？ (A)憑輸出契約辦理之融資 (B)出口押匯 (C)憑國外訂單辦理之融資 (D)出口信用狀融資。

(　) **44** 下列何者非屬光票之種類？ (A)私人簽發之匯票 (B)銀行匯票 (C)出口押匯之匯票 (D)公庫支票。

(　) **45** 目前國際間通行之Stand-by L/C，多遵守UCP600或下列何者？ (A)ISBP (B)GRIF (C)ISP98 (D)URC522。

(　) **46** 有關擔保提貨或副提單背書，下列敘述何者錯誤？ (A)D/A或D/P擔保提貨應依一般授信程序申請額度 (B)擔保提貨後俟正本單據到達後，如有瑕疵進口商仍得主張拒付 (C)D/P項下之擔保提貨應先要求客戶繳足貨款 (D)D/A項下之擔保提貨於匯票寄達時，應要求進口商來銀行辦理承兌。

(　) **47** 下列何者不屬於買入光票應查核事項？ (A)票據有無經過受款人背書 (B)票據上之日期是否已到期 (C)注意票據取得來源及原因，以防範融通性票據 (D)是否為發票人親簽。

(　) **48** 有關買方遠期信用狀之敘述，下列何者錯誤？ (A)對賣方而言，與即期信用狀相同，均為見票即付 (B)會計科目以外幣「短期放款」科目列帳 (C)利息由開狀申請人負擔 (D)授信期間一律180天。

(　　) **49** 下列何者係屬銀行之外匯授信業務？　(A)進口代收　(B)匯出匯款　(C)貿易卡融資　(D)光票託收。

(　　) **50**「外匯短缺而對外債之支付或匯款限制、禁止」屬下列何種風險？　(A)運輸風險　(B)付款條件之風險　(C)市場利率變動風險　(D)國家風險。

(　　) **51** 下列何者不具法人資格？　(A)三來一補企業　(B)中外合資企業　(C)中外合作企業　(D)外資企業。

(　　) **52** 有關銀行辦理國外應付帳款融資授信，下列敘述何者錯誤？　(A)貸款性質與購料貸款性質相同　(B)貸款期限應扣除出口商給予進口商之賒欠期間　(C)辦理動撥時應徵提經與正本核對相符之相關交易文件影本　(D)融資款項應以撥入進口商之外匯存款帳戶為原則。

(　　) **53** 預期新臺幣將升值時，貿易商宜採取下列何項對策以規避匯率風險？　(A)將出口押匯款存入外匯存款　(B)將外幣貸款改貸為新臺幣貸款　(C)預購遠期外匯　(D)將外幣存款兌換為成新臺幣存款。

(　　) **54** 下列何者為可經由背書轉讓之有價證券？　(A)航空提單　(B)海運貨單　(C)郵包收據　(D)海運提單。

(　　) **55**「持卡消費後，在一定時間內，若產品有瑕疵，或因不慎損壞，發卡機構將理賠某一成數」，是指信用卡的何種附加價值？　(A)購物保障　(B)失卡零風險　(C)旅遊意外保險　(D)救援服務。

(　　) **56** 信用卡衍生的授信業務中，下列何者為「救急不救窮」的機動融資？　(A)循環信用　(B)預借現金　(C)代償信用卡融資　(D)通信貸款。

(　　) **57** 消費者貸款依據資金成本加預期報酬率及其他管理成本來訂價，是屬於下列何種訂價？　(A)成本導向　(B)需求導向　(C)競爭導向　(D)消費導向。

（　）　**58** A君向B銀行申請房屋修繕貸款150萬元，並議定利率第一年房貸利率指數加四碼，第二年以後加碼幅度提高為五碼。假定B銀行房貸利率指數第一、二年均為2%，則第二年利率為多少？ (A)2.4%　(B)2.5%　(C)3.25%　(D)3.5%。

（　）　**59** 有關銀行放款商品利率訂價之主要考慮因素，下列敘述何者錯誤？　(A)銀行資金部位緊則利率較高　(B)受政府法令限制者則利率較高　(C)未來利率變動風險小則利率較高　(D)客戶使用彈性大則利率較高。

（　）　**60** 依主管機關規定，有關現金卡之申請，下列敘述何者錯誤？ (A)申請人應年滿二十歲　(B)申請時須檢附身分證明文件及所得或財力資料　(C)全職學生申請現金卡以三家發卡機構為限 (D)行銷時不得給予贈品或獎品。

（　）　**61** 下列何項貸款較適合透過「資料倉儲（Data Warehousing）」進行管理？　(A)國際應收帳款融資　(B)聯合貸款　(C)外銷貸款 (D)消費者貸款。

（　）　**62** 銀行承作房屋貸款業務中，有關代客辦理火險之敘述，下列何者錯誤？　(A)受益人應為貸款之金融機構　(B)投保金額應足夠，且依土地持分坪數×重置成本計算　(C)投保期間應涵蓋借款期間　(D)應由金融機構保留保單正本。

（　）　**63** 消費者貸款如係撥入借款人以外之第三者帳戶時，應先取得下列何者之同意書？　(A)借款人　(B)第三者　(C)貸款銀行　(D)連帶保證人。

（　）　**64** 有關消費者貸款之特性，下列敘述何者錯誤？　(A)每戶貸款金額小　(B)不具自償性　(C)以「個人」為貸款對象　(D)大多採用逐案審核程序。

（　）　**65** 銀行辦理消費者貸款時，下列何者較不適宜做為評估借款人之還款來源？　(A)固定薪資及利息收入　(B)出售擔保品收入　(C)租賃收入　(D)投資收入。

(　) **66** 有關汽車貸款業務之敘述，下列何者正確？ 　(A)在核貸金額時，週轉金貸款以借款人之售車價（車商之進價）為核貸金額之基準 　(B)週轉金貸款係先付清車款取得車輛後，再向銀行申請融資，銀行在審核時之尺度較購車貸款為寬鬆 　(C)購車貸款（含新車及中古車）之鑑價，依車商與購車人簽訂買賣契約之售價予以評估 　(D)凡購車後六個月內提出融資申請者，視為購車貸款。

(　) **67** 下列何種情形的房屋，較適合作為銀行擔保品？ 　(A)供需相當地區之房屋 　(B)久無人住，目前空置之房屋 　(C)產權不清或持分不完全之房屋 　(D)祭祀公業、寺廟或其他特殊團體持有之房屋。

(　) **68** 銀行對催收戶甲起訴，請求返還借款，訴訟程序中甲否認借款，此時應由何人負舉證責任？ 　(A)銀行 　(B)甲 　(C)保證人 (D)法院調查。

(　) **69** 依民法規定，有關消滅時效之規定，下列敘述何者錯誤？ (A)一般請求權之消滅時效為十五年 　(B)短於十五年之消滅時效，應有法律明文規定 　(C)消滅時效有中斷之方法 　(D)消滅時效得由當事人依契約延長之。

(　) **70** 限定繼承模式為何？ 　(A)繼承人免向法院聲請 　(B)對所有債務拋棄繼承 　(C)概括繼承，無限責任 　(D)概括繼承，有限責任。

(　) **71** 被繼承人之遺產有新臺幣（下同）50萬元，債務有100萬元，若繼承人向法院聲請限定繼承，其在多少元之範圍內清償被繼承人之債務？ 　(A)0元 　(B)25萬元 　(C)50萬元 　(D)100萬元。

(　) **72** 依主管機關規定，信用卡當期應繳最低付款金額超過指定繳款期限三個月至六個月，應提列全部墊款金額之多少比率為備抵呆帳？ 　(A)2% 　(B)10% 　(C)20% 　(D)50%。

(　) **73** 誠一公司向銀行所借短期放款一筆，到期日為109.5.16，到期時，該公司未能依約還款或辦理展期，銀行最遲應於下列何時

前轉入催收款項？　(A)109.7.16　(B)109.8.16　(C)109.10.16
(D)109.11.16。

(　　)　**74** 強制執行案件參與分配經拍定，其法拍所得案款之分配先後順
序，下列何者正確？　A.地價稅　B.不動產抵押權所擔保之債
權　C.普通債權　D.關稅　(A)ABDC　(B)DBAC　(C)ADBC
(D)DABC。

(　　)　**75** 移送中小企業信用保證基金保證案件，應繳付之利息延滯期間達
多久者，依中小企業信用保證基金規定，授信單位應於知悉之
日起二個月內通知基金？　(A)一個月　(B)二個月　(C)三個月
(D)六個月。

(　　)　**76** 有抵押權或質權擔保之債權，該債權人在下列何種程序中享
有「別除權」？　(A)重整程序　(B)破產程序　(C)督促程序
(D)強制執行程序。

(　　)　**77** 支付命令是取得執行名義最簡便的方法之一，下列敘述何者正
確？　(A)債務人於收受命令後應該在一個月內聲明異議　(B)支
付命令的管轄權依合意管轄的約定辦理　(C)如必須公示送達或
於國外送達者，仍得為之　(D)支付命令在三個月內無法送達於
債務人時，該支付命令失效。

(　　)　**78** 下列何者不得作為強制執行名義？　(A)支票退票　(B)確定判決
(C)確定之支付命令　(D)假扣押裁定。

(　　)　**79** 有關不動產強制執行之流程，下列何者正確？　A.引導查封
B.鑑價　C.詢問底價意見　D.核定拍賣日期　(A)A→B→C→D
(B)B→A→C→D　(C)B→C→A→D　(D)A→C→B→D。

(　　)　**80** 支票之執票人對於發票人因聲請支付命令而中斷時效，則自確定
之日起，其請求權消滅時效延長為若干年？　(A)一年　(B)三年
(C)五年　(D)十。

解答與解析　（答案標示為#者，表官方曾公告更正該題答案。）

1 (B)。房屋火險為強制投保。

2 (A)。消費性貸款：對於房屋購置、房屋修繕、耐久性消費財（包括汽車），支付學費、信用卡循環信用及其他個人之小額貸款均包括在內的借貸行為。

3 (A)。速動比率＝（流動資產－存貨－預付費用）／流動負債

4 (B)。(1)間接授信係指銀行以其信用介入借款人與第三者之間的交易，保證其交易如期履約，若借款人無法如期履約，由銀行承擔風險，負責清償該交易所發生的財務損失。銀行藉此拓展國家貿易，改善國民經濟生活與商業交易型態，擴張社會金融服務。包含：A.保證。B.承兌。C.開發國內、外信用狀。D.其他間接授信商品。
(2)票據貼現為直接授信。

5 (C)。個人申請授信，其個人資料表所填之土地建物欄內容，應與土地及建物登記謄本核對，俾查明其抵押權之設定情形。

6 (C)。依「中華民國銀行公會會員徵信準則」第18條規定，授信戶新年度會計師財務報表查核報告及關係企業三書表如未能於會計年度結束五個月內（即新年度開始至該年六月一日前）提出，遇有授信案展期、續約或申請新案時，得先依據其提供之暫結報表或決算報表予以分析。

7 (D)。符合行政院核定「中小企業認定標準」之中小企業，惟不含金融及保險業、特殊娛樂業。

8 (C)。1.內部保障：專指銀行與借款人之間的直接關係：(1)借款人的財務結構。(2)擔保品。(3)放款契約的限制條件。2.外部保障：指由第三者對銀行承擔借款人的信用責任而言。

9 (C)。依銀行法第15條，所稱「商業票據」，係依國內商品交易或勞務提供而產生之匯票或本票。至於占交易客票相當大比例之遠期支票，由於其性質屬於支付工具而非信用憑證，因此遠期支票不得成為銀行法所稱之擔保。

10 (C)。上市上櫃股票依最近三個月之平均價格與核貸當時市價孰低為估價。

11 (D)。銀行法第三十三條之三第一項對同一人、同一關係人或同一關係企業之授信限額規定：銀行對同一關係人之授信總餘額，不得超過各該銀行淨值百分之四十。
120（億）×40%＝48（億）

12 (D)。民法第205條規定：「約定
利率，超過週年百分之二十者，
債權人對於超過部分之利息，無
請求權。」本條文之立法目的在
於保護經濟弱者之債務人，為防
止資產階級之重利盤剝起見，故
特設最高利率之限制。

13 (C)。中長期週轉金貸款達二億元
以上才須要提供現金收支預估表。

14 (B)。自有資本比例越高，則企業
體質越健全。資本比率因行業不
同而異，一般以50%為合理，最
低不宜低於30%。

15 (C)。下列授信得不計入本規定所
稱授信總餘額：
1.配合政府政策，經本部專案核
准之專案授信或經中央銀行專
案轉融通之授信。
2.對政府機關之授信。
3.以公債、國庫券、中央銀行儲
蓄券、中央銀行可轉讓定期存
單、本行存單或本行金融債券
為擔保品授信。
4.依加強推動銀行辦理小額放款
業務要點辦理之新臺幣一百萬
元以下之授信。
BOT案是屬於專案融資(Project
Finance)。

16 (D)。企業購置機器設備所需資
金，符合行政院「中小企業加速
投資行動方案」適用對象，貨款

期限最長不得超過7到10年，屬中
長期授信。

17 (C)。銀行對中長期授信申貸案件
審查重點之一為評估授信戶未來
數年的現金流量，並從企業營業
活動、投資活動及融資活動三方
面估算，以判斷未來償債能力。

18 (C)。通常國際聯貸的準據法，係以
英國法或美國紐約州法為準據法。

19 (C)。否定條款（Negative
Pledge）：例如：禁止超過某期間
或金額以上之新借款；禁止合併、
固定資產出售或出租；禁止債務保
證、出售應收帳款、投資或保證。

20 (B)。營建工程貸款撥款方式為依
工程進度分批撥貸。

21 (C)。聯合貸款是指兩家以上之
金融機構參與貸款，並以相同之
承作條件貸款。通常為一個借款
人，亦有可能在同一計畫項下
貸予數個借款人。企業資本支出
之中長投資計畫，多半期限長、
回收慢、金額鉅大，採聯合貸款
可供融資銀行做為分散風險的方
法。一般而言，聯合貸款以中長
期融資計畫居多，僅有少數短期
週轉金融資因金過鉅而採取聯貸
方式。

22 (B)。BOT（Build-Operate-
Transfer），一般係指民間企業支
付權利金，取得政府特許以投資

及籌資興建公共設施,並於興建
完成後一定期間內經營該設施,
特許經營期間屆滿後,再將該設
施之所有資產移轉予政府。

23 (C)。在本票背面背書是個人辦理
保證方式之一。

24 (B)。押標金保證:買方(或定作
人)於招標採購時,規定有意投
標供應買方所需物品,或承攬一
定工程者,於投標前,需按底價
繳納若干成之金額,以為保證;投
標人洽由銀行給予保證,以代替
現金繳納者。
履約保證:買方在與賣方簽約
時,為恐賣方嗣後不履約,規定
賣方應繳若干金額以為保證,是
為履約保證金。此項保證金如買
方委請銀行開發保證函替代,即
所謂履約保證。

25 (A)。營運資金=流動資產-流動
負債。

26 (B)。以合法商業交易行為所產
生之「承兌匯票」及「本票」為
限,對於非屬實際商業行為所得
之融通性票據,不得受理貼現。

27 (A)。承銷融資性商業本票發行
面額,以新台幣10萬元為最低單
位,並以10萬元之倍數為單位。

28 (A)。複合式合併(Conglomerate
merger):企業以合併的方式進
入一個新行業,而此新行業中所

經營的商品或勞務與企業原有之
技術、行銷潛力完全無關。
同源式合併(Congeneric
merger):意指兩家處在相同的
產業中,但所經營的業務並不太
一樣,且沒有業務往來的公司的
結合。

29 (A)。利息保障倍數=(稅前淨利
+利息費用)/利息費用。

30 (D)。存貨安全存量,由三個月調
整為四個月,則存貨的安全存量
增加,將使企業營運週轉資金需
求增加。

31 (D)。現金增資為「融資活動」

32 (B)。透支應是現金管理的輔助融
資,屬應急及備用功能,不得視
為一般短期週轉來運用。

33 (B)。固定長期適合率=(長期貸
款+股東權益)/固定資產
若此比率≥1,則代表企業是用長
期融資來支應固定資產,資金用
途正確,財務結構穩固。
若比率<1,則代表企業可能有
「以短支長的現象」,用連續的短
期融資來支應長期的固定資產。

34 (C)。(A)季節性週轉資金貸款:
部分產業的產品需求會因為淡旺
季出現週期性變化,當產品需求
量增加時,公司可以申請季節性
週轉資金貸款,等到旺季結束並
且收款完畢,再進行還款。

(B)臨時性週轉資金貸款：當公司面臨突發性的訂單爆量或是預期未來原物料價格上漲，可以向金融機構申請臨時性週轉資金貸款，用於採購原料以生產產品，待產品銷售完畢且收款後，再償還給金融機構。

(C)經常性週轉資金貸款：當公司的現金、應收帳款及產品存貨等流動性資產出現短缺，可申請經常性週轉資金貸款，解決資金週轉問題。

參考來源：中租迪合（https：//www.chailease.com.tw/enterprise/financing/article?id=17）

35 (B)。BOT（Build-Operate-Transfer，建設－運營－移交）：係指由民機構籌資興建公共建設，興建完成後先將資產移轉給政府，再由政府委託該民間機構經營一段期間。

BTO（Build-Transfer-Operate）：由民間機構籌資興建公共建設，興建完成後將資產移轉給政府（政府取得所有權），再由政府委託該民間機構經營一段期間。

ROT（Rehabilitate-Operate-Transfer）：政府將老舊之公共設施交由民間機構修復改建，並經營一段時間後移轉給政府。

36 (D)。辦理墊付國內票款融資最高額度之核定，可依該公式作為參考：全年內銷金額÷週轉次數×墊付成數－其他行庫辦理票據融

資金額銷貨與應收帳款或應收票據有關，上述公式與存貨無關。

37 (D)。保證屬或有負債，與貸款業務所承擔之風險相同。

38 (D)。公司法第249條：「公司有下列情形之一者，不得發行無擔保公司債：

一、對於前已發行之公司債或其他債務，曾有違約或遲延支付本息之事實已了結，自了結之日起三年內。

二、最近三年或開業不及三年之開業年度課稅後之平均淨利，未達原定發行之公司債，應負擔年息總額之百分之一百五十。」

39 (D)。承兌人到期不付款者，執票人雖係原發票人，亦得就第九十七條及第九十八條所定之金額，直接請求支付。

40 (B)。「墊付國內應收款項」應注意事項：

1.徵信範圍應包括借款人、票據交易性質及票據債務人（發票人、背書人）。

2.銀行所收取之客票，不宜過度集中少數發票人，以分散風險。

3.銀行所收取之客票須符合產銷流程，其票據發票人應為借款戶之主要銷售對象，如發票人為原料供應商即屬異常。

4.銀行得徵提借款廠商之發票、買賣契約等交易憑證以供查對：
　(1)對所徵客票發票人或背書人與交易憑證（統一發票）買受人是否一致。
　(2)交易憑證所載標的內容與借款人經營之業務是否具有關聯性。
　(3)已融資之統一發票是否時有註銷之記錄。
　(4)辦理票據融資之統一發票，銀行應確實在經查證之發票存根聯上加蓋「已在○○行庫辦理融資」文義之戳記。
5.票據必須由借款廠商背書，且背書要連續。
6.票據不得有禁止背書轉讓之記載。
7.以借款人為發票人之票據不可接受。
8.關係人（如發票人為借款廠商之主要股東、董監事）之票據應查核其真實性。

41 **(D)**。EXW(Ex Works)：工廠交貨，屬出口地價，指在賣方工廠(Factory, Mill)，農場(Plantation)或倉庫(Warehouse)等交貨的貿易條件。
FOB(Free on Board)：裝運港船上交貨，在出口國指定裝運港碼頭的船運交貨。
CPT(Carriage Paidto)：運費付至，在出口國某一地點貨交承運人。
CIF(Cost insurance and Freight)：成本保險費+運費，在出口國裝運港的船上交貨。

42 **(B)**。「三角貿易」係指我國廠商接受國外客戶（買方）之訂貨，而轉向第三國供應商（賣方）採購，貨物未進入我國轉運銷售至買方之貿易方式。

43 **(B)**。出口押匯：出口商依據信用狀規定，簽發匯票，並備妥貨運單據，連同有關押匯文件一併提交指定銀行申請押匯。銀行審單人員依據信用狀內容，逐步審核匯票和貨運單據，如押匯文件符合信用狀之要求，銀行會把押匯款扣除手續費、電報費、郵費、利息後之淨額，撥入出口商指定之帳戶。
出口押匯為裝船後出口融資業務。

44 **(C)**。光票（Clean Bill）是指不附帶商業單據的匯票（如貨運等相關單據），而在國外付款的外幣票據。出口押匯之匯票非屬「光票」。

45 **(C)**。Stand-by L/C一般而言，都言明遵守UCP600或ISP98；
L/G皆言明遵守URDG758或其法律關係依開狀銀行所在地法律為依據。

46 **(B)**。進口商急欲提貨，向銀行申請簽發擔保提貨書，銀行若同意辦理，提單一旦經銀行背書提貨

後，進口商與銀行均不可對該筆
信用狀主張拒付。

47 (D)。買入光票應查核事項：

(1)須詢明其光票來源及用途。

(2)注意票據上是否有受款人名稱並
應經過客戶（即申請人）背書，
以備萬一退票時行使追索權。

(3)注意票據是否經過塗改。

(4)票據上之發票日是否已到期或
到期後六個月內，未到期或逾
越六個月之票據不得受理。

(5)票據之正反面有無禁止在我國
流通或禁止對我國執票人付款
之記載。

(6)票據要項之記載是正確，譬如
金額大小寫相符，限額支票之
金額是否超過其限額等。

(7)附條件之票據，不宜受理。

48 (D)。買方遠期信用狀之授信期間
不得超過「180天」。

49 (C)。貿易融資擔保（Trade
financing guarantee）是指銀行在
為企業提供國際貿易和國內貿易
項下資金融通時所需要的擔保。
光票（Clean Bill）是指不附帶
商業單據的匯票（如貨運等相關
單據），而在國外付款的外幣票
據。前述光票未能以買入辦理者
得以託收辦理。客戶委託本行向
國外付款銀行收取票款，俟收妥
票款後，再解付予客戶。

50 (D)。市場利率風險：資產轉換向
為金融機構的主要功能之一，旨
在調度資金。如因存在不同的到
期期限及流動性特質，以致銀行
資產負債長短期期限結構常不太
一致，並因而承擔潛在的利率變
動風險。

51 (A)。「三來一補」的「三來」是
指來料加工、來樣加工、來件裝
配，而「一補」是指補償貿易。
「三來一補」是由中國的企業法
人與外商簽署合作合同，並以中
方的名義辦理註冊登記。該工廠
性質既非外商企業，也非內資法
人企業，形式上均屬內資非法人
企業。
經營方面，「三來一補」企業一
般不允許內銷貨物，加工產品須
全部出口；企業管理方面，一般
由外商直接經營管理，中方僅提
供協作，雙方最終按議定的方式
收取工繳費。

52 (D)。銀行辦理國外應付帳款融資
授信，融資款項並無撥入外匯存
款帳戶之原則。

53 (D)。預期新臺幣升值表示新臺幣
未來將變更值錢，即新臺幣可兌
換外幣數量變更多，外幣相對貶
值，故應將外幣兌換為新臺幣較
為有利。

54 (D)。海運提單（B/L）「提單」
在我國海商法中稱為「載貨證

券」，係屬物權證書（有價證券）。

55 **(A)**。信用卡附加服務包含：認同卡、旅遊平安保險、道路救援服務、失卡零風險、購物保障、集點兌換禮物、撥打國際電話、特定商店刷卡消費優惠。

56 **(B)**。「信用卡預借現金」為向銀行申請免擔保之短、中期無擔保放款，既然免向銀行提供擔保品，故核貸速度最快，符合救急不救窮動機。

57 **(A)**。(B)因為客務意願為影響需求量的因子，屬於需求導向之訂價。(C)競爭者導向(Competitor Orientation)：指企業的市場營銷活動要以競爭者為中心，關注競爭對手的營銷策略和行為，並確保相對於競爭對手的競爭優勢。(D)消費導向即顧客導向(Customer Orientation)：指企業以滿足顧客需求、增加顧客價值為企業經營出發點，在經營過程中，特別註意顧客的消費能力、消費偏好以及消費行為的調查分析，重視新產品開發和營銷手段的創新，以動態地適應顧客需求。

58 **(C)**。1碼為0.25%
5碼為0.25%*5=1.25%
2%+1.25%=3.25%

59 **(C)**。未來利率變動風險：未來利率變動風險大，則利率高。

60 **(C)**。全職學生申請信用卡以三家發卡機構為限，每家發卡機構信用額度不得超過新臺幣二萬元。

61 **(D)**。「資料倉儲」是資訊的中央儲存庫，這些資訊經過分析後可協助做出更明智的決策。資料通常會定期從交易處理系統、關聯式資料庫和其他來源流入資料倉儲。
消費者貸款傾向於運用「統計/數量」、「資料倉儲」進行管理。

62 **(B)**。火險應投保的金額為建物的重置成本，計算方式為「建築物構造每坪單價」乘上「建築物使用面積(含公共設施)」，也就是重建、回復原狀所需的費用。

63 **(A)**。消費者貸款如係撥入借款人以外之第三者帳戶時，基於保障借款人的權益，應先取得借款人之同意書。

64 **(D)**。消費者貸款原則上採數量化核貸程序，不採逐案核貸程序審理消費者貸款案件。

65 **(B)**。消費者貸款係寄望以借款人之薪資、利息、投資或其他所得扣除生活支出後所餘之資金，作為其還款來源。不包含出售擔品收入。

66 **(A)**。(B)週轉金貸款係先付清車款取得車輛後，再向銀行申請融資，銀行在審核時之尺度較購車貸款為嚴謹。

(C)購車貸款之鑑價，依車商與購車人簽訂買賣契約之「購車價」予以評估。

(D)凡購車後一個月內提出融資申請者，視為購車貸款。

67 (A)。久無人居住、產權不清、臨近寺廟公墓等房屋皆不適合作為銀行擔保品。

68 (A)。借款返還訴訟，有2個重要切入點，一是「借款交付」，一是「借貸意思表示合致」。而依民事訴訟法第277條之規定，起訴請求返還借款之原告，對於此二要件應負舉證責任。

69 (D)。消滅時效是強制規定，不得由當事人意定變更之。

70 (D)。民法第1148條規定，係指繼承人對於被繼承人之債務，於繼承人所得遺產之範圍內，始負清償責任。限定繼承原為概括繼承之例外規定，繼承人必須於繼承發生時起之特定期間內向法院聲請，始生效力。

自2009年修正後，改採「概括繼承，有限責任」的繼承模式，亦即採取一般所理解的「限定繼承」，繼承人於繼承開始時，即僅就其因繼承所得遺產範圍內，對於被繼承人之債權人負清償責任。

71 (C)。被繼承人之遺產有新臺幣50萬元，債務有100萬元，若繼承人向法院聲請限定繼承，其繼承遺產金額（即50萬元）之範圍內清償被繼承人之債務。

72 (D)。當月應繳最低付款金額超過指定繳款期限一個月至三個月者，應提列全部墊款金額2%之備抵呆帳；超過三個月至六個月者，應提列全部墊款金額50%之備抵呆帳；超過六個月者，應將全部墊款金額提列備抵呆帳。

73 (D)。銀行逾期放款催收款及呆帳處理辦法第3條：「本辦法所稱催收款，係指經轉入「催收款項」科目之各項放款及其他授信款項。」

凡逾期放款應於清償期屆滿六個月內轉入「催收款項」。

74 (A)。法拍所得案款分配順序：強制執行費用→房屋稅→動產抵押權所擔保之債權→關稅。

75 (C)。下列情形之一，應於知悉之日起二個月內以通知信保基金：

(1)授信對象停止營業。

(2)未能依約分期攤還達一個月。

(3)授信對象或負責人支票拒絕往來。

(4)應繳利息延滯達三個月。

(5)授信對象或負責人受破產宣告，或清理債務中，或其財產受強制執行假扣押、處分、或拍賣之聲請者。

(6)授信對象或負責人被提起足以影響償債能力之訴訟者。

(7)其他信用惡化情形，銀行主張提前視為到期者。

76 (B)。根據破產法第108條，在破產宣告前，對於債務人之財產有質權、抵押權或留置權者，就其財產有別除權。有別除權之債權人，不依破產程序而行使其權利。

77 (D)。1.債務人於收受支付命令後20日內如果未提出異議，債權人可以拿確定之支付命令聲請法院強制執行債務人的財產。2.支付命令不適用合意管轄契約涉訟案件中。3.支付命令如應依公示送達方式為之者，則因債務人難以知悉支付命令之內容，無從提出異議，故亦不許發支付命令。

78 (A)。假扣押的功用是為了避免債務人財產現狀的變更，而禁止其處分財產，以保全將來的強制執行，並無執行力。

79 (A)。
步驟一：「聲請強制執行」：債權人取得執行名義後，遞狀聲請法院強制執行不動產。
步驟二：「現場查封揭示」：法院排定日期後，由債權人導往現場強制執行不動產，並同時行文所在地之地政事務所辦理查封登記，如有增建，須地政機關測量。
步驟三：「不動產鑑價」：由法院行文通知其指定之不動產估價機構或不動產估價師對強制執行之不動產鑑價。

步驟四：「不動產詢價」：法院收到不動產鑑價報告後，發函通知債權人及債務人於排定日期至法院詢問鑑價意見。
步驟五：第一次拍賣：以詢價結果訂定第一次拍賣之價格。
第二次拍賣：以第一次拍賣價格降減20%以內之價格訂定第二次拍賣之價格。
第三次拍賣：以第二次拍賣價格降減20%以內之價格訂定第三次拍賣之價格。
特別拍賣程序：因拍賣三次無法拍定得於公告之日起3個月內依第三次拍賣底價承買。或聲請另行估價或再減價拍賣，未聲請者，視為撤回該不動產之執行。
步驟六：「法定分配」：法院拍賣之不動產於第一、二、三次或特別拍賣程序中拍定時，應依規定製作分配表將拍賣所得之價金分配給相關債權人。

80 (#)。依據票據法第22條第1項後段之規定：「票據上之權利……對支票發票人自發票日起算，一年間不行使，因時效而消滅。」故支票執票人對於「發票人」之票據請求權時效為1年。
民法第137條第3項規定：故於取得判決或確定之支付命令後，請求權時效即重行起算，並延長為5年，無需特別再聲請強制執行，加以中斷時效。
官方公布選(A)或(C)。

第39屆　信託法規

( )　**1** 某商業銀行之主要股東甲，其家族成員包括甲父、甲妻及未成年之兒子乙、女兒丙，均持有該銀行之股份，則在計算主要股東持股時，下列何者之持股無須與甲之持股合併計算？　(A)甲父　(B)乙　(C)丙　(D)甲妻。

( )　**2** 有關銀行法第三十條反面承諾之規定，下列敘述何者錯誤？　(A)須經董事會決議，並以書面承諾為之　(B)凡登記為公司者，均得辦理反面承諾　(C)違反承諾行為之董事及行為人應負連帶賠償責任　(D)出具反面承諾者，得免辦或緩辦不動產或動產抵押權登記或質物之移轉占有。

( )　**3** 依金融控股公司法規定，金融控股公司所有子公司對同一關係企業為交易行為合計達一定金額或比率者，應於每營業年度各季終了幾日內，向主管機關申報？　(A)三十日　(B)二十日　(C)十五日　(D)十日。

( )　**4** 依管理外匯條例規定，掌理外匯業務之主管機關為何？　(A)財政部　(B)中央銀行　(C)經濟部　(D)金融監督管理委員會。

( )　**5** 下列何者非屬國際金融業務分行得經營之業務？　(A)辦理中華民國境外之有價證券承銷業務　(B)辦理中華民國境內之個人、法人、政府機關之外幣信用狀簽發　(C)收受中華民國境內金融機關之外匯存款　(D)辦理中華民國境外之個人、法人、政府機關之外幣授信業務。

( )　**6** 依民法規定，借款本金請求權之消滅時效為幾年？　(A)十五年　(B)十年　(C)五年　(D)二年。

( )　**7** 依民法規定，謂當事人約定，一方委託他方處理事務，他方允為處理之契約，稱之為何？　(A)代理　(B)承攬　(C)委任　(D)代表。

(　　) **8** 受任人受概括委任者，原則上得為委任人為一切行為，唯下列何者仍應有特別之授權？　(A)不動產設定抵押權　(B)將不動產出租一年　(C)提示票據　(D)票據背書。

(　　) **9** 依民法規定，依照當事人一方約定用於同類契約之條款而訂定之契約，為加重他方當事人責任之約定，按其情形顯失公平者，其效力如何？　(A)該契約無效　(B)該部分約定無效　(C)該契約得撤銷　(D)他方當事人得請求損害賠償。

(　　) **10** 下列何者不得為質權之標的物？　(A)動產　(B)股票　(C)可讓與之債權　(D)建築物。

(　　) **11** 下列何者在執行職務之範圍內，視為股份有限公司之負責人？A.經理人、B.股東、C.發起人、D.監察人　(A)僅A、B、C　(B)僅A、C、D　(C)僅B、C、D　(D)A、B、C、D。

(　　) **12** 依公司法規定，董事會設有常務董事者，其常務董事之名額至少三人，最多不得超過董事人數多少比率？　(A)二分之一　(B)三分之一　(C)四分之一　(D)三分之二。

(　　) **13** 依公司法規定，下列敘述何項正確？　(A)法院裁定重整後，公司之破產、和解、強制執行及因財產關係所生之訴訟等程序，當然停止　(B)進行重整程序所發生之費用，因裁定終止重整，喪失優先於重整債權受償之效力　(C)公司重整完成後，公司債權人對於公司債務之保證人之權利，因公司重整而受影響　(D)對公司之債權，在重整裁定前成立者，依法享有優先受償權時，仍得對擔保物行使別除權。

(　　) **14** 本票執票人向下列何者行使追索權時，得聲請法院裁定後強制執行？　(A)背書人　(B)保證人　(C)發票人　(D)擔當付款人。

(　　) **15** 於支票正面劃平行線二道，並於線內記載特定金融業者之支票為下列何種支票？　(A)普通平行線支票　(B)特別平行線支票　(C)保付支票　(D)本行支票。

(　) **16** 本票發票人所負之責任，與下列何者相同？ (A)匯票發票人 (B)支票發票人 (C)匯票承兌人 (D)匯票之擔當付款人。

(　) **17** 下列何種票據喪失時，不得適用止付通知之規定？ (A)見票即付之匯票 (B)本票 (C)經金融機構保證之本票 (D)保付支票。

(　) **18** 依動產擔保交易法施行細則規定，登記機關接受登記之申請後，應於幾個工作日內將登記事項辦理完竣？ (A)一個工作日 (B)三個工作日 (C)五個工作日 (D)七個工作日。

(　) **19** 有關民事訴訟之費用，下列敘述何者錯誤？ (A)訴訟費用，應由原告負擔 (B)原告於第一審言詞辯論終結前撤回其訴者，得於撤回後三個月內聲請退還該審級所繳裁判費三分之二 (C)和解成立者，當事人得於成立之日起三個月內聲請退還其於該審級所繳裁判費三分之二 (D)當事人為和解者，其和解費用及訴訟費用各自負擔之。但別有約定者，不在此限。

(　) **20** 下列何者非屬不動產強制執行之方法？ (A)查封 (B)變賣 (C)拍賣 (D)強制管理。

(　) **21** 依強制執行法規定，下列敘述何者錯誤？ (A)當事人對執行法院強制執行之命令，得於強制執行程序終結前，為聲請或聲明異議 (B)第三人就執行標的物有足以排除強制執行之權利者，得於強制執行程序終結前，對債權人提起異議之訴 (C)債務人對於有執行名義而參與分配之債權人為異議者，得對債權人提起異議之訴 (D)債權人對分配表所載各債權人之債權或分配金額有不同意者，應提出書狀聲明異議。

(　) **22** 依稅捐稽徵法規定，經法院、行政執行處執行拍賣之房屋，執行法院或行政執行處應於拍定幾日內，將拍定價額通知當地主管稅捐稽徵機關？ (A)三日 (B)五日 (C)七日 (D)十日。

(　) **23** 依公平交易法規定，聯合行為之合意，得依相當因素推定之，該因素不包括下列何者？市場狀況 (B)商品或服務特性 (C)成本及利潤考量 (D)事業行為之道德合理性。

（　）　**24** 依消費者保護法規定，下列何種定型化契約無效？　(A)所有定型化契約　(B)違反平等互惠原則者　(C)未經主管機關核可者　(D)未經同業公會同意者。

（　）　**25** 有關消費者保護法規定，下列敘述何者錯誤？　(A)定型化契約條款未經記載於定型化契約中而依正常情形顯非消費者所得預見者，該條款不構成契約之內容　(B)定型化契約中之定型化契約條款牴觸個別磋商條款之約定者，其牴觸部分無效　(C)定型化契約條款係指企業經營者為與特定消費者訂立同類契約之用，所提出預先擬定之契約條款　(D)中央主管機關得選擇特定行業，公告規定其定型化契約應記載或不得記載之事項。

（　）　**26** 小李因辦理授信業務得知張三向A銀行借款300萬元，小李將此一訊息無故透漏給第三人老王知悉，請問小李可能觸犯刑法哪一種罪，得處幾年以下有期徒刑？　(A)背信罪；一年　(B)妨害秘密罪；一年　(C)背信罪；二年　(D)妨害秘密罪；二年。

（　）　**27** 依「中華民國銀行公會會員徵信準則」規定，下列敘述何者正確？　(A)徵信人員，係指總行徵信單位之人員，不包括營業單位辦理徵信之人員　(B)為維持徵信獨立性，徵信單位不得為爭取優良廠商，主動蒐集資料辦理徵信後將資料送交營業單位　(C)徵信單位辦理徵信應以直接調查為主，間接調查為輔　(D)銀行不得向企業授信戶洽索其各關係企業之有關資料，以免造成客戶困擾。

（　）　**28** 授信案件展期時，擔保品應如何估價？　(A)屬同一性質之授信免重估　(B)前次鑑價報告完成日在一年以內者免重估　(C)該企業經營情形無重大變動免重估　(D)視為新授信案件予以重估。

（　）　**29** 依「中華民國銀行公會會員徵信準則」規定，下列何者非屬企業短期授信案應徵取之基本資料？　(A)預估財務報表　(B)公司章程　(C)登記證件影本　(D)同一關係企業及集團企業資料表。

（　）　**30** 依「中華民國銀行公會會員徵信準則」規定，銀行對依會計師法受下列何種處分之會計師所簽發之財務報表查核報告，自處分日起一年內如准予採用，應註明採用之原因並審慎評估？　(A)受處分不得簽證上市公司者　(B)受處分除名者　(C)受處分停止執行業務者　(D)受處分警告或申誡者。

（　）　**31** 依「中華民國銀行公會會員徵信準則」規定，公司組織向金融機構申請下列何種授信業務，其總授信金額雖未達新臺幣三千萬元，仍應徵提會計師查核簽證之財務報表？　(A)關稅記帳保證　(B)發行公司債保證　(C)本票保證　(D)工程預付款保證。

（　）　**32** 依「定期存款質借及中途解約辦法」規定，有關定期存款存單質借條件，下列敘述何者正確？　(A)質借人可不限於原存款人　(B)得受理其他銀行之定期存款存單質借　(C)質借期限可視狀況超過原存單上約定之到期日　(D)質借成數由各銀行在存單面額內自行斟酌辦理。

（　）　**33** 依「中華民國銀行公會會員授信準則」規定，銀行辦理個人購屋貸款（含自建住宅）及各項消費性貸款，下列何項情形，得向客戶收取提前清償違約金？　(A)提供貸款抵押之不動產遭政府徵收或天災毀損並取得證明文件者　(B)借款人死亡或重大傷殘並取得證明文件者　(C)銀行主動要求還款者　(D)客戶依已訂定之個別磋商條款方式約定而提前清償貸款者。

（　）　**34** 依經濟部訂定之中小企業認定標準，經常僱用員工數未滿幾人之事業，認定為中小企業？　(A)二百人　(B)一百人　(C)五十人　(D)二十人。

（　）　**35** 依主管機關規定，銀行對同一關係人之授信總餘額，不得超過該銀行淨值之多少？　(A)20%　(B)30%　(C)40%　(D)50%。

（　）　**36** 依「中央銀行對金融機構辦理不動產抵押貸款業務規定修正規定」，購買高價住宅貸款座落於臺北市者，係指鑑價或買賣金額

為新臺幣多少元以上？　(A)七千萬元　(B)六千萬元　(C)五千萬元　(D)四千萬元。

( )　**37** 下列何者為週轉資金貸款？　(A)購置機器設備貸款　(B)出口押匯　(C)商業本票保證　(D)開發國內外信用狀。

( )　**38** 銀行辦理賣方委託承兌時，必須明瞭之事項與下列何種授信類別相同？　(A)透支　(B)貼現　(C)一般營運週轉金貸款　(D)墊付國內外應收款項。

( )　**39** 依「銀行資產評估損失準備提列及逾期放款催收款呆帳處理辦法」規定，銀行對資產負債表表內及表外之授信資產，共分為五類資產，提列備抵呆帳及保證責任準備時，第二類至第五類授信資產至少應提列各債權餘額之多少？　(A)2%、10%、20%、100%　(B)2%、10%、30%、100%　(C)5%、20%、40%、100%　(D)2%、10%、50%、100%。

( )　**40** 依「銀行資產評估損失準備提列及逾期放款催收款呆帳處理辦法」規定，若甲在A銀行之無擔保授信，其積欠本息超過清償期九個月，則該不良授信資產經評估應列於下列何者？　(A)應予注意者　(B)可望收回者　(C)收回困難者　(D)收回無望者。

( )　**41** 依主管機關規定，有關債務清償方案前置協商、更生或清算程序進行期間辦理授信列報事宜，下列敘述何者錯誤？　(A)債務清償方案協商期間，以債務人向任一債權金融機構請求協商時之履約狀態辦理　(B)法院裁定開始更生前，依逾催辦法及信用卡管理辦法之規定辦理　(C)更生程序期間，以法院裁定開始更生程序時之履約狀態辦理　(D)法院裁定開始清算前，依逾催辦法及信用卡管理辦法之規定辦理。

( )　**42** 依主管機關規定，金融機構承作個人消費性貸款等業務，得否以任何方式透過對第三人之干擾或催討進行催收？　(A)不得　(B)第三人為債務人二親等內親屬，得催收之　(C)第三人為保證

人二親等內親屬，得催收之　(D)金融機構本身不得，但催收業務委外時不受此限。

(　)　**43** 逾期放款總額占放款總額之比率，稱之為何？　(A)逾期放款比率　(B)存款貸款比率　(C)第一類授信資產提列比率　(D)自有資本與風險性資產之比率。

(　)　**44** 指定銀行辦理出口外匯業務，出口所得外匯未結匯新臺幣者，應掣發單據為何？　(A)其他交易憑證　(B)出口結匯證實書　(C)進口結匯證實書　(D)賣匯水單。

(　)　**45** 依主管機關規定，國際金融業務分行辦理授信業務，下列敘述何者錯誤？　(A)中華民國境內之個人、法人、政府機關或金融機構向國際金融業務分行融資時，應依照向國外銀行融資之有關法令辦理　(B)使國際金融業務分行對國內之融資，與國外銀行向國內之融資，兩者立於相同之基礎　(C)總授信歸戶範圍不包括國際金融業務分行辦理之授信金額　(D)以本機構外匯定期存單質借部份，可不計入總授信歸戶金額內。

(　)　**46** 依「台灣地區與大陸地區金融業務往來及投資許可管理辦法」規定，被他金融機構控制之銀行，稱為下列何者？　(A)子銀行　(B)參股投資　(C)大陸地區商業銀行　(D)陸資銀行。

(　)　**47** 有關主管機關對信用卡業務之規範，下列敘述何者錯誤？　(A)辦理信用卡循環信用不得以複利計息　(B)客戶放款本息得以信用卡轉繳方式支付　(C)正卡持卡人不得代理附卡申請人簽名申請附卡　(D)發卡機構主動調高持卡人信用額度應事先通知正卡持卡人並取得其書面同意。

(　)　**48** 依主管機關規定，信用卡發卡機構差別定價政策應考量因素，不包括下列何者？　(A)資金成本　(B)營運成本　(C)依信用評分制度建立之風險損失成本　(D)不同卡別的市占率。

( )　**49** 依信用卡業務機構管理辦法規定，發卡機構於核發新卡時所提供之權益或優惠，除有不可歸責於發卡機構之事由外，於約定之提供期間內未經持卡人同意不得變更，且於符合變更條件時，亦應於幾日前以書面或事先與持卡人約定之電子文件通知持卡人？
(A)15日　(B)30日　(C)45日　(D)60日。

( )　**50** 有關信用卡業務機構管理辦法第四十四條第二項所稱之最低應繳金額，依主管機關規定，每期應包含之項目，下列何者非屬之？
(A)當期預借現金之百分之十　(B)每期應付之分期本金及利息
(C)超過信用額度之全部使用信用卡交易金額　(D)循環信用利息及各項費用。

解答與解析　（答案標示為#者，表官方曾公告更正該題答案。）

1 (A)。上市公司及其董事、監察人與大股東應行注意之證券市場規範事項：計算內部人持股時，亦應將內部人配偶、未成年子女及利用他人名義所持有的股票，合併計算。

2 (B)。銀行法第30條規定：銀行辦理放款、開發信用狀或提供保證，其借款人、委任人或被保證人為股份有限公司之企業，如經董事會決議，向銀行出具書面承諾，以一定財產提供擔保，及不再以該項財產提供其他債權人設定質權或抵押權者，得免辦或緩辦不動產或動產抵押權登記或質物之移轉占有。故選項(B)錯誤，應為：股份有限公司才得辦理反面承諾。

3 (A)。根據金融控股公司法第46條規定：「金融控股公司所有子公司對下列對象為交易行為合計達一定金額或比率者，應於每營業年度各季終了三十日內，向主管機關申報，並以公告、網際網路或主管機關指定之方式對外揭露。」

4 (B)。管理外匯之行政主管機關為財政部，掌理外匯業務機關為中央銀行。

5 (B)。(B)應為：辦理中華民國境外之個人、法人、政府機關或金融機構之外幣信用狀簽發、通知、押匯及進出口託收。

6 (A)。借款本金返還請求權之消滅時效期間，自借款到期日起算15年；取得確定判決、支付命令執行名義者，自判決或支付命令確定日重行起算15年（民法第125條）。

7 (C)。代理：代表授權方處理事務。在法律上，是指代理人，被授權方

准許以其人（法律上稱為「本人」的）名義，與第三者為法律行為的意思表示。因獲得授權而為之的法律行為，可以對授權方直接發生法律上效力。

民法第490條規定：「稱承攬者，謂當事人約定，一方為他方完成一定之工作，他方俟工作完成，給付報酬之契約。」從上開條文可知，承攬契約之承攬人，其所負的給付義務內容，重在「完成一定的工作」。

8 (A)。稱委任者，謂當事人約定，一方委託他方處理事務，他方允為處理之契約。受任人受概括委任者，得為委任人為一切行為。但為左列行為，須有特別之授權：
1.不動產之出賣或設定負擔。
2.不動產之租賃其期限逾2年者。
3.贈與。　　　　4.和解。
5.起訴。　　　　6.提付仲裁。

9 (B)。民法第247條之1也設有定型化契約條款及其效力之規定：依照當事人一方預定用於同類契約之條款而訂定之契約，如有下列各款約定，按其情形顯失公平者，該部分約定為無效：
1.免除或減輕預定契約條款之當事人責任者。
2.<u>加重他方當事人之責任者</u>。
3.使他方當事人拋棄權利或限制其行使權利者。
4.其他於他方當事人有重大不利益者。

10 (D)。權利質權，指以可讓與之債權或其他權利為標的物之質權。建築物不得為質權之標的物。

11 (B)。公司法8條規定：公司之經理人或清算人，股份有限公司之發起人、監察人、檢查人、重整人或重整監督人，在執行職務範圍內，亦為公司負責人。

12 (B)。公司法第208條規定：「董事會設有常務董事者，其常務董事依前項選舉方式互選之，名額至少三人，<u>最多不得超過董事人數三分之一</u>。董事長或副董事長由常務董事依前項選舉方式互選之。」

13 (A)。(B)進行重整程序所發生之費用。前項優先受償權之效力，不因裁定終止重整而受影響。(C)第311條：公司債權人對公司債務之保證人及其他共同債務人之權利，不因公司重整而受影響。(D)對公司之債權，在重整裁定前成立者，為重整債權；其依法享有優先受償權者，為優先重整債權；其有抵押權、質權或留置權為擔保者，為有擔保重整債權；無此項擔保者，為無擔保重整債權；各該債權，非依重整程序，均不得行使權利。

14 (C)。票據法第123條：「執票人向<u>本票發票人</u>行使追索權時，得聲請法院裁定後強制執行。」

15 **(B)**。票據法第139條第一項規定：「支票經在正面劃平行線二道者，付款人僅得對金融業者支付票據金額。」第二項規定：「支票上平行線內記載特定金融業者，付款人僅得對特定金融業者支付票據金額。」

16 **(C)**。根據票據法規定，「本票」是指發票人簽發一定的金額，於指定的到期日，由自己無條件支付予受款人或執票人的票據。可見本票是屬於自己約付的證券，發票人完成發票行為後，應自己擔負兌現的責任，故發票人兼具票據創造人及主債務人的身分。另因發票人並無資格限制，所以除金融業者或公司行號外，一般人也都可簽發本票。

17 **(D)**。所謂保付支票，指付款人於支票上記載照或保付或其他同義字樣，擔保支付票上金額之謂。

18 **(B)**。動產擔保交易法施行細則第10條：登記機關接受登記之申請後，應於三個工作日內將登記事項辦理完竣，並發給登記證明書正副本各一份。

19 **(A)**。民事訴訟法第78條明文規定：訴訟費用由敗訴之當事人負擔，是指原告全部勝訴而言。

20 **(B)**。（強制執行法第45條）動產之強制執行以查封、拍賣或變賣之方法。

21 **(C)**。債務人對於有執行名義而參與分配之債權人為異議者，僅得以第十四條規定之事由，提起分配表異議之訴。聲明異議人未於分配期日起十日內向執行法院為前二項起訴之證明者，視為撤回其異議之聲明；經證明者，該債權應受分配之金額，應行提存。

22 **(B)**。稅捐稽徵法第6條規定：「……經法院、行政執行處執行拍賣或交債權人承受之土地、房屋及貨物，執行法院或行政執行處應於拍定或承受五日內，將拍定或承受價額通知當地主管稅捐稽徵機關，依法核課土地增值稅、地價稅、房屋稅及營業稅，並由執行法院或行政執行處代為扣繳。」

23 **(D)**。公平交易法第14條規定：「……聯合行為之合意，得依市場狀況、商品或服務特性、成本及利潤考量、事業行為之經濟合理性等相當依據之因素推定之。……」

24 **(B)**。消費者保護法第11條規定：「企業經營者在定型化契約中所用之條款，應本平等互惠之原則。定型化契約條款如有疑義時，應為有利於消費者之解釋。」

25 **(C)**。（消費者保護法第2條第7款）所謂定型化契約條款，是指企

業經營者為了與不特定多數消費者，訂立同類契約之用，所提出預先擬定好的契約條款。定型化契約條款不限於書面，其以放映字幕、張貼、牌示、網際網路、或其他方法表示者，亦屬之。

26 **(B)**。妨害秘密罪：指以不正當的方法侵犯第三者隱私或非法竊聽知悉他人之秘密，主要包含窺視竊聽竊錄罪以及洩密罪。
刑法第317條：依法令或契約有守因業務知悉或持有工商秘密之義務而無故洩漏之者，處一年以下有期徒刑、拘役或三萬元以下。

27 **(C)**。中華民國銀行公會會員徵信準則第12條：徵信單位辦理徵信，除另有規定外，應以直接調查為主，間接調查為輔。

28 **(D)**。（台財融字第88262424號函）授信案件到期擬換單（展期）時，即為新授信案件，應根據貸款戶現況覈實辦理徵信，其提供之擔保品重估後之價值未達擬授信之額度者，應改列為無擔保授信，其不符無擔保授信條件者，則應要求貸款戶增提擔保品或收回部分貸款後始得展延之，不宜沿用原估價表辦理。

29 **(A)**。中華民國銀行公會會員徵信準則第16條規定：「企業授信案件應索取基本資料如下：(一)授信業務1.短期授信：(1)授信戶資料表。(2)登記證件影本。(3)章程或合夥契約影本。(4)董監事名冊影本。(5)股東名簿或合夥名冊或公開發行公司變更登記表影本。(6)主要負責人、保證人之資料表。(7)最近三年之資產負債表、損益表或會計師財務報表查核報告。(8)最近稅捐機關納稅證明影本。(9)同一關係企業及集團企業資料表。(10)有關係企業之公開發行公司最近年度之關係企業三書表。……」

30 **(D)**。中華民國銀行公會會員徵信準則第18條規定：「……(七)會計師依會計師法或證券交易法（以下同）受處分警告或申誡者，其簽發之財務報表查核報告自處分日起一年內如准予採用，應註明採用之原因並審慎評估；受處分停止執行業務或停止辦理公開發行公司之查核簽證者，其簽發之財務報表查核報告自處分日起於受處分停止執行業務期間內不予採用；受處分除名或撤銷公開發行公司查核簽證之核准者，其簽發之財務報表查核報告自處分日起不予採用。……」

31 **(C)**。中華民國銀行公會會員徵信準則第18條規定：「會員對授信戶提供之財務報表或資料，應依下列規定辦理：(一)上述財務報表或資料以經會計師查核簽證，或加蓋稅捐機關收件章之申報所得

稅報表（或印有稅捐機關收件章戳記之網路申報所得稅報表），或附聲明書之自編報表者為準。但辦理本票保證依法須取得會計師查核簽證之財務報表，及企業總授信金額達新台幣三千萬元以上者，仍應徵提會計師財務報表查核報告。……」

32 (D)。定期存款質借及中途解約辦法第2條規定：「定期存款存單之質借條件如下：一、申請質借人限於原存款人。二、辦理質借之銀行，限於原開發存單之銀行。三、質借期限，照銀行一般貸款之規定期限。但最長不得超過原存單上所約定之到期日。四、質借成數由各銀行在存單面額內自行斟酌辦理。五、質借利率由各銀行自行斟酌辦理。」

33 (D)。**34.(A)**。中小企業，指依法辦理公司登記或商業登記，實收資本額在新臺幣1億元以下，或經常僱用員工未滿200人之事業。

35 (C)。銀行法第三十三條之三授權規定事項辦法第2條規定：「……四、銀行對同一關係人之授信總餘額，不得超過該銀行淨值百分之四十，其中對自然人之授信，不得超過該銀行淨值百分之六；對同一關係人之無擔保授信總餘額不得超過該銀行淨值百分之十，其中對自然人之無擔保授

信，不得超過該銀行淨值百分之二。但對公營事業之授信不予併計。……」

36 (A)。央行對金融機構辦理不動產抵押貸款業務修正規定：購置高價住宅貸款：指金融機構承作借款人為購買建物權狀含有「住」字樣之下列住宅（含基地），所辦理之抵押貸款：
1.座落於臺北市者：鑑價或買賣金額為新臺幣七千萬元以上。
2.座落於新北市者：鑑價或買賣金額為新臺幣六千萬元以上。
3.座落於臺北市及新北市以外之國內地區者：鑑價或買賣金額為新臺幣四千萬元以上。

37 (B)。週轉資金貸款種類如下：
(一)一般營運週轉金貸款。
(二)墊付國內、外應收款項、有追索權應收帳款承購業務。
(三)貼現。
(四)透支。
(五)出口押匯。
(六)進口押匯。
(七)其他週轉金貸款。

38 (B)。銀行辦理賣方委託承兌必須明瞭事項與貼現相同。

39 (D)。銀行資產評估損失準備提列及逾期放款催收款呆帳處理辦法第5條規定：「銀行對資產負債表表內及表外之授信資產，應按第三條及前條規定確實評估，並

以第一類授信資產債權餘額扣除
對於我國政府機關（指中央及地
方政府）之債權餘額後之百分之
一、第二類授信資產債權餘額之
百分之二、第三類授信資產債權
餘額之百分之十、第四類授信資
產債權餘額之百分之五十及第五
類授信資產債權餘額全部之和為
最低標準，提足備抵呆帳及保證
責任準備。……」

40 (C)。各類不良授信資產，定義如下：
一、應予注意者：指授信資產經
評估有足額擔保部分，且授信戶
積欠本金或利息超過清償期一個
月至十二個月者；或授信資產經
評估已無擔保部分，且授信戶積
欠本金或利息超過清償期一個月
至三個月者；或授信資產雖未屆
清償期或到期日，但授信戶已有
其他債信不良者。二、可望收回
者：指授信資產經評估有足額擔
保部分，且授信戶積欠本金或利
息超過清償期十二個月者；或授
信資產經評估已無擔保部分，且
授信戶積欠本金或利息超過清償
期三個月至六個月者。三、收回
困難者：指授信資產經評估已無
擔保部分，且授信戶積欠本金或
利息超過清償期六個月至十二個
月者。四、收回無望者：指授信
資產經評估已無擔保部分，且授
信戶積欠本金或利息超過清償期
十二個月者；或授信資產經評估
無法收回者。

41 (A)。債務清償方案協商期間，以
債務人向最大債權金融機構請求
協商時之履約狀態，辦理授信列
報事宜。

42 (A)。金融機構作業委託他人處
理內部作業制度及程序辦法第14
條：金融機構應定期及不定期對
受委託辦理應收債權催收作業之
機構進行查核及監督，確保無違
反下列各款規定：一、不得有暴
力、恐嚇、脅迫、辱罵、騷擾、
虛偽、詐欺或誤導債務人或第三
人或造成債務人隱私受侵害之其
他不當之債務催收行為。二、不
得以影響他人正常居住、就學、
工作、營業或生活之騷擾方法催
收債務。三、催收時間為上午七
時至晚上十時止。但經債務人同
意者，不在此限。四、不得以任
何方式透過對第三人之干擾或催
討為之。五、為取得債務人之聯
繫資訊，而與第三人聯繫時，應
表明身分及其目的係為取得債務
人之聯繫資訊。如經第三人請
求，應表明係接受特定金融機構
之委託，受委託機構之名稱，外
訪時並應出具授權書。

43 (A)。逾期放款比率係指逾期放款
除以放款總額。
放款總額含保單貸款、墊繳保
費及不動產抵押貸款，未扣除
備抵呆帳，但含已轉列催收款
項部分。

44 **(A)**。經中央銀行許可辦理外匯業務之銀行（以下簡稱指定銀行）辦理出口外匯業務，應依下列規定辦理：
(1)出口結匯、託收及應收帳款收買業務：
A.憑辦文件：應憑國內顧客提供之交易單據辦理。
B.掣發單證：出口所得外匯結售為新臺幣者，應掣發出口結匯證實書；其未結售為新臺幣者，應掣發其他交易憑證。
C.報送資料：應於承作之次營業日，將交易日報及相關明細資料傳送至本行外匯資料處理系統。
(2)出口信用狀通知及保兌業務：應憑國外同業委託之文件辦理。

45 **(C)**。依主管機關規定，國際金融業務分行辦理授信總授信歸戶範圍包括國際金融業務分行辦理之授信金額。

46 **(A)**。臺灣地區與大陸地區金融業務往來及投資許可管理辦法第3規定：「本辦法用詞，定義如下：一、子銀行：指有下列情形之一者：(一)直接或間接被他金融機構持有已發行有表決權股份總數或資本總額超過百分之五十之銀行。(二)被他金融機構控制之銀行。……」

47 **(B)**。發卡機構不得同意持卡人以信用卡作為繳付放款本息之工具。

48 **(D)**。金融機構辦理信用卡及現金卡業務訂定差別利率應注意事項第2點規定：「……1.發卡機構於訂定價格政策時時至少應考量下列因素：(1)資金成本。(2)營運成本（含營運利潤），如製卡發卡、卡片維護、服務提供、作業成本等。(3)依信用評分制度建立之風險損失成本。……」

49 **(D)**。信用卡業務機構管理辦法第19條規定：「……發卡機構於核發新卡時所提供之權益或優惠，除有不可歸責於發卡機構之事由外，於約定之提供期間內未經持卡人同意不得變更，且於符合前開變更條件時，亦應於六十日前以書面或事先與持卡人約定之電子文件通知持卡人。……」

50 **(A)**。信用卡業務機構管理辦法第四十四條第二項所稱之最低應繳金額，每期至少應包含下列項目：
(1)當期一般消費之百分之十。
(2)當期預借現金、前期未清償之消費帳款及預借現金等應付帳款之百分之五。
(3)每期應付之分期本金及利息。
(4)超過信用額度之全部使用信用卡交易金額。
(5)累計以前各期逾期未付最低應繳款項之總和。
(6)循環信用利息及各項費用。

第39屆　授信實務

(　) **1** 除法令明文禁止者外，有關銀行對授信戶提供擔保品的選擇及審核原則，下列何者錯誤？　(A)不動產易於處分且產權無糾葛者　(B)設質股票價格波動大、收益性高者　(C)船舶具有營運價值者　(D)機器設備可獨立生產者。

(　) **2** 承辦授信業務，首應把握授信之基本原則，除安全性、流動性、公益性外，尚有下列何項？　(A)收益性、成長性　(B)收益性、效率性　(C)成長性、效率性　(D)效率性、公平性。

(　) **3** 依「中華民國銀行公會會員授信準則」規定，貼現係屬下列何種授信業務？　(A)週轉資金貸款　(B)保證　(C)消費者貸款　(D)資本支出貸款。

(　) **4** 銀行可以對下列何者承做除政府及消費者貸款外之無擔保授信？　(A)該銀行負責人　(B)該銀行辦理授信之職員　(C)該銀行持有實收資本總額百分之二之企業　(D)持有該銀行已發行股份總額百分之一的股東。

(　) **5** 授信戶與銀行約定之償還方式為按期平均攤還本息，倘借款戶未依約繳納，銀行欲引用加速條款時，依公平交易委員會之導正原則，銀行應如何辦理？　(A)授信契約不得載明該條款　(B)授信契約無須特別載明該條款　(C)於授信契約以明顯方式載明該條款　(D)於授信契約明顯處載明不確定的概括條款。

(　) **6** 甲銀行對其行員A已撥貸無擔保的消費者貸款新臺幣60萬元（餘額同），則對行員A之信用卡循環信用最高不得超過多少萬元？　(A)20萬元　(B)30萬元　(C)40萬元　(D)50萬元。

(　) **7** 存貨週轉率係屬下列何種類之財務比率分析？　(A)短期償債能力　(B)財務結構　(C)經營效能　(D)獲利能力。

(　) **8** 授信五P原則中，債權保障因素可分為內部保障與外部保障，對於內部保障，下列敘述何者錯誤？　(A)借戶有良好之財

務結構 (B)週全的放款契約條款 (C)以借戶之資產作擔保 (D)背書保證。

( ) **9** 下列何者非屬銀行負責人？ (A)協理 (B)總行部室主任 (C)襄理 (D)副理。

( ) **10** 移送中小信保基金保證案件，應於保證書有效期限內核准並動用首筆授信，如需延長有效期限者，授信單位得於期限屆至前，申請延長多久期限？ (A)一個月 (B)二個月 (C)三個月 (D)六個月。

( ) **11** 下列何者不屬於銀行法所稱之擔保授信？ (A)授信銀行以外之本國銀行所為之保證 (B)財團法人農業信用保證基金所為之保證 (C)鄉、鎮、市公所所為之保證 (D)經政府機關核准設立之保險公司所為之信用保證保險。

( ) **12** 甲為某銀行之負責人，乙為甲之堂姊，丙為甲之妹婿，丁為甲之姨丈，戊為甲之外甥。依銀行法規定，於乙、丙、丁、戊四人中，與甲有利害關係者有幾人？ (A)1人 (B)2人 (C)3人 (D)4人。

( ) **13** 金融業因故意或過失違反個人資料保護法規定，致當事人權益受損害者，應負擔損害賠償責任；對於故意、過失之認定是採下列何種主義？ (A)抽象過失主義 (B)具體過失主義 (C)推定過失主義 (D)重大過失主義。

( ) **14** 授信業務中，有關「保證」之規範，下列敘述何者錯誤？ (A)保證債務之所謂連帶，係指保證人與主債務人負同一債務 (B)銀行受客戶委任所提供之保證均屬連帶保證 (C)保證債務除契約另有訂定外，應含利息、違約金等從屬於主債務之負擔 (D)稱保證者，謂當事人約定，一方於他方之債務人不履行債務時，由其代為履行責任之契約。

(   ) **15** 依主管機關函釋，下列何者不屬於銀行法第十二條有關權利質權之範圍？ (A)倉單 (B)公債 (C)國庫 (D)授信銀行自行發行之次順位金融債券。

(   ) **16** 依中小企業信保基金直接信用保證規定，下列敘述何者錯誤？ (A)除另有規定者外，保證成數最高九成 (B)基本保證手續費率為年費率0.375% (C)差額保證手續費率依申貸企業風險，分為A、B、C三組群 (D)申貸企業有退票未辦理清償註記，其差額保證手續費率屬B組群。

(   ) **17** 下列何種資金用途不適宜以短期授信支應？ (A)購買原料 (B)償還流動負債 (C)購置土地廠房 (D)購買流動資產。

(   ) **18** 有關銀行為廠商承包工程需要而開具之保證函，下列敘述何者錯誤？ (A)因工程所需，保證函用途及於押標金、履約、預付款、保固等範圍 (B)廠商若提供擔保及有實力之保證人，銀行對於廠商承包工程能力可不予評審 (C)押標金一般依工程底價或預算訂5%至10%之金額，且保證責任至確認未得標或得標簽約為止 (D)保證書條款應避免使用不確定或無限責任之文句。

(   ) **19** 環保規定之改變，屬於企業中長期投資計畫中之何種外在風險？ (A)不可抗力風險 (B)法令風險 (C)經濟風險 (D)社會風險。

(   ) **20** 辦理墊付國內票款融資，應注意企業財務資料中之下列何項帳目金額，作為核算額度之參考？ (A)現金 (B)短期投資 (C)應收票據及應收帳款 (D)存貨。

(   ) **21** 在正常情況下，營業循環期間愈長，則對所需營運週轉金之需求為何？ (A)愈多 (B)愈少 (C)不變 (D)不一定。

(   ) **22** 下列何者為正確執行BOT的五個順序階段？ A.規劃投標期 B.訂定契約期 C.建造期 D.營運期 E.移轉期 (A)ABCDE (B)ACBED (C)BACED (D)BCADE。

(　　) **23** 聯合貸款簽約後，通知撥款及事後追蹤管理等行政工作，由下列
何者擔任？　(A)財務顧問　(B)委任律師　(C)主辦銀行　(D)參
貸銀行。

(　　) **24** 以協助企業從事重大之投資開發計畫為目的而辦理之融資係屬
下列何種性質之貸款？　(A)中長期週轉金貸款　(B)計劃性貸款
(C)短期週轉金貸款　(D)設備資金貸款。

(　　) **25** 銀行對中長期授信案計畫之可行性評估，一般不包括下列何者？
(A)財務　(B)技術　(C)市場　(D)變更條件。

(　　) **26** 有關透支之敘述，下列何者正確？　(A)透支利率一般較短期放
款為低　(B)利息計算若無特別約定，則採每日最後透支餘額之
積數計算　(C)透支契約期限一般在一年以內　(D)透支可以用於
支應購置廠房設備資金之需。

(　　) **27** 聯貸銀行團各銀行共同簽訂之聯貸銀行合約所稱之「獨立義務」
條款，有關該條款之敘述，下列何者錯誤？　(A)各參貸銀行承
諾依參貸比例提供資金　(B)各參貸銀行係獨立判斷，並要求擔
保品　(C)任一參貸銀行不依約提供本聯貸案資金時，不妨礙其
他參貸銀行依約提供參貸資金之義務　(D)任一參貸銀行不依約
提供本聯貸案資金時，其他參貸銀行不負任何代替該參貸銀行提
供參貸資金之義務。

(　　) **28** 國內遠期信用狀融資之匯票經通知銀行承兌及到期後，應向下列
何者提示付款？　(A)通知銀行　(B)開狀銀行　(C)開狀申請人
(D)受益人指定之銀行。

(　　) **29** 有關自償性貸款或追隨交易行為承做之貸款，下列何者非屬之？
(A)購料貸款　(B)墊付國內票款　(C)貼現　(D)透支。

(　　) **30** 銀行辦理保證業務所開發之信用狀為下列何項？　(A)Sight L/C
(B)Usance L/C　(C)Back to Back L/C　(D)Standby L/C。

(　) **31** 由民間機構籌資興建公共建設，興建完成後先將資產移轉給政府，再由政府委託該民間機構經營一段期間，此模式即為下列何者？　(A)BTO　(B)BOT　(C)BOO　(D)BLT。

(　) **32** 下列何種票據不得辦理貼現？　(A)商業承兌匯票　(B)本票　(C)第二類商業本票　(D)國內遠期信用狀項下產生之匯票。

(　) **33** 銀行對計劃性融資之審查係以計畫可行性評估方式辦理，其作法基本上與授信5P原則是並行不悖的。其中之產品與市場可行性評估、銷售率，均屬於下列何項因素？　(A)People　(B)Purpose　(C)Payment　(D)Protection。

(　) **34** 依「促進民間參與公共建設法」規定，有關民間參與政府規劃之重大交通建設案之優惠項目，下列何者錯誤？　(A)所需私有土地價購不成時，主辦機關得依法徵收　(B)在國內尚未製造供應之營運機器設備，其進口關稅得分期繳納　(C)供其直接使用之不動產應課徵之地價稅，得予適當減免　(D)授信額度報請主管機關核准後得不計入銀行法第三十三條之三所稱授信限額內。

(　) **35** 中長期授信在協商擔保條件時，其考量之否定條款，不包括下列何者？　(A)禁止分紅、減資或增加固定資產　(B)禁止超過某期間或金額以上之新借款　(C)禁止合併、固定資產出售或出租　(D)禁止債務保證、出售應收帳款、投資或保證。

(　) **36** 宏偉公司110年底之應收帳款餘額為$3,000,000，應收票據$2,000,000，應付帳款$3,000,000，存貨$5,000,000，預付貨款$2,000,000，預收貨款$1,000,000，則以簡易判斷法估算該公司之週轉資金需求為何？　(A)一千二百萬元　(B)一千萬元　(C)八百萬元　(D)六百萬元。

(　) **37** 銀行辦理新臺幣短期授信業務，下列何者屬於具有交易性及週轉性之授信？　(A)票據承兌　(B)發行商業本票保證　(C)關稅記帳保證　(D)透支。

(　) **38** 下列何者不屬於國際聯貸手續費所稱之Front-end-fees？　(A)管理費（Management Fee）　(B)徵信費（Credit Fee）　(C)參貸費（Participation Fee）　(D)包銷費（Underwriting Fee）。

(　) **39** 下列何者非屬大陸物權法規定抵押財產之範圍？　(A)土地所有權　(B)建築用地使用權　(C)建築物和其他土地附著物　(D)交通運輸工具。

(　) **40** 有關企業（含外資）向中資銀行借款須具備條件，下列敘述何者錯誤？　(A)負債／總資產不得高於70%　(B)流動資產／流動負債需大於100%　(C)已開立基本帳戶　(D)對外投資累積金額不得超過其淨值總額30%。

(　) **41** 銀行就廠商進口設備，給予之中長期外幣資金融通，屬於下列何項？　(A)即期信用狀墊款　(B)購料放款　(C)應收承兌票款　(D)機器貸款。

(　) **42** 進口商急欲提貨，向銀行申請簽發擔保提貨書，銀行若同意辦理，提單一旦經銀行背書提貨後，進口商與銀行可否對該筆信用狀主張拒付？　(A)僅銀行可　(B)僅進口商可　(C)進口商與銀行均可　(D)進口商與銀行均不可。

(　) **43** 下列何項情形下，開狀銀行不應同意受理信用狀之修改？　(A)買賣雙方及保兌銀行（如有者）之同意　(B)在授信額度內增加信用狀之金額　(C)信用狀之修改仍須受到UCP600之約束　(D)原交易條件為FOB修改為CIF，但未增列保險條款。

(　) **44** 銀行開發未明確記載有效日期之保證書，下列何種情形不得視為解除保證責任？　(A)保證書正本已退還時　(B)保證書開發之日期已超過一年且保證之理由尚未消滅時　(C)已照會國外通匯銀行，並經其回覆確認受益人同意解除保證責任時　(D)已取得債務人償還債務之證明時。

(　) **45** 憑國外開來之信用狀，簽發轉開信用狀（Back to Back L/C）時，該項國外信用狀稱為下列何項？　(A)Sight L/C　(B)Master L/C　(C)Secondary L/C　(D)Standby L/C。

(　) **46** 因交易對方國家外匯短缺而對外債之支付或匯款限制所生之風險，屬於下列何項？　(A)匯率風險　(B)信用風險　(C)資金流動性風險　(D)國家風險。

(　) **47** 下列何者非屬「大陸出口、台灣押匯」交易方式？　(A)三角貿易　(B)第三地提供原料，委託大陸加工　(C)台灣提供原料委託大陸加工　(D)大陸提供原料委託台灣加工。

(　) **48** 目前國內本國銀行辦理出口押匯之法律性質，下列何者正確？　(A)保證　(B)墊款　(C)買斷　(D)透支。

(　) **49** 有關進口機器設備資金貸款，下列敘述何者錯誤？　(A)一般以進口設備款之七成核貸為原則　(B)期限原則上不超過七年　(C)還款來源應來自融資活動之淨流入為佳　(D)為恐投資金額超出預算，可要求資力雄厚之股東出具維護保證契約（Maintenance Agreement）。

(　) **50** 下列何種出口授信係裝船前融資？　(A)出口信用狀週轉金貸款　(B)出口押匯　(C)應收帳款收買業務　(D)以D/P辦理之外銷貸款。

(　) **51** 依據出進口廠商登記管理辦法之規定，公司、行號須向下列何者登記為出進口廠商？　(A)財政部　(B)外貿協會　(C)國貿局　(D)關稅總局。

(　) **52** 單據係由出口商直接寄予進口商而未經過銀行，於約定期限屆滿時為匯還出口商貨款而申請外幣融資，稱為下列何者？　(A)Sight L/C　(B)Usance L/C　(C)D/P　(D)O/A。

(　) **53** 我國大部分銀行之外幣授信資金來源，主要係來自下列何項？　(A)中央銀行之外幣轉融通　(B)外幣存款　(C)浮動利率本票（FRN）　(D)國內外拆款市場之短期資金。

（　）　**54** 有關出口外銷貸款，下列敘述何者錯誤？　(A)授信係以預期出口所得為還款來源　(B)一般皆在額度內循環動用　(C)期間一般以不超過一年為原則　(D)因屬無擔保授信，利率可較一般短期性放款通用利率為高。

（　）　**55** 銀行辦理房屋貸款時，借款人投保火險之受益人應為下列何者？　(A)借款人　(B)房屋所有權人　(C)銀行　(D)保證人。

（　）　**56** 貸款的特性為大量且公式化，其績效品質的管理要靠大量集體的績效統計資料來分析，以顯示哪項產品是成功或哪些是客層定位錯誤，此類貸款屬於下列何者？　(A)消費者貸款　(B)聯合貸款　(C)週轉金貸款　(D)企業貸款。

（　）　**57** 關於房屋貸款之審核，下列敘述何者錯誤？　(A)應審查借（保）戶之資格及信用資料　(B)收入之認定以穩定之經常性收入為依據　(C)支出／收入比不應過低　(D)輻射屋、海砂屋不宜作為擔保品。

（　）　**58** 銀行承做汽車貸款，分為購車貸款及週轉金貸款；一般而言，購車後至遲多久內提出貸款申請者，可視為購車貸款？　(A)二週　(B)一個月　(C)三個月　(D)六個月。

（　）　**59** 有關現金卡之敘述，下列何者錯誤？　(A)為可循環動用的小額信用貸款　(B)貸款額度一般不超過30萬元　(C)貸款利率一般在16%以上　(D)每筆動撥收取一定比率之手續費或帳戶管理費。

（　）　**60** 依目前相關規定，一般所指的消費者貸款，下列何者非屬之？　(A)個人股票集保貸款　(B)個人理財週轉貸款　(C)經銷商週轉金貸款　(D)個人現金卡貸款。

（　）　**61** 消費者貸款在評估授信風險時，針對「借款人有無結婚、有無子女」是在評估下列何種風險因素？　(A)償還意願　(B)償債能力　(C)穩定性　(D)債權保障。

（　）**62** 一般辦理消費性擔保放款，擔保品不包含下列何項？　(A)股票　(B)汽車　(C)應收票據　(D)不動產。

（　）**63** 銀行承做股票貸款，有關擔保品股票之鑑價及貸放成數，下列何項錯誤？　(A)一般而言，貸放成數即是維持率的倒數　(B)銀行會依獲利穩定及未來潛力等區分風險等級與貸放成數　(C)最好以每日成交行情資料更新客戶擔保品維持率　(D)設質比例或信用交易比率高之個股應給予較高之貸放成數。

（　）**64** 依利率調整方式區分，抵利型房貸係屬於下列何種貸款？　(A)機動利率貸款　(B)議定利率貸款　(C)關係定價貸款　(D)固定利率貸款。

（　）**65** 有關信用卡消費作業流程，下列何者錯誤？　(A)持卡人完成開卡程序後即可持卡消費　(B)特約商店係向發卡機構請款　(C)將交易資料送至發卡機構是收單銀行的工作　(D)發卡機構應將消費帳單定期通知持卡人。

（　）**66** 申請信用卡時提供不實之財力證明或持卡後刻意維持良好紀錄一段期間，以藉此取得較高之信用額度，然後額度用罄，便倒帳失聯，屬下列何種詐欺行為？　(A)冒名申請　(B)失卡盜刷　(C)偽卡盜刷　(D)持卡人詐欺。

（　）**67** 銀行訴訟標的金額在新臺幣多少元以下之案件，適用「小額訴訟程序」？　(A)十萬元　(B)二十萬元　(C)三十萬元　(D)五十萬元。

（　）**68** 聲請法院強制執行後，下列調查債務人財產的方法，何種於法無據？　(A)聲請法院命債務人報告財產狀況　(B)請法院向稅捐機關查詢債務人之課稅資料　(C)請法院向知悉債務人財產之人調查　(D)請法院直接拘提債務人。

（　）**69** 逾期放款之債務人在本行之其他分行若有支票存款，應如何處理？　(A)向法院聲請假扣押　(B)終止支票存款契約並行使抵銷權　(C)向法院聲請支付命令　(D)行使抵銷權，但毋庸終止支票存款契約。

（　）**70** 法院依債權人之聲請，對債務人發支付命令，依民事訴訟法規定，債務人於收受法院之支付命令後，應於幾日內聲明異議？ (A)五日　(B)十日　(C)二十日　(D)三十日。

（　）**71** 借款人甲公司因週轉不靈而破產，銀行經破產程序分配後不足受償部分，銀行之求償以下列何項為正確？　(A)可再向甲公司求償　(B)可再向保證人求償　(C)不可再向其他共同債務人求償 (D)可再向甲公司及其他共同債務人求償。

（　）**72** 不動產之執行於「特別拍賣程序」期間，如仍無人應買，債權人亦未提出減價或另行估價拍賣或聲明承受者，其效果如何？ (A)視為全部執行程序終結　(B)視為合意停止執行程序　(C)視為撤回全部執行程序　(D)視為撤回該不動產之強制執行。

（　）**73** 在破產宣告前，對於債務人之財產有別除權之債權人，得不依破產程序行使其權利，所謂「別除權」不包括下列何者？　(A)質權　(B)抵押權　(C)抵銷權　(D)留置權。

（　）**74** 中小企業信用保證基金代位清償之範圍，其中逾期利息係指授信到期或視為到期後未收取之利息，最高以該到期（視為到期）日後多久為限？　(A)三個月　(B)六個月　(C)一年　(D)二年。

（　）**75** 支票之執票人對前手之追索權消滅時效為多久？　(A)二個月 (B)四個月　(C)六個月　(D)一年。

（　）**76** 依「銀行資產評估損失準備提列及逾期放款催收呆帳處理辦法」規定，所稱之逾期放款，下列何者錯誤？　(A)積欠利息二個月未償還　(B)積欠本金超過清償期三個月　(C)積欠本金二個月，但已向主從債務人追訴　(D)積欠本金一個月，但已向主從債務人處分擔保品。

（　）**77** 匯票執票人對承兌人票據債權之消滅時效期間，其起算日期為下列何者？　(A)自到期日起算　(B)自提示日起算　(C)自作成拒絕證書日起算　(D)自起訴之日起算。

(　) **78** 銀行執有借款人甲與保證人乙共同簽發的放款本票，今借款人甲已經延滯，下列敘述何者正確？　(A)對乙主張借款的法律關係，時效五年　(B)對甲主張借款的法律關係，時效十五年　(C)對乙主張票據的法律關係，時效五年　(D)對甲主張票據的法律關係，時效一年。

(　) **79** 借戶應繳付之利息延滯期間達三個月者，銀行應於知悉之日起幾個月內通知信保基金？　(A)7天　(B)15天　(C)一個月　(D)二個月。

(　) **80** 銀行取回提存物之方法，下列何者錯誤？　(A)於假扣押執行程序中聲請延緩執行　(B)訴訟已獲全部勝訴判決　(C)其請求取得與確定判決有同一效力者　(D)假扣押債務人同意返還擔保物者。

解答與解析　（答案標示為#者，表官方曾公告更正該題答案。）

1 (B)。申請貸款所抵押的擔保物，衡量的依據在於物品的價值、變現性、折舊率等。
股票價格波動較大，變現價值相對較不穩定。

2 (A)。授信五項基本原則：公益性、安全性、流動性、收益性、成長性。

3 (A)。貼現：銀行以折扣方式預收利息，購入未屆到期日之承兌匯票或本票，並取得對借款人追索權的票據融通方式。

4 (C)。銀行法第32條規定：「銀行不得對其持有實收資本總額百分之三以上之企業，或本行負責人、職員、或主要股東，或對與本行負責人或辦理授信之職員有利害關係者，為無擔保授信。但消費者貸款及對政府貸款不在此限。」是銀行可以對該銀行持有實收資本總額百分之二之企業。

5 (C)。授信戶與銀行約定之償還方式為按期平均攤還本息，倘借款戶未依約繳納，銀行欲引用加速條款時，依公平交易委員會之導正原則，銀行應於授信契約明顯處載明該條款。

6 (C)。銀行法第32條所稱之消費者貸款，係指對於房屋修繕、耐久性消費品（包括汽車）、支付學費與其他個人之小額貸款，及信用卡循環信用。消費者貸款額度，合計以每一消費者<u>不超過新臺幣100萬元</u>為限，其中信用卡循環信用，係以信用卡循環信用餘額計算，已撥貸

60萬元，故信用卡循環信用不得超
過40萬元。

7 (C)。存貨週轉率：此一比率用來衡
量企業買進商品至賣出商品的流通
速度。
存貨週轉率＝銷貨成本／（期初存
貨＋期末存貨）/2
此一週轉率越高，表示商品流通的
速度越快，商品的儲存成本越低。

8 (D)。背書保證屬於外部保障。

9 (C)。根據銀行法施行細則第3條第
2項，前項負責人之範圍，在銀行
應包括董（理）事、監察人（監
事）、總經理（局長）、副總經理
（副局長、協理）、經理、副經
理。在農會信用部或漁會信用部應
包括農會或漁會之總幹事、信用部
（分部）主任；理事、監事涉及信
用部業務時，亦為負責人。

10 (C)。依中小企業信用保證基金規
定，間接送保案件應於該基金保
證書所載有效期限內核准並動用
首筆授信，必要時得申請延長三
個月。

11 (C)。銀行法第12條規定：「本法
稱擔保授信，謂對銀行之授信，提
供左列之一為擔保者：一、不動產
或動產抵押權。二、動產或權利質
權。三、借款人營業交易所發生之
應收票據。四、各級政府公庫主管
機關、銀行或經政府核准設立之信
用保證機構之保證。」鄉、鎮、市

公所所為之保證不屬於銀行法所稱
之擔保授信。

12 (B)。銀行法第33-1條規定：「前
二條所稱有利害關係者，謂有左
列情形之一而言：一、銀行負責
人或辦理授信之職員之配偶、三
親等以內之血親或二親等以內
之姻親。…」丙為甲二親等之姻
親，戊為三親等之血親。故本題
與甲有利害關係者有2人。

13 (C)。又稱推定過失責任，指於損
害發生時，因某種客觀事實之存
在，而推定行為人有過失，進而
減輕或免除被害人對於過失之舉
證責任，轉由加害人負證明自己
無過失之舉證責任。

14 (B)。（參閱銀行法第12條之1）
「連帶保證」係就民法之規定說
明之，惟銀行辦理「自用住宅放
款」及「消費性放款」，不得要
求借款人提供連帶保證人，如已
取得足額擔保時，不得要求借款
人提供保證人。

15 (D)。一般銀行可接受為授信擔保
之權利質權標的物有：<u>股份（以
股票為限）、公債、國庫券、公
司債、存單、倉單</u>等。至於授信
戶提供應收帳款債權讓與銀行為
擔保之授信，依財政部函釋，衡
酌其債權確保性及債權評估之客
觀性，不宜列入銀行法第12條之
擔保授信，故非銀行法第12條所
明列之擔保授信。

16 (D)。視申貸企業之信用狀況、營業狀況、財務狀況、保證條件與無形資產狀況，依風險高低分為A、B、C三組群，各組群之分群與差額保證手續費率如下：

項目	衡量項目			差額保證手續費年率（依每碼0.25%調整）
風險對象	信用狀況	營業狀況	財務狀況	
A群組	正常，無B及C之情事			0~0.75%
B群組	最近一年內有本金延滯繳納逾一個月以上之情事。	成立迄今或最近連續三年均為虧損。	1.營授比100%~150% 2.負債比率500%~800%	1%~2.75%
C群組	最近六個月內有票據清償註記之情事。	成立迄今尚未有營收	1.營授比150%以上 2.負債比率800%以上	3%以上

參考來源：
https://www.rootlaw.com.tw/LawArticle.aspx?LawID=A040100161012400-0951229
（植根法律網/中小企業信用保證基金「直接信用保證」保證手續費計收規則）

17 (C)。短期授信指1年以下（含1年）的授信；主要是支應企業周轉中所需支付的流動資產、產銷費用等；又稱為經常性融資。短期授信業務主要有：一般周轉金貸款、墊付國內票款、貼現、透支、承兌、短期外銷貸款、存單質借、保證、進口押匯、出口押匯等。故短期授信資金不適合支應購置土地廠房（固定資產）。

18 (B)。廠商雖提供擔保及有實力之保人，銀行對於廠商承包工程能力仍應予評審，以確保債權。

19 (B)。中長期授信特別重視計畫可行性評估，而環保規定改變屬於法規上的變化，為法令風險。

20 (C)。辦理墊付國內票款融資係以應收票據之兌付為還款來源，銀行應注意交易真實性及票據債務人債信情形。

21 (A)。營運週轉金=流動資產－流動負債。現金存量之多寡影響營運週轉金需要。

22 (A)。執行BOT的五個順序階段：(1)規劃投標期。(2)訂定契約期。

(3)建造期。(4)營運期。(5)移轉期。

23 (C)。主辦行又稱安排行（Arranger），為聯合貸款案件之肇始人，負責擔任借款人與貸款銀行的橋樑，聯合貸款架構的設計、定價、分銷、訂約及簽約後一切事務性工作，是聯合貸款中最重要的中樞角色。

24 (B)。計劃性融資屬中長期授信，款項專款專用，例如數千億元規模以上的高鐵建設即屬之。

25 (D)。中長期授信是指一年以上之授信，銀行辦理中長期授信應以經營情形良好，財務結構健全及徵信資料完整之客戶為對象，並由客戶提供擔保為原則。其評估條件包含財務、技術前瞻性、開發之產品在市場上之應用。

26 (C)。透支以6個月為限，擔保透支不得超過1年。

27 (B)。聯貸流程：委任主辦銀行→提供辦理徵→授信資料予主辦銀行→主辦銀行準備聯貸說明書→主辦銀行邀請參貸銀行→參貸銀行進行授信審核程序→銀行團律師草擬聯合授信合約→議定聯合授信合約→聯貸銀行團組成並分配額度→簽訂聯合授信合約。
由參貸銀行共同進行授信審核程序，非獨立判斷。

28 (B)。開發國內遠期信用狀融資
(1)訂約：由申請人與銀行簽訂「國內購料約定同意書」。
(2)開發信用狀：A.申請人申請開狀應逐筆填具「開發國內不可撤銷信用狀申請書」，並檢附訂單或買賣契約影本。B.經審核符合條件時，即徵求申請人按信用狀金額（扣除以現金繳存之保證金部份）開具還款本票交銀行存執，並計收保證金及開狀手續費。C.信用狀應經有權人員簽章後，正本寄送受益人、副本寄交申請人，並留底一份。D.信用狀以開狀銀行通知受益人，並自行承兌為原則，但申請人如有必要時，得指定受益人所在地之營業單位為通知銀行。通知銀行除轉送信用狀外，並得代理開狀行承兌受益人所開匯票，惟匯票到期應向開狀銀行提示付款。

29 (D)。自償性貸款係指放款到期時，無須自行匯入資金還款，銀行本身有副擔保或其他方式還款，如票貼、押匯額度、出口信用狀週轉金貸款等。透支非屬自償性貸款。

30 (D)。保證業務係銀行授信業務之一，其性質雖與一般放款貸放資金不同，但所承擔的風險卻與放款相同，因為銀行為客戶向第三者保證所發生之保證責任，於客

戶未能依約履行其債務時，負有無條件清償的義務。銀行辦理保證業務所開發之信用狀為Standby L/C。

31 (A)。BLT（Build-Lease-Transfer）：建設－租賃－移交。即政府出讓項目建設權，在項目運營期內，政府有義務成為項目的租賃人，在且賃期結束後，所有資產再轉移給政府。
BOT為Build-Operate-Transfer的簡稱，一般係指民間企業支付權利金，取得政府特許以投資及籌資興建公共設施，並於興建完成後一定期間內經營該設施，特許經營期間屆滿後，再將該設施之所有資產移轉予政府。若不需移轉資產而由民間企業繼續營運者，則為BOO（Own）模式。目前興建中的台灣高速鐵路，即是採BOT模式，民營電廠則採BOO模式。

32 (C)。融資性商業本票（CP2）：又稱為第二類商業本票，為企業籌集短期資金而發行之商業本票，不具自償性質，必須經金融機構保證還本，票券商簽證承銷，方得以成為流通的交易工具。

33 (C)。授信5P審核原則：借款戶（People）、資金用途（Purpose）、還款財源因素（Payment）、債權保障（Protection）、未來展望（Perspective）。其中還款財源因素是銀行評估授信之核心。

34 (B)。第三十條（進口關稅）：本條例所獎勵之民間機構，進口供其興建交通建設使用之營建機器、設備、施工用特殊運輸工具、訓練器材及其所需之零組件，經交通部證明屬實，並經經濟部證明在國內尚未製造供應者，免徵進口關稅。

35 (A)。否定條款（Negative Pledge）：例如：禁止超過某期間或金額以上之新借款；禁止合併、固定資產出售或出租；禁止債務保證、出售應收帳款、投資或保證。

36 (C)。企業週轉資金需求之計算公式中，簡易判斷法為：
（應收票據＋應收帳款＋存貨＋預付貨款）－（應付款項＋預收貨款）
＝（2,000,000＋3,000,000＋5,000,000＋2,000,000）－（3,000,000＋1,000,000）
＝12,000,000－4,000,000
＝8,000,000

37 (A)。發行商業本票保證：委請銀行保證後，企業可發行商業本票以在貨幣市場獲取短期資金，有助於企業在銀行體系之外增加取得資金管道。
票據承兌：為銀行接受國內外商品或勞務交易當事人之委託，為匯票人之付款人，並予承兌之授信業務。銀行辦理票據承兌業

務，依委託之當事人區分，可分為「買方委託承兌」和「賣方委託承兌」。

38 **(B)**。國際聯貸手續費所稱之Front-end-fees係指先付費，係指聯貸開始履行後，借款人應付的費用。徵信費（Credit Fee）不屬之。

39 **(A)**。依大陸物權法第184條規定下列財產不得抵押：土地所有權……。

40 **(D)**。企業向中資銀行借款須具備條件：
1.負債÷總資產不得高於70%。
2.流動資產÷流動負債需大於100%。
3.已開立基本帳戶。
4.對外投資累積金額不得超過其淨值總額50%。

41 **(D)**。購料放款：供廠商向國內、外採購原物料、零件及支付無形貿易款項或技術報酬金等。每筆借款期限應考慮存貨一次週轉天數（包括生產與運銷所需時間），但以不超過一年為限。
應收承兌票款：係依約代客承兌匯票，應於匯票到期前向客戶收取之支票款項。

42 **(D)**。進口商急欲提貨，向銀行申請簽發擔保提貨書，銀行若同意辦理，提單一旦經銀行背書提貨後，進口商與銀行均不可對該筆信用狀主張拒付。

43 **(D)**。開立之信用狀通常為不可撤銷信用狀（Irrevocable L/C）。但實務上，進口商於信用狀開立後常因買賣雙方之需要及其他商務上之理由，要求對信用狀內容修改，如延期裝運貨物期限、延長受益人提示匯票或單據期限，增加或刪除買賣雙方原同意之條款。
辦理「信用狀修改」應注意事項：
1.開狀銀行接到國外通知銀行請求修改信用狀時，仍須取得開狀銀申請人（進口商）之同意或授權，始可以辦理。
2.信用狀修改，對於開狀銀行或申請人不利之條款應審慎辦理。
3.修改之內容應注意其是否會影響銀行債權之確保。
4.所修改之內如涉及信用狀額度之變動，則須先申請開狀額度或授信條件獲准後，始得修改。
5.修改之內容應完整，對於連帶條款亦應注意一併修改。
6.價格條件如改為非CIF、CIP條件者，應「補徵保單及收據」。

44 **(B)**。銀行開發之保證函，未明確記載有效日期者，則保證函開發之日期已超過一年時，不得視為解除保證責任。

45 **(B)**。國外開來之信用狀，簽發轉開信用狀（Back to Back L/C）時，該項國外信用狀稱為「Master L/C」。

46 (D)。國家風險：某些國家發生動
盪導致無法清償外債的風險。
信用風險：在出口商方面，有可能
發生貨物出口後，進口商財務狀況
惡化，導致未獲付款等信用風險。
在進口商方面，有可能發生出口商
出口品質不良的信用風險。
流動性風險：當財政政策改變或國
際金融市場發生變故，可能導致銀
行資金調度吃緊的流動性風險。

47 (D)。「大陸出口、台灣押匯」是
指台灣廠商接獲第三國廠商（如
美國）之訂單，但是台灣廠商自
己並不在台灣生產該訂單所要之
商品，而是透過在大陸所投資之
企業生產該商品，並直接將商品
從大陸運給第三國廠商。
「三角貿易」係指我國廠商接受
國外客戶（買方）之訂貨，而轉
向第三國供應商（賣方）採購，
貨物經過我國轉運銷售至買方之
貿易方式。

48 (B)。目前國內本國銀行辦理出口
押匯之法律性質為墊款。

49 (C)。進口機器設備資金貸款，還
款來源應來自營業活動之淨流入
為佳。

50 (A)。裝船前融資：1.訂單融資、
2.信用狀融資、3.預支信用狀。
裝船後融資：1.出口押匯、2.付
款交單（D/P）、3.承兌交單（D/

A）、4.記帳（O/A）、5.轉開信
用狀、6.應收帳款承購業務、7.買
斷業務。

51 (C)。關稅總局業務：掌理進口關
稅徵免、進出口貨物通關、各項
稅費代徵、規費徵收、運輸工具
進出口通關、貨櫃之管理、報關
行設置管理及進出口貨棧管理等
相關法令之研擬、修訂及執行國
際關務等相關業務之處理。
外貿協會業務：協助業者拓銷海
外市場。

52 (D)。記帳（O/A）：出口商依買
賣契約之規定，先將貨物運交買
方，貨款則依約定先行記帳，必
須經過一段時日，俟約定的期限
屆滿時，始能向買方結收帳款。
簡言之，O/A係由賣方將貨運單
證直接寄給買方提貨，而未經過
銀行，於約定期限屆滿時為匯還
出口商貨款而申請外幣融資。

53 (D)。為充分供應金融體系之外幣
資金需求，協助廠商拓展海外市
場，換匯交易及外幣拆款市場為
主要資來來源。

54 (C)。外銷貸款對象：經營外銷業
務，營運正常、財務健全之出口
廠商。
用途：提供借款人出口所需新臺
幣或外幣週轉資金。
期限：貸款之動用期限以不超過

180天為原則，惟經延期後最長不得超過一年；並可在額度內循環使用。

55 **(C)**。火險是辦理房貸時一定要保的強制險，保費由貸款人支付，受益人則是貸款銀行。

銀行擔心火災造成抵押品有損失時，貸款人會無力償還，為保障債權，才會要求強制投保住宅火險，一旦發生意外，保險公司會優先理賠給銀行，有多餘的理賠金才會回到貸款人身上。

56 **(A)**。銀行法第32條所稱之消費者貸款，係指對於房屋修繕、耐久性消費品（包括汽車）、支付學費及其他個人之小額貸款及信用卡循環信用；該貸款額度，合計以每一消費者不超過新台幣100萬元為限。

57 **(C)**。房屋貸款審核，支出占收入的比例不應過高。

58 **(B)**。一般而言，購車後至遲一個月內提出貸款申請者，可視為購車貸款。

59 **(C)**。現金卡是一種可隨借隨還，循環動用的小額信用貸款，其具有下列特色：

(1)每一客戶貸款額度小（不超過30萬元），須透過大數法則分散風險。

(2)客戶為穩定性及收入較不明確之族群。

(3)一般利率在18%以上，對銀行而言收益率相當高。

(4)為吸引年輕人的注意，各銀行的廣告促銷費大得驚人。

(5)風險控管甚為重要，銀行必須重視前端的信用評分及事後的覆審，並提列備抵呆帳。

60 **(C)**。所稱週轉資金貸款，謂企業在其經常營業活動中，維持商品及勞務之流程運轉所需之週轉資金為目的，而辦理之融資業務。屬企業貸款，非為消費性貸款。

61 **(C)**。穩定性：針對申貸者的職業特性、在職期間以及個人特質如付款習慣、持有資產等所做的考量。消費者小額信用貸款通常對固定薪資收入者，採取較開放的態度，因為其在未來的時期內有穩定可靠的收入；對於自營企業或依賴佣金、獎金收入者如承包商、業務員，因未來的收入較不穩定及不確定性，銀行授信風險相對無法掌握。

消費者貸款在評估授信風險時，針對「借款人有無結婚、有無子女」是在評估還款的穩定性。

62 **(C)**。「銀行法」第12條，帳列「擔保放款」之科目，其擔保品包括：

1.不動產或動產抵押權。

2.動產或權利質權。

3.借款人營業交易所發生之應收票據。

4.各級政府公庫主管機關、銀行或經政府核准設立之信用保證機構之保證。

「應收票據」為<u>企業放款</u>之擔保品。

63 (D)。設質比例或信用交易比率高之個股應給予較低之貸放成數。

64 (C)。「抵利型房貸」（或稱「免息型房貸」），強調可用存款折抵房貸本金，以減少房貸利息。換句話説，當存款利率愈低，民眾選擇抵利型房貸，便可賺取愈多利差。

「抵利型房貸」整合存款與房貸與的功能，讓存款利息可用來折抵房貸利息，藉此減少總利息的支出與還款時間，同時身邊又維持一筆存款可靈活運用，屬於一個有助於和顧客形成持久合作關係的關係定價策略。

65 (B)。特約商店向所屬收單機構提出請款。收單機構多會向特約商店收取交易金額之某一定比例手續費（原則上依特約商店所屬行業別而定），再透過聯合信用卡處理中心以「國內清算中心」身份向國內外發卡機構進行帳單帳務清算。

66 (D)。刑法第339條第1項的詐欺取財罪，是指行為人為了自己或其他人的不法所有，故意以作為或不作為的方式，傳遞與事實不符的資訊，影響他人對事實的主觀判斷與評估，以致產生與客觀事實不符的認知，並進而同意處分財產，導致行為人或第三人因此獲有利益，造成他人損失財產而言。

67 (A)。票據法第436-8條規定：「關於請求給付金錢或其他代替物或有價證券之訴訟，其標的之金額或價額在新臺幣十萬元以下者，適用本章所定之小額程序。……」

68 (D)。調查債務人財產的方法有以下三種：

1.命債權人查報

2.由執行法院依職權調查

3.命債務人報告

69 (B)。抵銷之效力：

本行擬就債務人之支票存款主張抵銷時，<u>應先終止其支票存款往來契約，而後再就其存款餘額實行抵銷</u>。（終止支票存款契約及抵銷之意思表示，得以存證信函為之）。

70 (C)。民事訴訟法規定，債務人收受支付命令，可於20日內向發支付命令之法院提出聲明異議狀，此時，法院即按起訴或調解程序

處理。若未於二十日內聲明異議，該支付命令得為執行名義。

71 (B)。保證人與債權人約定，於債務人不履行債務時，由其代負履行責任。（民739）

72 (D)。特別拍賣程序：執行法院對已查封之不動產，業經3次拍賣仍無法拍定，復不適於債權人承受者，執行法院於第2次減價拍賣即第三次拍賣期日終結後10日內，公告願買該不動產者，得於公告之日起3個月內依第3次拍賣底價承買之一種執行程序。在公告期間內債權人仍可向法院聲請另行估價或再減價拍賣，如仍未拍定或未由債權人承受，或債權人未於該期間內聲請另行估價或減價拍賣者，視為撤回該不動產之執行。

73 (C)。「別除權」是指債權人因債設有擔保物而就債務人特定財產在破產程式中享有的單獨、優先受償權利。
根據破產法第108條，在破產宣告前，對於債務人之財產有質權、抵押權或留置權者，就其財產有別除權。有別除權之債權人，不依破產程序而行使其權利。

74 (B)。中小企業信用保證基金代位清償之逾期利息，其範圍最高以到期日（或視為到期日）後六個月為限。

75 (B)。票據法第22條：支票之執票人，對前手之追索權，四個月間不行使，因時效而消滅。其免除作成拒絕證書者，匯票、本票自到期日起算；支票自提示日起算。

76 (A)。第7條本辦法稱逾期放款，指積欠本金或利息超過清償期三個月，或雖未超過三個月，但已向主、從債務人訴追或處分擔保品者。
協議分期償還放款符合一定條件，並依協議條件履行達六個月以上，且協議利率不低於原承作利率或銀行新承作同類風險放款之利率者，得免予列報逾期放款。但於免列報期間再發生未依約清償超過三個月者，仍應予列報。

77 (A)。第22條（票據時效、利益償還請求權）票據上之權利，對匯票承兌人及本票發票人，自到期日起算；見票即付之本票，自發票日起算；三年間不行使，因時效而消滅。

78 (B)。民法第125條：「請求權，因十五年間不行使而消滅。但法律所定期間較短者，依其規定。」
借款返還請求權的時效是十五年。

79 (D)。下列情形之一，應於知悉之
　日起二個月內以通知信保基金：
　(1)授信對象停止營業。
　(2)未能依約分期攤還達一個月。
　(3)授信對象或負責人支票拒絕往
　　來。
　(4)應繳利息延滯達三個月。
　(5)授信對象或負責人受破產宣
　　告，或清理債務中，或其財產
　　受強制執行假扣押、處分、或
　　拍賣之聲請者。
　(6)授信對象或負責人被提起足以
　　影響償債能力之訴訟者。

　(7)其他信用惡化情形，銀行主張
　　提前視為到期者。

80 (A)。依強制執行法第10條規定，
　聲請延緩執行必須經過債權人同
　意，才可以暫時停止執行程序，
　如果債權人不同意，執行程序就
　不會延緩。但是，債務人可徵求
　債權人同意後，由債權人具狀聲
　請延緩執行，每次最長可停止3個
　月，到期之後如債權人同意再延
　緩者，可再聲請延緩一次。

NOTE

第40屆　授信法規

( ) **1** 依銀行法規定，銀行對購買或建造住宅或企業用建築，得辦理中、長期放款，除對於無自用住宅者購買自用住宅之放款外，其最長期限不得超過多少年？ (A)十年 (B)十五年 (C)二十年 (D)三十年。

( ) **2** 依銀行法規定，針對借款人所提質物或抵押物之放款值，下列何者不是銀行覈實決定之依據？ (A)擔保品提供人之信用 (B)擔保品之時值 (C)擔保品之折舊率 (D)擔保品之銷售性。

( ) **3** 依銀行法規定，銀行得對下列何者為消費性貸款以外之無擔保授信？ (A)該銀行負責人之配偶 (B)持有該銀行已發行股份總數百分之二之個人股東 (C)該銀行辦理保管箱業務職員之配偶 (D)該銀行辦理授信職員之伯父。

( ) **4** 依金融機構合併法規定，金融機構或金融機構不良債權之受讓人就已取得執行名義之債權，得就其債務人或第三人所提供第一順位抵押權之不動產，委託下列何者公開拍賣？ (A)財政部 (B)中央銀行 (C)銀行公會 (D)經主管機關認可之公正第三人。

( ) **5** 依管理外匯條例規定，其所稱之外匯係指下列何者？ (A)外國貨幣、黃金及白銀 (B)外國貨幣、黃金及旅行支票 (C)外國貨幣、外匯存款及外幣支票 (D)外國貨幣、票據及有價證券。

( ) **6** 下列何者非屬國際金融業務分行得經營之業務？ (A)辦理中華民國境外之有價證券承銷業務 (B)辦理中華民國境內之個人、法人、政府機關之外幣信用狀簽發 (C)收受中華民國境內金融機關之外匯存款 (D)辦理中華民國境外之個人、法人、政府機關之外幣授信業務。

( ) **7** 依民法規定，下列何人有限制行為能力？ (A)未滿七歲之未成年人 (B)受監護宣告之人 (C)滿七歲以上之未成年人 (D)成年人。

(　　) **8** 依民法規定，有關抵銷之敘述，下列何者錯誤？　(A)抵銷不得附條件或期限　(B)抵銷之要件必須雙方之債務均屆清償期　(C)抵銷應以意思表示向他方為之　(D)抵銷支票存款時，可暫緩終止其支票存款往來契約。

(　　) **9** 對於一人負擔數宗債務，而其給付之種類相同者，如清償人所提出之給付，不足清償全部債額時，下列敘述何者錯誤？　(A)應由債權人於受領時，指定其應抵充之債務　(B)未經指定抵充順序時，以債務已屆清償期者，儘先抵充　(C)未經指定抵充順序，且債務均已屆清償期時，以債務之擔保最少者，儘先抵充　(D)清償人所提出之給付，應先抵充費用，次充利息，次充原本。

(　　) **10** 借戶貸款逾期後，銀行發現借保人財產已無償贈與或設定抵押權予其親友，銀行得依法對其主張下列何項權利？　(A)異議權　(B)抗告權　(C)抵銷權　(D)撤銷權。

(　　) **11** 保證人就定期之債務為保證而保證未定有期間者，保證人於主債務遲延時，如何主張免除保證責任？　(A)不得主張　(B)得隨時通知債權人終止保證契約，但對於通知到達債權人前所發生主債務人之債務仍應負保證責任　(C)得通知債權人在二十日內為審判上之請求，逾期未請求，保證責任免除　(D)得定一個月以上之期限，催告債權人於期限內向主債務人為審判上之請求，逾期未向主債務人請求，保證人免其責任。

(　　) **12** 公司法有關公司重整完成後之效力，下列敘述何者錯誤？　(A)已申報之債權未受清償部分，除依重整計畫處理，移轉重整後之公司承受者外，其請求權消滅；未申報之債權亦同　(B)股東股權經重整而變更或減除之部分，其權利消滅　(C)重整裁定前，公司之破產、和解、強制執行及因財產關係所生之訴訟等程序，即行失其效力　(D)公司債權人對公司債務之保證人及其他共同債務人之權利，全部歸於消滅。

(　　) **13** 公司依公司法第一百六十七條之一規定收買自己股份，下列敘述何者正確？　(A)須先經公司董事會以董事三分之二以上之出

席及出席董事過半數同意之決議　(B)董事會決議通過收買之股份，不得超過該公司已發行股份總數百分之二　(C)收買股份之總金額，不得逾該公司保留盈餘加已實現之資本公積金額之二分之一　(D)公司收買之股份，應於五年內轉讓於員工，屆期未轉讓者，視為公司未發行股份，並為變更登記。

( )　**14** 於支票正面劃平行線二道，並於線內記載特定金融業者之支票為下列何種支票？　(A)普通平行線支票　(B)特別平行線支票(C)保付支票　(D)本行支票。

( )　**15** 執票人丙明知其所持有之票據，係乙自甲處竊得，而仍受讓該票據，則票據債務人可以主張下列何種抗辯？　(A)惡意之抗辯(B)物之抗辯　(C)人之抗辯　(D)無對價之抗辯。

( )　**16** 依票據法規定，本票執票人對發票人的請求權時效為三年，若授信戶所出具的本票未記載到期日，時效從何時起算？　(A)提示日　(B)發票日　(C)起訴日　(D)拒絕證書作成日。

( )　**17** 依票據法規定，執票人應於本票到期日或其後幾日內為付款之提示？　(A)二日　(B)三日　(C)四日　(D)五日。

( )　**18** 有關動產擔保交易之敘述，下列何者正確？　(A)當事人互相意思表示一致者，契約即為成立　(B)經依動產擔保交易法設定之動產，得為附條件買賣之標的物　(C)應以書面訂立契約，非經登記，不得對抗善意第三人　(D)應以書面訂立契約，惟必須至地院公證處或民間公證人辦理公證。

( )　**19** 債務人之戶籍地在台中市，現在台北市工作，其債權人營業所在地位於新北市，強制執行之標的物在桃園市，則應向下列何法院聲請強制執行？　(A)台北地院　(B)台中地院　(C)桃園地院(D)新北地院。

( )　**20** 依強制執行法規定，民事強制執行之執行標的金額或價額超過新臺幣五千元者，執行費為每百元徵收多少？　(A)三角　(B)五角(C)七角　(D)一元。

(　) **21** 依稅捐稽徵法規定，經法院、行政執行處執行拍賣之房屋，執行法院或行政執行處應於拍定幾日內，將拍定價額通知當地主管稅捐稽徵機關？　(A)三日　(B)五日　(C)七日　(D)十日。

(　) **22** 依消費者債務清理條例規定，債務人無擔保或無優先權之債務總額未逾新臺幣多少元者，於法院裁定開始清算程序或宣告破產前，得向法院聲請更生？　(A)800萬元　(B)1,000萬元　(C)1,200萬元　(D)1,500萬元。

(　) **23** 金融機構定型化契約之定型化契約條款，如違反與主管機構公告之定型化契約應記載或不得記載事項，依消費者保護法規定，其定型化契約條款效力為何？　(A)無效　(B)得撤銷　(C)有效　(D)效力未定。

(　) **24** 有關消費者保護法所用名詞定義，下列敘述何者錯誤？　(A)消費爭議：指消費者與企業經營者間因商品或服務所生之爭議　(B)企業經營者：指以設計、生產、製造、輸入、經銷商品或提供服務為營業者　(C)訪問交易：指企業經營者未經邀約而在消費者之住居所或其他場所從事銷售，所為之買賣　(D)定型化契約：指以契約當事人其中一方提出之定型化契約條款作為契約內容之全部或一部而訂定之契約。

(　) **25** 下列何者非金融消費者保護法所規範之金融服務業？　(A)證券業　(B)保險　(C)期貨交易所　(D)電子票證業。

(　) **26** 依電子簽章法規定，依法令規定應以書面為之者，如其內容可完整呈現，並可於日後取出供查驗者，且符合下列何種條件，即得以電子文件為之？　(A)經相對人同意　(B)經法院公證　(C)經民間公證人之認證　(D)經主管機關同意。

(　) **27** 意圖為自己或第三人不法之所有，而將自己持有他人之物據為己有者，觸犯刑法所規定之下列何種刑事責任？　(A)竊盜罪　(B)侵占罪　(C)背信罪　(D)毀損罪。

(　　) **28** 依主管機關規定，關係企業報告書編製內容應包括從屬公司與控制公司之關係及相關事項，惟下列何者非屬之？　(A)交易往來情形　(B)背書保證情形　(C)銀行往來情形　(D)對財務、業務有重大影響之事項。

(　　) **29** 依主管機關規定，金融機構受理民眾申請支票存款開戶業務時，依規定應查詢內政部戶役政網站，以防民眾持偽冒身分證開戶，下列敘述何者正確？　(A)如工作繁忙可免辦查詢　(B)應於開戶時即時辦理查詢　(C)如網路忙線或中斷可先行辦理開戶於次日再補辦查詢　(D)如因故未辦理查詢應登錄待辦事項登記簿，於一週內完成查詢。

(　　) **30** 依「中華民國銀行公會會員徵信準則」規定，個人貸款戶在各金融機構總授信金額達新臺幣若干元以上者，其個人年度收支應與最近年度綜合所得稅結算申報書影本加附繳稅取款委託書或申報繳款書影本或扣繳憑單影本核對？　(A)一千萬元　(B)一千二百萬元　(C)一千五百萬元　(D)二千萬元。

(　　) **31** 依「中華民國銀行公會會員徵信準則」規定，各金融機構如發現授信戶提供之財務報表所列資料與其他相關徵信資料有不一致情形時，下列何者不是金融機構應處理之方式？　(A)逕予退件　(B)向授信戶查證　(C)請授信戶提出說明　(D)於徵信報告中詳實列示。

(　　) **32** 依「中華民國銀行公會會員徵信準則」規定，企業短期授信案件之徵信範圍，下列何者正確？A.企業組織沿革B.財務狀況C.產業概況　(A)僅A、B　(B)僅A、C　(C)僅B、C　(D)A、B、C。

(　　) **33** 依「中華民國銀行公會會員徵信準則」規定，企業授信戶之中長期授信，其總授信金額達新臺幣多少元時，加送個案預計資金來源去路表、建廠進度表、營運計畫、現金流量預估表、預估資產負債表及預估損益表？　(A)一億元　(B)二億元　(C)二億五千萬元　(D)三億元。

(　　) **34** 依「中華民國銀行公會會員授信準則」規定，下列何者為「間接授信」？　(A)消費者貸款　(B)週轉資金貸款　(C)承兌　(D)資本支出貸款。

(　　) **35** 銀行辦理放款業務時，下列敘述何者正確？　(A)所有自用住宅放款不得再要求另提保證人　(B)所有企業戶不動產擔保放款不得再要求另提保證人　(C)所有消費性放款不得再要求另提保證人　(D)存款人以其定期存款於存款銀行辦理質借，不得再要求另提保證人。

(　　) **36** 有關銀行辦理授信業務之規定，下列敘述何者正確？　(A)不得接受以外匯存款定存單質押承做新臺幣貸款　(B)辦理同業拆款，須受銀行法第33條之3第1項規定之限制　(C)不得接受以自行發行之次順位金融債券為授信擔保品　(D)辦理以地上權為標的物之抵押權所擔保之授信，不得列為銀行法所稱之擔保授信。

(　　) **37** 依「中華民國銀行公會會員授信準則」規定，銀行辦理授信審核時，宜審酌借款戶是否善盡之事項，包括下列何者？A.環境保護B.企業誠信經營C.社會責任　(A)僅A、B　(B)僅B、C　(C)僅A、C　(D)A、B、C。

(　　) **38** 依銀行法第三十三條授權規定事項辦法，銀行對其有利害關係者為擔保授信之限制規定，於授信條件範圍，不包括下列何者？(A)利率　(B)擔保品及其估價　(C)保證人之有無　(D)資金用途之限制。

(　　) **39** 依「中小企業融資信用保證作業手冊」規定，企業經輔導始超過中小企業規模者，於其後多久內，視同中小企業，仍得移送信用保證？　(A)因擴充而超過者，在其後1年內；因合併而超過者，在其後2年內　(B)因擴充而超過者及因合併而超過者，均在其後2年內　(C)因擴充而超過者，在其後1年內；因合併而超過者，在其後3年內　(D)因擴充而超過者，在其後2年內；因合併而超過者，在其後3年內。

(　　) **40** 依「銀行資產評估損失準備提列及逾期放款催收款呆帳處理辦法」規定，逾期放款轉入催收款科目，下列敘述何者錯誤？ (A)逾期放款應於清償期屆滿六個月內轉入催收款科目　(B)逾期放款轉入催收款項者，應停止計息　(C)催收款係指經轉入催收款科目之各項放款及其他授信款項　(D)逾期放款僅本金得轉入催收款，未收清之應收利息不得併同轉入。

(　　) **41** 依主管機關規定，免列報逾期放款之協議分期償還案件，原係短期放款，以「每年償還在百分之十以上者為原則」，其「百分之十」係指下列何者？　(A)帳列催收款餘額　(B)本息　(C)本金　(D)本金、利息及違約金。

(　　) **42** 依「銀行資產評估損失準備提列及逾期放款催收款呆帳處理辦法」規定，逾期放款及催收款項具有下列何種情況時，應扣除估計可以收回部份後即轉銷為呆帳？　(A)債務人因遷移住所並完成戶籍變更者　(B)擔保品及主、從債務人之財產鑑價甚低，或扣除先順位抵押權後，已無法受償，或執行費用接近，或可能超過銀行可受償金額，執行無實益者　(C)擔保品及主、從債務人之財產經多次減價拍賣後無人應買，但若由銀行出面承受顯有實益者　(D)逾期放款及催收款逾清償期一年，經催收仍未收回者。

(　　) **43** 依主管機關規定，下列何者得免列報為逾期放款？　(A)已獲信用保證基金理賠款項　(B)積欠本金或利息超過清償期三個月　(C)積欠本金或利息未超過清償期三個月，但已向主、從債務人訴追　(D)協議分期償還案件，免列報期間再發生未依約清償超過三個月者。

(　　) **44** 依「銀行資產評估損失準備提列及逾期放款催收款呆帳處理辦法」規定，各類不良授信資產中，授信資產經評估有足額擔保部分，且授信戶積欠本金或利息超過清償期一個月至十二個月者，應列入下列何者？　(A)應予注意者　(B)可望收回者　(C)收回困難者　(D)收回無望者。

（　　）**45** 依「銀行業辦理外匯業務作業規範」規定，下列何者為指定銀行辦理外幣貸款業務之憑辦文件？　(A)國內顧客提供之國內交易單據　(B)國外同業委託之文件　(C)國內顧客提供其與國外交易之文件　(D)由指定銀行自行決定。

（　　）**46** 依「台灣地區與大陸地區金融業務往來及投資許可管理辦法」規定，被他金融機構控制之銀行，稱為下列何者？　(A)子銀行　(B)參股投資　(C)大陸地區商業銀行　(D)陸資銀行。

（　　）**47** 有關國際金融業務分行（OBU）辦理外幣授信業務，得否收受境內外股票、不動產或其他新臺幣資產作為擔保品或副擔保，下列何者正確？　(A)得為擔保品或副擔保　(B)得為擔保品，不得為副擔保　(C)不得為擔保品，得為副擔保　(D)不得為擔保品，亦不得為副擔保。

（　　）**48** 依主管機關規定，便利商店業得代收發卡機構信用卡持卡人應繳納之信用卡消費帳款，惟每筆帳單代收金額上限為新臺幣多少元？　(A)一萬元　(B)二萬元　(C)三萬元　(D)四萬元。

（　　）**49** 依「信用卡業務管理辦法」規定，發卡機構於持卡人收到所申請信用卡之日起七日內，經持卡人通知解除契約者，不得向持卡人請求負擔任何費用。但於下列何種情形，不在此限？　(A)於信用卡契約中事先特約約定持卡人同意負擔該筆費用　(B)持卡人已使用信用卡　(C)持卡人無契約解除權，故持卡人通知發卡機構解約，即應負擔解約費用　(D)持卡人已收取信用卡業務員自行贈送之發卡贈品者。

（　　）**50** 有關信用卡附卡申請人與正卡持卡人之關係，下列何者錯誤？　(A)父母　(B)祖父母　(C)兄弟姊妹　(D)配偶父母。

解答與解析 （答案標示為#者，表官方曾公告更正該題答案。）

1 (D)。銀行法第38條規定：「銀行
對購買或建造住宅或企業用建
築，得辦理中、長期放款，其最
長期限不得超過三十年。但對於
無自用住宅者購買自用住宅之放
款，不在此限。」

2 (A)。銀行法第37條規定：「借款
人所提質物或抵押物之放款值，
由銀行根據其時值、折舊率及銷
售性，覈實決定。……」

3 (C)。銀行不得對下列為無擔保授信：
1.銀行持有實收資本總額3%以上
之企業。
2.本行負責人、職員、與本行負責人
或辦理授信之職員有利害關係者。
3.行主要股東（持有銀行已發行股
份1%以上者，若為自然人，則本
人之配偶及未成年子女之持股應
計入本人之持股）。
選項(C)辦理銀行保管箱業務職員
之配偶皆非上述三項之一。

4 (D)。金融機構合併法第11條規
定：「……金融機構或金融機構
不良債權之受讓人，就已取得執
行名義之債權，得就其債務人或
第三人所提供第一順位抵押權之
不動產，委託經主管機關認可之
公正第三人公開拍賣，並不適用
民法債編施行法第二十八條之規
定。公開拍賣所得價款經清償應
收帳款後，如有剩餘應返還債務
人。……」

5 (D)。管理外匯條例第2條規定：
「本條例所稱外匯，指外國貨
幣、票據及有價證券。前項外國
有價證券之種類，由掌理外匯業
務機關核定之。」

6 (B)。選項(B)應為辦理中華民國
境外之個人、法人、政府機關或
金融機構之外幣信用狀簽發、通
知、押匯及進出口託收。

7 (C)。民法第13條規定：
行為能力：未滿7歲之未成年人，
無行為能力。滿7歲以上之未成年
人，有限制行為能力。

8 (D)。抵銷支票存款時，應同時終止
支票存款契約。故選項(D)有誤。

9 (A)。民法第321條規定：「對於
一人負擔數宗債務而其給付之種
類相同者，如清償人所提出之給
付，不足清償全部債額時，由清
償人於清償時，指定其應抵充之
債務。」選項(A)有誤。

10 (D)。民法第244條：
1.債務人所為之無償行為，有害及債
權者，債權人得聲請法院撤銷之。
2.債務人所為之有償行為，於行
為時明知有損害於債權人之權
利者，以受益人於受益時亦知
其情事者為限，債權人得聲請
法院撤銷之。

本題目指出借戶貸款逾期後，銀行發現借保人財產已無償贈與或設定抵押權予其親友，該借戶（債務人）所為之無償行為有害及債權人（銀行），故銀行得聲請法院撤銷（即銀行得主張撤銷權），故選項(D)正確。

11 (D)。民法第753條規定：保證未定期間者，保證人於主債務清償期屆滿後，得定一個月以上之相當期限，催告債權人於其期限內，向主債務人為審判上之請求。債權人不於前項期限內向主債務人為審判上之請求者，保證人免其責任。

12 (D)。公司法第311條第2項：「公司債權人對公司債務之保證人及其他共同債務人之權利，不因公司重整而受影響。」是如第三人為公司為保證時，則縱公司重整完成後，重整債權人仍得就保證人求償，並不受重整效力影響，此乃保證債務從屬性之 外規定。

13 (A)。公司法第167-1條：
1.公司除法律另有規定者外，得經董事會以董事三分之二以上之出席及出席董事過半數同意之決議，於不超過該公司已發行股份總數百分之五之範圍內，收買其股份；收買股份之總金額，不得逾保留盈餘加已實現之資本公積之金額。

2.前項公司收買之股份，應於三年內轉讓於員工，屆期未轉讓者，視為公司未發行股份，並為變更登記。

3.公司依第一項規定收買之股份，不得享有股東權利。

4.章程得訂明第二項轉讓之對象包括符合一定條件之控制或從屬公司員工。

14 (B)。票據法第139條第一項規定：「支票經在正面劃平行線二道者，付款人僅得對金融業者支付票據金額。」第二項規定：「支票上平行線內記載特定金融業者，付款人僅得對特定金融業者支付票據金額。」

15 (A)。民法第198條（惡意抗辯權）：侵權行為人因其侵權行為對被害人取得債權者，被害人有請求該債權廢止之權利。該廢止請求權雖因時效而消滅，被害人仍得主張惡意抗辯權，拒絕履行之。所謂「惡意抗辯」指的就是票據債務人可以自己與出票人或持票人的直接前手之間存在的抗辯事由對有惡意或有重大過失取得票據的持票人進行的抗辯。

16 (B)。依票據法第22條第1項規定，執票人對本票發票人之付款請求權，自本票到期日或見票即付之本票發票日起算，3年間不行使而消滅，是執票人對本票發票人之付款請求權消滅時效為3年。

17 (A)。票據法第69條第1項：執票人應於到期日或其後<u>二日內</u>，為付款之提示。

18 (C)。動產擔保交易法第5條規定：「動產擔保交易，<u>應以書面訂立契約，非經登記，不得對抗善意第三人</u>。債權人依本法規定實行占有或取回動產擔保交易標的物時，善意留置權人就動產擔保交易標的物有修繕、加工致其價值增加所支出之費用，於所增加之價值範圍內，優先於依本法成立在先之動產擔保權利受償。」

19 (C)。強制執行法第7條第1項：強制執行由應執行之標的物所在地或應為執行行為地之法院管轄。本題強制執行之標的物在桃園市，故應向桃園地院聲請強制執行。

20 (C)。強制執行法第28-2條：「民事強制執行，其執行標的金額或價額未滿新臺幣五千元者，免徵執行費；<u>新臺幣五千元以上者，每百元收七角</u>，其畸零之數不滿百元者，以百元計算」。前項規定，於聲明參與分配者，適用之。執行非財產案件，徵收執行費新臺幣三千元。

21 (B)。稅捐稽徵法第6條第3項規定：經法院、行政執行分署執行拍賣或交債權人承受之土地、房屋及貨物，法院或行政執行分署應於拍定或承受五日內，將拍定或承受價額通知當地主管稅捐稽徵機關，依法核課土地增值稅、地價稅、房屋稅及營業稅，並由法院或行政執行分署代為扣繳。

22 (C)。消費者債務清理條例第42條：債務人無擔保或無優先權之債務總額<u>未逾新台幣一千二百萬元者</u>，於法院裁定開始清算程序或宣告破產前，得向法院聲請更生。前項債務總額，司法院得因情勢需要，以命令增減之。

23 (A)。依據行政院消費者保護委員會94年3月30日消保法字第0940003126號函辦理：金融機構所使用之金融機構保管箱出租定型化契約，應記載事項而未記載者，應記載事項仍構成契約內容。反之，<u>不得記載事項而記載者，則屬無效</u>。

24 (D)。消費者保護法第2條：定型化契約條款：指企業經營者為與多數消費者訂立同類契約之用，所提出預先擬定之契約條款。定型化契約條款不限於書面，其以放映字幕、張貼、牌示、網際網路、或其他方法表示者，亦屬之。

25 (C)。金融消費者保護法第3條：本法所定金融服務業，包括銀行業、證券業、期貨業、保險業、電子票證業及其他經主管機關公告之金融服務業。

26 (A)。依電子簽章法第4條第2項規定:「依法令規定應以書面為之者,如其內容可完整呈現,並可於日後取出供查驗者,<u>經相對人同意,得以電子文件為之。</u>」故法院以電子文件方式核發債權憑證,係以債權人之同意及聲請為前提,債權人可依其意願聲請核發電子或紙本債權憑證。

27 (B)。刑法第335條:意圖為自己或第三人不法之所有,而侵占自己持有他人之物者,處五年以下有期徒刑、拘役或科或併科三萬元以下罰金。

28 (C)。關係報告書編製內容應包括從屬公司與控制公司間之關係、<u>交易往來情形、背書保證情形及其他對財務、業務有重大影響之事項。</u>

29 (B)。依主管機關規定,金融機構受理民眾申請支票存款開戶業務時,依規定應查詢內政部戶役政網站時,<u>應於開戶時即時辦理查詢</u>,故選項(B)正確。

30 (D)。個人年度收入,應根據有關資料酌予匡計,其在金融機構總放款金額達<u>新臺幣二千萬元者</u>,應與最近年度綜合所得稅結算申報書影本加附繳稅取款委託書或申報繳款書影本或扣繳憑單影本核對;上述資料亦得以稅捐機關核發之綜合所得稅稅額證明書或各類所得歸戶清單替代。

31 (A)。對授信戶依前述規定提供之財務報表應注意其內容之正確性及合理性,如發現其財務報表所列資料與其他相關徵信資料有不一致之情形,<u>應向授信戶查證或請其提出說明,並於徵信報告中詳實列示。</u>

32 (D)。第22條:企業授信案件之徵信範圍如下:(1)<u>企業之組織沿革</u>。(2)<u>企業及其主要負責人一般信譽(含票信及債信紀錄;即財務狀況)</u>。(3)企業之設備規模概況。(4)<u>業務概況</u>(附產銷量值表)。(5)存款及授信往來情形(含本行及他行)。

33 (B)。中華民國銀行公會會員徵信準則第22條:
「中長期授信:
1.週轉資金授信(包括短期授信展期續約超過一年以上者):除第1目規定外,總授信金額達新台幣二億元者,另增加償還能力分析。
2.其他中長期授信:除第1目規定外,另增加<u>建廠或擴充計畫</u>(含營運及資金計畫)與分期償還能力分析。」

34 (C)。中華民國銀行公會會員授信準則第10條,<u>間接授信</u>包含以下:
1.保證:(A)商業本票及公司債保證、(B)工程相關保證、(C)其他保證。
2.承兌:(A)買方委託承兌、(B)賣方委託承兌。

3.開發國、內外信用狀。

4.其他間接授信商品。

35 (D)。定期存款質借及中途解約辦法第3條：「銀行對於以定期存款存單辦理質借之案件，不得再要求另提保證人。」故選項(D)正確。

36 (C)。(A)DBU（指定辦理外匯業務銀行）辦理外幣授信時，授信戶不得以他人存放於境內聯行或他行之新臺幣或外幣定存單等作為擔保品。(B)銀行同業拆款之性質，在於銀行間相互調劑準備，並可提高貨幣信用之效能，與一般放款有別，不適用銀行法第三十二條及第三十三條第一項後段有關金額及核貸程序之限制。(D)銀行法第12條所稱擔保授信，謂對銀行之授信，提供下列之一為擔保者：不動產或動產抵押權、動產或權利質權、借款人營業交易所發生之應收票據、各級政府公庫主管機關、銀行或經政府核准設立之信用保證機構之保證。

銀行辦理以地上權為標的物之抵押權所擔保之授信，得列為銀行法第12條之擔保授信，故選項(D)有誤。

37 (D)。中華民國銀行公會會員授信準則第20條之5：銀行辦理企業授信審核時，宜審酌借款戶是否善盡環境保護、企業誠信經營及社會責任。

38 (D)。銀行法第33條授權規定事項辦法第3條：「所稱授信條件包括：(一)利率。(二)擔保品及其估價。(三)保證人之有無。(四)授信期限。(五)本息償還方式。」

39 (D)。超過中小企業規模之企業，若符合下列情形之一者，視同中小企業，仍得移送信用保證：(A)企業（含創業貸款所輔導創設之企業）經輔導始超過中小企業規模者，在其後二年（因擴充而超過者）或三年（因合併而超過者）內。

40 (D)。第5條：逾期放款經轉入催收款項者，對內停止計息，對外債權照常計息，並仍應在催收款項各分戶帳內利息欄註明應計利息，或作備忘記錄。逾期放款未轉入催收款前應計之應收利息，仍未收清者，應連同本金一併轉入催收款項。

41 (B)。經協議分期償還之放款符合下列條件者，得免予列報逾期放款。但於免列報期間再發生未依約清償者，仍應予列報：一、原係短期放款者，以每年償還本息在百分之十以上為原則，惟期限最長以五年為限。

42 (B)。「銀行資產評估損失準備提列及逾期放款催收款呆帳處理辦法」第11條：

逾期放款及催收款，具有下列情

事之一者，應扣除估計可收回部分後轉銷為呆帳：
一、債務人因解散、逃匿、和解、破產之宣告或其他原因，致債權之全部或一部不能收回者。
二、擔保品及主、從債務人之財產經鑑價甚低或扣除先順位抵押權後，已無法受償，或執行費用接近或可能超過銀行可受償金額，執行無實益者。
三、擔保品及主、從債務人之財產經多次減價拍賣無人應買，而銀行亦無承受實益者。
四、逾期放款及催收款逾清償期二年，經催收仍未收回者。

43 (A)。「銀行資產評估損失準備提列及逾期放款催收款呆帳處理辦法」第7條：
1.本辦法稱逾期放款，指積欠本金或利息超過清償期三個月，或雖未超過三個月，但已向主、從債務人訴追或處分擔保品者。
2.協議分期償還放款符合一定條件，並依協議條件履行達六個月以上，且協議利率不低於原承作利率或銀行新承作同類風險放款之利率者，得免予列報逾期放款。但於免列報期間再發生未依約清償超過三個月者，仍應予列報。

44 (A)。各類不良授信資產，定義如下：
一、應予注意者：指授信資產經評估有足額擔保部分，且授信戶積欠本金或利息超過清償期一個月至十二個月者；或授信資產經評估已無擔保部分，且授信戶積欠本金或利息超過清償期一個月至三個月者；或授信資產雖未屆清償期或到期日，但授信戶已有其他債信不良者。
二、可望收回者：指授信資產經評估有足額擔保部分，且授信戶積欠本金或利息超過清償期十二個月者；或授信資產經評估已無擔保部分，且授信戶積欠本金或利息超過清償期三個月至六個月者。
三、收回困難者：指授信資產經評估已無擔保部分，且授信戶積欠本金或利息超過清償期六個月至十二個月者。
四、收回無望者：指授信資產經評估已無擔保部分，且授信戶積欠本金或利息超過清償期十二個月者；或授信資產經評估無法收回者。

45 (C)。銀行業辦理外匯業務作業規範第6條：指定銀行辦理外幣貸款業務憑辦文件，應憑顧客提供其與國外交易之文件或本行核准之文件辦理

46 (A)。臺灣地區與大陸地區金融業務往來及投資許可管理辦法第3條規定：「本辦法用詞，定義如下：一、子銀行：指有下列情形

之一者：(一)直接或間接被他金融機構持有已發行有表決權股份總數或資本總額超過百分之五十之銀行。(二)被他金融機構控制之銀行。……」

47 (A)。OBU辦理外幣放款及其他外幣授信業務時，不得收受境內股票、不動產及其他有關新臺幣資產作為擔保品或副擔保。<u>但經函報本行參與經政府列為重要經濟建設計畫之聯貸案，其以進口機器設備為擔保品者，不在此限。</u>

48 (B)。便利商店代繳可持帳單的繳款聯於繳款截止日前至本行指定的便利商店全省門市繳款。持

卡人可選擇繳納「本期應繳總金額」或「本期最低應繳額」，<u>目前繳款金額上限為NT$20,000。</u>

49 (B)。信用卡業務機構管理辦法第43條：發卡機構於持卡人收到所申請信用卡之日起七日內，經持卡人通知解除契約者，不得向持卡人請求負擔任何費用。<u>但持卡人已使用者，不在此限。</u>

50 (B)。附卡：正卡申請人為其配偶、父母、配偶父母、滿15歲之子女、<u>兄弟姐妹</u>申請附卡。附卡申請人如未滿二十歲，須法定代理人（即父母或監護人）共同簽名同意。

NOTE

第40屆　授信實務

(　) **1** 銀行將貸款資金直接撥入客戶存款帳戶，稱之為何？　(A)直接金融　(B)直接授信　(C)間接授信　(D)保證業務。

(　) **2** 依主管機關規定，銀行對全體利害關係人，其授信總餘額，不得超過各該行淨值多少倍？　(A)0.6倍　(B)1倍　(C)1.5倍　(D)2倍。

(　) **3** 在作授信決策前，對借款戶之營業歷史、經營能力、誠實信用以及其關係企業情況進行瞭解，係屬信用評估5P原則中的何項？(A)People　(B)Purpose　(C)Payment　(D)Perspective。

(　) **4** 銀行承辦授信業務時，以下列何種資金用途為最佳？　(A)購買資產　(B)償還銀行負債　(C)償還民間負債　(D)替代股權。

(　) **5** 銀行對其負責人、職員辦理無擔保消費者貸款，其額度以不超過新臺幣多少元為限？　(A)六十萬元　(B)八十萬元　(C)一百萬元(D)一百二十萬元。

(　) **6** 銀行承辦授信業務所應把握授信之五大基本原則，下列何者錯誤？　(A)安全性　(B)流動性　(C)公益性　(D)變化性。

(　) **7** 有關債權確保之外部保障，下列何者非屬之？　(A)保證人　(B)背書保證　(C)周全的放款契約條款　(D)以第三者之資產作擔保。

(　) **8** 借款之各期利息，其給付請求權之消滅時效期間為多少年？(A)一年　(B)二年　(C)三年　(D)五年。

(　) **9** 辦理中長期授信之週轉資金授信，如授信總金額（包括聯徵中心歸戶餘額及本次申貸金額度）達新臺幣二億元，應加徵提現金流量預估表，而下列何項授信科目不得自授信總金額予以扣除？(A)存單質借　(B)短期週轉金　(C)進口押匯　(D)出口押匯

(　) **10** 依金融市場動態、區域性因素及同業競爭利率等加以考量，以做為授信之訂價，係屬下列何種訂價方法？　(A)市場價格訂價法(B)成本加成訂價法　(C)目標利潤訂價法　(D)雙方訂價法。

( ) **11** 下列何計算式不屬企業授信戶財務結構之分析？ (A)資本淨值÷資產總額 (B)負債總額÷資本淨值 (C)（淨值＋長期負債）÷固定資產 (D)銷貨淨額÷資產總額。

( ) **12** 企業之存貨週轉率愈高，表示下列何者愈佳？ (A)財務結構 (B)經營效能 (C)獲利能力 (D)短期償債能力。

( ) **13** 銀行未於借貸契約中，與借款人議定行使加速條款之事由及效果，恐違反下列何法規？ (A)個人資料保護法 (B)營業秘密法 (C)國際金融業務條例 (D)公平交易法。

( ) **14** 下列何者不屬於銀行法所稱之擔保授信？ (A)授信銀行以外之本國銀行所為之保證 (B)財團法人農業信用保證基金所為之保證 (C)鄉、鎮、市公所所為之保證 (D)經政府機關核准設立之保險公司所為之信用保證保險。

( ) **15** 下列何者非銀行徵信信用資訊的主要來源？ (A)銀行同業 (B)銀行公會 (C)票據交換所 (D)金融聯合徵信中心。

( ) **16** 創業個人得適用中小企業信用保證基金之送保程序為何？A.直接送保B.間接送保C.批次送保 (A)僅A、B (B)僅B、C (C)僅A、C (D)A、B、C。

( ) **17** 有關一般短期營運週轉金貸款，下列敘述何者錯誤？ (A)期限最長不超過一年 (B)一般採浮動利率計息 (C)以一次動用為原則 (D)得徵提擔保品或保證人。

( ) **18** 企業為維持正常營運所需的最低流動資產量，無法以自有資金滿足，須由銀行對其差額融資，稱為下列何種貸款？ (A)經常性週轉資金貸款 (B)設備資金貸款 (C)臨時性週轉資金貸款 (D)季節性週轉資金貸款。

( ) **19** 銀行對中長期授信案計畫之可行性評估，一般不包括下列何者？ (A)財務 (B)技術 (C)市場 (D)變更條件。

（　）　**20** 有關銀行辦理墊付國內票款業務，下列敘述何者錯誤？　(A)應查核借款人信用　(B)應查核是否為合法交易行為　(C)應對票據內容（記載事項）進行查核　(D)應查核票據發票人信用，惟不需對票據背書人進行查核。

（　）　**21** 依促進民間參與公共建設法規定，民間機構參與重大公共建設，其支出得抵減當年度應納營利事業所得稅額之項目，下列何者錯誤？　(A)投資於大宗進口原物料　(B)投資於興建、營運設備或技術　(C)購置防治污染設備或技術　(D)投資於研究發展、人才培訓之支出。

（　）　**22** 下列何者不屬於短期週轉金貸款之資金需求？　(A)預付貨款　(B)存貨　(C)應收帳款　(D)資本性支出。

（　）　**23** 企業以合併的方式進入一個新行業，而此新行業中所經營的商品或勞務與企業原有之技術、行銷潛力完全無關，係指下列何者？　(A)水平式合併　(B)垂直式合併　(C)複合式合併　(D)同源式合併。

（　）　**24** 銀行辦理國內信用狀融資，信用狀申請人於匯票到期時得向開狀行申請墊款兌付，惟匯票付款期限與銀行墊款期限二者合計以不超過多少天為原則？　(A)60天　(B)120天　(C)180天　(D)365天。

（　）　**25** 有關透支之敘述，下列何者正確？　(A)透支利率一般較新臺幣短期放款為低　(B)利息計算若無特別約定，則採每日最後透支餘額之積數計算　(C)透支契約期限一般在一年以內　(D)不得徵提擔保品。

（　）　**26** 銀行與委任人之債權人約定，於委任人不能履行債務時，由銀行代負履行責任之授信業務屬於下列何項？　(A)承兌　(B)信託　(C)保證　(D)背書。

（　）　**27** 聯合貸款案之借款人如於約定期限內未依約申請動撥，銀行得依授信合約約定收取下列何項費用？　(A)補償金　(B)參貸費　(C)承諾費　(D)安排費。

（　）　**28** 下列何者可判斷企業資金運用是否有「以短支長」情形？　(A)負債比率　(B)淨值比率　(C)速動比率　(D)固定長期適合率。

（　）　**29** 銀行對企業申貸中長期授信案件之計畫，進行財務可行性評估，其中，中長期償債能力比率，原則上應大於多少，方可推估其具長期償債能力？　(A)25%　(B)50%　(C)75%　(D)100%。

（　）　**30** 在民間參與公共建設BOT模式的五個執行階段中，下列何階段之管理重心為「一切是否依計畫進行，倘否該如何補救」？　(A)規畫投標期　(B)訂定契約期　(C)建造期　(D)營運期。

（　）　**31** 銀行對於融資性的客票貼現，應如何處理？　(A)老客戶可以接受　(B)小面額的可以接受　(C)信評優良的客戶，可以接受　(D)一律拒絕。

（　）　**32** 有關銀行辦理承兌業務之敘述，下列何者錯誤？　(A)屬間接授信　(B)僅限於匯票　(C)風險性較一般放款業務低　(D)除考量其收益外，另應評估其安全性。

（　）　**33** 對中長期授信所徵提之現金流量表的主要目的為何？　(A)提供企業在特定期間之現金收支（現金流量）資訊　(B)劃分出企業有關營業活動現金流量的資訊　(C)劃分出企業有關投資活動現金流量的資訊　(D)劃分出企業有關融資活動現金流量的資訊。

（　）　**34** 銀行辦理墊付國內票款業務所徵提之統一發票，應於下列何聯加蓋「已在XX行庫辦理融資」文義之戳記？　(A)存根聯　(B)扣抵聯　(C)收執聯　(D)通知聯。

（　）　**35** 有關中長期授信之敘述，下列何者正確？　(A)亦稱為資產轉換型授信　(B)特別強調「管理」不重視「盈餘」　(C)著重現金流量預測　(D)不適合授信審查5P原則。

（　）　**36** 由民間機構籌資興建公共建設，興建完成後先將資產移轉給政府，再由政府委託該民間機構經營一段期間，此模式即為下列何者？　(A)BTO　(B)BOT　(C)BOO　(D)BLT。

( )　**37** 有關辦理發行商業本票保證，下列敘述何者錯誤？　(A)保證費由銀行與客戶議定　(B)保證方式為簽發保證函　(C)每筆保證期限自發行日起至該本票到期日止，以不超過365天為限　(D)發行面額以新臺幣10萬元為單位或其倍數發行。

( )　**38** 墊付國內票款融資最高額度之計算公式為（A÷週轉次數）×墊付成數－其他行庫辦理票據融資金額，公式中A係指下列何項？　(A)全年營業收入　(B)全年內銷金額　(C)全年應收客票金額　(D)全年應收帳款及應收票據。

( )　**39** 編製現金流量表時，下列何者屬於投資活動的現金流量項目？　(A)現金增資發行新股　(B)支付商品及勞務　(C)償還借入款　(D)取得廠房及設備。

( )　**40** 授信戶借款期間因企業活動所產生的營運資金，即為下列何項之淨額？　(A)總資產減總負債　(B)流動資產減流動負債　(C)現金流入減現金流出　(D)營業收入減營業支出。

( )　**41** 下列何項情形下，開狀銀行不應同意受理信用狀之修改？　(A)買賣雙方及保兌銀行（如有者）之同意　(B)在授信額度內增加信用狀之金額　(C)信用狀之修改仍須受到UCP600之約束　(D)原交易條件為FOB修改為CIF，但未增列保險條款。

( )　**42** 以外匯授信而言，戰爭屬於下列何種風險？　(A)信用風險　(B)付款條件風險　(C)法律風險　(D)國家風險。

( )　**43** 廠商如申請進口機器設備貸款，其貸款額度以多少為原則？　(A)五成　(B)六成　(C)七成　(D)八成。

( )　**44** 在重大的國際投標案件中，招標人常限投標人提供全球信用評等較優之金融機構所開具的保證函，以代替保證金，該保證函稱為下列何者？　(A)履約保證金保證　(B)預付款保證　(C)保留款保證　(D)押標金保證。

(　) **45** 國內進口商向銀行申請開發信用狀，以購買國外原物料，且到單後銀行給予該進口商適當之融資期間，此種信用狀俗稱為下列何項？　(A)即期信用狀　(B)買方遠期信用狀　(C)賣方遠期信用狀 (D)擔保信用狀。

(　) **46** 有關轉開信用狀（Back to Back L/C）之敘述，下列何者錯誤？ (A)Master L/C之開狀銀行應以信用卓著為宜　(B)Back to Back L/C之金額應小於Master L/C　(C)Back to Back L/C之有效期限應早於Master L/C　(D)Back to Back L/C之提示期間得較Master L/C長

(　) **47** 出口商先將貨物裝船出口後，再將提單文件直接寄交進口商提貨，約定定期再將貨款匯付出口商之交易方式，稱為下列何項？ (A)記帳（O/A）　(B)承兌交單（D/A）　(C)付款交單（D/P） (D)信用狀（L/C）。

(　) **48** 辦理外匯業務簽發保證函時，其有效日期未明確表示者，應以下列何者為準？　(A)受益人所在地日期　(B)開狀銀行所在地日期 (C)通匯銀行所在地日期　(D)申請人所在地日期。

(　) **49** 有關擔保信用狀（Stand-by L/C）之敘述，下列何者錯誤？ (A)可適用UCP600　(B)可做為直接付款保證　(C)貸款銀行未獲借款人償付本息時，須取得法院之確定判決始可向開狀銀行求償 (D)Stand-by L/C格式已大致定型化，而保證函尚無一定格式。

(　) **50** 有關銀行外幣保證責任之解除時機，下列何者錯誤？　(A)保證函正本退還時　(B)保證函之有效期限基準日在國外者，期限屆滿時　(C)掌握充分的證據，證明保證理由消滅時　(D)以書面照會國外通匯行，且經國外通匯行回信確認時。

(　) **51** 託收方式輸出綜合保險係以下列何者為要保人？　(A)融資銀行 (B)出口商　(C)國外進口商　(D)信用狀受益人。

(　) **52** 銀行辦理出口信用狀週轉金貸款時，下列何項毋須作為融資期間之考量因素？　(A)信用狀有效期限　(B)分批裝運者，必須參考分批最後裝運日　(C)信用狀提示期限　(D)開發信用狀日期。

( ) **53** 依「負面表列」限制輸出、入貨品表之架構，下列敘述何者錯誤？ (A)「管制」輸出、入貨品非經有關當局核發「輸出入許可證」不得輸出入 (B)目前管制輸出入貨品較自由輸出入貨品為多 (C)委託海關查核者，經海關查核符合規定即准通關 (D)「管制」貨品應列入表一。

( ) **54** 預付款保證通常係由下列何者出具銀行簽發之保證函，以保證該預付款的安全？ (A)出口商 (B)進口商 (C)保兌行 (D)押匯行。

( ) **55** 下列何種貸款較適宜採個人信用評分作為授信審核依據？ (A)墊付國內應收款項 (B)購屋貸款 (C)消費者小額信用貸款 (D)房屋修繕貸款。

( ) **56** 銀行承做汽車貸款，分為購車貸款及週轉金貸款；一般而言，購車後至遲多久內提出貸款申請者，可視為購車貸款？ (A)二週 (B)一個月 (C)三個月 (D)六個月。

( ) **57** 房屋貸款應由申貸人投保火險，保單正、副本由下列何者保留？ (A)正本：銀行、副本：借款人 (B)正本：借款人、副本：銀行 (C)正、副本均由銀行保留 (D)正、副本均由借款人保留。

( ) **58** 借款人辦理不動產最高限額抵押權設定，一般以下列何者為設定金額？ (A)借款金額 (B)借款金額加一成 (C)借款金額加二成 (D)借款金額加五成。

( ) **59** 房屋貸款必須撥入借款人本人帳戶，若需撥入第三者帳戶時，銀行需取得下列何種文件？ (A)賣方之付款指示 (B)交易合約 (C)借款人之委託書 (D)第三者之授權書。

( ) **60** 消費者貸款產品的訂價方式，若以強調產品的特色，建立客戶心目中的特殊形象為主要依據，是屬於下列何項導向的訂價？ (A)需求導向 (B)成本導向 (C)競爭導向 (D)風險導向。

( ) **61** 影響消費者貸款產品之利率訂價因素，下列敘述何者錯誤？ (A)銀行資金部位較緊，其利率訂價較高 (B)貸款管理及服務成

本較高者，其利率訂價較高　(C)貸款期間較短者，其利率訂價較高　(D)信用風險較高者，其利率訂價較高。

(　) **62** 銀行辦理汽車貸款時，毋需要求借款人提供下列何項資料？(A)駕駛執照　(B)身分證影本　(C)汽車新領牌照登記書　(D)財力證明。

(　) **63** 消費者貸款在評估授信風險因素時，「居住狀況」係針對下列何項因素所作之評估？　(A)償債能力　(B)穩定性　(C)償還意願　(D)債權保障。

(　) **64** 房屋貸款之催收依客戶延滯狀態不同，而有不同之催收手段，所謂前段電催，係指延滯幾天之案件？　(A)7天以內　(B)7-30天　(C)30-180天　(D)180天以上。

(　) **65** 有關信用卡消費作業流程，下列何者錯誤？　(A)持卡人完成開卡程序後即可持卡消費　(B)特約商店係向發卡機構請款　(C)將交易資料送至發卡機構是收單銀行的工作　(D)發卡機構應將消費帳單定期通知持卡人。

(　) **66** 申請信用卡時提供不實之財力證明或持卡後刻意維持良好紀錄一段期間，以藉此取得較高之信用額度，然後額度用罄，便倒帳失聯，屬下列何種詐欺行為？　(A)冒名申請　(B)失卡盜刷　(C)偽卡盜刷　(D)持卡人詐欺。

(　) **67** 借款發生逾期時，銀行應將借保戶之不良資訊提供下列何者建檔？　(A)財金資訊公司　(B)金融聯合徵信中心　(C)銀行公會　(D)中央銀行。

(　) **68** 支票執票人對發票人請求權之消滅時效期間為自發票日起算多久？　(A)二個月　(B)四個月　(C)六個月　(D)一年。

(　) **69** 銀行於取得執行名義後，向下列何者查詢債務人課稅資料？(A)聯合徵信中心　(B)銀行公會　(C)稅捐機關　(D)財政部。

(　) **70** 有關「假扣押」，下列敘述何者錯誤？　(A)屬於「督促程序」
(B)係為保全金錢之請求或得易為金錢請求者　(C)債務人之財產
經銀行假扣押之後，即無法移轉或設定負擔予他人　(D)假扣押
之聲請非可任意為之，債權人必須釋明債權情形及將來有不能執
行或甚難執行之虞。

(　) **71** 有關支付命令之敘述，下列何者正確？　(A)必須向債權人住所
地或營業所所在地之地方法院聲請　(B)債務人應送達處所不明
而必須公示送達者，得依督促程序聲請發支付命令　(C)債務人
收受法院支付命令後，若未於二十日內聲明異議，該支付命令得
為執行名義　(D)支付命令於二個月內無法送達於債務人時，該
支付命令即失去效力。

(　) **72** 有利害關係之第三人代為清償，此「第三人」包括下列何者？
(A)借款人之配偶　(B)借款人之三親等以內之血親　(C)抵押物之
共有人　(D)借款人之二親等以內之姻親。

(　) **73** 代償借款債務之第三人如為保證人，有關代償之規定，下列敘述
何者正確？　(A)該代償之第三人得按其清償之限度，承受債權
人之債權　(B)經債務人同意後，該代償之第三人得承受債權人
之債權　(C)該借款債務因清償而消滅，代償之第三人無法承受
債權　(D)債權人得拒絕該第三人之代償。

(　) **74** 原告訴請被告給付票款案件，如被告否認票據簽章時，應由下
列何者負責證明該簽章為真正？　(A)原告　(B)被告　(C)法院
(D)法院及原告共同負責。

(　) **75** 下列何者係按債權之數額比例分配之？　(A)抵押權　(B)執行費
用　(C)稅捐　(D)普通債權。

(　) **76** 有關「查封」之敘述，下列何者正確？　(A)動產查封以「揭
示」為主　(B)所有動產均為可查封之標的，例如：寢具、衣物
(C)動產、不動產之查封，法院應先通知地政機關辦理查封登記
(D)如法院對地政機關為查封登記之通知，比實施查封早到達
時，亦發生查封效力。

( ) **77** 依規定，銀行送中小企業信用保證基金保證之授信案件尚未到期，如授信對象未能依約分期攤還達一個月者，該銀行至遲應於知悉之日起多久內通知中小企業信用保證基金？ (A)一個月 (B)二個月 (C)三個月 (D)四個月。

( ) **78** 下列何種情形適用合意管轄的約定？ (A)小額訴訟程序 (B)簡易程序 (C)督促程序 (D)第二審管轄法院。

( ) **79** 債務人不能清償債務時，下列何者得逕向法院聲請宣告破產？ (A)僅債務人 (B)僅債權人 (C)債務人或債權人均可 (D)破產管理人。

( ) **80** 依強制執行法規定，有關參與分配之敘述，下列何者正確？ (A)參與分配至遲應於執行標的拍賣之日前，以書狀聲明之 (B)銀行之不動產抵押物為他人查封拍賣時，不得聲明參與分配 (C)有擔保物權之債權人，於抵押物被他債權人聲請拍賣時，應視債權是否已屆清償期而決定是否參與分配 (D)經執行法院通知有擔保物權之債權人參與分配，其應徵收之執行費，得於執行所得金額扣繳之。

解答與解析 （答案標示為#者，表官方曾公告更正該題答案。）

1 (B)。直接授信：銀行以其所有之資金貸與需要者，以賺取利息收入之授信業務，如放款、透支、貼現之直接授信，也就是以銀行資金融通予企業或個人為主要內容之融資業務。
間接授信：直接授信之外，銀行利用其特有之信用創造功能，為客戶辦理保證、匯票承兌、簽發信用狀等，以賺取保證費、承兌費、簽證費等收入，而非直接以資金授予需要者，賺取手續費之授信業務。

2 (C)。所稱授信總餘額，指銀行對其持有實收資本總額百分之五以上之企業，或本行負責人、職員或主要股東，或對與本行負責人或辦理授信之職員有利害關係者為擔保授信，其總餘額不得超過各該銀行淨值一‧五倍。

3 (A)。授信5P原則：(A)借款戶People：針對貸款戶的信用狀況、經營獲利能力及其與銀行往來情形等進行評估。(B)資金用途Purpose：銀

行需衡量有意貸款者的資金運用計劃是否合情、合理、合法，明確且具體可行。並於貸款後持續追查是否依照原定計畫運用。(C)還款來源Payment：分析借款戶是否具有還款來源，可說是授信原則最重要的參考指標，也考核貸放主管的能力。(D)債權保障Protection：為了確保債權，任何貸款都應有兩道防線，第一為還款來源，第二則為債權確保，而擔任確保債權角色者，通常為銀行與借款戶所徵提的擔保品。(E)未來展望Perspective：銀行在從事授信業務時，須就其所需負擔的風險與所能得到的利益加以衡量。其所負擔的風險，為本金的損失與資金的凍結，而所能得到的利益，則為扣除貸款成本後的利息、手續費收入及有關其他業務的成長。因此銀行對於授信條件，除上述四個原則外，應就整體經濟金融情勢對借款戶行業別的影響，及借款戶本身將來的發展性加以分析，再決定是否核貸。

4 (A)。在資金的用途類型中，以「購買資產」為最佳用途，「償還既存債務」次之，至於「替代股權」之用途則屬最差。

5 (C)。銀行對其負責人、職員辦理無擔保消費者貸款，其額度以不超過新臺幣一百萬元。

6 (D)。辦理授信業務應依授信5P審核原則核貸：

1.安全性：授信業務之安全性，係在確保存款戶及股東之權益。
2.流動性：應避免資金的呆滯，維持適度之流動性。
3.公益性：能促進經濟發展。
4.收益性：應顧及合理收益，銀行才能持續經營。
5.成長性：能促進業務成長，追求永續經營。

7 (C)。周全的放款契約條款屬於內部保障。

8 (D)。債權的消滅時效分為2年、5年、15年，一般的債權消滅時效是15年，譬如契約請求權（EX：借款契約、買賣契約、卡債等）。而一年以下定期給付的債權（EX：利息、紅利、租金、贍養費、退職金等），消滅時效較短，各期的時效只有5年。最短的2年時效，譬如日常消費（EX：旅館住宿費、餐飲費、貨運費、動產租賃的租金）－（譬如租車）、商人及製造業等供應的商品（譬如到家樂福買牛奶）

9 (B)。中華民國銀行公會會員徵信準則第16條規定，週轉資金授信（包括短期授信展期續約超過一年以上者），除第1目規定資料外，總授信金額（包含財團法人金融聯合徵信中心歸戶餘額及本次申貸金額，其中存單質借、出口押匯及進口押匯之金額得予扣除）達新台幣二億元者，另加送營運計畫、現金流量

預估表、預估資產負債表及預估損益表。

10 **(A)**。成本加成定價法：賣方先以生產的生產成本或採購進貨的成本為基礎，再加上一固定的比率作為利潤，決定其售價。

目標利潤定價法：又稱目標收益定價法、目標回報定價法，是根據企業預期的總銷售量與總成本，確定一個目標利潤率的定價方法。

11 **(D)**。
1. 資本比率（自有資本比率）＝股東權益（資本淨值）÷資產總額：測驗自有資本佔總資產的比重，以50%左右為佳。
2. 負債總額÷資本淨值（股東權益）：分析企業是否有負債大於資本，以小於100%為佳。
3. 淨值及長期負債÷固定資產：分析長期資金用於長期用途的比率，以大於100%為佳，常用於公共事業、重工業等資本密集產業。
4. 總資產週轉率＝銷貨淨額÷平均總資產：分析企業運用總資產的效率，即投資一塊錢可以做多少生意。

12 **(B)**。存貨周轉率（英文：Inventory Turnover）是指，公司在某一段時間的營業成本與平均存貨餘額的比例，可以反應存貨的周轉速度，藉此看出存貨流動性、存貨資金占用量是否合理。即公司在某一段時間內商品平均銷售的次數（賣出庫存的次數），可以用來確認這間公司的經營效率，並且反映各部門的經營效率。

13 **(D)**。公平交易法是規範市場的「經濟憲法」，內容包含：「獨占、結合、聯合」（反托拉斯法）及「不公平競爭」。

營業秘密法為保障營業秘密，維護產業倫理與競爭秩序，調和社會公共利益。

國際金融業務條例為加強國際金融活動，建立區域性金融中心，特許銀行、證券商及保險業在中華民國境內，分別設立國際金融業務分行、國際證券業務分公司及國際保險業務分公司，制定本條例。

14 **(C)**。銀行法第12條規定：「本法稱擔保授信，謂對銀行之授信，提供下列之一為擔保者：一、不動產或動產抵押權。二、動產或權利質權。三、借款人營業交易所發生之應收票據。四、各級政府公庫主管機關、銀行或經政府核准設立之信用保證機構之保證。」銀行對金融控股公司辦理授信，徵提該金融控股公司子公司之股票設質為擔保品不屬於銀行法第十二條規定之擔保授信。

15 (B)。銀行公會非銀行徵信信用資
　　訊的主要來源。

16 (B)。中小企業取得本基金信用保
　　證之方式，主要分為三大類：
　　1.<u>直接保證</u>：其送保方式係中小
　　　企業直接向本基金申請信用保
　　　證，經本基金審核通過並核發
　　　承諾書後，再憑承諾書向授信
　　　單位申請融資。
　　2.<u>間接保證</u>：係指中小企業向授
　　　信單位申請融資，透過授信單
　　　位向本基金申請信用保證。間
　　　接保證依送保程序之不同，又
　　　可區分為先取得本基金核發之
　　　保證書始能送保者及先取得本
　　　基金核發之查覆書始能送保之
　　　「批次保證」。
　　3.<u>批次保證</u>：批次保證案件亦
　　　係由授信單位受理中小企業申
　　　貸案件，惟其辦理程序與間接
　　　保證略有不同。總管理機構需
　　　先取得批次保證批號，嗣授信
　　　單位於受理中小企業申貸案件
　　　時，應先向信保基金辦理查
　　　詢，取得查覆書，經其徵信審
　　　核通過後，參照間接保證之方
　　　式辦理信用保證案件之移送。

17 (C)。短期週轉資金之額度依企業
　　營運、財務及信用狀況等綜合考
　　量訂定，其期限最長達一年，<u>可</u>
　　<u>循環動用</u>，故選項(C)錯誤。

18 (A)。<u>經常性週轉資金貸款</u>：當公
　　司的現金、應收帳款及產品存貨

等流動性資產出現短缺，可申請
經常性週轉資金貸款，解決資金
週轉問題。
<u>臨時性週轉資金貸款</u>：當公司面
臨突發性的訂單爆量或是預期未
來原物料價格上漲，可以向金融
機構申請臨時性週轉資金貸款，
用於採購原料以生產產品，待產
品銷售完畢且收款後，再償還給
金融機構。
<u>季節性週轉資金貸款</u>：部分產業
的產品需求會因為淡旺季出現週
期性變化，當產品需求量增加
時，公司可以申請季節性週轉資
金貸款，等到旺季結束並且收款
完畢，再進行還款。

19 (D)。中長期授信是指一年以上之
　　授信，銀行辦理中長期授信應以
　　<u>經營情形良好</u>，財務結構健全及
　　徵信資料完整之客戶為對象，並
　　由客戶提供擔保為原則。其評估
　　條件包含財務、技術前瞻性、開
　　發之產品在市場上之應用。

20 (D)。辦理墊付國內票款融資係以
　　應收票據之兌付為還款來源，銀
　　行應注意交易真實性及票據債務
　　人債信情形，故需對票據背書人
　　進行查核。

21 (A)。

22 (D)。資本性支出是屬於長期週轉
　　金貸款之資金需求。

23 (C)。複合式合併（Conglomerate merger）：企業以合併的方式進入一個新行業，而此新行業中所經營的商品或勞務與企業原有之技術、行銷潛力完全無關。
同源式合併（Congeneric merger）：意指兩家處在相同的產業中，但所經營的業務並不太一樣，且沒有業務往來的公司的結合。

24 (C)。承兌之匯票（含已貼現者）到期時，信用狀申請人得逐筆填具「承兌匯票墊款申請書」，向開狀行申請墊款兌付，惟匯票付款期限與銀行墊款期限二者合計最長以不超過180天為原則。

25 (C)。透支以6個月為限，擔保透支不得超過1年。

26 (C)。保證為銀行與委任人之債權人約定，於委任人不能履行債務時，由銀行代負履行責任之授信業務。

27 (C)。參貸費：所有參貸銀行按其參貸金額乘以某一費率而得，為誘使銀行參貸較大金額，通常按不同位階給予不同費率，位階愈高，費率愈高。
安排費：由安排者收取，通常於簽約時或簽約後數日，一次付清。

28 (D)。固定長期適合率＝（長期貸款+股東權益）／固定資產
若此比率≥1，則代表企業是用長期融資來支應固定資產，資金用途正確，財務結構穩固。
若比率<1，則代表企業可能有「以短支長的現象」，用連續的短期融資來支應長期的固定資產。

29 (D)。長期資金對固定資產比率＝（長期負債＋股東權益）／固定資產，若小於1，表示企業需依賴短期資金來支應長期資本支出，企業財務危機已可能發生，故此比率以遠大於1（即大於100%）為宜。

30 (C)。執行BOT的五個順序階段：
(1) 規劃投標期：投標階段BOT項目標書的準備時間較長，往往在6個月以上，在此期間受政府委託的機構要隨時回答投標人對項目要求提出的問題，並考慮招標人提出的合理建議。
(2) 訂定契約期
(3) 建造期
(4) 營運期：營運期履約管理作業重點包括文件管理制度、開始營運之准駁、稽核及營運品質控管、營運績效評定、定期財務檢查、土地租金及權利金計收、資產總檢查、優先定約及契約屆滿之移轉等。
(5) 移轉期：BOT的契約中會明訂，公共建設在多少年之後便須轉移給政府營運，也就是BOT的最後一個「T」的階段。

31 (D)。銀行以及民間融資公司都有提供「客票貼現」的服務，但「客票貼現融資」只有民間融資公司以及當鋪才有提供利用客票作為擔保品來進行抵押借款。

32 (C)。不同的授信品種，其風險大小是不一樣的，同時，授信期限越長，風險越大。承兌業務之風險並不見得低於放款業務。

33 (A)。現金流量表為記錄企業在「一段特定時間」（通常為月或季）內，所有現金流入、流出的狀況，從經營、投資、融資的總合（也就是淨現金流量），來看出公司的現金有多少，可以幫助投資人觀察公司股票或公司整體的價值。

34 (A)。辦理票據融資之統一發票，銀行應確實在經查證之發票存根聯上加蓋「已在○○行庫辦理融資」文義之戳記。

35 (C)。(A)資產轉換授信係指短期授信。(B)中長期授信特別強調「盈餘」及「管理」因素之評估工作，又叫週轉資金授信。(D)銀行核貸主要透過5P授信原則來審查客戶，長期和短期授信皆適用。

36 (A)。BOT（Build-Operate-Transfer）：一般係指民間企業支付權利金，取得政府特許以投資及籌資興建公共設施，並於興建完成後一定期間內經營該設施，特許經營期間屆滿後，再將該設施之所有資產移轉予政府。
BLT（Build-Lease-Transfer）：由民間機構投資興建公共建設，完工後租給政府使用，租期屆滿後將該資產移轉給政府。
BTO（Build-Transfer-Operate）：由民間機構籌資興建公共建設，興建完成後將資產移轉給政府（政府取得所有權），再由政府委託該民間機構經營一段期間。
BOO（Build-Own-Operate）：為配合國家政策，由民間自行覓土地籌資規劃興建，擁有所有權，並自為營運，無須將資產移轉給政府，民營電廠即屬BOO模式。

37 (B)。發行商業本票保證：企業委託銀行對其發行之商業本票予以保證，企業可發行商業本票以在貨幣市場獲取短期資金，有助於企業在銀行體系之外增加取得資金管道。

38 (B)。墊付國內票款融資最高額度之計算公式：
（全年內銷金額÷週轉次數）×墊付成數－其他行庫辦理票據融資金額

39 (D)。投資活動的現金流量項目包括：指購買及處分公司的固定資產、無形資產、其他資產、債權憑證及權益憑證等所產生的現金

流量，選項(D)取得廠房及設備係屬之。
(A)現金增資發行新股屬於融資活動現金流量項目；(B)支付商品及勞務屬營業活動現金流量項目；(C)償還借入款屬籌資活動現金流量項目。

40 (B)。營運資金＝流動資產－流動負債。

41 (D)。開立之信用狀通常為不可撤銷信用狀（Irrevocable L/C）。但實務上，進口商於信用狀開立後常因買賣雙方之需要及其他商務上之理由，要求對信用狀內容修改，如延期裝運貨物期限、延長受益人提示匯票或單據期限，增加或刪除買賣雙方原同意之條款。辦理信用狀修改應注意事項：
1. 開狀銀行接到國外通知銀行請求修改信用狀時，仍須取得開狀銀申請人（進口商）之同意或授權，始可以辦理。
2. 信用狀修改，對於開狀銀行或申請人不利之條款應審慎辦理。
3. 修改之內容應注意其是否會影響銀行債權之確保。
4. 所修改之內如涉及信用狀額度之變動，則須先申請開狀額度或授信條件獲准後，始得修改。
5. 修改之內容應完整，對於連帶條款亦應注意一併修改。
6. 價格條件如改為非CIF、CIP條件者，應「補徵保單及收據」。

42 (D)。國家風險：某些國家發生動盪導致無法清償外債的風險。
信用風險：在出口商方面，有可能發生貨物出口後，進口商財務狀況惡化，導致未獲付款等信用風險。在進口商方面，有可能發生出口商出口品質不良的信用風險。
流動性風險：當財政政策改變或國際金融市場發生變故，可能導致銀行資金調度吃緊的流動性風險。

43 (C)。廠商申請進口機器設備貸款一般以進口設備價款之七成為原則。期限原則上以不超過七年，每半年為一期平均攤還，寬限期（只還息不還本）以不超過二年為原則。利率則按資金成本加碼計息。擔保品原則上借款人應將有關進口之設備全部作為本貸款之擔保品。

44 (D)。押標金保證：買方（或定作人）於招標採購時，規定有意投標供應買方所需物品，或承攬一定工程者，於投標前，需按底價繳納若干成之金額，以為保證；投標人洽由銀行給予保證，以代替現金繳納者。
履約保證：買方在與賣方簽約時，為恐賣方嗣後不履約，規定賣方應繳若干金額以為保證，是為履約保證金。此項保證金如買方委請銀行開發保證函替代，即所謂履約保證。

45 (B)。

1. 即期信用狀（Sight L/C）：指開狀銀行核予進口商一即期信用狀額度，進口商可在此額度內循環使用，申請開發即期信用狀，但開狀銀行未同時給予外幣放款額度，進口單據寄達時，進口商須還清信用狀款項（扣除開狀時所結購之開狀保證金）與銀行墊款利息，才能贖取單據。即期信用狀（Sight Credit）到達時，開狀申請人必須備款贖單。

2. 買方遠期信用狀（Buyer's Usance L/C）：指開狀銀行核予進口商一遠期信用狀額度，進口商可在此額度內循環使用，申請開發買方（或賣方）遠期信用狀；進口商倘申請買方遠期信用狀，在進口單據寄達時，進口商得承兌贖單，由開狀銀行以即期方式墊款補償出口地之押匯銀行，再將墊款轉成外幣短期放款，而於額度核准之短期放款到期日，進口商須償還墊款之本金外加放款期間之利息。

3. 賣方遠期信用狀（Seller's Usance L/C）：進口商申請開發賣方遠期信用狀，係佔用其獲核准之買方遠期信用狀簽發，開狀銀行對押匯銀行承諾於信用狀規定或推定之到期日補償；而在進口單據寄達時，進

口商得承兌贖單，但因開狀銀行係於到期日始予以補償，並無墊款之發生；因此，僅以應收承兌票款入帳並通知出口地押匯銀行有關已承兌補償之到期日，再由開狀銀行於到期日進口商還款後將款項匯付出口地之押匯銀行，但由於開狀銀行並未墊款，因此進口商僅償還信用狀款項即可。

4. 擔保信用狀（Stand-by L/C）是指為保證債務人履行其債務內容，而以債權人為受益人所開發的信用狀；屬於直接付款保證。

46 (D)。Back-to-back credit俗稱為轉開信用狀（又稱背對背LC），即憑國外開來的（Master L/C）向本地銀行申請另開一張以國內或國外供應商為受益人（即第二受益人）之信用狀。當信用狀受益人本身並非貨物的供應商，但不願讓進口商知道其本身並非供應商，同時亦不願讓進口商知道本身以低價購得貨物轉賣，或避免國外買方與供應商直接接觸時，便可向中間貿易商所在地之通知銀行或其往來之銀行，憑國外開本人的信用狀（Master L/C）申請另開一張轉開信用狀（Back to Back L/C）給國內或國外供應商。

Back-to-back credit（轉開信用狀）的金額通常較原信用狀為小、有效期限較原信用狀短、數

量和品質條件必須一致，以方便掉換相關之押匯單據。

47 (A)。記帳（O/A）：出口商依買賣契約之規定，先將貨物運交買方，貨款則依約定先行記帳，必須經過一段時日，俟約定的期限屆滿時，始能向買方結收帳款。簡言之，O/A係由賣方將貨運單證直接寄給買方提貨，而未經過銀行，於約定期限屆滿時為匯還出口商貨款而申請外幣融資。
承兌交單（D/A）：出口商依買賣契約規定交運貨物後，簽發「遠期匯票」連同有關單據，委託銀行代為向買方提示並收取票款。買方僅須在匯票上簽字，承諾將如期如數兌現價款，即可取得貨運單據辦理提貨，俟承諾付款的期限屆滿時，再結付貨款。
付款交單（D/P）：出口商依買賣契約規定交運貨物後，簽發「即期匯票」連同有關單據，委託銀行代為向買方收取貨款。買方則須付清貨款後，始可取得相關單據辦理提貨。出口商出貨前，可憑訂單向往來銀行辦理訂單融資；出貨後，亦可憑匯票及貨運單據向往來銀行辦理D/P融資。

48 (A)。辦理外匯業務簽發保證函時，其有效日期未明確表示者，應以受益人所在地日期為準。

49 (C)。擔保信用狀（Stand-by L/C）是指為保證債務人履行其債務內容，而以債權人為受益人所開發的信用狀；屬於直接付款保證。銀行開發擔保信用狀對外提供保證，開狀銀行應負主債務人之義務。

50 (B)。外幣保證函所載有效期限之基準日在國外者，保證銀行原則上得於有效期限後一個月解除保證責任，惟宜先以電報查詢國外通知銀行。

51 (B)。託收方式（D/P、D/A）輸出綜合保險：在出口商依照買賣雙方簽訂的契約把貨物交運後，以D/P方式交易時，賣方把提單，匯票等文件委託銀行代收貨款。其保險對象為國內出口廠商以付款交單（D/P）方式或承兌交單（D/A）方式與國外進口廠商簽訂買賣契約由本國或第三地輸出貨物者。承保範圍包括政治風險和信用風險（進口商不依約付款，不依約承兌或承兌到期不付款等所致損失），保險責任期間自貨物裝運日起至貨款預計收回日止。

52 (D)。出口信用狀週轉金貸款係屬裝船前融資。銀行辦理出口信用狀週轉金貸款時，開發信用狀日期毋須作為融資期間之考量因素。

53 (B)。目前管制輸出入貨品較自由輸出入貨品為少。

54 (A)。預付款保證：在買賣合約或工程合約中，買方（進口商）

預付部分或全部貨款或工程款，由賣方（出口商）提供銀行之保證，以保證賣方履約，否則退還買方預付款項，又稱償還保證。

55 (C)。 消費者小額信用貸款著重於借款人的信用，較適宜採個人信用評分作為授信審核依據。

56 (B)。 購車貸款與原車融資（即週轉金貸款）的差別在於貸款用途不同。購車貸款是為了購買車子而申請的貸款；購車貸款並沒有寬限期，是依本利攤還的年數來算，每個月少則八、九千，多則兩、三萬都有，就依消費者的還款力自行來考量。原車融資是指將自己名下的汽車作為擔保品來申請貸款，取得一筆資金後，汽車可以繼續使用，每月再分期攤還即可，所以條件前提是本身就已經有一台車，貸款目的是需要一筆資金可以自由運用。

57 (A)。 房屋貸款應由申貸人投保火險，以銀行為受益人，銀行應保管保單正本及保費收據副本。

58 (C)。 債權人與債務人會約定一個最高借款額度做設定，銀行一般設為貸款金額的1.2倍，民間可能會設1.5到2倍。在設定金額範圍內增貸，都不須再次設定抵押權。

59 (C)。 房屋貸款必須撥入借款人本人帳戶，若需撥入第三者帳戶時，銀行需取得借款人之委託書。

60 (A)。 客戶意願為影響需求量的因子，屬於需求導向之訂價。消費者貸款依據資金成本加預期報酬率及其他管理成本來訂價者，為成本導向。競爭者導向是指企業的市場營銷活動要以競爭者為中心，關注競爭對手的營銷策略和行為，並確保相對於競爭對手的競爭優勢。

61 (C)。 短期貸款期限在1年或者1年內，其特點是期限短、風險小、利率低，通常以放款的方式發放，主要用於滿足借款人對短期資金的需求。

62 (A)。 駕駛執照為持有人可駕駛的機動車輛種類，例如摩托車、轎車等。銀行辦理汽車貸款無須提供駕駛執照。

63 (B)。 消費者貸款在評估授信風險時，針對「借款人有無結婚、有無子女」、「居住狀況」是在評估穩定性。

64 (B)。 銀行催收流程，不論是房屋貸款、信用貸款，或是信用卡、現金卡，只要繳款，可適用。銀行催收程序有四個步驟：電催、函催、訪催、法催。債務人超過繳款期限第7天左右，銀行會打電話提醒債務人繳款。債務人逾期繳款25天左右，銀行會進行書面通知，基於成本上考量，現在大多是通知函方式寄送，沒有寄掛號，普通信件方式來送達。

65 (B)。特約商店向所屬收單機構提出請款。收單機構從特約商店得到交易單據和交易資料，扣除手續費後付款給特約商店。

66 (D)。刑法第339條第1項的詐欺取財罪，是指行為人為了自己或其他人的不法所有，故意以作為或不作為的方式，傳遞與事實不符的資訊，影響他人對事實的主觀判斷與評估，以致產生與客觀事實不符的認知，並進而同意處分財產，導致行為人或第三人因此獲有利益，造成他人損失財產而言。

67 (B)。借款發生逾期時，應將借保戶之不良資訊提供金融聯合徵信中心者建檔。

68 (D)。票據法第22條規定：「票據上之權利，對匯票承兌人及本票發票人，自到期日起算；見票即付之本票，自發票日起算；三年間不行使，因時效而消滅。對支票發票人自發票日起算，一年間不行使，因時效而消滅。……」

69 (C)。課稅資料和稅捐有關。
財政部職掌：
(1)國庫及支付業務。
(2)賦稅。　　　(3)關務。
(4)國有財產。　(5)財政資訊。
(6)政府採購。

70 (A)。假扣押屬於保全程序。假扣押的功用是為了避免債務人財產現狀的變更，而禁止其處分財產，以保全將來的強制執行，並無執行力。

71 (C)。(A)支付命令之聲請，程序上，債權人要向法院提出民事聲支付命令狀。
(B)行政程序法第78條：對於當事人之送達，有下列各款情形之一者，行政機關得依申請，准為公示送達：
一、應為送達之處所不明者。
二、於有治外法權人之住居所或事務所為送達而無效者。
三、於外國或境外為送達，不能依第八十六條之規定辦理或預知雖依該規定辦理而無效者。
(D)支付命令應送達給債務人，如發支付命令後3個月內，不能送達給債務人，支付命令失其效力。

72 (C)。物上保證人及擔保財產之第三取得人，均屬民法第三百十二條所指就債之履行有利害關係之第三人，自抵押權言，所謂物上保證人，乃非債務人而為設定抵押權行為之當事人，亦即非債務人設定抵押權契約之設定人，所請擔保財產之第三取得人就抵押權而言，即抵押物第三取得人，亦即抵押權設定之後取得抵押物之人。

73 (A)。按就債之履行有利害關係之第三人為清償者，於其清償之

限度內承受債權人之權利，民法
第三百十二條前段定有明文。準
此，該第三人即得按其代位清償
限度就債權人之權利，以自己之
名義，行使債權人之權利。

74 (A)。民事訴訟如係由原告主張權
利者，應先由原告負舉證之責，
若原告先不能舉證，以證實自己
主張之事實為真實，則被告就其
抗辯事實即令不能舉證，或其所
舉證據尚有疵累，亦應駁回原告
之請求

75 (D)。強制執行法第38條規定：
「參與分配之債權人，除依法優
先受償者外，應按其債權額數平
均分配。」即揭示了債權人有優
先、劣後之分。
第一順位：法院執行費。（依
據：強制執行法第29條）
第二順位：土地增值稅、地價
稅、房屋稅、執行拍賣或變賣貨
物應課徵之營業稅。（依據：稅
捐稽徵法第6條第2項）
第三順位：抵押權，按抵押權之
登記順序依序受償，順序在前者
優先。（依據：民法第874條）
雇主歇業、清算或宣告破產，勞
工之「6個月內工資」、「退休
金」、「資遣費」債權，與第一
順位抵押權、質權或留置權所擔
保之債權相同。（依據：勞動基
準法第28條）
第四順位：依關稅法應繳或補繳

之關稅、滯納金、滯報費、利
息、罰鍰及追繳之貨價、處理
變賣或銷毀貨物所需費用，而無
變賣價款可供扣除或扣除不足者
（以在處理前通知納稅義務人者為
限）。（依據：關稅法第95條4項）
其他稅捐（依據：稅捐稽徵法第6
條第1項）。
第五順位：普通債權。

76 (D)。(A)動產查封以「標封」為
主。(B)寢具衣物不得查封。(C)已
登記不動產查封，法院才應先通
知地政機關。

77 (B)。財團法人中小企業信用保證
基金對受嚴重特殊傳染性肺炎影
響發生營運困難事業資金紓困振
興貸款信用保證要點（簡稱「防
疫千億保」專案）第十點：
信用惡化之通知：
信用保證案件尚未到期，有下列
情形之一時，授信單位應於知悉
之日起二個月內通知本基金：
(一)授信對象停止營業者。
(二)未能依約分期攤還已超過一個
月者。
(三)授信對象或其負責人受票據交
換所拒絕往來處分者。
(四)應繳付之利息延滯期間已超過
三個月者。
(五)授信對象或其負責人受破產宣
告，或清理債務中，或其財產
受強制執行、假扣押、假處分
或拍賣之聲請者。

(六)授信對象或其負責人被提起足以影響償債能力之訴訟者。

78 (B)。合意管轄（權）：法院依當事人雙方之明示合意，而取得某民事事件之管轄權限。<u>當事人之合意，適用簡易程序者</u>。法院適用簡易程序，當事人不抗辯而為本案之言詞辯論者，視為已有前項之合意。簡易訴訟程序的第二審管轄法院雖然是地方法院的合議庭，但其第三審的管轄法院並非高等法院，而仍然以最高法院為其第三審管轄法院。

79 (C)。所謂破產是指當債務人因不能清償到期債務或者資不抵債時，債權人透過一定程序將債務人的全部資產供其平均受償，從而使債務人免除不能清償其他債務，並由法院宣告破產解散。<u>破產申請的提出，是當事人請求法院宣告債務人所作出的意思捽示</u>。法律規定，有權提出破產申請的當事人是指債權人與債務人。破產申請人提出申請，應向法院提交有關證據或資料，法院接到破產申請，應立即進行審查。

80 (D)。

(1)按強制執行法第32條第1項規定：「他債權人參與分配者，應於標的物拍賣、變賣終結或依法交債權人承受之日一日前，其不經拍賣或變賣者，應於當次分配表作成之日一日前，以書狀聲明之。」

(2)執行債權人強制執行債務人之不動產，倘債權人依法對於執行標的物享有抵押權之擔保物權，此時，不論債權人之抵押債權已否屆清償期，應提出債權證明文件，不動產抵押權設定契約書、他項權利證明書等權利證明文件，聲明參與分配。

(3)強制執行法第34條規定：「有執行名義之債權人聲明參與分配時，應提出該執行名義之證明文件。依法對於執行標的物有擔保物權或優先受償權之債權人，<u>不問其債權已否屆清償期，應提出其權利證明文件，聲明參與分配</u>。……」

第41屆　授信法規

( )　**1** 依銀行法規定，商業銀行因行使抵押權或質權而取得之不動產或股票，除經主管機關核准者外，應自取得之日起多久內處分之？(A)二年　(B)三年　(C)四年　(D)五年。

( )　**2** 依銀行法規定，有關商業銀行之敘述，下列何者錯誤？　(A)商業銀行得發行金融債券　(B)商業銀行辦理中期放款之總餘額，不得超過其所收定期存款總餘額　(C)所稱商業銀行，謂以收受支票存款、活期存款、定期存款，供給短期、中期信用為主要任務之銀行　(D)商業銀行不得就證券之發行與買賣，對有關證券商或證券金融公司予以資金融通。

( )　**3** 甲為某商業銀行之總經理，則該商業銀行得對下列何者辦理除消費者貸款及政府貸款外之無擔保授信？　(A)甲之侄兒　(B)甲之堂兄　(C)甲之父　(D)甲之孫。

( )　**4** 下列何者不是金融控股公司法定義之金融機構？　(A)投信投顧公司　(B)銀行　(C)保險公司　(D)證券商。

( )　**5** 依金融機構合併法規定，金融機構讓與其不良債權時，就該債權對下列何者已取得之執行名義，其效力及於不良債權受讓人？(A)僅債務人　(B)僅保證人　(C)債務人或保證人　(D)債務人之履行輔助人。

( )　**6** 管理外匯條例所稱之外匯係指下列何者？　(A)包括外國貨幣、外國票據及外國有價證券　(B)外國貨幣及外國票據，不含外國有價證券　(C)外國貨幣及外國有價證券，不含外國票據　(D)僅指外國貨幣，不含外國票據及外國有價證券。

( )　**7** 依民法規定，下列敘述何者正確？　(A)人之行為能力，始於出生，終於死亡　(B)限制行為能力人之意思表示，無效　(C)受監護宣告之人，無行為能力　(D)非無行為能力人，而其意思表示，係在無意識或精神錯亂中所為者，有效。

(　　) **8** 依民法規定，利害關係人的代償，債權人不得拒絕，下列何者不是利害關係人？　(A)借款人的兄弟姐妹　(B)借款人的保證人　(C)抵押物目前的所有權人　(D)抵押物的次順位抵押權人。

(　　) **9** 下列何者無中斷消滅時效之效力？　(A)因和解而傳喚　(B)申報破產債權　(C)聲請強制執行　(D)依督促程序，聲請發支付命令。

(　　) **10** 依民法規定，承租人於租用之基地上建築房屋，當出租人出賣基地時，下列敘述何者錯誤？　(A)承租人有依同樣條件優先承買之權　(B)出賣人應將出賣條件以書面通知優先承買權人　(C)出賣人未以書面通知優先承買權人而為所有權之移轉登記者，不得對抗優先承買權人　(D)優先承買權人於出賣條件書面通知達到後七日內未以書面表示承買者，視為放棄。

(　　) **11** 依公司法規定，公司設立登記後，有應登記之事項而不登記，或已登記之事項有變更而不為變更之登記者，其效果如何？　(A)不得對抗第三人　(B)無效　(C)得撤銷　(D)效力未定。

(　　) **12** 依公司法規定，對公司之債權，在重整裁定前成立者，稱之為何？　(A)優先重整債權　(B)優先重整債務　(C)重整債權　(D)重整債務。

(　　) **13** 依票據法規定，執票人應於拒絕證書作成幾日內，對於背書人、發票人或其他匯票上之債務人，將拒絕事由通知之？　(A)二日　(B)四日　(C)五日　(D)七日。

(　　) **14** 下列何者不是票據法第四條第二項所稱之「金融業者」？　(A)農會　(B)信用合作社　(C)郵政儲金匯業局　(D)銀行。

(　　) **15** 本票、匯票如劃有二條平行線，其效力為何？　(A)僅能對金融業者支付　(B)該票據無效　(C)不生平行線效力　(D)任何執票人不得領取現金。

(　　) **16** 依票據法規定，有關背書之敘述，下列何者錯誤？　(A)背書人於票上記載禁止轉讓者，仍得依背書而轉讓之　(B)塗銷之背

書，影響背書之連續者，對於背書之連續，視為未塗銷　(C)到期日後之背書，僅有通常債權轉讓之效力　(D)背書未記明日期者，推定其作成於到期日後。

( )　**17** 台北地院審理中之返還借款訴訟，被告連續二次於言詞辯論期日未到場，法院應如何處理？　(A)法院應再通知被告到場　(B)法院得依職權由原告辯論而為判決　(C)停止訴訟四個月　(D)移送上級法院審理。

( )　**18** 依民事訴訟法規定，合意停止訴訟程序之當事人，自陳明合意停止時起，如於幾個月不續行訴訟者，視為撤回其訴或上訴？　(A)六個月內　(B)八個月內　(C)四個月內　(D)二個月內。

( )　**19** 由執行法官命書記官督同執達員查封不動產時，不包括下列何種方法？　(A)揭示　(B)封閉　(C)標封　(D)追繳契據。

( )　**20** 依破產法規定，下列敘述何者正確？　(A)破產，對債務人受票據交換所通報拒絕往來戶者宣告之　(B)破產人因破產之宣告，對於應屬破產財團之財產，喪失其處分權，仍保有管理權　(C)破產債權，非依破產程序，不得行使　(D)有別除權之債權人，應依破產程序行使其權利。

( )　**21** 依提存法規定，提存人應向下列何者聲請返還提存物？　(A)該管法院　(B)高等法院　(C)最高法院　(D)證券櫃檯買賣中心。

( )　**22** 依公平交易法規定，事業之同業公會或其他團體藉章程所為約束事業活動之行為，是否屬本法之聯合行為？　(A)均是　(B)均不是　(C)同業公會是但其他團體藉章程不是　(D)同業公會不是但其他團體藉章程是。

( )　**23** 依消費者保護法規定，銀行所訂定之定型化契約條款牴觸個別磋商條款時，其牴觸部分之效力為何？　(A)得撤銷　(B)無效　(C)探求當事人之真意　(D)由主管機關決定是否有效。

(　　) **24** 依消費者保護法規定，企業經營者與消費者訂立定型化契約前，應有幾日以內之合理期間，供消費者審閱全部條款內容？
(A)七日　(B)十五日　(C)三十日　(D)四十五日。

(　　) **25** 「指以任何方式取得個人資料」為個人資料保護法下列何用詞之定義？　(A)國際傳輸　(B)利用　(C)蒐集　(D)處理。

(　　) **26** 依刑法規定，公務員或仲裁人對於違背職務之行為，要求、期約或收受賄賂，或其他不正利益者所構成之犯罪屬下列何者？
(A)妨害秘密罪　(B)瀆職罪　(C)詐欺背信及重利罪　(D)妨害電腦使用罪。

(　　) **27** 為防範以偽造所得扣繳憑單等資料詐騙冒貸，有關金融機構辦理消費性貸款應注意事項，下列何者非屬之？　(A)應健全徵信、授信及追蹤考核制度　(B)嚴禁行員與放款客戶有資金往來
(C)在職證明書及銀行存摺等資料，不得作為借戶財力證明文件
(D)對借戶提供之身分證明文件，應至內政部戶役政為民服務公用資料庫網站查詢。

(　　) **28** 依中華民國銀行公會函釋，下列何種授信不得自「中華民國銀行公會會員徵信準則」所稱「總授信金額」中扣除？　(A)存單質借　(B)商業本票保證　(C)出口押匯　(D)進口押匯。

(　　) **29** 依「中華民國銀行公會會員徵信準則」規定，下列敘述何者錯誤？　(A)各銀行應加強同業徵信工作之連繫　(B)徵信人員對徵信資料應依法嚴守秘密　(C)辦理徵信時，除另有規定外，應以間接調查為主，直接調查為輔　(D)授信客戶發生突發事件，徵信單位得配合營業單位派員實地調查。

(　　) **30** 依「中華民國銀行公會會員徵信準則」規定，會計師受處分警告或申誡者，其簽發之財務報表查核報告，自處分日起幾年內如准予採用，應註明採用之原因並審慎評估？　(A)一年　(B)三年
(C)五年　(D)十年。

（　）**31** 依「中華民國銀行公會會員徵信準則」規定，有關徵信檔案及表格之管理，下列敘述何者正確？　(A)徵信資料應依年度別單獨設卷　(B)徵信檔案為機密文件，除經辦工作人員外，非經主管核准，不得借閱　(C)授信戶如確已清償銷戶，其徵信檔案即可報經主管核准銷毀　(D)徵信表格應使用銀行公會訂定之統一格式，金融機構不得自行訂定。

（　）**32** 依「中華民國銀行公會會員徵信準則」規定，有關徵信報告之編報及權責，下列敘述何者錯誤？　(A)徵信之結果應把握重點，以客觀立場公正分析　(B)徵信報告內容必須簡潔明晰前後一致　(C)凡依本準則、各金融機構有關規定及一般慣例所作之徵信報告，事後雖發現瑕疵，應免除其責任　(D)徵信報告經核定後，如有補充事項，應於徵信報告適當處以紅筆加註。

（　）**33** 依「中華民國銀行公會會員徵信準則」規定，短期週轉資金貸款應以下列何者為還款來源？　(A)折舊　(B)盈餘　(C)營業收入或流動資產變現　(D)出售固定資產。

（　）**34** 依「中華民國銀行公會會員授信準則」規定，下列何者非屬辦理授信的基本原則？　(A)安全性　(B)成長性　(C)公益性　(D)政策性。

（　）**35** 金融控股公司之銀行子公司對利害關係人辦理授信時，下列敘述何者錯誤？　(A)擔保授信應有十足擔保　(B)擔保授信總餘額最高不得超過該子公司淨值　(C)擔保授信條件不得優於其他同類授信對象　(D)除消費者貸款及政府貸款外不得辦理無擔保授信。

（　）**36** 依主管機關規定，銀行對同一自然人之授信總餘額及無擔保授信總餘額限制，分別不得超過該銀行淨值之若干百分比？　(A)百分之三、百分之一　(B)百分之十、百分之二　(C)百分之十五、百分之五　(D)百分之四十、百分之六。

（　）**37** 依主管機關規定，下列何者不是銀行法第十二條之一所規範之「消費性放款」？　(A)購置住宅貸款　(B)房屋修繕貸款　(C)支付學費貸款　(D)信用卡循環信用。

(　)　**38** 有關「貼現」的敘述，下列何者錯誤？　(A)銀行辦理貼現，必須明瞭借款人之產銷近況、賒銷金額、賒欠天數、賒欠之買方暨其信用情況等，俾對票據是否依交易產生者，以及票據到期能否順利兌付，作適當之判斷　(B)借款人需將其因交易而持有之遠期支票、本票或未到期承兌匯票讓與銀行　(C)銀行以預收利息方式先予墊付，俟票據到期時收取票款並償還墊款之融通方式　(D)性質上屬直接授信。

(　)　**39** 依「中華民國銀行公會會員授信準則」規定，銀行對同一人、同一關係人、同一關係企業或集團企業授信，以及下列何項業務，宜加強評估授信風險？　(A)房屋擔保放款　(B)小額消費放款　(C)股票質押放款　(D)信用卡。

(　)　**40** 依經濟部中小企業認定標準規定，中小企業指依法辦理公司登記或商業登記，實收資本額在新臺幣多少元以下，或經常僱用員工未滿二百人之事業？　(A)一億元　(B)八千萬元　(C)一億二千萬元　(D)二億元。

(　)　**41** 依主管機關規定，信用卡業務當期應繳最低付款金額超過指定繳款期限多久者，始應將全部墊付款金額提列備抵呆帳？　(A)一個月　(B)二個月　(C)三個月　(D)六個月。

(　)　**42** 依「銀行資產評估損失準備提列及逾期放款催收款呆帳處理辦法」規定，授信資產經評估已無擔保部分，且授信戶積欠本金或利息超過清償期六個月至十二個月者，應列入下列何項資產類別？　(A)第2類　(B)第3類　(C)第4類　(D)第5類。

(　)　**43** 銀行對資產負債表內及表外之授信資產，應按「銀行資產評估損失準備提列及逾期放款催收款呆帳處理辦法」第3條及第4條規定確實評估，提足備抵呆帳及保證責任準備，而下列敘述何者錯誤？　(A)第1類授信資產債權餘額扣除對於我國政府機關之債權餘額後之1%　(B)第2類授信資產債權餘額之2%　(C)第3類授信資產債權餘額之10%　(D)第4類授信資產債權餘額之100%。

(　　) **44** 陳先生向A銀行申貸七年期週轉金貸款，已於今年3月10日到期，因所提供抵押物被他債權人查封而無法換約，倘依主管機關規定，辦理協議分期償還，符合免列報逾期放款之最長期限為何？(A)五年　(B)七年　(C)十四年　(D)十五年。

(　　) **45** 依「銀行資產評估損失準備提列及逾期放款催收款呆帳處理辦法」規定，逾期放款應於清償期屆滿幾個月內轉入催收款項？(A)三個月　(B)四個月　(C)五個月　(D)六個月。

(　　) **46** 依「銀行業辦理外匯業務作業規範」規定，指定銀行辦理外幣貸款業務，下列敘述何者正確？　(A)承作對象以國外顧客為限　(B)出口後之出口外幣貸款可兌換為新臺幣　(C)不得憑顧客與國外交易之文件辦理(D)應將承作貸款之相關表報送金管會銀行局。

(　　) **47** 依「信用卡業務機構管理辦法」規定，下列敘述何者錯誤？(A)正卡持卡人申請調整信用額度時，發卡機構應於核准後通知正卡持卡人　(B)發卡機構應按期將持卡人交易帳款明細資料，以書面或事先與持卡人約定之電子文件通知持卡人　(C)發卡機構告知持卡人提高循環信用利率時，應於三十日前以書面或事先與持卡人約定之電子文件通知持卡人　(D)發卡機構未完成申請人申請及審核程序前，不得製發信用卡。

(　　) **48** 有關主管機關訂定信用卡發卡機構應揭露項目及認定標準，下列敘述何者錯誤？　(A)流通卡數為發卡總數減停卡總數，且卡片狀況為正常者　(B)有效卡不含最近6個月僅使用循環信用之卡片(C)有效卡含最近6個月有刷卡紀錄之轉帳卡（Debit卡）　(D)當月發卡數為當月新增發卡數，不含補發卡、續卡。

(　　) **49** 依主管機關規定，全職學生經父母同意者，其現金卡首次核給信用額度最高限額為新臺幣多少元？　(A)1萬元　(B)2萬元　(C)3萬元　(D)4萬元。

(　　) **50** 依「金融機構辦理現金卡業務應注意事項」規定，金融機構對已核發之現金卡至少多久應定期辦理覆審？　(A)每半年　(B)每季(C)每二個月　(D)每月。

解答與解析 （答案標示為#者，表官方曾公告更正該題答案。）

1 (C)。商業銀行因行使抵押權或質權而取得之不動產或股票，除符合第74條或第75條規定者外，應自<u>取得之日起四年內處分</u>之。但經主管機關核准者，不在此限。

2 (D)。銀行法第73條：商業銀行得就證券之發行與買賣，對有關證券商或證券金融公司予以資金融通。

3 (B)。銀行法第32條：「銀行不得對其持有實收資本總額百分之三以上之企業，或本行負責人、職員、或主要股東，或對與本行負責人或辦理授信之職員有利害關係者，為無擔保授信。但消費者貸款及對政府貸款不在此限。」
選項(A)(C)(D)皆屬與甲有利害關係之人。

4 (A)。金控法第4條第1項第3款：
「金融機構：指下列之銀行、保險公司及證券商：
1.<u>銀行</u>：指銀行法所稱之銀行與票券金融公司及其他經主管機關指定之機構。
2.<u>保險公司</u>：指依保險法以股份有限公司組織設立之保險業。
3.<u>證券商</u>：指綜合經營證券承銷、自營及經紀業務之證券商，與經營證券金融業務之證券金融公司。」

5 (C)。根據金融機構合併法第11條：「金融機構讓與不良債權時，就該債權對債務<u>人</u>或保證<u>人</u>已取得之執行名義，其效力及於不良債權受讓人。」

6 (A)。管理外匯條例第2條：「本條例所稱外匯，指外國貨幣、票據及有價證券。」

7 (C)。(A)<u>人的權利能力是與生俱來</u>的，「始於出生、終於死亡」，不因該人是精神耗弱，或精神異常，凡人尚未死亡之前，均具備此項資格。所謂權利能力，是指享受權利、負擔義務的能力而言，權利與義務是相對的，因此，凡人皆具有這種能力（身為權利主體的資格）。(B)民法第77條：限制行為能力人為意思表示及受意思表示，<u>應得法定代理人之允許</u>。但純獲法律上利益，或依其年齡及身份、日常生活所必需者，不在此限。(D)民法第75條：無行為能力人之意思表示，無效；<u>雖非無行為能力人，而其意思表示，係在無意識或精神錯亂中所為者亦同</u>。

8 (A)。借款人的兄弟姐妹不是利害關係人，並無財產權上之利害關係。

9 (A)。民法第129條規定：「消滅時效，因下列事由而中斷：一、請求。二、承認。三、起訴。下列事項，與起訴有同一效力：一、<u>依督促程序，聲請發支付命令</u>。二、聲請調解或提

付仲裁。三、申報和解債權或破產債權。四、告知訴訟。五、開始執行行為或聲請強制執行。」

10 (D)。民法第426-2條：
1. 租用基地建築房屋，出租人出賣基地時，承租人有依同樣條件優先承買之權。承租人出賣房屋時，基地所有人有依同樣條件優先承買之權。
2. 前項情形，出賣人應將出賣條件以書面通知優先承買權人。優先承買權人於通知達到後十日內未以書面表示承買者，視為放棄。

11 (A)。公司法第12條：「公司設立登記後，有應登記之事項而不登記，或已登記之事項有變更而不為變更之登記者，不得以其事項對抗第三人。」

12 (C)。公司法第296條：「對公司之債權，在重整裁定前成立者，為重整債權；其依法享有優先受償權者，為優先重整債權；其有抵押權、質權或留置權為擔保者，為有擔保重整債權；無此項擔保者，為無擔保重整債權；各該債權，非依重整程序，均不得行使權利。」

13 (B)。票據法第89條：執票人應於拒絕證書作成後四日內，對於背書人、發票人及其他匯票上債務人，將拒絕事由通知之。

14 (C)。票據法第4條：稱支票者，謂發票人簽發一定之金額，委託金融業者於見票時，無條件支付與受款人或執票人之票據。前項所稱金融業者，係指經財政部核准辦理支票存款業務之銀行、信用合作社、農會及漁會。

15 (C)。按票據法第139條規定：「支票經在正面劃平行線二道者，付款人僅得對金融業者支付票據金額。」惟平行線效力之規定係支票所獨有，本票並無準用，縱發票人於本票票面畫上平行線，依票據法第12條之規定：「票據上記載本法所不規定之事項者，不生票據上之效力。」其平行線視為未記載而不生效力。

16 (D)。票據法第41條（期後背書）：「到期日後之背書，僅有通常債權轉讓之效力。背書未記明日期者，推定其作成於到期日前。」

17 (B)。民事訴訟法第385條：「言詞辯論期日，當事人之一造不到場者，得依到場當事人之聲請，由其一造辯論而為判決；不到場之當事人，經再次通知而仍不到場者，並得依職權由一造辯論而為判決。前項規定，於訴訟標的對於共同訴訟之各人必須合一確定者，言詞辯論期日，共同訴訟人中一人到場時，亦適用之。」

18 (C)。民事訴訟法第190條：「合意停止訴訟程序之當事人，自陳明合意停止時起，如於<u>四個月內</u>不續行訴訟者，視為撤回其訴或上訴；續行訴訟而再以合意停止訴訟程序者，以一次為限。如再次陳明合意停止訴訟程序，不生合意停止訴訟之效力，法院得依職權續行訴訟；如兩造無正當理由仍遲誤言詞辯論期日者，視為撤回其訴或上訴。」

19 (C)。強制執行法第76條：「<u>查封不動產，由執行法官命書記官督同執達員依下列方法行之：一、揭示。二、封閉。三、追繳契據。</u>」

20 (C)。(B)法人受破產宣告者，依破產法第75條規定，對於應屬破產財團之財產，喪失管理及處分權，然並未喪失所有權，故尚難認其法人人格因宣告破產而當然歸於消滅，宜類推適用公司法第25條規定，認公司於依破產程序清理債務之必要範圍內，視為存續。(D)破產法第108條第2項：有別除權之債權人，<u>不依破產程序</u>而行使其權利。

21 (A)。根據提存法第1條，<u>地方法院及其分院設提存所</u>，辦理提存事務。

22 (A)。第二條第二項之同業公會或其他團體藉章程或會員大會、理、監事會議決議或其他方法所為約束事業活動之行為，亦為本法之聯合行為。

23 (B)。消費者保護法第15條規定：定型化契約中之定型化契約條款牴觸個別磋商條款之約定者，其牴觸部分<u>無效</u>。

24 (C)。消費者保護法第十一條之一規定：企業經營者與消費者訂立定型化契約前，應有<u>三十日以內之合理期間</u>，供消費者審閱全部條款內容。

25 (C)。個人資料保護法第2條第3款、第2條第4款、第2條第5款、第2條第6款：
1. <u>蒐集</u>是指以任何方式取得個人資料，包含直接向當事人蒐集資料的直接蒐集，及非直接向當事人蒐集資料的間接蒐集。
2. <u>處理</u>是指為建立或利用個人資料檔案所為資料之紀錄、輸入、儲存、編輯、更正、複製、檢索、刪除、輸出、連結或內部傳送，因此，將資料蒐集完畢後儲存在內部資料庫，該儲存之行為屬「處理」個人資料。
3. 「利用」是指將蒐集之個人資料為處理以外之使用，其與「處理」之區別在於「處理」是蒐集機關內部的資料處理行為，「利用」則是將資料對外使用的行為，常見情形為將資

料提供給當事人以外第三人之情形。

4.「**國際傳輸**」是指將個人資料作跨國（境）之處理或利用，例如台灣總公司將蒐集所得之個人資料傳送至大陸分公司或子公司，即屬之。

26 **(B)**。刑法第二編分則第四章瀆職罪刑法122條：「公務員或仲裁人對於違背職務之行為，要求、期約或收受賄賂或其他不正利益者，處三年以上十年以下有期徒刑，得併科二百萬元以下罰金。」

27 **(C)**。在職證明及銀行存摺可作為提供給銀行之財力證明文件。

28 **(B)**。中華民國銀行公會會員徵信準則第16條規定：「……2.中長期授信：(A)週轉資金授信（包括短期授信展期續約超過一年以上者）：除第1目規定資料外，總授信金額（包含財團法人金融聯合徵信中心歸戶餘額及本次申貸金額，其中存單質借、出口押匯及進口押匯之金額得予扣除，下同）達新臺幣二億元者，另加送營運計畫、現金流量預估表、預估資產負債表及預估損益表。……」

29 **(C)**。中華民國銀行公會會員徵信準則第十二條：徵信單位辦理徵信，除另有規定外，應以<u>直接調查為主</u>，間接調查為輔。

30 **(A)**。中華民國銀行公會會員徵信準則第十八條第七項：「會計師依會計師法或證券交易法受處分警告或申誡者，其簽發之財務報表查核報告自處分日起一年內如准予採用，應註明採用之原因並審慎評估；受處分停止執行業務或停止辦理公開發行公司之查核簽證者，其簽發之財務報表查核報告自處分日起於受處分停止執行業務期間內不予採用；受處分除名或撤銷公開發行公司查核簽證之核准者，其簽發之財務報表查核報告自處分日起不予採用。」

31 **(B)**。(A)徵信資料應<u>依客戶別</u>單獨設卷，並應依資料先後及資料性質整理歸檔。(C)徵信檔案為機密文件，管理檔案人員應負責妥善管理，除經辦工作人員外，非經主管核准，不得借閱。授信戶已清償銷戶者，其徵信檔案仍應妥予整理保管，並訂定適當之保存期限。(D)授信戶資料表及其他徵信表格由銀行公會訂定統一格式。但會員如另有需要，得自行訂定。

32 **(D)**。中華民國銀行公會會員徵信準則第二十條：「徵信單位對於徵信資料之修正或補充，<u>得通知營業單位或逕洽客戶辦理</u>。」

33 **(C)**。中華民國銀行公會會員徵信準則第十二條：「所稱週轉資金貸款，謂會員以協助企業在其經

常營業活動中，維持商品及勞務之流程運轉所需之週轉資金為目的，而辦理之融資業務。週轉資金貸款，短期係寄望以企業之營業收入或流動資產變現，作為其償還來源；中長期係寄望以企業之盈餘、營業收入或其他適當資金，作為其償還來源。」

34 (D)。辦理授信業務應本安全性、流動性、公益性、收益性及成長性等五項基本原則，並依借款戶、資金用途、償還來源、債權保障及授信展望等五項審核原則核貸之。

35 (B)。銀行對利害關係人之授信限額、授信總餘額、授信條件及同類授信對象之規定第二條第二項：「所稱授信總餘額，指銀行對其持有實收資本總額百分之五以上之企業，或本行負責人、職員或主要股東，或對與本行負責人或辦理授信之職員有利害關係者為擔保授信，其總餘額不得超過各該銀行淨值一・五倍。」

36 (A)。銀行法第三十三條之三第一項所稱銀行對同一人、同一關係人或同一關係企業之授信限額規定如下：一、銀行對同一自然人之授信總餘額，不得超過該銀行淨值百分之三，其中無擔保授信總餘額不得超過該銀行淨值百分之一。

37 (A)。銀行法第十二條之一第一項規定之「自用住宅放款」，係指具有完全行為能力之中華民國國民，目前確無自用住宅，為購置自住使用之住宅所為之金融機構貸款。「消費性放款」係指對於房屋修繕、耐久性消費財產（包括汽車）、支付學費及其他個人之小額貸款，及信用卡循環信用等。

38 (B)。貼現：謂借款人以其因交易而持有之未到期承兌匯票或本票讓與銀行，由銀行以預收利息方式先予墊付，俟本票或匯票到期時收取票款並償還墊款之融通方式。

39 (C)。中華民國銀行公會會員授信準則第27條第2項：「會員辦理股票質押授信業務除加強評估其授信風險，並訂定風險承擔限額外，應注意下列事項：……」

40 (A)。中小企業認定標準第2條規定：「本標準所稱中小企業，指依法辦理公司登記或商業登記，並合於下列基準之事業：一、製造業、營造業、礦業及土石採取業實收資本額在新臺幣八千萬元以下，或經常僱用員工數未滿二百人者。二、除前款規定外之其他行業前一年營業額在新臺幣一億元以下，或經常僱用員工數未滿一百人者。」

41 (D)。信用卡業務機構管理辦法第32條：「呆帳之轉銷：當月應繳

最低付款金額超過指定繳款期限六個月未繳足者，應於該六個月後之三個月內，將全部墊款金額轉銷為呆帳。」

42 (C)。銀行對資產負債表表內及表外之授信資產，分類如下：
(一)第一類屬正常之授信資產。
(二)第二類應予注意者（不良資產）：指授信資產經評估有足額擔保部分，且授信戶積欠本金或利息超過清償期1個月至12個月者；或授信資產經評估已無擔保部分，且授信戶積欠本金或利息超過清償期1個月至3個月者；或授信資產雖未屆清償期或到期日，但授信戶已有其他債信不良者。
(三)第三類可望收回者（不良資產）：指授信資產經評估有足額擔保部分，且授信戶積欠本令或利息超過清償期12個月者；或授信資產經評估已無擔保部分，且授信戶積欠本金或利息超過清償期3個月至6個月者。
(四)第四類收回困難者（不良資產）：指授信資產經評估已無擔保部分，且授信戶積欠本金或利息超過清償期6個月至12個月者。
(五)第五類收回無望者（不良資產）：指授信資產經評估已無擔保部分，且授信戶積欠本金或利息超過清償期12個月者；或授信資產經評估無法收回者。

43 (D)。「銀行對資產負債表表內及表外之授信資產，應按第3條及第4條規定確實評估，並以第二類授信資產債權餘額之百分之二、第三類授信資產債權餘額之百分之十、第四類授信資產債權餘額之百分之五十及第五類授信資產債權餘額全部之和為最低標準，提足備抵呆帳及保證責任準備。

44 (A)。逾期放款列報範圍之規定第3項：
各金融機構按月列報之逾期放款，符合下列情形者，准免列入列報逾期放款範圍：
協議分期償還案件，借戶依協議條件按期履約，併符合下列條件者：
1.原係短期放款，以每年償還本息在百分之十以上者為原則，惟期限最長以五年為限。
2.原係中長期放款者，其分期償還期限以原殘餘年限之二倍為限，惟最長不得超過二十年。於原殘餘年限內其分期償還之部分不得低於積欠本息百分之三十。若中長期放款已無殘餘年限或殘餘年限之二倍未滿五年者，分期償還期限得延長為五年，但以每年償還本息在百分之十以上者為原則。協議分期償還案件其程序要件以有書面資料可稽，如增補契約、協議償還申請書等，並經原授信核定層次或有權者核准始生效力。

45 (D)。銀行逾期放款催收款及呆帳處理辦法第3條：本辦法所稱催收款，係指經轉入「催收款項」科目之各項放款及其他授信款項。凡逾期放款應於清償期屆滿六個月內轉入「催收款項」。

46 (B)。(A)承作對象以國內顧客為限。(C)應憑顧客提供其與國外交易之文件或本行核准之文件，經確認後辦理。(D)外幣貸款之撥款及償還，應參考「指定銀行承作短期及中長期外幣貸款資料填報說明」填報交易日報及相關明細資料；並將月底餘額及承作量，依短期及中長期貸款類別，報送外匯局。

47 (C)。金融機構辦理現金卡業務應注意事項第14項：金融機構應於契約中約定，倘有下列情形者，應於六十日前以顯著方式標示於書面或事先與持卡人約定之電子文件通知持卡人，並應說明其調整之原因，持卡人如有異議得終止契約：
(一)增加向持卡人收取之任何費用。
(二)提高利率。

(三)採浮動利率者，變更所選擇之指標利率。
(四)變更利息計算方式。
(五)其他經主管機關規定之事項。

48 (C)。金管銀票字第10040004640號：
依據信用卡業務機構管理辦法第17條第1項規定辦理。
有效卡數：最近六個月有刷卡消費紀錄之卡片，不含轉帳卡（Debit卡）及僅使用循環信用之卡片。

49 (B)。金融機構辦理現金卡業務應注意事項第八項：
學生須年滿二十歲始能申請，且全職學生申請現金卡以二家發卡機構為限，每家發卡機構首次核給信用額度不得超過新台幣一萬元，但經父母同意者最高到新台幣二萬元，並禁止針對學生族群促銷。

50 (A)。金管銀(四)字第09440010950號函
各金融機構對已核發之信用卡、現金卡或信用貸款至少每半年應定期辦理覆審。

第41屆　授信實務

( )　**1** 債權保障（Protection）可分為內部保障與外部保障兩方面，下列何者為內部保障？　(A)良好的財務結構　(B)保證人　(C)本票背書人　(D)提供第三者之資產作擔保。

( )　**2** 下列何項銀行業務屬於「消費借貸」行為？　(A)房屋擔保放款　(B)保管箱　(C)定期定額基金　(D)支票存款。

( )　**3** 依銀行法規定，銀行對辦理授信之職員有利害關係者為擔保授信，應有十足擔保，其條件不得優於其他同類授信對象，如授信達中央主管機關規定金額以上者，並應經A以上董事之出席及出席董事B以上同意？　(A)A：五分之四，B：四分之三　(B)A：五分之四，B：三分之二　(C)A：四分之三，B：三分之二　(D)A：三分之二，B：四分之三。

( )　**4** 依主管機關規定，銀行法第三十二條所謂「辦理授信之職員」，係指下列何項人員？　(A)辦理徵信、對保及撥款人員　(B)業務人員　(C)辦理該筆授信有最後決定權之人　(D)放款記帳及催收人員。

( )　**5** 為測驗緊急清償短期負債之能力及流動資本之地位，而將變現能力較弱之資產剔除，以供緊急償債之分析比率為下列何者？　(A)流動比率　(B)速動比率　(C)應收帳款週轉率　(D)流動資產週轉率。

( )　**6** 倘實收資本額或經常僱用人數符合中小企業標準時，下列何者非屬中小企業信用保證基金保證之對象？　(A)製造業　(B)托嬰中心　(C)私立老人長期照顧機構　(D)金融及保險業。

( )　**7** 有關銀行法、票據法及民法對授信利率之規定，下列何者正確？　(A)備償票據未載明利率時，最高以年百分之五計息　(B)貸款契約未載明利率時，應適用年息百分之六　(C)信用卡之循環信用利率不得超過年利率百分之十五　(D)約定利率超過年息百分之十者，借款人可在一年後隨時清償原本。

( )　**8** 借款資金之運用計畫中，下列何者銀行承擔之風險最高？
(A)購買流動資產　(B)購置固定資產　(C)替代股權　(D)償還既
存債務。

( )　**9** 依銀行法規定，商業銀行辦理住宅建築及企業建築放款之總額，
除但書規定外，不得超過放款時之一定比率，其限制為何？
(A)存款總餘額之30%　(B)存款總餘額之20%　(C)存款總餘額及
金融債券發售額之和之30%　(D)存款總餘額及金融債券發售額
之和之20%。

( )　**10** 依銀行法規定，可作為授信擔保之借款人營業交易所發生之應收
票據，係指下列何項？　(A)匯票、本票及支票　(B)匯票及本票
(C)本票及支票　(D)僅指支票。

( )　**11** 下列何者非屬銀行法所稱之專業銀行？　(A)工業銀行　(B)商業
銀行　(C)輸出入銀行　(D)中小企業銀行。

( )　**12** 假設甲銀行111年底淨值為120億元，次年對非為利害關係人之
同一法人最高授信總餘額，依主管機關規定，不得超過多少元？
(A)6億元　(B)12億元　(C)16億元　(D)18億元。

( )　**13** 下列何者非屬中小企業信用保證基金之保證對象？　(A)中小企
業　(B)創業個人　(C)個人消費性貸款　(D)其他經中小企業信用
保證基金董事會通過並經經濟部核准者。

( )　**14** 民營營利事業申請授信時，下列何項符合依「會計師查核簽證財
務報表規則」辦理之財務報表，可做為財務分析之用？　(A)上
市公司之核閱報表　(B)送經濟部決算報表　(C)客戶自編報表
(D)稅務報表。

( )　**15** 中小企業信用保證基金將申貸企業依風險程度分為A、B、C三個
組群，其差額保證手續費年利率，下列何者最低？　(A)A組群
(B)B組群　(C)C組群　(D)A、B、C三個組群相同。

(　　) **16** 有關國內信用狀融資業務，下列敘述何者錯誤？　(A)可分為遠期信用狀及即期信用狀二種　(B)於受益人提示之統一發票正本加蓋「已向○○銀行融資」戳記　(C)同一貨品甲方賣給乙方，嗣後甲方再向乙方購回，此交易亦可開發信用狀　(D)國內信用狀之承兌或墊款期限以不超過180天為原則。

(　　) **17** 下列何項銀行授信業務，企業所取得之資金係來自貨幣市場而非由銀行直接撥貸？　(A)外銷貸款　(B)墊付國內票款　(C)發行商業本票保證　(D)貼現。

(　　) **18** 依法令規定，國內租賃業業務範圍僅限於下列何者？　A.租賃　B.分期付款　C.併購融資　D.應收帳款受讓管理　(A)A.B.C　(B)A.C.D　(C)A.B.D　(D)B.C.D。

(　　) **19** 有關短期授信之性質，下列敘述何者錯誤？　(A)屬於週轉金貸款　(B)現金流量型授信　(C)追隨交易行為承作之貸款　(D)可循環動用。

(　　) **20** 一般銀行辦理企業之「機器設備貸款」時，為考量債權之安全性及擔保品處分之完整性，宜採行下列何項方式處理？　(A)徵提三成定存單　(B)要求安裝機器設備之廠房及土地一併設定抵押權予銀行　(C)徵取企業開具反面承諾　(D)徵取企業之主要負責人為連帶保證人。

(　　) **21** 償還借入款於編製現金流量表時係屬下列何者？　(A)營業活動的現金流入　(B)營業活動的現金流出　(C)投資活動的現金流出　(D)籌資活動的現金流出。

(　　) **22** 台電公司第一、二階段開放民間經營發電廠（IPP），民間企業如長生電力、麥寮電力、和平電力、新桃電力等均係採下列何種方式？　(A)BT　(B)BOT　(C)BOO　(D)LDO。

(　　) **23** 下列何者在BOT的計畫風險之評估中，屬於外在環境方面評估要點？　(A)股東能力與誠信　(B)技術來源與績效　(C)政治風險與政府承諾　(D)產品、售價與市場分析。

( ) **24** 利息保障倍數用於衡量借款人的還款能力,而下列敘述何者正確? (A)分子為稅後純益加財務費用 (B)分母為財務費用 (C)分母為財務費用加折舊 (D)分母為營業收益加折舊加租稅。

( ) **25** 下列何者不是借款戶申請短期授信之正當原因? (A)為發放公司股利或員工年終獎金需要 (B)為因應未來產品物價上漲趨勢,儲備原物料 (C)為降低用人成本,購置自動化設備 (D)應收帳款收款期變長,使得臨時性週轉金增加。

( ) **26** 依公司法二四七條規定,公開發行股票公司無擔保公司債之總額,不得逾現有全部資產減去全部負債後之餘額之多少比率? (A)四分之一 (B)三分之一 (C)三分之二 (D)二分之一。

( ) **27** 銀行辦理匯票承兌業務,下列敘述何者錯誤? (A)應在票背簽名承兌 (B)銀行承兌匯票負有支付票款之義務 (C)銀行對融通性匯票不得受理承兌 (D)匯票承兌為間接授信。

( ) **28** 有關辦理透支業務之敘述,下列何者正確? (A)企業現金管理之輔助融資 (B)得視為一般短期週轉 (C)得用於應收帳款融資 (D)利率一般較短期放款為低。

( ) **29** 銀行辦理建築融資,於確認建案之可行性時,應審查事項,不包括下列何者? (A)建築個案區域特性 (B)建築基地特性 (C)售價合理性 (D)將建築產品標準化。

( ) **30** 依主管機關規定,下列何者不是發行公司債之計畫用途? (A)汰舊換新廠房設備 (B)支付股利 (C)償還債務 (D)購併他公司。

( ) **31** 衡量企業年平均營運週轉金需求量,下列敘述何者錯誤? (A)存貨週轉期愈短則需求量愈多 (B)應收款項愈多則需求量愈多 (C)應付款項愈少則需求量愈多 (D)成本費用率愈高則需求量愈多。

( ) **32** 銀行辦理中長期授信案件,往往要求借款人注意履行各項財務比率維持的特約條款,此項特約條款係指下列何者? (A)肯定條款 (B)否定條款 (C)限制條款 (D)落日條款。

( ) **33** 在中長期授信計畫可行性評估中,下列何者屬於完工風險(Completion Risk)? (A)發起人對此類計畫的經驗 (B)工程承包過去之業績或有無對總工程費簽定上限 (C)產品的潛在需求 (D)原料供給之長期穩定度。

( ) **34** 依「中華民國銀行公會會員授信準則」規定,開發國內信用狀,銀行必須瞭解之事項與辦理下列何項授信同? (A)進口押匯 (B)貼現 (C)透支 (D)墊付國內應收款項。

( ) **35** 下列何者非為週轉金貸款之正常償還來源? (A)營業收入 (B)被投資企業之股利 (C)流動資產變現 (D)保留盈餘。

( ) **36** 銀行辦理墊付國內票款,係就遠期票據融通資金,為考量風險,銀行須對借款人、票據交易性質以及下列何者辦理徵信? (A)原料供應商 (B)借票之廠商 (C)票據債務人 (D)借款廠商之主要股東。

( ) **37** 有關銀行辦理保證發行商業本票業務,下列敘述何者錯誤? (A)每張面額以新臺幣壹拾萬元或其倍數為單位 (B)額度得循理動用 (C)每筆保證期限最長180天 (D)應參照一般營運週轉金貸款之審核要點辦理。

( ) **38** 買方委託承兌,委託人為交易行為之買方,匯票之發票人須為下列何者? (A)限買方 (B)限賣方 (C)買方或賣方 (D)受委託之銀行。

( ) **39** 進行情境分析時,下列何者發生機率最大? (A)最差狀況 (B)最好狀況 (C)最可能發生 (D)不會發生。

( ) **40** 由民間機構投資興建公共建設,完成後租給政府使用,租期屆滿後將該資產移轉給政府,稱為下列何者? (A)BOO

（Build-Own-Operate）　(B)BOT（Build-Operate-Transfer）
(C)BTO（Build-Transfer-Operate）　(D)BLT（Build-Lease-
Transfer）。

(　) **41** 依「中華民國銀行公會會員徵信準則」規定，企業短期授信案件
之徵信範圍，不包括下列何者？　(A)分期償還能力分析　(B)產
業概況　(C)業務概況　(D)保證人一般信譽。

(　) **42** 辦理轉開信用狀（Back To Back L/C）業務之主要目的，係因出
口廠商不希望國內廠商知悉下列何項交易內容？　(A)國外買主
名稱及貿易條件　(B)貨物保險項目及卸貨港　(C)保兌銀行及償
還銀行　(D)貨物名稱及數量。

(　) **43** 信用狀修改下列何項內容時，須做授信額度動用之變更記錄？
(A)延長裝船期限　(B)變更受益人名稱　(C)變更保險條款
(D)增減信用狀金額。

(　) **44** 下列何者非屬裝船前出口融資業務？　(A)憑輸出契約辦理之融資
(B)出口押匯　(C)憑國外訂單辦理之融資　(D)出口信用狀融資。

(　) **45** 銀行接受進口商（買方）委託簽發信用狀，規定受益人（賣方）
簽發遠期匯票，或免簽發匯票僅憑所規定單據，於規定之一定期
限，由銀行或其指定之代理銀行負責承兌或付款之授信，屬於下
列何項？　(A)開發即期信用狀　(B)開發遠期信用狀　(C)購料週
轉金貸款　(D)國外應付帳款融資。

(　) **46** 有關辦理出口信用狀融資之敘述，下列何者錯誤？　(A)不論有
無其他擔保品，皆屬擔保放款　(B)以信用狀有效期限為到期日，
一般以不超過180天為原則　(C)信用狀押匯款應優先清償本貸款
(D)憑辦之信用狀應加蓋「本筆信用狀已於OO銀行融資」。

(　) **47** 一般而言，BACK TO BACK L/C之運送單據，應以下列何者名
義裝運？　(A)MASTER L/C之受益人　(B)國外買主　(C)押匯
銀行　(D)BACK TO BACK L/C之受益人。

(　　) **48** 銀行在辦理出口押匯時，所處理者為下列何者？　(A)單據
(B)貨物　(C)勞務　(D)履約行為。

(　　) **49** 當國外寄來匯票金額大於原先已辦理D/P擔保提貨之金額時，銀
行原則上應請客戶如何處理？　(A)提供擔保本票　(B)先辦理承
兌　(C)立即補足差額　(D)向國外辦理拒付（UNPAID）。

(　　) **50** Import Factor買入出口商對進口商之應收帳款債權，所承擔之風
險不包括下列何項？　(A)進口商之信用風險　(B)進口國之政治
風險　(C)進口商之財務風險　(D)應收帳款債權移轉風險。

(　　) **51** 下列何項不適合作為進口機器設備貸款之償還來源？　(A)稅後淨利
(B)折舊　(C)保留於企業內之現金　(D)出售該筆進口之機器。

(　　) **52** 下列何種付款條件，對買方的風險最大？　(A)Cash Against
Documents　(B)Prepayment　(C)Documents against Acceptance
(D)Letter of Credit。

(　　) **53** 下列何者屬國際金融業務分行（OBU）得辦理之業務？　(A)外
幣與新臺幣間之匯兌　(B)直接投資及不動產投資　(C)收受外幣
現金　(D)境外外幣放款之債務管理及記帳業務。

(　　) **54** 外幣保證函之有效期限，未表示以受益人所在地或開狀銀行所在
地的日期為準時，應以下列何者所在地的日期為準？　(A)受益
人　(B)開狀銀行　(C)開狀申請人　(D)通知銀行。

(　　) **55** 下列何者並非目前通行於全球的國際擔保？　(A)受ISP98規範的
擔保函　(B)受URCG325規範的契約保證函　(C)受URDG758規
範的即付保證函　(D)受UCP600規範的擔保信用狀。

(　　) **56** 有關房屋貸款同額轉貸，下列何者無法顯示借款人對房屋「捨棄
意願」低？　(A)房屋為借款人自住　(B)房屋裝潢花費相當金額
(C)房屋設有第二順位抵押權　(D)原房屋貸款其已繳納相當金額
的本金及利息。

( ) **57** 某銀行推出房屋貸款，前二年以固定利率計息，第三年起以基本放款利率加碼計息，則該項計息方式屬於下列何者？　(A)固定利率　(B)機動利率　(C)固定／機動組合　(D)議定利率。

( ) **58** 辦理消費者貸款，分析借款人之償債能力，下列敘述何者錯誤？　(A)支出／收入比例（收支比）不應過高　(B)總收入應包括借、保人之收入　(C)還款來源為穩定之經常性收入為依據　(D)具有淨值之不動產，有助償債能力之強化。

( ) **59** 甲以市價2,000萬元之不動產為擔保，向銀行借款1,400萬元，若建築物之重置成本為1,000萬元，則該建築物宜投保火險金額為何？　(A)1,000萬元　(B)1,200萬元　(C)1,400萬元　(D)1,680萬元。

( ) **60** 有關汽車貸款之敘述，下列何者錯誤？　(A)銀行大多以購車後一個月內提出融資申請者，視為購車貸款　(B)銀行於審核貸放時，購車貸款之審核較週轉金貸款嚴謹　(C)購車貸款以借款人之購車價（車商之售價）為核貸金額之基準　(D)週轉金貸款係以汽車之售價（車商之進價）為核貸金額之基準。

( ) **61** 下列何者為信用卡的附加服務？　(A)集點兌換禮物　(B)延後付款　(C)循環信用　(D)預借現金。

( ) **62** 下列何者不屬於消費者貸款之特性？　(A)每戶貸款金額小件數多　(B)不具自償性　(C)對所有客戶訂定相同的貸放條件　(D)大多屬中長期融資。

( ) **63** 一般而言，消費者貸款產品之訂價方式，下列何者非屬之？　(A)供給導向之訂價　(B)成本導向之訂價　(C)需求導向之訂價　(D)競爭導向之訂價。

( ) **64** 消費者貸款，一般採用數量化核貸程序，若有不符合核貸標準規定者，如：貸款成數超過規定、借款人信用有瑕疵等，往往提高核決層級，此程序稱為下列何者？　(A)風險訂價　(B)信用評分　(C)例外管理　(D)信用循環。

( ) **65** 有關股票及有價證券貸款，下列敘述何者錯誤？ (A)擔保品應具有良好的變現性與流通性 (B)以本行股票為質者貸放成數不得超過八成 (C)未上市上櫃股票原則上不宜接受為擔保品 (D)封閉型受益憑證可在股票市場買賣。

( ) **66** 有關房屋貸款簽約對保時應注意之事項，下列何者非屬之？ (A)確認由借款人及保證人本人親簽 (B)債權憑證應徵提完整 (C)應在借據空白處盡量多預蓋借款人圖章以防缺漏 (D)應善盡授信條件告知義務並將借據影本提供客戶。

( ) **67** 銀行之授信債權若為金錢之請求時，為保全債權，對於債務人之財產應辦理下列何種保全程序？ (A)假扣押 (B)假處分 (C)假執行 (D)仲裁。

( ) **68** 銀行對催收戶甲起訴，請求返還借款，訴訟程序中甲否認借款，此時應由何人負舉證責任？ (A)銀行 (B)甲 (C)保證人 (D)法院調查。

( ) **69** 除了清償票款案件，銀行債權請求金額在新臺幣多少元以下者，適用簡易訴訟程序？ (A)五十萬元 (B)六十萬元 (C)八十萬元 (D)一百萬元。

( ) **70** 就下列何種授信戶，因財務困難、暫停營業或有停業之虞，但有重建更生之可能者，銀行可以聲請法院裁定准予重整？ (A)個人或股份有限公司 (B)公開發行股票或公司債之股份有限公司 (C)有限公司或股份有限公司 (D)無限公司或股份有限公司。

( ) **71** 借款到期案件擬申請展期時，因所提供之抵押物遭其他債權人查封，如仍有展期之必要，實務上銀行宜以下列何項方式辦理？ (A)轉列催收款 (B)借新還舊 (C)增補契約 (D)聲請更生。

( ) **72** 下列何者為「對物之執行名義」，依該項執行名義僅能查封特定之抵押物或質物，而不得查封債務人之其他財產？ (A)確定之支付命令 (B)法院之和解或調解筆錄 (C)法院准許拍賣抵押物、質物之裁定 (D)法院就本票准許強制執行之裁定。

(　) **73** 不動產經過三次拍賣未拍定，債權人亦不願承受時，其後續程序為何？　(A)發還債務人　(B)進入強制管理程序　(C)進入特別拍賣程序　(D)視為撤回強制執行。

(　) **74** 銀行之不動產抵押物若遭第三人聲請強制執行，即將進行拍賣，銀行應立刻採取下列何種法律程序？　(A)假扣押　(B)假處分　(C)參與分配　(D)提起異議之訴。

(　) **75** 下列何者非屬金融機構向中小企業信用保證基金申請代位清償之範圍？　(A)本金　(B)積欠利息　(C)違約金　(D)訴訟費用。

(　) **76** 有關重整程序，下列敘述何者正確？　(A)應立即停止強制執行程序　(B)債權人不得申請重整　(C)公司之經營權轉移給債權人　(D)公司應選任重整監督人。

(　) **77** 銀行「墊款」之授信債權，其消滅時效期間為下列何者？　(A)二年　(B)五年　(C)十年　(D)十五年。

(　) **78** 破產宣告前，對於債務人之財產有下列何項權利者，得不依破產程序而行使其權利？　(A)留置權　(B)典權　(C)地上權　(D)地役權。

(　) **79** 依中小企業信用保證基金規定，送保案件之授信對象停止營業時，銀行應通知信保基金之期限為何？　(A)發生該情形之日起一個月內　(B)發生該情形之日起二個月內　(C)知悉該情形之日起一個月內　(D)知悉該情形之日起二個月內。

(　) **80** 支票執票人對發票人請求權之消滅時效期間有多久？　(A)二個月　(B)四個月　(C)六個月　(D)一年。

解答與解析　（答案標示為#者，表官方曾公告更正該題答案。）

1 (A)。又可分為內部保障及外部保障，分述如下：

1.內部保障：專指銀行與借款人之間的直接關係：
(1)借款人的財務結構。
(2)擔保品。
(3)放款契約的限制條件。

2.外部保障：指由第三者對銀行承擔借款人的信用責任而言。

2 (A)。消費性貸款：對於房屋購置、房屋修繕、耐久性消費財（包括汽車），支付學費、信用卡循環信用及其他個人之小額貸款均包括在內的借貸行為。

3 (D)。銀行法第33條規定：「銀行對其持有實收資本總額百分之五以上之企業，或本行負責人、職員、或主要股東，或對與本行負責人或辦理授信之職員有利害關係者為擔保授信，應有十足擔保，其條件不得優於其他同類授信對象，如授信達中央主管機關規定金額以上者，並應經三分之二以上董事之出席及出席董事四分之三以上同意。……」

4 (C)。銀行法第32條規定：「銀行不得對其持有實收資本總額百分之三以上之企業，或本行負責人、職員、或主要股東，或對與本行負責人或辦理授信之職員有利害關係者，為無擔保授信。但消費者貸款

及對政府貸款不在此限。」是銀行可以對該銀行持有實收資本總額百分之二之企業。

5 (B)。速動比率是指速動資產對流動負債的比率。為測驗緊急清償短期負債之能力及流動資本之地位，而將變現能力較弱資產剔除，以供緊急償債之用之分析比率為速動比率。

6 (D)。中小企業信用保證基金保證對象：

一、中小企業：符合行政院核定「中小企業認定標準」之中小企業，惟不含金融及保險業、特殊娛樂業。所稱中小企業，係指依法辦理公司登記或商業登記，並合於下列標準之企業（不含分支機構或附屬機構）：

(1)實收資本額在新臺幣1億元以下，或經常僱用員工數未滿200人之事業。

(2)無下列票信、債信異常企業移送信用保證限制事項：

A.企業或其關係人使用票據受拒絕往來處分中，或知悉其退票尚未辦妥清償註記之張數已達應受拒絕往來處分之標準。

B.企業或其關係人之債務，有下列情形之一：

a.債務本金逾期尚未清償。

b.尚未依約定分期攤還，已超過1個月。

　　c.應繳利息尚未繳付，延滯期
　　　間已超過3個月。
二、創業個人
三、其他經信保基金董事會通過並
　　經經濟部核准之保證對象。

7 (C)。(A)備償票據未載明利率時，
最高以年百分之六計息。
(B)貸款契約未載明利率時，應適
用年息百分之五。
(D)約定利率逾週年百分之十二者，
經一年後，債務人得隨時清償原
本。但須於一個月前預告債權人。

8 (C)。替代股權：以銀行的融資，
替代原本應由股東提供之股款，要
承擔最高之風險。在資金的用途類
型中，以「購買資產」為最佳用
途，「償還既存債務」次之，至於
「替代股權」之用途則屬最差。

9 (C)。銀行法第72-2條：「商業銀行
辦理住宅建築及企業建築放款之總
額，不得超過放款時所收存款總餘
額及金融債券發售額之和之百分之
三十。」

10 (B)。保付僅適用於支票。
票據保證僅適用於匯票及本票。
匯票及本票之發票人可以於付款
人外，記載一人為擔當付款人，
支票則不行。

11 (B)。專業銀行是指收受各種存
款，供給特定專業信用的銀行，
包括工業銀行、農業銀行、輸出

入銀行、中小企業銀行、不動產
信用銀行及國民銀行等六種。

12 (D)。甲銀行非為利害關係人之同
一法人授信總餘額，不得超過該銀
行淨值15%，120億×15%=18億。

13 (C)。中小企業信用保證基金保證
對象：
1.中小企業：符合行政院核定
「中小企業認定標準」之中小
企業，惟不含金融及保險業、
特殊娛樂業。
2.創業個人。
3.其他經信保基金董事會通過並
經經濟部核准之保證對象。

14 (B)。依「中華民國銀行公會會員
徵信準則」第18條規定，授信戶
新年度會計師財務報表查核報告
及關係企業三書表如未能於會計
年度結束五個月內（即新年度開
始至該年六月一日前）提出，遇
有授信案展期、續約或申請新案
時，得先依據其提供之暫結報表
或決算報表予以分析。

15 (A)。根據中小企業信用保證基金
「直接信用保證」保證手續費計
收規則，中小企業信用保證基金
視申貸企業之信用狀況、營業狀
況、財務狀況、保證條件與無形
資產狀況，依風險高低分為A、
B、C三組群，各組群之保證手續
費率以A組群最低、C組群最高。

16 (C)。同一貨品先由一方售予他
方，嗣後再向他方購回者，銀行
得拒絕核給國內信用狀授信額度
或拒絕受理信用狀之開發。選項
(C)有誤。

17 (C)。發行商業本票保證：委請銀
行保證後，企業可發行商業本票
以在貨幣市場獲取短期資金，有
助於企業在銀行體系之外增加取
得資金管道。

18 (C)。租賃業的主要營業項目包
括租賃業務（含資本性及營業
性）、分期付款業務、應收帳款
業務及資金直接貸放等，國內主
要的大型租賃公司均同時經營多
種業務，部分中小型租賃公司則
專營車輛租賃業務，業者大多業
務與資金融通項目有關。

19 (B)。短期授信為一年以下，主
要是支應企業周轉中所需支付的
流動資產、產銷費用等；又稱為
經常性融資。短期授信業務主要
有：一般周轉金貸款、墊付國內
票款等。

20 (B)。機器設備貸款和房屋貸款一
樣，銀行在進行前述兩者貸款作
業時，為考量債權安全性及擔保
品（機器和房屋）之完整性，皆
會對擔保品進行設定抵押權。而
銀行在辦理設備抵押貸款時，一
般都將抵押率確定在50%。

21 (D)。償還借入款屬籌資活動現金
流量項目。

22 (C)。BOT為Build-Operate-
Transfer的簡稱，一般係指民間企
業支付權利金，取得政府特許以
投資及籌資興建公共設施，並於
興建完成後一定期間內經營該設
施，特許經營期間屆滿後，再將
該設施之所有資產移轉予政府。
若不需移轉資產而由民間企業繼
續營運者，則為BOO（Own）
模式。目前興建中的台灣高速鐵
路，即是採BOT模式，民營電廠
則採BOO模式。

23 (C)。在BOT的計畫風險之評估
中，政治風險與政府承諾屬於外
在環境方面評估要點。

24 (B)。利息保障倍數＝（稅前淨利
＋利息費用）／利息費用

25 (C)。公司法第247條：公開發
行股票公司之公司債總額，不得
逾公司現有全部資產減去全部負
債後之餘額。無擔保公司債之總
額，不得逾前項餘額二分之一。

26 (D)。依公司法第247條規定：
「公開發行股票公司之公司債總
額，不得逾公司現有全部資產減
去全部負債後之餘額。無擔保公
司債之總額，不得逾前項餘額二
分之一。

27 (A)。票據法第43條：承兌應在匯票正面記載承兌字樣，由付款人簽名。付款人僅在票面簽名者，視為承兌。

28 (A)。(B)透支應是現金管理的輔助融資，屬應急及備用功能，不得視為一般短期週轉來運用。(C)透支僅作為企業緊急調度準備之用，企業動用透支額度的時間均甚短。透支做為輔助性融資之用。(D)透支之利率較一般短期新台幣放款利率高，且採浮動利率。故透支之利率定價最高。

29 (D)。建築融資：以興建工程計畫做為貸款依據，須有完整的營建計畫書，且資金是依照工程進度撥款，而不是一次性放款。銀行建築融資無論是建商或個人建築融資，申辦對象都須有建築執照起造人的資格，與土地所有權才夠辦理建築融資，且銀行辦理以短期為主，建築融資限制不得超過五年。銀行的建築融資成數都不太一樣，不過都會落在工程費用的50%～70%左右，而銀行在評估建築融資撥款成數時大多會依照各地建築公會所公布的工程造價作為基準。

30 (B)。股份有限公司為了籌措長期資金，發行有價證券，向投資人舉債所發行的有價證券，稱做公司債。股利分配是公司向股東分派股利，是企業利潤分配的一部分，而且股利屬於公司稅後淨利潤分配，故不會用公司債去支付股利。

31 (A)。存貨週轉期愈短，流動資金使用效率越好，則企業的週轉天數可以愈長，故企業年平均營運週轉金需求量愈少。

32 (C)。肯定條款：例如：在授信期間內維持一定金額以上之淨週轉金；按期提供各種財務報告表；有關第三人之保證或承諾。
否定條款：例如：禁止超過某期間或金額以上之新借款；禁止合併、固定資產出售或出租；禁止債務保證、出售應收帳款、投資或保證。
限制條款：例如：分紅、減資、償還其他長期債務，增加固定資產之限制；財務比率、債務總額之限制。

33 (B)。完工風險是指項目無法完工、延期完工或者完工後無法達到預期運行標準的風險，即項目建設過程中的工期、費用和質量三大要素任一沒有達到預期要求，在項目開發過程中，包括勘察、設計、施工、材料、監理等諸多環節，如果開發公司以出包方式委託建築商完成工作，就會由其負責賠償事宜，在出現問題的情況下，可能對公司產生不良影響。

34 (A)。進口押匯係銀行接受借款人之委託，對其國外賣方先行墊付信用狀項下單據之款項，並寬限借款人於約定之期限內備妥款項贖領進口單據之融通方式，進口押匯屬於直接授信。

35 (B)。短期週轉金貸款係在企業營運面臨短期週轉需求時，當公司的現金、應收帳款及產品存貨等流動性資產出現短缺，可申請經常性週轉資金貸款，提供營運週轉金，以強化企業競爭力，並維持業務的正常運作，解決資金週轉問題。

36 (C)。辦理墊付國內票款融資係以應收票據之兌付為還款來源，銀行應注意交易真實性及票據債務人債信情形。

37 (C)。每筆最長保證期限不得超過一年。

38 (C)。買方委託承兌：為銀行接受買方委託，對交易行為之買方或賣方所簽發之匯票予以承兌。
賣方委託承兌：指委託人為交易行為之賣方，並為匯票之發票人，由銀行擔任匯票付款人並予以承兌。

39 (C)。就字面意義，最可能發生之發生機率最大，故選項(C)正確。

40 (D)。BOT（Build-Operate-Transfer）：一般係指民間企業支付權利金，取得政府特許以投資及遣資興建公共設施，並於興建完成後一定期間內經營該設施，特許經營期間屆滿後，再將該設施之所有資產移轉予政府。
BLT（Build-Lease-Transfer）：由民間機構投資興建公共建設，完工後租給政府使用，租期屆滿後將該資產移轉給政府。
BTO（Build-Transfer-Operate）：由民間機構籌資興建公共建設，興建完成後將資產移轉給政府（政府取得所有權），再由政府委託該民間機構經營一段期間。
BOO（Build-Own-Operate）：為配合國家政策，由民間自行覓土地籌資規劃興建，擁有所有權，並自為營運，無須將資產移轉給政府，民營電廠即屬BOO模式。

41 (A)。分期償還能力分析屬於中長期授信。

42 (A)。憑國外開來的（Master L/C）向本地銀行申請另開一張以國內或國外供應商為受益人的信用狀，稱為轉開信用狀（Back to Back L/C）。
當信用狀受益人本身並非貨物的供應商，但不願讓進口商知道其本身並非供應商，同時亦不願讓進口商知道本身以低價購得貨物轉賣，或避免國外買方與供應商直接接觸時，便可向中間貿

易商所在地之通知銀行或其往來
之銀行，憑國外開本人的信用狀
（Master L/C）申請另開一張轉
開信用狀（Back to Back L/C）給
國內或國外供應商。憑MASTER
L/C轉開BACK TO BACK L/C兩
者係分立之交易，裝船期限可以
早於MASTER L/C。

43 (D)。信用狀所修改之內容如涉及
信用狀額度之變動，則須先申請
開狀額度或授信條件獲准後，始
得修改。

44 (B)。出口押匯：出口商依據信用
狀規定，簽發匯票，並備妥貨運
單據，連同有關押匯文件一併提
交指定銀行申請押匯。銀行審單
人員依據信用狀內容，逐步審核
匯票和貨運單據，如押匯文件符
合信用狀之要求，銀行會把押匯
款扣除手續費、電報費、郵費、
利息後之淨額，撥入出口商指定
之帳戶。
出口押匯為裝船後出口融資業
務。

45 (B)。遠期信用狀（Usance L/
C）：即出口廠商或受益人依信用
狀上規定，以開發遠期匯票為動
支工具。亦即開狀銀行在接到出
口廠商（或受益人）提示遠期之
匯票或交單時，開狀銀行先予以
承兌，匯票到期時始行付款，其
期限可為30天、60天、90天、120
天、150天或180天不等。

46 (A)。有另外擔保品者才屬於擔保
放款。

47 (A)。憑國外開來的（Master L/
C）向本地銀行申請另開一張以
國內或國外供應商為受益人的信
用狀，稱為轉開信用狀（Back to
Back L/C）。

48 (A)。出口押匯是銀行憑出口商提
交的信用證或托收項下單據，向
出口商提供的短期資金融通，包
括信用證項下即期押匯，遠期押
匯/貼現和托收押匯。
出口押匯是出口商將全套出口單
據交到業務銀行，銀行按照票面
金額扣除從押匯日到預計收匯日
的利息及相關費用，將淨額預
先付給出口商的一種短期資金融
通。

49 (C)。當國外寄來匯票金額大於原先
已辦理D/P擔保提貨之金額時，銀行
原則上應請客戶立即補足差額。

50 (B)。Import Factor買入出口商對
進口商之應收帳款債權，所承擔之
風險包括進口商之信用風險、進口
商之財務風險、移轉風險等。

51 (D)。
進口機器設備資金貸款：是指為
協助國內廠商提升技術水準，改
善生產設備或從事新投資，銀行
就其進口設備所需之中長期資金
給予融通，於國外供應商辦理出

口押匯時，由銀行墊借外幣，與客戶約定分若干期結匯償還。

52 (B)。1.預付現金（Cash in advance payment）是一種貿易付款的方法，買方或進口商預先支付全額貨款給賣方或出口商，賣方或出口商收到貨款後才出貨。此種付款條件對買方或進口商的風險最大，而賣方或出口商的風險是最低。

2.CAD（CASH AGAINST DOCUMENTS）即交單付現，買方付款後，賣方交單。買方付款是賣方交單的前提條件，在賣方對買方資信不了解的情況下採用此種支付方式對賣方具有保護作用。

3.Documents against acceptance（D/A）是一種進口商和出口商之間的信用協議，出口商將D/A寄給進口商，進口商只有在簽署文件後才能取得貨物。簽署D/A意味著進口商同意在未來的某個日期付款。

53 (D)。國際金融業務條例第4條規定：「國際金融業務分行經營之業務如下：一、收受中華民國境外之個人、法人、政府機關或境內外金融機構之外匯存款。二、辦理中華民國境內外之個人、法人、政府機關或金融機構之外幣授信業務。三、對於中華民國境內外之個人、法人、政府機關或金融機構銷售本行發行之外幣金融債券及其他債務憑證。四、辦理中華民國境內外之個人、法人、政府機關或金融機構之外幣有價證券或其他經主管機關核准外幣金融商品之買賣之行紀、居間及代理業務。五、辦理中華民國境外之個人、法人、政府機關或金融機構之外幣信用狀簽發、通知、押匯及進出口託收。六、辦理該分行與其他金融機構及中華民國境外之個人、法人、政府機關或金融機構之外幣匯兌、外匯交易、資金借貸及外幣有價證券或其他經主管機關核准外幣金融商品之買賣。七、辦理中華民國境外之有價證券承銷業務。八、境外外幣放款之債務管理及記帳業務。九、對中華民國境內外之個人、法人、政府機關或金融機構辦理與前列各款業務有關之保管、代理及顧問業務。十、辦理中華民國境內外之個人、法人、政府機關或金融機構委託之資產配置或財務規劃之顧問諮詢、外幣有價證券或其他經主管機關核准外幣金融商品之銷售服務。十一、經主管機關核准辦理之其他外匯業務。……」

54 (A)。外幣保證函之有效期限未表示以受益人所在地或開證銀行所在地之日期為準時，應以受益人所在地之日期為準。

55 (B)。受URCG325規範的契約保證函（Contract Guarantee）並非目前通行於全球的國際擔保。

56 (C)。若房屋設有第二順位抵押權，借款人償還能力較差、捨棄房屋意願較其他選項高。

57 (C)。固定利率指房屋貸款整個貸款期間，皆為同一個利率，不作調整。

機動利率是以基本放款利率加碼計息。

58 (B)。消費者貸款係寄望以借款人之薪資、利息、投資或其他所得扣除生活支出後所餘之資金，作為其還款來源。不包含出售擔品收入。

59 (A)。建築物投保火險金額以保障建物，故以建物之重置成本1,000萬元為宜。

60 (B)。購車貸款因為會以汽車作為擔保品，故審核週轉金貸款較為嚴謹。

61 (A)。信用卡附加服務包含：認同卡、旅遊平安保險、道路救援服務、失卡零風險、購物保障、集點兌換禮物、撥打國際電話、特定商店刷卡消費優惠。

62 (C)。消費者貸款對所有客戶可訂定不相同的貸放條件，依客戶風險程度不同決定。

63 (A)。消費者貸款依據資金成本加預期報酬率及其他管理成本來訂價者，為成本導向。競爭者導向是指企業的市場營銷活動要以競爭者為中心，關註競爭對手的營銷策略和行為，並確保相對於競爭對手的競爭優勢。

消費者貸款產品的訂價方式，若以強調產品的特色，建立客戶心目中的特殊形象為主要依據，是屬於需求導向。

64 (C)。

65 (B)。銀行不得接受客戶持有自家銀行股票為質設擔保品。

66 (C)。對白過程即一連串的填寫文件和蓋章，對保之銀行專員應口頭說明清楚確認無誤後才能請借款人簽名和蓋章，不可預蓋章。

67 (A)。假扣押：債權人為避免債務人變更財產現狀，而聲請禁止其處分財產；聲請假扣押須有要保全強制執行的「金錢請求」或「得易為金錢請求的請求」。聲請假扣押時，通常法院裁定應提供擔保之金額或價額，約為請求假扣押金額之三分之一。

假處份：債權人對債務人聲請「金錢請求以外的請求」，法院裁定強制或禁止債務人對請求的標的為一定行為，進而達到確保債權人請求的保全程序。取得假處分裁定後，必須於三十天內聲請假處分執行。

68 (A)。借款返還訴訟，有2個重要切入點，一是「借款交付」，一是「借貸意思表示合致」。而依民事訴訟法第277條之規定，起訴請求返還借款之原告，對於此二要件應負舉證責任。按舉證責任分配，故若被告否認借據上簽章為真正時，應由原告（即銀行）負舉證責任。

69 (A)。民事訴訟法所規定之簡易訴訟程序，其適用之金額門檻為新臺幣五十萬元以下。

70 (B)。公司法第282條規定：「公開發行股票或公司債之公司，因財務困難，暫停營業或有停業之虞，而有重建更生之可能者，得由公司或左列利害關係人之一向法院聲請重整。」

71 (C)。債務人之借款到期，未積欠利息，因所提供之抵押物為其他債權人聲請法院查封，如仍有展期之必要，銀行實務上應以增補契約方式辦理，而不採借新還舊方式辦理，以免無法對抗執行債權人。

72 (C)。持「法院准許拍賣抵押物、質物之裁定」之執行名義，僅能查封特定之抵押物或質物，而不得查封債務人之其他財產。

73 (C)。步驟一：「聲請強制執行」：債權人取得執行名義後，遞狀聲請法院強制執行不動產。
步驟二：「現場查封揭示」：法院排定日期後，由債權人導往現場強制執行不動產，並同時行文所在地之地政事務所辦理查封登記，如有增建，須地政機關測量。
步驟三：「不動產鑑價」：由法院行文通知其指定之不動產估價機構或不動產估價師對強制執行之不動產鑑價。
步驟四：「不動產詢價」：法院收到不動產鑑價報告後，發函通知債權人及債務人於排定日期至法院詢問鑑價意見。
步驟五：第一次拍賣：以詢價結果訂定第一次拍賣之價格。
第二次拍賣：以第一次拍賣價格降減20%以內之價格訂定第二次拍賣之價格。
第三次拍賣：以第二次拍賣價格降減20%以內之價格訂定第三次拍賣之價格。
特別拍賣程序：因拍賣三次無法拍定得於公告之日起3個月內依第三次拍賣底價承買。或聲請另行估價或再減價拍賣，未聲請者，視為撤回該不動產之執行。
步驟六：「法定分配」：法院拍賣之不動產於第一、二、三次或特別拍賣程序中拍定時，應依規定製作分配表將拍賣所得之價金分配給相關債權人。

74 (C)。銀行之不動產抵押物若遭第三人聲請強制執行，即將進行拍

賣，銀行為保障債權，應立刻申請參與分配。

75 (C)。信保基金代位清償之範圍：包括本金、積欠利息、逾期利息、訴訟費用（違約金非代位清償之範圍），其中逾期利息最高以授信到期日後「六個月」為限。

76 (A)。(B)公開發行股票或公司債的公開發行公司，因財務困難、暫停營業或有停業之虞，而有重建更生之可能者，則可以聲請重整。(C)公司法第293條規定：「重整裁定送達公司後，公司業務之經營及財產之管理處分權移屬於重整人，由重整監督人監督交接，並聲報法院，公司股東會、董事及監察人之職權，應予停止。……」(D)法院接到重整申請後於裁定前應先選任檢查人，檢查人應對公司業務有專門學識或經營經驗，而非利害關係人。

77 (D)。一般借款契約、墊款或借據本金及違約金請求權之時效為「十五年」。一般借款契約、墊款「利息」請求權之時效為「五年」。保險金請求之時效為「二年」。

78 (A)。根據破產法第108條，在破產宣告前，對於債務人之財產有質權、抵押權或留置權者，就其財產有別除權。有別除權之債權人，不依破產程序而行使其權利。

79 (D)。信用保證案件尚未到期，有下列情形之一，授信單位未於知悉之日起二個月內通知本基金，致本基金在該二個月期限後，對該授信戶及其關係人新增保證債務者，本基金就該新增保證金額範圍內解除保證責任。(一)授信對象停止營業者。(二)未能依約分期攤還已超過一個月者。(三)授信對象或其負責人受票據交換所拒絕往來處分者。(四)應繳付之利息延滯期間已超過三個月者。

80 (D)。票據法第22條第1項：支票執票人對支票發票人自發票日起算，一年間不行使，因時效而消滅。

第42屆　授信法規

( )　**1**有關銀行對與本行負責人或辦理授信之職員有利害關係者之授信，下列何者不符銀行法之規定？　(A)為擔保授信，應有十足擔保　(B)為擔保授信，其條件不得優於其他同類授信對象　(C)不得為無擔保授信，但消費者貸款及對政府貸款不在此限　(D)為擔保授信，如授信達中央主管機關規定金額以上者，應經四分之三以上董事之出席及出席董事二分之一以上同意。

( )　**2**下列何者不是銀行法所稱「同一關係人」之範圍？　(A)配偶擔任總經理之企業　(B)三親等以內之姻親　(C)二親等以內之血親　(D)配偶。

( )　**3**下列何者不是金融控股公司法所定義之金融機構？　(A)投信投顧公司　(B)銀行　(C)保險公司　(D)證券商。

( )　**4**有關金融機構概括承受或概括讓與，準用下列何者之規定？　(A)銀行法　(B)提存法　(C)金融控股公司法　(D)金融機構合併法。

( )　**5**依國際金融業務條例規定，下列何者不是國際金融業務分行所得經營之業務？　(A)境外外幣放款之債務管理及記帳業務　(B)辦理對大陸台商之外匯存款　(C)辦理中華民國境外之有價證券承銷業務　(D)辦理中華民國境外法人、政府機關或金融機構之外幣授信業務。

( )　**6**依民法規定，依照當事人一方預定用於同類契約之條款，所訂定之契約如有加重他方當事人之責任者，則發生下列何種效力？　(A)全部契約無效　(B)該部分約定無效　(C)有無效力由雙方當事人決定　(D)有無效力待法院判決。

( )　**7**某甲於112.3.3在B銀行存入一筆定期存款壹佰萬元，該定期存款於112.4.4經法院扣押，其後B銀行於112.5.5對甲辦理放款壹仟萬元，一個月後該筆放款發生逾期，則B銀行對該筆定期存款得否逕為抵銷？　(A)不得為抵銷　(B)得為抵銷　(C)經甲同意，得為抵銷　(D)經法院同意，得為抵銷。

(　) 　**8** 依民法規定，應付利息之債務，其利率未經約定，亦無法律可據者，週年利率為多少？　(A)百分之五　(B)百分之六　(C)百分之十二　(D)百分之二十。

(　) 　**9** 依民法規定，受任人受概括委任者，得為委任人為一切行為，但不動產之租賃其期限逾幾年者，須有特別之授權？　(A)二年　(B)五年　(C)七年　(D)十年。

(　) 　**10** 依公司法規定，下列敘述何者錯誤？　(A)公司非在中央主管機關登記後，不得成立　(B)公司設立登記後，有應登記之事項而不登記者，得以其事項對抗第三人　(C)公司之清算人在執行職務範圍內，亦為公司之負責人　(D)公司之經理人在執行職務範圍內，亦為公司之負責人。

(　) 　**11** 依公司法規定，有關公司聲請重整，下列敘述何者錯誤？　(A)公開發行股票或公司債之公司始得聲請　(B)得由公司聲請，並經董事會以董事2/3以上出席及出席董事過半數同意之決議行之　(C)得由繼續三個月以上持有已發行股份總10%以上股份之股東聲請　(D)得由相當於公司已發行股份總數金額10%以上之公司債權人聲請。

(　) 　**12** 依票據法規定，本票發票人所負責任，與下列何者所負責任相同？　(A)匯票背書人　(B)匯票發票人　(C)匯票承兌人　(D)本票背書人。

(　) 　**13** 依票據法規定，支票執票人未於法定期限內為付款提示，對於下列何者喪失追索權？　(A)全體債務人　(B)承兌人　(C)保證人　(D)發票人以外之前手。

(　) 　**14** 下列哪一種票據是有效之票據？　(A)票面載明有條件付款之支票　(B)支票未載受款人但有背書人　(C)發票日欠缺記載「年」之支票　(D)於發票人交付受款人前，發票人改寫票據金額，並在改寫處蓋章之支票。

(　　) **15** 於下列何種情形時，匯票執票人於到期日前不得行使追索權？
(A)發票人死亡時　(B)匯票不獲承兌時　(C)承兌人死亡時
(D)承兌人受破產宣告時。

(　　) **16** 依動產擔保交易法規定，債務人不履行契約，致有害於抵押權之
行使者，抵押權人得占有抵押物。抵押權人依此規定占有抵押
物時，應於多久前通知債務人？　(A)三日　(B)四日　(C)五日
(D)七日。

(　　) **17** 依民事訴訟法規定，法院依被告之意願而為分期給付或緩期清償
之判決者，得於判決內定被告逾期不履行時應加給原告之金額。
但其金額不得逾判決所命原給付金額或價額之多少？　(A)二分
之一　(B)三分之一　(C)四分之一　(D)五分之一。

(　　) **18** 依強制執行法規定，拍賣之不動產無人應買，亦無人承受者，由
執行法院定期再行拍賣，該再行拍賣之期日距公告之日，期間為
多久？　(A)不得少於7日多於20日　(B)不得少於7日多於30日
(C)不得少於10日多於20日　(D)不得少於10日多於30日。

(　　) **19** 在不動產特別拍賣程序中，債權人申請為另行估價或減價拍賣，
應於何時向執行法院提出，否則視為撤回該不動產之執行？
(A)在特別拍賣期限內，無人應買前　(B)在特別拍賣期滿後，無
人應買前　(C)在特別拍賣期限內，有人應買後　(D)在特別拍賣
期滿後，有人應買後。

(　　) **20** 依稅捐稽徵法規定，下列何者優先於一切債權及抵押權？
(A)綜合所得稅　(B)貨物稅　(C)地價稅　(D)證券交易稅。

(　　) **21** 具競爭關係之同一產銷階段之事業以契約、協議或其他方式合
意，共同決定商品或服務之價格、數量、技術、產品、設備、交
易對象、交易地區或其他相互約束事業活動之行為，而足以影響
生產、商品交易或服務供需之市場功能者，為公平交易法所稱
之下列何種行為？　(A)聯合行為　(B)結合行為　(C)寡占行為
(D)獨占行為。

( ) **22** 有關消費者保護法中之用詞定義，下列敘述何者錯誤？ (A)「消費關係」乃指消費者與企業經營者間就商品或服務所發生之法律關係 (B)「訪問交易」乃指企業經營者未經邀約而在消費者之住居所或其他場所從事銷售，所為之買賣 (C)「定型化契約」乃指以消費者提出之定型化契約條款作為契約內容之全部或一部而訂定之契約 (D)「消費者」乃指以消費為目的而為交易、使用商品或接受服務者。

( ) **23** 依金融消費者保護法規定，金融消費者不接受金融服務業處理結果，得於收受處理結果之日起幾日內，向爭議處理機構申請評議？ (A)二十日 (B)三十日 (C)六十日 (D)九十日。

( ) **24** 依個人資料保護法之定義，下列何者不屬於個人資料之處理？ (A)為建立個人資料檔案所為資料之儲存 (B)將所蒐集個人資料供子公司為交叉行銷 (C)為利用個人資料檔案所為資料之編輯 (D)為利用個人資料檔案所為資料之更正。

( ) **25** 公務員利用電腦或其相關設備洩漏客戶資料者，觸犯刑法上之洩密罪，應按其法定本刑，加重其刑度至多少？ (A)四分之一 (B)三分之一 (C)二分之一 (D)四分之三。

( ) **26** 依電子簽章法規定，憑證機構對因其經營或提供認證服務之相關作業程序，因過失致下列何者受有損害者，應負賠償責任？ (A)僅當事人 (B)僅信賴該憑證之善意第三人 (C)當事人或信賴該憑證之善意第三人 (D)當事人或任意第三人。

( ) **27** 依「中華民國銀行公會會員徵信準則」規定，徵信報告書一經核定，除係筆誤或繕校錯誤外，可否再修改內容？ (A)不得更改 (B)除徵信人員外不得更改 (C)除授信人員外不得更改 (D)視授信期間而定。

( ) **28** 甲公司於112年5月15日申請新臺幣五千萬元之授信案，未能提出111年度會計師財務報表查核報告時，依「中華民國銀行公會會員徵信準則」規定，得以下列何種資料辦理徵信？ (A)甲公司

出具之暫結報表或決算報表即可　(B)甲公司聲明補送會計師財務報表查核報告即可　(C)甲公司出具之暫結報表或決算報表及未更換會計師之聲明書　(D)甲公司出具之暫結報表或決算報表及聲明書，並責成甲公司限期補送會計師財務報表查核報告。

(　) **29** 依「中華民國銀行公會會員徵信準則」規定，對中小企業總授信金額在新臺幣六百萬元以下，或一千五百萬元以下具有十足擔保者之短期授信者，下列何者不屬於其簡化後之徵信範圍？ (A)企業之組織沿革　(B)產銷及損益概況　(C)存款及授信往來情形　(D)財務狀況及產業概況。

(　) **30** 依「中華民國銀行公會會員徵信準則」規定，個人授信戶填送之個人收入情形，若與綜合所得稅申報書內容有出入時應以下列何者之收入為準，作為其償還能力與還款財源之參考？ (A)個人填送資料　(B)申報書內容　(C)個人填送與申報書內容金額二者孰低　(D)個人填送與申報書內容金額二者孰高。

(　) **31** 依「關係企業合併營業報告書關係企業合併財務報表及關係報告書編製準則」規定，關係企業合併財務報表附註應就控制公司與從屬公司分別揭露重大或有事項等相關資訊，但從屬公司之總資產及營業收入均未達控制公司各該項金額多少比率者，得免予揭露？ (A)10%　(B)15%　(C)20%　(D)25%。

(　) **32** 依主管機關規定，個人購屋貸款不得記載事項，不包括下列何者？ (A)不得約定拋棄契約審閱期間　(B)不得約定借款人僅得向特定之保險公司投保　(C)不得與借款人約定限制清償期間　(D)不得約定已簽具借據或借款憑證之借款人提供票據作為擔保。

(　) **33** 依「中華民國銀行公會會員授信準則」規定，銀行承作不動產逆向抵押貸款應注意之風險，不包括下列何者？ (A)長壽風險　(B)擔保品市價風險　(C)匯率風險　(D)利率風險。

(　) **34** 依據經濟部中小企業發展條例所訂定之「中小企業認定標準」，經常僱用員工數係以勞動部勞工保險局受理事業最近幾個月月投保人數為準？ (A)十二個月　(B)九個月　(C)六個月　(D)三個月。

（　） **35** 依「中華民國銀行公會會員授信準則」規定，辦理授信業務之五項審核原則為何？　(A)安全性、流動性、公益性、收益性及成長性　(B)借款戶、資金用途、償還來源、債權保障及授信展望　(C)交易性、自償性、流動性、安全性及還款來源　(D)借款戶、授信期間、債權保障、撥貸辦法及利率條件。

（　） **36** 下列何者之授信方式不具自償性功能？　(A)墊付國內應收款項　(B)融資性商業本票保證　(C)出口押匯　(D)貼現。

（　） **37** 甲銀行淨值為新臺幣1,000億元，依主管機關規定，對該銀行之主要股東大大公司辦理擔保授信之總餘額上限為多少？　(A)20億元　(B)60億元　(C)100億元　(D)120億元。

（　） **38** 依主管機關規定，辦理授信業務，下列敘述何者正確？　(A)地上權設定抵押權所擔保之授信，不得列為銀行法第12條之擔保授信　(B)銀行憑政府機關核准設立之保險公司所為之保證保險辦理授信，不得視為擔保授信　(C)銀行對其有利害關係者之授信，中小企業信用保證基金未保證之成數部分已另提足夠擔保品者，視為擔保授信　(D)銀行辦理同業拆款，得不受銀行法第33條之3第1項規定限制，故銀行無須訂定對同業拆款之上限。

（　） **39** 依「銀行資產評估損失準備提列及逾期放款催收款呆帳處理辦法」規定，有關列報逾期放款範圍，下列敘述何者錯誤？　(A)本金超逾約定清償期限三個月以上，而未辦理轉期或清償者　(B)放款清償期雖未屆滿三個月，但已向主、從債務人訴追或處分擔保品者　(C)中長期分期償還放款未按期攤還逾三個月以上者　(D)本金未到期而利息已延滯二個月以上之放款。

（　） **40** 依主管機關規定，准免列入逾期放款列報範圍之授信案件，若未依原分期償還契約履行時，金融機構應於何時列報逾期放款？　(A)未依原分期償還契約履行時　(B)未依原分期償還契約履行逾一個月時　(C)未依原分期償還契約履行逾二個月時　(D)未依原分期償還契約履行逾三個月時。

( )　**41** 授信資產經評估有足額擔保部分,且授信戶積欠本金或利息超過清償期12個月者,應歸類屬於下列何種不良授信資產? 　(A)應予注意者　(B)可望收回者　(C)收回困難者　(D)收回無望者。

( )　**42** 依「銀行資產評估損失準備提列及逾期放款催收款呆帳處理辦法」規定,逾期放款轉入催收款時,應計之應收利息仍未收清者,應計算至何日,一併轉入催收款項? 　(A)清償期屆滿日　(B)轉列催收款日　(C)清償期屆滿日起算三個月　(D)清償期屆滿日起算六個月。

( )　**43** 金融機構承作個人消費性貸款業務時,得否對債務人本人及其保證人以外之第三人進行催收? 　(A)催收業務未委外時,得對第三人催收　(B)催收業務委外時,得對第三人催收　(C)不論催收業務是否委外,均得對第三人催收　(D)不論催收業務是否委外,均不得對第三人催收。

( )　**44** 指定銀行辦理出口外匯業務,應於承作之次營業日,將交易日報送下列何者? 　(A)中央銀行　(B)經濟部國貿局　(C)金管會銀行局　(D)銀行公會。

( )　**45** 依銀行業辦理外匯業務作業規範,下列敘述何者錯誤? 　(A)開發信用狀保證金收取比率,由指定銀行自行決定　(B)開發信用狀應憑國內客戶提供之交易單據辦理　(C)以新臺幣結購進口所需外匯者,指定銀行應掣發其他交易憑證　(D)掣發單證得以電子文件製作。

( )　**46** 依第三地區法規組織登記之銀行,且大陸地區人民、法人、團體、其他機構對其具有控制能力,為「台灣地區與大陸地區金融業務往來及投資許可管理辦法」所稱之何種銀行? 　(A)子銀行　(B)參股銀行　(C)陸資銀行　(D)大陸地區商業銀行。

( )　**47** 依主管機關規定,下列何者不得為信用卡正卡持卡人之附卡持卡人? 　(A)兄弟　(B)姊妹　(C)姪子　(D)配偶父母。

( ) **48** 依信用卡業務機構管理辦法規定，下列敘述何者錯誤？　(A)發卡機構信用卡契約條款印製之字體不得小於十二號字　(B)發卡機構辦理信用卡循環信用時，不得將各項費用計入循環信用本金　(C)發卡機構不得要求附卡持卡人就正卡持卡人使用正卡所生應付帳款負清償責任　(D)發卡機構提供之信用卡分期付款服務，不計入持卡人原信用額度。

( ) **49** 有關信用卡收單業務之推廣、徵信、簽約及管理，下列敘述何者錯誤？　(A)收單機構間應禁止惡性價格競爭　(B)收單機構應加強對特約商店之徵信審核與監控　(C)原則上，特約商店之信用卡手續費不得轉嫁予持卡人負擔　(D)特約商店得因刷卡金額太小而拒絕持卡人刷卡消費。

( ) **50** 依主管機關規定，經辦理「親屬代償註記」後，金融機構如不能確認其具有還款能力，不得另行核發新卡或核准其貸款之情形，不包含下列何者？　(A)信用卡持卡人　(B)房屋貸款申請人　(C)現金卡持卡人　(D)小額消費信用貸款申請人。

解答與解析　（答案標示為#者，表官方曾公告更正該題答案。）

1 (D)。銀行法第33條規定：「銀行對其持有實收資本總額百分之五以上之企業，或本行負責人、職員、或主要股東，或對與本行負責人或辦理授信之職員有利害關係者為擔保授信，應有十足擔保，其條件不得優於其他同類授信對象，如授信達中央主管機關規定金額以上者，並應經三分之二以上董事之出席及出席董事四分之三以上同意。……」

2 (B)。同一關係人係指本人、配偶、二親等以內之血親，以及本人或配偶負責之企業。

3 (A)。金融控股公司法第4條規定：「……三、金融機構：指下列之銀行、保險公司及證券商：(一)銀行：指銀行法所稱之銀行與票券金融公司及其他經主管機關指定之機構。(二)保險公司：指依保險法以股份有限公司組織設立之保險業。(三)證券商：指綜合經營證券承銷、自營及經紀業務之證券商，與經營證券金融業務之證券金融公司。……」

4 (D)。根據金融機構合併法第14條規定：「金融機構概括承受或概括讓與者，準用本法之規定。」

5 (B)。國際金融業務分行之業務得以
收受中華民國境外之個人、法人、
政府機關或境內外金融機構之外匯
存款，但不得辦理對大陸台商之外
匯存款，故選項(B)答案錯誤。

6 (B)。附合契約：依照當事人一方預
定用於同類契約之條款而訂定之契
約，為下列各款之約定，按其情形
顯失公平者，該部分約定無效：
(1)免除或減輕預定契約條款之當
事人之責任者。
(2)加重他方當事人之責任者。
(3)使他方當事人拋棄權利或限制
其行使權利者。
(4)其他於他方當事人有重大不利
益者。

7 (A)。民法第334條（抵銷之要件）：
(1)意義：謂二人互負債務而其給付
之種類相同，並已屆清償期，為
使相互間所負相當額之債務同歸
消滅之一方的意思表示。
(2)性質：抵銷因抵銷權人一方之
意思表示而生效力，故抵銷權
為形成權，其行使屬於有相對
人之單獨行為。
(3)要件：
A.須二人互負債務。
B.主動債權與被動債權均有效
存在。
C.須雙方債務之給付種類相
同。
D.須雙方債務均屆清償期。
E.須為適於抵銷的債務。

8 (A)。民法第203條規定：「應付利
息之債務，其利率未經約定，亦無
法律可據者，週年利率為百分之
五。」

9 (A)。稱委任者，謂當事人約定，一
方委託他方處理事務，他方允為處
理之契約。受任人受概括委任者，
得為委任人為一切行為。但為左列
行為，須有特別之授權：
(1)不動產之出賣或設定負擔。
(2)不動產之租賃其期限逾2年者。
(3)贈與。
(4)和解。
(5)起訴。
(6)提付仲裁。

10 (B)。公司法第12條規定：「公司
設立登記後，有應登記之事項而
不登記，或已登記之事項有變更
而不為變更之登記者，不得以其
事項對抗第三人。」

11 (C)。根據公司法第282條規定：
「公開發行股票或公司債之公
司，因財務困難，暫停營業或有
停業之虞，而有重建更生之可能
者，得由公司或下列利害關係人
之一向法院聲請重整：
一、繼續六個月以上持有已發行
股份總數百分之十以上股份
之股東。
二、相當於公司已發行股份總數
金額百分之十以上之公司債
權人。

三、工會。

四、公司三分之二以上之受僱員工。」

12 (C)。票據法第121條規定：「本票發票人所負責任，與<u>匯票承兌人</u>同。」

13 (D)。根據票據法第104條：「執票人不於本法所定期限內為行使或保全匯票上權利之行為者，對<u>於前手喪失追索權</u>。執票人不於約定期限內為前項行為者，對於該約定之前手，喪失追索權。」

14 (B)。票據法第125條規定：「支票應記載左列事項，由發票人簽名：

一、表明其為支票之文字。

二、一定之金額。

三、付款人之商號。

四、受款人之姓名或商號。

五、<u>無條件支付之委託</u>。

六、發票地。

七、<u>發票年、月、日</u>。

八、付款地。

未載受款人者，以執票人為受款人。

未載發票地者，以發票人之營業所、住所或居所為發票地。

發票人得以自己或付款人為受款人，並得以自己為付款人。」

<u>支票未載受款人但有背書人仍為有效票據</u>。

15 (A)。票據法第85條規定：「匯票到期不獲付款時，執票人於行使或保全匯票上權利之行為後，對於背書人、發票人及匯票上其他債務人得行使追索權。

有下列情形之一者，雖在到期日前，<u>執票人亦得行使前項權利</u>：

一、<u>匯票不獲承兌時</u>。二、<u>付款人或承兌人死亡</u>、逃避或其他原因無從為承兌或付款提示時。三、<u>付款人或承兌人受破產宣告時</u>。」

16 (A)。動產擔保交易法：

(1)第17條第1項：債務人不履行契約或抵押物被遷移、出賣、出質、移轉或受其他處分，致有害於抵押權之行使者，抵押權人得占有抵押物。

(2)第18條第1項：抵押權人依前條第一項規定實行占有抵押物時，應於<u>三日前</u>通知債務人或第三人。

17 (B)。民事訴訟法第436-22條（逾期不履行分期給付或緩期清償）：「法院依被告之意願而為分期給付或緩期清償之判決者，得於判決內定被告逾期不履行時應加給原告之金額。但其金額不得逾判決所命原給付金額或價額之三分之一。」

18 (D)。強制執行法第93條規定：「前二條再行拍賣之期日，距公

告之日，不得少於十日多於三十日。」

19 **(A)**。強制執行法第95條規定：「……前項三個月期限內，無人應買前，債權人亦得聲請停止前項拍賣，而另行估價或減價拍賣，如仍未拍定或由債權人承受，或債權人未於該期限內聲請另行估價或減價拍賣者，視為撤回該不動產之執行。」

20 **(C)**。稅捐稽徵法第6條規定：「稅捐之徵收，優先於普通債權。土地增值稅、地價稅、房屋稅之徵收及法院、行政執行處執行拍賣或變賣貨物應課徵之營業稅，優先於一切債權及抵押權。……」

21 **(A)**。公平交易法第14條規定：「本法所稱聯合行為，指具競爭關係之同一產銷階段事業，以契約、協議或其他方式之合意，共同決定商品或服務之價格、數量、技術、產品、設備、交易對象、交易地區或其他相互約束事業活動之行為，而足以影響生產、商品交易或服務供需之市場功能者。……」

22 **(C)**。消費者保護法第2條：「定型化契約條款：指企業經營者為與多數消費者訂立同類契約之用，所提出預先擬定之契約條款。定型化契約條款不限於書面，其以放映字幕、張貼、牌示、網際網路、或其他方法表示者，亦屬之。」

23 **(C)**。根據金融消費者保護法第32條，金融消費者於本法施行前已向主管機關及其所屬機關、金融服務業所屬同業公會或財團法人保險事業發展中心申請申訴、和解、調解、調處、評議及其他相當程序，其爭議處理結果不成立者，得於爭議處理結果不成立之日起六十日內申請評議；……。

24 **(B)**。個人資料保護法第2條規定：「本法用詞，定義如下：……四、處理：指為建立或利用個人資料檔案所為資料之記錄、輸入、儲存、編輯、更正、複製、檢索、刪除、輸出、連結或內部傳送。」將所蒐集個人資料供子公司為交叉行銷不屬於個人資料之處理。

25 **(C)**。公務員違反個人資料保護法第44條規定：「公務員假借職務上之權力、機會或方法，犯本章之罪者，加重其刑至二分之一。」

26 **(C)**。電子簽章法第14條規定：「憑證機構對因其經營或提供認證服務之相關作業程序，致當事人受有損害，或致善意第三人因信賴該憑證而受有損害者，應負賠償責任。但能證明其行為無過失者，不在此限。……」

27 (A)。中華民國銀行公會會員徵信準則第31條規定：「徵信報告一經核定，除係筆誤或繕校錯誤者外，不得更改，其有再加說明之必要時，得另補充說明之。」

28 (D)。依「中華民國銀行公會會員徵信準則」第18條規定，授信戶新年度會計師財務報表查核報告及關係企業三書表如未能於會計年度結束五個月內（即新年度開始至該年六月一日前）提出，遇有授信案展期、續約或申請新案時，得先依據其提供之<u>暫結報表或決算報表</u>予以分析。

29 (D)。中小企業總授信金額在新台幣六百萬元以下；或新台幣一千五百萬元以下且具有十足擔保者，其徵信範圍簡化如下：
短期授信：
(1)<u>企業之組織沿革</u>。
(2)企業及其主要負責人一般信譽（含票信及債信紀錄）。
(3)<u>產銷及損益概況</u>。
(4)<u>存款及授信往來情形</u>（含本行及他行）。
(5)保證人一般信譽（含票信及債信紀錄）。

30 (B)。個人授信：個人在金融機構總授信金額達新臺幣「2,000萬元」者，應徵提綜合所得稅相關報稅資料。個人授信戶，其填送個人收入情形，與綜合所得稅申報書內容有出入時，<u>以申報書內容為準</u>，作為其償還能力與還款財源之參考。

31 (A)。關係企業合併營業報告書關係企業合併財務報表及關係報告書編製準則第14條：關係企業合併財務報表附註應就控制公司與從屬公司分別揭露下列事項。但從屬公司之總資產及營業收入均未達控制公司各該項金額<u>百分之十</u>者，得免予揭露。

32 (C)。個人購屋貸款定型化契約不得記載事項：
一、不得約定拋棄契約審閱期間。
二、不得約定違反民法債編保證章節有關強制禁止規定之條款。
三、<u>不得約定已簽具借據或借款憑證之借款人提供票據作為擔保</u>。
四、不得約定借款人或保證人授權金融機構得隨時查調借款人或保證人之課稅資料。
五、不得約定概括授權金融機構得就借款人及保證人所提供之各項個人資料，為履行契約目的範圍外之利用或洩露。
六、不得約定金融機構行使抵銷權時，僅由金融機構登帳扣抵即生抵銷之效力。
七、不得約定借款利率超過週年百分之二十。
八、金融機構不得使用「放款利率加減碼標準」於契約存續期間任意調整借款人之利率。

九、不得約定借款人僅得向特定之保險公司投保，或禁止、限制借款人自由投保之權利。

十、不得為其他違反法律強制或禁止之規定或其他違反誠信、顯失公平之約定。

十一、金融機構辦理銀行法第十二條之一所稱自用住宅放款，不得約定徵取連帶保證人。

十二、金融機構辦理前點所稱自用住宅放款，如已取得足額擔保，不得約定徵取一般保證人。

33 (C)。銀行辦理逆向抵押貸款之困境及顧慮：

(1)貸款期間長，擔保品價值、利率波動不易掌握，貸款終身給付，貸款金額逐年遞增，銀行面臨房價下跌及借款人長壽風險。

(2)貸款期間無本息回收且期間長，將造成銀行資金僵化及流動性下降。

34 (A)。中小企業認定標準第2條規定：「本標準所稱中小企業，指依法辦理公司登記或商業登記，並合於下列基準之事業：

一、製造業、營造業、礦業及土石採取業實收資本額在新臺幣八千萬元以下，或經常僱用員工數未滿二百人者。

二、除前款規定外之其他行業前一年營業額在新臺幣一億元以

下，或經常僱用員工數未滿一百人者。」

35 (B)。辦理授信業務應本安全性、流動性、公益性、收益性及成長性等五項基本原則，並依借款戶、資金用途、償還來源、債權保障及授信展望等五項審核原則核貸之。

36 (B)。自償性借款主要是公司之放款借款，包含訂單借款、應收帳款抵押借款、合約貸款及票據貼現借款等。這種借款有明確的償還借款來源，並以實際的資產作為抵押，資產處分後會形成資金而自動償還，因此稱為自償性借款。

融資性商業本票為企業籌措短期資金而發行的商業本票，不具自償性，須經過金融機構保證還本，票券商簽證承銷，方得以成為流通的交易工具。

37 (C)。所稱授信限額，指銀行對其持有實收資本總額百分之五以上之企業，或本行負責人、職員或主要股東，或對與本行負責人或辦理授信之職員有利害關係者為擔保授信，其中對同一法人之擔保授信總餘額不得超過各該銀行淨值百分之十；對同一自然人之擔保授信總餘額不得超過各該銀行淨值百分之二。

故本題題對該銀行之主要股東大大公司辦理擔保授信之總餘

額上限＝1,000×10%＝100（億元）。

38 (C)。(1)銀行法第12條所稱擔保授信，謂對銀行之授信，提供下列之一為擔保者：

一、不動產或動產抵押權。

二、動產或權利質權。

三、借款人營業交易所發生之應收票據。

四、各級政府公庫主管機關、銀行或經政府核准設立之信用保證機構之保證。

地上權設定抵押權之擔保性並不弱於銀行法第12條所列舉之權利質權，爰解釋地上權為標的物之抵押權所擔保之授信，得列為銀行法第12條之擔保授信。

(2)金融機構依憑經政府機關核准設立之保險公司所為信用保證保險辦理授信，可比照銀行法第12條第4款所稱「經政府核准設立之信用保證機構之保證」，視為擔保。

(3)銀行對金融機構辦理同業拆款，得不受銀行法第33條之3第1項規定之限制惟銀行應辦理風險評估，自行訂定對同業拆款之上限，以控制風險。

39 (D)。有下列情形者，仍應列入列報逾期放款範圍：

(1)放款清償期雖未屆滿三個月或六個月，但已向主、從債務人訴追或處分擔保品者。

(2)放款擔保品已拍定待分配部分。

(3)本金未到期而利息已延滯六個月以上之放款（包括短期放款及中長期放款）。

40 (D)。逾期放款，指積欠本金或利息超過清償期三個月，或雖未超過三個月，惟已向主、從債務人訴追或處分擔保品者。協議分期償還放款符合一定條件，並依協議條件履行達六個月以上，且協議利率不低於原承作利率或保險業新承作同類風險放款之利率者，得免予列報逾期放款。但於免列報期間再發生未依約清償超過三個月者，仍應予列報。

41 (B)。銀行資產評估損失準備提列及逾期放款催收款呆帳處理辦法第4條：「前條各類不良授信資產，定義如下：

一、應予注意者：指授信資產經評估有足額擔保部分，且授信戶積欠本金或利息超過清償期一個月至十二個月者；或授信資產經評估已無擔保部分，且授信戶積欠本金或利息超過清償期一個月至三個月者；或授信資產雖未屆清償期或到期日，但授信戶已有其他債信不良者。

二、可望收回者：指授信資產經評估有足額擔保部分，且授信戶積欠本金或利息超過清

償期十二個月者；或授信資產經評估已無擔保部分，且授信戶積欠本金或利息超過清償期三個月至六個月者。

三、收回困難者：指授信資產經評估已無擔保部分，且授信戶積欠本金或利息超過清償期六個月至十二個月者。

四、收回無望者：指授信資產經評估已無擔保部分，且授信戶積欠本金或利息超過清償期十二個月者；或授信資產經評估無法收回者。」

42 (B)。銀行資產評估損失準備提列及逾期放款催收款呆帳處理辦法第10條：「逾期放款經轉入催收款者，應停止計息。但仍應依契約規定繼續催理，並在催收款各分戶帳內利息欄註明應計利息，或作備忘紀錄。逾期放款未轉入催收款前應計之應收利息，仍未收清者，應連同本金一併轉入催收款。」

43 (D)。金融機構辦理現金卡業務應注意事項第18條：「僅能對債務人本人及其保證人催收，不得對與債務無關之第三人干擾或催討。」

44 (A)。銀行業辦理外匯業務作業規範：

二、經中央銀行許可辦理外匯業務之銀行（以下簡稱指定銀行）辦理出口外匯業務，應依下列規定辦理：

(一)出口結匯、託收及應收帳款收買業務：

1.憑辦文件：應憑國內顧客提供之交易單據辦理。

2.掣發單證：出口所得外匯結售為新臺幣者，應掣發出口結匯證實書；其未結售為新臺幣者，應掣發其他交易憑證。

3.報送資料：應於承作之次營業日，將交易日報及相關明細資料傳送至本行外匯資料處理系統。

45 (C)。掣發單證：進口所需外匯以新臺幣結購者，應掣發進口結匯證實書；其未以新臺幣結購者，應掣發其他交易憑證。故選項(C)答案錯誤。

46 (C)。臺灣地區與大陸地區金融業務往來及投資許可管理辦法第3條：「

一、子銀行：指有下列情形之一者：

(一)直接或間接被他金融機構持有已發行有表決權股份總數或資本總額超過百分之五十之銀行。

(二)被他金融機構控制之銀行。

二、參股投資：指持有被投資者已發行有表決權股份總數

或資本總額未超過百分之
五十，且對被投資者無控制
能力之情形。

三、大陸地區商業銀行：指依大
陸地區商業銀行法規組織登
記之銀行。但不包括大陸地
區所稱之外資銀行。

四、陸資銀行：指依第三地區法
規組織登記之銀行，且有下
列情形之一者：

　(一)大陸地區人民、法人、團
　　　體、其他機構直接或間接
　　　持有其已發行有表決權股
　　　份總數或資本總額超過百
　　　分之三十。

　(二)大陸地區人民、法人、團
　　　體、其他機構對其具有控
　　　制能力。」

47 (C)。附卡申請人年齡須滿十五
歲，且附卡申請人需為正卡申請人
之配偶、父母、子女、兄弟姊妹及
配偶父母。另未成年之附卡申請
人，須取得法定代理人同意。

48 (D)。信用卡業務機構管理辦法
第50條：「發卡機構所提供之信
用卡分期付款服務，如係與特約
商店有合作關係者，應依下列規
定辦理：一、應於持卡人原信用
額度內承作。二、分期付款期間
不得超過二年六個月。三、特約
商店應於交易時以書面告知持卡
人該分期付款服務係發卡機構提
供，及所需負擔費用之計收標準
與收取條件。」

49 (D)。消保會表示，根據銀行公會
所訂定的自律公約明文規定，特
約商店不得因刷卡金額大小拒絕
持卡人刷卡消費，若店家拒絕持
卡人消費，此乃屬違規。

50 (B)。包括信用卡、現金卡及小額
消費信用貸款等，當親屬代替清
償持卡人銀行欠款後，將可向銀
行提出「由親屬代償」註記。

第42屆　授信實務

( )　**1**主管機關依據銀行法規定，所訂定之授信限額，其中所稱之「淨值」，係指下列何項？　(A)撥貸前一日淨值　(B)上半年度結算淨值　(C)上一會計年度決算後淨值　(D)撥貸當日淨值。

( )　**2**借款人、保證人有權向銀行要求留存下列何項文件以充分瞭解自身權益？　(A)授信核准文件　(B)徵信調查資料　(C)信用評等結果　(D)借貸契約正本或註明「與正本完全相符」之影本乙份。

( )　**3**依「中華民國銀行公會會員徵信準則」規定，下列何者非屬短期授信之徵信範圍？　(A)建廠或擴充計畫　(B)財務狀況　(C)產業概況　(D)企業及其主要負責人一般信譽。

( )　**4**有關銀行對於授信擔保品之管理，下列何者錯誤？　(A)擔保品之保險應以銀行為被保險人，提供人為受益人　(B)動產質物得寄存於銀行同意之專營倉庫業之倉庫　(C)質押之股票如市價下跌而貸放金額超過規定，應補徵擔保品或收回部分貸款　(D)質權之效力及於附屬於有價證券之利息證券。

( )　**5**依主管機關規定，銀行對同一關係企業（公營事業除外）之授信總餘額，不得超過各該銀行淨值之多少？　(A)百分之四十　(B)百分之十五　(C)百分之十　(D)百分之五。

( )　**6**有關票據法對票據債務人追索權之敘述，下列何者錯誤？　(A)本票執票人對前手之追索權，一年間不行使，因時效而消滅　(B)匯票執票人對前手之追索權，一年間不行使，因時效而消滅　(C)本票背書人對前手之追索權，六個月間不行使，因時效而消滅　(D)支票背書人對前手之追索權，三個月間不行使，因時效而消滅。

( )　**7**有關授信信用評估5P原則，下列何者應是銀行評估授信之核心？　(A)借款戶因素　(B)還款財源因素　(C)債權保障因素　(D)授信展望因素。

(　)　**8** 下列何者不是分析企業經營效能之比率？　(A)淨值週轉率
(B)應收帳款週轉率　(C)存貨週轉率　(D)資產收益率。

(　)　**9** 銷貨淨額與資產總額之比率，稱之為何？　(A)資產週轉率
(B)資產收益率　(C)營業利益率　(D)資產獲利率。

(　)　**10** A公司為銀行之股東，若以法人身分或推由其代表人當選為銀
行之董事或監察人時，下列何者不是銀行法所稱之銀行負責人？
(A)代表A公司當選董事、監察人之代表人　(B)A公司之依法指
定代表行使職務之自然人　(C)A公司之董事或監察人　(D)A公
司之董事長。

(　)　**11** 行號之票據信用資料查詢，係採下列何種方式辦理？　(A)負責
人個人戶　(B)公司戶　(C)可不查詢　(D)公司戶與負責人個人戶
分別辦理。

(　)　**12** 依中小企業信用保證基金規定，授權保證案件應於授信之翌日起
幾個營業日內，透過信用保證基金作業系統填送「移送信用保證
通知單」，並將計收保證手續費匯存該基金指定帳戶？　(A)五
個營業日　(B)七個營業日　(C)十個營業日　(D)十五個營業日。

(　)　**13** 依中小企業信用保證基金規定，有關間接保證之送保程序，授信
單位於授信時，知悉企業之債務應繳利息尚未繳付，延滯期間
已超過幾個月者，不得移送信保基金？　(A)一個月　(B)二個月
(C)三個月　(D)五個月。

(　)　**14** 依中小企業信用保證基金規定，有關直接保證之敘述，下列何者
錯誤？　(A)保證範圍僅限於本金　(B)衡量「短中期營授比率」
及「負債比率」時，免加計本案額度　(C)差額保證手續費率依
風險高低分為A、B、C三組群　(D)保證成數最高九成，但另有
規定者，不在此限。

(　)　**15** 依借款人資金週轉需要及償債能力，承作中期週轉金貸款之
期限，最長不得超過幾年？　(A)一年　(B)二年　(C)七年
(D)十五年。

(　　)　**16** 下列何者非屬短期授信項目？　(A)建築融資　(B)外銷貸款　(C)開發國內信用狀貸款　(D)O/A進口案件墊款。

(　　)　**17** 下列何者不是銀行辦理循環動用短期貸款的一般原則？　(A)只付利息，不還本金　(B)本金與利息分期償還　(C)本金可於到期時一次清償　(D)循環動用額度會隨本金清償變動。

(　　)　**18** 企業申請短期授信的原因，不包括下列何者？　(A)發放公司股利　(B)收款期限變長　(C)營業旺季產銷增加　(D)提早收到應收款項。

(　　)　**19** 下列何項資料表示企業有以短期資金支付長期用途之情形？　(A)流動比率高於100%　(B)流動比率低於100%，固定長期適合率高於100%　(C)固定長期適合率低於100%　(D)流動比率高於100%，固定長期適合率低於100%。

(　　)　**20** 下列何者不是計算企業營運週轉期之項目？　(A)應付款項週轉期　(B)應收款項週轉期　(C)存貨週轉期　(D)預付款項週轉期。

(　　)　**21** 甲公司預估未來一年營收為一億元，成本費用率為80%，營運週轉期為146日，應付款項及預收款項比率為20%，以未來估算法計算，該公司平均營運週轉資金需求為何？　(A)72,000千元　(B)60,000千元　(C)24,000千元　(D)12,000千元。

(　　)　**22** 甲公司透支契約未特別約定利息計算方式，於111年10月7日其帳戶餘額為透支100,000元，111年10月8日該帳戶有二筆交易，即早上存入50,000元，中午提款40,000元，則111年10月8日當天透支計息積數為多少？　(A)100,000元　(B)90,000元　(C)50,000元　(D)40,000元。

(　　)　**23** 以企業資產負債表及損益表分析，辦理墊付國內票款融資額度之核定與下列哪一項目無關？　(A)應收票據　(B)應收帳款　(C)內銷金額　(D)存貨。

(　) **24** 銀行對下列何種票據得辦理貼現業務？　(A)保付支票　(B)商業承兌匯票　(C)遠期支票　(D)銀行保證發行之商業本票。

(　) **25** 銀行辦理買方委託承兌業務，下列何者情形不可以接受？(A)買方簽發之匯票，以買方為受款人　(B)為具交易基礎之非融通性匯票　(C)就所涉之交易，買方尚未付款予賣方　(D)申請人可出具無重複授信之聲明書。

(　) **26** 國內信用狀項下匯票，經由通知銀行代理承兌後，匯票到期時，執票人應向何處提示付款？　(A)開狀銀行　(B)通知銀行　(C)受益人指定銀行　(D)託收銀行。

(　) **27** 開發國內信用狀，無論即期或遠期，皆由下列何者簽發匯票，再經由銀行承兌或付款？　(A)開狀銀行　(B)指定銀行　(C)信用狀申請人　(D)信用狀受益人。

(　) **28** 由保證銀行向業主提供保證，如承包商未能依約支付其應支付與該工程有關之勞務、材料、機具等費用時，由承保銀行代為支付之保證稱為下列何者？　(A)履約保證　(B)預付款保證　(C)支付款保證　(D)保留款保證。

(　) **29** 銀行受客戶委任為押標金保證，其保證效力期限為何？　(A)自開具保證函起至投標日終止　(B)自投標日起至與業主簽約後終止　(C)自投標日起至工程開工日終止　(D)自開具保證函起至工程開工日終止。

(　) **30** 銀行保證發行之商業本票，統一以下列何者為擔當付款人？(A)保證銀行　(B)發行商業本票之企業　(C)中央銀行　(D)台灣集中保管結算所股份有限公司。

(　) **31** 下列何者主要目的在於提供企業在特定期間之現金收支資訊？(A)損益表　(B)資產負債表　(C)現金流量表　(D)長期投資明細表。

（　）**32** 編製現金流量表時，下列何者列於「資金去路」項下？　(A)處分資產　(B)現金股利分配　(C)中長期借款　(D)現金增資。

（　）**33** 於編製現金流量表時，下列何者屬於籌資活動的現金流量項目？(A)償還短期借款　(B)取得固定資產　(C)投資有價證券　(D)收取利息及股利（前期列為營業活動）。

（　）**34** 下列何者非為中長期授信承作條件之肯定條款？　(A)維持一定金額之淨週轉金　(B)按期提供各種財務報告表　(C)有關第三人之保證或承諾　(D)財務比率之限制。

（　）**35** 企業為支應其正常營運所需的最低流動資產量，而需保持的經常性週轉金，宜以下列何種方式籌措？　(A)透支　(B)貼現　(C)發行商業本票　(D)中期（擔保）放款。

（　）**36** 一般國際聯貸案包括數個收費名目。倘借款人於簽約後即依未動用額度及約定費率按期支付費用予聯貸銀行，直至用款期限截止，此項費用稱為下列何者？　(A)參貸費　(B)顧問費　(C)安排費　(D)承諾費。

（　）**37** 通常國際聯貸係以下列何者為準據法？　(A)英國法或美國紐約州法　(B)英國法或法國法　(C)美國法或歐洲法　(D)英國法或美國華盛頓州法。

（　）**38** 通常下列何項因素會導致公司雖然經營虧損但仍具相當之還本付息能力？　(A)存貨金額大　(B)折舊金額大　(C)長期投資金額大(D)應收帳款金額大。

（　）**39** 與一般計畫比較，BOT計畫具有下列何種特性？　(A)投資規模小　(B)無特許權　(C)大多為短期計畫　(D)可排除銀行法第三十三條之三授信額度之限制。

（　）**40** 執行BOT的五個階段中，訂定契約期所簽訂之EPC（Engineering Procurement and Construction Contract），其潛在工程風險由下列何者承擔？　(A)政府　(B)特許公司　(C)金融機構　(D)承包商。

(　　) **41** 出口商信用不良，出口貨品品質不佳，使進口商遭受損失，就銀行外匯授信業務而言，稱為下列何種風險？　(A)信用風險　(B)運輸風險　(C)政治風險　(D)國家風險。

(　　) **42** 下列何種信用狀之修改會動用到貸款額度？　(A)信用狀金額增加　(B)有效日期延後　(C)最後裝船期限延長　(D)由禁止分批裝船改成允許分批裝船。

(　　) **43** 提單經銀行擔保提貨後，進口商或銀行可否對該筆信用狀主張拒付？　(A)僅進口商可　(B)僅銀行可　(C)進口商及銀行均可　(D)進口商及銀行均不可。

(　　) **44** 進出口商可利用預購或預售外匯合約規避下列何項風險？　(A)國家風險　(B)運輸風險　(C)匯率風險　(D)作業風險。

(　　) **45** 下列何者屬裝船後融資？　(A)出口押匯　(B)出口信用狀融資　(C)憑國外訂單或輸出契約辦理融資　(D)計畫型外銷貸款。

(　　) **46** 下列何種進口價格條款，保險係由賣方投保？　(A)CIP　(B)FOB　(C)CFR　(D)CPT。

(　　) **47** 目前國際間通行之Stand-by L/C，多遵守UCP600或下列何者？　(A)ISBP　(B)GRIF　(C)ISP98　(D)URC522。

(　　) **48** 出口商辦理託收（D/A、D/P）方式外銷貸款，若該筆交易已取得下列何種保險，可避免進口商倒閉或進口國政治風險而不獲國外買主承兌或付款？　(A)ICC（WAR RISK）　(B)ICC（ALL RISK）　(C)中小企業信用保證基金之保證　(D)中國輸出入銀行承保託收方式輸出綜合保險。

(　　) **49** 下列何者非屬銀行業辦理國外應付帳款融資業務之標的？　(A)D/A　(B)D/P　(C)L/C　(D)O/A。

(　　) **50** 下列何者屬於間接保證？　(A)履約保證　(B)相對保證　(C)財務保證　(D)押標金保證。

（　）**51** 銀行辦理買入光票，下列何項非屬「光票」之範圍？　(A)旅行信用狀項下之匯票　(B)由外國公司或個人所簽發之匯票　(C)到期外國公債及息票　(D)出口押匯之匯票。

（　）**52** 賣方遠期信用狀項下，銀行於單據到達時，所列帳之授信科目為下列何者？　(A)應收信用狀款項　(B)購料放款　(C)應收承兌票款　(D)應收保證款項。

（　）**53** 開發保證函後，有關開證銀行保證責任之解除，下列敘述何者錯誤？　(A)保證函正本退還時，得解除保證責任　(B)保證函訂有明確的有效日期且證明債務人已償還債務　(C)保證函內未載明有效日期時，應以書面照會國外通匯行，經其回確認解除者　(D)可憑申請人之書面要求即終止保證責任。

（　）**54** 下列哪一項交易條件屬於交貨時付款？　(A)D/A　(B)D/P　(C)O/A　(D)L/C。

（　）**55** 地政機關依據土地設定登記相關文件，完成設定登記後之證明書，稱為下列何者？　(A)他項權利證明書　(B)同意書　(C)約定書　(D)借據。

（　）**56** 消費者貸款產品之訂價方式中，主要依據客戶的認知價值來訂價，係屬下列何種導向之訂價？　(A)成本導向　(B)需求導向　(C)競爭導向　(D)利潤導向。

（　）**57** 有關計算信用卡循環信用之利息起息日，下列何者對消費者最不利？　(A)銀行結帳日　(B)銀行墊款日　(C)繳款截止日　(D)延滯繳款始日。

（　）**58** 房屋貸款撥貸前應審視客戶提供之保單，下列應注意事項何者錯誤？　(A)保單附加抵押權特約條款　(B)投保期間應涵蓋借款期間　(C)目前地震基本保險不得超過新台幣150萬元　(D)火險依實價登錄為保險金額。

( ) **59** 下列何者較不適宜作為銀行房屋貸款之擔保品？　(A)產權清楚之房屋　(B)久無人住，目前「空置」之房屋　(C)需求大於供給地區之房屋　(D)具市場性易處分之房屋。

( ) **60** 下列何者非屬主管機關所稱消費者貸款之範圍？　(A)房屋修繕貸款　(B)耐久性消費品貸款　(C)子女教育貸款　(D)保證。

( ) **61** 通常消費者貸款客戶延滯多久尚未還款，即宜先進行電話或信函之催繳行動？　(A)7-30天　(B)31-60天　(C)61-180天　(D)180天以上。

( ) **62** 銀行在辦理中古車的汽車貸款時，對同一中古車的鑑價應採用下列何項金額為宜？　(A)甲車商報價32萬元　(B)乙車商報價31萬元　(C)丙車商報價30萬元　(D)車訊雜誌登載價31萬元。

( ) **63** 消費者貸款在選擇市場定位時應考慮的3C因素，下列何者非屬之？　(A)Customers　(B)Competitors　(C)Corporate (D)Coordinators。

( ) **64** 有關消費者貸款的特性，下列敘述何者錯誤？　(A)不具自償性　(B)每戶貸款金額小、件數多　(C)貸款承作單位成本低　(D)貸款時間長，大多屬中長期融資。

( ) **65** 結合中長期分期攤還方式及循環動用方式辦理之房屋貸款，稱為下列何者？　(A)購屋貸款　(B)綜合型房貸　(C)週轉型房貸 (D)修繕貸款。

( ) **66** 下列何者不是消費者貸款產品訂價考慮因素？　(A)銀行資金部位　(B)政府法令　(C)產品種類　(D)地震、颱風等天然災害。

( ) **67** 某銀行之總行位於台北市，其催收案之借款人住桃園市，不動產抵押物提供人（兼連帶保證人）住新竹市，不動產座落於台中市，請問銀行應向下列何法院聲請裁定拍賣？　(A)台北地方法院　(B)桃園地方法院　(C)新竹地方法院　(D)台中地方法院。

（　）**68** 下列何者非為強制執行之執行名義？　(A)確定之判決　(B)訴訟外成立之和解　(C)依公證法規定得為強制執行之公證書　(D)拍賣抵押物裁定。

（　）**69** 為防止因時效完成，請求權消滅，銀行向借款人寄發存證信函催告還款，依法可中斷時效，惟債務人仍未還款或承認該債權存在時，銀行應於多久期限內對該債務人起訴，否則視為不中斷？(A)六個月　(B)一年　(C)二年　(D)三年。

（　）**70** 有關中小企業信用保證基金間接保證不代位清償準則，下列敘述何者錯誤？　(A)融資對象與基金規定相符　(B)未依授信案件之准貸條件辦理　(C)授信款項流入授信單位辦理該案徵信人員帳戶　(D)未依基金「保證書」、「回覆函」所列條件辦理。

（　）**71** 有關起訴之敘述，下列何者錯誤？　(A)我國訴訟程序原則上採三級三審制　(B)請求票款清償之案件可適用簡易訴訟程序(C)起訴原則上應向被告住所地或營業所所在地之法院提起之(D)訴訟標的金額在新臺幣五十萬元以下之案件應適用小額訴訟程序。

（　）**72** 依強制執行法規定，特別拍賣程序為幾個月？　(A)一個月(B)三個月　(C)六個月　(D)沒有限制。

（　）**73** 有關「加速條款」，下列敘述何者錯誤？　(A)借戶聲請宣告破產　(B)借戶為民事案件之被告　(C)擔保物被查封　(D)任何一宗債務不依約付息時。

（　）**74** 本票上記載「發票人甲，保證人乙，背書人丙」，執票人可向法院聲請本票裁定之對象為下列何者？　(A)甲　(B)乙　(C)丙(D)甲、乙、丙任一人均可。

（　）**75** 原告訴請被告給付票款案件，如被告否認票據簽章時，應由下列何者負責證明該簽章之真正？　(A)原告　(B)被告　(C)法院(D)法院及原告共同負責。

( ) **76** 銀行於取得執行名義後，向稅捐機關查詢債務人之課稅資料，其內容不包括下列何者？　(A)薪資所得　(B)銀行存款　(C)有價證券　(D)保險單。

( ) **77** 有關公開發行股票之股份有限公司之重整，下列敘述何者錯誤？(A)因財務困難有停業之虞，但有重生之可能者，法院得依該公司之申請，裁定准予重整　(B)在重整裁定前對重整公司成立之債權，享有別除權之規定　(C)重整債權中之土地增值稅，屬優先重整債權　(D)債權人對公司債務之保證人之權利，不因公司重整而受影響。

( ) **78** 下列何者非屬債務人對第三人之債權？　(A)債務人之銀行存款(B)債務人之薪資　(C)債務人之租金收入　(D)債務人之不動產。

( ) **79** 銀行債權若經消滅時效完成，則下列何者正確？　(A)債務人取得拒絕履行之抗辯權　(B)債權人不得就其抵押物取償　(C)銀行債權消滅　(D)債務人不知而仍為履行給付者，嗣後得請求返還。

( ) **80** 銀行在不危害債權之前題下，得允許主債務人（即借款人）分期償還債務，但銀行與主債務人所簽立之分期償還協議書，必須經過下列何人之同意始可辦理，否則其有權主張免責？　(A)借款人之父母　(B)原保證人　(C)借款人之配偶　(D)代書。

解答與解析　（答案標示為#者，表官方曾公告更正該題答案。）

1 (C)。銀行法第33條之3授權規定事項辦法第4條：「本法所稱淨值，係指上會計年度決算後淨值。銀行於年度中之現金增資，准予計入淨值計算，並以取得中央銀行驗資證明書為計算基準日。」

2 (D)。金融業者簽立借據或借貸契約於借款人簽章時，宜寫明利率；另借據或借貸契約原則上應簽立正本二份，由雙方各執一份，惟金融業者如因作業考量，得以註明「與正本完全相符」之影本交借款人收執。金融業者倘拒絕揭露借款利率或提供契約書，且足以影響交易秩序者，將有違反公平交易法第二十四條規定之虞。

3 (A)。建廠或擴充計畫屬中長期授信之徵信範圍。

4 (A)。銀行擔保品之保險應由借款人（或提供人）投保適當之保險（如火險、地震險），並以銀行為受益人（或抵押權人）。故選項(A)錯誤。

5 (A)。銀行法第三十三條之三授權規定事項辦法第2條：「銀行對同一關係人之授信總餘額，不得超過該銀行淨值百分之四十，其中對自然人之授信，不得超過該銀行淨值百分之六；對同一關係人之無擔保授信總餘額不得超過該銀行淨值百分之十，其中對自然人之無擔保授信，不得超過該銀行淨值百分之二。但對公營事業之授信不予併計。」

6 (D)。票據法第22條：「支票之背書人，對前手之追索權，二個月間不行使，因時效而消滅。」

7 (B)。授信5P審核原則：借款戶（People）、資金用途（Purpose）、還款財源因素（Payment）、債權保障（Protection）、未來展望（Perspective）。其中還款財源因素是銀行評估授信之核心。

8 (D)。資產報酬率（ROA）又稱資產收益率=年淨利/資產總額，是用來衡量公司每單位資產創造多少淨利潤的指標。資產收益率數值越高，代表企業利用資產來創造利潤的能力越好。

9 (A)。資產週轉率=銷貨淨額/資產總額，是觀察公司資產營運是否良好的指標。

10 (C)。法人為銀行股東，依公司法第27條第1項、第2項規定，以法人身分或推由其代表人當選為董事、監察人時，「本行負責人」或「銀行負責人」除該法人外，並包括其董事長及依法指定代表執行職務之自然人與代表法人當選為董事、監察人之代表人。

11 (A)。查詢不具法人人格之行號、團體之票據信用資料時，應以查詢其負責人個人戶之方式辦理。

12 (B)。信用保證案件之移送：由金融機構之總管理機構向本基金提出申請，經本基金核發得辦理批次保證之批號。授信單位辦理批次保證案件應先向本基金辦理查詢，依查覆書辦理。送保之授信應於授信之翌日起七個營業日內，逐筆填送「移送信用保證通知單」，並將計收之保證手續費匯存本基金指定帳戶。

13 (C)。中小企業信用保證基金保證對象要點：
(二)信用保證限制
　授信單位於授信時，知悉有下列情形之一者，不得移送信用保證：
　　1.企業或其關係人使用票據受拒絕往來處分中，或知悉其

退票未辦妥清償註記之張數已達應受拒絕往來處分之標準。

　2.企業或其關係人之債務，有下列情形之一：

　　(1)債務本金逾期未清償。

　　(2)未依約定分期攤還，已超過一個月。

　　(3)應繳利息未繳付，延滯期間已超過三個月。

14 (B)。財團法人中小企業信用保證基金直接信用保證要點第六點：「短中期營授比率」（企業短、中期週轉授信總餘額佔最近一年報稅營業額之比率）及「負債比率」（負債/淨值）應加計本案額度。

15 (C)。融資期限及償還方式：

　(1)短期週轉融資：憑票據、信用狀辦理者，每筆融資期間最長以一百八十天為限；其他週轉融資最長以一年為限。

　(2)中期週轉融資：最長以五年為限，並約定自貸放日後按月或按季分期平均攤還，但憑工程合約辦理者，不受前開分期攤還方式之限制。

　(3)資本性支出融資：依計畫完成所需時間及申請企業財務狀況核定之，最長不得超過十年，寬限期最長二年。

16 (A)。建築融資以興建工程計畫做為貸款依據，用來支付建築營造費用，營建時的週轉資金。為金融機構授信業務的一種，以建築物基地為擔保品向銀行申請，使建商或個人可以興建房屋作為出售、出租或自用等融資需要。通常依工程及銷售計畫所需時間核定，最長以不超過五年為原則，屬中期授信。

17 (B)。本金與利息分期償還通常屬於長期貸款，例如房屋貸款即屬之。

18 (D)。短期授信業務為一年以下，主要用以支應企業週轉中所需支付的流動資產、產銷費用等，故又稱經常性融資。例如：一般周轉金貸款、墊付國內票款、貼現、透支、承兌、短期外銷貸款、存單質借、保證、進口押匯、出口押匯等。

本題選項(D)提早收到應收款項，即企業提早收到客戶的欠款，企業流動現金增加，故較無申請短期授信之需求。

19 (B)。此題答案有誤！流動比率低於100%，固定長期適合率小於100%，表示企業有「以短支長」情形。故答案應選(C)。

　(1)流動比率=流動資產／流動負債×100%，指一年內可轉換成現金的資產是一年內須償還債務

的幾倍，因此流動比越高，代表公司的短期債償能力越好，還不了錢的機率越低。流動比率大於100%為佳，若小於100%表示要小心企業以短支長狀況經營（即用短期債務去進行長期的投資；用一年內須償還的錢去購買機械設備）。

(2)固定長期適合率＝（長期貸款＋股東權益）/固定資產，若此比率≥1，則代表企業是用長期融資來支應固定資產，資金用途正確，財務結構穩固；若比率<1，則代表企業可能有「以短支長的現象」，用連續的短期融資來支應長期的固定資產。

20 (A)。企業營運週轉期＝存貨週轉期＋應收款項週轉期＋預付款項週轉期

21 (D)。(1)預估未來1年營收成本費用率營業週期/365＝1（億）80%146（日）/365=3200（萬元）。

(2)預估未來1年營收應付款比率=1（億）20%=2000（萬元）。

(3)公司所需營業週轉金（平均營業週轉金）＝(A)-(B)＝3200萬-2000萬=1200萬

22 (A)。利息計算若無特別約定時，則按每日最高透支餘額之積數計算。因今日之透支餘額低於昨日透支餘額，故昨日之透支餘額

100,000元即為今日最高透支餘額之計息積數。

23 (D)。墊付國內票款（應收客票融資），企業客戶因國內銷貨，出租或提供服務等所得之國內應收遠期票據，若票面金額較小，不便辦理貼現者，可以應收客票融資方式，向銀行申請墊付部份票據票款，協助企業客戶紓解資金積壓及便利融通所需週轉資金。

最高額度核算公式：（全年內銷金額/週轉次數）×墊付成數－其它行庫票據融資金額＝墊付國內票款融資額度。

24 (B)。商業承兌匯票貼現是指持票人將未到期的商業承兌匯票轉讓給銀行，銀行在按貼現率扣除貼現利息後將餘額票款付給持票人的一種授信業務。商業匯票持有人在資金暫時不足的情況下，可以憑承兌的商業匯票向銀行辦理貼現，以提前取得貨款。

25 (A)。買方委託承兌：銀行接受買方委託，為買賣雙方所簽發之匯票擔任付款人而予承兌。對買方而言，銀行助其獲得賣方之信用；對賣方而言，助其獲得可在貨幣市場流通之銀行承兌匯票。

買方委託承兌業務，買方簽發之匯票，以賣方為受款人。故選項(A)答案錯誤。

26 (A)。信用狀方式的一般收付程序：
(1)開狀申請人根據合約填寫開狀申請書並交納押金或提供其他保證，請開狀行開狀。
(2)開狀行根據申請書內容，向受益人開出信用狀並寄交出口人所在地通知行。
(3)通知行核對印鑑無誤後，將信用狀交受益人。
(4)受益人審核信用狀內容與合約規定相符後，按信用狀規定裝運貨物、備妥單據並開出匯票，在信用狀有效期內，送議付行議付。
(5)議付行按信用狀條款審核單據無誤後，把貸款墊付給受益人。
(6)議付行將匯票和貨運單據寄開狀行或其特定的付款行索償。
(7)開狀行核對單據無誤後，付款給議付行。
(8)開狀行通知開狀人付款贖單。

27 (D)。國內信用狀融資之遠期匯票：由信用狀受益人（賣方）於交貨後，依照信用狀條款，按貨款金額簽發匯票，持經開狀銀行承兌後，約定期間付款。
即期信用狀：信用狀指定之受益人（賣方）依信用狀條款交貨後，即可簽發即期匯票檢附有關交易單證，不須經承兌即可逕向開狀銀行提示請求付款。

28 (C)。押標金保證：買方（或定作人）於招標採購時，規定有意投標供應買方所需物品，或承攬一定工程者，於投標前，需按底價繳納若干成之金額，以為保證；投標人洽由銀行給予保證，以代替現金繳納者。
履約保證：買方在與賣方簽約時，為恐賣方嗣後不履約，規定賣方應繳若干金額以為保證，是為履約保證金。此項保證金如買方委請銀行開發保證函替代，即所謂履約保證。
業主支付保證：指承包商要求業主出具付款保證，保證將按照合同約定如期向承包商支付工程款。
保留款保證：亦稱預留金保證或留滯金保證。對契約價款中尾欠部分款項的提前支取行為所作出的歸還承諾擔保。

29 (B)。銀行受客戶委任為押標金保證，其保證效力期限自投標日起至與業主簽約後終止。

30 (D)。保付僅適用於支票。
票據保證僅適用於匯票及本票。匯票及本票之發票人可以於付款人外，記載一人為擔當付款人，支票則不行。

31 (C)。(1)損益表主要是表達公司在一段期間內（通常為一年）賺了多少錢，核心概念為損益=收入-成本費用。
(2)資產負債表可以看到公司在某個時間點的財產及借貸狀況，由

資產、負債、股東權益組成，一家公司擁有的資產相當於向外借來的錢加上股東投資的金額。

(3)現金流量表中可以看到公司實際使用現金的狀況，依用途可分為營運現金流、投資現金流、籌資現金流。

32 (B)。「資金去路」（資金流向）。編製現金流量表時，現金股利分配列於「資金去路」項下。處分資產、中長期借款、現金增資皆屬現金流入。

33 (A)。取得固定資產屬投資活動的現金流出；投資有價證券屬投資活動的現金流出；收取利息及股利屬營業活動現金流入。

34 (D)。肯定條款：在授信期間內維持一定金額以上之淨週轉金；按期提供各種財務報告表；有關第三人之保證或承諾。

否定條款：例如：禁止超過某期間或金額以上之新借款；禁止合併、固定資產出售或出租；禁止債務保證、出售應收帳款、投資或保證。

限制條款：例如：分紅、減資、償還其他長期債務，增加固定資產之限制；財務比率、債務總額之限制。

35 (D)。經常性週轉資金貸款：當公司的現金、應收帳款及產品存貨等流動性資產出現短缺，可申請經常性週轉資金貸款，解決資金週轉問題。

36 (D)。參貸費：所有參貸銀行按其參貸金額乘以某一費率而得，為誘使銀行參貸較大金額，通常按不同位階給予不同費率，位階愈高，費率愈高。

安排費：由安排者收取，通常於簽約時或簽約後數日，一次付清。

37 (A)。國際聯貸：貸款人與聯貸銀行之間或聯貸銀行與聯貸銀行之間涉及不同國家之聯貸案，稱之。通常國際聯貸的準據法，係以英國法或美國紐約州法為準據法。

38 (B)。折舊金額大會導致公司帳面經營虧損，但實際已無現金再流出，故仍具相當之還本付息能力。

39 (D)。專案融資定義：BOT為「Build-Operate-Transfer」的簡稱，一般係指民間企業支付權利金，取得政府特許以投資及籌資興建公共設施，並於興建完成後一定期間內經營該設施，特許經營期間屆滿後，再將該設施之所有資產移轉予政府。

銀行法第33條之3授信規定事項辦法第1項所稱銀行對同一人、同一關係人或同一關係企業之授信限額有規定，但下列授信得不計入本辦法所稱授信總餘額：

(1)配合政府政策，經主管機關專案核准之專案授信或經中央銀行專案轉融通之授信。BOT即屬之。
(2)對政府機關之授信。
(3)以公債、國庫券、中央銀行儲蓄券、中央銀行可轉讓定期存單、本行存單或本行金融債券為擔保品授信。
(4)依加強推動銀行辦理小額放款業務要點辦理之新臺幣一百萬元以下之授信。

40 (D)。執行BOT的五個順序階段：
(1)規劃投標期：投標階段BOT項目標書的準備時間較長，往往在6個月以上，在此期間受政府委託的機構要隨時回答投標人對項目要求提出的問題，並考慮招標人提出的合理建議。
(2)訂定契約期。
(3)建造期。
(4)營運期：營運期履約管理作業重點包括文件管理制度、開始營運之准駁、稽核及營運品質控管、營運績效評定、定期財務檢查、土地租金及權利金計收、資產總檢查、優先定約及契約屆滿之移轉等。
(5)移轉期：BOT的契約中會明訂，公共建設在多少年之後便須轉移給政府營運，也就是BOT的最後一個「T」的階段。

41 (A)。在出口商方面，有可能發生貨物出口後，進口商財務狀況惡化，導致未獲付款等信用風險。在進口商方面，有可能發生出口商出口品質不良的信用風險。

42 (A)。如果信用狀到單後轉進口融資，則修改信用狀會收手續費。若客戶同時增加信用狀金額、延長有效期限、其他修改事項或其中兩項，則取其高者收費。

43 (D)。提貨擔保是指在貨物先於信用證項下提單或其他物權憑證到達的情況下，為便於進口商辦理提貨，儘快實現銷售和避免貨物滯港造成的費用和損失，銀行根據開證申請人的申請向船公司出具書面擔保。
銀行擔保提貨後，無論有無不符點，均不提出拒付貨款或拒絕承兌。

44 (C)。進口商可以預先決定將來買賣外匯的匯率，採取預購或預售遠期外匯契約方式，規避匯率變動的風險，故選項(C)答案正確。

45 (A)。裝船後融資：出口押匯、付款交單、承兌交單、記帳、應收帳款承購業務、買斷業務。

46 (A)。(1)CIP（Carriage and Insurance Paid to）：賣方於出口地交貨地點交貨，並預付至目的地運費與保險費。此條件約相當於傳統的CIF條件，惟賣方風險於

將貨物交付運送人看管為止。賣方負擔貨到目的港卸貨前所有費用→賣方付保險費。

(2)進口價格條件為FOB或CPR，裝船前所有費用由賣方支付，裝船後所有費用即由買方負擔→買方付保險費。

47 (C)。Stand-by L/C一般而言，都言明遵守UCP600或ISP98；L/G皆言明遵守URDG758或其法律關係依開狀銀行所在地法律為依據。

48 (D)。託收方式（D/P、D/A）輸出綜合保險：我國廠商從事輸出貿易所生之應收帳款，可能因發生進口地的政治危險或買主的信用危險，而造成損失。若投保輸出保險，這些損失將可獲得賠償。

49 (C)。國外應付帳款融資，並非透過銀行開發「信用狀」，而是出口商先將貨物裝船出口後，再將提單、商業發票、保險單等文件交由銀行D/A、D/P方式託收、或將提單等單據直接寄予進口商（O/A）；進口商為償還上述有關之款項而向銀行申請融資，融資之款項應直接匯款予出口商，屬於進口直接授信。

50 (B)。間接保證：係指中小企業向授信單位申請融資，透過授信單位向本基金申請信用保證。間接保證

依送保程序之不同，又可區分為先取得本基金核發之保證書始能送保者及先取得本基金核發之查覆書始能送保之「批次保證」。

51 (D)。光票（Clean Bill）是指不附帶商業單據的匯票（如貨運等相關單據），而在國外付款的外幣票據。出口押匯之匯票非屬「光票」。

52 (C)。賣方遠期信用狀，到單轉應收承兌票款；買方遠期信用狀，到單轉外幣短放。

53 (D)。開發保證函後，銀行保證責任之解除，原則上保證函正本退還才解除保證責任，如一直未收回，宜致函船公司，請求換回擔保提貨書解除保證責任。

54 (D)。(1)信用狀（L/C）：買方向銀行開具的一種付款保證，銀行根據客戶要求和指示開立的有條件的承諾付款的書面文件，通過這種方式，賣方可以在交貨後得到應得的貨款。

(2)D/P：進口商付款後，即可取得國外託收的單據辦理報關提貨。

(3)O/A（Open Account）：依買賣雙方約定，出口商在貨物出口後，逐將有關貨運及相關單據寄給進口商領貨，進口商於約定之期限內電匯給出口商。

(4)承兌交單（Documents Against Acceptance）：進口商來行辦理遠期匯票承兌後，即可取得國外託收的單據辦理報關提貨。

55 (A)。不動產抵押權之設定，除應以書面作成契約記載雙方設定抵押權之意思表示外，並須經過地政機關之登記始生效力。承辦不動產抵押貸款業務，應先辦妥抵押權設定登記，於領到「他項權利證明書」並核對土地建物登記謄本無訛後，始得辦理貸放手續。

56 (B)。(1)需求導向定價：按照顧客對商品的認知和需求程度制定價格，而不是根據賣方的成本定價。這類定價方法的出發點是顧客需求，認為企業生產產品就是為了滿足顧客的需要。
(2)利潤導向定價：根據企業的投資總額、預期銷量和投資回收期等因素來確定價格。
(3)競爭導向定價：根據客戶對公司產品的價值認知確定價格。

57 (B)。循環信用利息係自銀行實際為持卡人墊付消費款予特約商店之入帳起息日起按日計算，其計算公式：累積未繳消費款（含銀行實際墊款日之新增消費款）×年利率／365×天數＝循環信用利息。
實際墊款日即銀行帳單上之入帳起息日。

58 (D)。火險應投保的金額為建物的重置成本，計算方式為「建築物構造每坪單價」乘上「建築物使用面積（含公共設施）」，也就是重建、回復原狀所需的費用。

59 (B)。房屋貸款的擔保品通常是房屋本身或其他房屋，通常向銀行申請房屋貸款時，會需要提供抵押品（即房屋）作為擔保，貸款額度及利率條件會視擔保品價值核定。當借款人無法如期償還貸款時，抵押品會歸放款人（即銀行）所有。選項(B)空置已久房屋可能因年久失修，其房價降低，通常銀行不會接受此類房屋作為擔保品。

60 (D)。消費者貸款指的是銀行針對消費者個人發放的、用於購買耐久性消費品或支付其他費用的貸款，目的是解決個人用於購買交通工具、家用電器、房屋、子女教育、結婚、修繕、繳納各種政府稅款等方面的資金需要。消費者貸款按用途可分為汽車貸款、房屋貸款、小額消費性貸款等。

61 (A)。信貸遲繳1天至3天→銀行採簡訊提醒，不會打擾借款人。
信貸遲繳5天至7天→多數銀行還未進入催收流程，會電話提醒，繳款就沒事。
信貸遲繳7天以上→銀行將貸款列入催收，開始計算滯納金，電話催款更密集。

62 (C)。車商大多參考中古車專業雜誌權威車訊上的價格，加上車況好壞來調整買賣價格。中古車市場價格混亂，故銀行不一定會依買價，而是依鑑定價格作為貸款考量。

63 (D)。3C是指Customers、Competitors、Corporate（Resources）。

64 (C)。消費性貸款之辦理成本（帳務處理及催款等）相較其他貸款高，故消費性貸款之利率較其他貸款（如房屋貸款相對較高，會加收手續費。故選項(B)答案錯誤。

65 (B)。週轉型房貸：指借款人為個人投資週轉需要，提供自有或他人不動產為擔保向金融機構辦理之貸款，可隨時提領，隨時清償。
綜合型房貸：係指結合購屋及個人投資週轉二種用途的貸款。

66 (D)。消費者貸款產品訂價考慮因素並不包含天然災害。

67 (D)。債權人持前開書狀及應準備之相關證明文件，向法院聲請拍賣抵押物。
管轄法院：拍賣物所在地之法院，本題不動產座落於台中市，故銀行應向台中地方法院聲請裁定拍賣。

68 (B)。依強制執行法第4條規定，執行名義為：
(1)確定之終局判決。
(2)假扣押、假處分、假執行之裁判及其他依民事訴訟法得為強制執行之裁判。
(3)依民事訴訟法成立之和解或調解。
(4)依公證法規定得為強制執行之公證書。
(5)抵押權人或質權人，為拍賣抵押物或質物之聲請，經法院為許可強制執行之裁定者。
(6)其他依法律之規定，得為強制執行名義者。

69 (A)。民法第130條規定，請求者乃債權人對債務人不以訴訟程序行使其權利之意思表示也。如催告債務人履行債務等，惟催告書狀等應以存證信函郵送或公示催告等以資證明有請求之事實。但因請求而中斷之時效若於請求後6個月內不起訴者視為不中斷，故應於請求後6個月內起訴，否則喪失中斷之效力。。

70 (A)。中小企業信用保證基金不代位清償準則之一：購置土地、廠房或機器設備之授信案件，授信單位未依一般程序設定第一順位抵押權或動產抵押權，亦未將無法設定或無設定實益之情形通知本基金者。但機器設備之授信期間未超過兩年者，不在此限。

信用保證基金，是由政府及金融機構共同捐助成立之公益財團法人，其服務對象主要為中小企業。信保基金並不直接對企業融資，也就是企業「無法」向信保基金取得融資。信保基金的目的在於對具「有發展潛力但擔保品欠缺之中小企業」，提供信用保證，藉此來分擔金融機構融資貸款的風險，提高金融機構對中小企業提供信用融資之信心。

71 (D)。小額訴訟程序：凡是原告向被告請求給付的內容，是金錢或其他代替物或有價證券，而且請求給付的金額或價額，在新臺幣10萬元以下的訴訟事件，適用小額程序。故選項(D)答案錯誤。

72 (B)。第一次拍賣：以詢價結果訂定第一次拍賣之價格。
第二次拍賣：以第一次拍賣價格降減20%以內之價格訂定第二次拍賣之價格。
第三次拍賣：以第二次拍賣價格降減20%以內之價格訂定第三次拍賣之價格。
特別拍賣程序：因拍賣三次無法拍定得於公告之日起3個月內依第三次拍賣底價承買。或聲請另行估價或再減價拍賣，未聲請者，視為撤回該不動產之執行。

73 (B)。「加速條款」是銀行要求借款人增「加」還款「速」度的重要依據，依公平交易法規範，

借款人死亡而其繼承人聲明繼承時，銀行不得行使加速條款。
依公平交易法規定，銀行不得對借款人要求投保特定之保險或指定保險公司。

74 (A)。票據法第123條：當執票人手中持有的本票到期，要向債務人（發票人）追索財產、而發票人沒有如期支付時，執票人就可以本票為依據，向法院聲請「本票裁定」。而在拿到本票裁定之後，則可以再依此進行強制執行的程序。

75 (A)。民事訴訟如係由原告主張權利者，應先由原告負舉證之責，若原告先不能舉證，以證實自己主張之事實為真實，則被告就其抗辯事實即令不能舉證，或其所舉證據尚有疵累，亦應駁回原告之請求。

76 (D)。財產清單主要可以顯示您個人名下財產，包含：不動產、動產、現金與存款、有價證券、其他財產權（如對他人之租金債權、借款債權、薪資債權、買賣標的物給付請求權、抵押權、地上權、公法上之債權、智慧財產權等）等等財產總計明細。選項(D)保險單不屬之。

77 (B)。對公司之債權，在重整裁定前成立者，為重整債權，其依法享有優先受償權者，為「優先重

整債權」，其有抵押權、質權或留置權為擔保者，為有擔保重整債權。故選項(B)錯誤。

付者，不得以不知時效為理由，請求返還；其以契約承認該債務或提出擔保者亦同。

78 (D)。按強制執行法第一百二十二條規定：「債務人對第三人之債權，係維持債務人及其共同生活之親屬生活所必需者，不得為強制執行。」所謂「維持債務人及其共同生活之親屬生活所必需者」，係指依一般社會狀況，維持其最低生活在客觀上不可缺少者而言，如除去最低必需費用尚有餘額，仍非不得強制執行。

選項(D)債務人之不動產係債務人自己的資產，非屬債務人對第三人之債權。

79 (A)。民法144條：時效完成後，債務人得拒絕給付。請求權已經時效消滅，債務人仍為履行之給

80 (B)。民法第755條規定：「就定有期限之債務保證者，如債權人允許主債務人延期清償時，保證人除對於其延期已為同意外，不負保證責任。」

銀行於辦理貸款契約時，恆常於保證契約上以定型化契約條款規定：「保證人所保證之債務，如債務人未依約履行時，銀行基於債務人之申請，認為有允許債務人延期清償或分期清償之需要時，得以書面通知保證人，保證人同意於銀行書面通知到達或視為到達時，仍續負全部債務之保證責任」。亦即，讓銀行無庸徵得保證人同意，得逕自允許主債務人延期清償。

信託業務|銀行內控|
初階授信|初階外匯|
理財規劃|保險人員推薦用書

暢銷上榜好書

2F021121	初階外匯人員專業測驗重點整理+模擬試題	蘇育群	510元
2F031111	債權委外催收人員專業能力測驗重點整理+模擬試題 👑 榮登金石堂暢銷榜	王文宏 邱雯瑄	470元
2F041101	外幣保單證照 7日速成	陳宣仲	430元
2F051131	無形資產評價管理師(初級、中級)能力鑑定速成(含 無形資產評價概論、智慧財產概論及評價職業道德) 👑 榮登博客來、金石堂暢銷榜	陳善	550元
2F061131	證券商高級業務員(重點整理+試題演練)	蘇育群	670元
2F071121	證券商業務員(重點整理+試題演練) 👑 榮登金石堂暢銷榜	金永瑩	590元
2F081101	金融科技力知識檢定(重點整理+模擬試題)	李宗翰	390元
2F091121	風險管理基本能力測驗一次過關	金善英	470元
2F101121	理財規劃人員專業證照10日速成	楊昊軒	390元
2F111101	外匯交易專業能力測驗一次過關	蘇育群	390元

2F141121	防制洗錢與打擊資恐(重點整理+試題演練)	成琳	630元
2F151121	金融科技力知識檢定主題式題庫(含歷年試題解析) 👑 榮登博客來暢銷榜	黃秋樺	470元
2F161121	防制洗錢與打擊資恐7日速成 👑 榮登金石堂暢銷榜	艾辰	550元
2F171131	14堂人身保險業務員資格測驗課 👑 榮登博客來、金石堂暢銷榜	陳宣仲 李元富	490元
2F181111	證券交易相關法規與實務	尹安	590元
2F191121	投資學與財務分析 👑 榮登金石堂暢銷榜	王志成	570元
2F201121	證券投資與財務分析	王志成	460元
2F211121	高齡金融規劃顧問師資格測驗一次過關 👑 榮登博客來暢銷榜	黃素慧	450元
2F621131	信託業務專業測驗考前猜題及歷屆試題 👑 榮登金石堂暢銷榜	龍田	590元
2F791131	圖解式金融市場常識與職業道德 👑 榮登博客來、金石堂暢銷榜	金融編輯小組	530元
2F811131	銀行內部控制與內部稽核測驗焦點速成+歷屆試題 👑 榮登金石堂暢銷榜	薛常湧	近期出版
2F851121	信託業務人員專業測驗一次過關	蔡季霖	670元
2F861121	衍生性金融商品銷售人員資格測驗一次過關	可樂	470元
2F881121	理財規劃人員專業能力測驗一次過關 👑 榮登金石堂暢銷榜	可樂	600元
2F901131	初階授信人員專業能力測驗重點整理+歷年試題解析二合一過關寶典 👑 榮登金石堂暢銷榜	艾帕斯	590元
2F911131	投信投顧相關法規(含自律規範)重點統整+歷年試題解析二合一過關寶典	陳怡如	480元
2F951131	財產保險業務員資格測驗(重點整理+試題演練)	楊昊軒	530元
2F121121	投資型保險商品第一科7日速成	葉佳洺	590元
2F131121	投資型保險商品第二科7日速成	葉佳洺	570元
2F991081	企業內部控制基本能力測驗(重點統整+歷年試題) 👑 榮登金石堂暢銷榜	高瀅	450元

千華數位文化股份有限公司

■新北市中和區中山路三段136巷10弄17號　■千華公職資訊網 http://www.chienhua.com.tw
■TEL: 02-22289070　FAX: 02-22289076

學習方法 系列

如何有效率地準備並順利上榜，學習方法正是關鍵！

榮登金石堂暢銷排行榜

連三金榜 黃禕

翻轉思考 破解道聽塗説	適合的最好 調整習慣來應考	一定學得會 萬用邏輯訓練

三次上榜的國考達人經驗分享！
運用邏輯記憶訓練，教你背得有效率！
記得快也記得牢，從方法變成心法！

作者在投入國考的初期也曾遭遇過書中所提到類似的問題，因此在第一次上榜後積極投入記憶術的研究，並自創一套完整且適用於國考的記憶術架構，此後憑藉這套記憶術架構，在不被看好的情況下先後考取司法特考監所管理員及移民特考三等，印證這套記憶術的實用性。期待透過此書，能幫助同樣面臨記憶困擾的國考生早日金榜題名。

最強校長 謝龍卿

榮登博客來暢銷榜

經驗分享＋考題破解
帶你讀懂考題的know-how！

open your mind！
讓大腦全面啟動，做你的防彈少年！

108課綱是什麼？考題怎麼出？試要怎麼考？書中針對學測、統測、分科測驗做整整與歸納。並包括大學入學管道介紹、課內外學習資源應用、專題研究技巧、自主學習方法，以及學習歷程檔案製作等。書籍內容編寫的目的主要是幫助中學階段後期的學生與家長，涵蓋普高、技高、綜高與單高。也非常適合國中學生超前學習、五專學生自修之用，或是學校老師與社會賢達了解中學階段學習內容與政策變化的參考。

千華影音函授

打破傳統學習模式，結合多元媒體元素，利用影片、聲音、動畫及文字，達到更有效的影音學習模式。

- ○ 自我安排學習時段
- ○ 循序漸進厚植實力
- ○ 節省通勤時間
- ○ 提升準備效率

課程品質
業界No.1

2014、2017 獲頒學習科技金質獎

自主學習彈性佳
- ・時間、地點可依個人需求好選擇
- ・個人化需求選取進修課程

補強教學效果好
- ・獨立學習主題　・區塊化補強學習
- ・一對一教師親臨教學

嶄新的影片設計
- ・名師講解重點　　・簡單操作模式
- ・趣味生動教學動畫　・圖像式重點學習

優質的售後服務
- ・FB粉絲團、Line@生活圈
- ・專業客服專線

系統化學習流程

- 04 STEP 考前衝刺期
- 01 STEP 實力養成期
- 02 STEP 專業強化期
- 03 STEP 能力檢驗期

四大關鍵階段學習安排，突破國考重重難關！

超越傳統教材限制，系統化學習進度安排。

推薦課程

- ■ 公職考試　　■ 特種考試
- ■ 國民營考試　■ 教甄考試
- ■ 證照考試　　■ 金融證照
- ■ 學習方法　　■ 升學考試

影音函授包含：
- ・名師指定用書+板書筆記
- ・授課光碟・學習診斷測驗

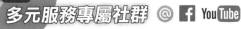

國家圖書館出版品預行編目(CIP)資料

(金融證照)初階授信人員專業能力測驗(重點統整+歷年
試題)/艾帕斯編著. -- 第六版. -- 新北市 ： 千華數位
文化股份有限公司, 2023.12
　　面 ； 　公分
ISBN 978-626-380-221-6 (平裝)

1.CST: 授信管理　2.CST: 銀行　3.CST: 放款

562.33　　　　　　　　　　112021841

[金融證照]

初階授信人員專業能力測驗
（重點統整＋歷年試題）

編 著 者：艾帕斯

發 行 人：廖雪鳳
登 記 證：行政院新聞局局版台業字第 3388 號
出 版 者：千華數位文化股份有限公司
地址／新北市中和區中山路三段 136 巷 10 弄 17 號
電話／ (02)2228-9070　傳真／ (02)2228-9076
郵撥／第 19924628 號　千華數位文化公司帳戶
千華公職資訊網：http://www.chienhua.com.tw
千華網路書店：http://www.chienhua.com.tw/bookstore
網路客服信箱：chienhua@chienhua.com.tw

法律顧問：永然聯合法律事務所
編輯經理：甯開遠
主　　編：甯開遠
執行編輯：廖信凱
校　　對：千華資深編輯群
排版主任：陳春花
排　　版：林蘭旭

出版日期：2023 年 12 月 30 日　第六版／第一刷

本書如有勘誤或其他補充資料，
將刊於千華公職資訊網　http://www.chienhua.com.tw
歡迎上網下載。